AF559108

„Der Schnitt ist das, was Form, Kurven, Selbstvertrauen gibt. Jede Linie hat Bedeutung. Kleidung ist keine Zeichnung, sie ist eine Skulptur. Man muss um sie herumgehen, von allen Seiten betrachten, wie sie lebt.“ — AZZEDINE ALAÏA

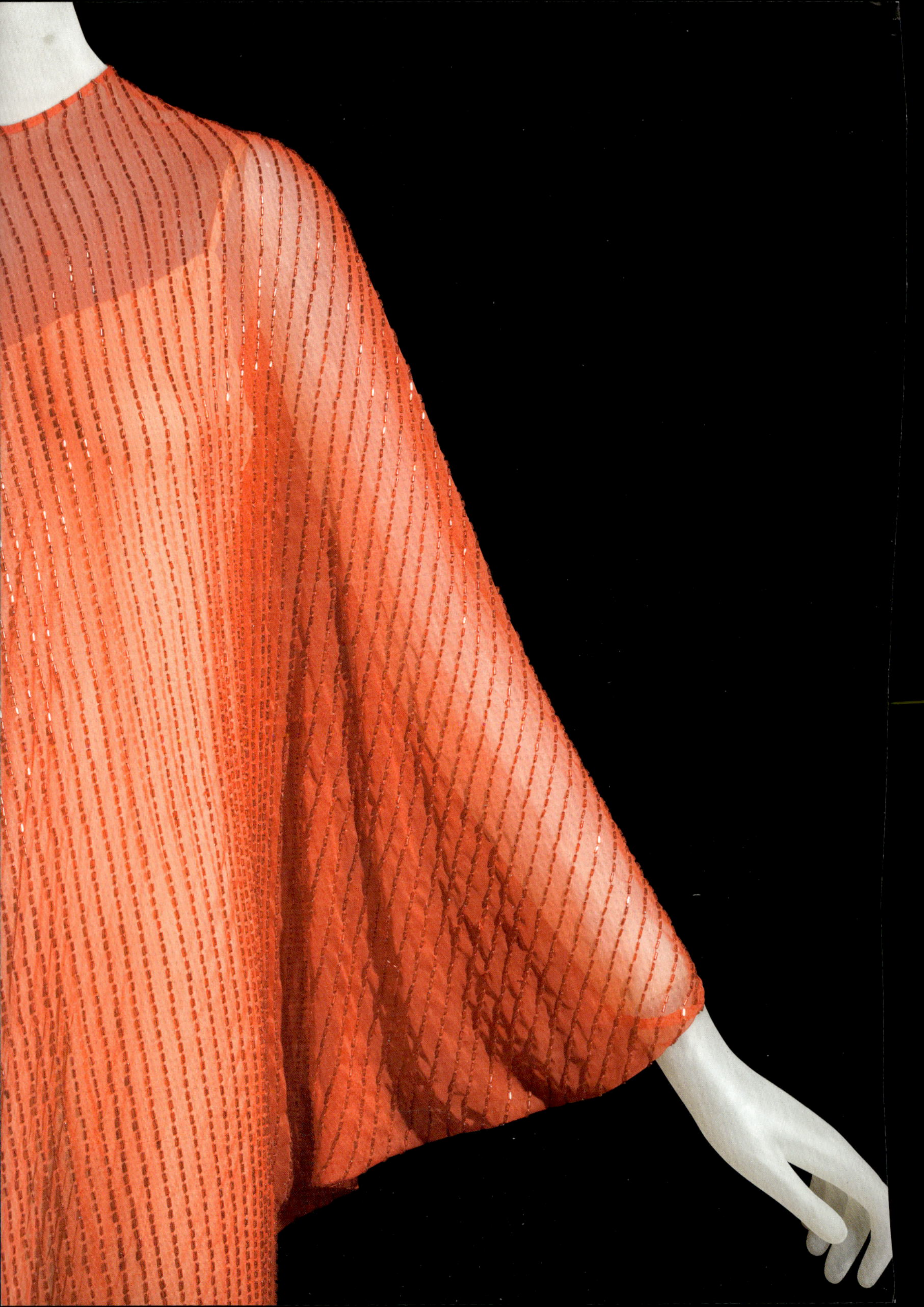

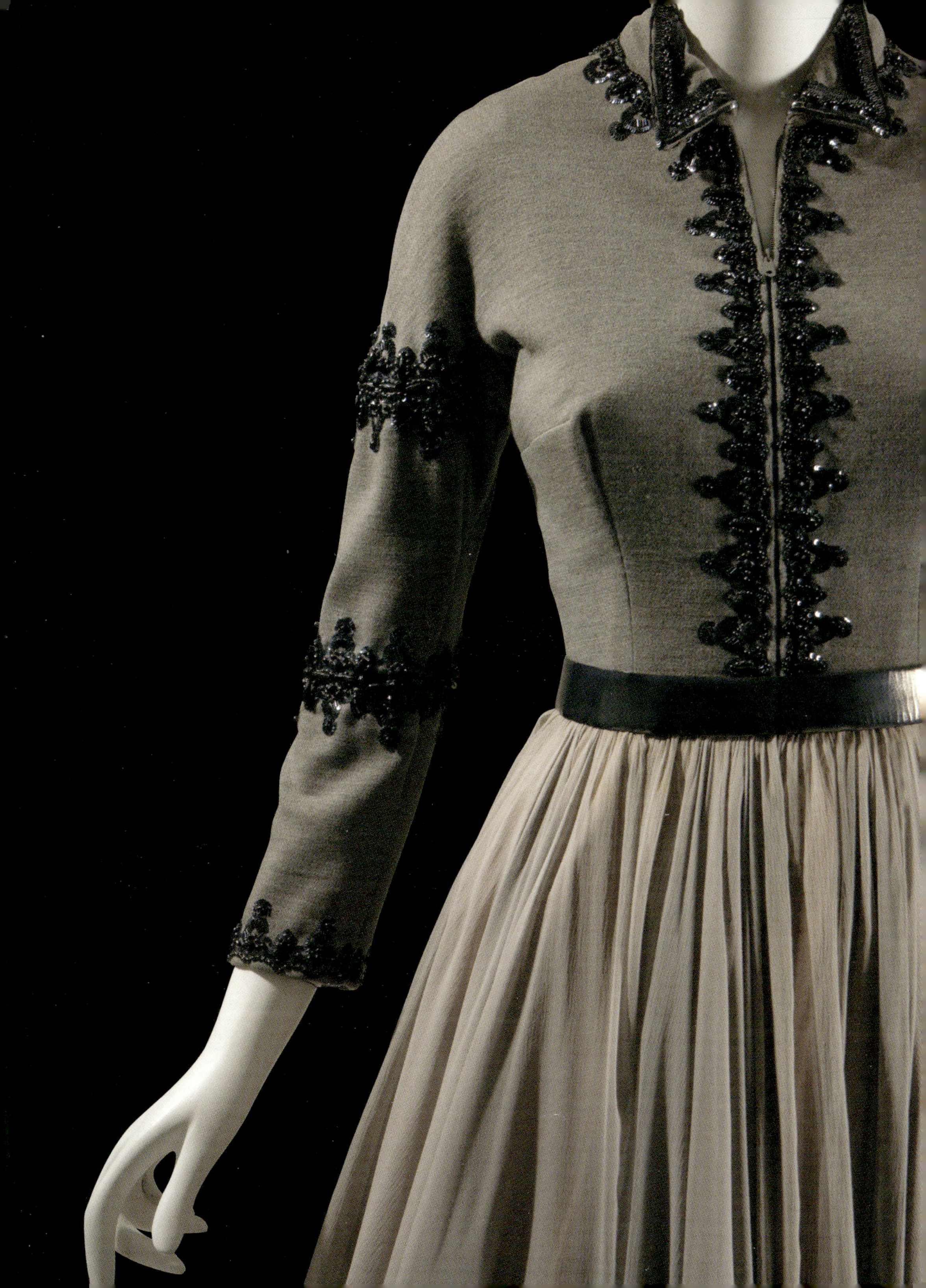

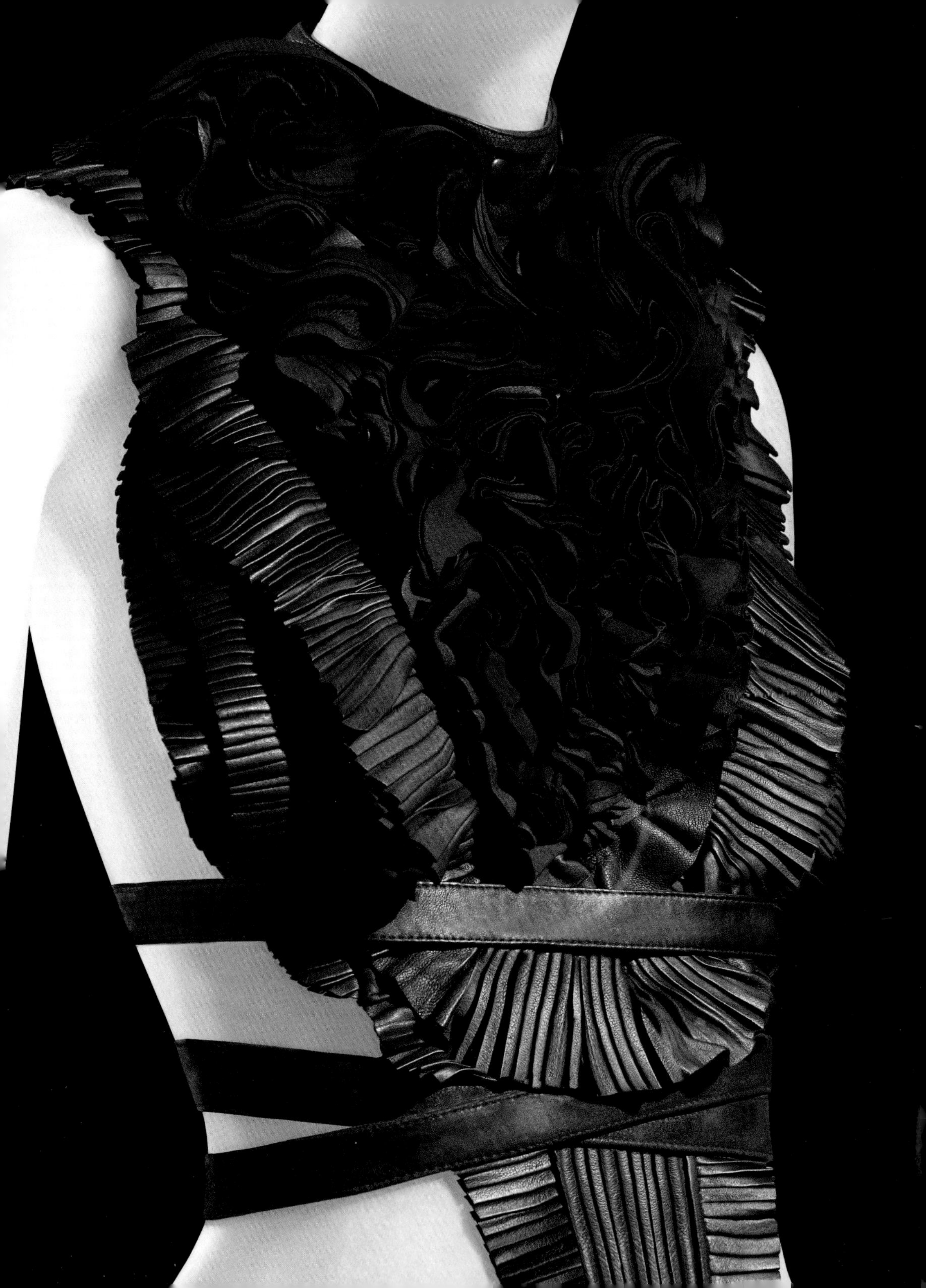

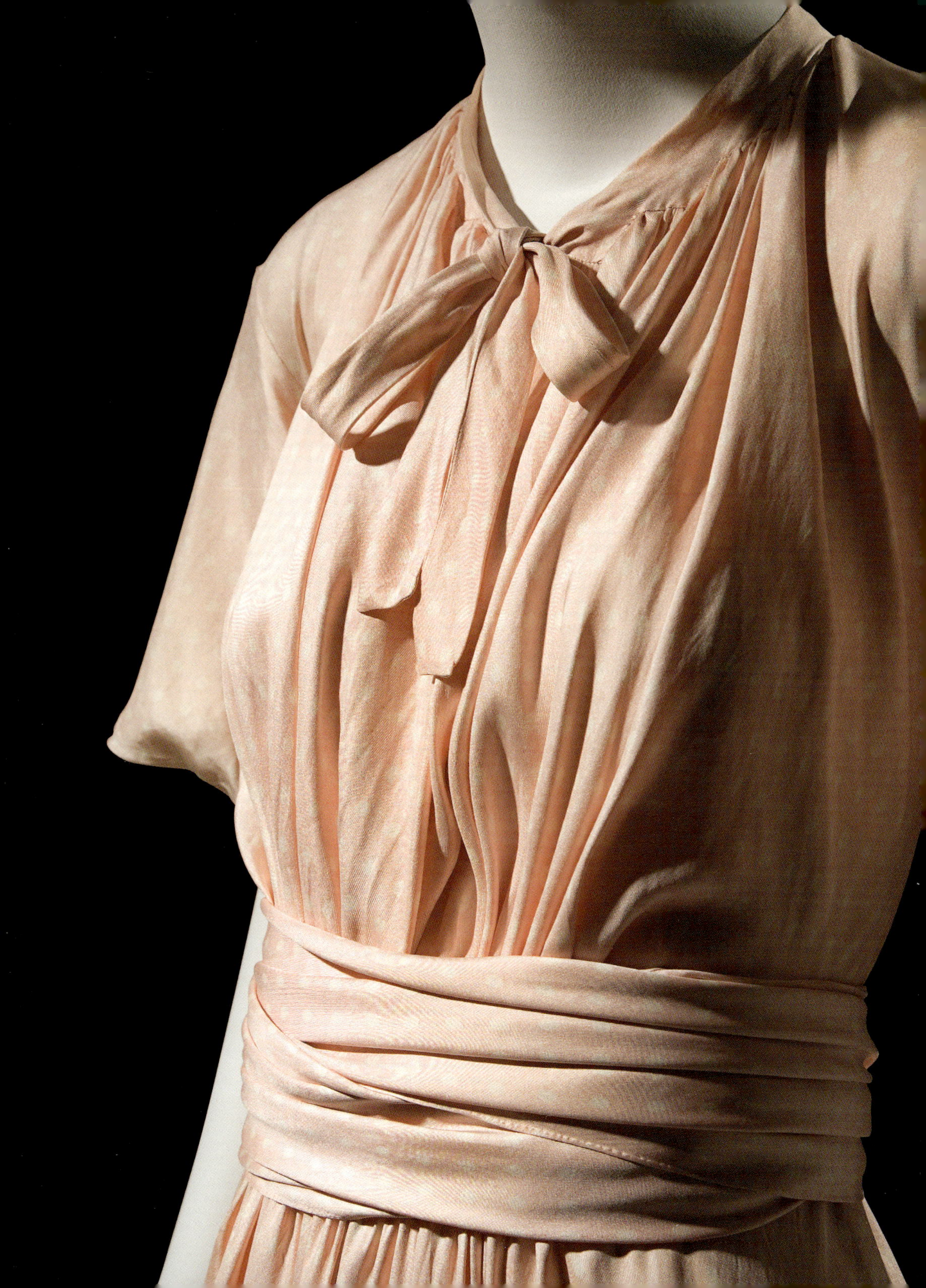

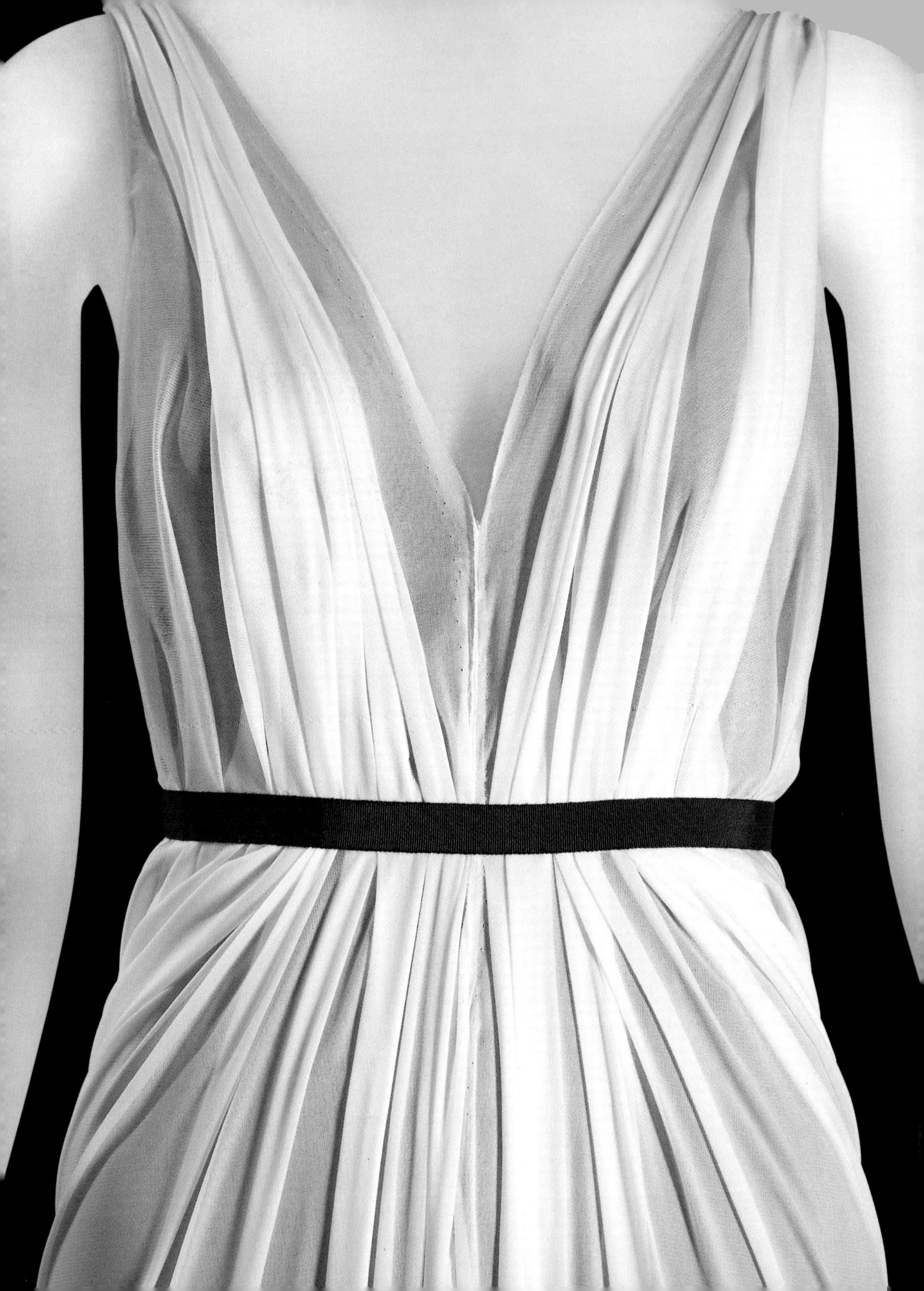

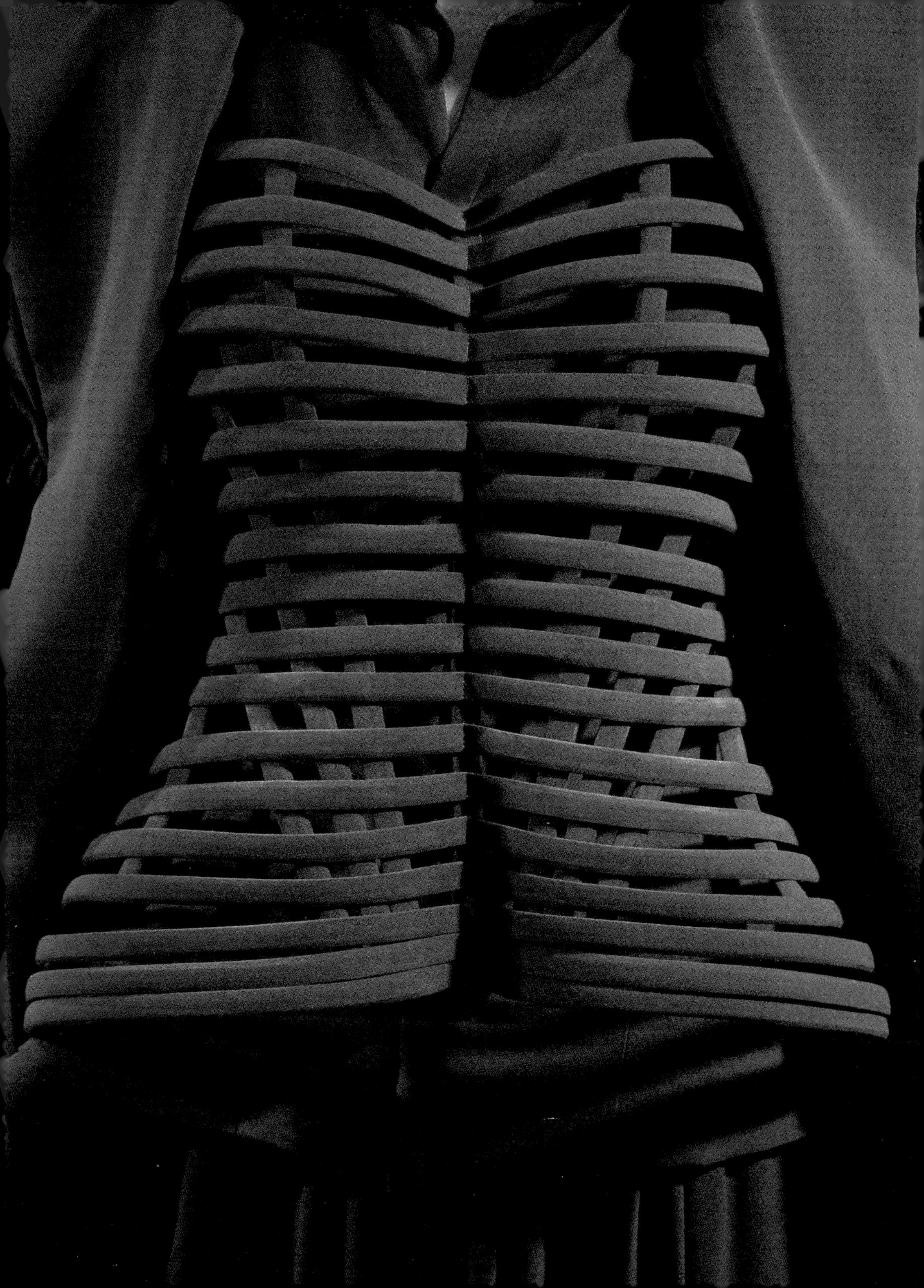

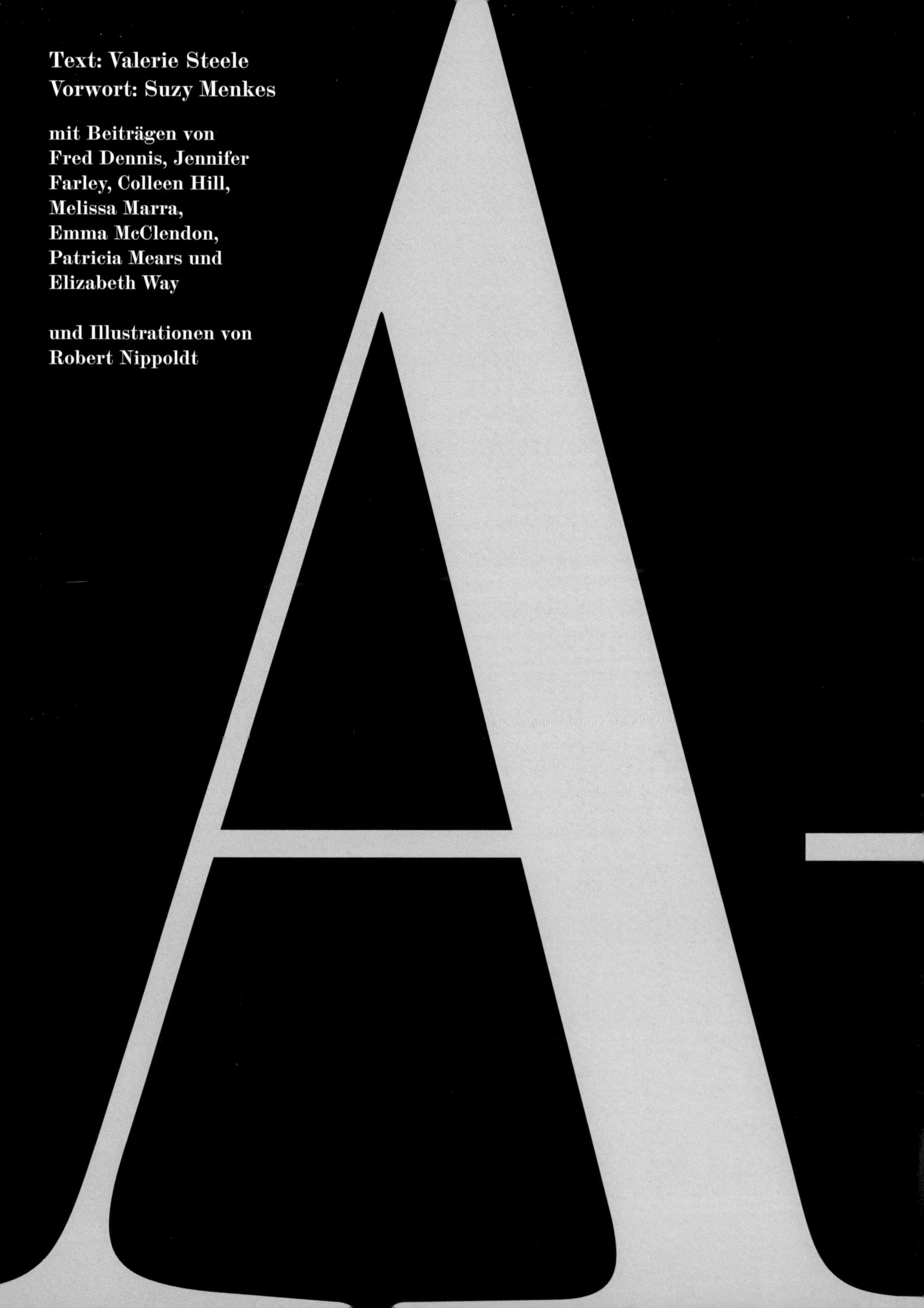
Text: Valerie Steele
Vorwort: Suzy Menkes

mit Beiträgen von Fred Dennis, Jennifer Farley, Colleen Hill, Melissa Marra, Emma McClendon, Patricia Mears und Elizabeth Way

und Illustrationen von Robert Nippoldt

Die Sammlung des Museums am Fashion Institute of Technology

Mode-designer

TASCHEN

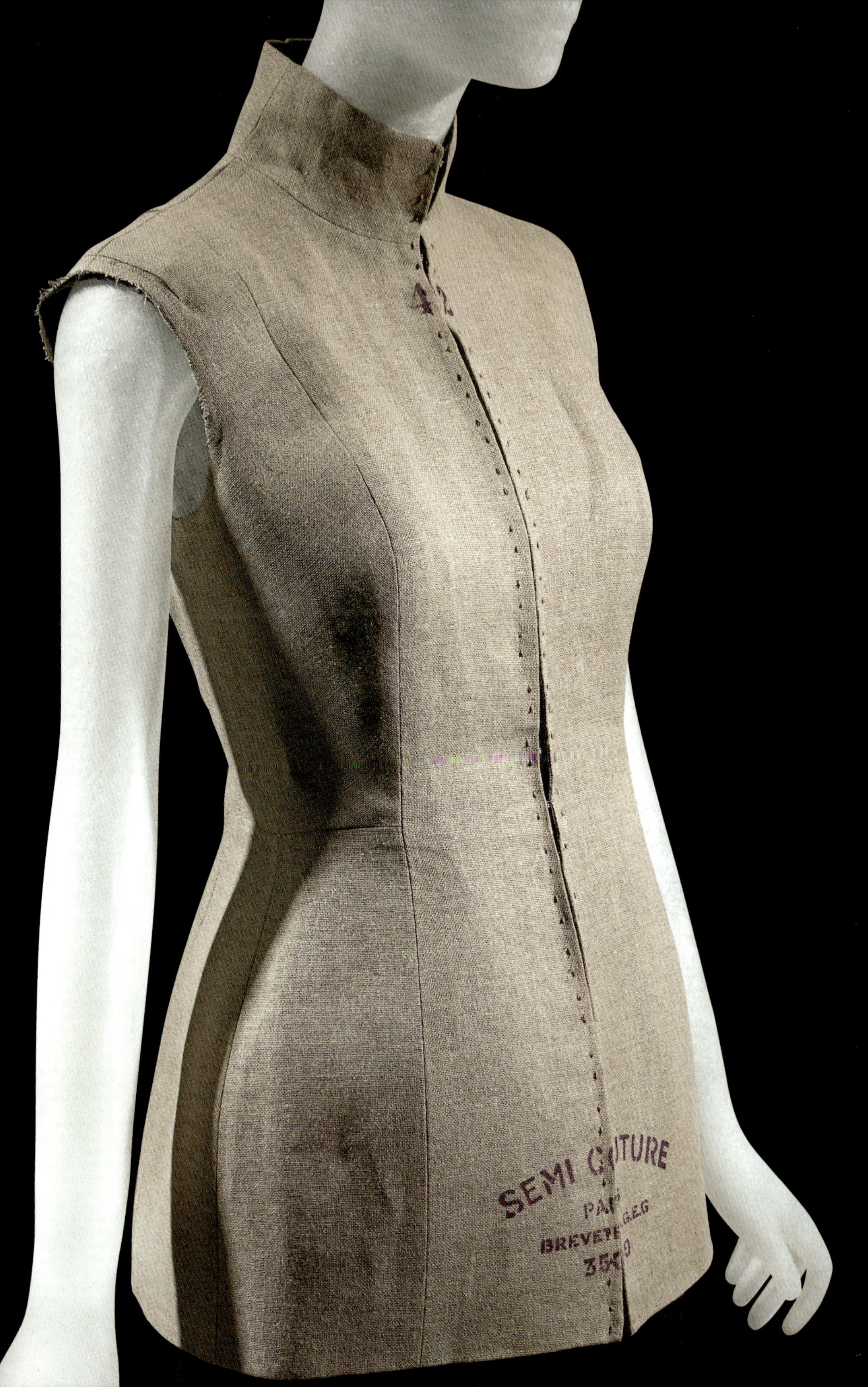
42
SEMI
G.E.G

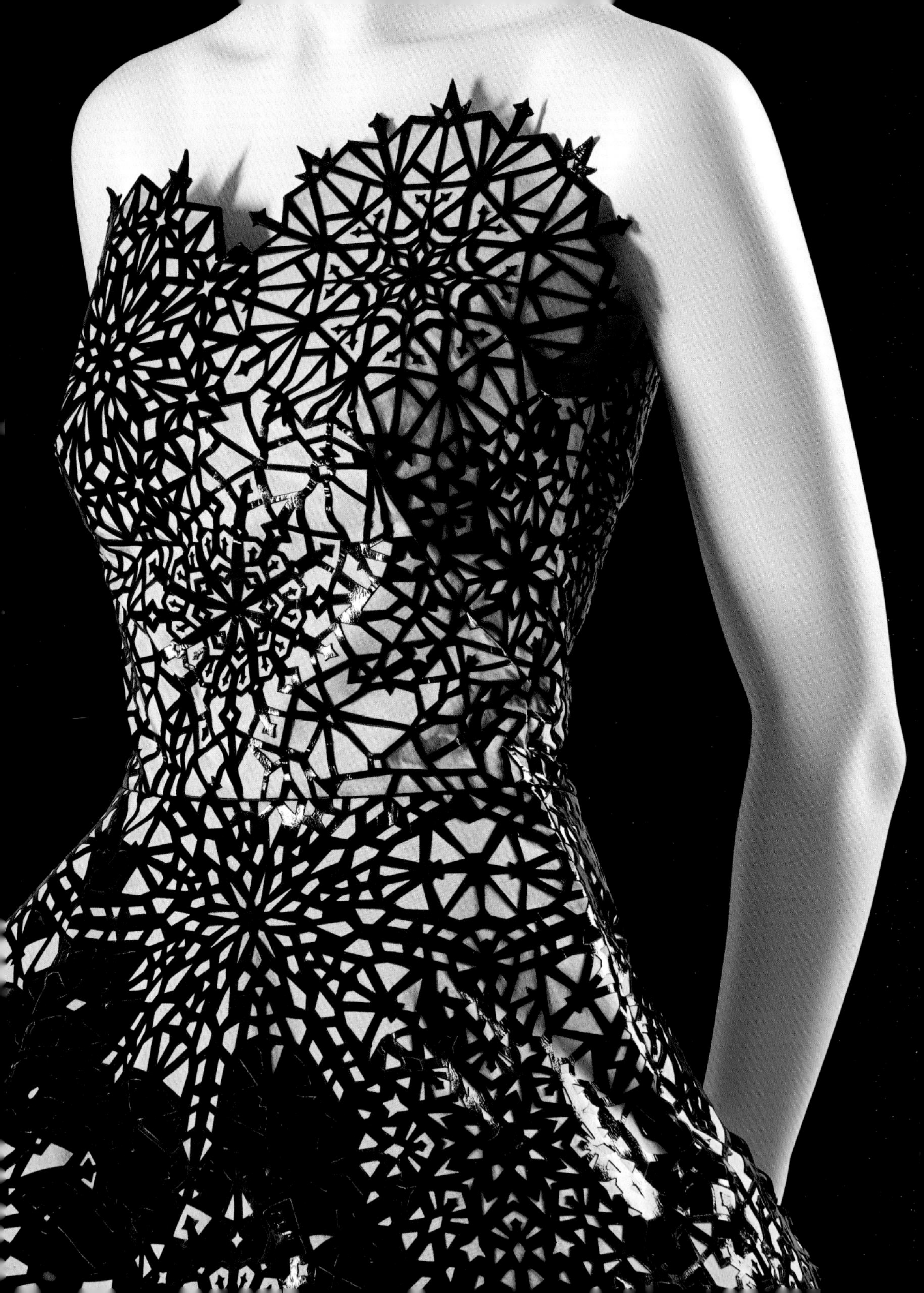

Vorwort

Suzy Menkes

MODE WAR VON JEHER ein Spiegel der Gesellschaft. Oder sollte ich sagen, ein Röntgenbild?

Tatsächlich können uns Kleider sehr viel mehr über die Menschen und den Geist einer Epoche verraten, als auf den ersten Blick zu vermuten wäre. So, wie Sigmund Freud die innere Seele in der äußeren Hülle analysierte, vermutet man heute auch in Kleidern eine wesentlich tiefere Bedeutung, als ihr Äußeres erahnen lässt.

In der Sprache der Kleider erzählt, handelt die Geschichte des 20. Jahrhunderts von der Befreiung der Frau – ganz wörtlich insofern, als Korsetts aufgeschnürt wurden, um den Körper zu befreien, und Coco Chanel aus dem Jerseystoff der Männerunterwäsche schmiegsame Kleider formte; aber auch im übertragenen Sinn, als Yves Saint Laurent den Hosenanzug gesellschaftsfähig machte und Frauen Schulter an Schulterpolster neben Männern im Berufsleben standen.

Die amerikanische Frau zeigte sich besonders empfänglich für den Wandel, der sich in der Welt vollzog – die von Adrian für Auftritte auf oder jenseits der Leinwand eingekleidete Hollywood-Diva ebenso wie die Freidenkerin, deren minimalistische Calvin-Klein-Outfits wie geschaffen schienen, um die Garderobe auf Erfolgskurs zu bringen und die Trägerin für den Durchbruch zur Chefetage zu rüsten.

Das Fashion Institute of Technology stellt die bedeutendsten Stücke seiner aussagestarken Sammlung zu einem Zeitpunkt vor, an dem die Frau von heute ihre Garderobe verfeinert und zu einem Statement darüber ausformuliert, wer sie ist und wofür sie steht.

Das New Yorker Museum beleuchtet den skulpturalen Stil von Cristóbal Balenciaga für jene Frauen der Nachkriegsära, die es noch immer nobel liebten; die süße Romantik der nostalgischen Vision von Christian Dior; die unvergleichlich wilde Schönheit von Alexander McQueen; die Punk-Philosophie von Vivienne Westwood; und die flächig planen Kleider der Japaner, von Rei Kawakubo bis Yohji Yamamoto, die auf fundamentale Weise mit dem westlichen Stil brachen.

Männermode steht ebenfalls auf dem Programm, denn auch die männliche Ikone hat sich radikal gewandelt, vom dünnen, weiß geschminkten Ziggy Stardust über Jean Paul Gaultiers Mann als Sexobjekt bis hin zu Rappern und Metrosexuellen.

Die Kuratoren des Museums haben 500 Stücke der insgesamt 50 000 Objekte umfassenden Sammlung ausgewählt und erläutern deren Schlüsselrolle für die Entwicklung neuer Stile und Moden. Metaphorisch gesprochen hat das Museum seine eigene Sammlung also mit Röntgenstrahlen durchleuchtet, um der tieferen Bedeutung von Mode auf die Spur zu kommen.

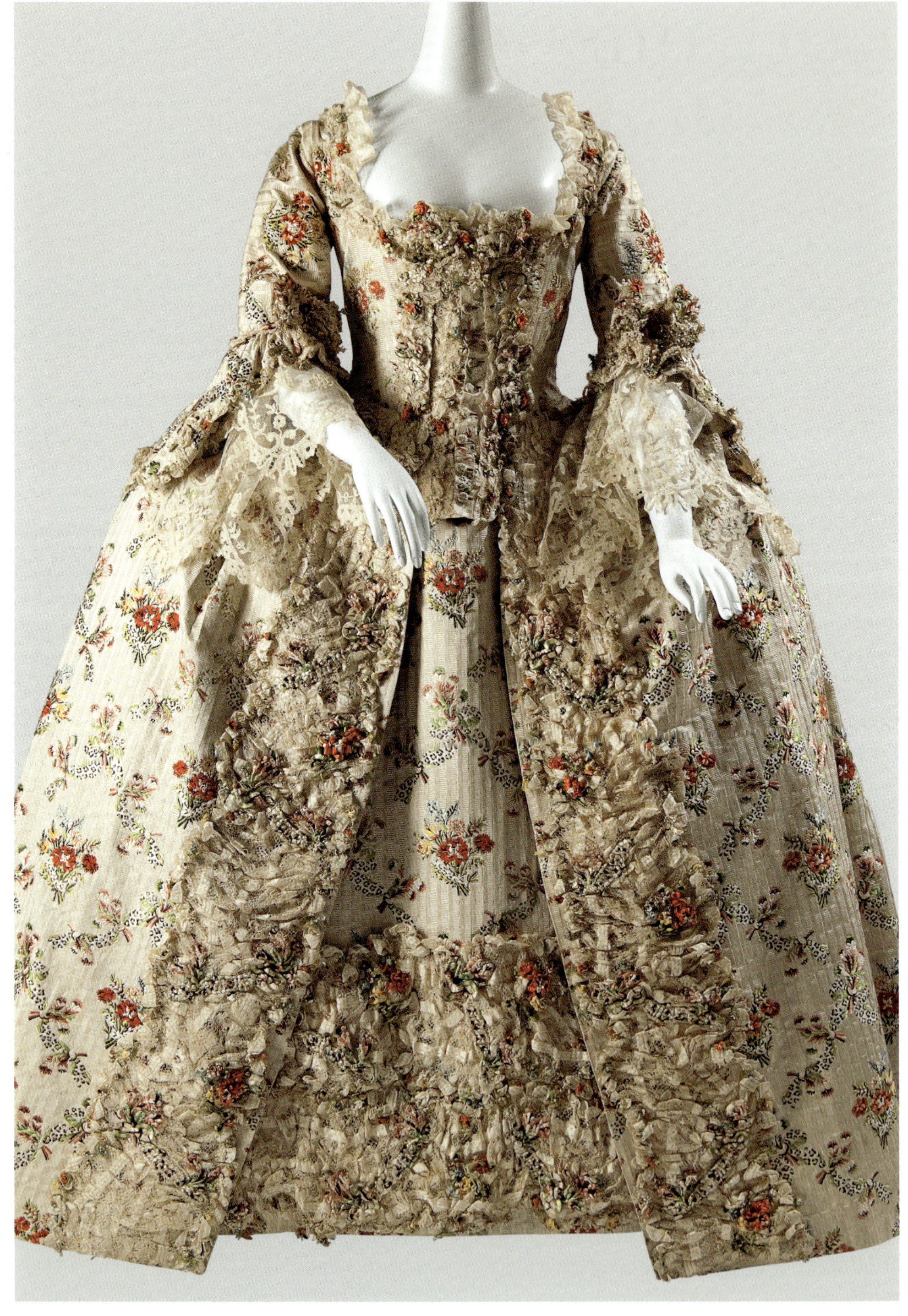

Der Aufstieg des Modemuseums

Valerie Steele

DAS MUSEUM am Fashion Institute of Technology (FIT) ist ein spezialisiertes Modemuseum, das seit langer Zeit Anerkennung für seine innovativen und preisgekrönten Ausstellungen findet. Weniger bekannt ist, dass die ständige Sammlung des Museums inzwischen über fünfzigtausend Kleidungsstücke und Accessoires vom achtzehnten Jahrhundert bis in die Gegenwart umfasst. Die Kreationen moderner Modeschöpfer spielen eine besonders wichtige Rolle in der Sammlung und in diesem Buch. Einige Modeschöpfer sind nur mit einem oder zwei Stücken vertreten, doch wenn ein Designer sehr großen Einfluss ausübte (Chanel ist ein gutes Beispiel dafür) oder wenn wir über eine Vielzahl von Beispielen in unserer Sammlung verfügen (wie bei Halston), zeigen wir auch einmal mehr Bilder. Doch unsere Arbeit muss zunächst in einen historischen Zusammenhang gesetzt werden. Wie haben Modeausstellungen, Modesammlungen und Modemuseen begonnen? Und wie haben sie sich entwickelt?

DAS ERSTE MODEMUSEUM EXISTIERTE nur in der Phantasie. In England schlug ein Korrespondent der Zeitung *The Spectator* 1712 im Scherz die Errichtung eines Museums für Mode vor. Das Gebäude solle die Form einer Sphinx haben und auf Säulen stehen, während den Sockel eine eingemeißelte Fransenimitation zierte und das Gesims Locken mit Schleifen. So werde das Sphinx-Museum dem Körper eines eleganten Galans oder einer Kokette der damaligen Zeit gleichen. Das Innere solle in zwei Abteilungen gegliedert sein, für jedes Geschlecht eine. „Die Abteilungen können mit Regalen gefüllt sein, in denen Kisten so wohlgeordnet stehen wie Bücher in einer Bibliothek. Diese sollen Falttüren haben, nach deren Öffnen man eine [Puppe] sieht, die nach einer Mode gekleidet ist, die einstmals blühte, und die auf einem Sockel steht, auf dem die Zeit ihrer Regentschaft angegeben ist .... Und damit diese [Moden] mit aller gebührenden Sorgfalt erhalten bleiben, möge ein Pfleger bestellt werden, der ein Ehrenmann sein sollte, welcher mit fachlichem Wissen zu Kleidern ausgestattet ist, so daß der Ort auf diese Weise einem Schönling willkommene Unterstützung leisten kann, der sein Vermögen für Bekleidung aufgewandt hat." Die Vorstellung, als Modekurator einen bankrotten Gecken einzustellen, ist eine besonders hübsche Note.

Museen hatten ihren Ursprung in den Wunderkammern fürstlicher Sammler im Europa der frühen Neuzeit. Einige dieser Sammlungen enthielten „Kostüme fremder Länder" sowie „Kleidung und Schmuck, die mit den eigenen Ahnen des Sammlers verknüpft waren". Alsbald begann man auch, Kleidungsstücke zu sammeln, die mit berühmten Persönlichkeiten

SEITE 14
Robe à la française
Frankreich, 1755–1760
aus der Ausstellung
Exoticism

UNTEN
Korsett
Frankreich, um 1750
aus der Ausstellung
The Corset: Fashioning the Body

GEGENÜBER UNTEN
Stiefel
England, 1885–1900
aus der Galerie Mode- und Stoffgeschichte
(erste Rotation)

in Verbindung gebracht wurden, (wie etwa ein Schuh von Marie Antoinette oder ein Hut Napoleons) und sie mitunter als Relikte oder Trophäen auszustellen. Madame Tussaud beispielsweise versuchte, ihre Wachsfiguren, soweit es möglich war, mit Kleidung auszustatten, die die dargestellten Berühmtheiten tatsächlich getragen hatten. Kunst-, Geschichts- und Völkerkundemuseen sammelten allesamt auch Kleidungsstücke. Das Victoria and Albert Museum, das britische Nationalmuseum für Gebrauchskunst, sammelte praktisch seit seiner Gründung im Jahre 1852 Kleidung. Insgesamt spielte Kleidung für Museen bis ins späte zwanzigste Jahrhundert jedoch nur eine untergeordnete Rolle.

DAS ZWEITE MODEMUSEUM EXISTIERTE nur vorübergehend. Die erste bedeutende Modeausstellung, die man als zeitlich befristetes Modemuseum bezeichnen könnte, fand während der Pariser Weltausstellung statt, die vom 15. April bis 12. November 1900 dauerte. Über fünfzig Millionen Menschen besuchten die Expo, die unzählige Einzelausstellungen umfasste, unter denen die Modeausstellung eine der beliebtesten war. Diese Ausstellung, die in einem provisorischen Gebäude untergebracht war, das meist als Palais du Costume bezeichnet wird, bestand aus dreißig Tableaus, in denen Wachsfiguren sowohl zu historischen als auch zeitgenössischen Szenen angeordnet war. Darüber hinaus gab es zahlreiche Vitrinen, die mit passenden Kleidungsstücken oder Accessoires gefüllt waren, wie zum Beispiel eine Gruppe von Handschuhen aus vergangenen Jahrhunderten. Einige der historischen Darstellungen – etwa „Gallische Frauen zur Zeit der Römerinvasion" – enthielten nachempfundene Kleidung (die der Theaterkostümbildner T. Thomas entworfen hatte), während andere geschichtliche Szenen erhaltene Stücke zur Schau stellten, beispielsweise ein Ballkleid, das einst die mittlerweile verstorbene Herzogin de Berry getragen hatte und das vom Grafen de Puiseux leihweise zur Verfügung gestellt worden war.

Ein noch populärerer Teil der Ausstellung, gestaltet von der Chambre Syndicale de la Confection et de la Couture (Schneider- und Näherzunft), war der zeitgenössischen Mode gewidmet. Er enthielt mehrere Kleider von Madame Jeanne Paquin, die sogar ihre eigene Frisierkommode zur Verfügung stellte. Eine weitere Vignette unter dem Motto „Vorbereitung für den Opernbesuch" zeigte die neuesten Couture-Schöpfungen des Maison Worth. Die Weltausstellung war ein kommerzielles Unterfangen, das der Förderung von Produktion und Handel dienen sollte. Die Bedeutung der Mode reichte jedoch über diesen wirtschaftlichen Aspekt hinaus, da Mode eine so wichtige Rolle im Bewusstsein der Franzosen spielte. Ein üppiger Katalog bildete fünfzig aktuelle „Meisterwerke" der französischen Schneiderkunst ab.

DAS DRITTE (ECHTE) MODEMUSEUM war zwar visionär, aber auch beiläufig. Visionär war es in dem Sinne, dass seine Fürsprecher in der Lage gewesen waren, die Bedeutung eines Modemuseums zu erkennen, auch wenn Bürokraten die Modesammlung und -ausstellung nur als Nebensache innerhalb eines größeren museologischen Vorhabens betrachteten. Folglich dauerte es noch sehr lange, bis ein auf Mode spezialisiertes Spartenmuseum gegründet wurde, und selbst innerhalb des Kunst- und Design-Museums führten die Modekollektionen eher ein Schattendasein. Wenngleich die Société de l'histoire du costume bereits 1907 gegründet worden war, wurde erst 1977 das Musée de la Mode et du Costume de la Ville de Paris im Palais Galliera eröffnet. In der Zwischenzeit hatte der Modehistoriker François Boucher 1948 die Union Française des Arts du Costume gegründet, aber erst 1997 fand seine Sammlung im Musée des Arts Décoratifs eine Heimat. Spartenmuseen für Mode entstanden derweil auch in anderen Ländern, oft auf der Grundlage privater Sammlung. Häufiger jedoch wurden solche Sammlungen in die Kostümabteilungen bereits bestehender Museen integriert. So gründete die Philanthropin Irene Lewisohn beispielsweise 1937 mit Aline Bernstein und Polaire Weissman das Museum of Costume Art in den USA, doch schon 1944 ging dessen Sammlung mit zehntausend Stücken in einer Abteilung des Metropolitan Museum of Art auf, die man Costume Institute taufte.

Das Fashion Institute of Technology wurde 1944 gegründet, und 1963 nahm das Brooklyn Museum Gespräche über die Ausleihe eines Teils seiner Kostümsammlung an das FIT auf. Bereits 1968 – ein Jahr, bevor das Brooklyn Museum seine erste Ladung mit Leihgaben schickte – empfing das FIT bedeutende Spenden von Kleidungsstücken für seine eigene Sammlung. In diesem Jahr übergab die Schauspielerin Lauren Bacall dem FIT beispielsweise 142 Stücke, unter anderem von Chanel, Givenchy, Norell und Emilio Pucci, und sogar noch 1986 spendete sie Kleider. Die Erbin Doris Duke spendete 1971 einundzwanzig Kleidungsstücke, unter anderem von Balenciaga, Dior und Fath sowie ein rotes « La Sirène »-Abendkleid von Charles James. Diese und viele weitere Anschaffungen fanden unter der Führung von Robert Riley statt, dem ersten Leiter des Design-Labors am FIT. Auf diese Weise baute das Design-Labor am FIT – auch wenn es sich anfangs noch auf langfristige Leihgaben vom Brooklyn Museum stützte – von Beginn an eine bedeutende eigene Modesammlung auf.

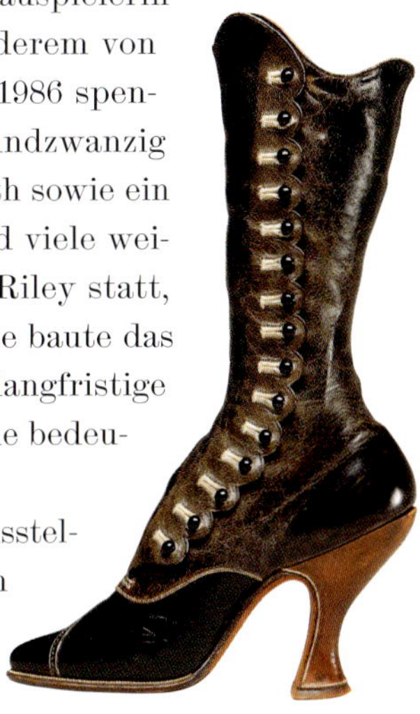

Bis in die 1970er Jahre hinein waren die meisten Kleiderausstellungen in Museen antiquarisch ausgerichtet und chronologisch angeordnet. Typischerweise bestanden diese Ausstellungen aus Damenmode der Oberschicht (gewöhnlich als

„Kostüme“ bezeichnet), die durch ihre Anordnung die zeitliche Abfolge von Stilen aufzeigen sollte. Oft versuchte man, „wirklichkeitsnahe“ Ankleidepuppen zu schaffen, die in historisch anmutende Szenen oder zeitgenössische Räume gestellt oder gesetzt wurden. Das Londoner Victoria and Albert Museum stellte möglicherweise 1971 mit Cecil Beatons *Fashion: An Anthology* die erste neuartige Modeausstellung der Welt auf die Beine. Beaton ersuchte seine zahllosen stilbewussten Freunde um Spenden, darunter Madame Agnelli, Pierre Cardin, Lady Diana Cooper, die Herzogin von Devonshire, Michael Fish, Margot Fonteyn, Mary Quant, Yves Saint Laurent, Diana Vreeland und die Herzogin von Windsor. Sie spendeten Kleidungsstücke, die von der Haute Couture des frühen zwanzigsten Jahrhunderts bis zum Mod-Stil der 1960er Jahre reichten, und veränderten so auf einen Schlag den Status der Kostümsammlung des V&A. Die Ausstellung wurde mit großer Verve präsentiert. Kurz danach fanden Diana Vreelands berühmte Ausstellungen am Costume Institute in New York City statt. Die ehemalige Chefredakteurin der *Vogue* setzte damit in Sachen Drama und Spannung neue Maßstäbe, wenngleich die Veranstaltungen aufgrund ihrer kommerziellen Ausrichtung und historischer Ungenauigkeiten auch in das Kreuzfeuer der Kritik gerieten. Trotz dieser Mängel gelang es Vreeland jedoch damit, Kostümausstellungen von jenem Dunst des Altmodischen zu befreien, der bislang über den meisten von ihnen gelegen hatte.

Das Design-Labor am FIT zögerte nicht lange, viele von Vreelands neuen Ideen aufzugreifen. Während der 1970er Jahre veranstaltete Robert Riley eine Reihe mitreißender Ausstellungen, von denen *Paul Poiret* (25. Mai bis 11. September 1976) die wichtigste war: die erste Ausstellung in Amerika, die dem König der Mode gewidmet war. Poiret, der 1879 geboren wurde, revolutionierte in den Jahren unmittelbar vor dem Ersten Weltkrieg die Mode. Die Ausstellung am FIT umfasste mehr als fünfundsiebzig außergewöhnliche Ensembles, darunter sechzehn frühe Kreationen, die Poirets 94 Jahre alte Witwe Denise als Leihgaben zur Verfügung gestellt hatte. Im Mittelpunkt der Hauptgalerie stand eine Nachbildung von Poirets berühmtem Ball « La Mille et Deuxième Nuit » („Tausendundzweite Nacht“) von 1911, die Bill Cunningham als „eine Revolution in den höchsten Höhen der Ausstellungszauberei“ beschrieb. „Der berühmte Garten am Haus der Modeschöpfers in der [Rue du] Faubourg Saint-Honoré ist auf den 3.260 Quadratfuß [303 m²] der Galerie in zauberhafter Weise nachempfunden.“ Die Anziehpuppe, die Denise Poiret darstellen sollte, war mit einem „persischen“ Kostüm verkleidet, das aus einem lavendelfarbenen Brokatturban, einer Silberlamé-Tunika, einer kirschroten Chiffon-Haremshose und rosaroten Satinpantoffeln bestand. Ursprünglich hatte dieses Ensemble die Frau von Henry Clews getragen, eine von Poirets frühesten Kunden, und es war dem FIT, auf Vorschlag Rileys, von Frau Katheryn Colton gespendet worden. Die Ausstellung hatte Robert Riley, der Leiter des Design-Labors, organisiert, und gestaltet worden war sie von Marty Bronson, dem Direktor der Galerien am FIT.

Die massentauglichste und populärste Art der Modeausstellung ist möglicherweise jene, die einem einzelnen berühmten Modeschöpfer – oder einer anderen prominenten Persönlichkeit – gewidmet ist. Traditionell wurden nur illustre Figuren der Vergangenheit einer Retrospektive für würdig erachtet, doch in den 1980er Jahren begann man damit, auch

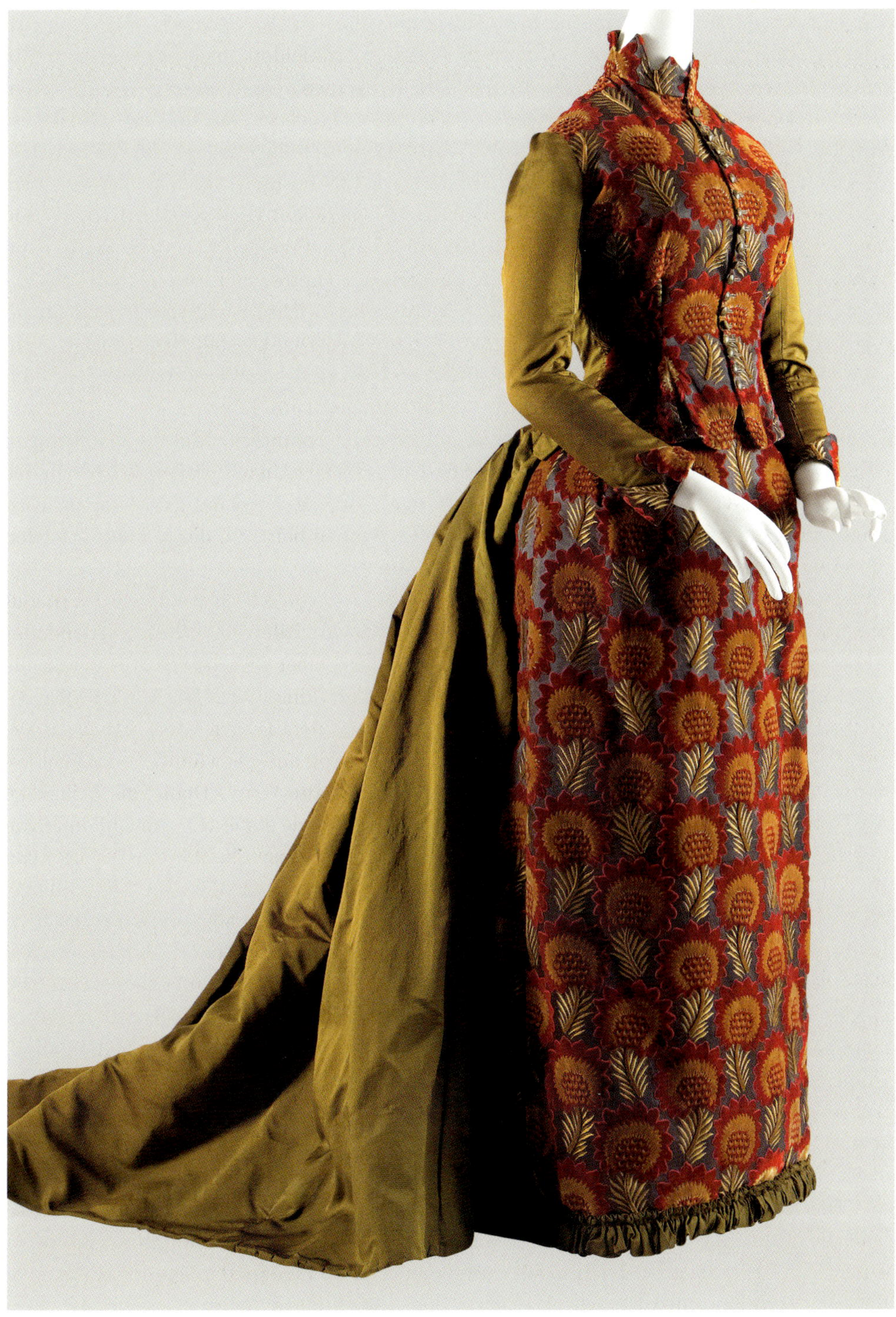

einzelnen lebenden Modeschöpfern eigene Museumsausstellungen zu widmen. Nachdem sich Riley in den Ruhestand verabschiedet hatte, wurde das FIT von einem Dreigestirn geleitet, das aus Laura Sinderbrand, Richard Martin und Harold Koda bestand. Unter deren zahlreichen herausragenden Ausstellungen konzentrierten sich mehrere auf aktuelle Modeschöpfer. Die erste davon – *Givenchy: Thirty Years* (11. Mai bis 2. Oktober 1982) präsentierte ein eindrucksvolles Aufgebot von knapp hundert Ensembles des französischen Couturiers Hubert de Givenchy. Im Jahr darauf löste Frau Vreelands Rückschau auf das Schaffen von Yves Saint Laurent, die im Costume Institute zu sehen war, heftige Kontroversen aus. Ein Kritiker der Zeitschrift *Art in America* drückte es so aus: „Als Verschmelzung des Yin und Yang von Eitelkeit und Habgier war die Yves-Saint-Laurent-Show so, als überlasse man die Galerieräume General Motors, um dort Cadillacs zur Schau zu stellen.“ Es ist interessant zu spekulieren, weshalb die Presse so unterschiedlich auf die Givenchy-Ausstellung am FIT und die Saint-Laurent-Ausstellung am Costume Institute reagierte, aber einer der Gründe könnte das schiere Unbehagen darüber sein, dass man zeitgenössische Mode in den heiligen Hallen eines Kunstmuseum präsentierte. Auch heute noch sind Ausstellungen zu einzelnen Modeschöpfern oft umstritten. Unabhängig davon, ob sie für die Ausstellung zahlen oder nicht, wünschen die Designer Mitsprache bei der Auswahl der Stücke und der Art der Anordnung und Darstellung. Wissenschaftliche Kuratorenarbeit kann jedoch eine wichtige Rolle dabei spielen, die Beiträge einzelner Modeschöpfer zu beurteilen und eine Sicht auf Mode zu vermitteln, die eine Alternative zu der der Modeindustrie bietet.

Derweil verwischte Richard Martin, ein gelernter Kunsthistoriker und Kritiker, am FIT die Grenzen zwischen Kunst und Mode. Die berühmte Ausstellung *Fashion and Surrealism* (30. Oktober 1987 bis 23. Januar 1988) wurde von Martin, Sinderbrand und Koda gemeinsam kuratiert und von Stephen de Pietri eindrucksvoll gestaltet. Neben Kunstwerken des Surrealismus und Mode aus den 1930er Jahren – wie etwa Elsa Schiaparellis und Salvador Dalís berühmter „Tears Dress“ – enthielt die Ausstellung auch zahlreiche neuere Stücke, die von den Surrealisten inspiriert waren. „*Fashion and Surrealism* ist eine provokante und schöne Ausstellung“, erklärte Deborah Drier in *Art in America*. Die Ideen und Schlussfolgerungen seien „ernst“, doch „die Umsetzung war alles andere als trocken und schulmeisterlich. ... Stephen de Pietri ordnete die über 400 Exponate in über einem Dutzend Tableaus an, ... denen es gelang, den märchenhaften Charme eines Cocteau-Films zu versprühen, während sie gleichzeitig bestimmtes surrealistisches Gedankengut veranschaulichten: Fetischismus, Metamorphose, Verdrängung, die Frau als Verkörperung des Anderen.“ In einem Artikel über die Zukunft von Modeausstellungen („The Future of Fashion Exhibitions“) lobte Bill Cunningham *Fashion and Surrealism* mit den Worten: „Die FIT-Galerien können eine Chronik von Ausstellungen aufweisen, die so aufwendig inszeniert sind, daß sie die visuelle wie intellektuelle Neugier des Besuchers wecken.“

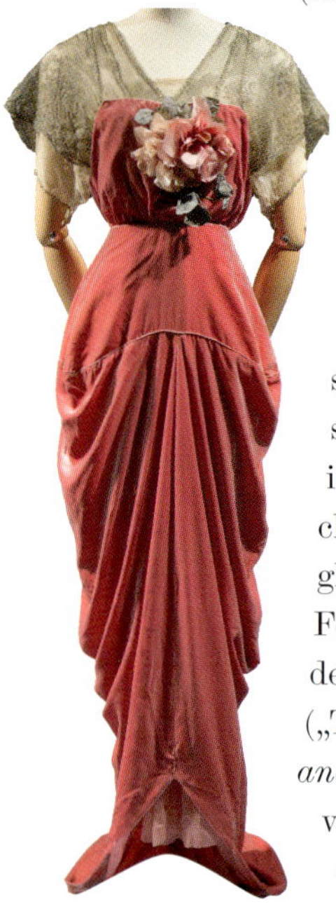

SEITE 19
Tageskleid
USA, um 1882
aus der Galerie Mode- und Stoffgeschichte (erste Rotation)

GEGENÜBER UNTEN
Abendkleid von Robert
Frankreich, 1912–1914
aus der Ausstellung Pink: *The History of a Punk, Pretty, Powerful Color*

UNTEN
Abendkleid von Jane Régny
Frankreich, um 1931
aus der Ausstellung *Seduction*

Ein gutes Jahr nach Halstons Tod, als sowohl seine Karriere als auch sein Ruf in Trümmern lagen, stellte das FIT die Ausstellung *Halston: Absolute Modernism* (29. Oktober 1991 bis 11. Januar 1992) auf die Beine, mit der die Aufmerksamkeit wieder auf das Wesentliche gelenkt wurde: Halstons Genialität als Modeschöpfer. Das MFIT besitzt wahrscheinlich die weltbeste Sammlung von Halstons Mode, nebst Schnittmustern, Entwürfen und Fotografien.

Gianni Versace: Signatures (6. November 1992 bis 9. Januar 1993) war die erste und ist vermutlich noch immer die größte Ausstellung, die Versace gewidmet war. Sie füllte zwei ganze Stockwerke und war ein durchschlagender Erfolg, der gewaltige Besuchermassen anzog und ein großes Echo in den Medien fand, das durchweg höchst positiv ausfiel. Kurz nach diesem Triumph wechselten Martin und Koda nordwärts zum Costume Institute. Richard Martins tragischer früher Tod 1999 (im Alter von nur 52 Jahren) raubte der Modewelt eine ihrer schöpferischsten Kräfte.

Zwischenzeitlich änderte das Kuratorium des FIT 1993 den Namen der Einrichtung von „Design Laboratory and Galleries at FIT“ zu „The Museum at FIT“. Dorothy Globus, die ehemalige Direktorin des Cooper-Hewitt Museum, wurde Direktorin des MFIT. Sie holte eine Reihe von Ausstellungen zu anderen Themen ins Museum, etwa zum schwedischen Kungliga Balett. Einige dieser Ausstellungen, wie *Hello Again* (über das Recycling), waren zwar innovativ, lenkten das Museum aber insgesamt vom Schwerpunkt Mode ab. Globus' meistbesuchte Ausstellung war die Retrospektive *Unmistakably Mackie* (24. September bis 31. Dezember 1999), in der Bob Mackies Kostüme für Künstler wie Cher zu sehen waren. Ich wurde 1997 zur leitenden Kuratorin des Museums am FIT ernannt, hauptsächlich weil ich eine Modehistorikerin war, die eine Reihe wissenschaftlicher Publikationen nachweisen konnte. Nach mehreren Jahren als geschäftsführende Direktorin wurde ich 2003 zur Direktorin ernannt. Patricia Mears, ehemals Kuratorin in der Kostümabteilung des Brooklyn Museum, kam 2005 als Forschungskuratorin zum Museum am FIT und wurde 2006 zur stellvertretenden Direktorin befördert. Wir beide haben auch weiter geschrieben und Ausstellungen kuratiert, während wir gleichzeitig eine neue Generation von Kuratoren ausbildeten und ein professionelles Museums-Team aufbauten, das von Fred Dennis und Colleen Hill (Kuratoren), Ann Coppinger (Musealisierung), Sonia Dingilian (Archiv), Tanya Melendez (Bildungs- und Öffentlichkeitsprogramme), Tamsen Young (Medien) sowie Michael Goitia (Ausstellungen) geleitet wird.

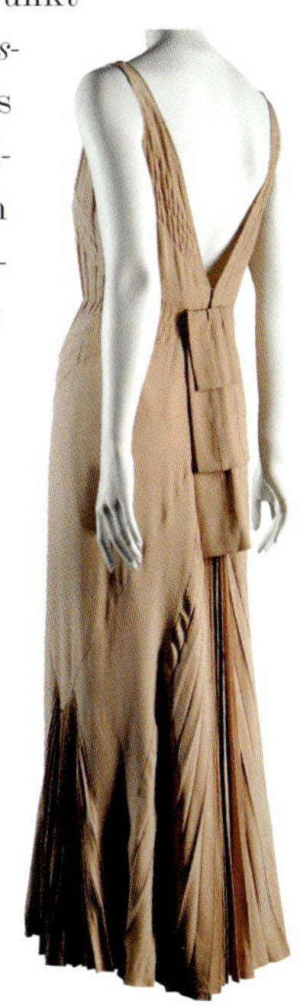

Während sich das Museum ausdrücklich auf seine Aufgabe als Spartenmuseum für Mode zurückbesonnen hat, wurde auch gesteigerter

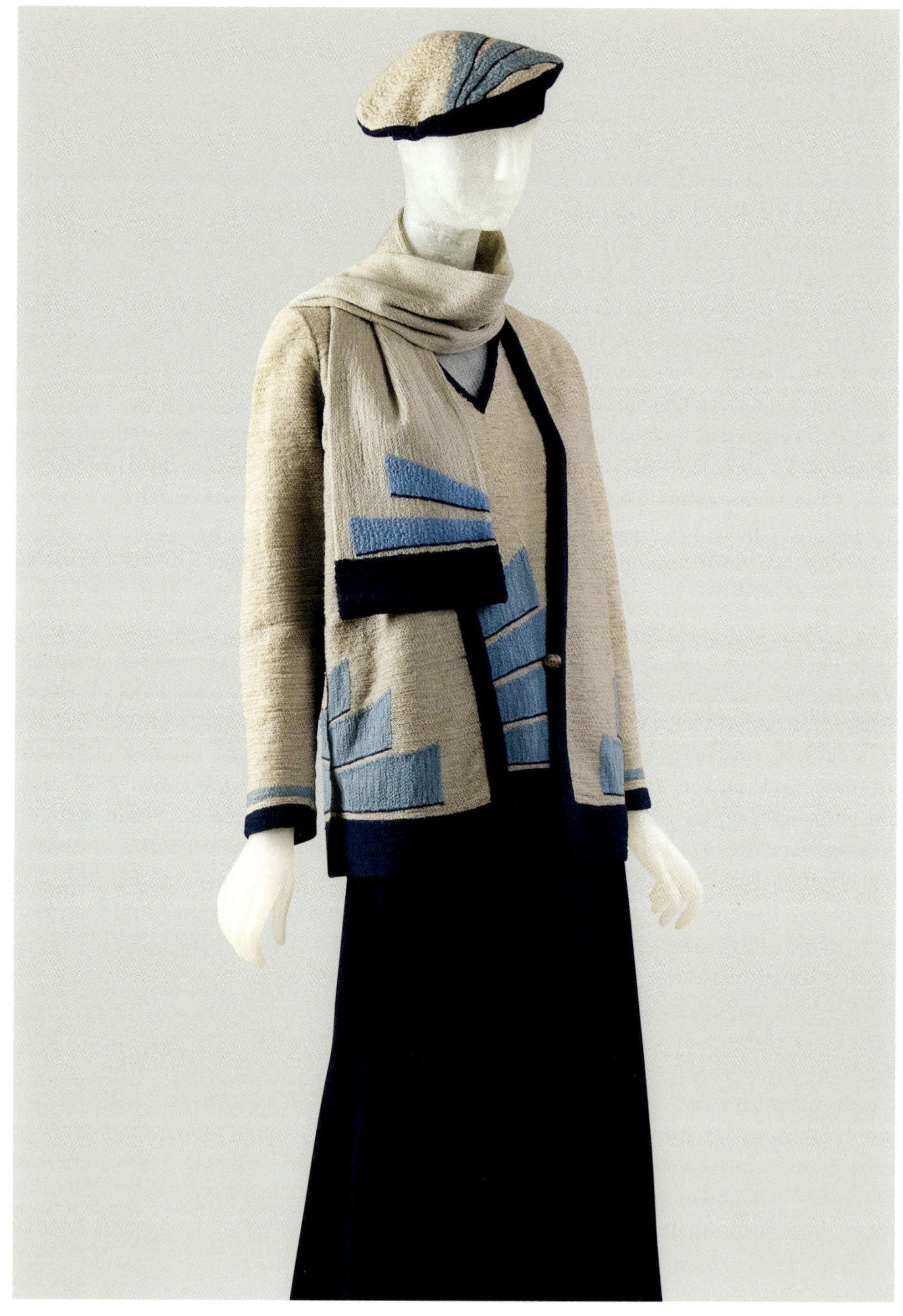

GEGENÜBER
Ensemble
Frankreich, um 1929
aus der Ausstellung
Night & Day

UNTEN
Abendschuhe von Perugia
Frankreich, 1940
aus der Ausstellung
Luxury

Wert auf eine breite Palette an Bildungsprogrammen gelegt. Viele unter den Hunderten an Fachkursen und -touren, die alljährlich angeboten werden, unterstützen unmittelbar die pädagogische Aufgabe der Hochschule. Dabei sind die Modekulturprogramme und die Modesymposien allesamt der lebenslangen Weiterbildung gewidmet und für die Öffentlichkeit kostenlos. Zudem organisiert das Museum jedes Jahr über ein Dutzend Ausstellungen für Studenten und Dozenten, darunter die jährliche *Art and Design Graduating Student Exhibition*, die sich über das Museum hinaus auf den gesamten Campus der Hochschule erstreckt. Eine Zusammenarbeit mit Studenten von der School of Graduate Studies des FIT trägt beispielsweise dazu bei, ihnen beizubringen, gut recherchierte Ausstellungen wie *Designing the It Girl: Lucile and Her Style* zu produzieren. Studenten der Kunstgeschichte und der Museumsberufe, die noch keinen Abschluss erworben haben, können auch in der Besucherbetreuung des Museums arbeiten.

Die Galerie für Sonderausstellungen ist der Ort für die größten und wichtigsten Ausstellungen, die meist unter einem Motto stehen. Beispiele dafür sind *London Fashion*, *The Corset: Fashioning the Body*, *A Queer History of Fashion* und *Fairy Tale Fashion*. Es gab auch Ausstellungen, die einem einzelnen Modeschöpfer gewidmet waren, wie etwa *Madame Grès: Sphinx of Fashion*. Solche Ausstellungen bedienen sich meist in der ständigen Sammlung, beziehen aber auch Leihgaben aus anderen Archiven und Museen sowie privaten Sammlungen mit ein. Die Galerie für Mode- und Textilgeschichte soll historische Zusammenhänge anhand von Ausstellungen verdeutlichen, die bis zu 250 Jahre Modegeschichte umspannen. Hier wird auch die ständige Sammlung des Museums zur Schau gestellt, da alles, was hier zu sehen ist, dem Museum gehört. Zu den bedeutenden Ausstellungen in dieser Galerie gehören *Force of Nature*, *Fashion's Global Cities*, *Denim* und *PowerMode*.

Das Museum am FIT verfolgt eine Sammelstrategie, die sich auf ästhetisch und historisch bedeutsame Mode konzentriert, mit einem Schwerpunkt auf zeitgenössischer avantgardistischer oder „richtungsweisender“ Mode. Im Unterschied zu Kunstmuseen, die sich möglicherweise auf Haute Couture konzentrieren (die oft als Kunst angesehen wird), ist das MFIT ein Spartenmuseum für Mode, so dass wir bewusst versuchen, Mode zu erwerben, die die Mode voranbringt. Wir suchen nach Mode, die im kulturellen Gedächtnis langfristig bedeutsam bleiben wird. Dazu mag selbstverständlich auch Couture gehören, insbesondere originelle Stücke, doch auch Straßen- oder

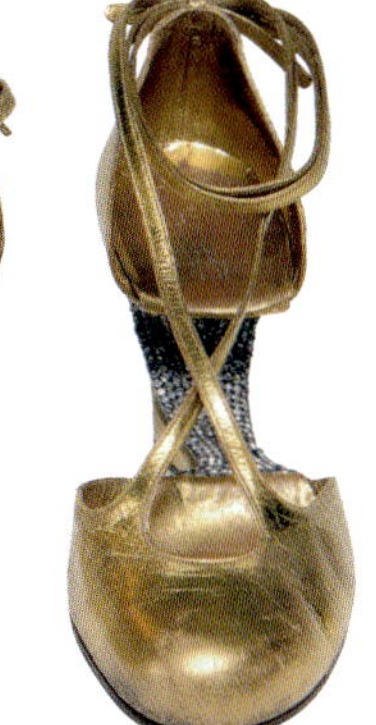

UNTEN
Plateaustiefel von Noritaka Tatehana
Japan, 2010
aus der Ausstellung
Japan Fashion Now

GEGENÜBER
Kleid von Costello Tagliapietra
USA, 2010
aus der Ausstellung
Eco Fashion: Going Green

Subkulturmode. Die Ausstellung *Gothic, Dark Glamour* zeigte, dass Modeschöpfer die Anhänger der Goth-Subkultur nicht kopierten, sondern dass sich Angehörige beider Gruppen ähnlicher Bildquellen bedienten, beispielsweise Vampirfilme. Wir sind weniger an Designer-Mode interessiert, die lediglich wirtschaftlich erfolgreich ist, sondern eher an Designer-Mode, die einen Zeitabschnitt versinnbildlicht oder andere Designer beeinflusst. Während wir auch weiterhin große Mode aus der Moderne des frühen zwanzigsten Jahrhunderts erwerben, wenn sie uns in die Hände fällt, konzentrieren wir uns stärker auf Mode des späten zwanzigsten und frühen einundzwanzigsten Jahrhunderts.

Mode von amerikanischen Schöpfern afrikanischer Abstammung – wie FIT-Absolvent Stephen Burrows – wird im MFIT schon lange gesammelt und ausgestellt, doch in jüngerer Zeit gab es bewusste Anstrengungen, ausgiebig von Designern aus der afrikanischen Diaspora zu sammeln. Die Ausstellung *Black Fashion Designer*s, kuratiert von Elizabeth Way, markierte einen wichtigen Wendepunkt in der Ausrichtung des Museums auf sogenannte „BIPoC"-Designer („schwarze", „eingeborene" und „farbige" Personen). Auch die Mode lateinamerikanischer Designer rückte zunehmend in den Brennpunkt der Aufmerksamkeit. Eine große Stärke des Museums am FIT lag traditionell im Bereich der japanischen Mode, besaß es doch eine bedeutenden Bestand an Arbeiten von Issey Miyake, Rei Kawakubo von Comme des Garçons und Yohji Yamamoto. Aus der avantgardistischen Empfindsamkeit vieler japanischer Modeschöpfer heraus entstand die Ausstellung *Japan Fashion Now*. „Schwarze" und japanische Designer spielten auch eine bedeutende Rolle in der Ausstellung *Pink: The History of a Punk, Pretty, Powerful Color*. Wenngleich der weitaus größte Anteil der Gegenstände in der Sammlung des Museums aus Damenkleidung und -accessoires besteht, besitzt das Museum auch eine breite Palette an Herrenmode. Teile davon waren in der Ausstellung *Ivy Style* zu sehen.

Wie ein Hai, der immer in Bewegung bleiben muss, weil er sonst stirbt, darf ein Modemuseum nicht aufhören, die Mode der Gegenwart zu sammeln und ständig nach Schöpfern zu suchen, die die wichtigen Designer von morgen sein könnten. Und während wir in die Zukunft schauen, freuen wir uns auch darauf, neue Wege zu erkunden, wie man Mode ausstellen und interpretieren kann.

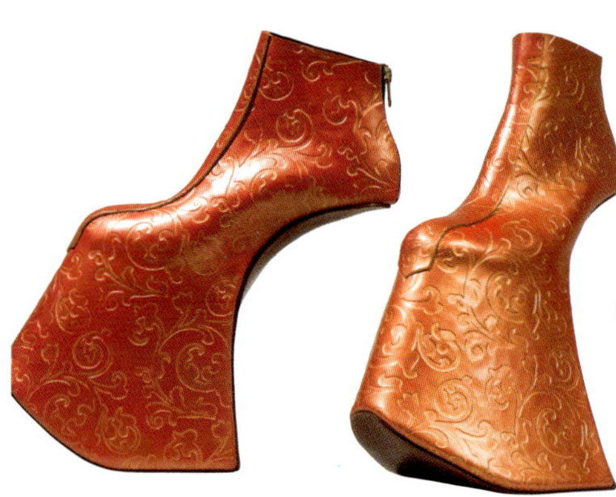

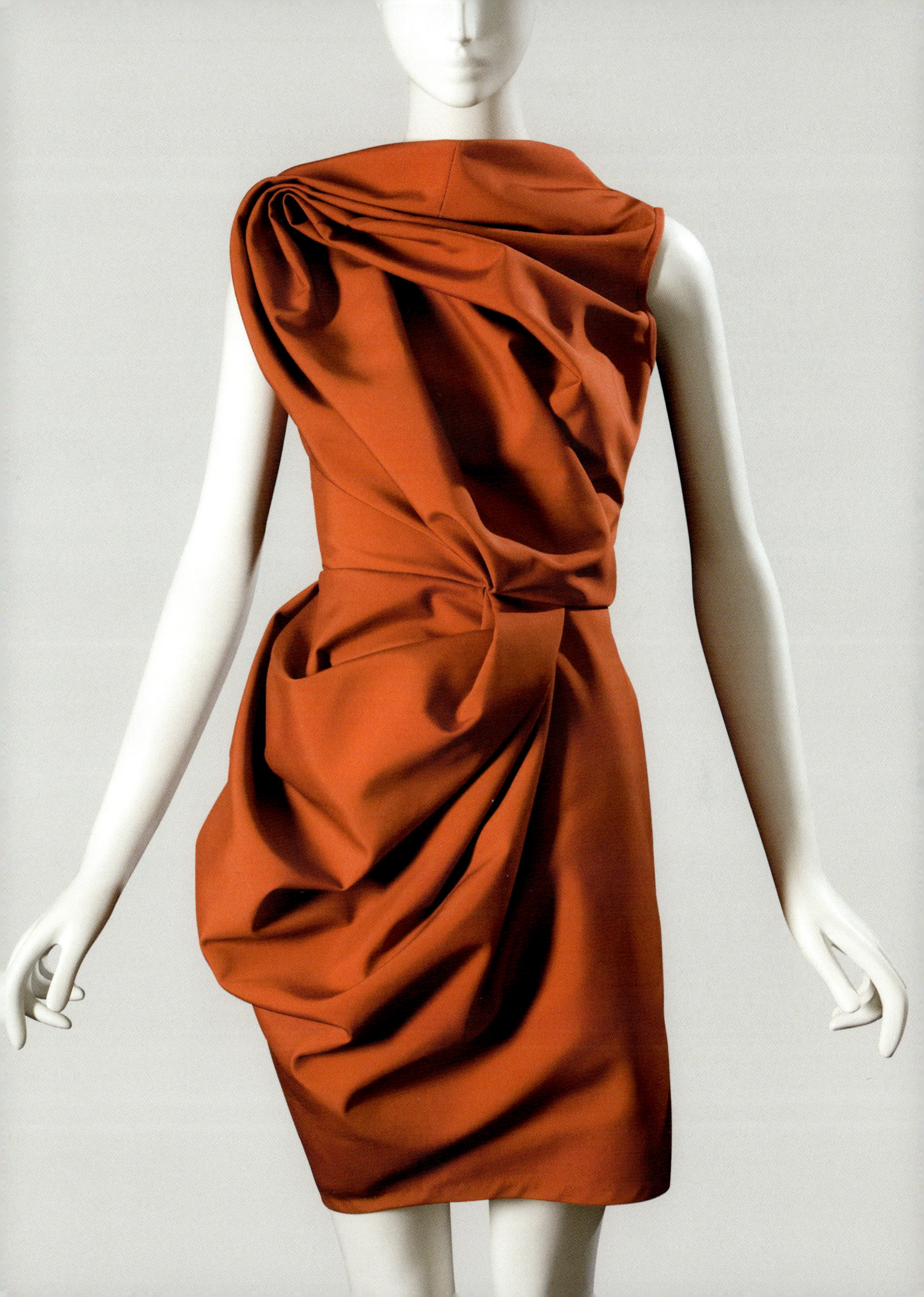

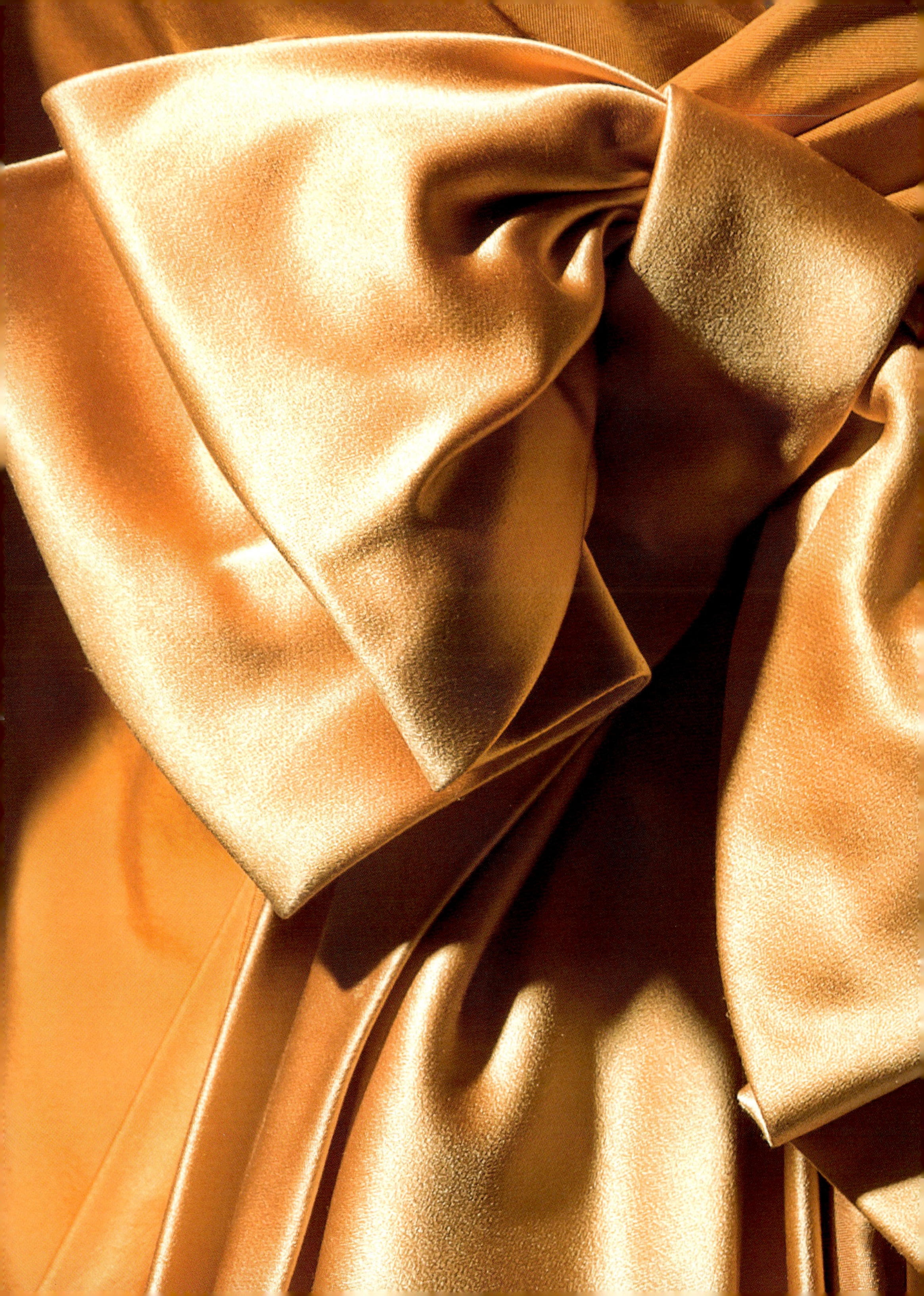

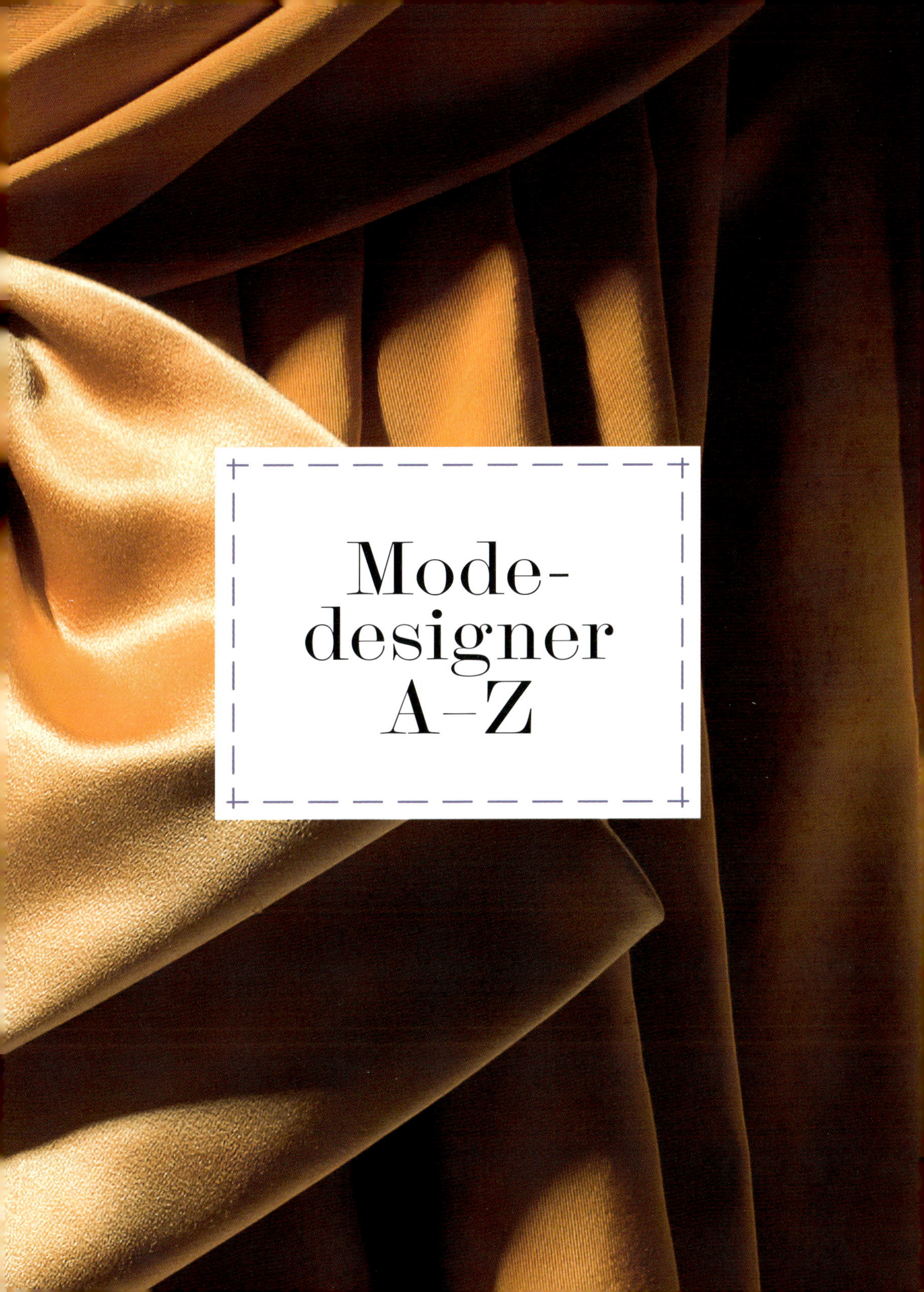

Mode-designer A–Z

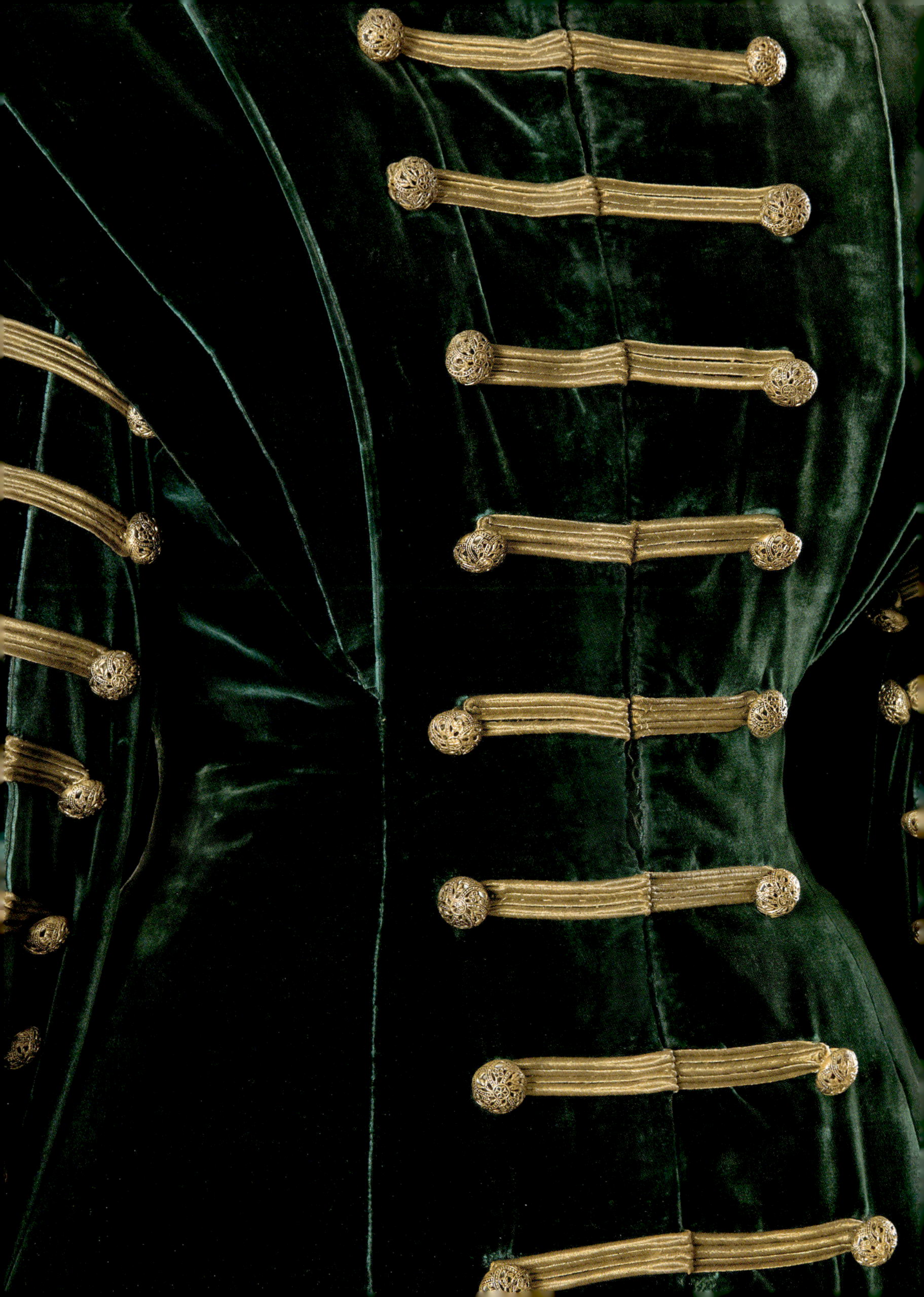

Adrian

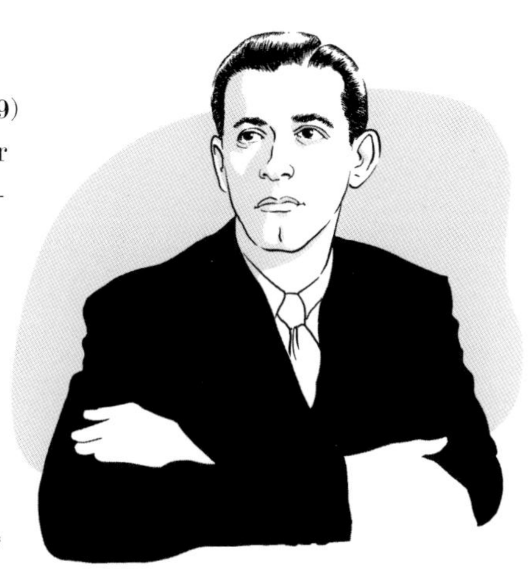

ADRIAN ADOLPH GREENBURG (1903–1959) Der Hollywood-Designer Adrian entwarf in der Zeit zwischen den beiden Weltkriegen die glamourösesten und meistbewunderten Kleider des Planeten. Ironischerweise handelte es sich bei den glitzernden Roben und extravaganten Ensembles, die er für Jean Harlow, Norma Shearer, Joan Crawford und Greta Garbo kreierte, um Filmkostüme, nicht um Haute Couture. In seiner Zeit als leitender Kostümbildner bei MGM erschuf Adrian mehr als nur Kleider: Er verwandelte Hauptdarstellerinnen in glamouröse Filmstars.

Als Adrian Adolph Greenburg in eine Hutmacherfamilie geboren, arbeitete der junge Adrian nach seiner Ausbildung an der New Yorker School of Fine and Applied Art (später Parsons the New School for Design) zunächst als Kostümbildner am Broadway, ehe er 1928 zu den MGM-Filmstudios wechselte. Adrians herausragendes Talent war seine Fähigkeit, die neuesten Couturetrends aus Paris in seine Arbeit einfließen zu lassen, sie dem jeweiligen Star entsprechend abzuwandeln und den Look anschließend so auszuarbeiten, dass er die Filmhandlung unterstützte.

1941 verließ Adrian MGM, um in Beverly Hills ein Couture- und Konfektionshaus zu eröffnen; sein breites Sortiment an raffiniert geschnittenen Tages- und Abendkleidern in prächtigen Farben verkaufte sich gut und fand in den führenden Modemagazinen Beachtung.

Zu seinen bekanntesten Looks zählte das Wollkostüm, um die Jahrhundertmitte ein fester Bestandteil jeder Damengarderobe und von Adrian in unübertroffener Weise interpretiert: Wie es ihm gelang, farblich abgestimmte Wollstoffstreifen in unterschiedlichen Breiten und Anordnungen zu scheinbar unendlichen Mustervariationen zusammenzufügen, zeugt von einer Fantasie, Kreativität und handwerklichen Meisterschaft, die umso mehr beeindruckt, als Stoffe während der Kriegsjahre knapp waren. Trotz des kommerziellen Erfolgs seiner eigenen Mode bleibt Adrian vor allem als Kostümdesigner in Erinnerung, dessen Leinwandkreationen das Publikum noch heute begeistern. —*P. M.*

„Jeder Hollywood-Designer hat schon einmal erlebt, dass einer seiner Entwürfe ignoriert wurde, als er zum ersten Mal auf der Leinwand auftauchte und dann ein oder zwei Saisons später in Mode kam, weil Paris ihm inzwischen den Abnahmestempel aufgedrückt hatte.“ — ADRIAN

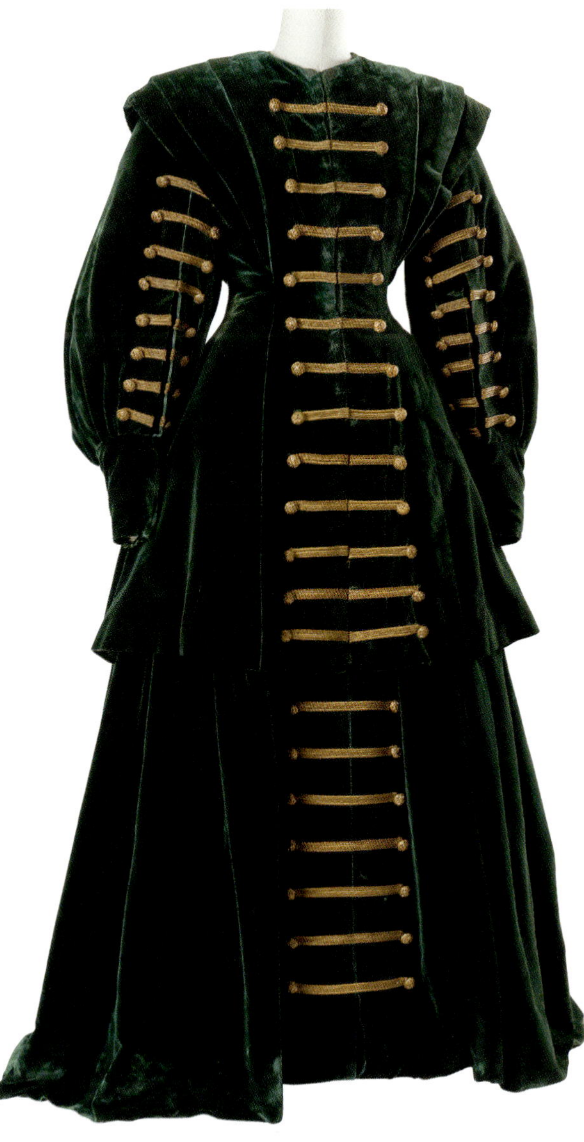

VORHERGEHENDE DOPPELSEITE UND LINKS
Adrian für MGM
Kleid: grüner Seidensamt
mit Goldtressen
USA, 1933

Dieses Kostüm im Stil des 17. Jahrhunderts trug Greta Garbo 1933 in der MGM-Produktion *Königin Christine*.

GEGENÜBER
Adrian
Kostüm: Wolle mit braunem
und elfenbeinfarbenem
Hahnentrittmuster
USA, um 1946

Maßkostüme waren in den 1940er-Jahren und darüber hinaus fester Bestandteil jeder Damengarderobe. Viele der schönsten Kostüme waren Anfertigungen des legendären Hollywood-Schneiders Gilbert Adrian.

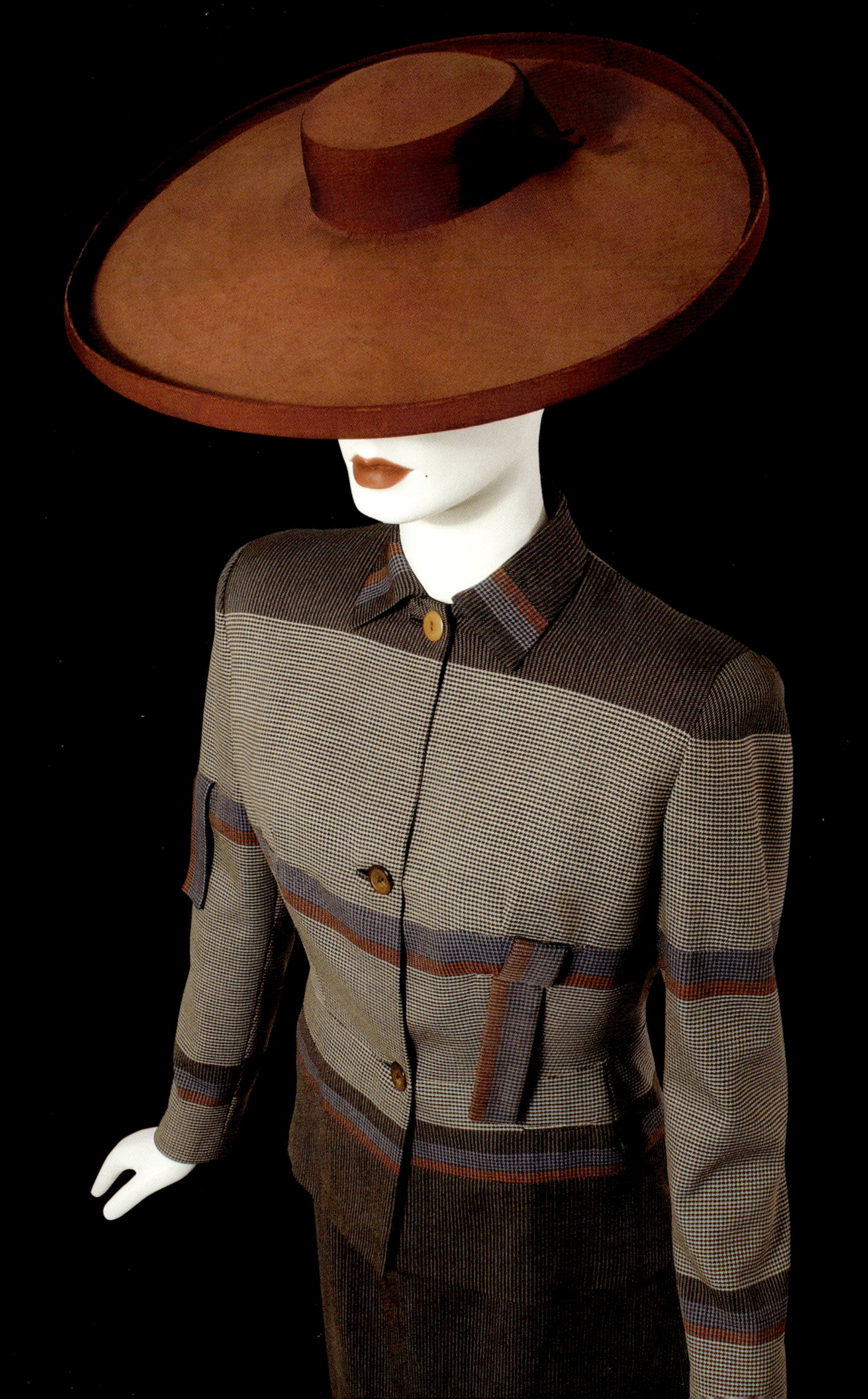

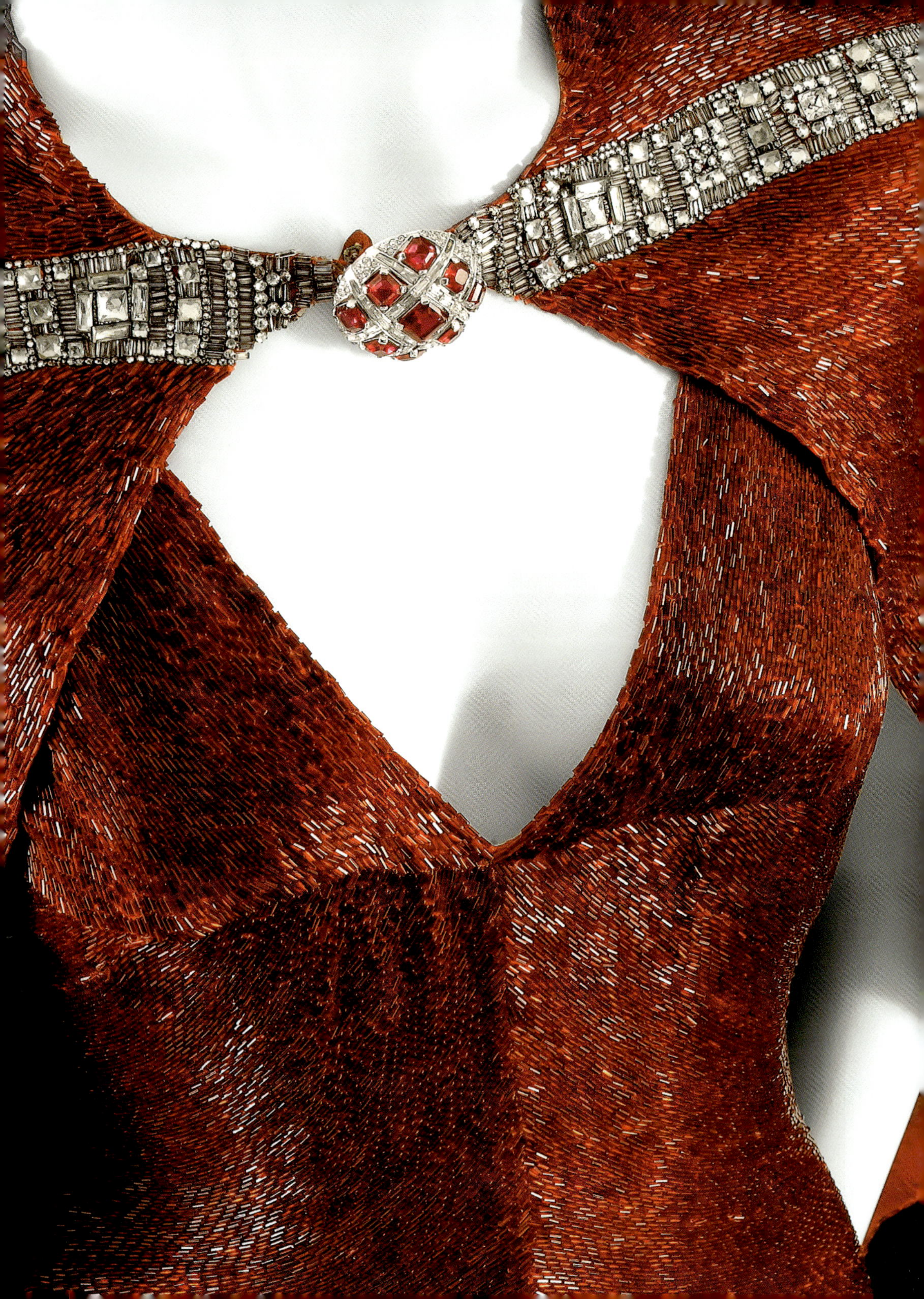

GEGENÜBER UND UNTEN
Adrian für MGM
Kleid und Umhang: rote Stiftperlen, Seidenkrepp
USA, 1937

Das leuchtende Rot dieser von Hand mit Stiftperlen bestickten Robe blieb dem Publikum, das 1937 den Schwarz-Weiß-Film *Die Braut trug Rot* sah, verborgen. Das von Joan Crawford getragene Kleid zählt zu Adrians berühmtesten Kreationen.

RECHTS
Adrian
Ensemble: braungrauer, rostbrauner, hellbrauner und grüner Kunstseidenkrepp
USA, 1945

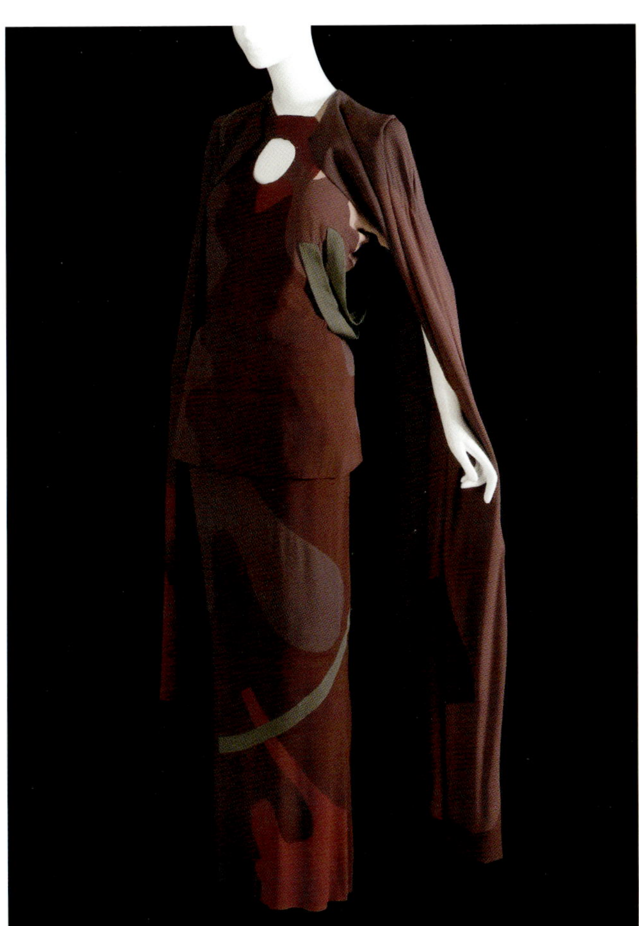

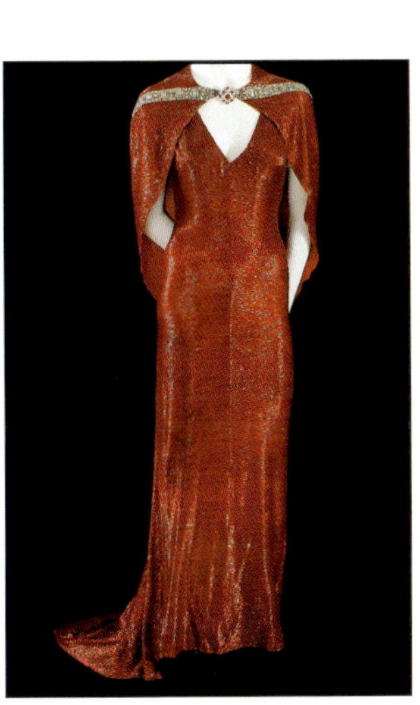

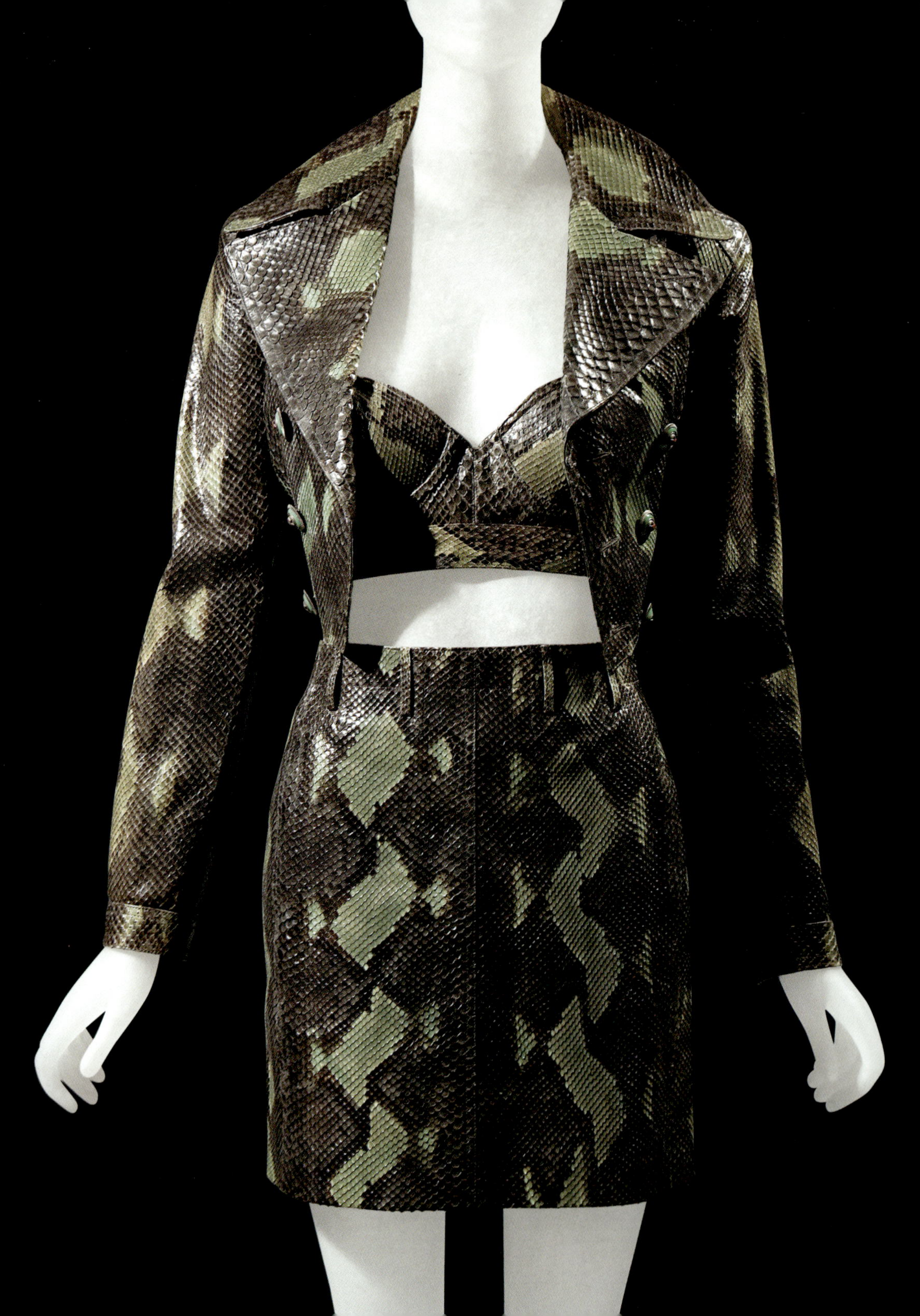

Azzedine Alaïa

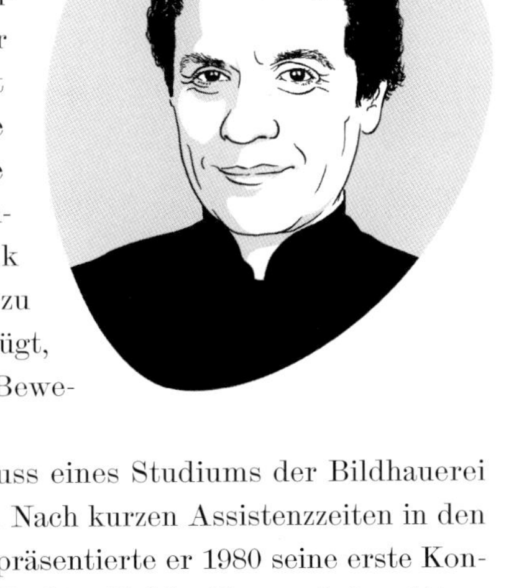

AZZEDINE ALAÏA (1940–2017) Die körperbetonte Mode der 1980er-Jahre hat Azzedine Alaïa viel zu verdanken; seine wie eine „zweite Haut" sitzenden Entwürfe wurden dafür geschätzt, die Figur einer Frau zugleich zur Schau zu stellen und zu betonen. Als Perfektionist in Sachen Form und Sitz schneiderte und drapierte Alaïa seine Kleider eigenhändig – vorzugsweise direkt am Körper –, um der Idealsilhouette nahezukommen. In einer Kombination aus Korsetttechnik und komplizierten Ziernähten werden mitunter bis zu 40 Einzelteile zu einem Kleidungsstück zusammengefügt, das die weiblichen Formen betonen und gleichzeitig Bewegungsfreiheit bieten soll.

Der gebürtige Tunesier Alaïa zog nach Abschluss eines Studiums der Bildhauerei 1957 nach Paris, um in der Modebranche zu arbeiten. Nach kurzen Assistenzzeiten in den Ateliers von Dior, Guy Laroche und Thierry Mugler präsentierte er 1980 seine erste Konfektionslinie und hatte damit – wie es schien, über Nacht – Erfolg: Frauen jeden Alters drängten darauf, auf die Wartelisten für seine neuesten Kreationen zu kommen. Bereits vor Eröffnung des Ladengeschäfts hatte Alaïa Maßanfertigungen für einen kleinen Kreis von Schauspielerinnen und Adligen entworfen, unter ihnen Greta Garbo, Marlene Dietrich und Cécile de Rothschild. Von Beginn der 1980er- bis in die frühen 1990er-Jahre zog Alaïas Ruhm wie ein Magnet bekannte Kundinnen wie Madonna, Tina Turner oder die amerikanische Modeikone Tina Chow an.

Alaïas Streben nach Perfektion trieb ihn, viele seiner Entwürfe immer weiter zu überarbeiten und zu verfeinern; er experimentierte mit Leder, Nieten, Industriereißverschlüssen und Stoffen wie Tweed, Lycra oder Seidenjersey. „Er gibt dir die mit Abstand beste Linie, die dein Körper zu bieten hat", wie Tina Turner es einmal auf den Punkt brachte. Im Jahr 2021 wurde Pieter Mulier zum Kreativdirektor ernannt. —*M. M.*

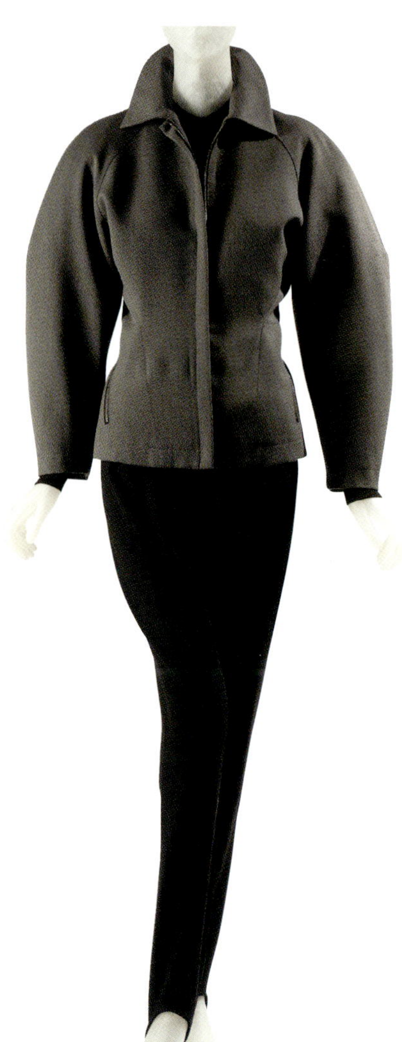

„Der Augenblick, in dem eine Frau ihren Körper zeigen kann, ist so kurz. Sie müssen das Beste daraus machen. Eine junge Frau mit bloßen Schultern, ein tief ausgeschnittenes Oberteil, das ist ein Geschenk der Natur.“

— AZZEDINE ALAÏA

VORHERGEHENDE DOPPELSEITE
Azzedine Alaïa
Ensemble: grünes Schlangenleder
Frankreich, 1991

In diesem Alaïa-Outfit aus Schlangenleder feierte das Supermodel Veronica Webb im New Yorker Szenelokal El Teddy's ihren 30. Geburtstag.

LINKS
Azzedine Alaïa
Jacke: graue Covert-Wolle
Frankreich, um 1987
Hose: schwarzes Wollgewirke
Frankreich, 1985

UNTEN
Azzedine Alaïa
Stiefel: Ponyleder mit Leopardenmuster
Frankreich, 1991

GEGENÜBER
Azzedine Alaïa
Kostüm: schwarze Wolle, Chenille mit Leopardenmuster
Frankreich, 1991

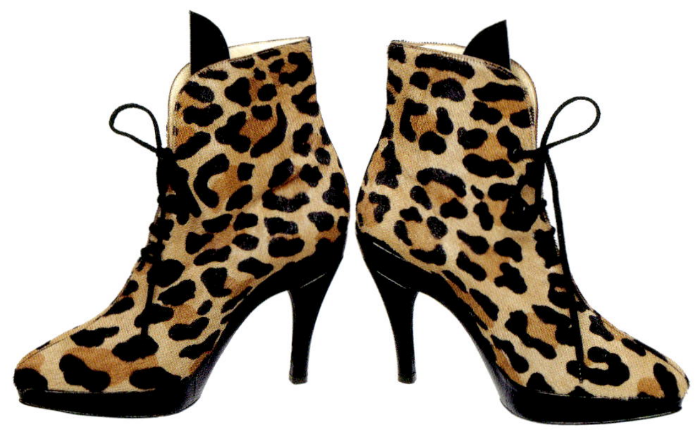

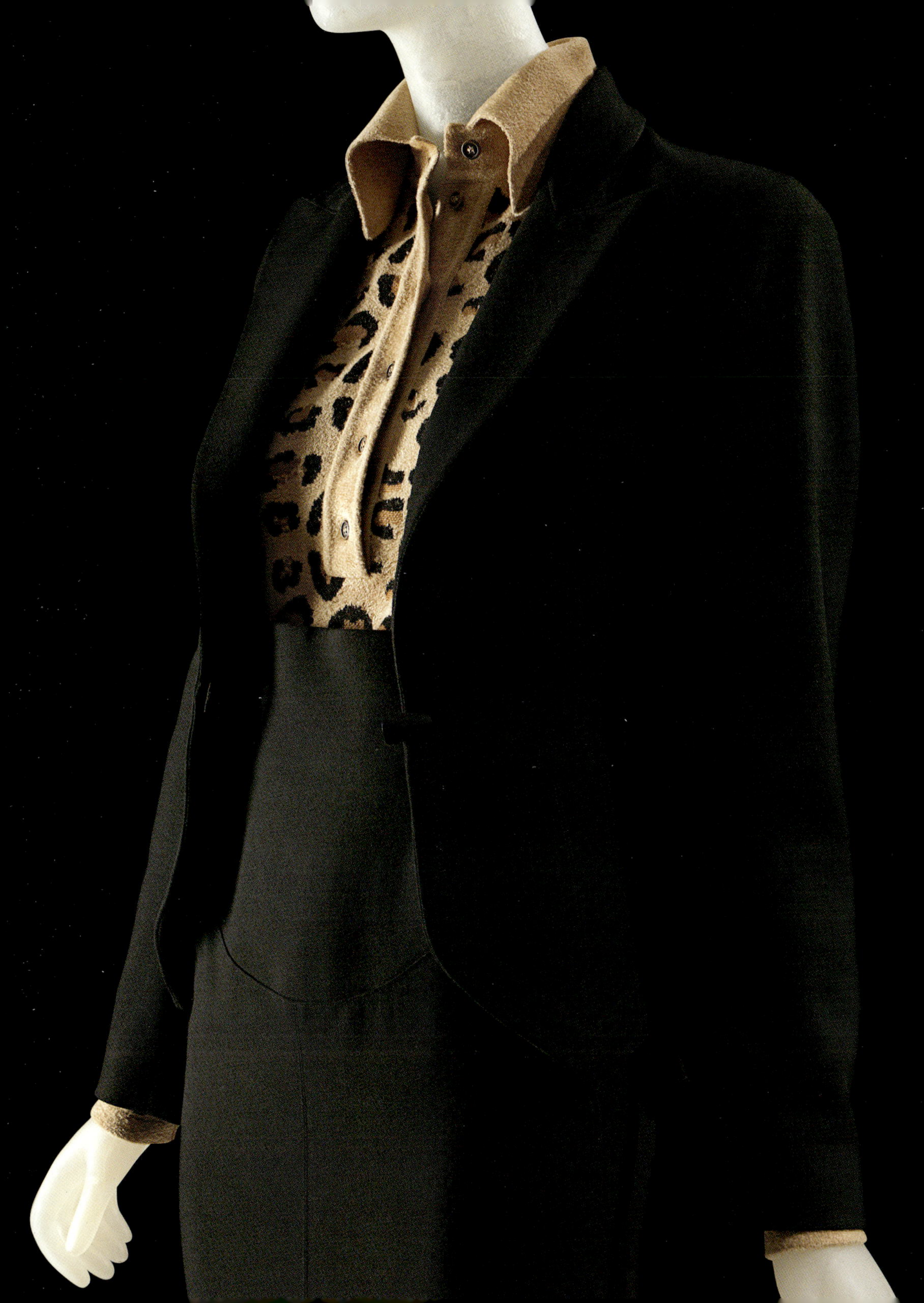

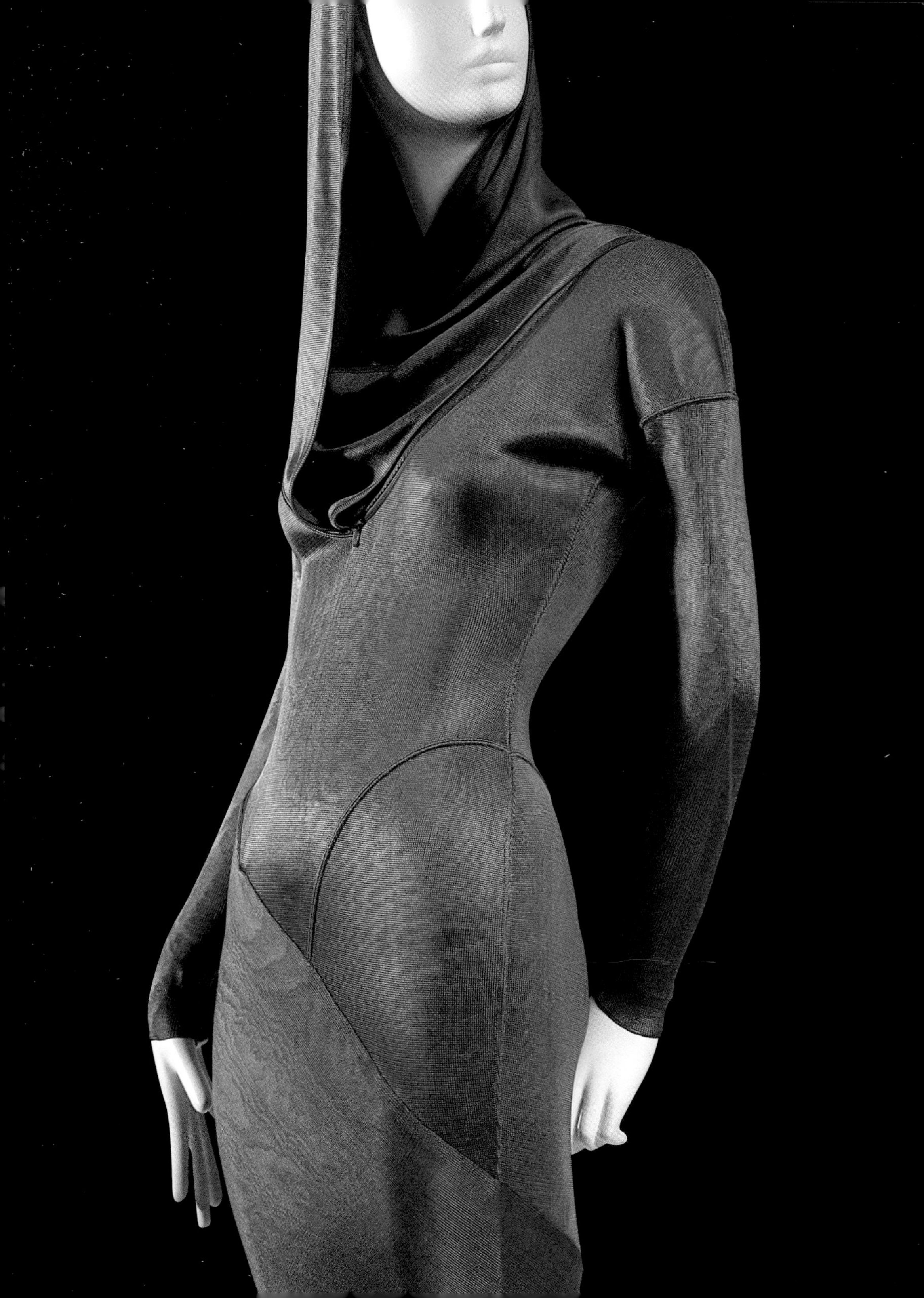

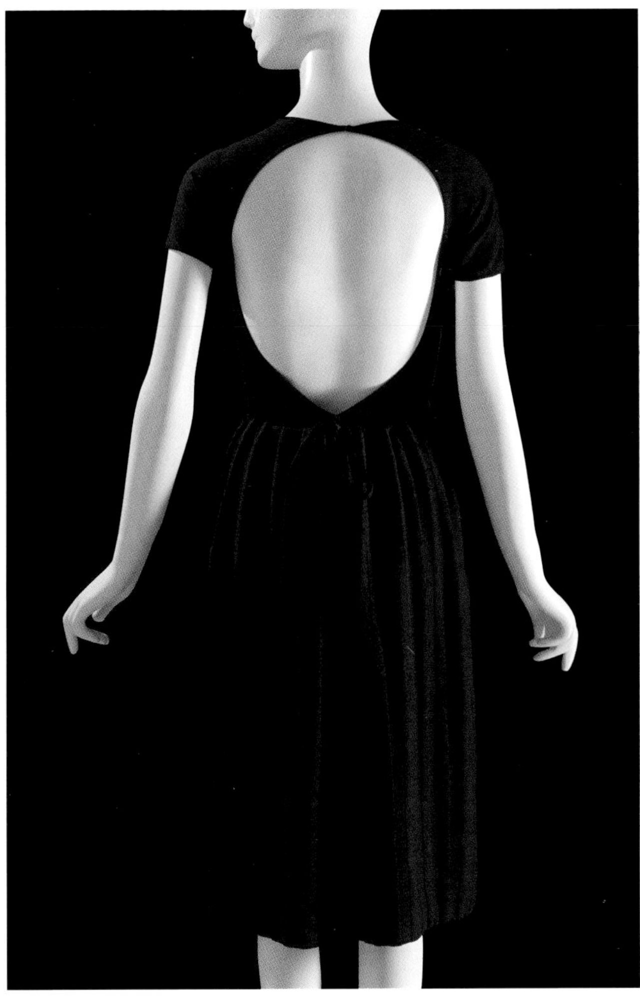

GEGENÜBER
Azzedine Alaïa
Kleid: grünes Azetatgewirke
Frankreich, 1986

Alaïas Kleider sind dafür berühmt, wie eine „zweite Haut" zu sitzen. Passform und Schnitt, bereichert um den einfallsreichen Einsatz von Nähten, machen seine handwerkliche Stärke aus.

LINKS UND UNTEN
Azzedine Alaïa
Kleid: schwarzer Wolljersey
Frankreich, 2007

„Sie werden niemanden finden, der das tut, was Alaïa tut, selbst heute nicht, nach all den Jahren, in denen jeder seine Kleider analysiert hat, um hinter das Geheimnis zu kommen."

JEANINE VERNES, HARPER'S BAZAAR

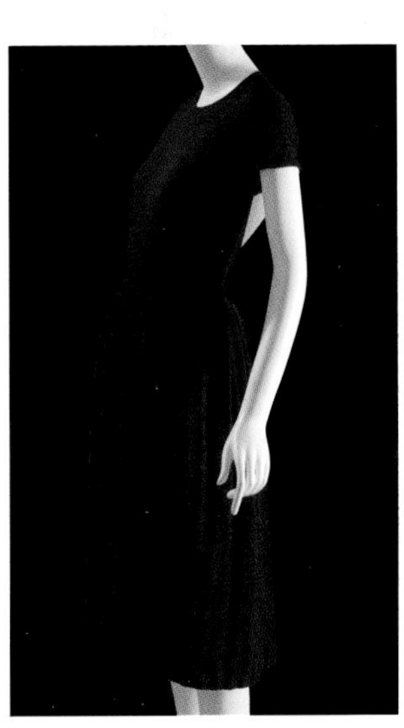

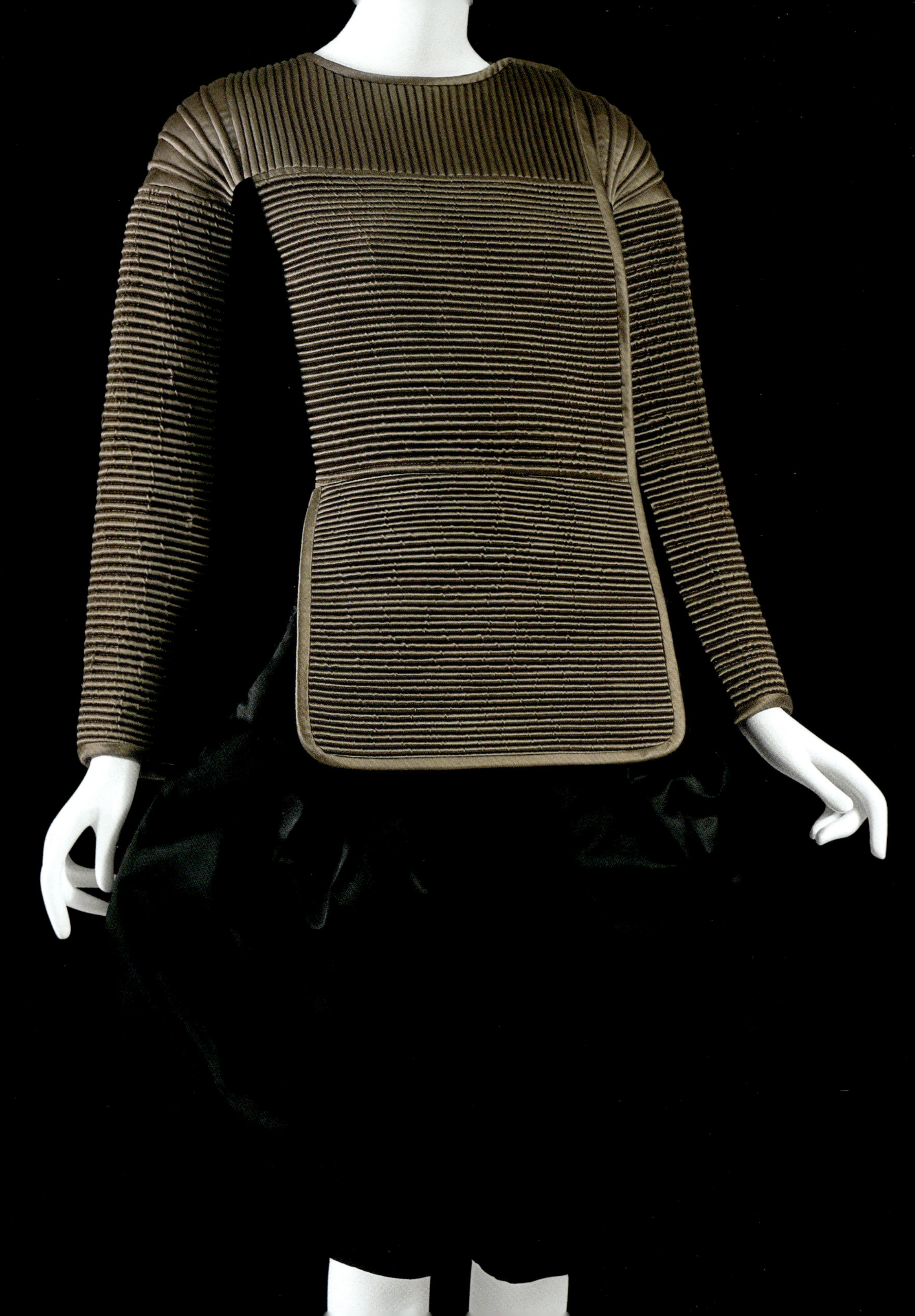

Giorgio Armani

GIORGIO ARMANI (* 1934) Giorgio Armanis unaufdringlicher und doch innovativer Stil veränderte in den 1970er-Jahren die Ästhetik der Mode. „Selbst in einem Land, in dem es fabelhafte Schneider gibt, gilt Giorgio Armani als Meister dieses Fachs", stellte die Modejournalistin Bernadine Morris 1980 in einem Artikel für die *New York Times* fest. „Was bei ihm neben der unerlässlichen Beherrschung von Schnitt, Konstruktion und Farbgebung noch hinzukommt, sind Stil und eine Vision." Armani-Anzüge vermittelten den Trägern mit ihrer Lässigkeit ein ungezwungenes, sehr individuelles Gefühl und waren – obschon von der Stange – stets erstklassig verarbeitet.

Armani, der aus dem norditalienischen Piacenza stammt, gelang es, sein intuitives Modeverständnis auch ohne branchenspezifische Ausbildung zu vervollkommnen – zunächst als Einkäufer für das exklusive Kaufhaus La Rinascente, später als Designer für den Stofffabrikanten und Modeschöpfer Nino Cerruti. 1975 gründete er in Mailand sein eigenes Modehaus und brachte noch im selben Jahr seine erste Herrenkollektion heraus. Die locker sitzenden Anzüge, die er erstmals 1976 präsentierte, stellten eine Innovation dar, die ihm schnell eine bedeutende Rolle in der zeitgenössischen Mode eintrug. Durch Verzicht auf steife Zwischenfutter und Abänderung der Standardproportion schuf Armani ein in seinen Worten „leichtes Jackett, genauso bequem wie ein Hemd, sinnlich selbst in der Art seiner Konstruktion". Seine sorgfältig gewählte Farbpalette war – und bleibt – dezent und neutral, er selbst spricht von den „Farben der Morgen- und Abenddämmerung". Noch im selben Jahr entstand auch die erste Damenkollektion, die häufig dem Look und Konstruktionsprinzip der Herrenlinie folgte.

1980 etablierte Armani sich dauerhaft auf dem amerikanischen Markt – dank Richard Gere, der in *American Gigolo* über 30 verschiedene Maßanzüge des Modeschöpfers auf der Leinwand vorführte. Im Lauf des Jahrzehnts baute Armani sein Imperium unter anderem durch eine Junior-Linie, Accessoires und Bademode beständig aus. Er kreiert nach wie vor Kleider, die seinen minimalistischen Ursprüngen treu bleiben, doch seine jüngeren Exkursionen in exotische, schmuckvollere Designregionen – von der Modekritikerin Suzy Menkes als „Symbole der Flucht aus der grauen Alltagsrealität" bezeichnet – haben sich als ebenso erfolgreich erwiesen. *—C. H*

„Nur wenige Kleidungsstücke sagen mehr über das Leben von heute aus als jene von Giorgio Armani."
— C. R. MILBANK, MODEAUTOR

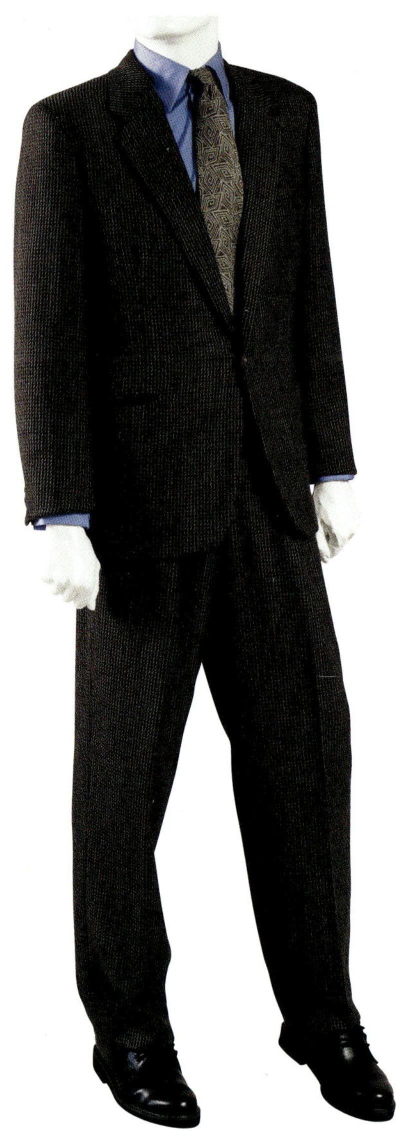

„Meine Mode ist nicht unisex, aber sie will Männer von einer sanfteren Seite zeigen und Frauen von einer stärkeren."
— **Giorgio Armani**

VORHERGEHENDE DOPPELSEITE
Giorgio Armani
Ensemble „Samurairüstung":
bronzefarbener Seidensatin,
schwarzer Samt, schwarze
Seide, Pailletten
Italien, 1981

LINKS
Giorgio Armani
Herrenanzug: brauner
und grauer Woll-Tweed
Italien, 1982

GEGENÜBER
Giorgio Armani
(Armani Privé)
Abendkleid: silberfarbene
Seide, Swarovski-Kristalle
im „Diamond Leaf"-Schliff
Italien, 2007

Diese Robe ist mit annähernd 100 000 Swarovski-Kristallen im Diamond-Leaf-Schnitt besetzt, einer von Swarovski eigens für Armani entwickelten Form.

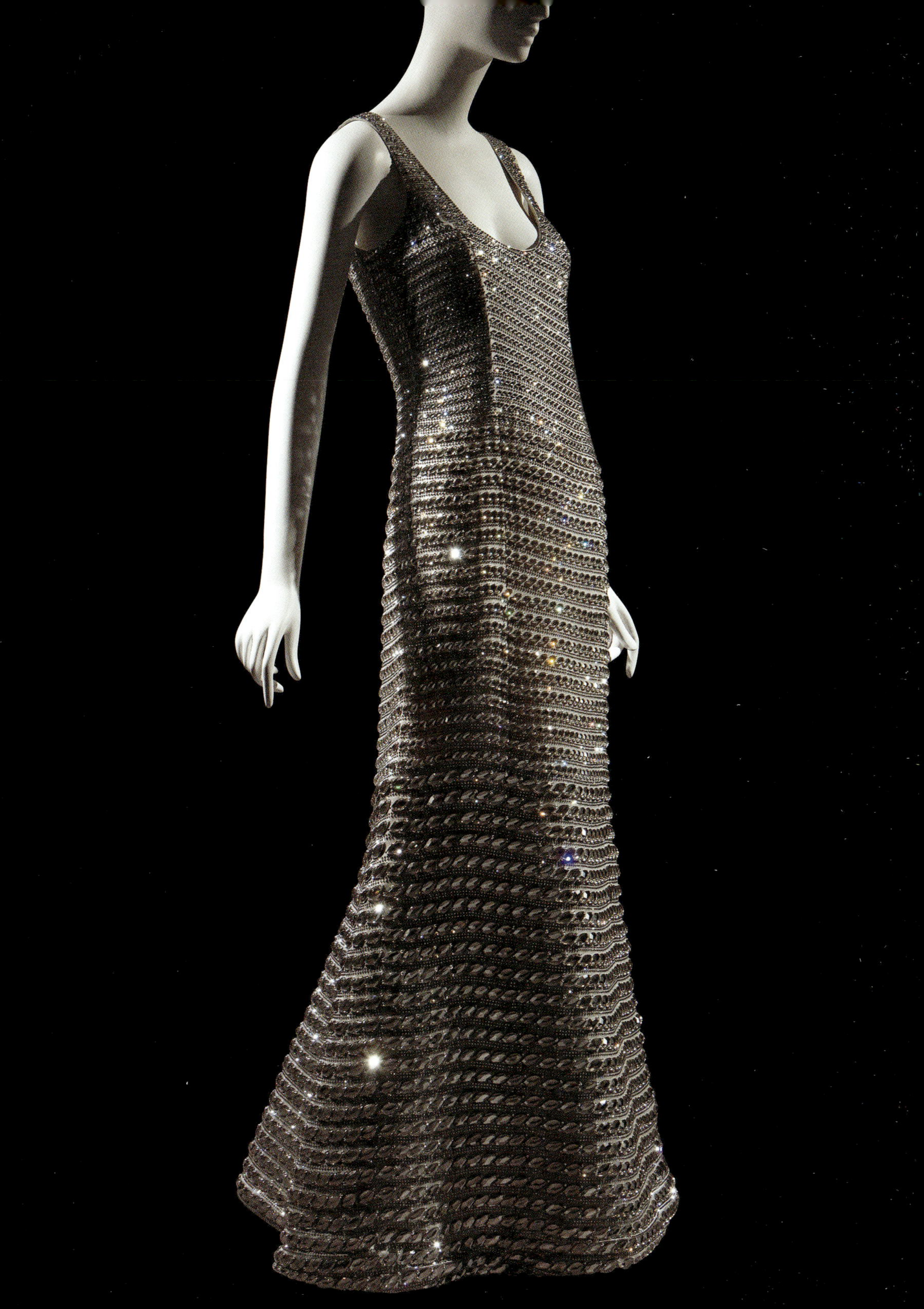

Balenciaga

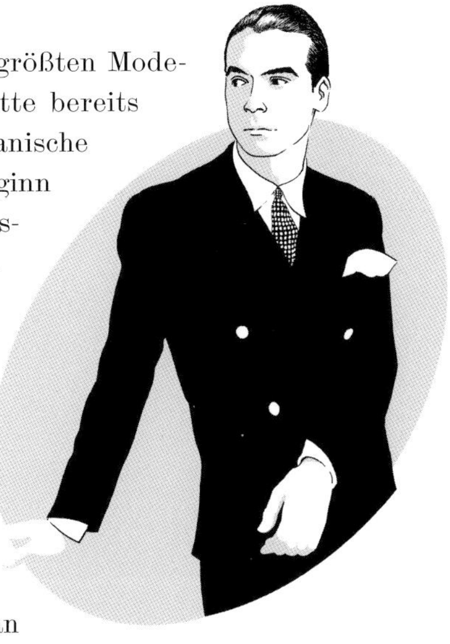

CRISTÓBAL BALENCIAGA (1895–1972) war einer der größten Modeschöpfer der Geschichte. Der gebürtige Baske hatte bereits Salons in Barcelona und Madrid eröffnet, als der Spanische Bürgerkrieg ihn 1937 ins Pariser Exil zwang. Von Beginn an arbeitete er erfolgreich für eine äußerst anspruchsvolle Klientel, zu der unter anderem die Herzogin von Windsor, Pauline de Rothschild, Gloria Guinness und Mona Bismarck zählten.

Während der über 30 Jahre, in denen er sein Couturehaus in der Avenue George V führte, blieb die Kunst und Kultur seines Heimatlandes Balenciagas wichtigste Inspirationsquelle. Sein berühmtes Ballkleid „Infanta" aus dem Jahr 1939 beispielsweise war eine Reverenz an Velázquez' Meisterwerk *Las Meninas*, seine Boleros erinnerten an die Kostüme der Stierkämpfer, seine ausgestellten Röcke an die Kleider von Flamencotänzerinnen. Später wurden die voluminösen Silhouetten traditioneller klerikaler Gewänder zu einem zentralen Thema. Folgten Balenciagas frühe Entwürfe vorwiegend noch den Körperkonturen (die allerdings von komplexen Draperien und Flächenornamenten überdeckt sein konnten), nahm sein Stil mit der Zeit eine abstrakte, skulpturale Schlichtheit an.

Anfang der 1950er-Jahre entwickelte Balenciaga ein antailliertes Jackett, dessen fließende, komfortable Linie unterschiedlichsten Figurtypen schmeichelte. Seine Ballonkleider, Sackkleider und Baby-Doll-Hängerchen waren weitere Schritte auf einem Weg, der die Mode von ihrer Fixierung auf Sanduhr-Silhouetten abbrachte.

In der Überzeugung, dass Eleganz angesichts der aufkommenden Jugendkultur nicht mehr von Bedeutung war, zog Cristóbal Balenciaga sich 1968 aus der Couture zurück. Doch seine Experimente mit Volumen, Formen und Konturen revolutionierten die Mode in einem Maß, das ihn in den Augen von Christian Dior zu „unser aller Meister" machte.

1986 erwarb die Unternehmensgruppe Jacques Bogart die Rechte an der Marke Balenciaga und verhalf ihr durch die Einführung einer Konfektionslinie zu neuer Bedeutung. Der Designer Nicolas Ghesquière war von 1997 bis 2012 Kreativdirektor des Hauses; ihm folgte Alexander Wang, der bis 2015 für Balenciaga arbeitete. 2021 wurde Demna Gvasalia zum künstlerischen Leiter ernannt. —*V. S.*

„Wie Balenciaga oft sagte: ‚Frauen müssen nicht vollkommen oder auch nur schön sein, um meine Kleider zu tragen.' Seine Kleider erledigten das für sie."
— GLORIA GUINNESS, SALONLÖWIN

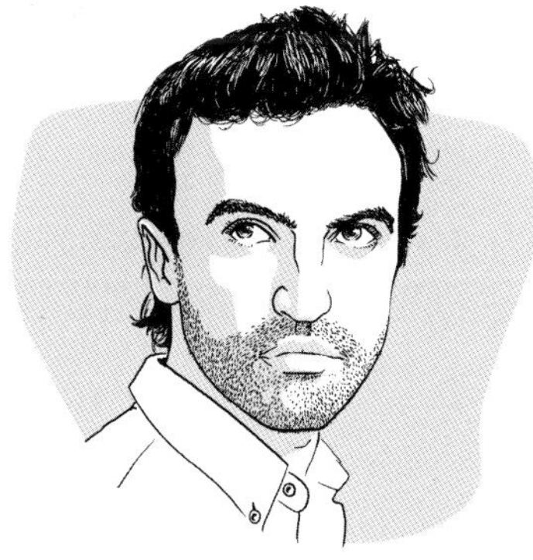

Nicolas Ghesquière (* 1971)

„Wenn Dior der Watteau der Schneiderei ist … ist Balenciaga der Picasso der Mode. Denn ähnlich wie im Werk dieses Malers … kommt bei Balenciaga, trotz aller Experimente mit der Moderne, ein tiefer Respekt vor Tradition und der reinen, klassischen Linie zum Ausdruck."
— **Cecil Beaton, Fotograf und Kostümbildner**

VORHERGEHENDE DOPPELSEITE UND GEGENÜBER
Cristóbal Balenciaga
Abendkleid: Durchbrucharbeit aus schwarzem Seidensamt
Frankreich, 1938

Balenciaga war einer der größten Modeschöpfer aller Zeiten. Er eröffnete sein Pariser Couturehaus im Jahr 1937 und zog auf der Stelle die anspruchsvollste Klientel an, etwa die Herzogin von Windsor, Pauline de Rothschild, Gloria Guinness und Mona Bismarck. Dieses exquisite Kleid stammt aus der Couturesammlung der 1992 verstorbenen Tina Chow.

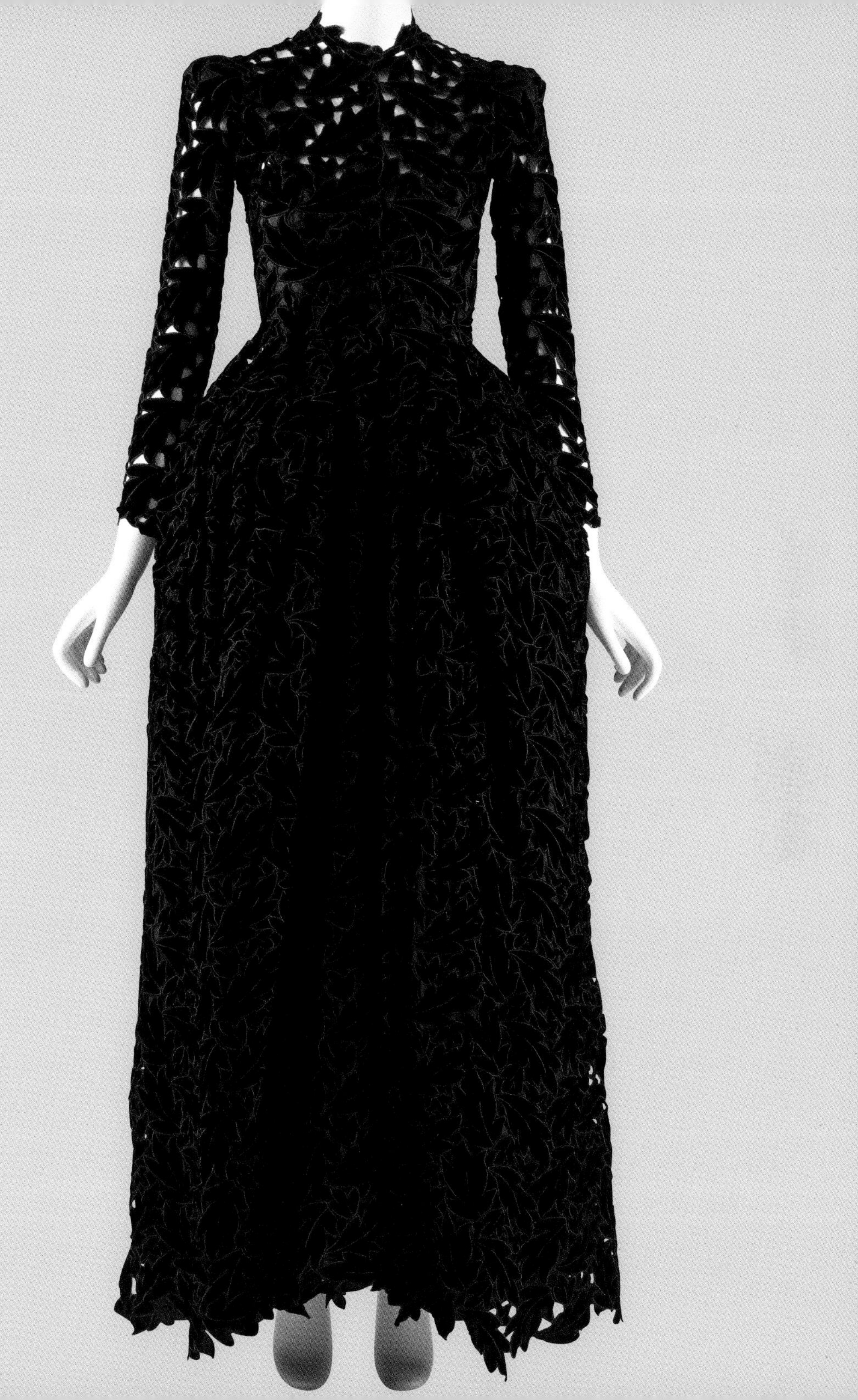

RECHTS
Cristóbal Balenciaga
Mantel: grauer, brauner, hellbrauner und schwarzer Kesi-Samt
Frankreich, 1950

Balenciaga war ein wahrer Architekt der Mode, der strenge, elegante Formen erforschte und dabei auf Materialien wie Seidengaze, Samt oder Ottomangewebe zurückgriff.

UNTEN
Cristóbal Balenciaga
Cocktailkleid: schwarzer Seidentaft; grauer, brauner, hellbrauner und schwarzer Kesi-Samt
Frankreich, 1950

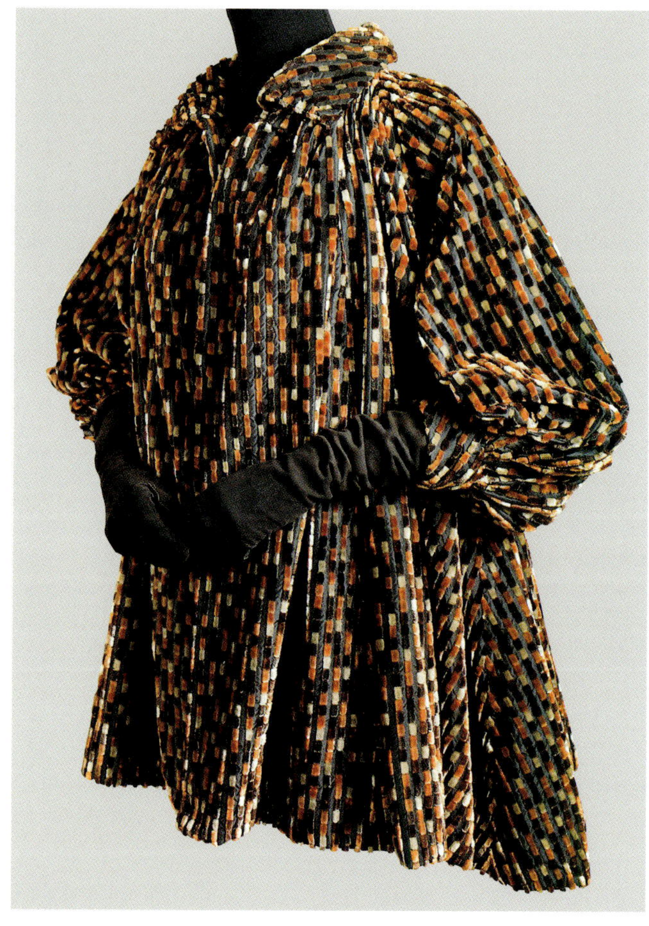

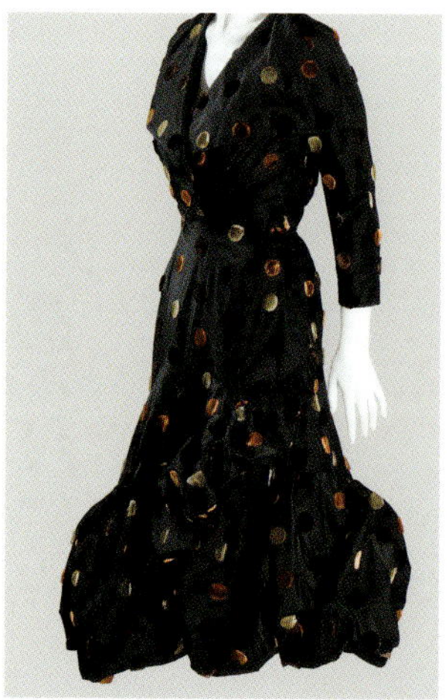

GEGENÜBER
Balenciaga
(Nicolas Ghesquière)
Mantel: braune, hellbraune, grauweiße und schwarze Wolle; hellbraunes Lammfell; schwarzes Leder, Chinchilla, Pailletten
Frankreich, 2007

Nicolas Ghesquière stellte seine erste Kollektion für das Haus Balenciaga 1997 vor. Sein Design, das sich auf Balenciaga-Konzepte und -Techniken der Vergangenheit stützt, hat das Haus fest im 21. Jahrhundert etabliert.

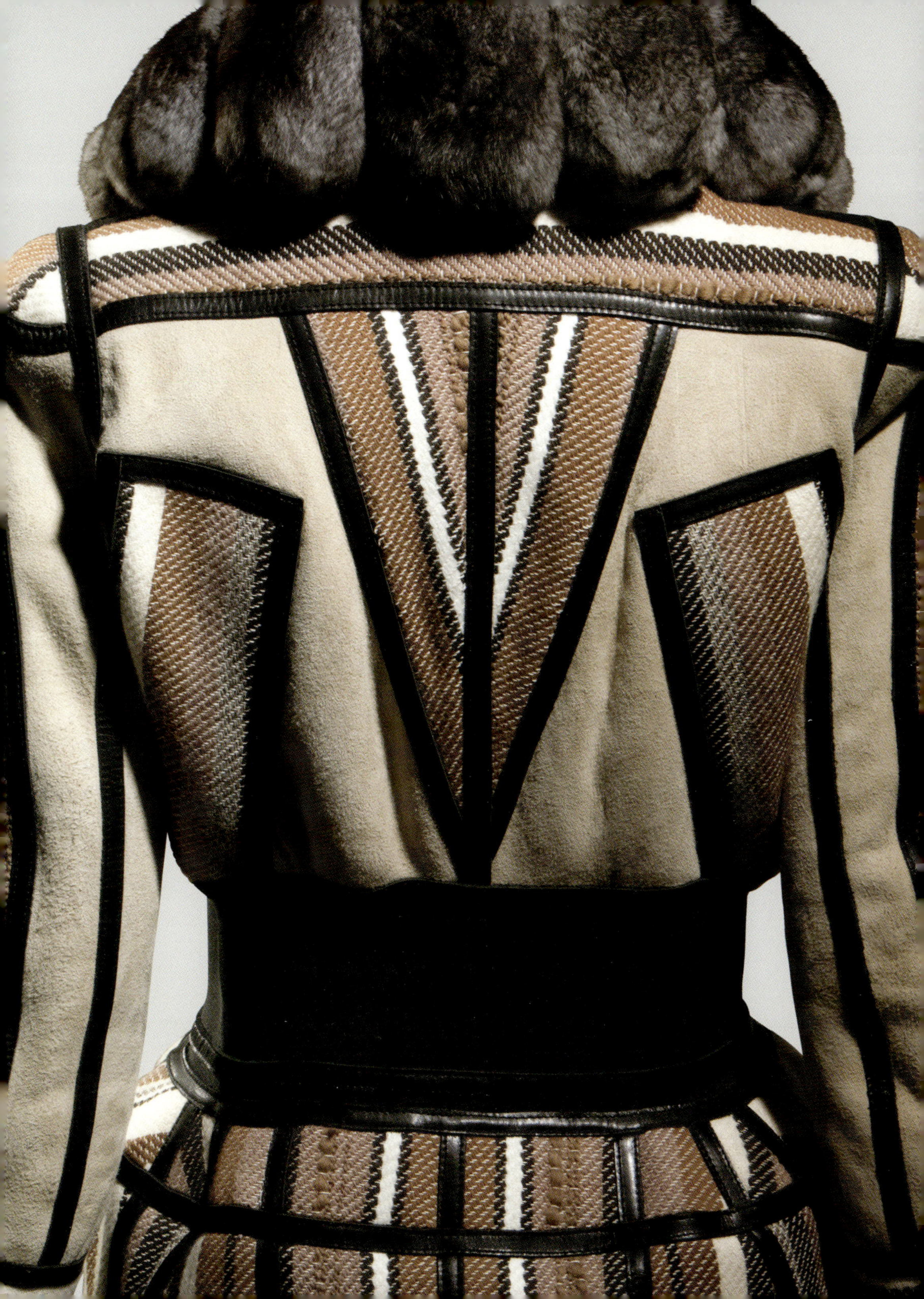

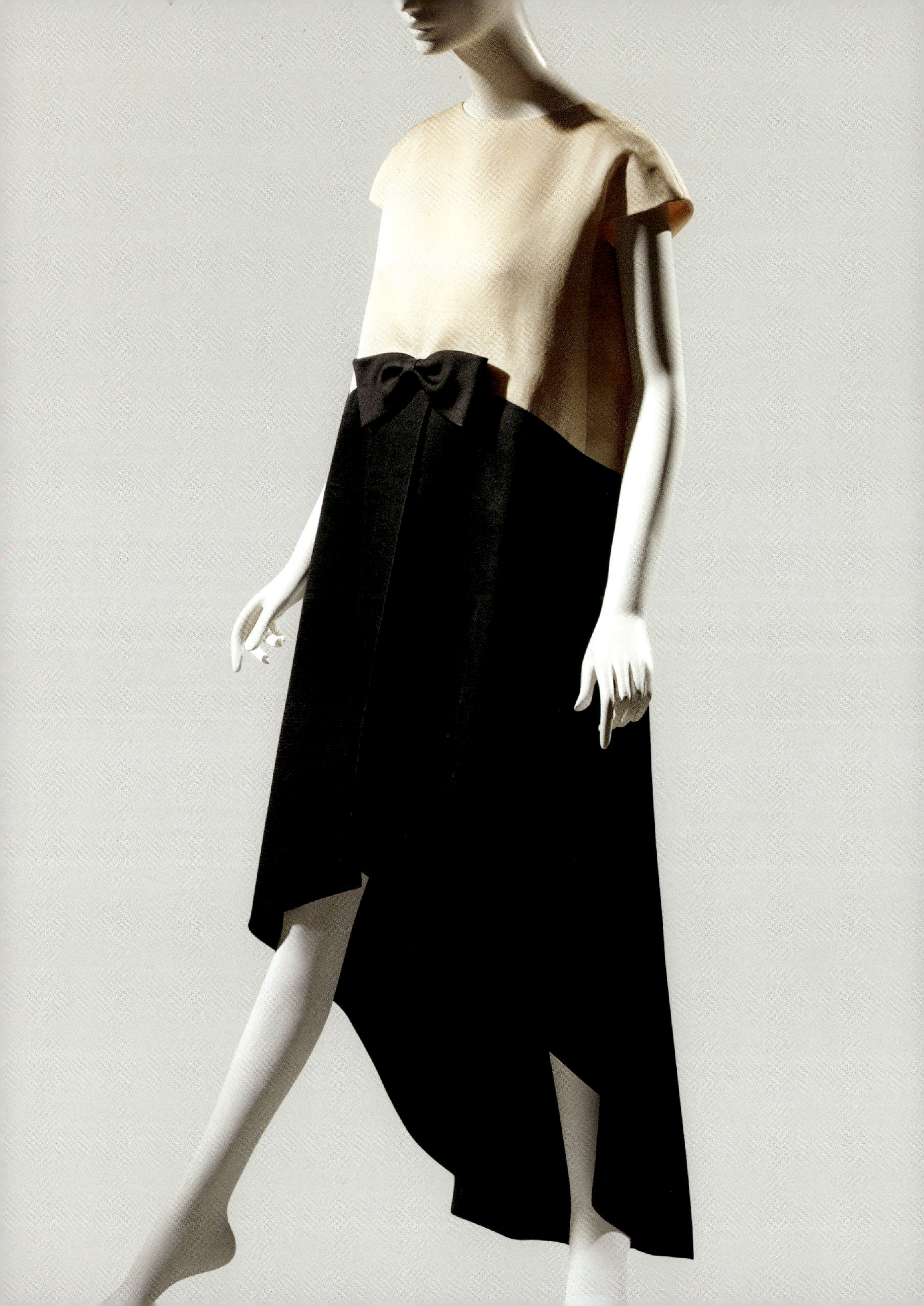

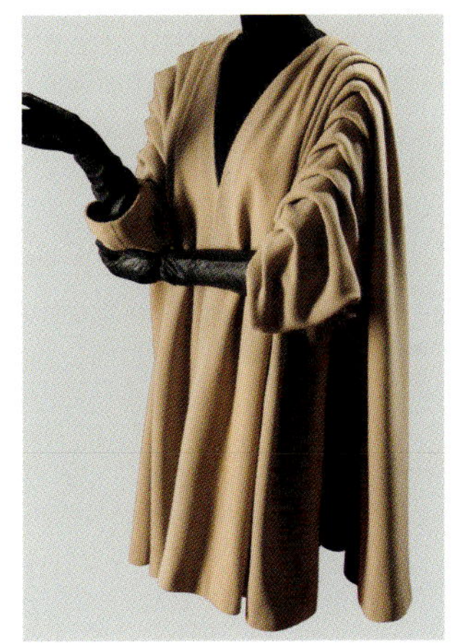

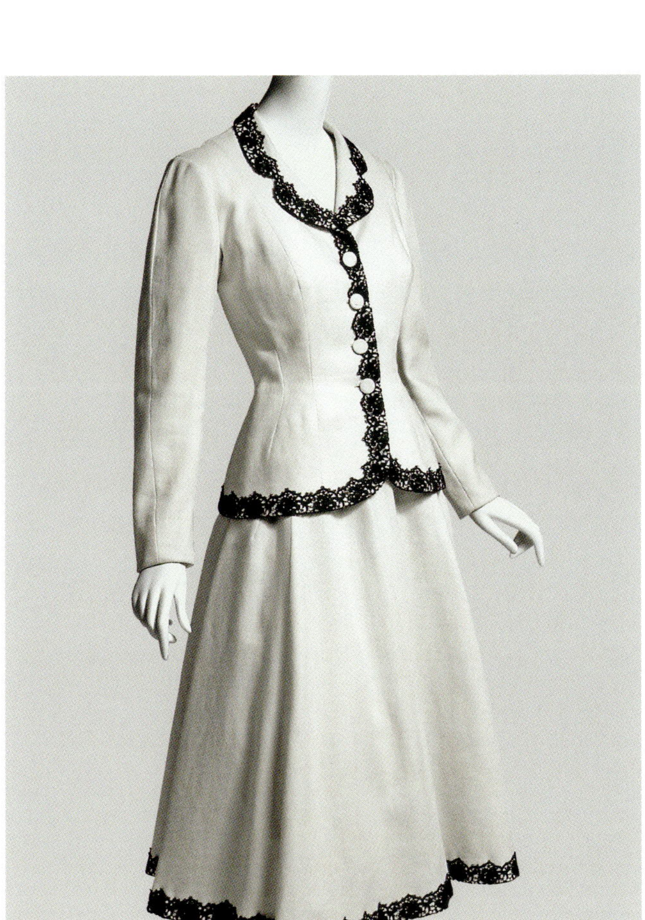

GEGENÜBER
Cristóbal Balenciaga
Kleid: schwarze,
weiße Seidengaze
Frankreich, 1968

LINKS
Cristóbal Balenciaga
Kostüm: weißes Leinen,
schwarze Spitzen
Frankreich, 1948

OBEN
Cristóbal Balenciaga
Mantel: beigefarbener
Woll-Duvetine
Frankreich, 1950

RECHTS
Balenciaga
(Nicolas Ghesquière)
Kleid: Drillich mit rotem, gelbem, schwarzem und weißem Graffiti-Druck, schwarzes Baumwoll-Elastan-Gewirke, Metallspangen
Frankreich, 2004

UNTEN
Balenciaga
(Nicolas Ghesquière)
Stiefel: braunes Leder, Wildleder, Metall
Frankreich, 2006

GEGENÜBER
Balenciaga
(Nicolas Ghesquière)
Kleid: schwarzes Lackleder, durchsichtiges Polyamid
Frankreich, 2007

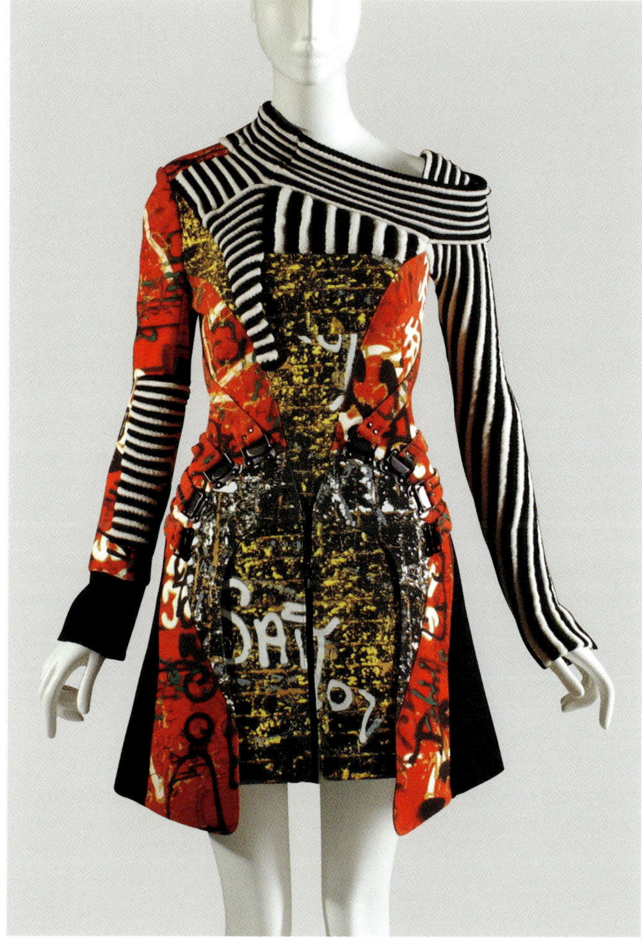

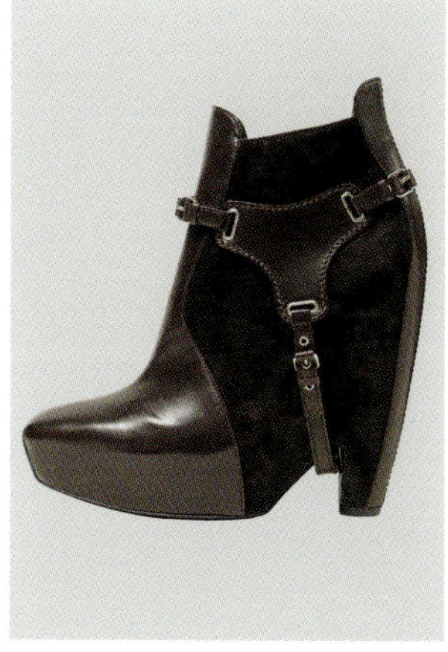

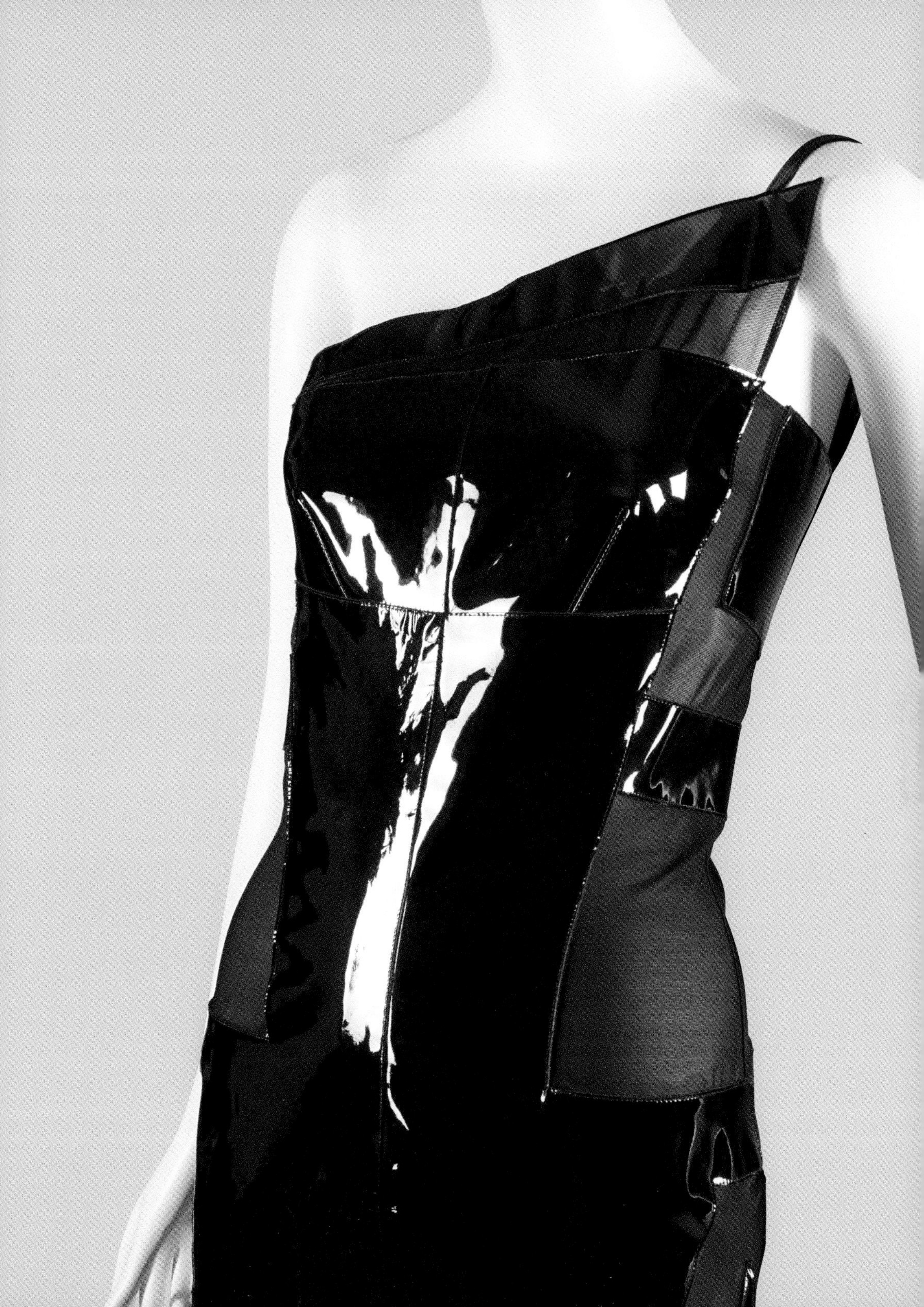

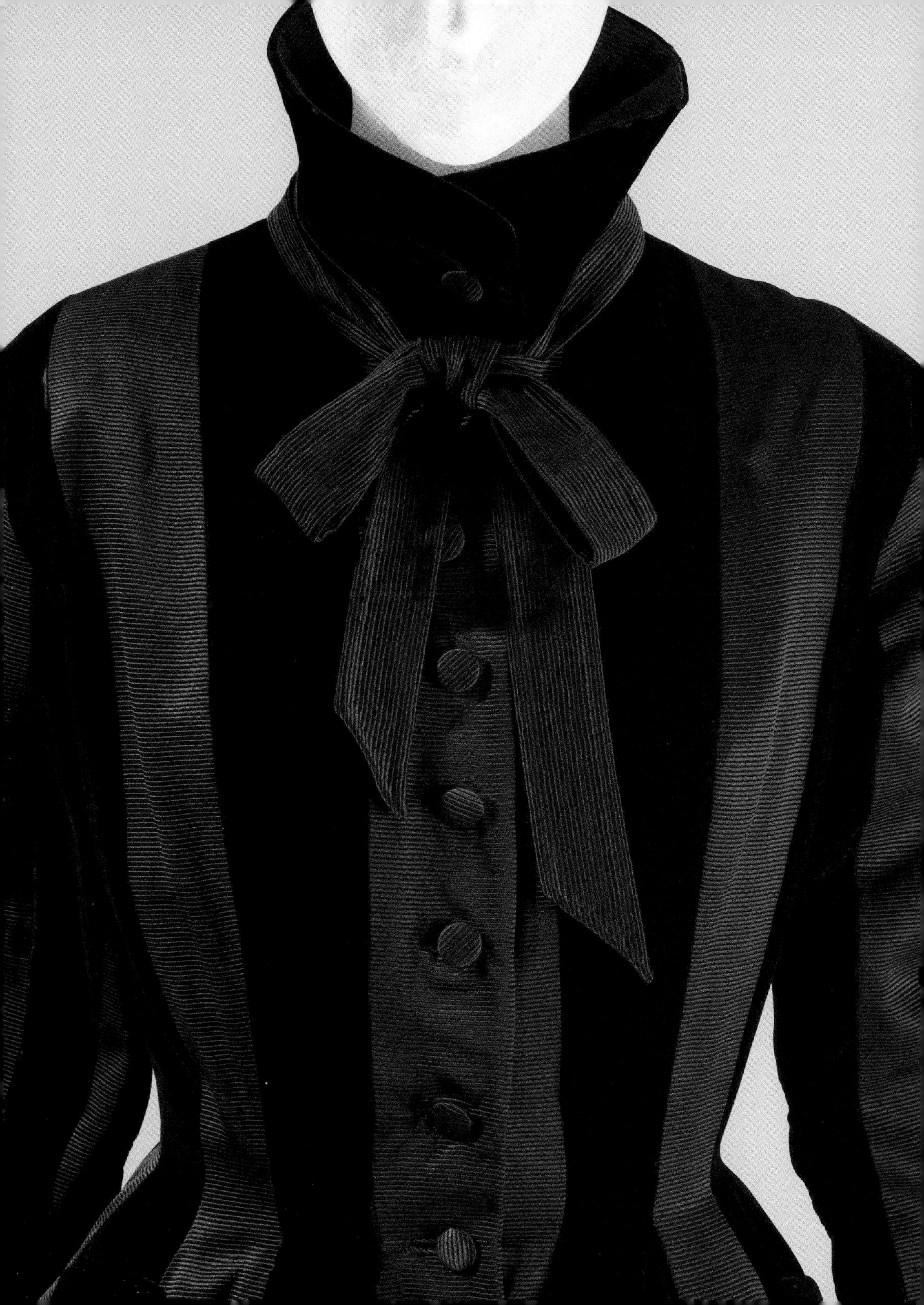

Balmain

PIERRE BALMAIN (1914–1982) „Ich kann mich an keine Zeit meines Lebens erinnern, in der ich mich nicht für Modedesign und das faszinierende Wechselspiel zwischen Material und weiblichem Körper interessiert hätte", sagte Pierre Balmain. Bereits die erste Modenschau seines 1945 eröffneten Hauses zog prominente Zuschauerinnen wie Gertrude Stein und Alice B. Toklas an. Seine der weiblichen Sanduhrform schmeichelnde Mode wurde zu einem der beliebtesten Looks der 1950er-Jahre, in deren Verlauf Balmain begann, seine Kollektionen unter dem Markennamen „Jolie Madame" zu präsentieren.

Während seiner Glanzzeit Mitte des 20. Jahrhunderts war das Haus Balmain vor allem für edle, maßgefertigte Tageskleider und ultrafeminine Abendroben bekannt. 1946 soll Carmel Snow, Chefredakteurin von *Harper's Bazaar* der „Fashion Group" gegenüber Balmains Kreationen als „die femininsten Kleider der Welt" bezeichnet haben. (Der zuweilen recht temperamentvolle Designer gestand allerdings, Snow ungeachtet dieses Lobes eine Saison lang den Zutritt zu seinem Haus verwehrt zu haben.)

Nach Pierre Balmains Tod 1982 übernahmen zunächst Erik Mortensen (bis 1990) und anschließend Hervé Pierre (1990–1992) die Leitung des Hauses. 1993 wurde Oscar de la Renta als Chefdesigner verpflichtet und in den folgenden neun Jahren seines Engagements dafür gelobt, das Vermächtnis der Marke Balmain durch die Wiederbelebung ihrer einstigen Eleganz zu pflegen. Mit Christophe Decarnin als Kreativchef erlebte das Modehaus 2005 einen weiteren Wendepunkt in seiner Geschichte. Sein moderner Look hauchte dem Label Balmein, das noch kurz zuvor von der Presse als „fade" kritisiert wurde, neues Leben ein. Decarnins Mode war sexy – manchmal rockig, manchmal militärisch-streng, aber immer mit einer wilden Prise Glamour gewürzt. Mit seinen wichtigsten Kollektionen stieß er jüngere Trends wie die kantigen, stark gepolstertern Schultern im Stil der 1980er-Jahre an. Decarnin verließ das Haus Balmain 2011, sein Nachfolger wurde Olivier Rousteing. —*J. F.*

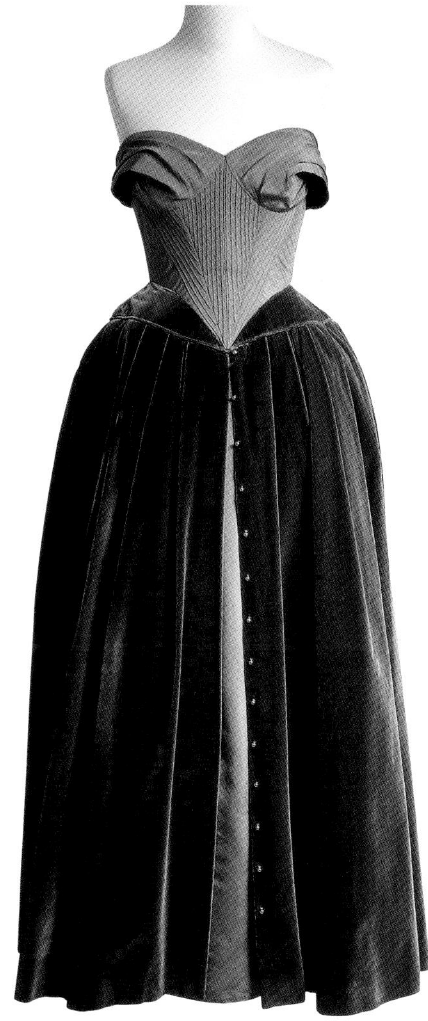

„[Balmain] ist der letzte Schrei in Sachen Eleganz und spornt zu jedweder Art von Extravaganzen an, solange der gute Geschmack gewahrt bleibt.“

— CÉLIA BERTIN, SCHRIFTSTELLERIN

VORHERGEHENDE DOPPELSEITE
Pierre Balmain
Mantel: schwarzer Seidensamt, schwarzer Seidenrips
Frankreich, um 1948

Dieser Mantel wurde von der Tabak-Erbin Doris Duke getragen.

OBEN
Pierre Balmain
Abendkleid: hellblauer Taft, brauner Seidensamt, silbernes Metall
Frankreich, um 1951

Das Oberteil dieses Kleides, eine raffiniert versteifte Taftcorsage, formt eine hyperfeminine Sanduhrsilhouette.

GEGENÜBER
Pierre Balmain
Abendkleid: cremefarbener Seidensatin, schwarzer Seidensamt
Frankreich, um 1960

Seinem Mentor, dem Modeschöpfer Edward Molyneux, sprach Pierre Balmain das Verdienst zu, ihm eine „Vorliebe für Beige und eine Abscheu vor schrillen Details“ eingeflößt zu haben – eine Tatsache, die dieses opulente und doch raffinierte Abendkleid belegt.

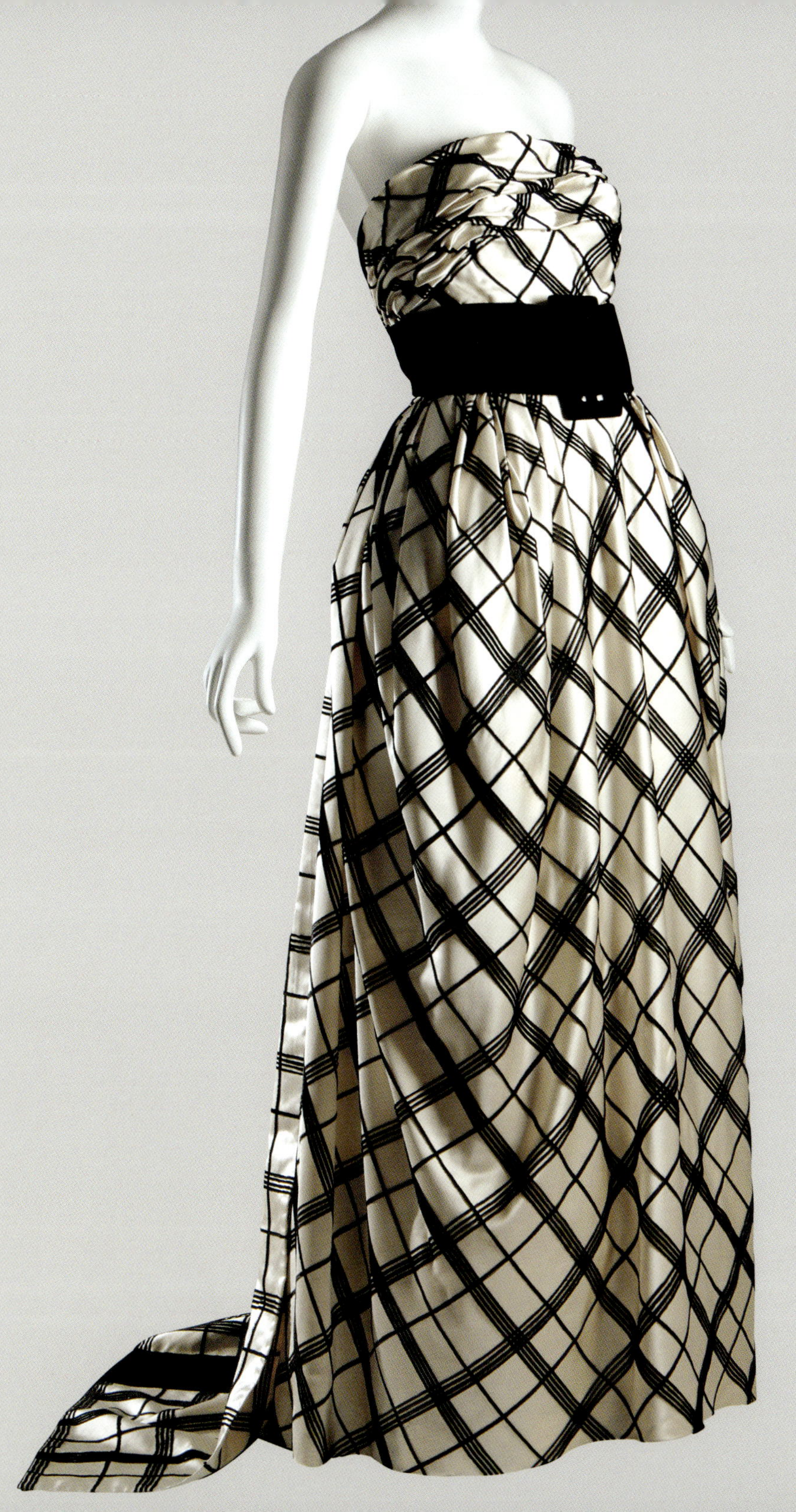

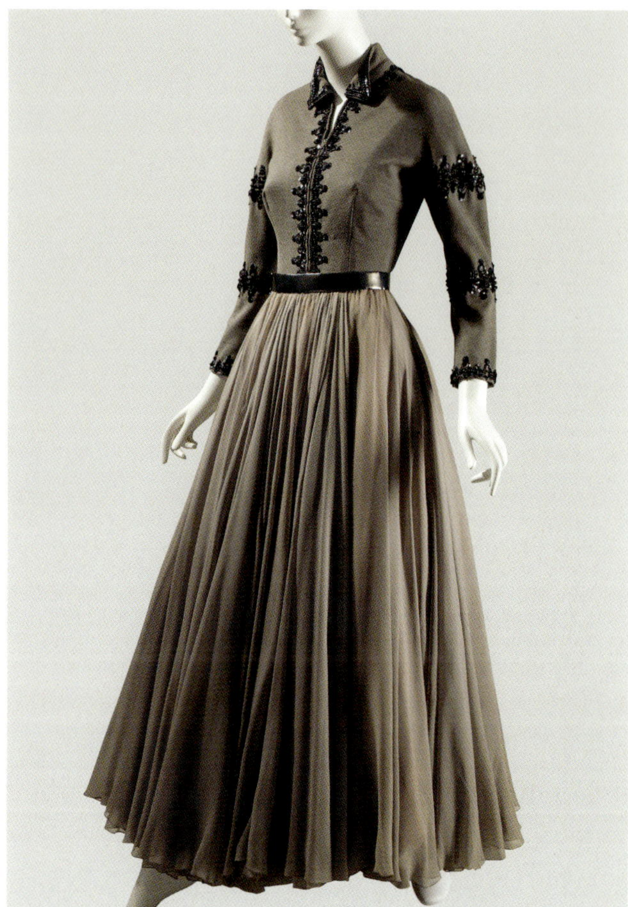

LINKS
Pierre Balmain
Abendkleid: graues Wollgewirke, grauer Seidenchiffon, Metallic-Leder, Perlenstickerei
Frankreich, um 1952

GEGENÜBER
Balmain (Oscar de la Renta)
Abendkleid: schwarzer Seidenchiffon, schwarzer Seidensatin
Frankreich, 2002

RECHTS
Balmain (Oscar de la Renta)
Abendkleid: schwarzer Seidenorganza, weiße Stickerei
Frankreich, 2002

Oscar de la Renta entwarf für das Haus Balmain von 1993 bis 2002 Couture- und Konfektionslinien und führte nebenbei sein eigenes, äußerst erfolgreiches Label weiter. Die eleganten Stickereien, die er für dieses Kleid verwendete, offenbaren de la Rentas Vorliebe für feminine Looks, sind aber auch eine subtile Verbeugung vor dem stilistischen Erbe des Hauses Balmain.

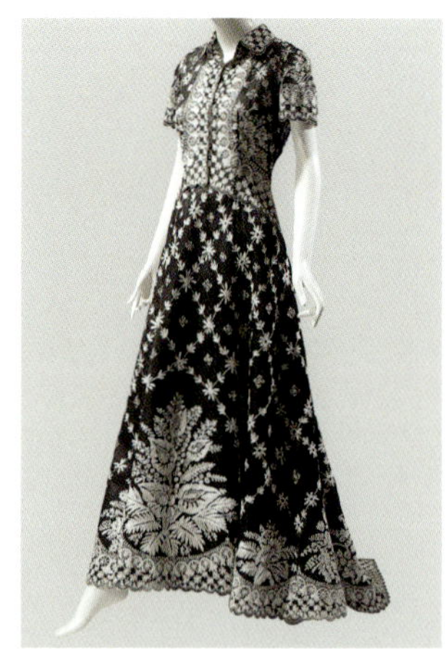

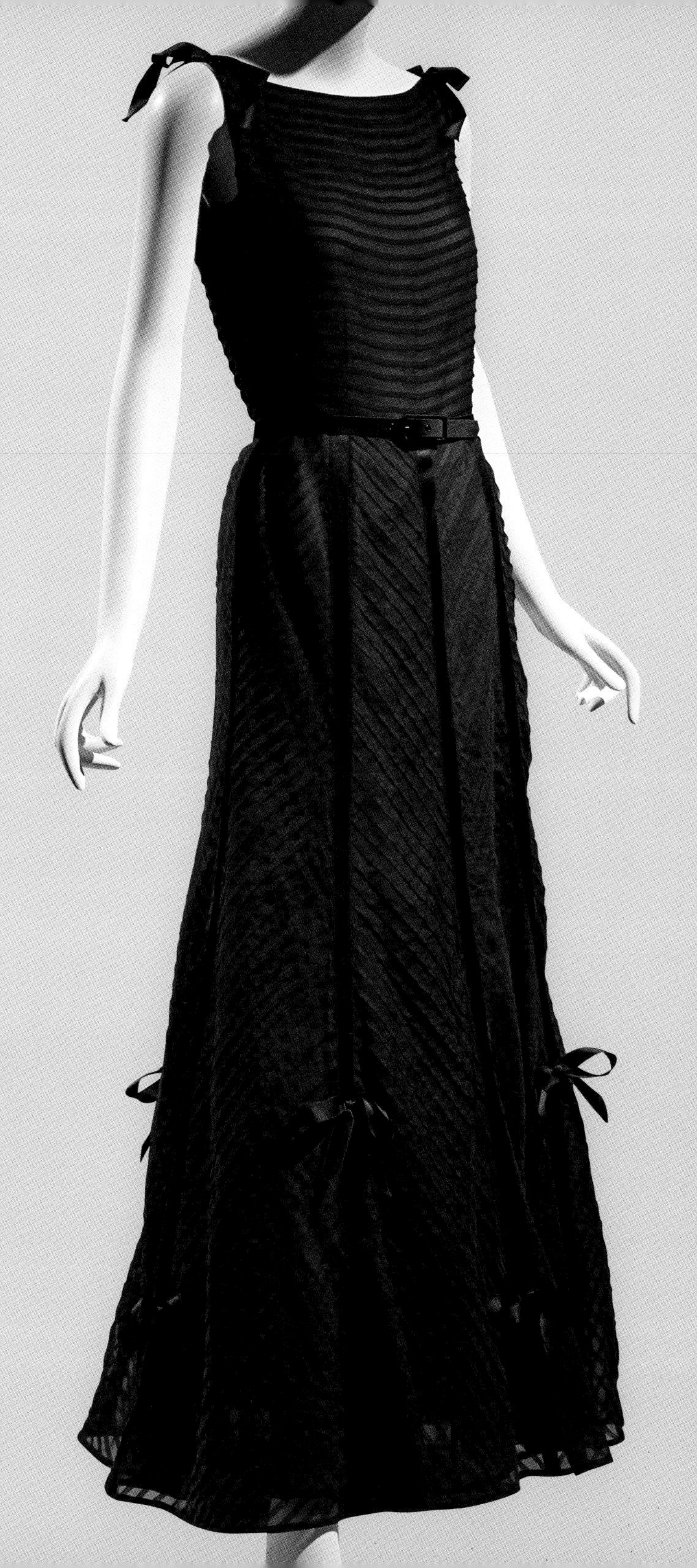

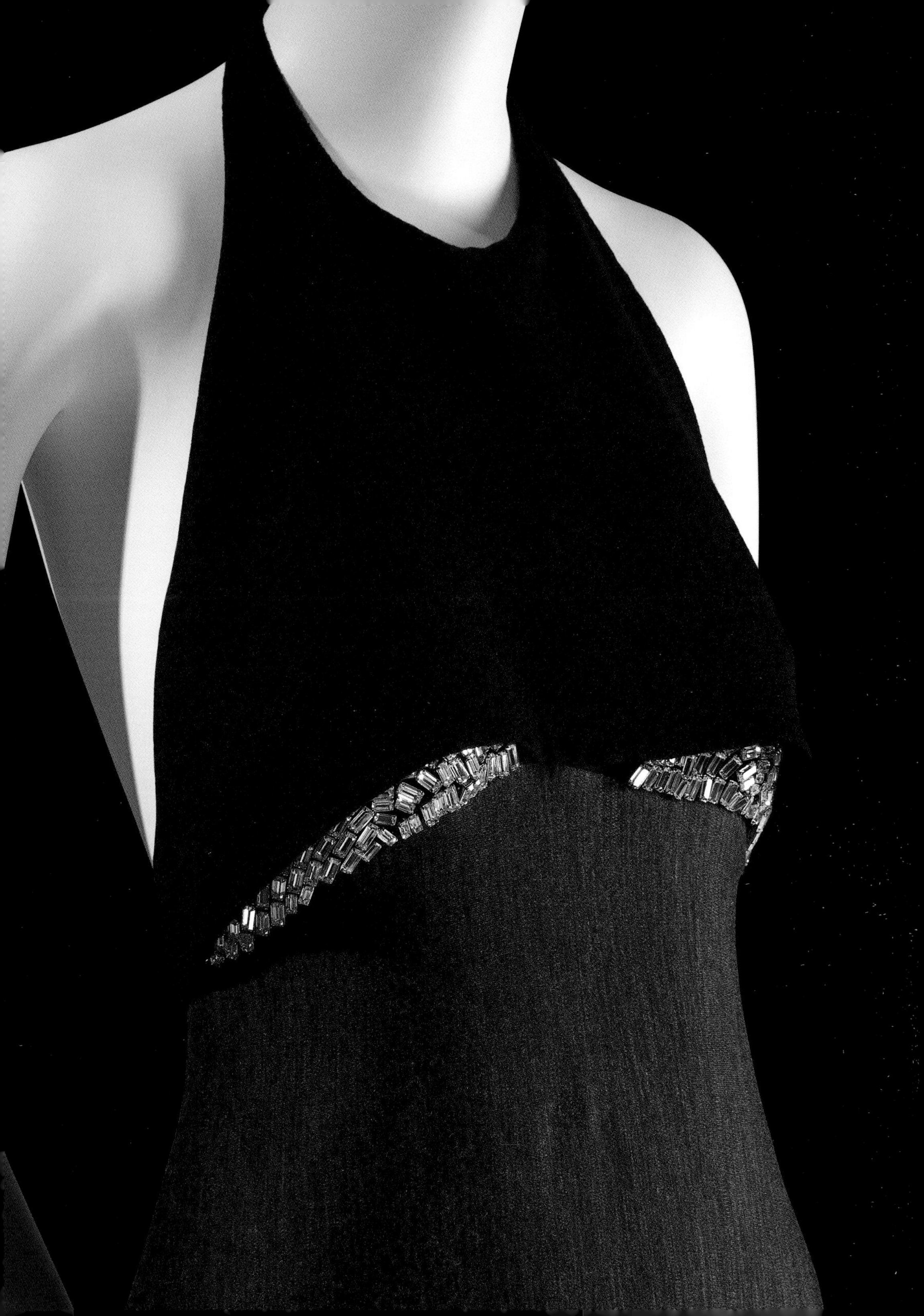

Geoffrey Beene

GEOFFREY BEENE (1924–2004) Mit einfallsreichen, geometrischen Schnitten und einem ausgeprägten Gespür für den menschlichen Körper gestaltete Geoffrey Beene einige der innovativsten Kleider seiner Generation. Mit der Präzision eines Technikers und dem Auge eines Künstlers gestaltete der „Architekt der amerikanischen Mode" Kleider, die die weiblichen Formen glorifizierten.

Der aus Louisiana stammende Beene studierte Modedesign in New York und Paris, wo er auch bei einem Schneider in die Lehre ging, der für das Couturehaus Molyneux arbeitete, und ließ sich 1965 mit einem eigenen Geschäft an der Seventh Avenue in Manhattan nieder. Schon in den 1970er-Jahren experimentierte Beene mit weniger strukturierten Stoffen, um weichere, flüssigere Formen zu erzielen, doch erst im folgenden Jahrzehnt gelang es ihm schließlich, jenen Stil zu entwickeln, den er selbst als seine „wahre Glorifizierung des Körpers" bezeichnete.

Durch Bogennähte und kontrastierende Stoffbahnen akzentuierte Beene Teile des weiblichen Körpers, die von anderen Designern häufig vernachlässigt wurden, beispielsweise der Halsausschnitt oder die Seiten der Hüfte. Auch in der Kombination von edel und gewöhnlich entdeckte er Schönheit; mit einem paillettenbesetzten Football-Trikot als Abendkleid brachte er 1967 auf spielerische Weise eine sportliche Note in die Abendgarderobe. Dieses Nebeneinander kontrastierender Stoffe und Texturen, das seinen Entwürfen eine unbekümmerte Leichtigkeit verlieh, sollte zu Beenes Markenzeichen werden. Mode war Beene immer wichtiger als der Kommerz, in seinen hohen Ansprüchen blieb er stets kompromisslos. Mit einigen prominenten Vertretern der Modepresse, wie etwa der *Women's Wear Daily*, lieferte er sich langwierige Fehden, mit der Folge, dass seine Arbeit nur selten Erwähnung fand. Dennoch wurde er 1994 mit einer Einzelretrospektive im Museum des FIT geehrt. Er war der Mentor einer ganzen Generation von Designern, unter ihnen Issey Miyake, Michael Vollbracht, Alber Elbaz oder auch Doo-Ri Chung. Beene war ein Modeschöpfer, der sich seinen eigenen Weg bahnte, sich seine lange Karriere hindurch allen Konventionen verweigerte und bis ans Ende seines Lebens arbeitete. *—M. M.*

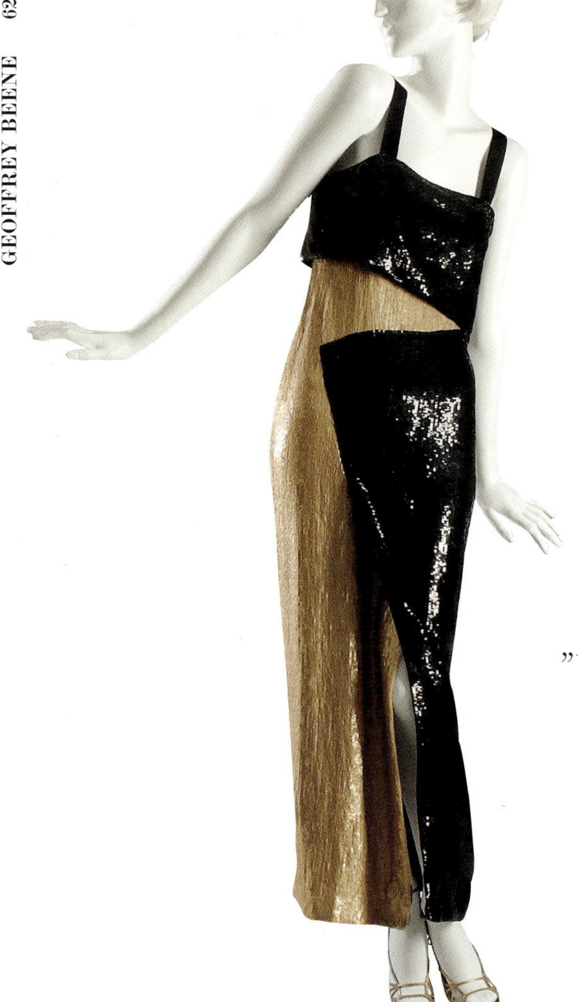

„Bei meinen Kleidern geht es in gewisser Weise um Freiheit. Sie sind nie beengend. Ich glaube, zur Modernität gehört Bewegung. Es ist das Tempo, in dem sich eine Gesellschaft bewegt.“ — GEOFFREY BEENE

„Je mehr man über Kleider lernt, desto deutlicher sieht man, was weggelassen werden muss. Schnitt und Linie werden immer wichtiger.“
— **Geoffrey Beene**

VORHERGEHENDE DOPPELSEITE
Geoffrey Beene
Abendkleid: schwarzer Wollkrepp, dunkelgrauer Wolljersey, Strass
USA, 1994

OBEN
Geoffrey Beene
Abendkleid: schwarze und beigefarbene Pailletten, Seidenchiffon, Seidensatin
USA, um 1993

Geoffrey Beene erkundet in seinen Entwürfen oft Strategien der Ver- und Enthüllung des Körpers. Der beigefarbene Paillettenstoff, den er für dieses Kleid verwendete, vermittelt auf spielerische Art die Anmutung nackter Haut und hält den Körper dennoch verhüllt.

GEGENÜBER
Geoffrey Beene
Cocktailkleid: Goldlamé, hellbrauner Krepp, Goldtressen und Messing-Filigranarbeit
USA, 1969

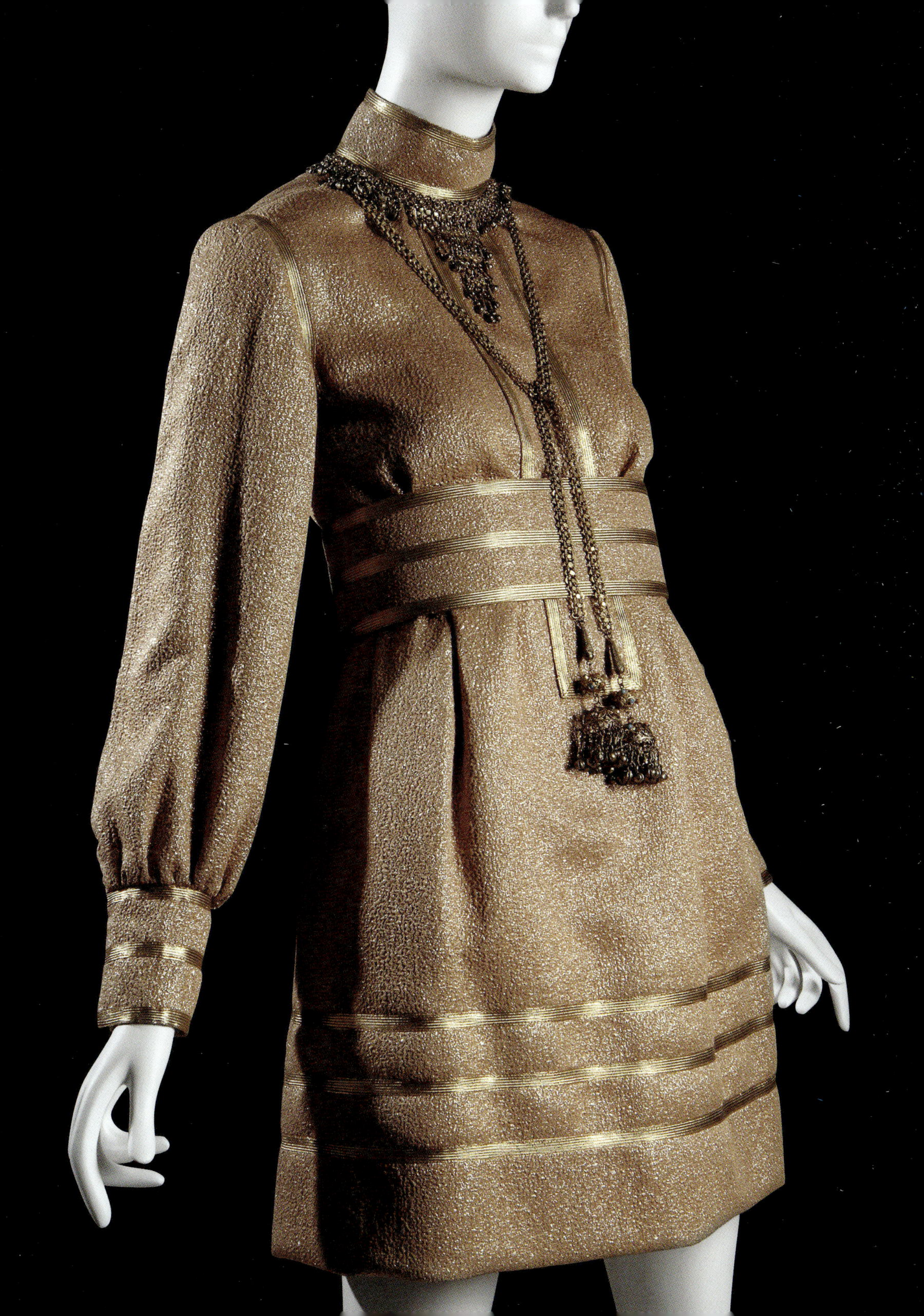

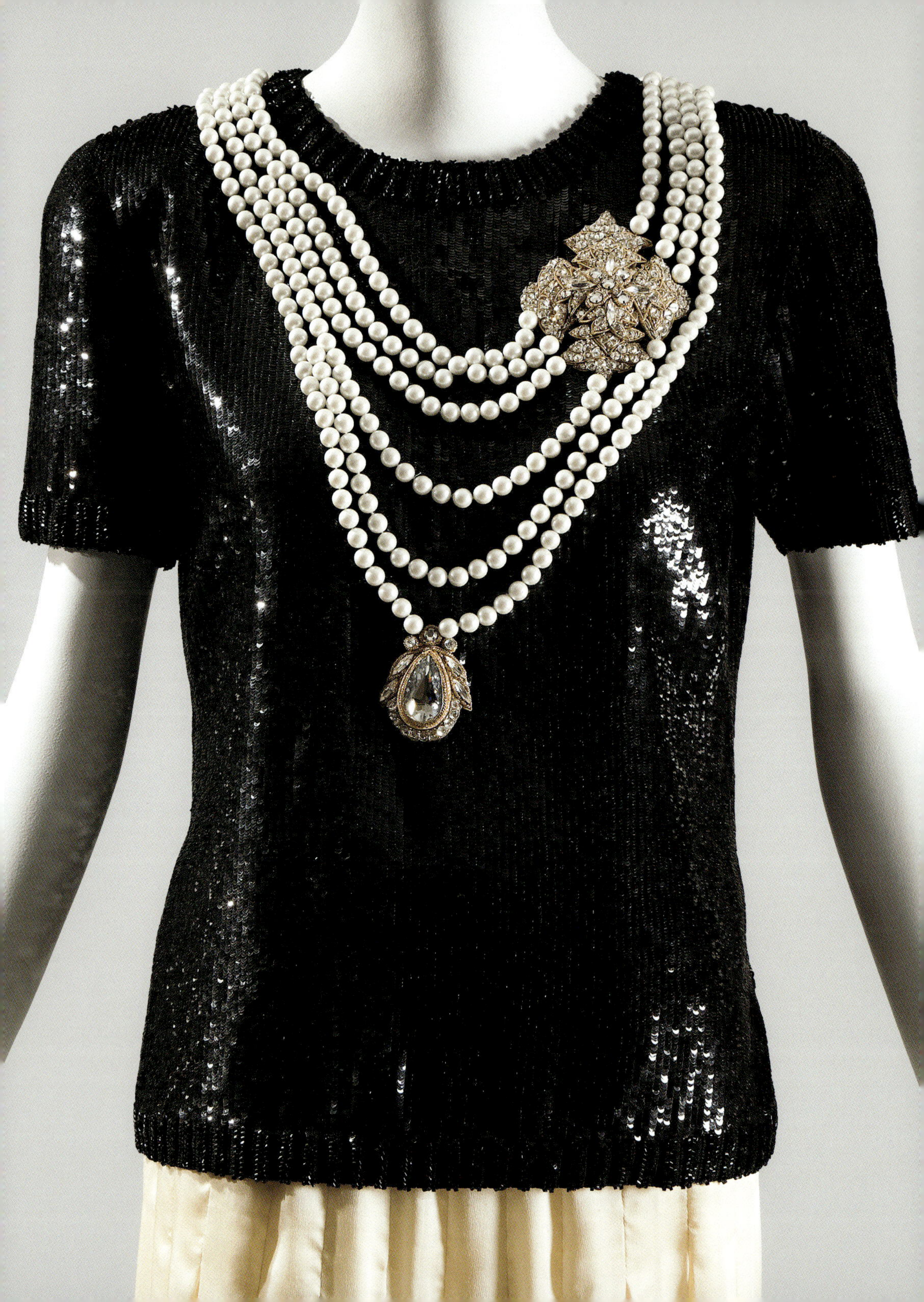

Bill Blass

BILL BLASS (1922–2002) – selbst charmant, gut aussehend und stets mit einem Lächeln auf den Lippen – beschrieb seinen Stil einmal als „lauten, kostspieligen Realismus“. Er war in der Glitzerwelt der New Yorker Society zu Hause und zog viele ihrer Mitglieder an – Frauen wie Nancy Kissinger, Chessy Rayner, Slim Keith oder Nan Kempner, die nicht nur seine Kundinnen, sondern auch Freundinnen waren. Sein Name wurde zum Synonym für den klassisch amerikanischen Stil. „Blass ist so amerikanisch wie Apple Pie, darüber brauchen wir nicht zu diskutieren“, befand Bernadine Morris von der *New York Times* 1971, „und seine Kleider sind es auch.“

Seine ersten Streifzüge in der Welt der Mode unternahm er als Modezeichner, zunächst bei David Crystal, nach seinem Militärdienst im Zweiten Weltkrieg auch kurzzeitig bei Anne Klein. 1949 wurde Blass Assistent bei Anna Miller, einem später von Maurice Rentner übernommenen Modelabel, für das er bis 1970 als Chefdesigner tätig war, ehe er das Unternehmen aufkaufte und unter eigenem Namen weiterführte.

Auch wenn der Stil seiner frühen Entwürfe als romantisch bezeichnet wurde, kennt man ihn wohl eher für elegante Kostüme, gekonnten Mustermix und den leichten, scheinbar mühelosen Glamour seiner Abendkleider. Häufig ließ Blass sich von der Männermode inspirieren, um schlichte Casuals wie den Kaschmir-Cardigan zu veredeln. „Auf der Seventh Avenue wird alles, was nicht mit Pailletten, Perlen und Federn gleichzeitig besetzt ist, als unterkühlte Eleganz bezeichnet.“ 1999, drei Jahre vor seinem Tod, verkaufte Blass, der als geschickter Geschäftsmann auch profitable Lizenzverträge unterhielt, das Unternehmen an seine Mitgesellschafter.

Seit dieser Übernahme kämpft die Firma mit Problemen finanzieller und struktureller Art, hat sich in eine „regelrechte Drehtüre“ verwandelt, wie die *Women’s Wear Daily* konstatierte. Im Jahr 2000 wurde Steven Slowik als Chefdesigner an Bord geholt, dem eine lange Reihe weiterer Designer folgte: 2001 löste ihn Lars Nilsson ab, zwei Jahre später übernahm Michael Vollbracht, 2007 Peter Som. 2008 wurde das Unternehmen erneut verkauft, diesmal an die Peacock International Group (heute Bill Blass Group). Seither haben verschiedene Designer für das Haus gearbeitet. —*J. F.*

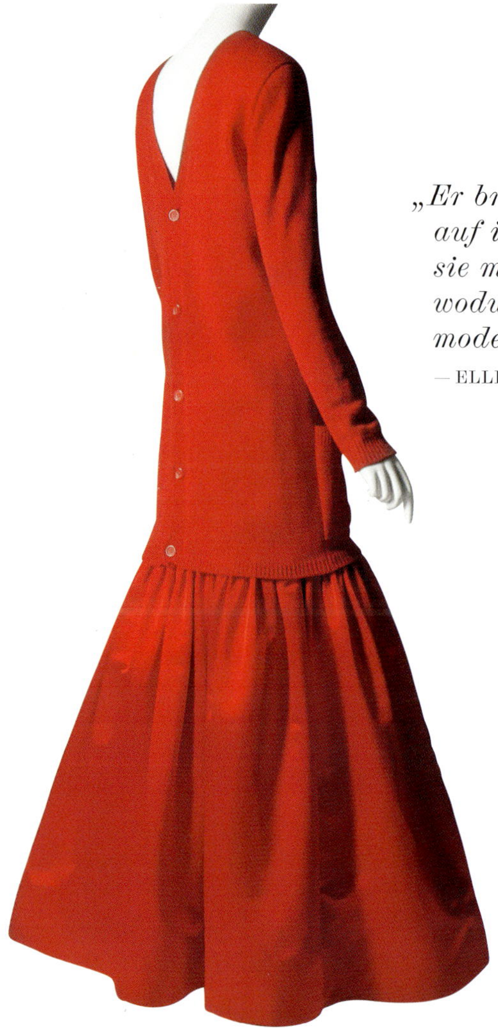

„Er brachte amerikanische Sportbekleidung auf ihr höchstes Niveau und kombinierte sie mit Anflügen aufreizender Herrenmode, wodurch sie einen neuen, reinen, modernen, untadeligen Stil erhielt."
— ELLIN SALTZMAN, *THE NEW YORK TIMES*

„All meine Erfahrungen und Sehnsüchte waren die eines typisch amerikanischen Jungen, der zu einem typisch amerikanischen Mann heranwuchs, nur, dass für mich dabei immer Mode im Mittelpunkt stand… und es wurde ja auch eine typisch amerikanische Erfolgsstory."
— **Bill Blass**

VORHERGEHENDE DOPPELSEITE
Bill Blass
Abendoberteil und Hose: elfenbeinfarbene Seide, schwarze Pailletten, Kunstperlen, Strass
USA, 1989

OBEN
Bill Blass
Abendkleid: roter Kaschmir, roter Seidensatin
USA, 1984

Blass griff für den Abend gerne auf Pullover zurück; mit dieser nach hinten gewendeten Strickjacke brachte er einen überraschenden Dreh in die Abendgarderobe.

GEGENÜBER
Bill Blass
Abendkleid: schwarzer Kaschmir, Gold-Metallic-Stickerei, Pailletten, schwarze Perlen, schwarzer Satin
USA, 1986

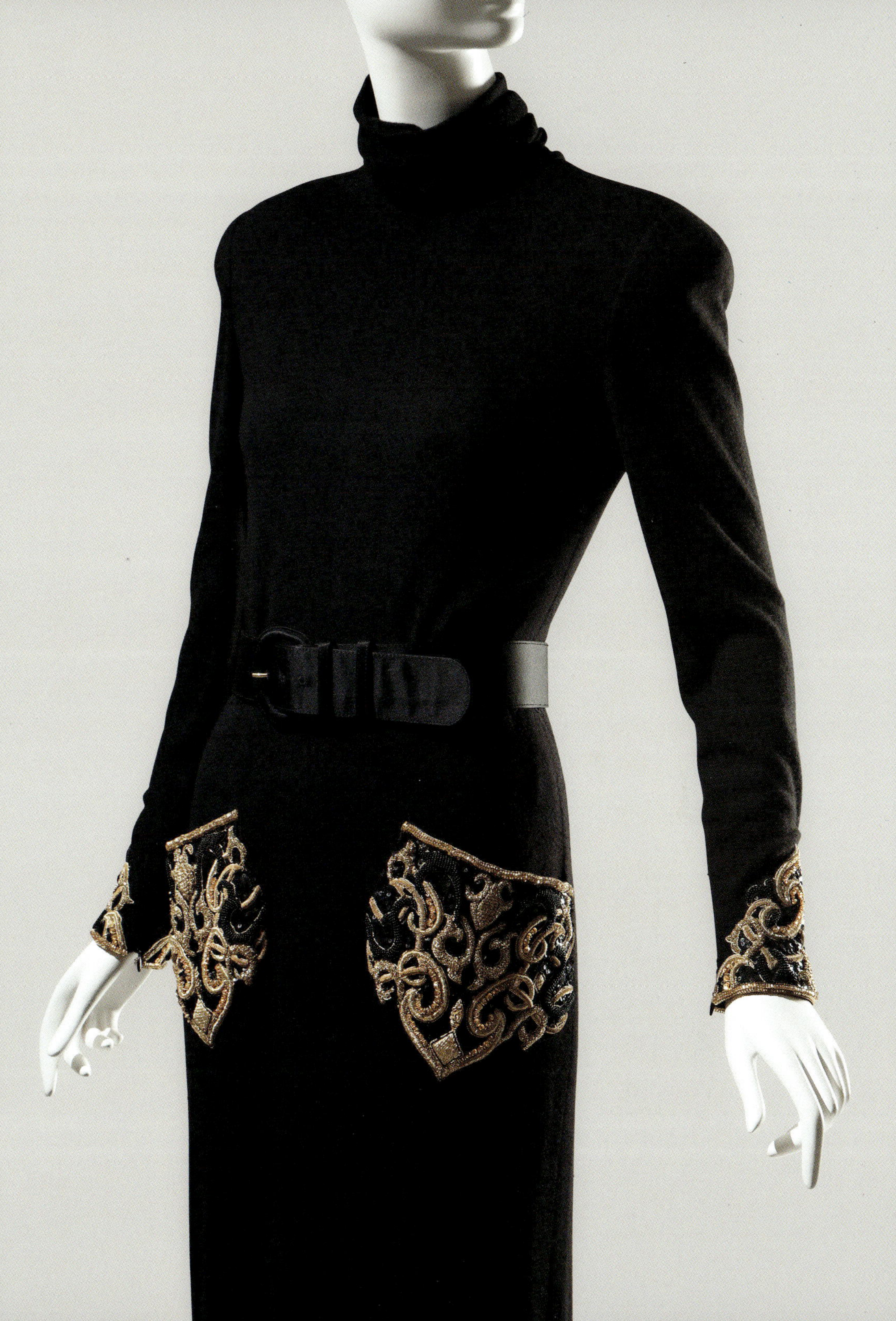

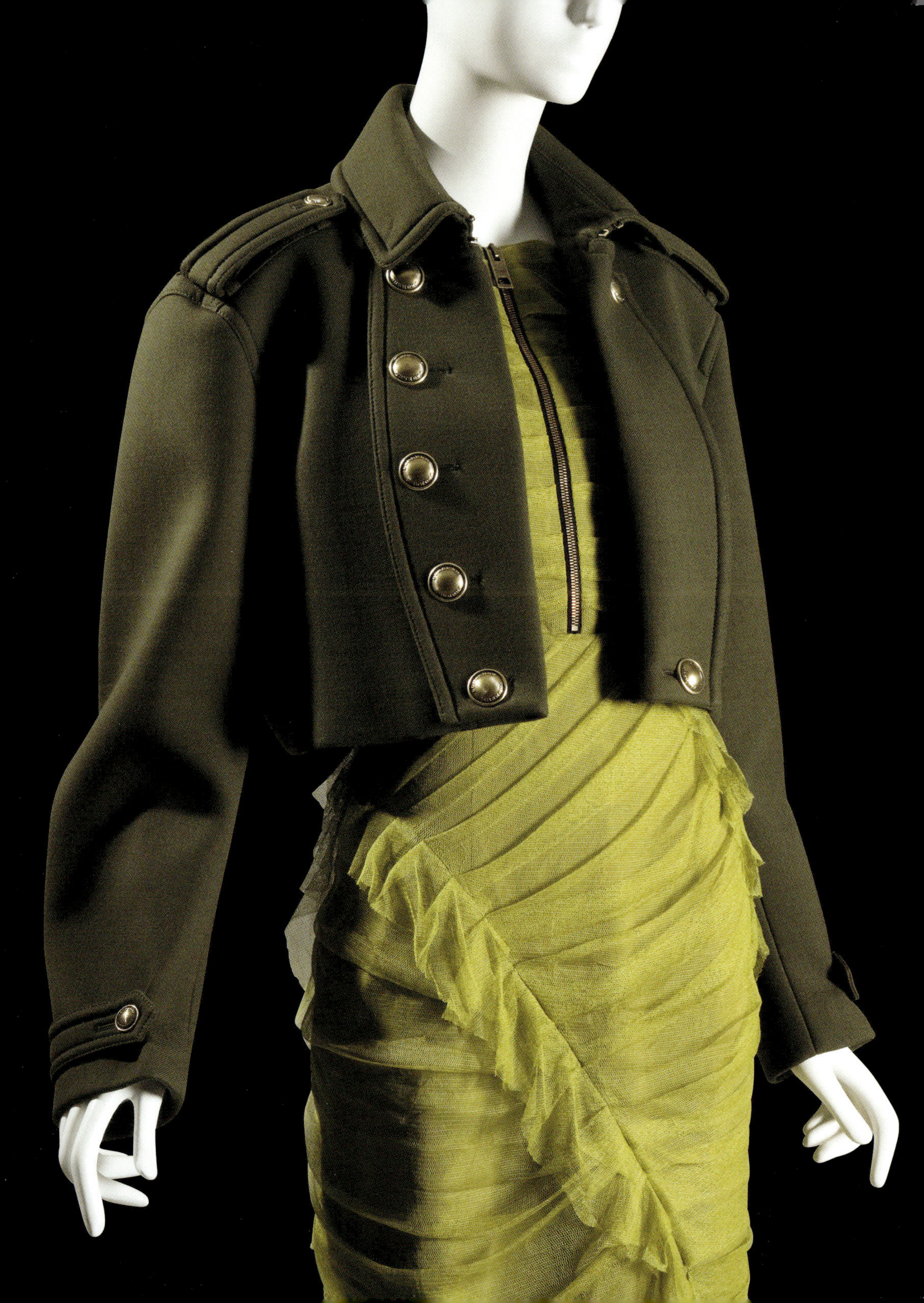

Burberry

THOMAS BURBERRY (1835–1926) Von seinen Anfängen als kleines Textilgeschäft im südenglischen Basingstoke hat Burberry sich zu einer weltweit begehrten Luxusmarke entwickelt. 2006 bezeichnete Sarah Mower die Wandlung des Unternehmens als „eines der größten Firmenwunder der Welt: das schier unglaubliche Märchen vom Aufstieg eines biederen englischen Regenmantelfabrikanten zu einem facettenreichen, global angesagten In-Label“.

Im Jahr 1856 gründete Thomas Burberry ein auf zweckmäßige Freizeit- und Sportbekleidung spezialisiertes Ladengeschäft. Gut 20 Jahre später erhielt er das Patent auf den von ihm entwickelten, wasserdichten und dabei luftdurchlässigen Twillstoff Gabardine. Anfang des 20. Jahrhunderts stattete sein Betrieb bereits die britische Armee aus, unter anderem mit einem Kleidungsstück, das nach dem Ersten Weltkrieg als Trenchcoat bekannt wurde. Zu Burberrys vielen Innovationen, um die er die Sportbekleidung bereicherte, zählte beispielsweise ein auf spezielle Art geschnittener Ärmel für Golfspieler, der größere Bewegungsfreiheit erlauben sollte. Das charakteristische Burberry-Karomuster – in Beige, Rot, Schwarz und Weiß –, das erstmals in den 1920er-Jahren als Mantelfutter verwendet wurde, hat seither alles nur Denkbare verziert, von Strümpfen und Schals über Handtaschen bis zu Bikinis.

Von 1997 bis 2005 war Rose Marie Bravo als Geschäftsführerin des Unternehmens die treibende Kraft, die der Marke Burberry zu neuem Leben verhalf. Sie verpflichtete erst den Italiener Roberto Menichetti als Chefdesigner und nach ihm 2001 den Engländer Christopher Bailey (geb. 1971), der bis 2018 als Chief Creative Officer tätig war. Als Angela Ahrendts 2006 als CEO zu Burberry kam, arbeiteten Bailey und sie daran, dem Unternehmen eine Führungsposition in der digitalen Innovation zu sichern. Im November 2005 erklärte Bailey gegenüber *Harper's Bazaar*: „Ich hoffe, dass die ‚Englische Art‘ niemals verwässert wird. Ich fände es grauenhaft, wenn sie irgendwann tatsächlich wie Twiggy oder die Mitford-Schwestern aussähe. Für mich war sie immer schon eine eher geistige Haltung.“ Riccardo Tisci, ehemals Givenchy, wurde 2018 zum Chief Creative Officer von Burberry ernannt. —*J. F.*

„Ich liebe Tradition. Ich liebe sie in allem – in der Baukunst, im Industrie-Design, in der Mode. Mir gefällt die Idee, etwas sehr Historisches und sehr Klassisches zu nehmen und es als Ausgangspunkt zu verwenden.“
— CHRISTOPHER BAILEY

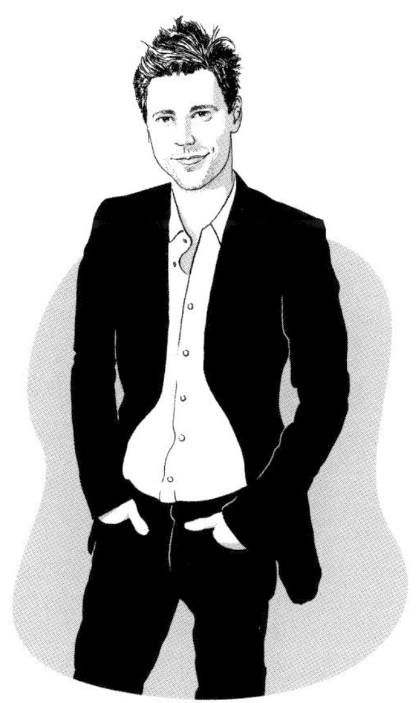

Christopher Bailey (* 1971)

„[Der Burberry-Trenchcoat ist] weltweit einer der Grundpfeiler der Oberbekleidung und symbolisiert alles, was Großbritannien ausmacht: robust und unaufdringlich, in feinen Hotels ebenso zu Hause wie auf matschigen Wegen.“
— **Andrew Collier, *Women's Wear Daily***

VORHERGEHENDE DOPPELSEITE
Burberry Prorsum
(Christopher Bailey)
Kleid: hellgrüner Seidentüll
Jacke: olivgrüne Wolle und poliertes Metall
England, 2010

GEGENÜBER
Burberry Prorsum
(Christopher Bailey)
Herrenmantel: olivgrüne Wolle und poliertes Metall
Hemd und Jeans: Denim
England, 2010

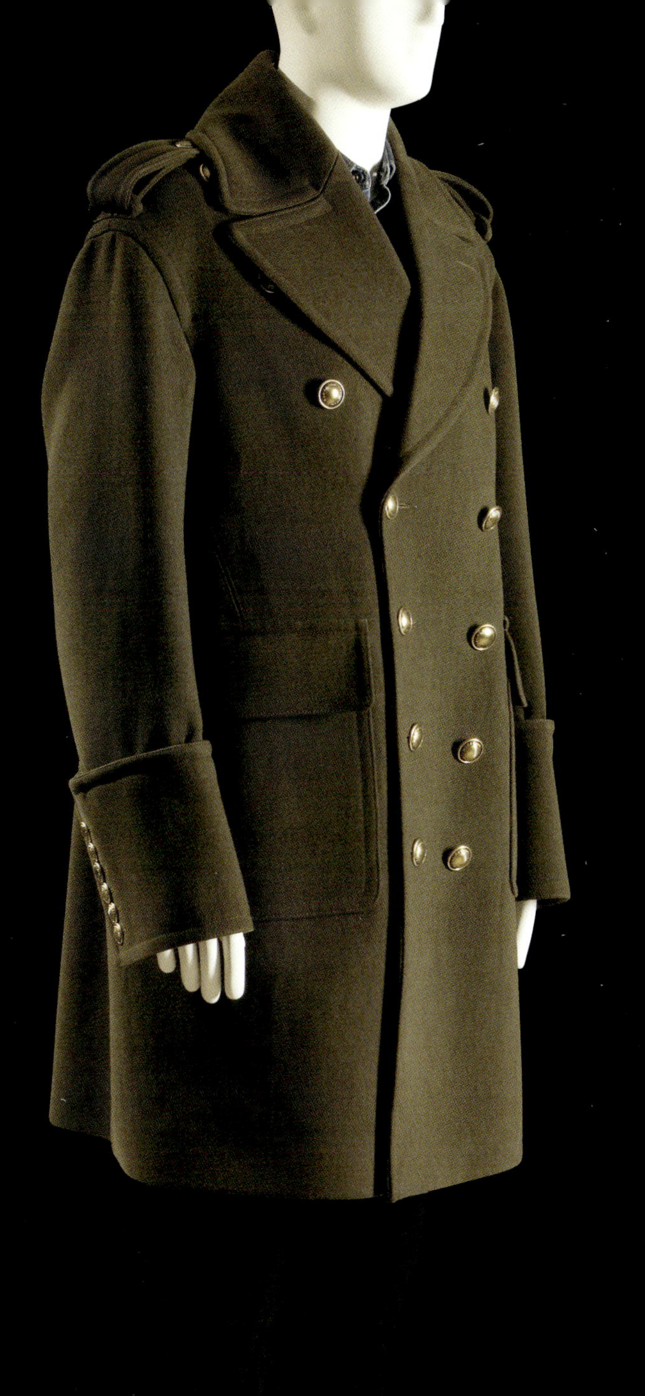

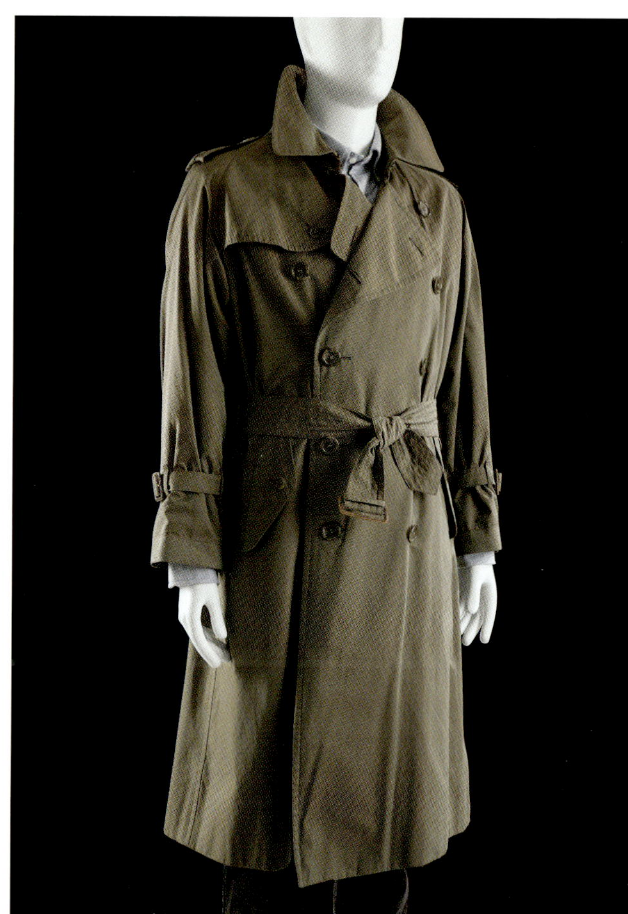

LINKS
Burberry
Herren-Trenchcoat: hellbrauner/grüner Baumwollköper, Woll-Tweed-Futter
England, 1978

UNTEN
Burberry
(Christopher Bailey)
Stöckelstiefel: schwarzes Leder, poliertes Metall, Lammfell
England, 2010

GEGENÜBER
Burberry Prorsum
(Christopher Bailey)
Mantel: graubrauner Seidentaft
Gürtel: Lackleder
England, 2006

Bailey hat den berühmten Burberry-Trenchcoat in ein zeitgemäßes Kleidungsstück verwandelt, das feminin und luxuriös zugleich ist.

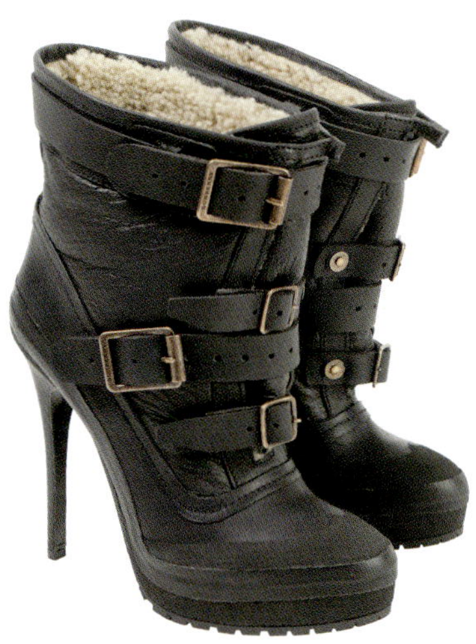

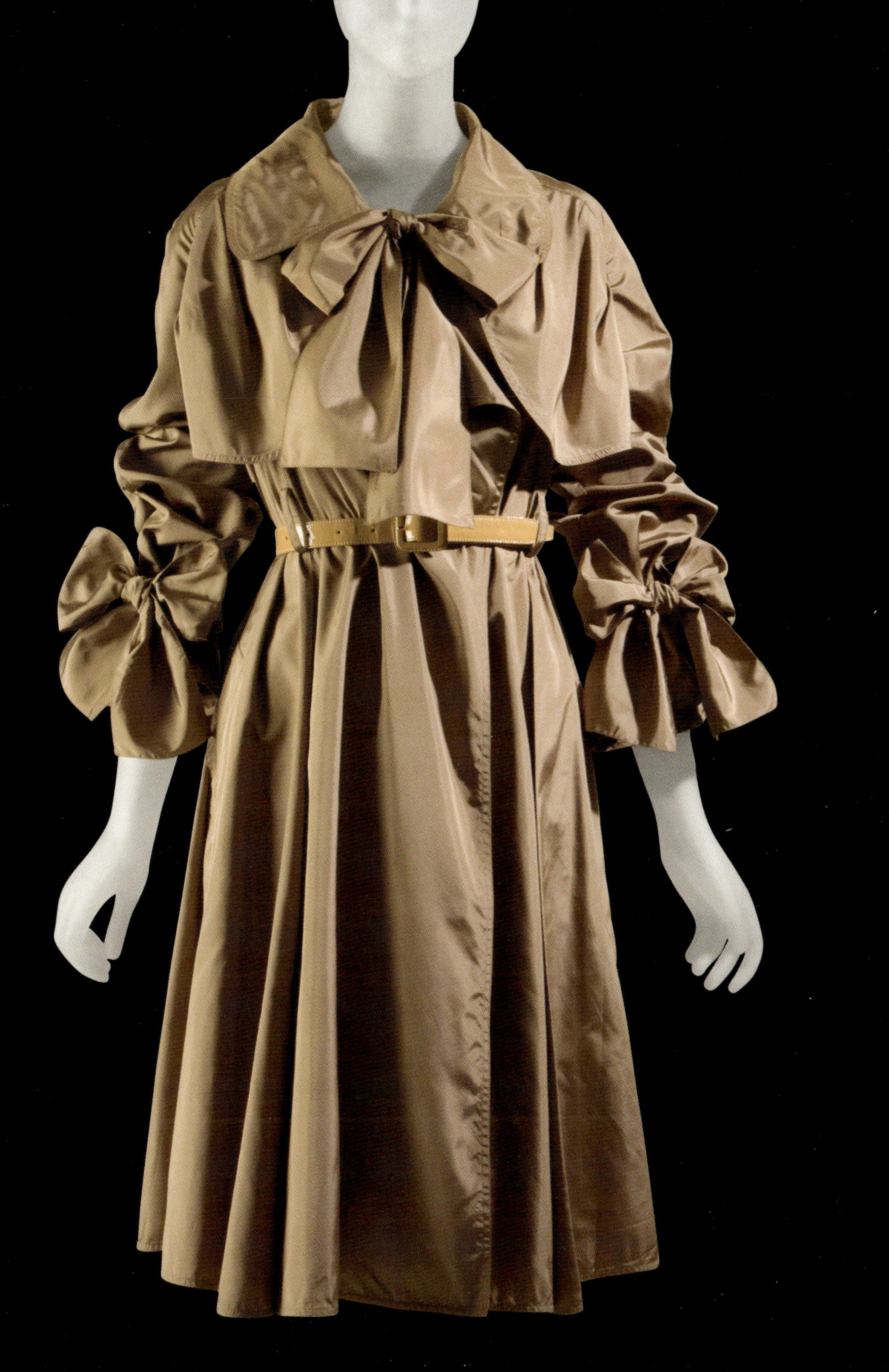

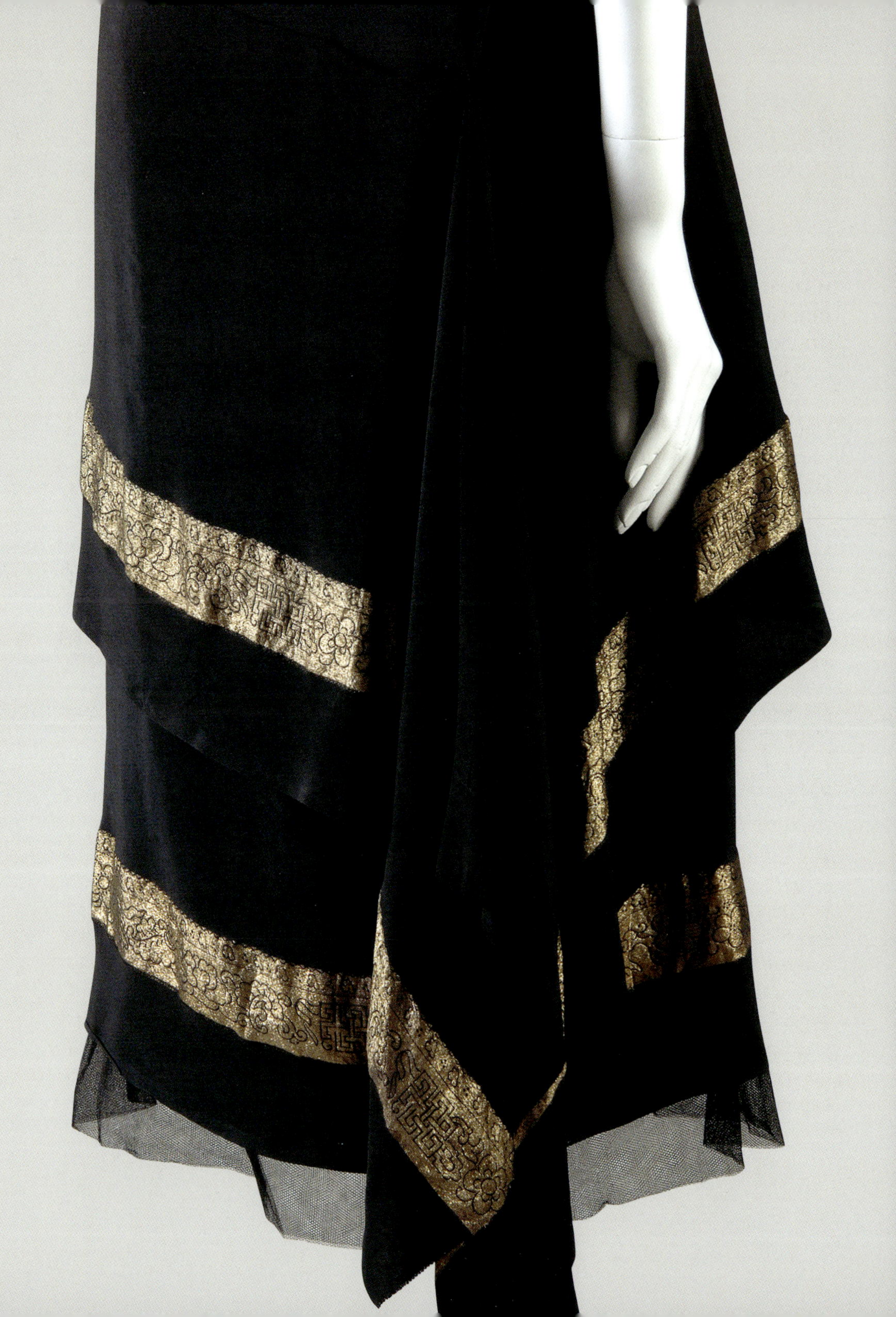

Callot Soeurs

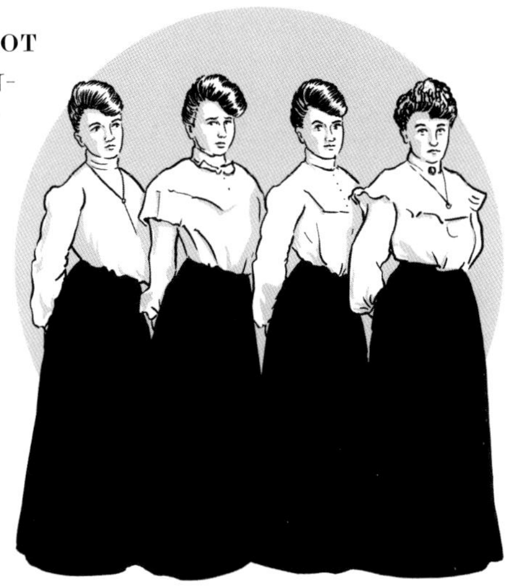

MARIE CALLOT GERBER, MARTHE CALLOT BERTRAND, REGINA CALLOT TENNYSON-CHANTRELL UND JOSÉPHINE CALLOT CRIMONT Callot Sœurs war ein Couturehaus in weiblicher Hand, das im frühen 20. Jahrhundert mit höchster Handwerkskunst und exquisiten Spitzenarbeiten große Bekanntheit erlangte. Gegründet wurde das Haus 1895 von vier Schwestern, die sich bald einen Namen als gewiefte Geschäftsfrauen und „Künstlerinnen im Umgang mit Stoff, Linie und Farbe" machten.

Die Schwestern entstammten einer Künstlerfamilie; der Vater war Maler und Antiquitätenhändler, die Mutter Spitzenmacherin. Marie Gerber, die älteste der Schwestern, war gelernte Damenschneiderin und, wie man heute annimmt, der kreative Kopf des Hauses. Madeleine Vionnet, eine der bedeutendsten Modeschöpferinnen des 20. Jahrhunderts, arbeitete von 1901 bis 1907 als Chefnäherin bei Callot Sœurs und bezeichnete diese Zeit später als unschätzbar wertvoll für ihre Karriere. Die Schwestern Callot zählten zu den wenigen Auserwählten, die bei der Pariser Weltausstellung im Jahr 1900 die Haute Couture repräsentieren durften, und begründeten damit ihren Rang in der Welt der französischen Couture.

Die stilistischen Einflüsse der Anfangszeit reichten von Renaissance bis Rokoko, doch besonders bemerkenswert waren die aufwändigen Abend-„Konfektionen" aus Seide, Spitze und Stickereien. Um 1910 wandelte sich der Stil des Hauses und wurde von Fauvismus, Kubismus und östlicher Ästhetik beeinflusst. In dieser Zeit präsentierte Callot Sœurs auch als erstes Couturehaus überhaupt Abendkleider aus Gold- und Silberlamé. In seinem Roman *Auf der Suche nach der verlorenen Zeit* zählte Marcel Proust Callot Sœurs zu den vier bedeutendsten Couturehäusern von Paris – neben Paquin, Doucet und Chéruit. In der Tat waren die Kreationen der Schwestern bei Kundinnen beidseits des Atlantiks heiß begehrt. Für ihren Geschmack hoch geschätzt, kultivierten die Schwestern ein unvergleichliches Stilgefühl, das die Frauen und ihre Weiblichkeit ins Licht stellte. —*M. M.*

„Ohne das Beispiel der Callot Sœurs hätte ich weiter Fords gemacht. Ihretwegen war ich in der Lage, Rolls-Royces zu machen.“

— MADELEINE VIONNET

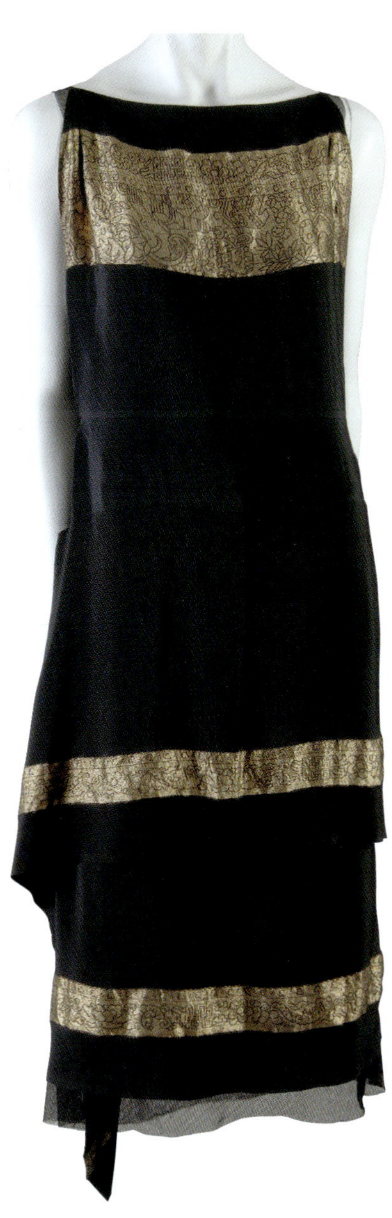

VORHERGEHENDE DOPPELSEITE UND LINKS
Callot Sœurs
Abendkleid: schwarzer Seidenchinakrepp, Goldlamé und Tüll
Frankreich, um 1924

GEGENÜBER
Callot Sœurs
Abendkleid: schwarze Spitze, weißer Taft, Pailletten und Strass
Frankreich, um 1909

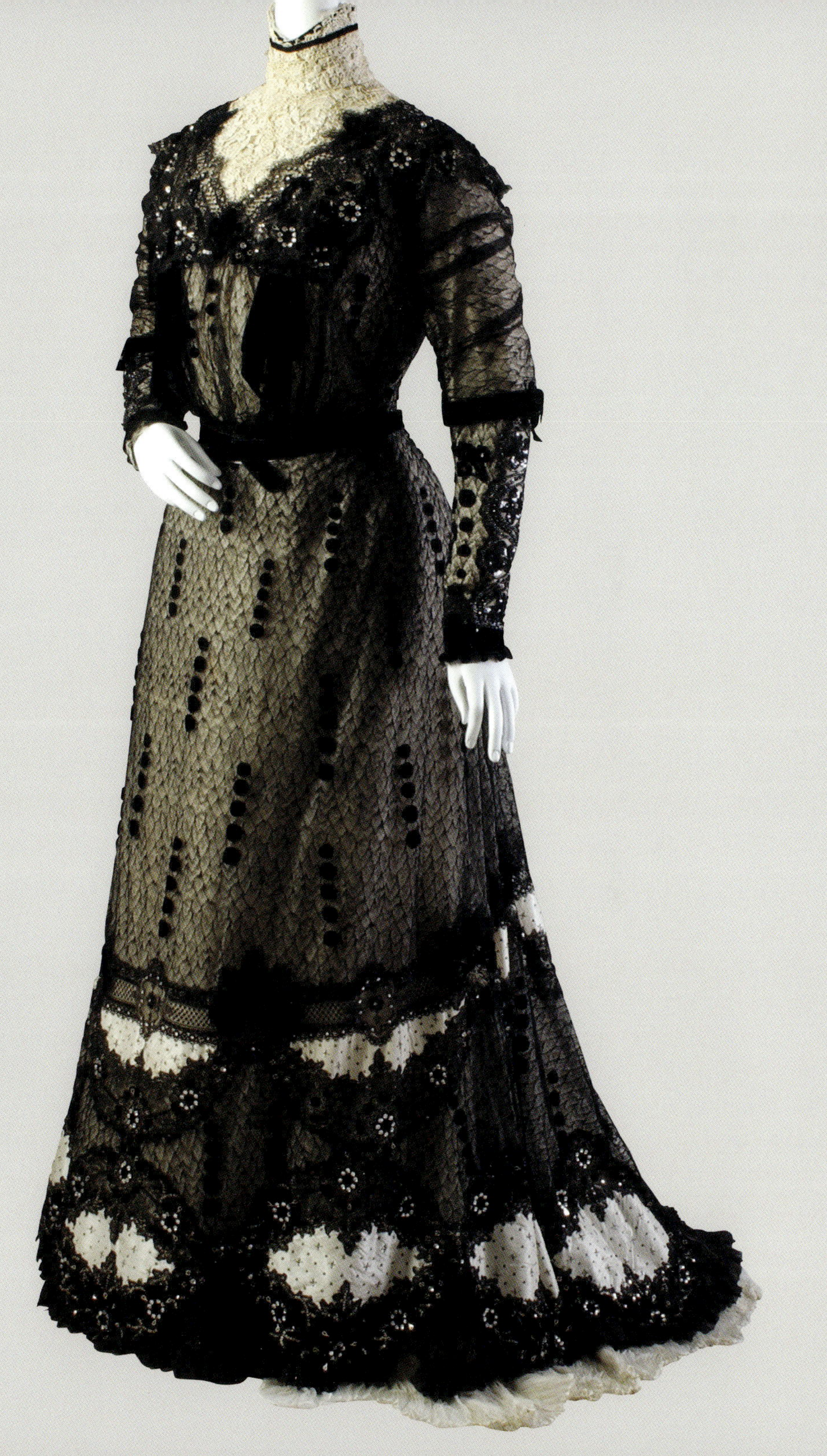

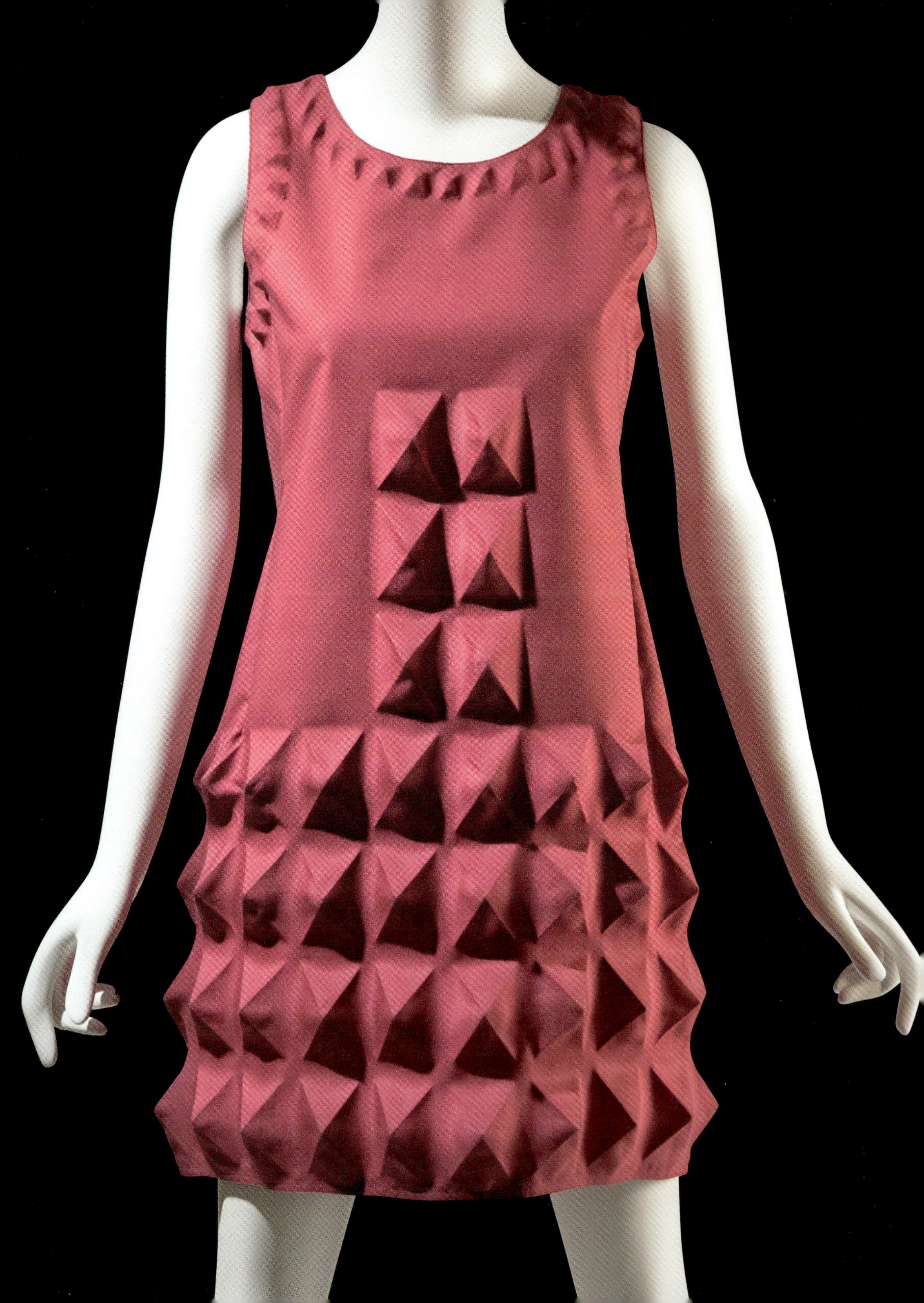

Pierre Cardin

PIERRE CARDIN (1922–2020) zählt zu den bekanntesten Namen der Modebranche, dank über 800 Lizenzprodukten, die das Logo des Designers tragen. Obwohl Cardins Produktportfolio so breit gefächert ist, dass selbst Kinderwagen, Feuerzeuge und Perücken darin Platz finden, wird er in die Geschichte nicht nur als brillanter Geschäftsmann eingehen, sondern auch als bahnbrechender Modeschöpfer.

Pierre Cardin begann seine Karriere als Schneider, arbeitete kurze Zeit bei Paquin und Schiaparelli, ehe er 1946 die Werkstattleitung des Mantel- und Anzugateliers bei Christian Dior übernahm, wo unter seiner Mitwirkung die „Tailleur Bar" für die berühmte New-Look-Kollektion gefertigt wurde. 1950 gründete Cardin sein eigenes Couturehaus. Seine frühen Entwürfe waren schnörkellos und leicht skulptural; bekannt machten ihn vor allem seine innovativen Kokon-Mäntel und die Ballonkleider.

Cardins Arbeiten der 1960er-Jahre zählen zu seinen bedeutendsten. Zeichen setzte vor allem sein futuristischer Look, den er mit geometrischen Formen und kühnen, farbintensiven Stoffen ausformulierte. Seiner erfolgreichen Damenlinie ließ Cardin schließlich auch Kollektionen für Herren- und Kindermode folgen.

Seine langjährige Branchenpräsenz bedeutete für ihn, sich nicht mehr an den Kalender der Pariser Defilées halten zu müssen, sondern seine Kollektionen auf dem Laufsteg zu zeigen, wann immer er es für notwendig hielt. „Ich habe einen Grund zu leben, eine Leidenschaft – ich fühle mich nützlich", sagte er 2010 der *Women's Wear Daily*. „Ich habe ein Ziel in meinem Leben, und zwar bis zum allerletzten Moment weiterzuarbeiten." Nach mehr als siebzig Jahren als Designer verstarb Pierre Cardin Ende 2020 im Alter von 98 Jahren. —*C. H.*

„Es waren die Sechziger, als sich der echte Cardin zu entwickeln begann. Fasziniert von Sputniks und Mondsonden begann er, Kleider für das Raum[fahrt] zeitalter zu machen … anders als alles, was man zuvor gesehen hatte.“

— BERNADINE MORRIS, *THE NEW YORK TIMES*

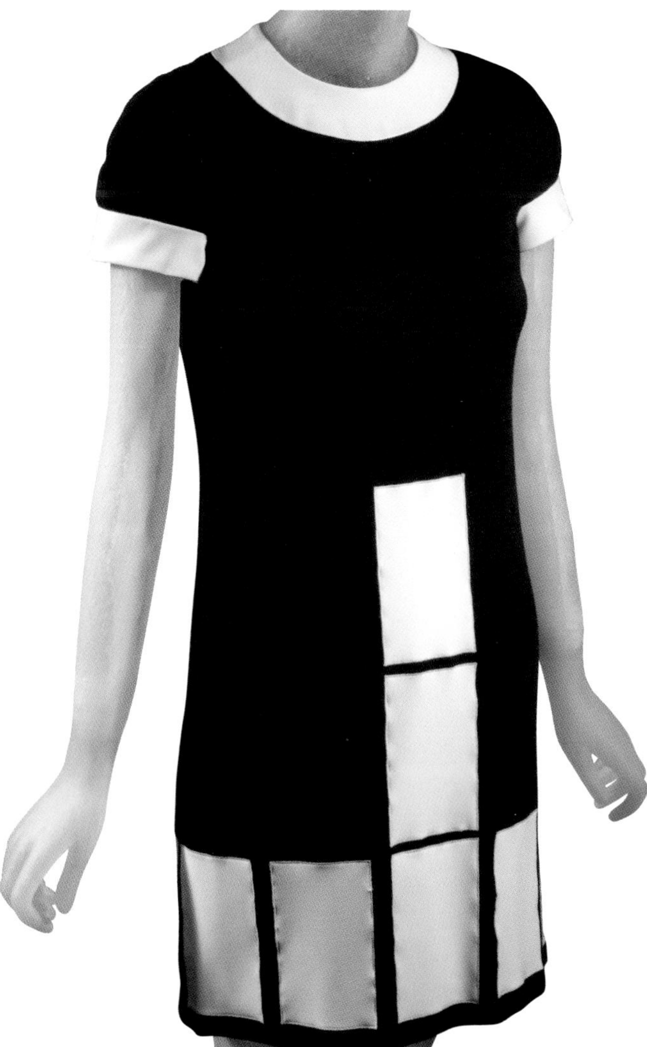

„Das erste Jahr, in dem ich mich mit eigenen Entwürfen durchzusetzen versuchte, war schwierig; man hielt mich für zu radikal. Aber ich wollte mir meine Ideen nie aus Filmen oder vergangenen Epochen oder von der Straße holen. So denke ich noch immer. Ich finde nicht, dass Leute, die auf der Straße oder in Filmen nach Ideen suchen, tatsächlich Designer sind.“
— **Pierre Cardin**

VORHERGEHENDE DOPPELSEITE
Pierre Cardin
fuchsienfarbiges „Cardine“ (Dynel)
Frankreich, um 1968

Cardin entwickelte eine eigene Version der formbaren Kunstfaser Dynel, die er „Cardine“ nannte. Das Material kam bei den dreidimensionalen Verzierungen an diesem Kleid zur Verwendung.

LINKS
Pierre Cardin
Kleid: Schwarzer Wollstrick, weißes Vinyl
Frankreich, um 1969

GEGENÜBER
Pierre Cardin
Kleid: Rot-orangefarbene Wolle
Frankreich, um 1968

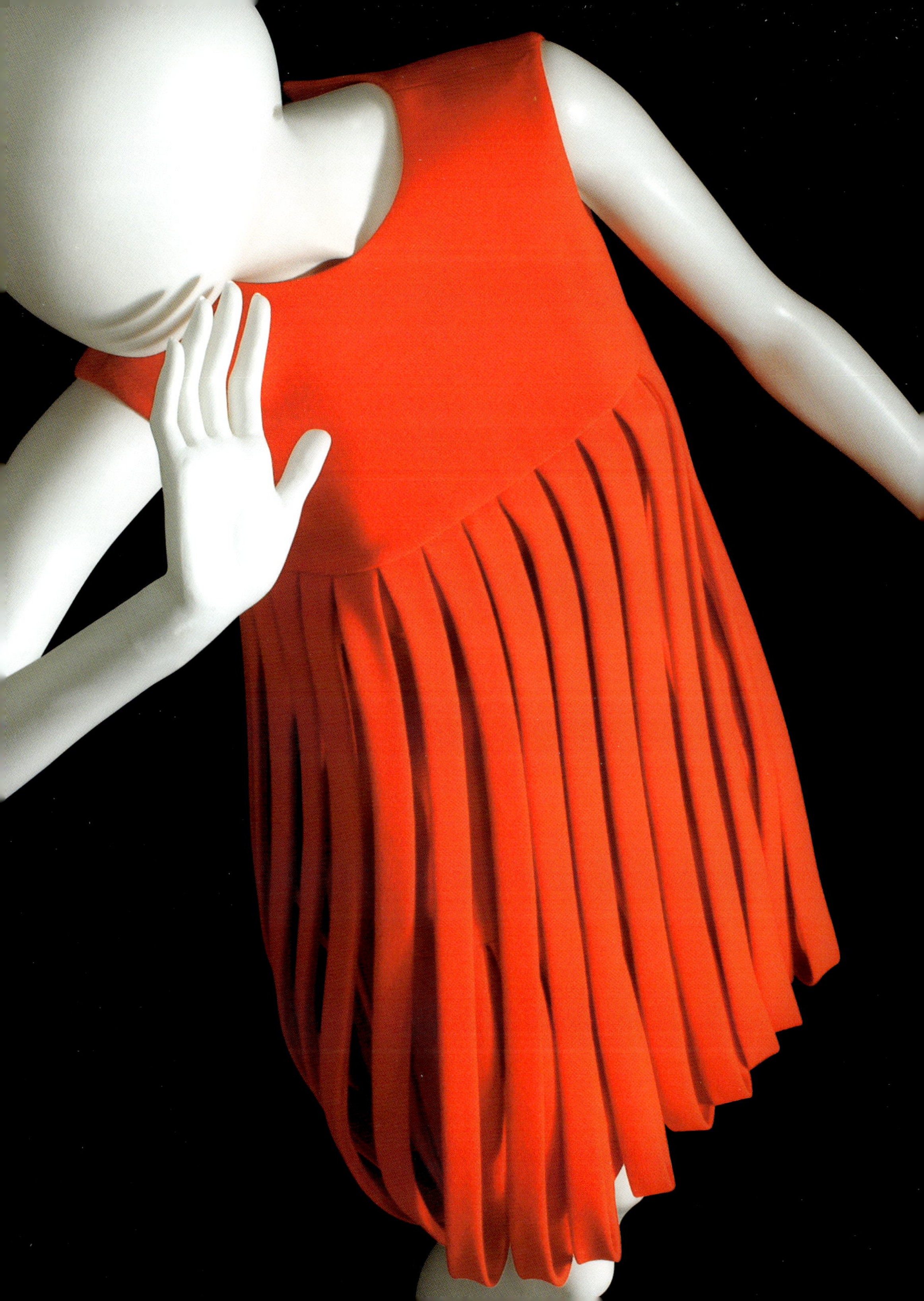

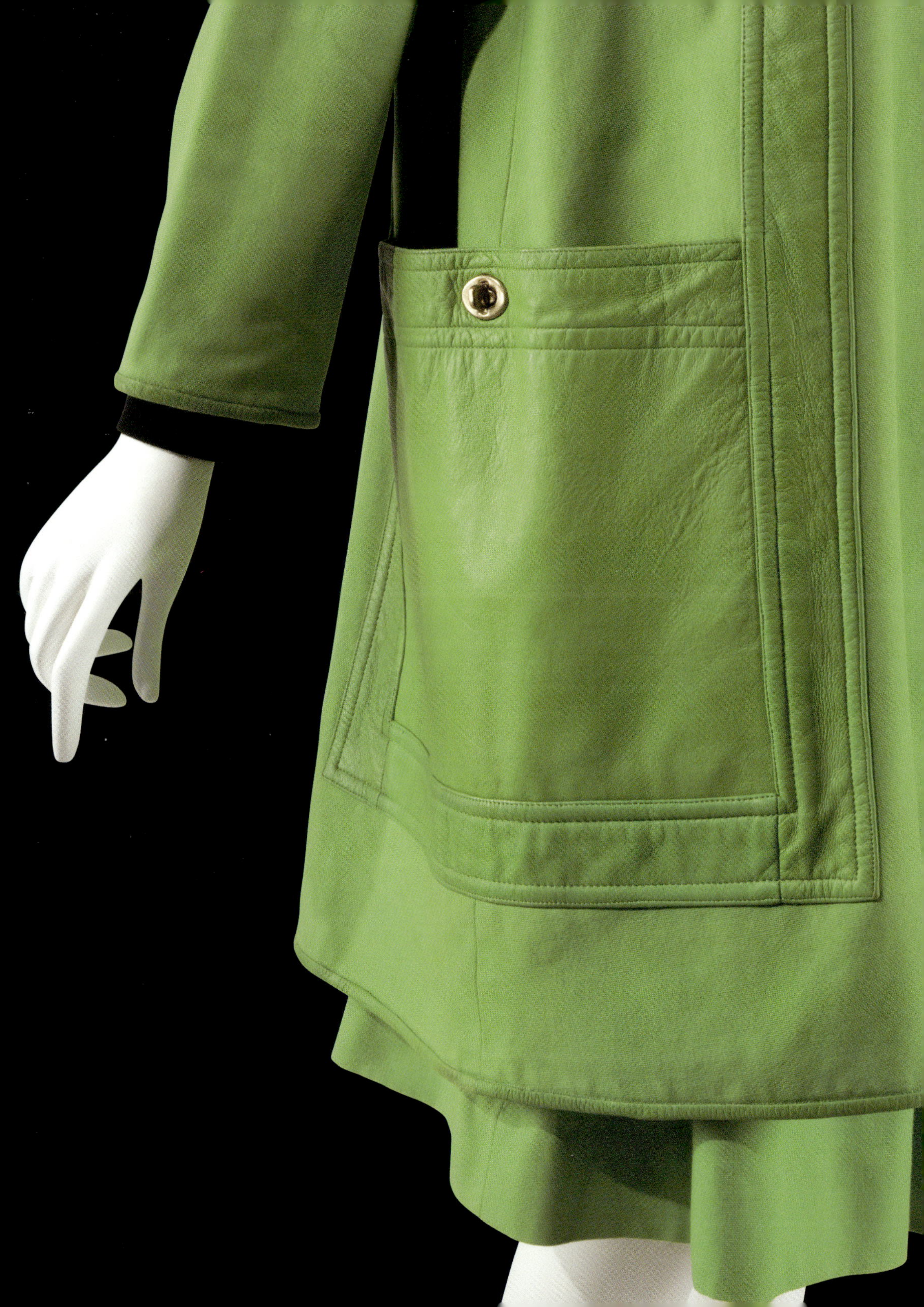

Bonnie Cashin

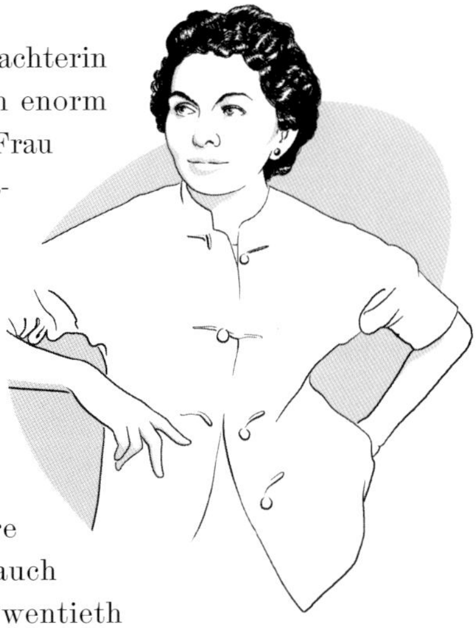

BONNIE CASHIN (1907–2000) Als aufmerksame Beobachterin der amerikanischen Gesellschaft schuf Bonnie Cashin enorm praktische, unkomplizierte Kleider für die unabhängige Frau in der Nachkriegszeit. Bekannt für ihre bequem geschnittene Freizeitmode, leistete Cashin Pionierarbeit mit der Entwicklung von Konzepten wie etwa der modular aufgebauten Garderobe für moderne, aktive Frauen – Konzepte, die aus der heutigen Mode nicht mehr wegzudenken sind. Bernadine Morris, Moderedakteurin der *New York Times*, nannte Cashin 1978 „eine amerikanische Modeinstitution".

Die gebürtige Kalifornierin begann ihre Karriere als Kostümbildnerin, zunächst für Revuen, später auch für Theaterproduktionen, und wechselte 1943 zur Twentieth Century-Fox, für die sie über 60 Filme mit Kostümen ausstattete. Nach einigen weiteren Jahren beim Konfektionshersteller Adler and Adler machte sich Cashin 1952 selbstständig. Der Einfluss ihrer Mode reichte so weit, dass mondäne Kaufhäuser in Paris und London eigene Bonnie-Cashin-Abteilungen führten. 1962 holte der Lederaccessoire-Hersteller Coach sie als Chefdesignerin seiner Damenlinie zu sich, für die sie unter anderem Handtaschen und Portemonnaies entwarf, die sich durch den innovativen Einsatz von Metallbeschlägen auszeichneten.

Zu den typischen Merkmalen ihrer Mode, für die sie gerne auf Materialien wie Tweed, Leder und Leinen zurückgriff, zählten Pullover mit Schlauchkragen (der gleichzeitig als Kapuze diente), tiefe Taschen, Metallschließen, „Handtaschen"-Taschen mit Riegelverschlüssen und Lederpaspeln. Für ihre Entwürfe adaptierte die viel gereiste Designerin auch einige Grundformen landestypischer Volkstrachten, etwa den mexikanischen Poncho, den japanischen Kimono und die arabische Abaya. Letzten Endes war es Cashins Herangehensweise, die Form der Funktion folgen zu lassen, die ihr gesamtes Werk prägte und sie zu einer Vorreiterin der amerikanischen Freizeitmode machte. —*M. M.*

„Alles was ich in meinen Entwürfen will, sind einfache Aussagen. Ich will keinen Glanz und Flitter.“

— BONNIE CASHIN

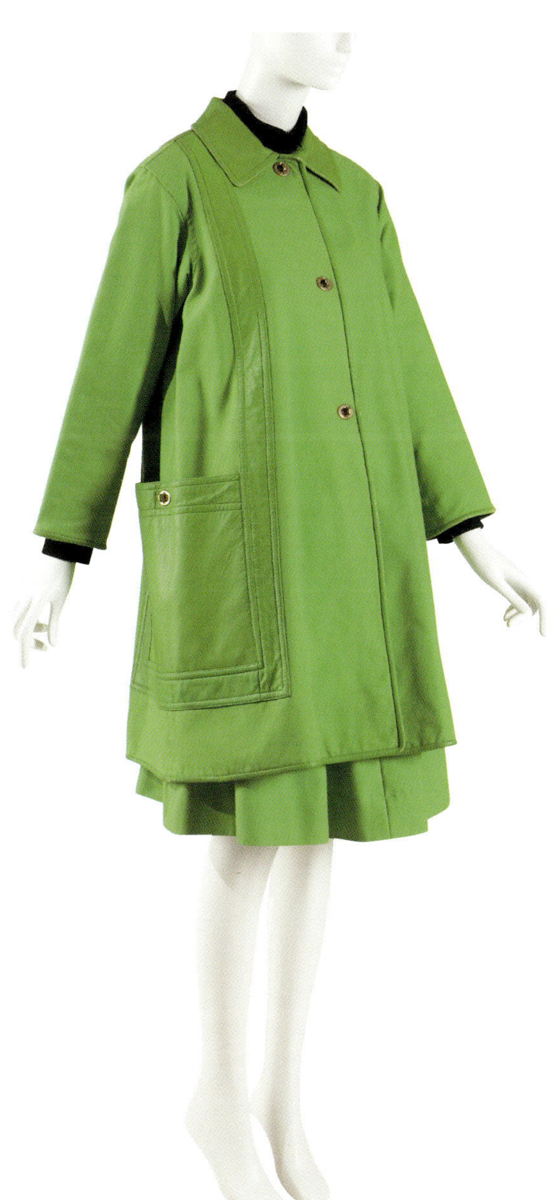

„Ich wollte alles entwerfen, was eine Frau am Körper trägt. Für den ganzen Körper zu gestalten, kam in meinen Augen der Komposition eines Künstlers gleich.“
— **Bonnie Cashin**

VORHERGEHENDE DOPPELSEITE UND LINKS
Bonnie Cashin
Regenmantel und Rock: lindgrüner Baumwolldrillich, Leder
USA, um 1965

Cashins Kleider waren praktisch und schick zugleich. Die Taschen dieses Regenmantels zum Beispiel sind mit markanten, funktionalen Metallelementen versehen.

GEGENÜBER
Bonnie Cashin
Ensemble: rotes und rosarotes Wollbouclé, orangefarbene Wolle, orangefarbenes Wildleder
USA, um 1964

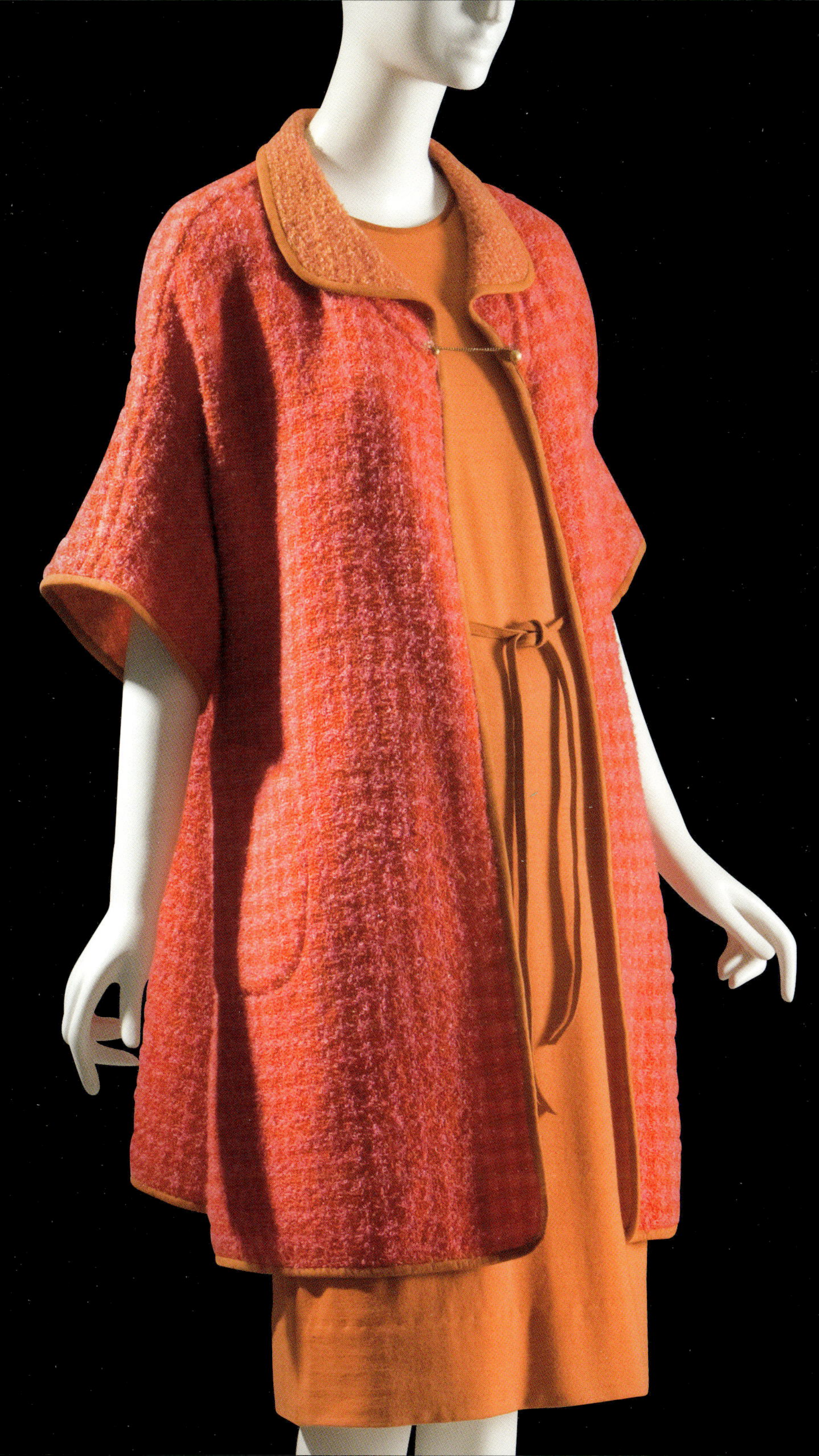

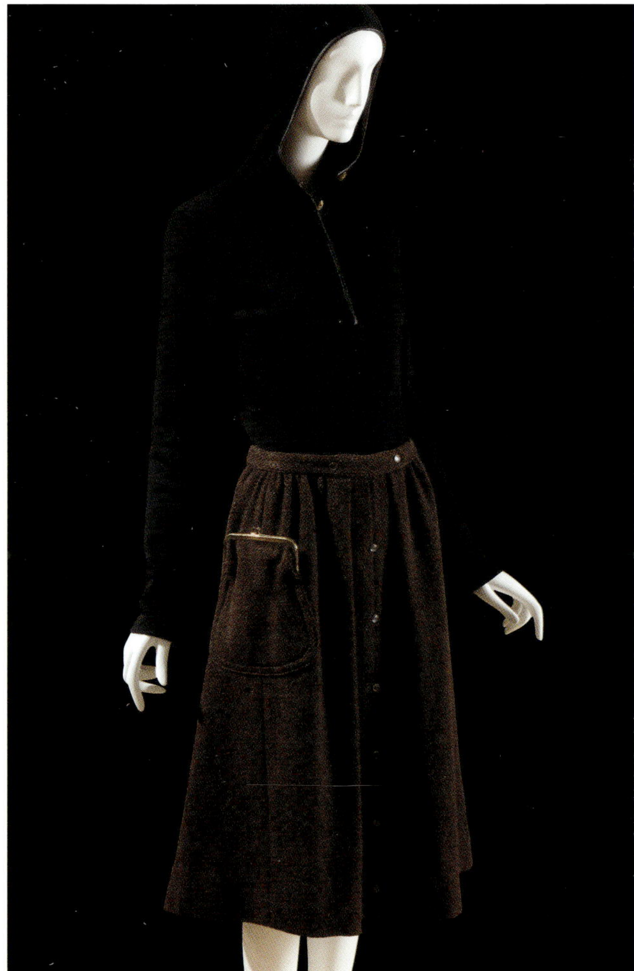

LINKS
Bonnie Cashin
Rock: dunkelbrauner Woll-Tweed, Metall
USA, 1961

UNTEN
Coach (Bonnie Cashin)
Handtasche: hellgrünes Leder, Metall
USA, 1967–1968

Diese Handtasche ist ein Originalentwurf für die Coach-Kollektion *Cashin Carry*. Das Münzfach an der Vorderseite war ein für Cashins Coach-Design und auch ihre eigene Konfektionslinie typisches Detail.

GEGENÜBER
Bonnie Cashin
Ensemble: gelbe Thai-Seide
USA, um 1959

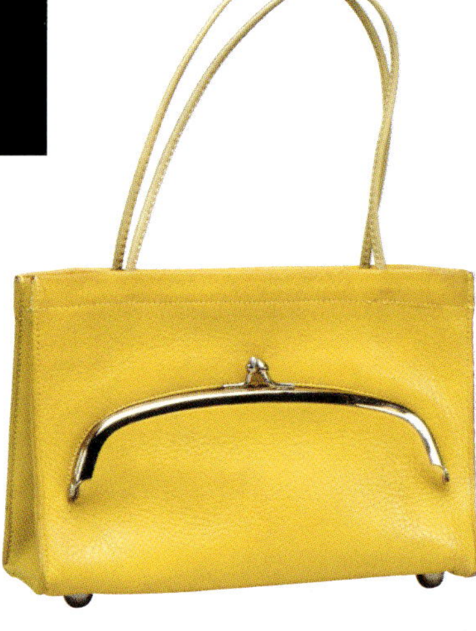

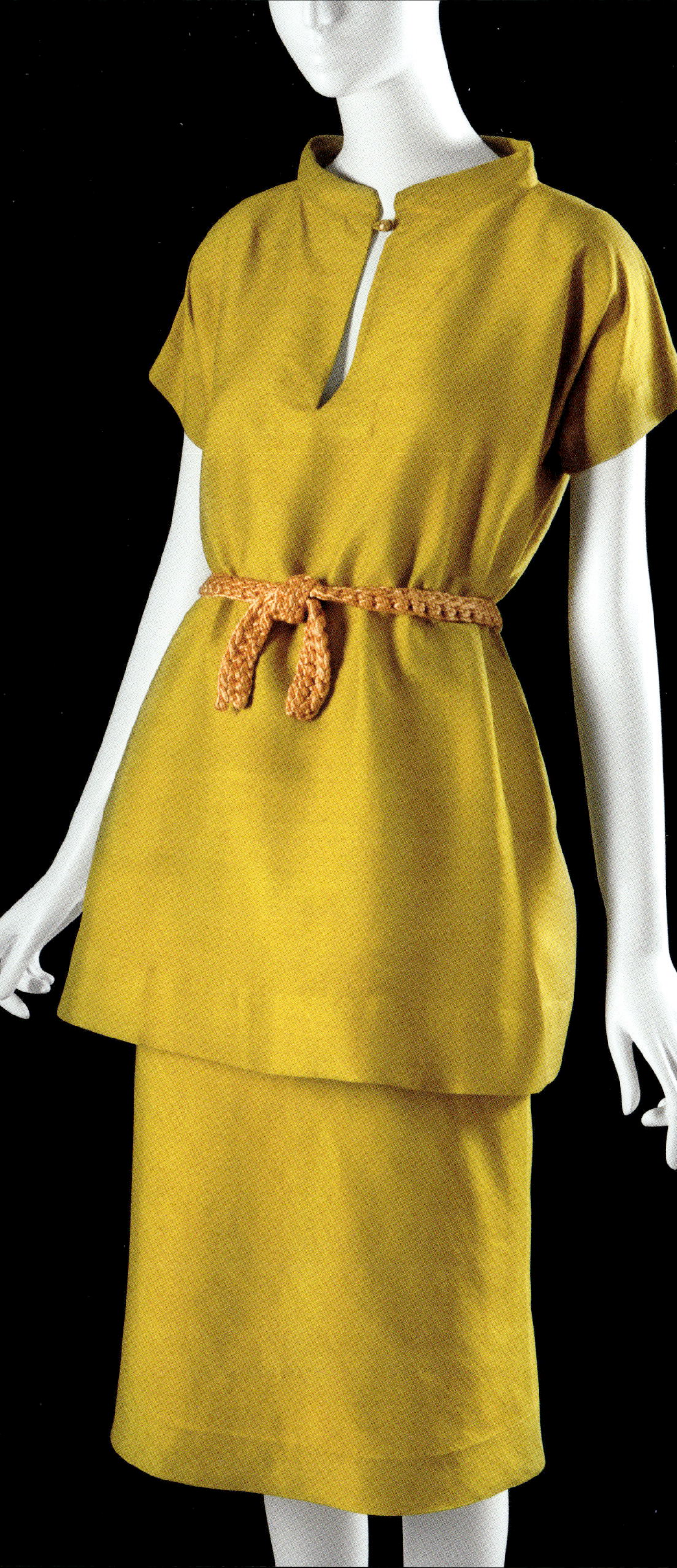

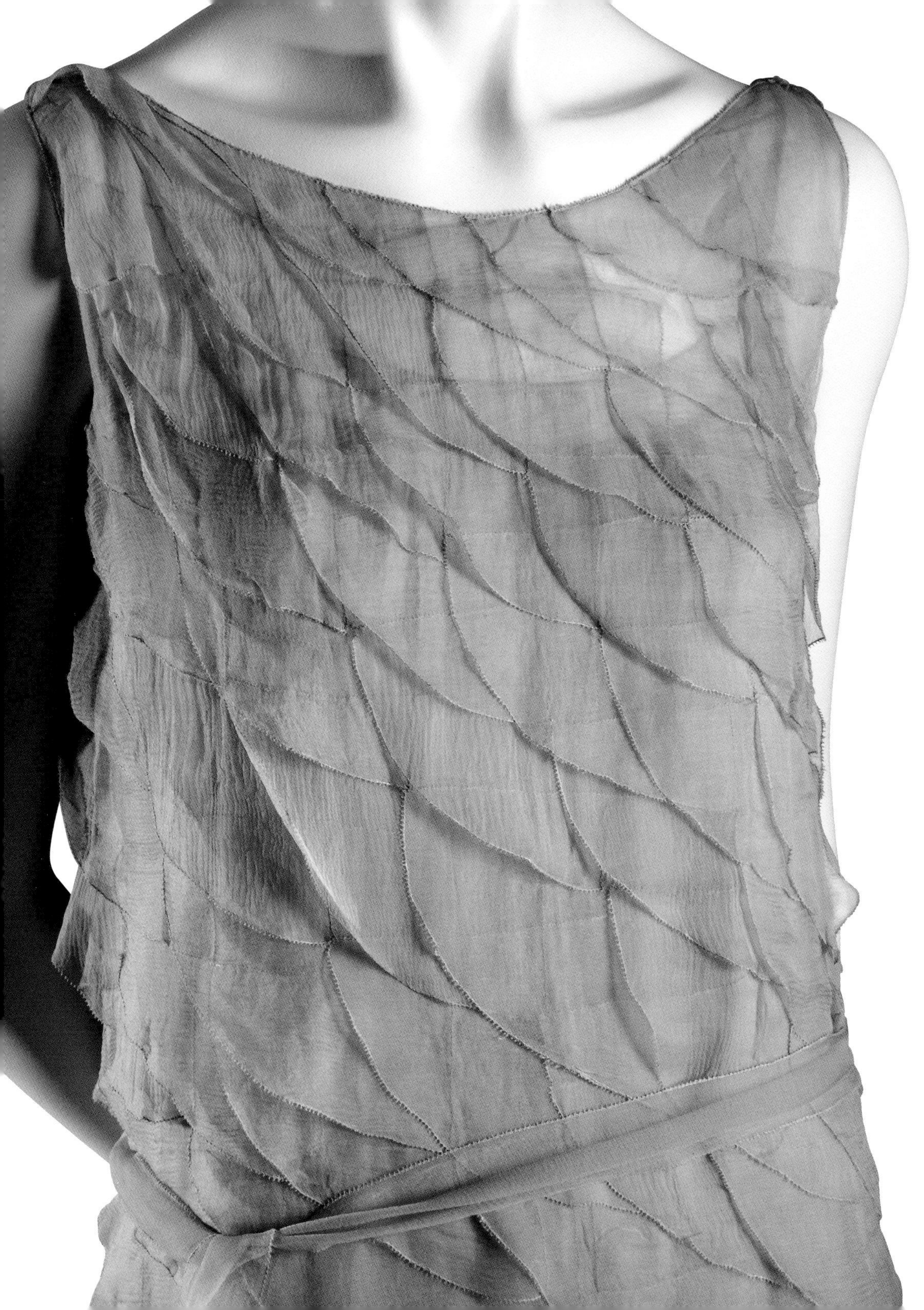

Chanel

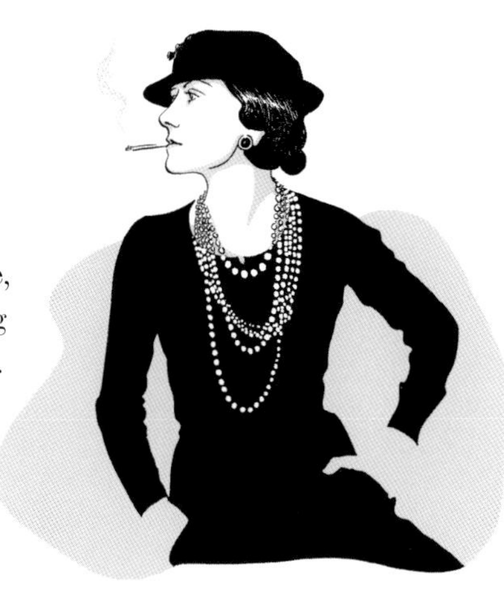

GABRIELLE „COCO“ CHANEL (1883–1971) „L'élégance, c'est moi“, sagte Chanel – wobei das Zitat ebenso wenig belegt ist wie so vieles andere in der Chanel-Legende. Gabrielle „Coco“ Chanel ist die vermutlich berühmteste Modeschöpferin des vergangenen Jahrhunderts. Ihr Ruhm beruht jedoch weniger auf der erstaunlicherweise bis heute anhaltenden Anziehungskraft ihrer Mode als auf den Mythen, die sich um ihr Leben und ihre Karriere ranken. Man kennt sie als eine geniale Ausnahmeerscheinung, die ihren persönlichen Stil abseits der Arbeit anderer Modeschöpfer entwickelte und ihren Zeitgenossinnen praktisch im Alleingang den Weg in die Moderne bahnte. Coco Chanel war nicht nur Modeschöpferin, sondern auch ihr eigenes, bestes Model. Sie entwarf von sich das Bild einer modernen Frau von Welt, deren fast schon überzogen schlichter Stil von so beiläufiger Eleganz war, dass andere Frauen neben ihr wie überfrachtete Puppen wirkten. Dieses Bild, das sie der Öffentlichkeit von sich präsentierte, machte Chanel nicht nur zu einer herausragenden Erscheinung ihrer Zeit, sie entwarf auch den Prototyp der modernen Frau.

Coco Chanel begann ihre Karriere 1910 als Modistin und führte zehn Jahre später bereits ihr eigenes, auf Jerseykleider spezialisiertes Couturehaus. Der Betrieb schloss 1939, doch mit der Wiedereröffnung im Jahr 1954 positionierte Chanel sich als Gegenpol zur Übermacht männlicher Couturiers, die sich in der Nachkriegszeit herausgebildet hatte. Gegen Diors immer neue Silhouetten setzte sie komfortable, leicht kastig geschnittene Kostüme, die die Funktion von Edeluniformen erfüllten. Wie es Karl Lagerfeld formulierte, lag Chanels Begabung zum Teil auch darin, das Richtige zur richtigen Zeit zu tun. Der anhaltende Erfolg ihres Parfüms „Chanel No. 5“ trug zusätzlich dazu bei, den Namen der Marke im öffentlichen Bewusstsein zu verankern. Nach Coco Chanels Tod jedoch versteinerte ihr Stil zum fossilen Relikt.

Erst mit Karl Lagerfeld, dem 1984 die kreative Leitung anvertraut wurde, erwachte der Chanel-Look zu neuem Leben. Lagerfeld selbst sah sich tatsächlich als „Notarzt“, der das legendäre Chanelkostüm und andere Erkennungszeichen einer Verjüngungskur unterzog, mit neuen Materialien wie Denim oder Leder und neuen Techniken wie der Dekonstruktion. Lagerfeld, der 2019 starb, scheute als Vertreter der Postmoderne nicht davor zurück, charakteristische Gestaltungselemente und Erkennungszeichen wie Ketten, Modeschmuck oder das berühmte Doppel-C kühn auf die Spitze zu treiben. Virginie Viard wurde kurz nach Lagerfelds Tod zur neuen Kreativdirektorin von Chanel ernannt. —*V. S.*

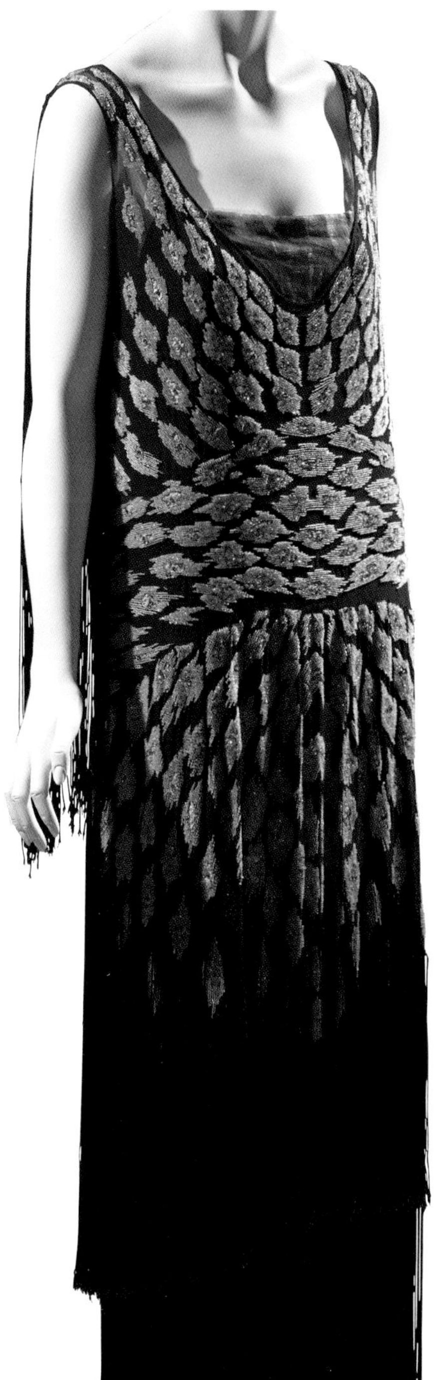

„Mode ist etwas, das nicht nur aus Kleidung besteht. Mode ist am Himmel, auf der Straße, Mode hat mit Ideen zu tun, unserer Lebensweise, was passiert."
— GABRIELLE „COCO" CHANEL

„Der Inbegriff des Chanel-Looks war Coco Chanel selbst."
*—**Vogue***

VORHERGEHENDE DOPPELSEITE
Gabrielle „Coco" Chanel
Abendkleid: rosafarbener Seidenkreppchiffon
Frankreich, um 1925

LINKS
Gabrielle „Coco" Chanel
Abendkleid: schwarzer Seidenchiffon, Kristall-Rocailleperlen, Strass, silberfarbenes Leder
Frankreich, 1928

GEGENÜBER
Gabrielle „Coco" Chanel
Abendkostüm: brauner, beigefarbener und blauer durchwirkter Seidenlamé
Frankreich, um 1960

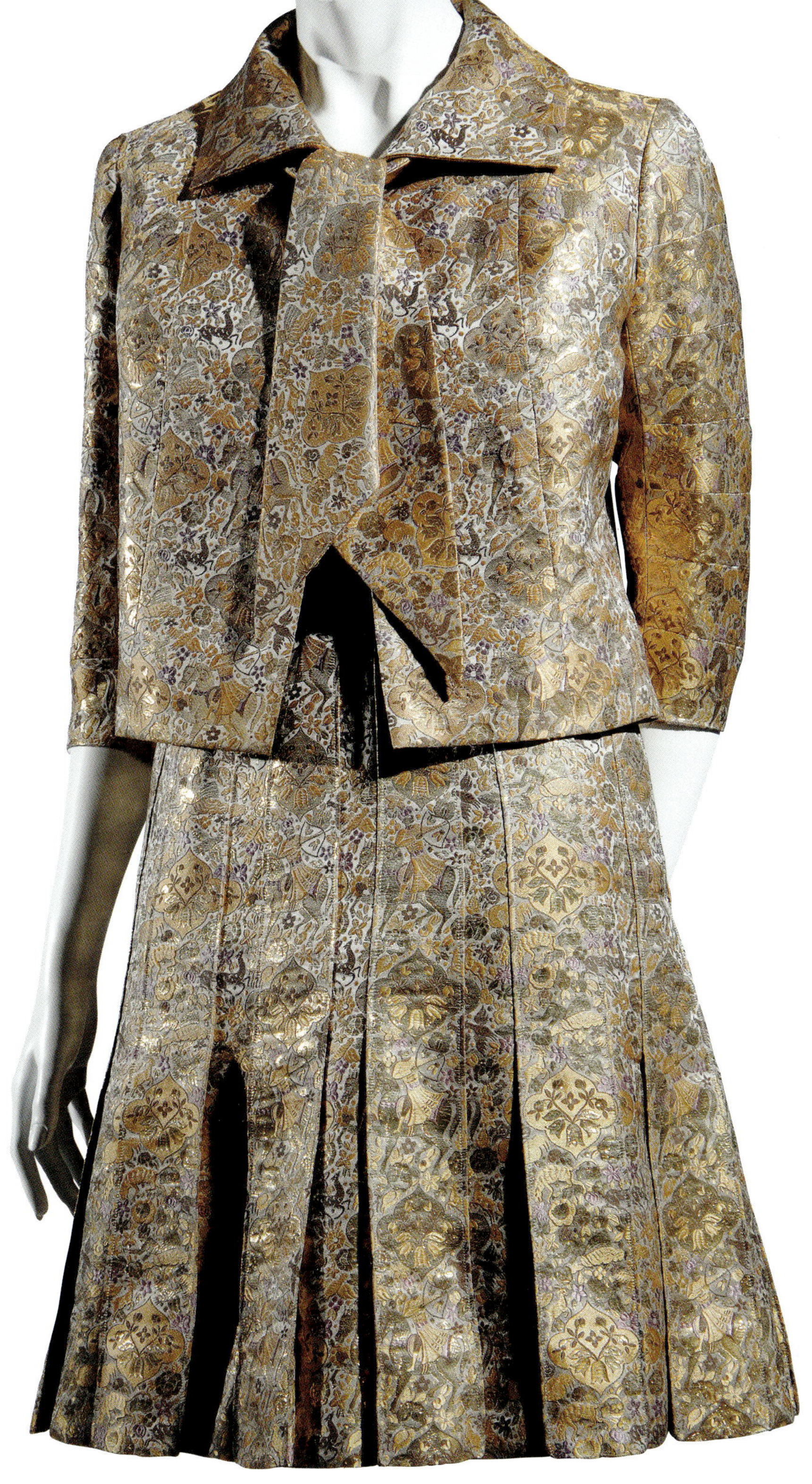

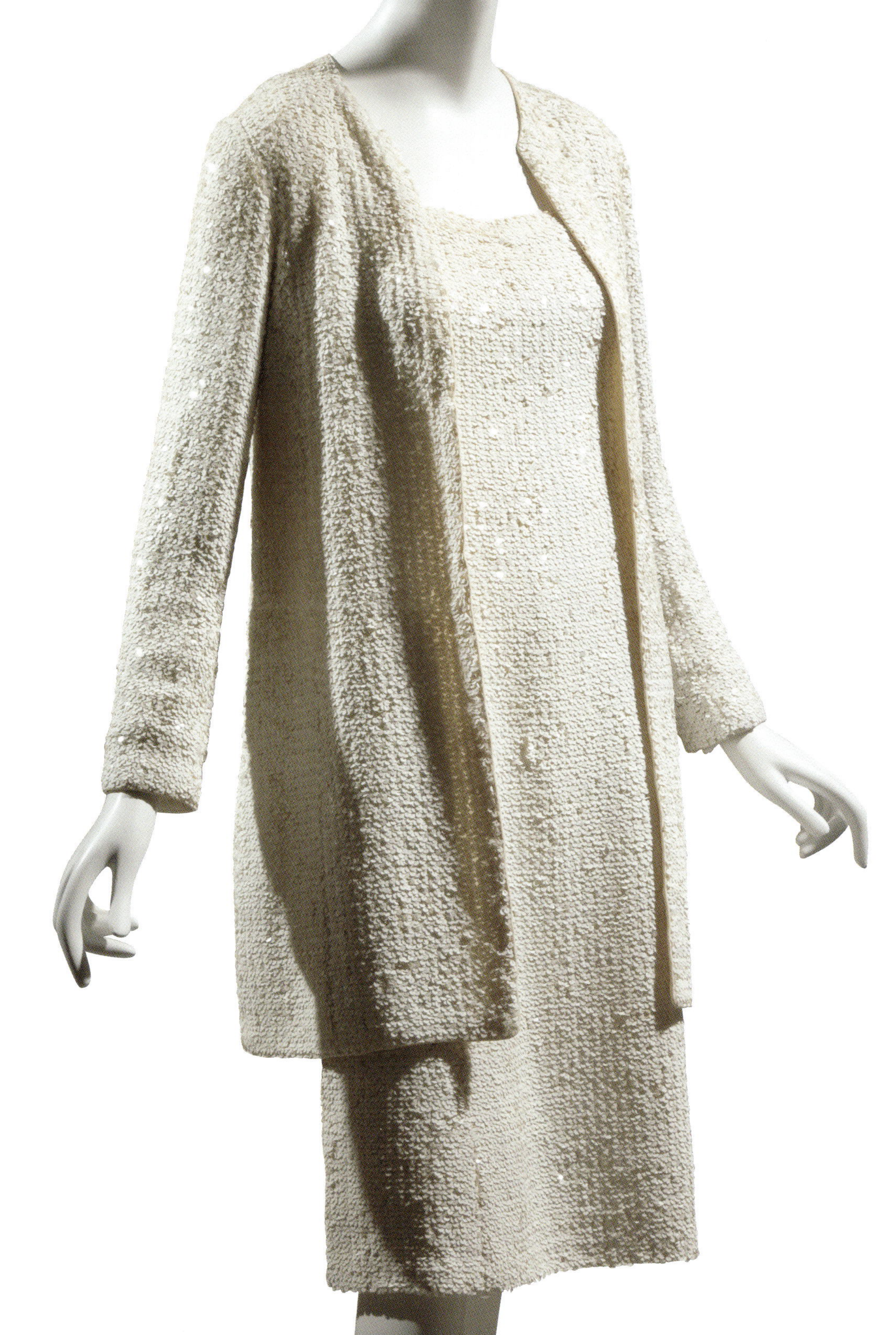

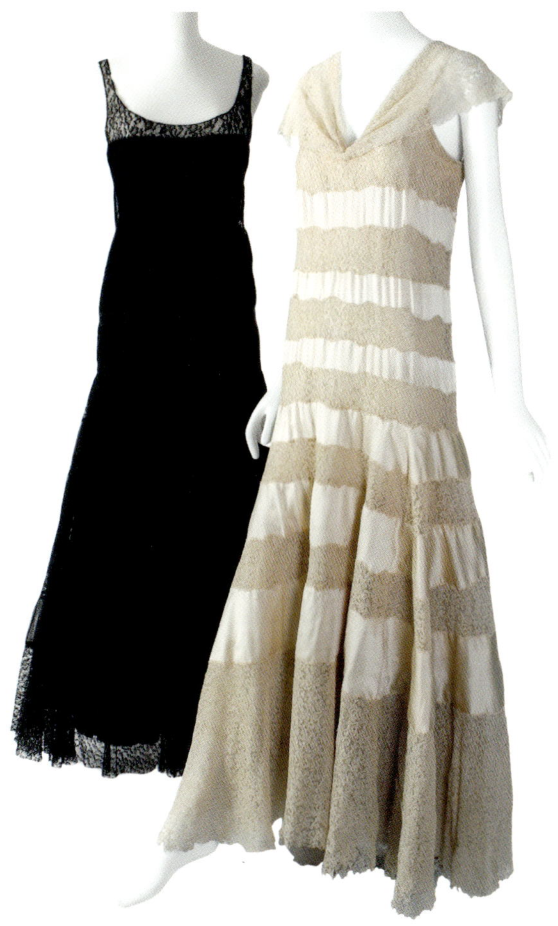

GEGENÜBER
Gabrielle „Coco“ Chanel
Abendkleid und Mantel: weiße Pailletten, beigefarbene Seide
Frankreich 1970

Im Laufe ihrer langen Karriere verwandelte Chanel mit ihrer „Weniger ist mehr“-Ästhetik die Mode. Dieses Ensemble beispielsweise, das Teil ihrer persönlichen Garderobe war, ist luxuriös und reduziert zugleich.

LINKS
Gabrielle „Coco“ Chanel
Abendkleid: cremefarbene Seidencharmeuse, Alençon-Spitze
Frankreich, um 1932

UNTEN
Chanel
Schuhe: cremefarbener Seidensatin, schwarzes Faille
Frankreich, um 1980

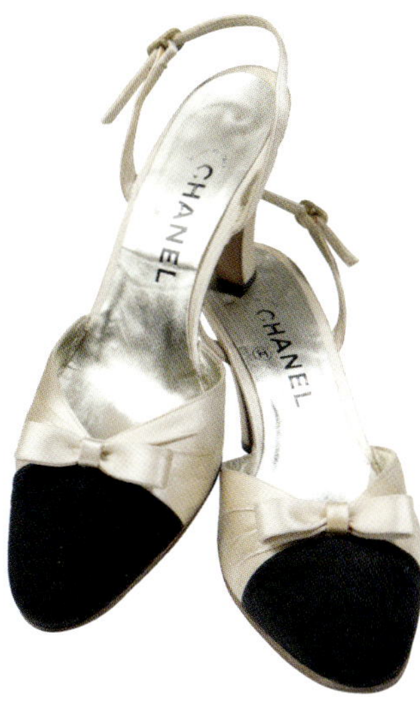

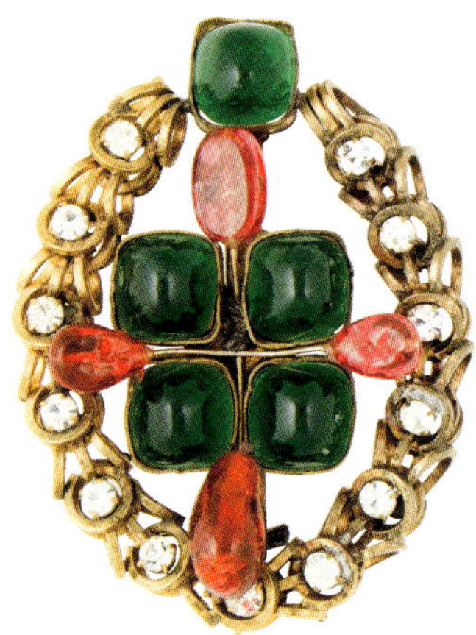

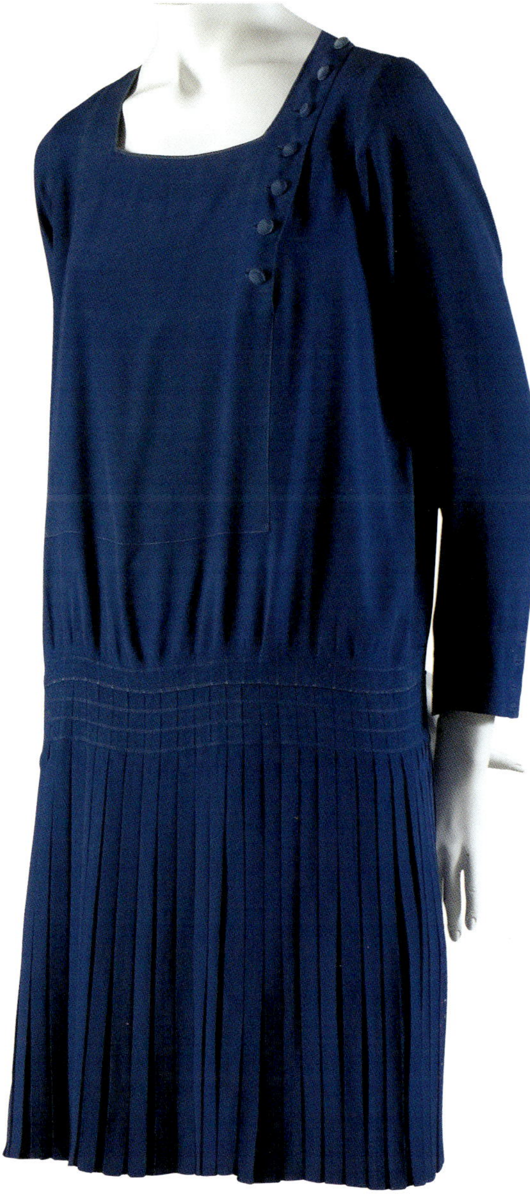

OBEN
Chanel (Robert Goossens)
Brosche: Strass, Cabochons aus grünem und rotem Glas, Messing
Frankreich, ca. 1960er

RECHTS
Gabrielle „Coco“ Chanel
Kleid: blauer Seidenkrepp
Frankreich, 1926

Gabrielle „Coco“ Chanel war die wohl berühmteste und einflussreichste Persönlichkeit im Modedesign des 20. Jahrhunderts. Wie niemand sonst trug sie dazu bei, den Stil der Moderne in die Damenmode zu bringen.

GEGENÜBER
Gabrielle „Coco“ Chanel
Umhang: scharlachroter gekräuselter Chinakrepp, Federn
Frankreich, 1927

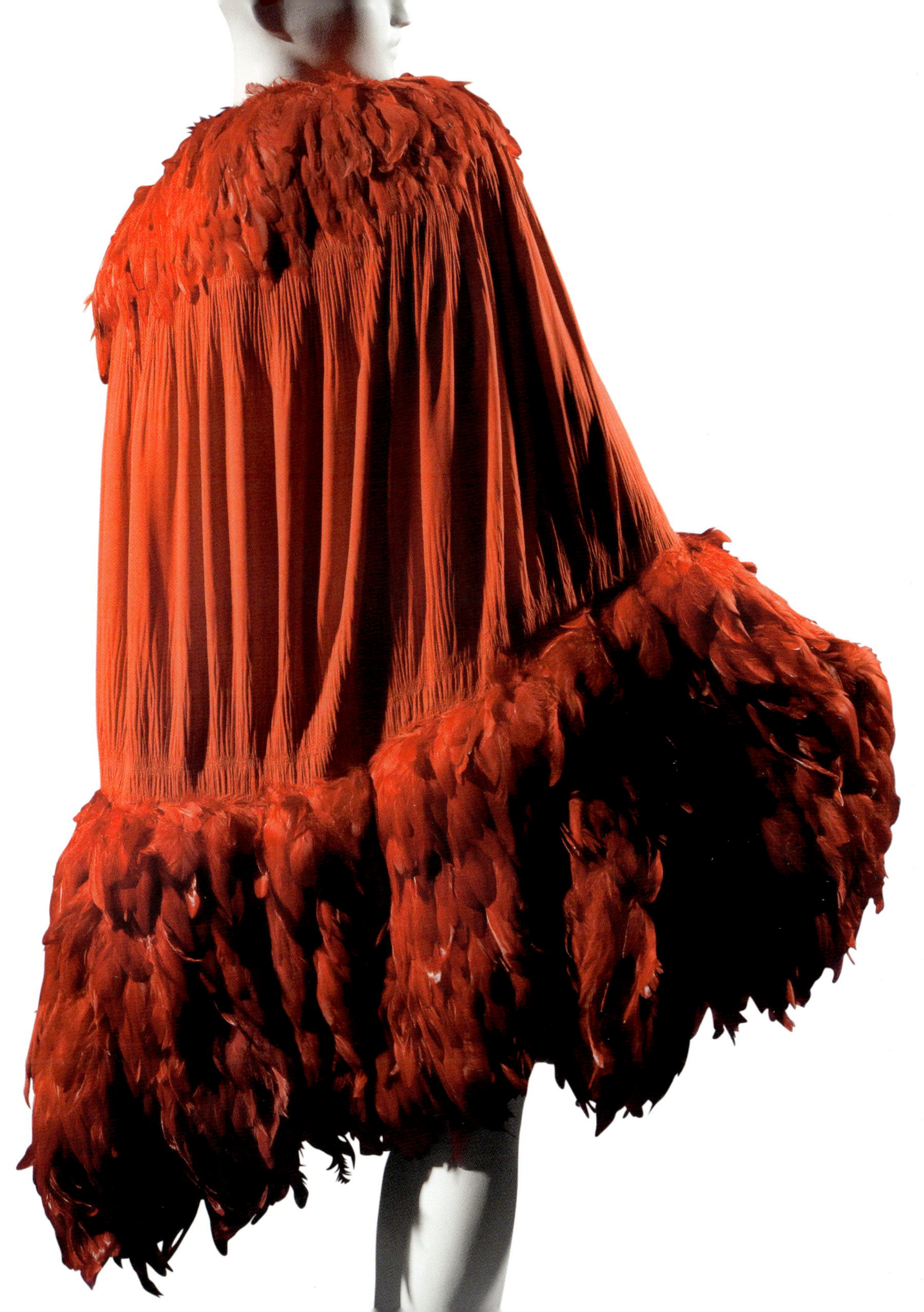

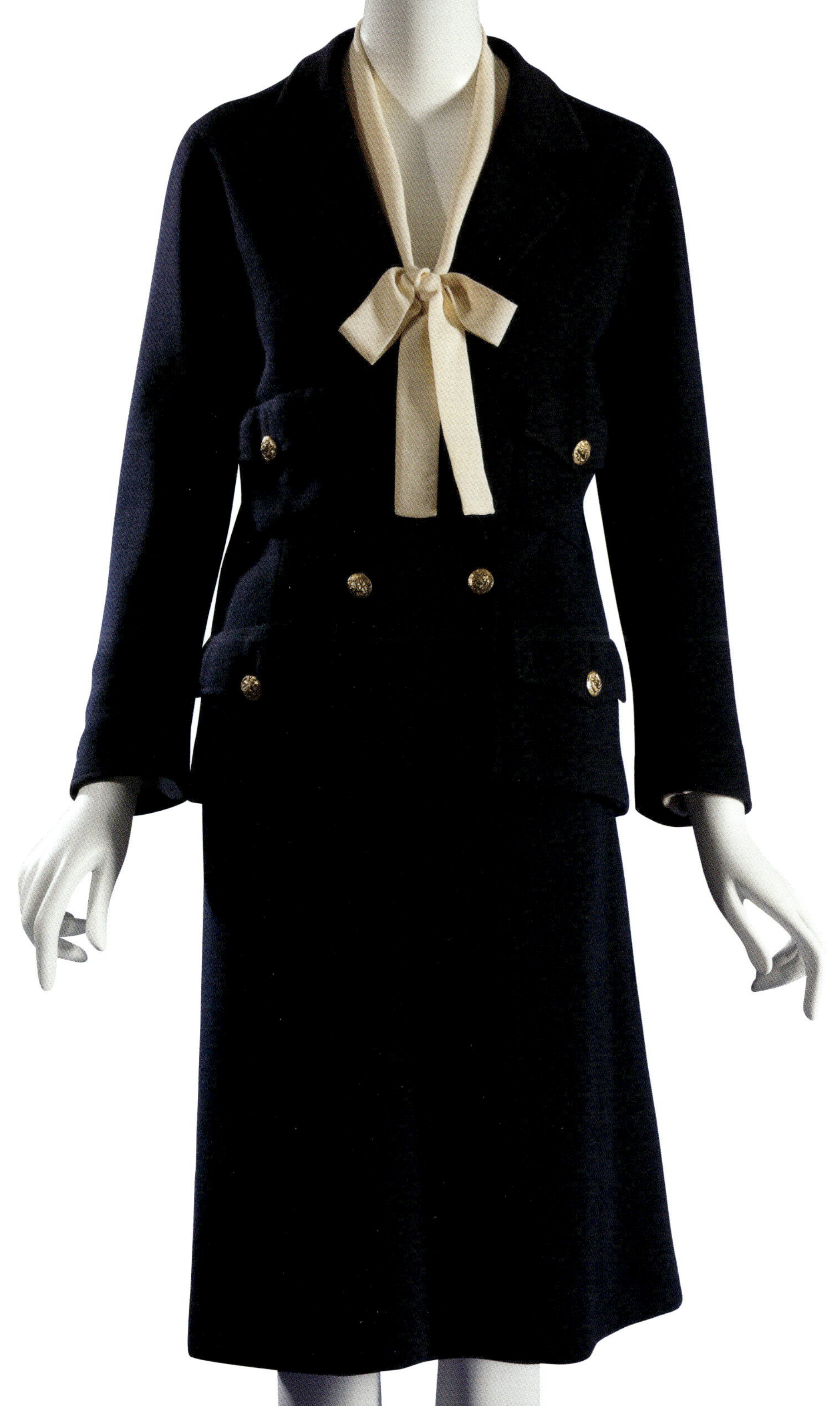

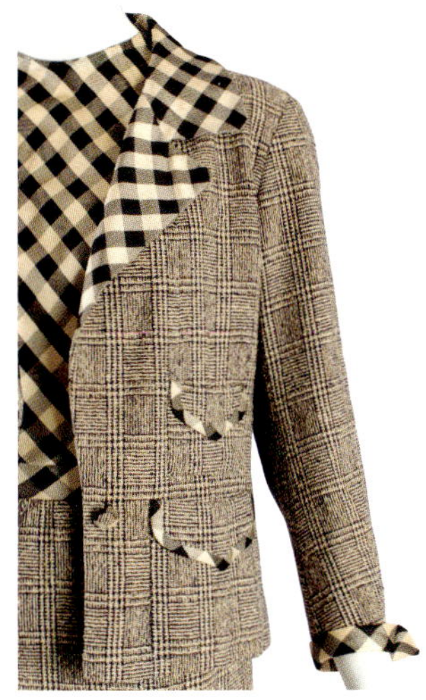

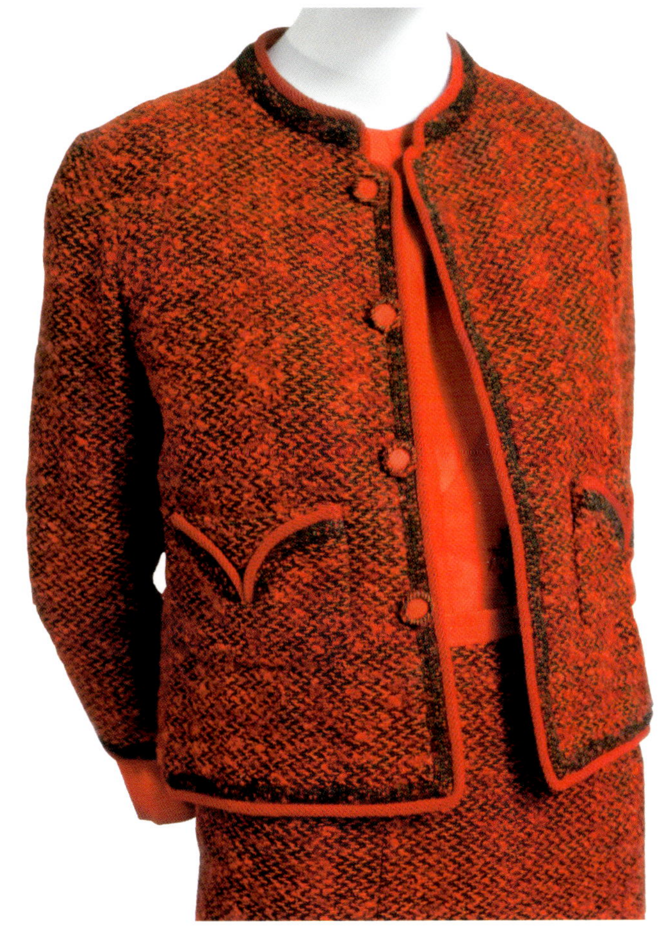

GEGENÜBER
Gabrielle „Coco" Chanel
Kostüm: marineblauer
Jersey aus Doppelstrickwolle,
elfenbeinfarbene Seide, Metall
Frankreich, um 1960

OBEN
Gabrielle „Coco" Chanel
Kostüm: schwarzer und weißer
Prince-of-Wales-Woll-Tweed
Frankreich 1959

RECHTS
Gabrielle „Coco" Chanel
Kostüm: rotbrauner und grüner
Woll-Tweed, roter und grüner
bedruckter Seidenkrepp, Metall
Frankreich, 1959

Chanel schloss ihr Couturehaus 1939. Im Jahr 1954 entschied sich die damals 71-Jährige, es wieder zu eröffnen und nochmals an die Arbeit zu gehen. Dieses Tweedkostüm ist beispielhaft für den Chanel-Look der 1950er-Jahre.

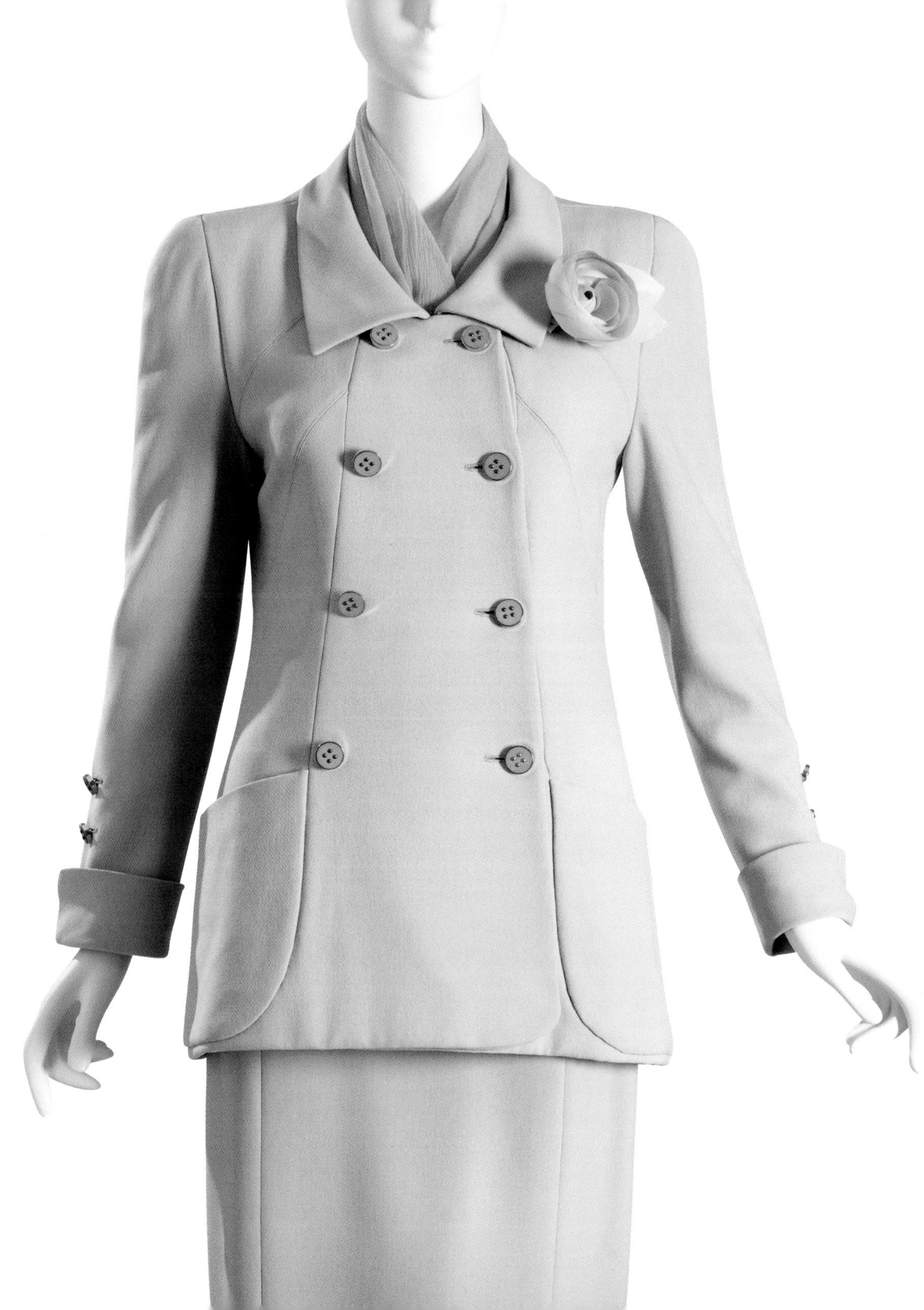

GEGENÜBER
Chanel (Karl Lagerfeld)
Kostüm: beigefarbener Wollkrepp, gekräuselter Seidenchiffon, Metall
Frankreich, um 1986

UNTEN
Chanel (Karl Lagerfeld)
Abendkleid: schwarzer Samt, Satinschleife, Krinoline, Rosshaar
Frankreich, 1990

RECHTS
Chanel (Karl Lagerfeld)
Abendkostüm: schwarze Wolle, schwarzer Satin, Messing
Frankreich, 1986

Karl Lagerfelds Herrschaft über das Haus Chanel begann im Jahr 1983. Durch sein frisches Herangehen an klassische Chanel-Looks verjüngte er die Marke mit Erfolg. Die Knöpfe dieses eleganten Abendkostüms sind mit winzigen Chanel-Schühchen verziert.

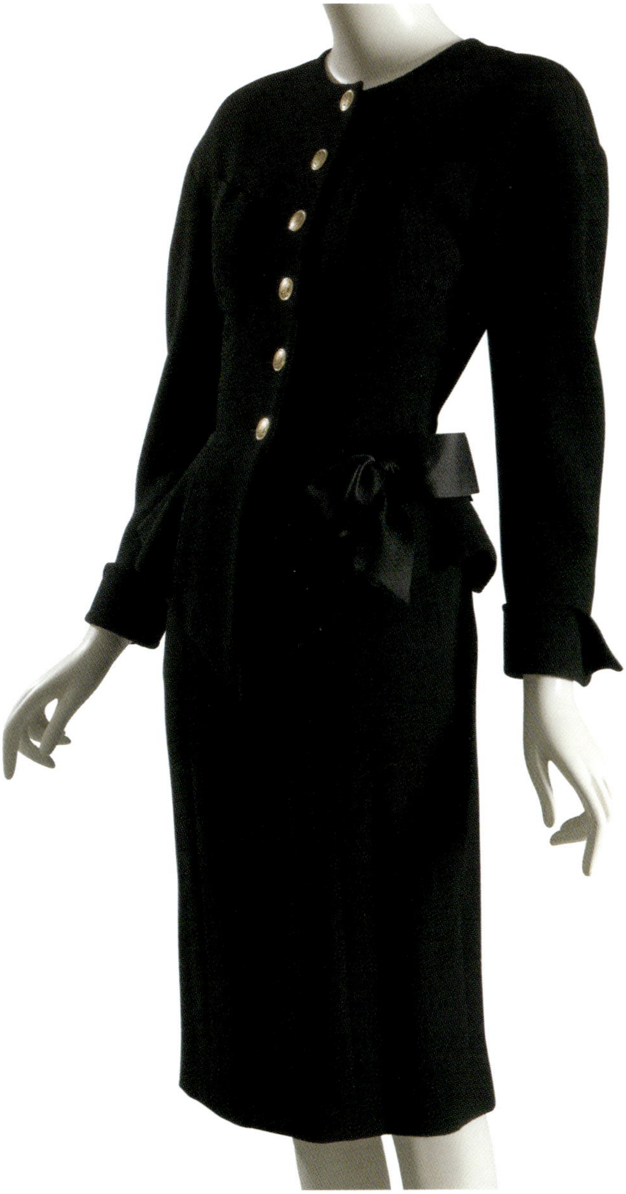

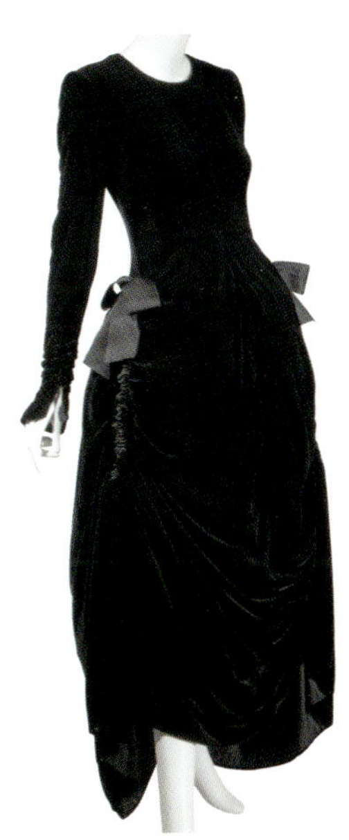

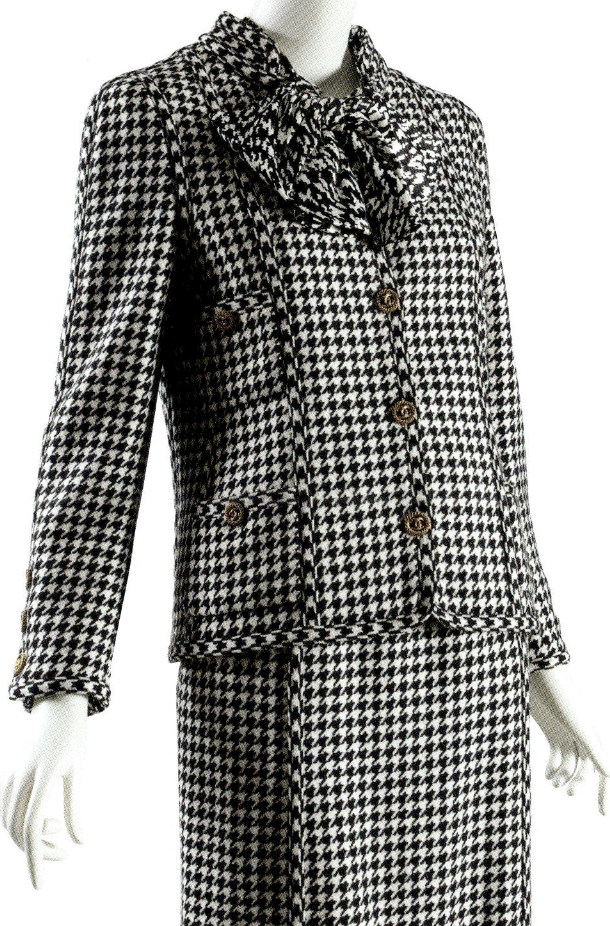

LINKS
Chanel (Karl Lagerfeld)
Kostüm: Wolle mit schwarz-weißem Hahnentrittmuster, bedruckter Seidenkrepp, Metall
Frankreich, 1983

UNTEN UND GEGENÜBER
Chanel (Karl Lagerfeld)
Abendkleid: schwarzer Seidenkrepp, Trompe-l'œil-Stickerei von Lesage (Paris)
Frankreich, 1983

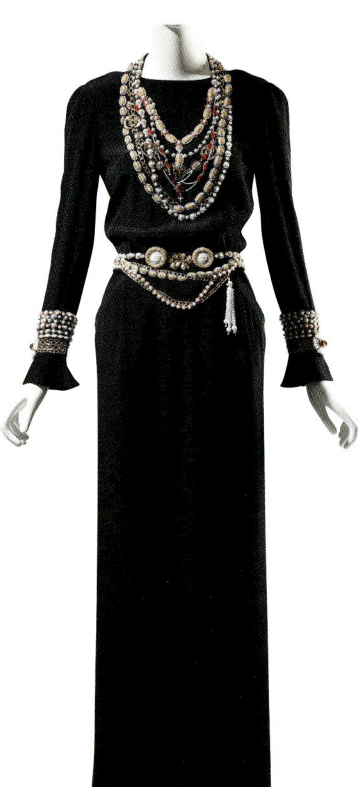

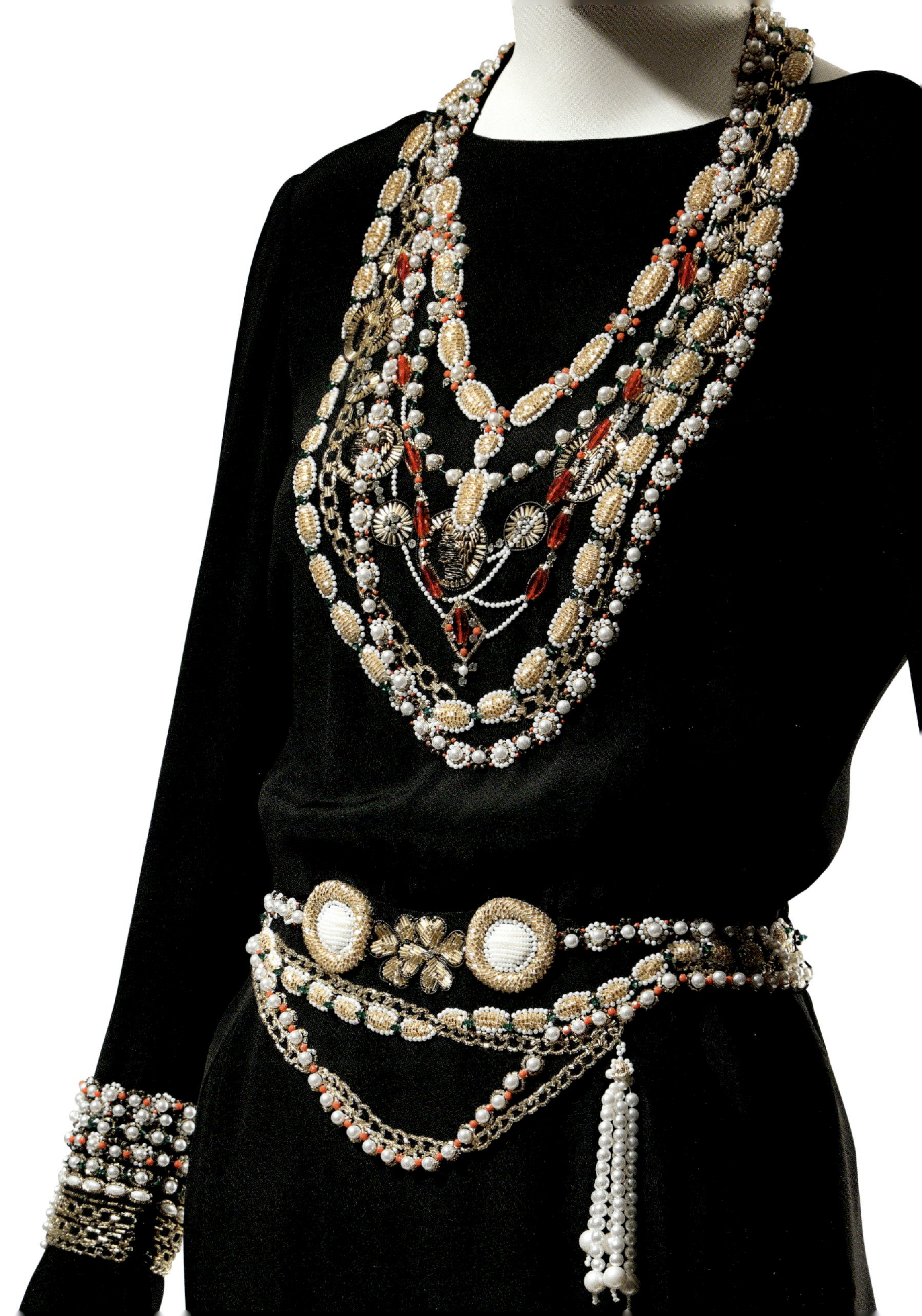

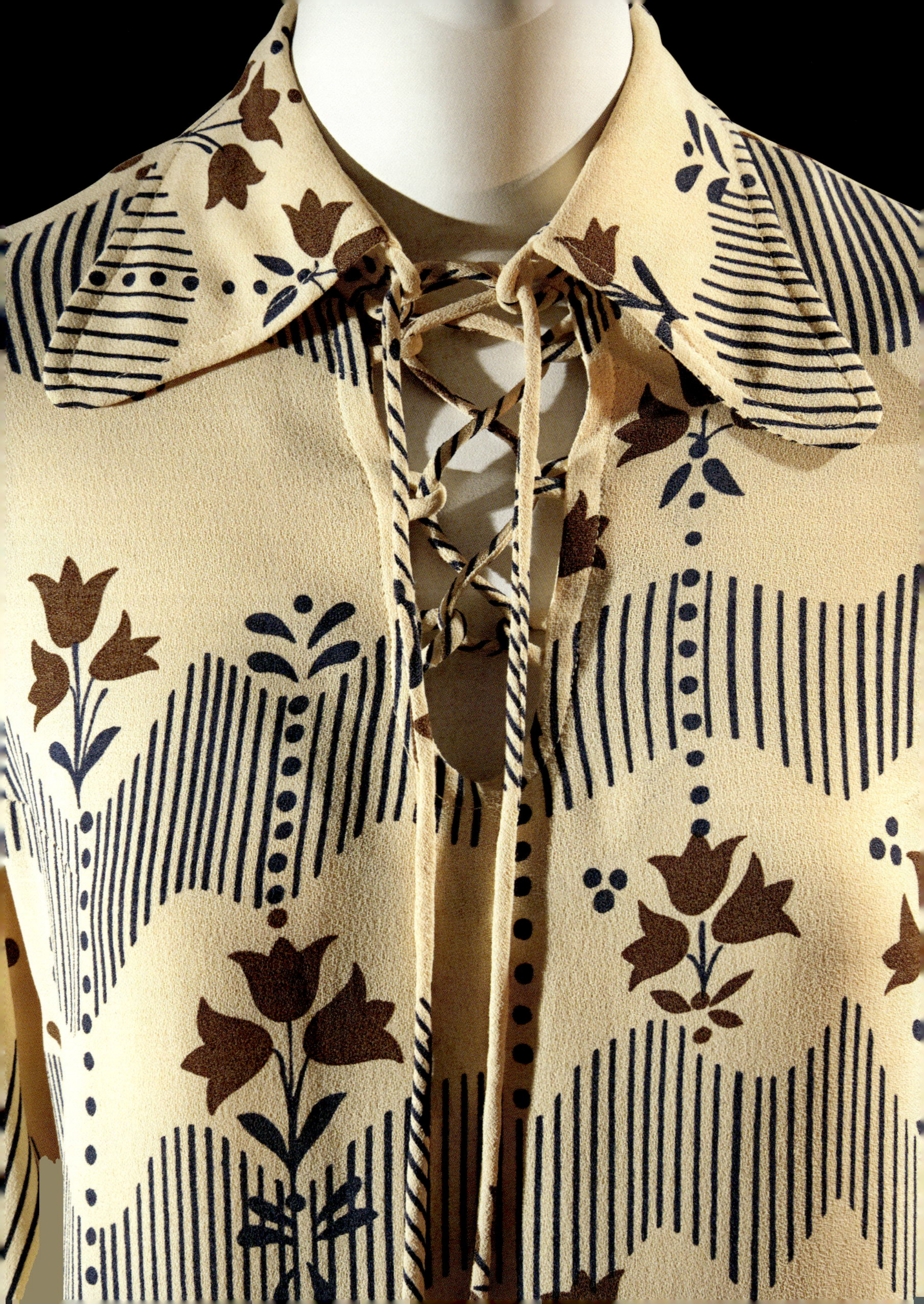

Ossie Clark

OSSIE CLARK (1942–1996) Typische Zutaten für Ossie Clarks Kreationen waren wild-verrückte Romantik und eine kräftige Prise Sexappeal. Er ließ sich häufig von den Moden vergangener Stilepochen inspirieren und schnitt seine Kleider gern schräg, um die Kurven ihrer Trägerinnen auf diese Weise noch zu betonen – ein im Modedesign der 1960er-Jahre ungewöhnliches Verfahren. Neben den aufreizend sinnlichen Kleidern, die ihn bekannt machten, schneiderte Clark auch tadellose Maßkostüme. „Ich bin ein Meister des Schnitts", erklärte er gerne, und all seine wichtigen Kundinnen stimmten ihm zu.

Raymond Oswald Clark, geboren in Liverpool, zeigte schon früh eine Begabung für das Schneiderhandwerk. Sein Geschick im Entwerfen von Schnittmustern und der Konstruktion von Kleidern verhalf ihm 1962 zu einem Aufbaustudium am renommierten Royal College of Art in London, wo er die Werke großartiger Couturiers wie Madeleine Vionnet und Charles James kennenlernte. Mitte der 1960er-Jahre begann er, seine Kreationen in der Londoner In-Boutique Quorum zu verkaufen. Clark arbeitete mit der Textildesignerin Celia Birtwell zusammen, die mit ihren lebhaften Dessins den Schnitt für seine Entwürfe vorgab. Die beiden kannten sich schon seit ihrer gemeinsamen Schulzeit in Manchester und setzten ihre enge berufliche Beziehung auch im Privatleben fort; 1969 heirateten sie.

Die Mode, die Clark für Quorum entwarf, fand reißenden Absatz, doch er war kein gewiefter Geschäftsmann und Ende der 1960er-Jahre hoch verschuldet. Eine Zusammenarbeit mit dem Modeunternehmen Radley linderte seine finanziellen Sorgen vorübergehend, doch machten ihm nun zunehmend persönliche Probleme zu schaffen. Sein Drogenkonsum eskalierte, Birtwell verließ ihn 1975, und noch im selben Jahr schloss Quorum seine Pforten. Spätere Versuche, in die Modebranche zurückzukehren, blieben im Großen und Ganzen erfolglos. 1996 wurde der Designer von seinem Exliebhaber Diego Cogolato erstochen. Doch Clarks Beitrag zur Mode bleibt unvergessen: Sein wertvolles Werk wird heute von Museen und Sammlern gleichermaßen geschätzt. —*C. H.*

„Mode ist nicht nur Kleidung. Es ist das, was bei allem im Augenblick passiert.“ — OSSIE CLARK

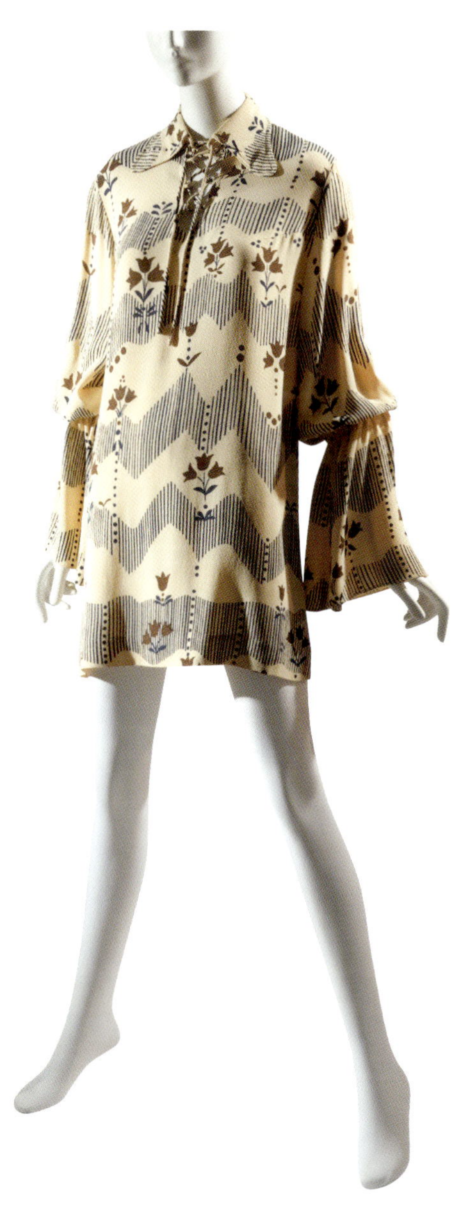

„Für ihn war Mode kein Geschäft, sondern einfach eine Möglichkeit, seine Freundinnen zu den entzückendsten Geschöpfen des Planeten zu machen.“
— **Dana Thomas, *The New York Times***

VORHERGEHENDE DOPPELSEITE UND LINKS
Ossie Clark
Tunika: bedruckter beigefarbener Kunstseidenkrepp
England, 1965

GEGENÜBER
Ossie Clark
Kleid: weißer bedruckter Seidenchiffon
England, 1969

Ossie Clark arbeitete eng mit der Textildesignerin Celia Birtwell zusammen, die für das Dessin dieser beiden Kleider verantwortlich zeichnete. Birtwells eigenwillig verspielte Muster und Clarkes Kreationen ergänzten sich hervorragend und verschmolzen zu einem Stil.

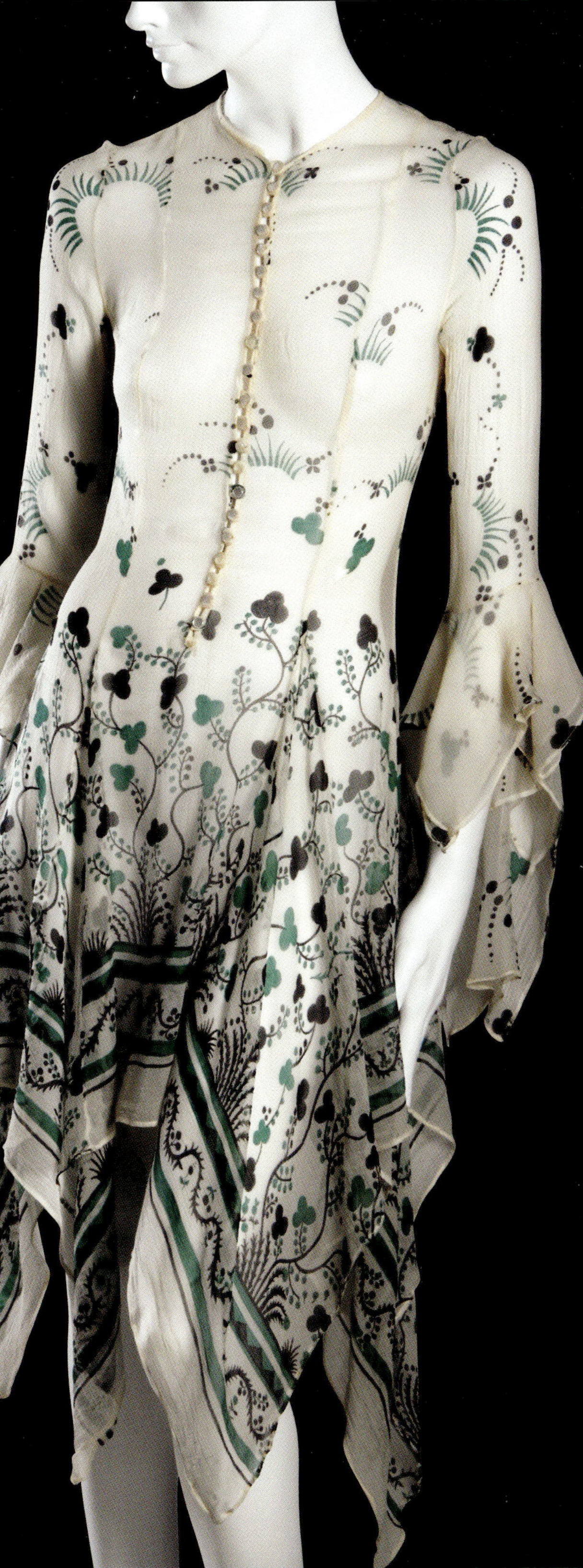

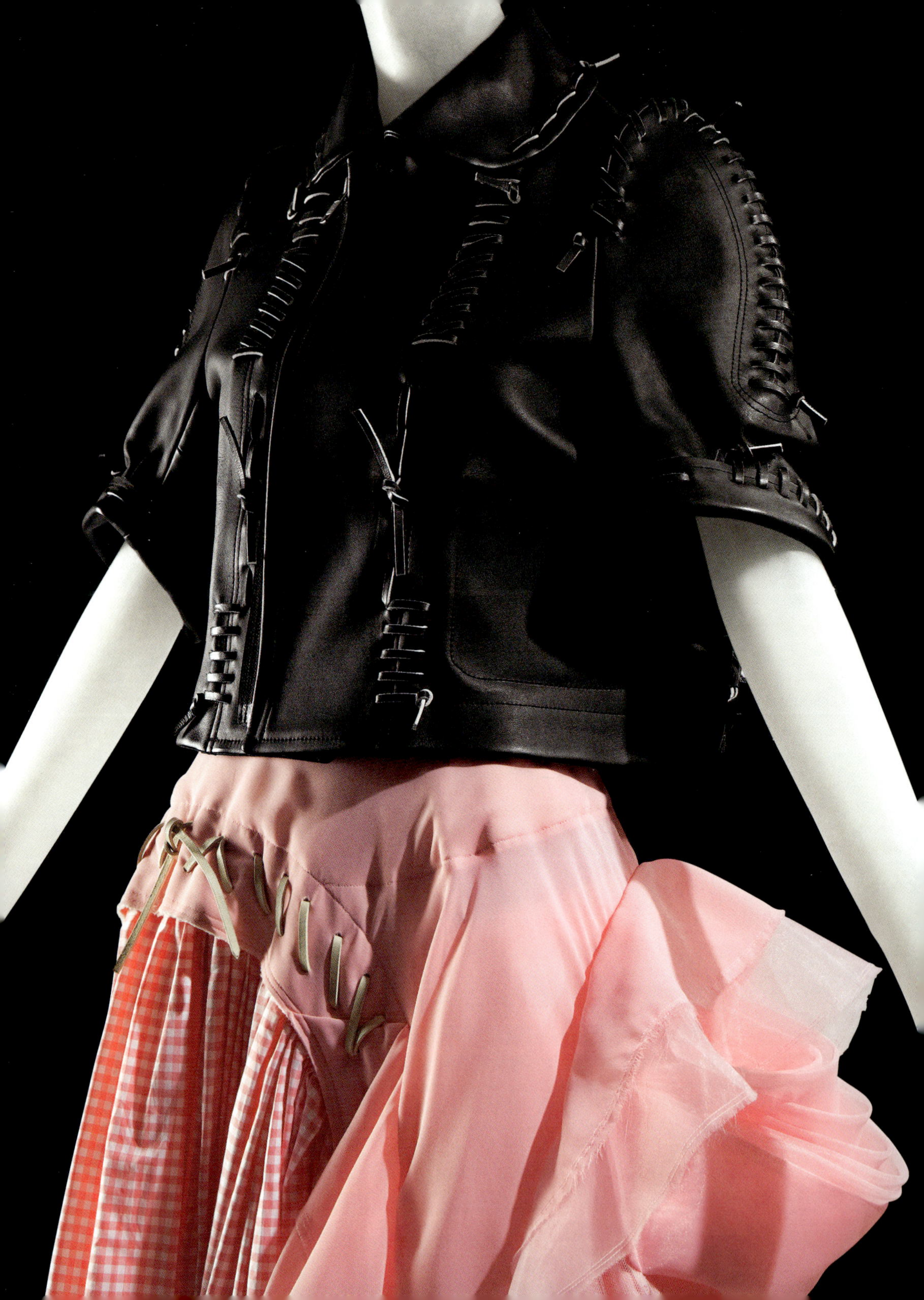

Comme des Garçons

REI KAWAKUBO (*** 1942**) Der Gegenwart verpflichtete Haute Couture, wie sie Rei Kawakubo zeigt, erschütterte die Frauenmode des ausklingenden 20. Jahrhunderts wie ein Erdbeben und brachte sie auf einen neuen Kurs. Zusammen mit Yohji Yamamoto wird Kawakubo zu Recht das Verdienst zugeschrieben, die tief greifenden ästhetischen Veränderungen angestoßen zu haben, die heute alle Modeschichten durchdringen, mit neuen Konzepten wie der Dekonstruktion, der Vermummung des Körpers und einer Vorliebe für die Farbe Schwarz.

Kawakubo studierte Literatur und Philosophie an der renommierten japanischen Keio-Universität, ehe sie 1967 als Modestylistin zu arbeiten begann. Zwei Jahre später entwarf sie bereits eigene Mode und gründete 1973 die Firma Comme des Garçons (französisch für „wie Jungen"). In den 1980er-Jahren erweiterte Kawakubo ihr Comme-des-Garçons-Imperium um eigene Ladengeschäfte, Nebenlinien und Kooperationen mit einer Reihe von Unternehmen, vom Ballettschuh-Hersteller Repetto bis zum Schwimmbekleidungs-Riesen Speedo. Vor allem holte sie ein ganzes „Universum" an jungen Designern zu sich, „einen Superstar nach dem anderen". Zu den Sternen in diesem Universum zählten junge Talente wie Junya Watanabe, Jun Takahashi (der das Label Undercover betreibt) und Tao Kurihara.

Die Tatsache, dass Kawakubo keinerlei fachliche Ausbildung in der Modebranche genossen hat, ist erwähnenswert, weil ihre wahre Begabung – wie dies auch bei Elsa Schiaparelli der Fall war – nicht in der Fingerfertigkeit liegt, sondern in der Fähigkeit, einen theoretischen Diskurs zu führen. Auch ohne entsprechende Ausbildung zählt Kawakubo darum zu den angesehensten Modeschaffenden der Welt. —*P. M.*

„Die Frau, die Comme des Garçons trägt, … ist begütert, aber nicht stolz darauf. Sie ist nicht gewillt, sich in Staat zu werfen, damit andere Leute etwas Gefälliges anzuschauen haben, und ihr sind die Nachrichten, die sie täglich in den Zeitungen liest, eine Bürde.“
—HOLLY BRUBACH, *THE ATLANTIC MONTHLY*

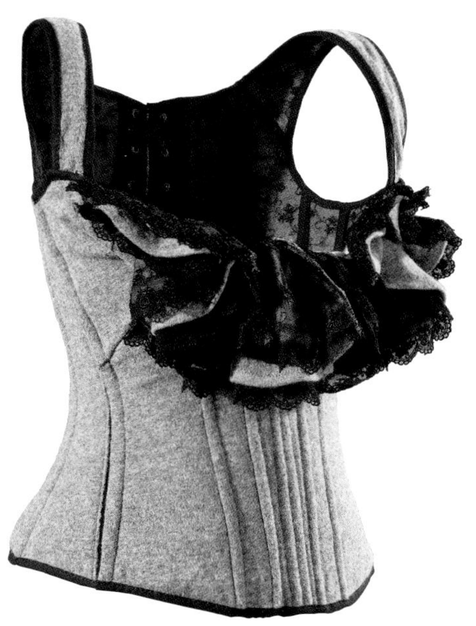

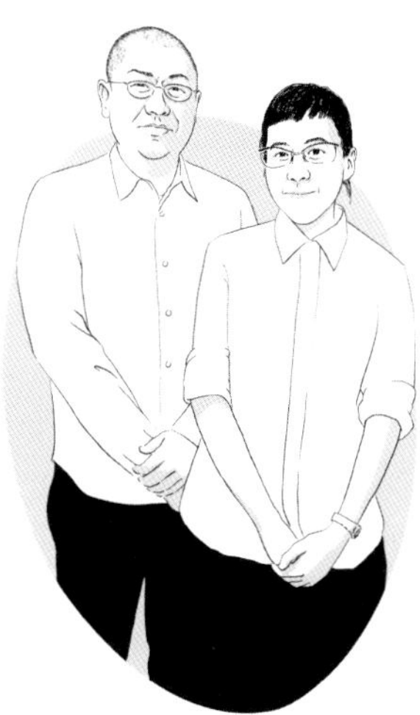

Junya Watanabe (* **1961**)
und Tao Kurihara (* **1973**)

„Rei Kawakubo … bietet der Logik der Mode offen die Stirn in ihrer Art, das ‚Jetzt‘ fortwährend neu zu erschaffen. Sie beschleunigt, in anderen Worten, das Tempo der Mode oder erschafft ein ‚Jetzt‘, ehe das ‚Jetzt‘ vereinnahmt wird. Sie schreitet schneller als die Mode voran, erzeugt ihr eigenes ‚Jetzt‘, bevor das ‚Jetzt‘ Vergangenheit wird.“ — **Kiyokazu Washida, Philosoph**

VORHERGEHENDE DOPPELSEITE
Comme des Garçons
(**Rei Kawakubo**)
Jacke und Kleid: schwarzes Leder; rosafarbene, weiße Baumwolle, Nylon-Tüll, Polyester-Chiffon
Japan, 2005

OBEN
Comme des Garçons
(**Tao Kurihara**)
Korsett: graue und schwarze Wolle, schwarze Spitze
Japan, 2005

GEGENÜBER
Comme des Garçons
(**Junya Watanabe**)
Kleid: künstlich gealtertes Denim
Japan, 2002

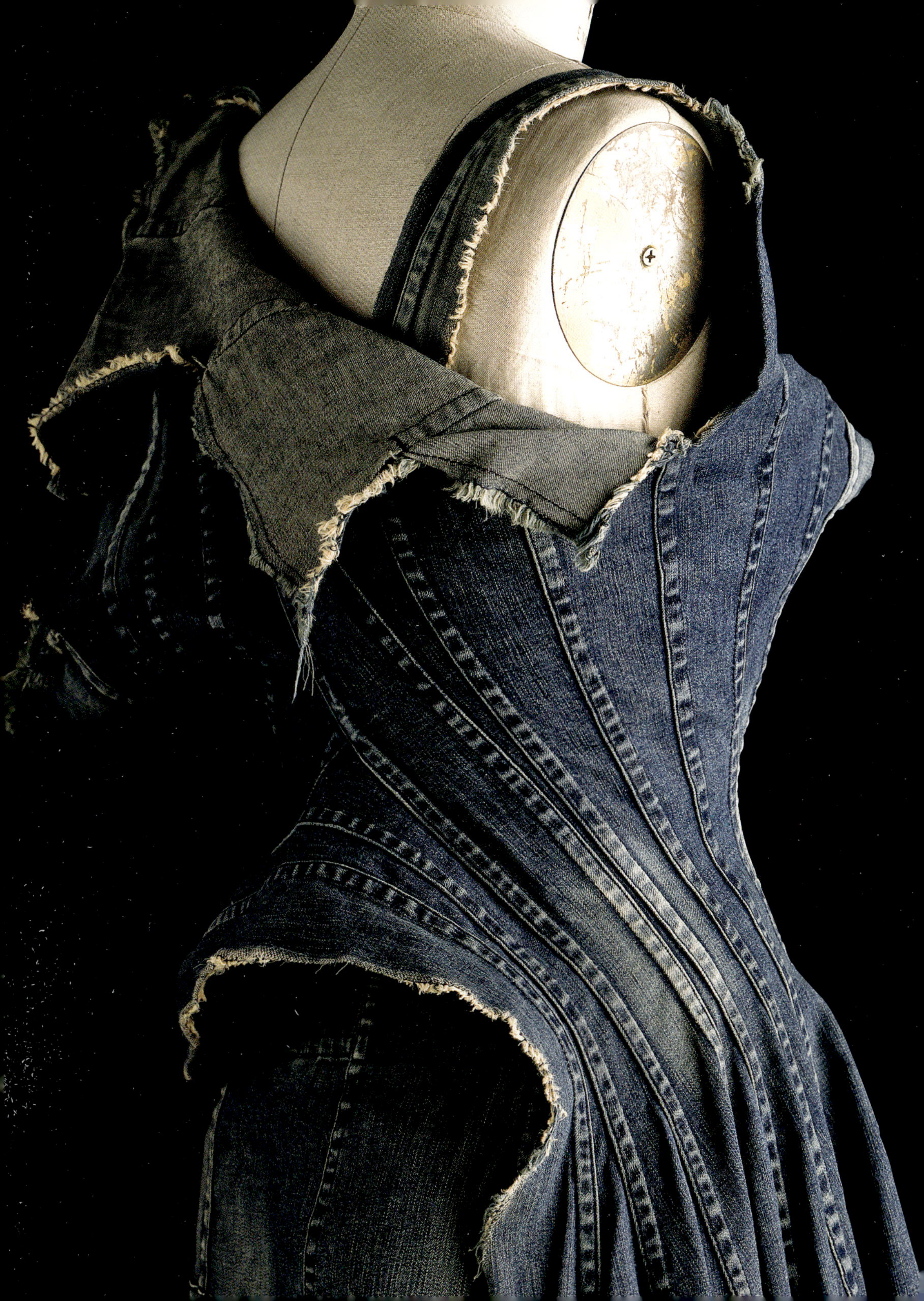

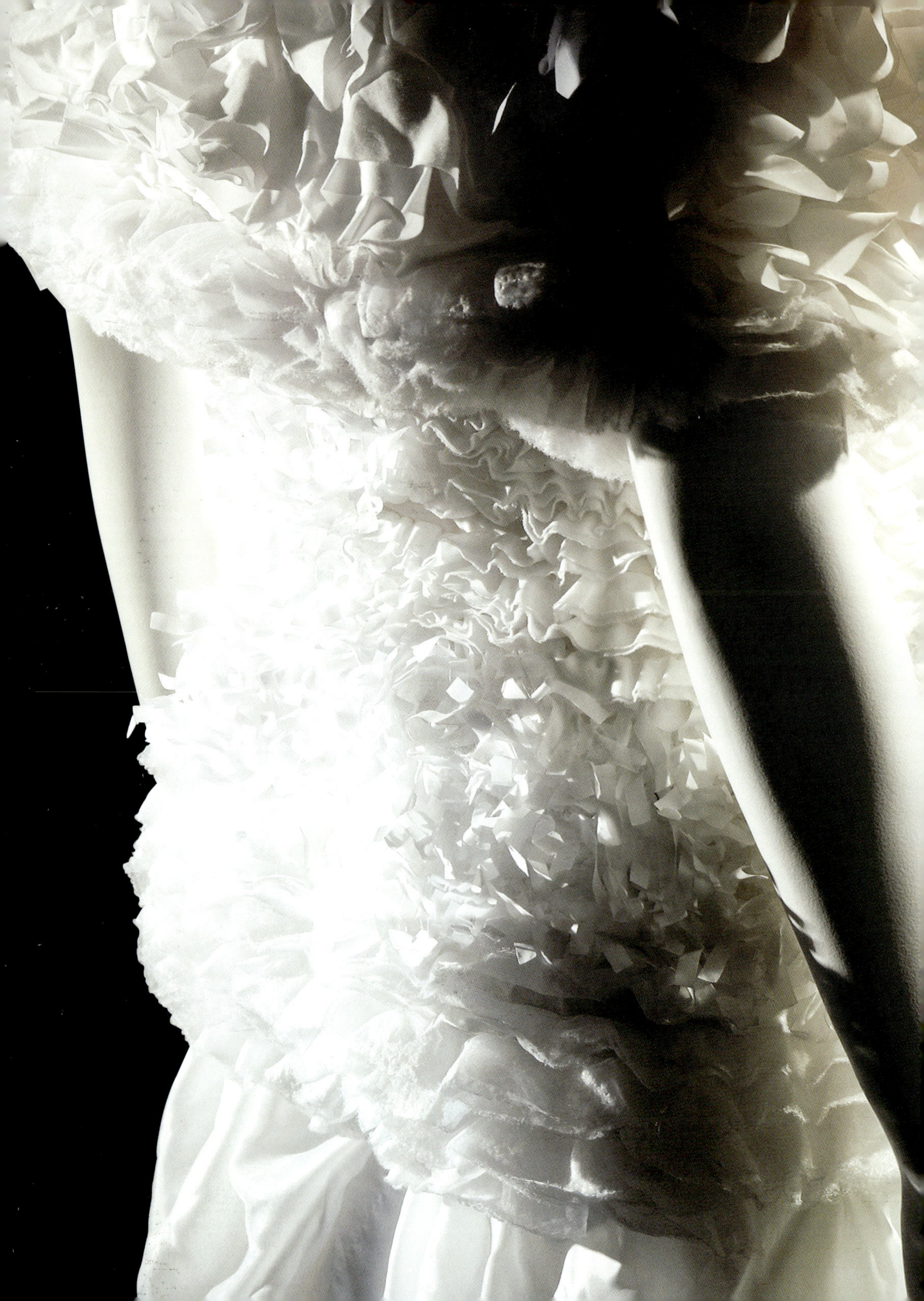

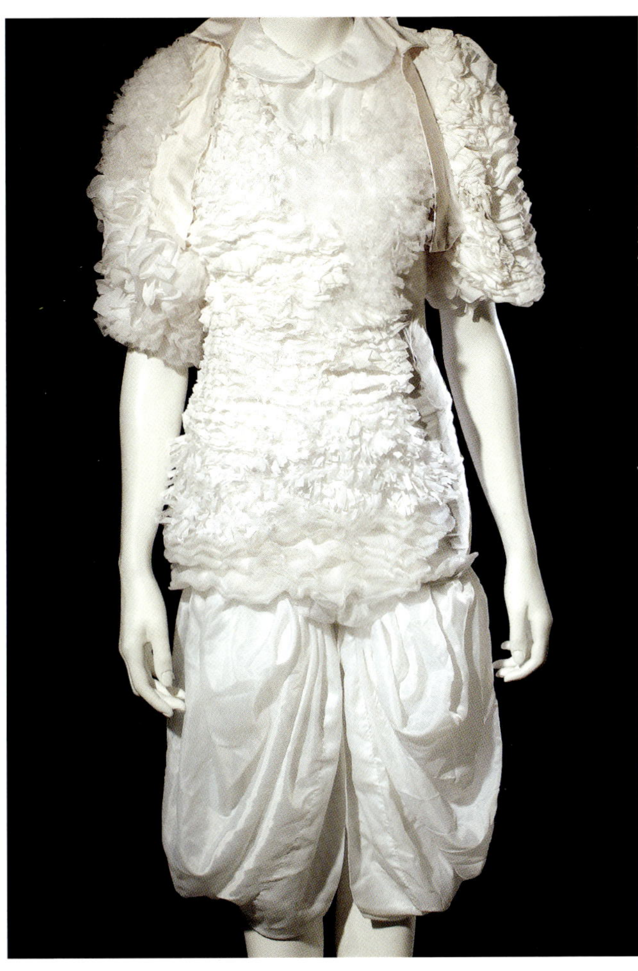

UNTEN
Comme des Garçons (Tao Kurihara)
Mantel: weiße bestickte Baumwolle
Japan, 2006

Dieser filigrane Trenchcoat ist aus Vintage-Spitzentaschentüchern gefertigt.

GEGENÜBER UND OBEN
Comme des Garçons (Rei Kawakubo)
Kleid und Bolero: weißer Polyester, Polyurethan-Tüll
Japan, 1999

Rei Kawakubo von Comme des Garçons ist dafür bekannt, neue Formen und Materialien zu erforschen.

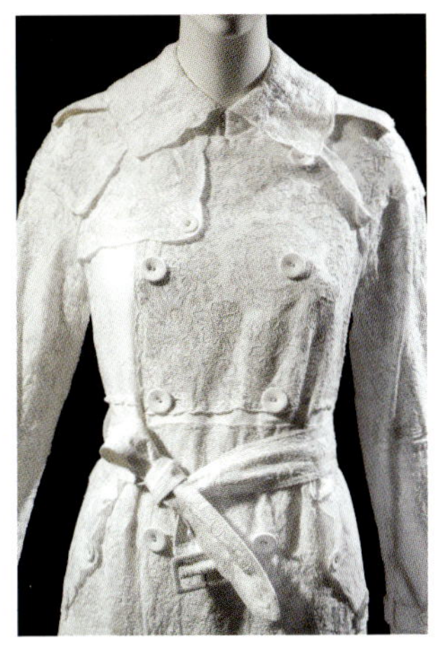

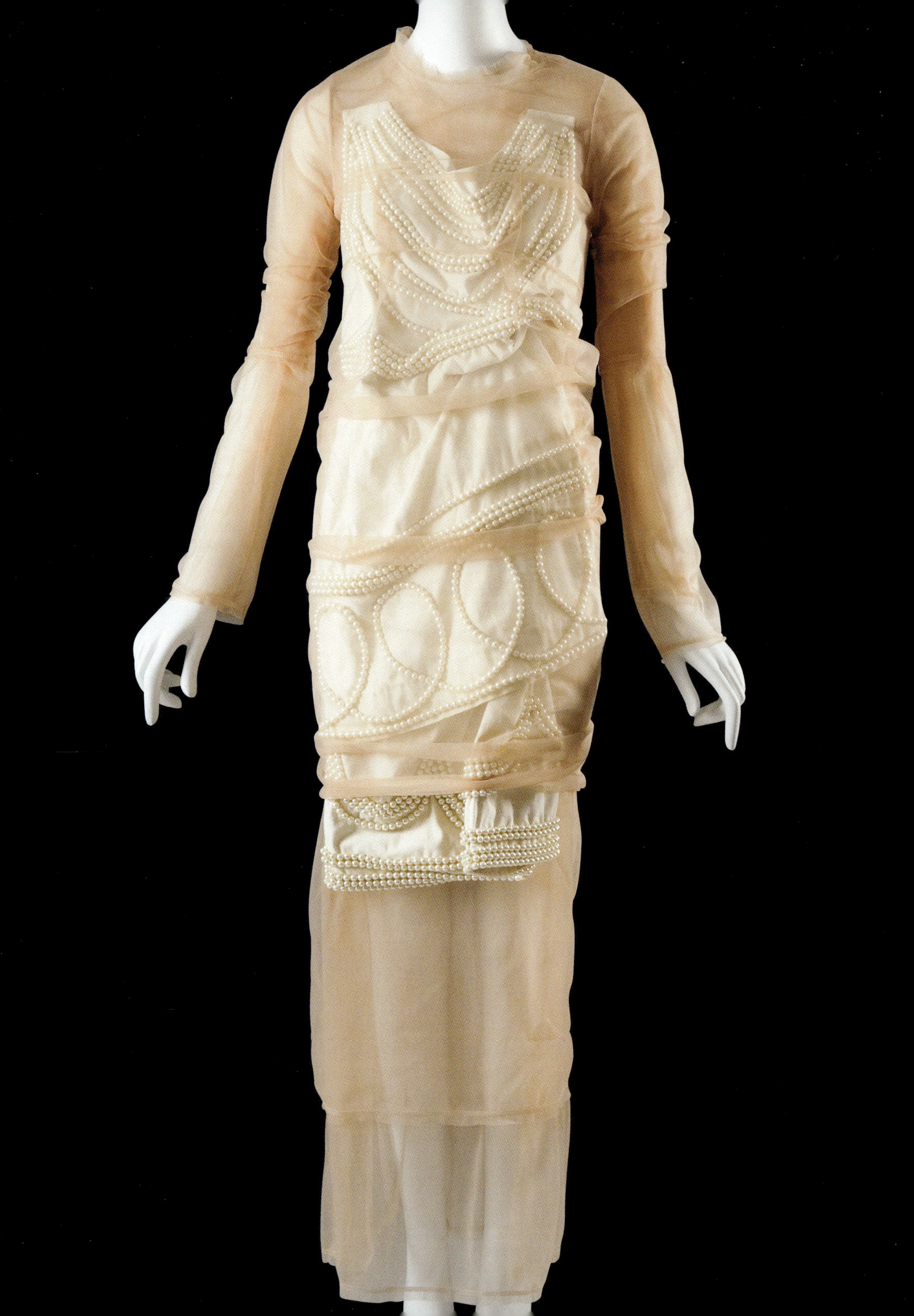

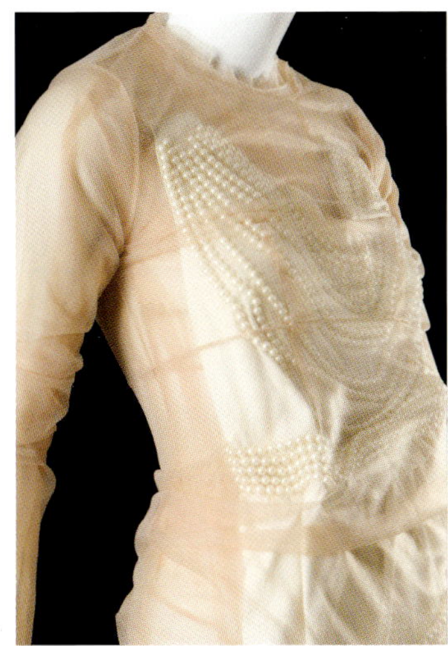

GEGENÜBER UND OBEN
Comme des Garçons (Rei Kawakubo)
Kleid: Naturmusselin, durchsichtiges Nylon, Kunstperlen
Japan, 2009

RECHTS
Comme des Garçons (Junya Watanabe)
Kleid: bedrucktes weißes Nylon, Kunstperlen
Japan, 2001

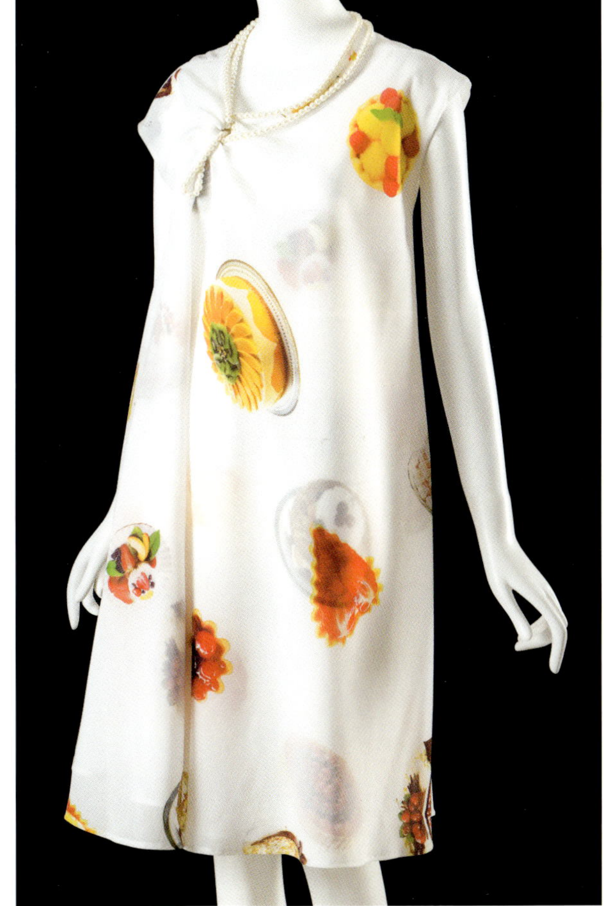

RECHTS
Comme des Garçons
(Junya Watanabe)
Kleid: schwarzes Baumwoll-Denim, Metallreißverschlüsse
Japan, 2005

UNTEN
Comme des Garçons
(Junya Watanabe)
Jacke: heeresgrüner Drillich, Metall, Kunststoff
Japan, 2006

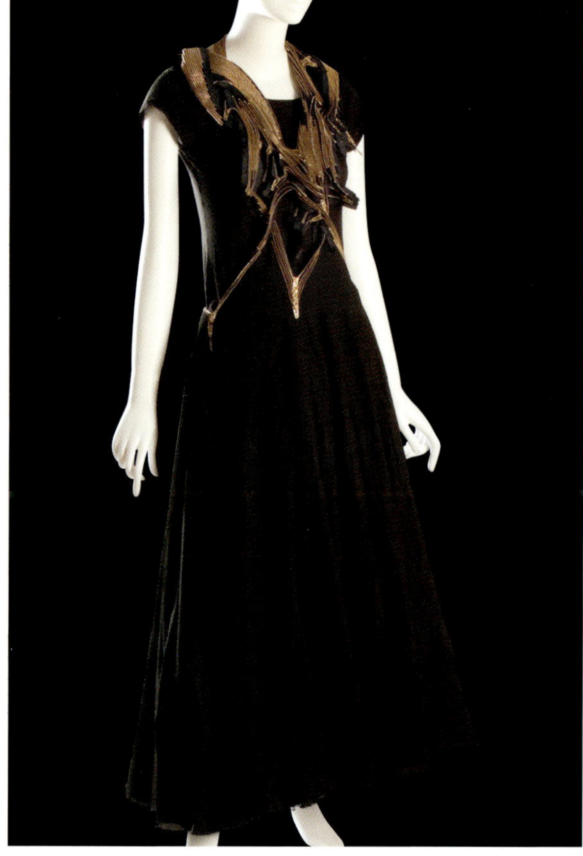

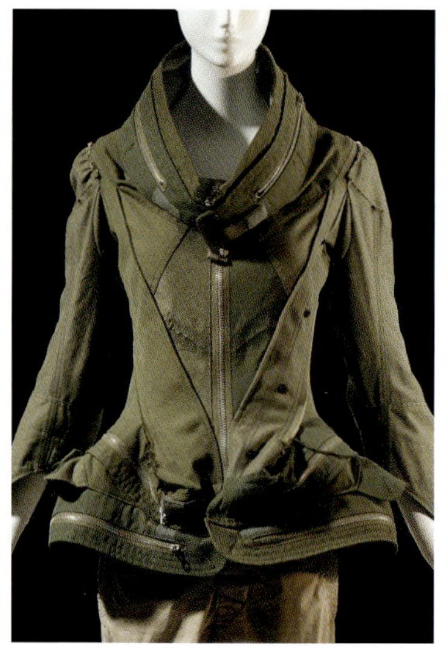

GEGENÜBER
Comme des Garçons
(Junya Watanabe)
Ensemble: afrikanisch anmutender Baumwolldruck, Denim
Japan, 2009

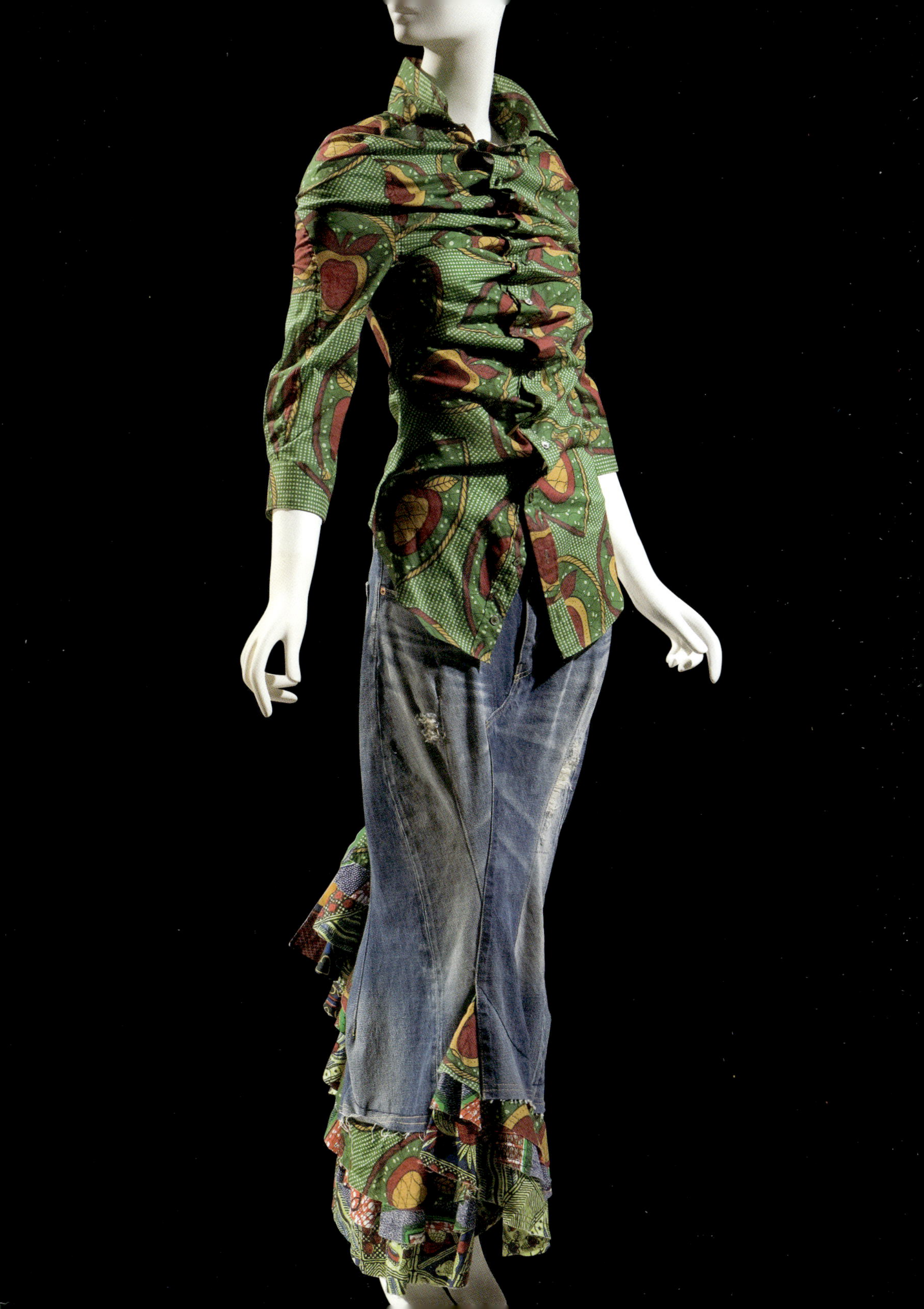

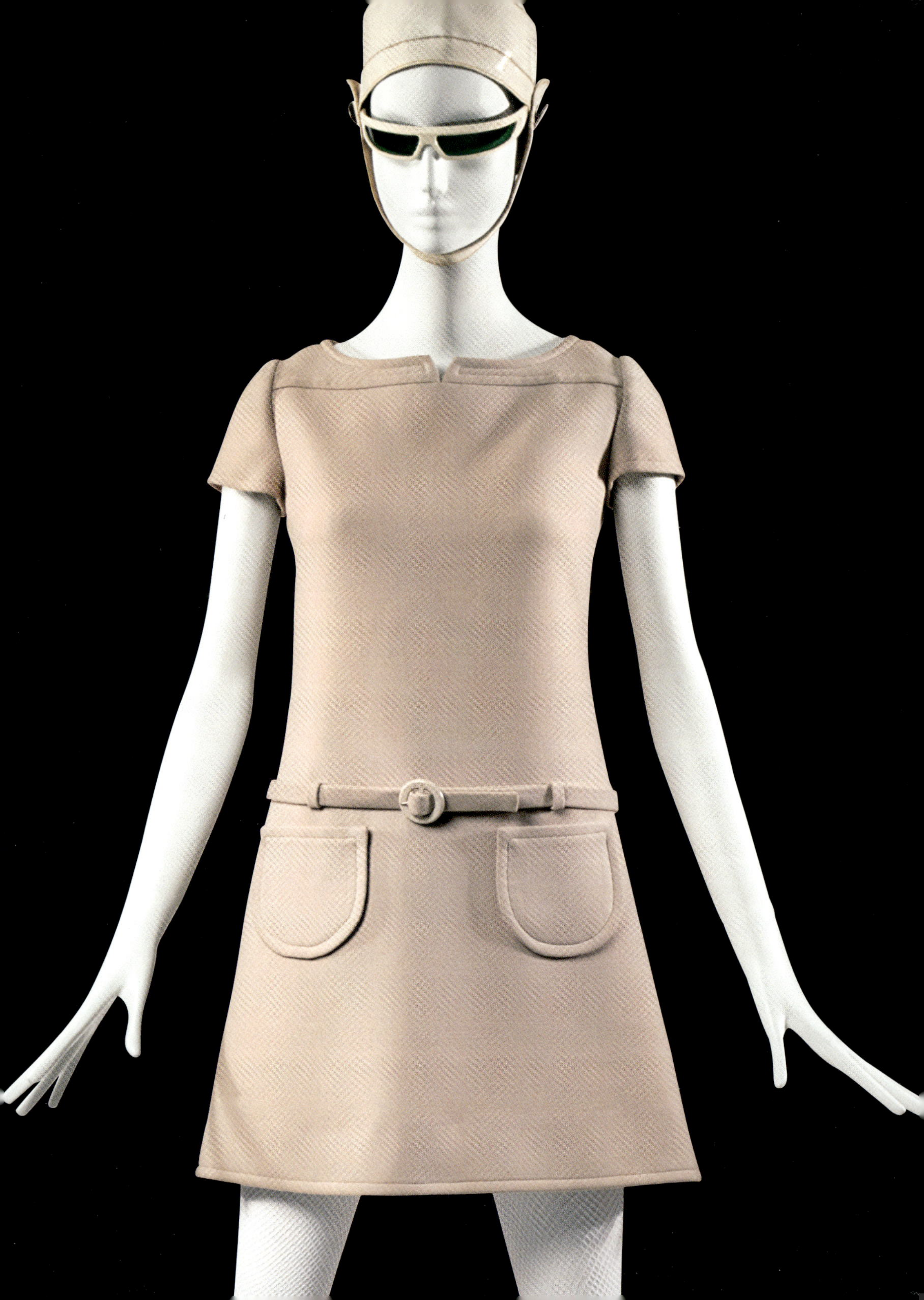

Courrèges

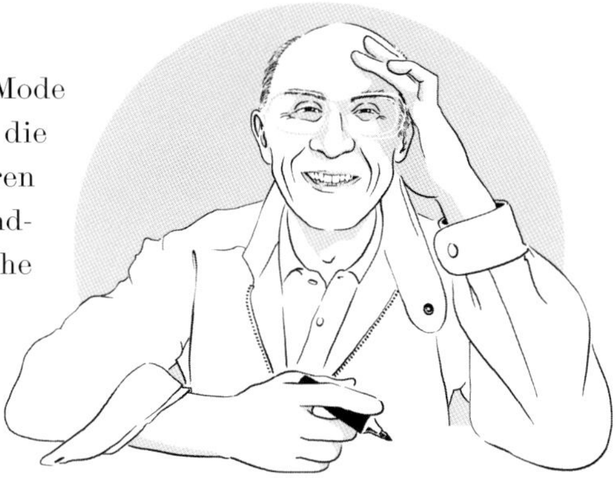

ANDRÉ COURRÈGES (1923–2016) kreierte Mode in der Tradition der Haute Couture, doch die Kleider, für die er vor allem bekannt ist, waren alles andere als konventionell. Sein durch handwerkliche Perfektion und klare, geometrische Formen gekennzeichneter Stil war jung, sexy und sogar skandalös. Neben Mary Quant gilt er als Erfinder des Minirocks, und seine Kreationen wurden zum Synonym für die futuristische Mode der 1960er-Jahre.

Der aus dem französischen Teil des Baskenlandes stammende Courrèges studierte kurz Ingenieurwissenschaften, ehe er ab 1960 für den großen Couturier Cristóbal Balenciaga arbeitete, den er zutiefst bewunderte. In den folgenden elf Jahre erlangte auch Courrèges Meisterschaft in der präzisen, innovativen Konstruktionstechnik, die Balenciagas Arbeit auszeichnete. Mit dem Segen seines Mentors verließ Courrèges 1961 das Atelier und eröffnete ein eigenes Modehaus. Im selben Jahr präsentierte der Meisterschüler seine erste Kollektion; es waren wunderbar gearbeitete Kleider, doch einen eigenen Stil hatte Courrèges noch nicht gefunden. Das sollte ihm erst 1964 mit seiner revolutionären Space-Age-Kollektion gelingen. Neben schlichten Baby-Doll-Kleidern, die wie die Definition von Jugendlichkeit wirkten, waren es vor allem enge, sexy Hosen für die Tages- und Abendgarderobe, die regelrecht schockierten und durch futuristisch weiße Accessoires wie die berühmt gewordenen Ziegenlederstiefel in ihrer Gesamtwirkung noch gesteigert wurden.

Kundinnen wie Kritiker waren von seinen Einfällen fasziniert. „Er übernimmt die Kontrolle über dich und macht dich zu seiner Frau, nicht zu der Frau, die du schon bist“, schwärmte *Women's Wear Daily*. 1965 ließ sich Courrèges' Einfluss nicht mehr bestreiten; in den folgenden Jahrzehnten sollte es ihm allerdings zunehmend schwerfallen, seinen Stil weiterzuentwickeln; 1986 zog er sich schließlich aus dem Couturegeschäft zurück. Sein Einfluss aber war noch immer beträchtlich; zahllose Designer der Gegenwart, unter ihnen Marc Jacobs und Miuccia Prada, schöpfen aus seiner Arbeit Inspiration. Vor kurzem wurde Nicolas di Felice zum künstlerischen Leiter bei Courrèges ernannt.—*C. H.*

„Anfangs waren die Leute von Flugzeugen schockiert … Noch tragen Frauen im Büro keine Hosen, aber sie werden es tun.“
— ANDRÉ COURRÈGES

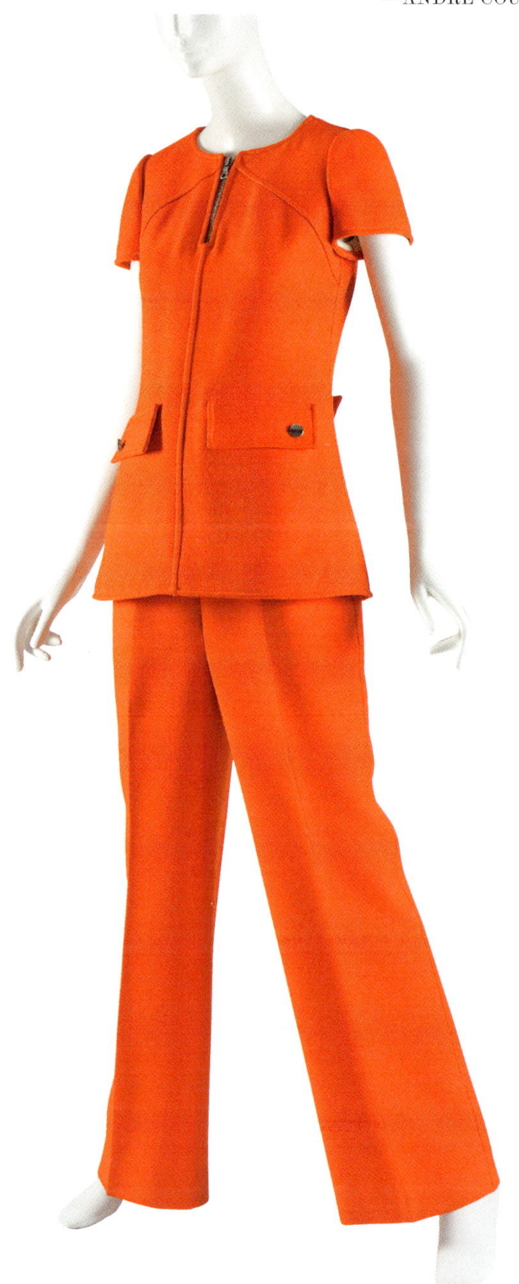

„Es fiel mir schwer, mich von traditioneller Eleganz zu lösen; Courrèges hat das geändert.“
— **Yves Saint Laurent**

VORHERGEHENDE DOPPELSEITE
André Courrèges
Kleid: beigefarbene Wolle
Frankreich, um 1968

LINKS
André Courrèges
Hosenanzug: orangefarbenes Acryl und Wolle
Frankreich, um 1968

GEGENÜBER
André Courrèges
Kostüm: Wolle mit dunkel- und weißgrauem Hahnentrittmuster, schwarzes Wildleder
Frankreich, 1961

Dieses Kostüm stammt aus Courrèges’ erster Kollektion. Mit seiner vom Körper abstehenden Jacke besitzt es eine skulpturale Qualität, die Balenciagas Einfluss zu erkennen gibt und das Ergebnis von präzisem Schneiderhandwerk ist.

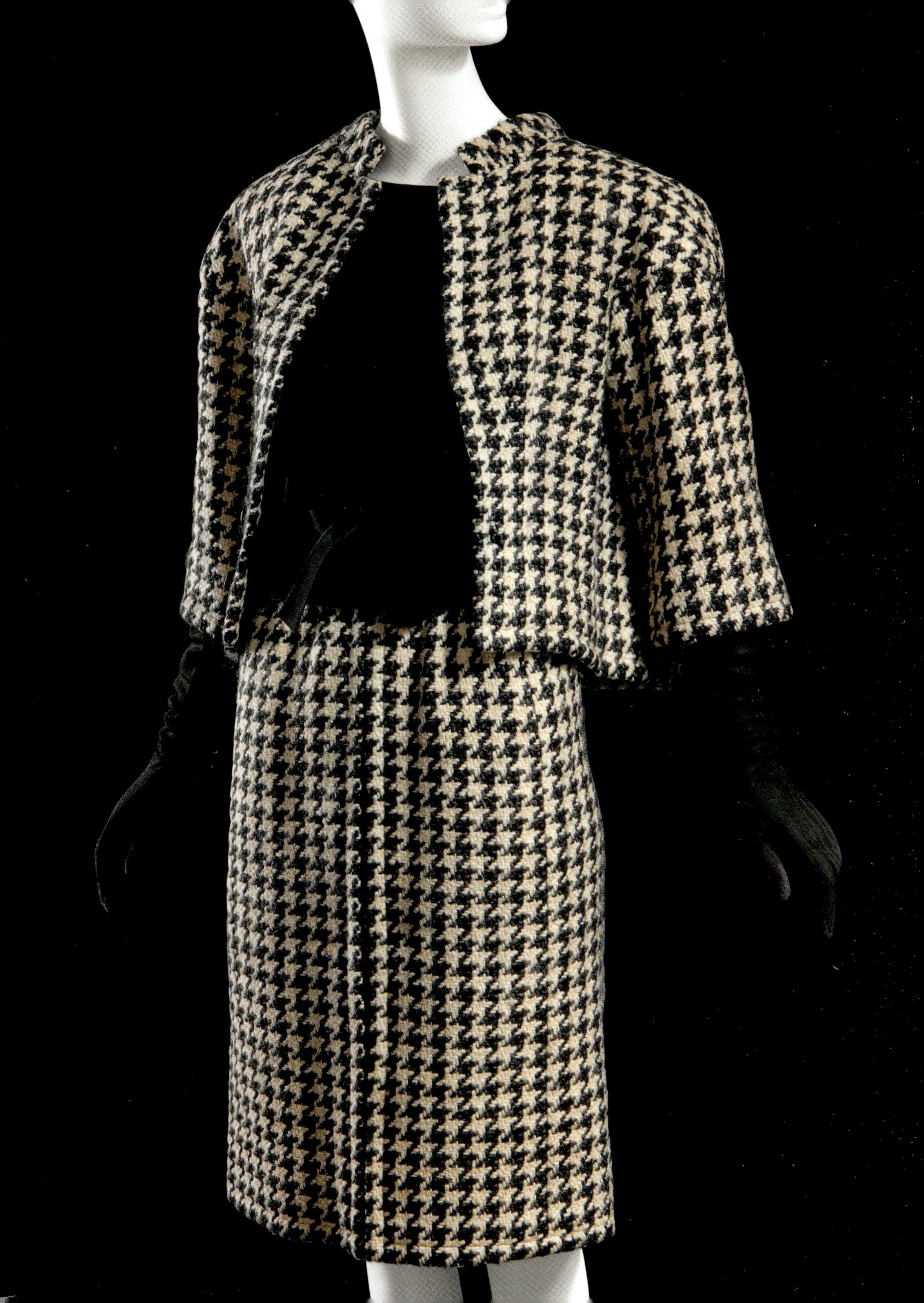

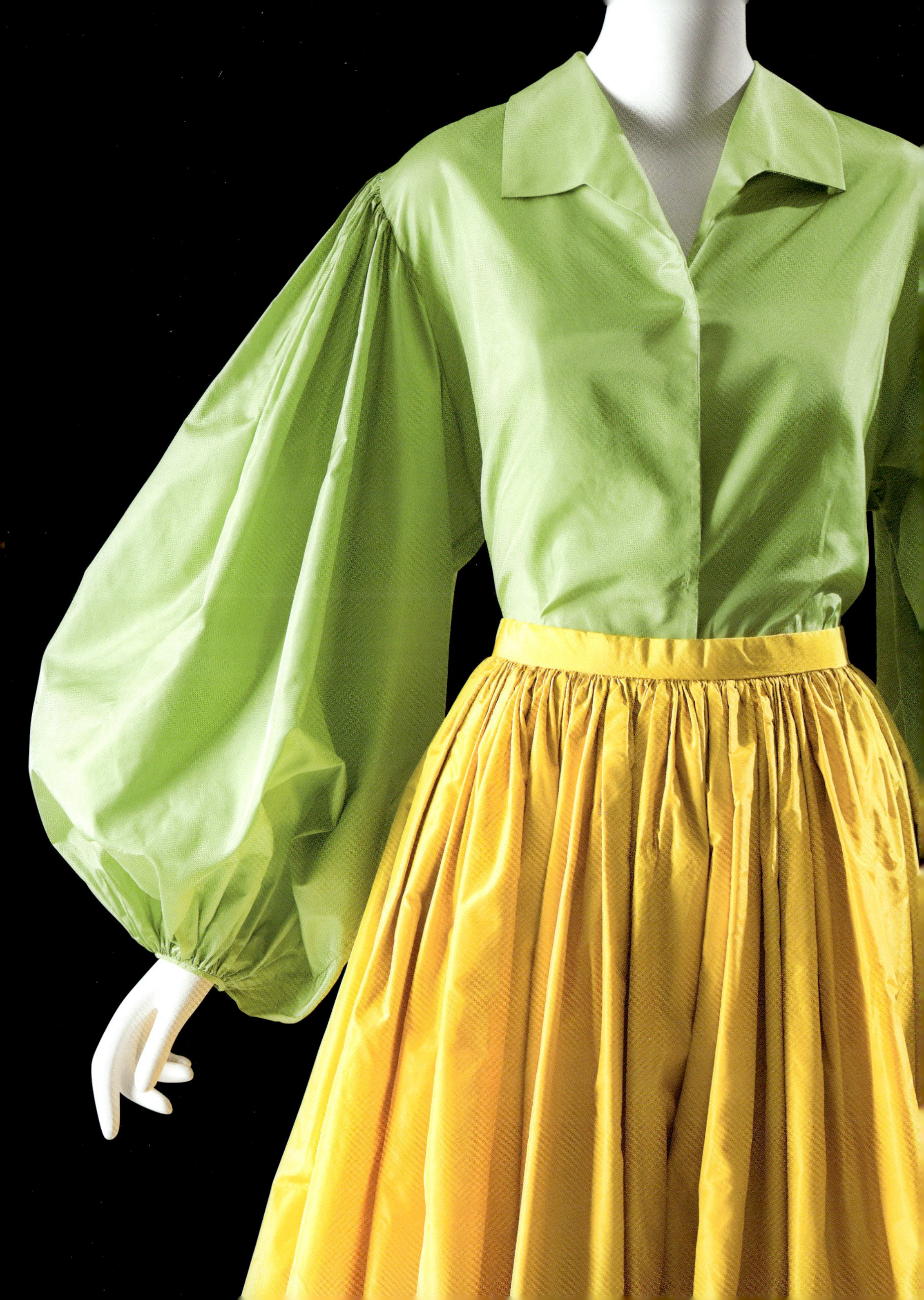

Oscar de la Renta

OSCAR DE LA RENTA (1932–2014) war gerade 23 Jahre alt, als einer seiner Entwürfe es im Juli 1956 bis auf die Titelseite des *Life*-Magazins schaffte. Getragen wurde das Kleid von Beatrice Lodge, der Tochter eines amerikanischen Botschafters in Spanien, die damals gerade ihr Gesellschaftsdebüt gab – ein angemessener Start für de la Rentas weitere Karriere: Mit Kreationen von verschwenderischer Eleganz sollte er zum bevorzugten Designer einiger der einflussreichsten Frauen der Welt werden.

De la Renta wurde in der Dominikanischen Republik geboren; im Alter von 18 Jahren zog er nach Spanien, um dort ein Kunststudium zu beginnen, und seine Modeillustrationen verhalfen ihm zu einer Lehrstelle bei Cristóbal Balenciaga. Sein weiterer Weg führte über Paris und eine Assistenz bei Lanvin-Castillo schließlich nach New York, wo der ehrgeizige Jungdesigner von 1963 an maßgeschneiderte Mode für Elizabeth Arden entwarf, anschließend zu Jane Derby wechselte und dort eine Konfektionslinie unter eigenem Namen lancierte. Nach Derbys Tod übernahm de la Renta die Leitung des Unternehmens. Obwohl seine Konfektionsmode äußerst erfolgreich war, bewahrte sich de la Renta die Sensibilität für Couture. Von 1993 bis 2002 zeichnete er als Chefdesigner sowohl für die Haute-Couture- als auch für die Prêt-à-porter-Kollektionen von Pierre Balmain verantwortlich – und war damit der erste vom amerikanischen Kontinent stammende Designer, der die kreative Leitung eines Pariser Couturehauses übernahm.

Alle De-la-Renta-Kollektionen waren von Weiblichkeit und Romantik geprägt, oft kontrastierten schnörkellose Silhouetten mit opulenten Stoffen, kräftigen Farben, lebhaften Mustern und reichen Verzierungen. Von 2014 bis 2016 war Peter Copping, von Renta höchstpersönlich eingestellt, als Chefdesigner tätig. Gegenwärtig sind Laura Kim und Fernando Garcia – das Duo hinter dem Label Monse – die Designer des Hauses. —*C. H.*

„Was an Oscar wundervoll und außergewöhnlich ist, ist, dass er auf wundersame Weise die phantastische Welt, die von seinen Kreationen suggeriert wird, verkörpert und bewohnt."

— ANNA WINTOUR, CHEFREDAKTEURIN, *VOGUE*

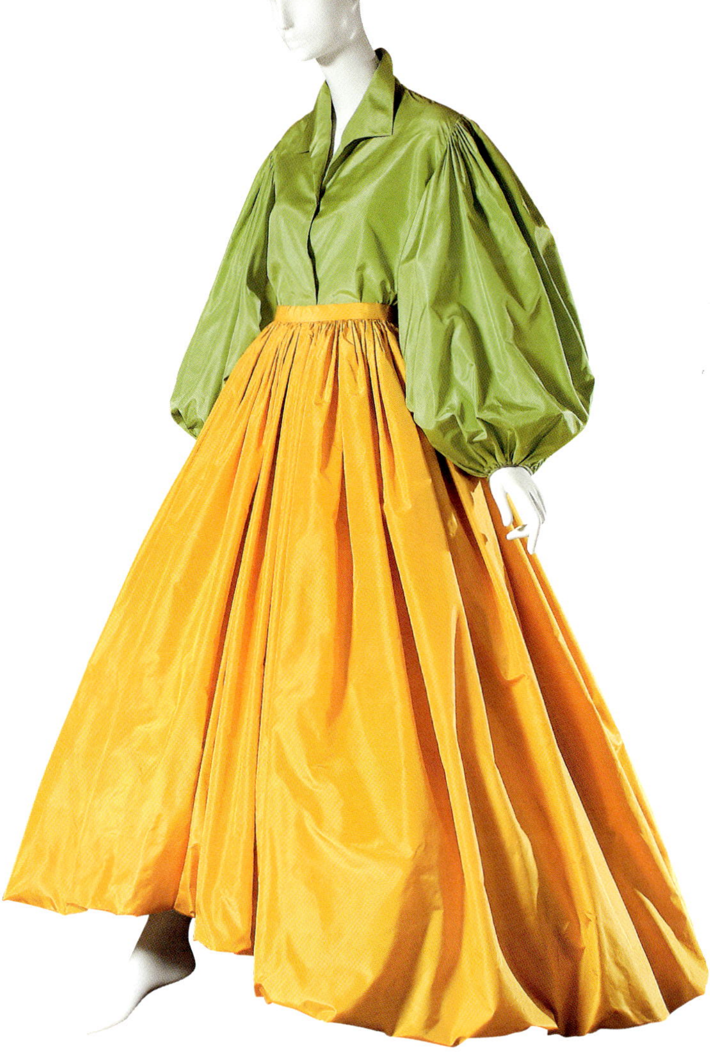

„Es gibt zwei Kategorien von Designern – die, deren Einfluss auf eine bestimmte Epoche so stark ist, dass man Schwierigkeiten hat, sich ihm zu entziehen, und die Überlebenskünstler. Ich halte mich gerne für einen Überlebenskünstler."
— **Oscar de la Renta**

VORHERGEHENDE DOPPELSEITE UND LINKS
Oscar de la Renta
Abendkleid: grüner und goldener Seidengewebetaft
USA, um 1978

Zu Oscar de la Rentas Kundenstamm zählen einige der bestgekleideten Frauen der Welt. Tropische, leuchtende Farben wie bei diesem Abendkleid sind charakteristisch für seine Arbeiten.

GEGENÜBER
Oscar de la Renta
Cocktailkleid: grüner Seidensatin, schwarzer Samt, Lackleder, Strass
USA, um 1984

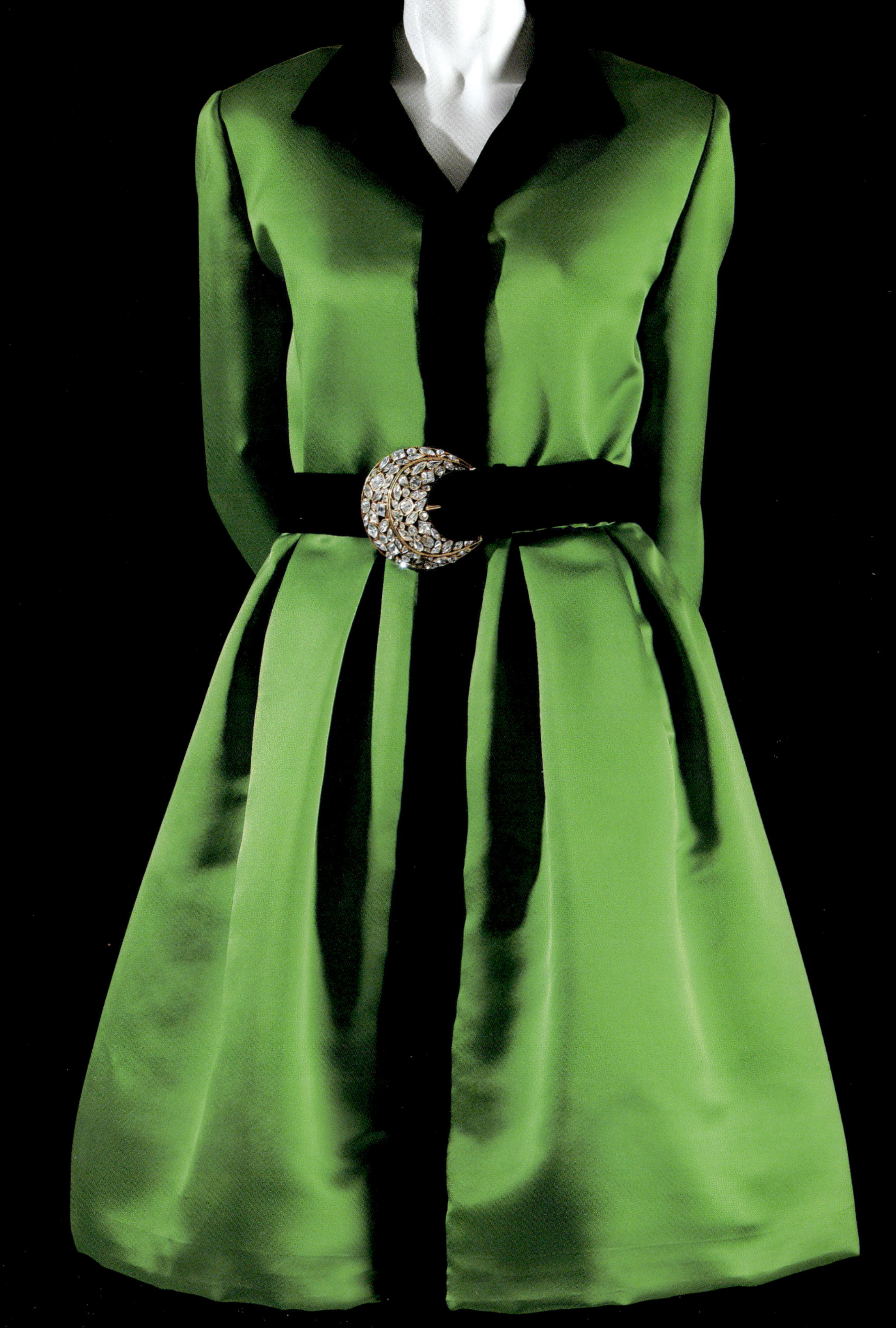

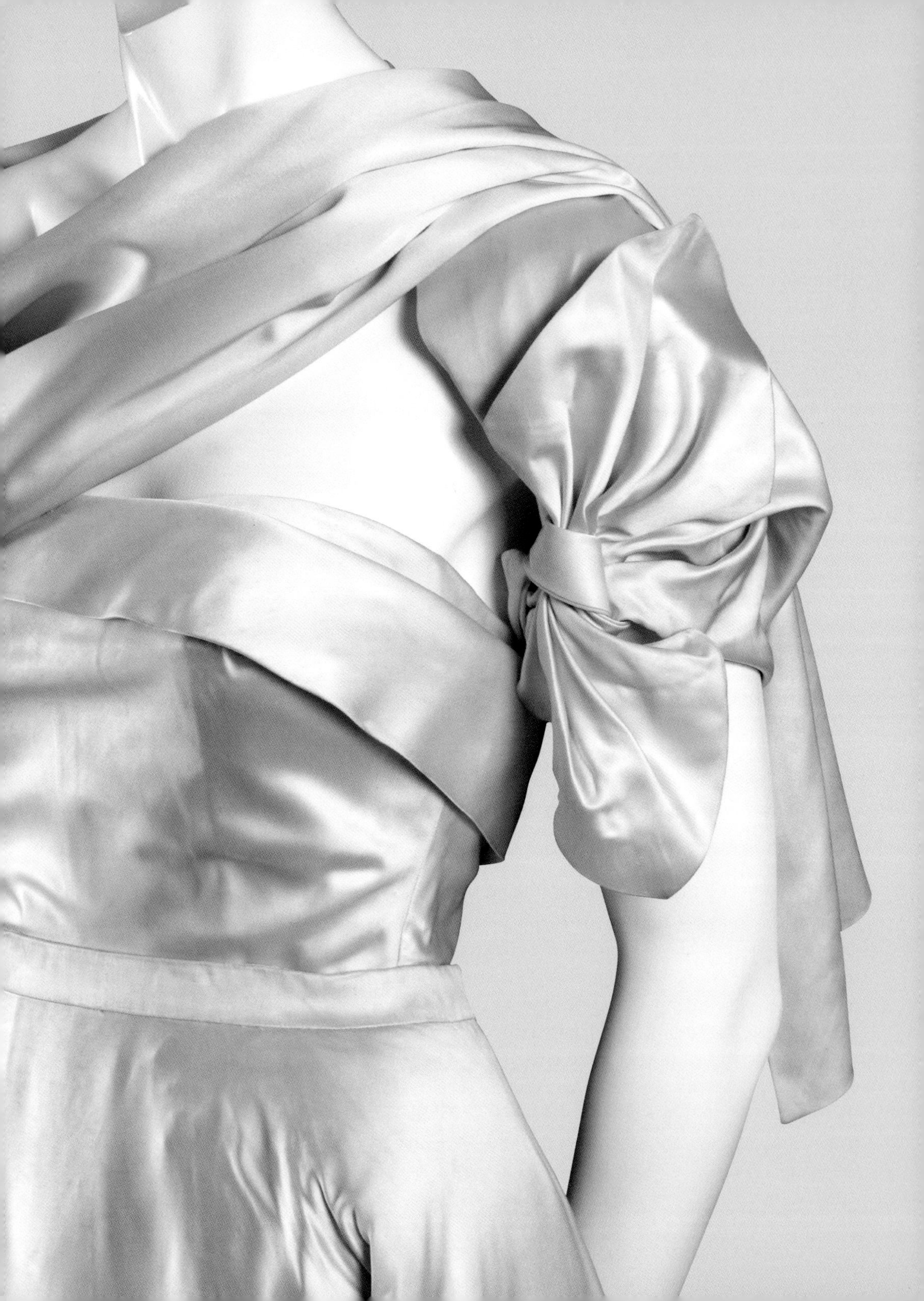

Christian Dior

CHRISTIAN DIOR (1905–1957) Gegen Ende des Jahres 1946 gab der schüchterne Modeschöpfer Christian Dior, damals 41 Jahre alt, seine Anstellung bei Lucien Lelong auf, um ein eigenes Couturehaus zu eröffnen. In weniger als drei Monaten entwarf und produzierte er seine erste, mit großer Spannung erwartete Kollektion, die am 12. Februar 1947 über den Laufsteg ging. Unmittelbar nach der Schau stürzte Carmel Snow, Chefredakteurin von *Harper's Bazaar*, auf Dior zu, um ihn zu seinem sensationellen Erfolg zu beglückwünschen. „Das ist eine ziemliche Revolution, mein lieber Christian", erklärte sie ihm. „Ihre Kleider haben einen unglaublich neuen Look." Die Formulierung machte die Runde, und Diors Kollektion „Corolle" („Blütenkelch") sollte als „New Look" in die Geschichte eingehen.

Im Rückblick meinte Dior dazu: „Wir kamen aus einer Zeit des Krieges und der Uniformen, Frauen, die wie Soldaten aussahen, mit Schultern wie Boxer. Ich entwarf Blumenfrauen, weiche Schultern, volle Büsten, Taillen so schlank wie Lianen und Kleider wie Blütenkelche." Mode dreht sich immer um Wandel und Neuerung, doch Diors 47er-Kollektion markierte einen besonders dramatischen und folgenreichen Übergang, von den kastigen Jacken und kurzen, engen Röcken der Kriegsjahre zu einem hyperfemininen Look, der auf einer Sanduhrfigur und langen, ausgestellten Röcken basierte.

Das gesamte folgende Jahrzehnt hindurch sollte Dior das Pariser Modeparkett dominieren und, darüber hinaus, auch den Rest der Damenmodewelt. In dieser Zeit schlug Dior nahezu jede Saison eine neue Silhouette vor, wie beispielsweise die Kuppel-, Maiglöckchen- oder Tulpen-Linie, die Y-, H- oder A-Linie. Mit außergewöhnlicher Abendmode, vor allem aber mit seinen Cocktailkleidern setzte er Zeichen. Obwohl sein Stil meist extrem feminin war, griff er als Erster auf traditionelle Insignien der Herrenmode wie Hahnentrittmuster zurück. Während Balenciaga von Kennern als „Picasso der Mode" verehrt wurde, war Dior unbestritten der berühmteste Modeschöpfer der Welt. Im Jahr 1949 betrug Diors Anteil am Pariser Modeexport 75 Prozent. In einem ihrer Briefe erinnert sich Nancy Mitford an die Bemerkung eines Franzosen: „In den 40 Jahren, die ich schon Mitglied des Jockey-Klubs bin, habe ich noch nie irgendwen den Namen eines Modeschöpfers erwähnen hören – und jetzt reden alle nur noch über Dior."

Nach Diors plötzlichem Tod im Jahr 1957 übernahm sein Assistent Yves Saint Laurent mit gerade einmal 21 Jahren die kreative Leitung des Unternehmens. Seine erste Kollektion wurde ein voller Erfolg, er selbst als Retter der französischen Mode gepriesen. Doch spätere Kollektionen fanden weniger Beifall, und nach seiner umstrittenen Kollektion *Beatnik* trennte sich das Haus Dior 1960 abrupt von ihm. An Saint Laurents Stelle trat Marc Bohan, zuvor Chefdesigner des Londoner Dior-Zweigs, der 20 Jahre lang die kreative Leitung innehaben sollte. Ihm folgte Gianfranco Ferré, der ab 1996 (und bis 2011) von John Galliano abgelöst wurde. Der belgische Designer Raf Simons wurde 2012 zu Gallianos Nachfolger ernannt – und 2016 wurde mit Maria Grazia Churi erstmals eine Frau Kreativchefin von Dior. *—V. S.*

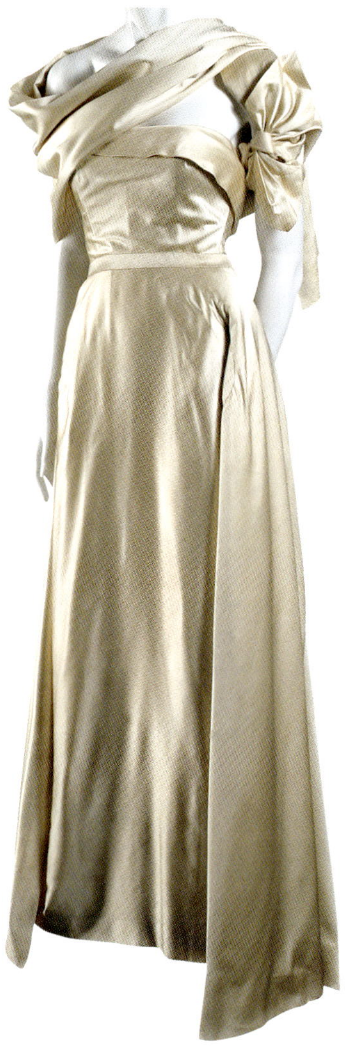

„Dior [ist] dieses unserer Zeit eigene leichtfüßige Genie, dessen magischer Name Dieu [Gott] und or [Gold] beinhaltet."

— JEAN COCTEAU, SCHRIFTSTELLER

VORHERGEHENDE DOPPELSEITE UND LINKS
Christian Dior
Abendensemble:
elfenbeinfarbener Seitensatin
Frankreich, 1948

GEGENÜBER
Christian Dior
Abendkleid: auberginefarbenes
Seiden-Faille
Frankreich, um 1953

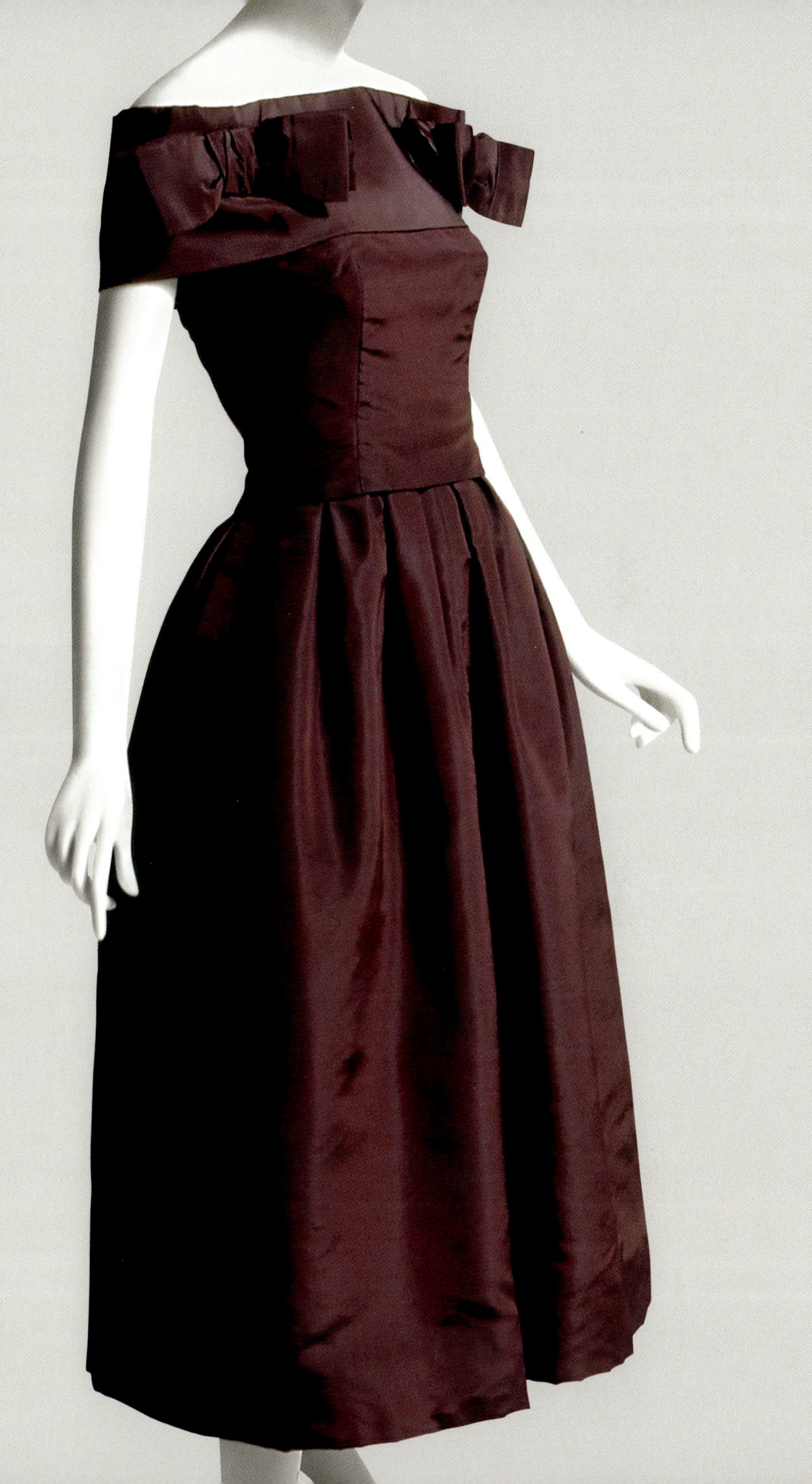

„Mode ist ein Glaubensakt. Und in einer Zeit, in der kein Erfolg heilig ist, in der Lügengeschichten und falsche Behauptungen der Stoff des Lebens sind, hat Mode ihr Mysterium gewahrt … und war niemals so sehr im Gespräch – der bestmögliche Beweis für ihr Vermögen zu bezaubern.“

— CHRISTIAN DIOR

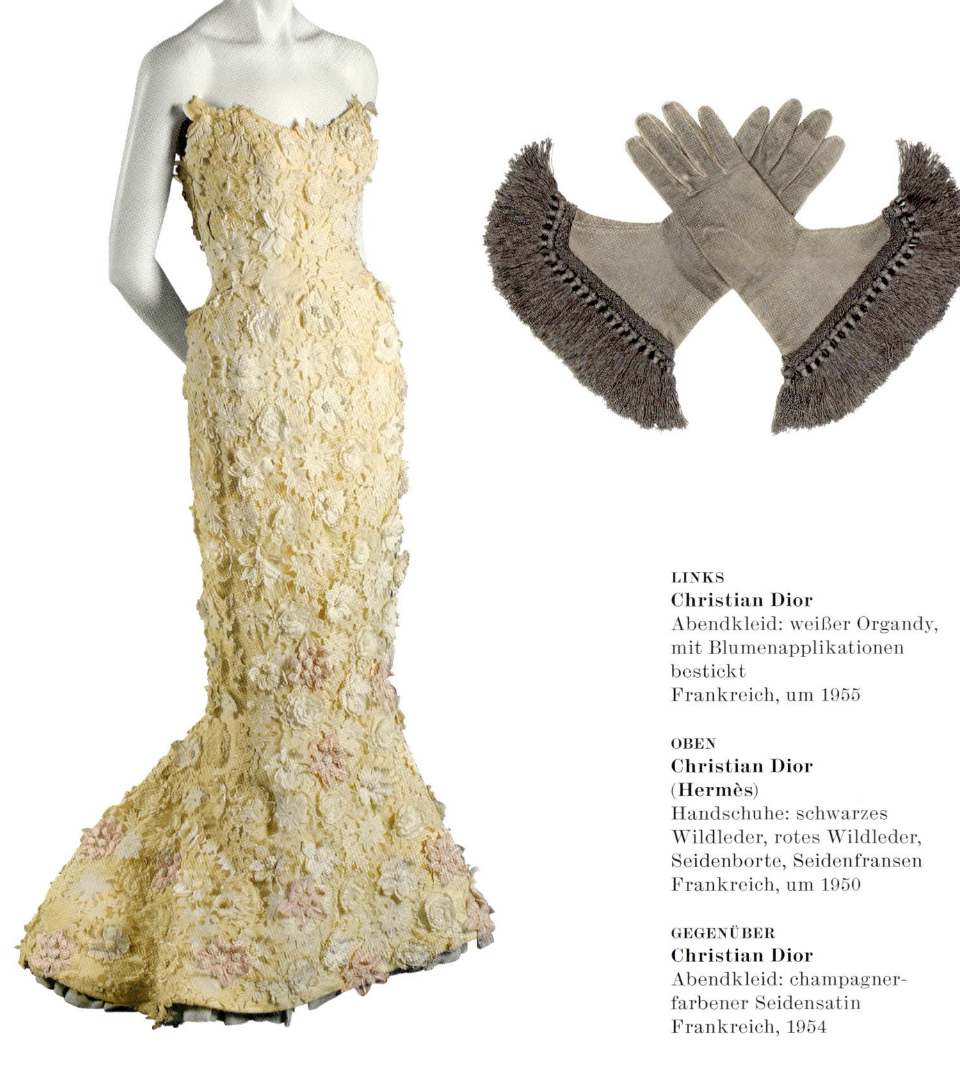

LINKS
Christian Dior
Abendkleid: weißer Organdy, mit Blumenapplikationen bestickt
Frankreich, um 1955

OBEN
Christian Dior
(**Hermès**)
Handschuhe: schwarzes Wildleder, rotes Wildleder, Seidenborte, Seidenfransen
Frankreich, um 1950

GEGENÜBER
Christian Dior
Abendkleid: champagnerfarbener Seidensatin
Frankreich, 1954

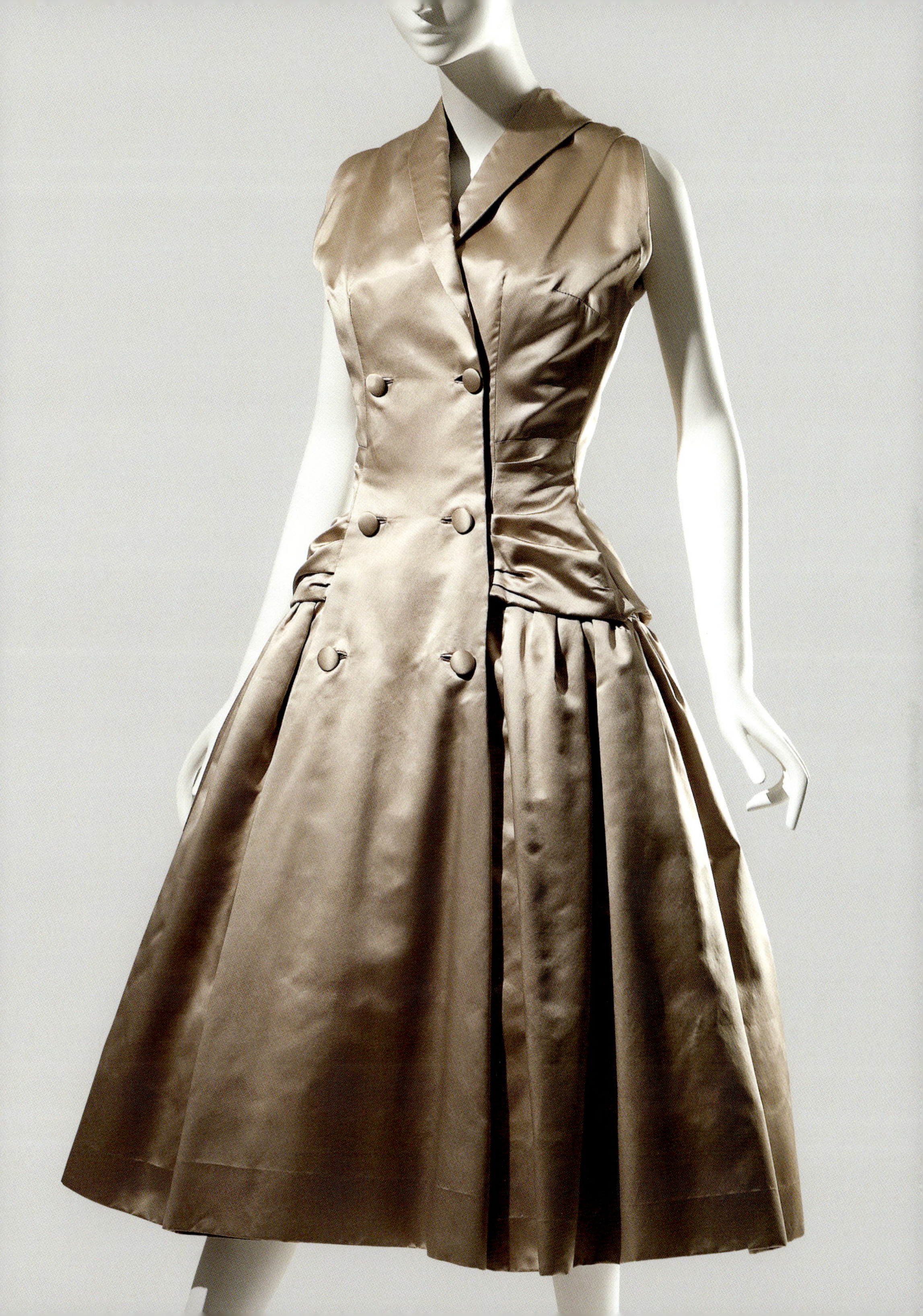

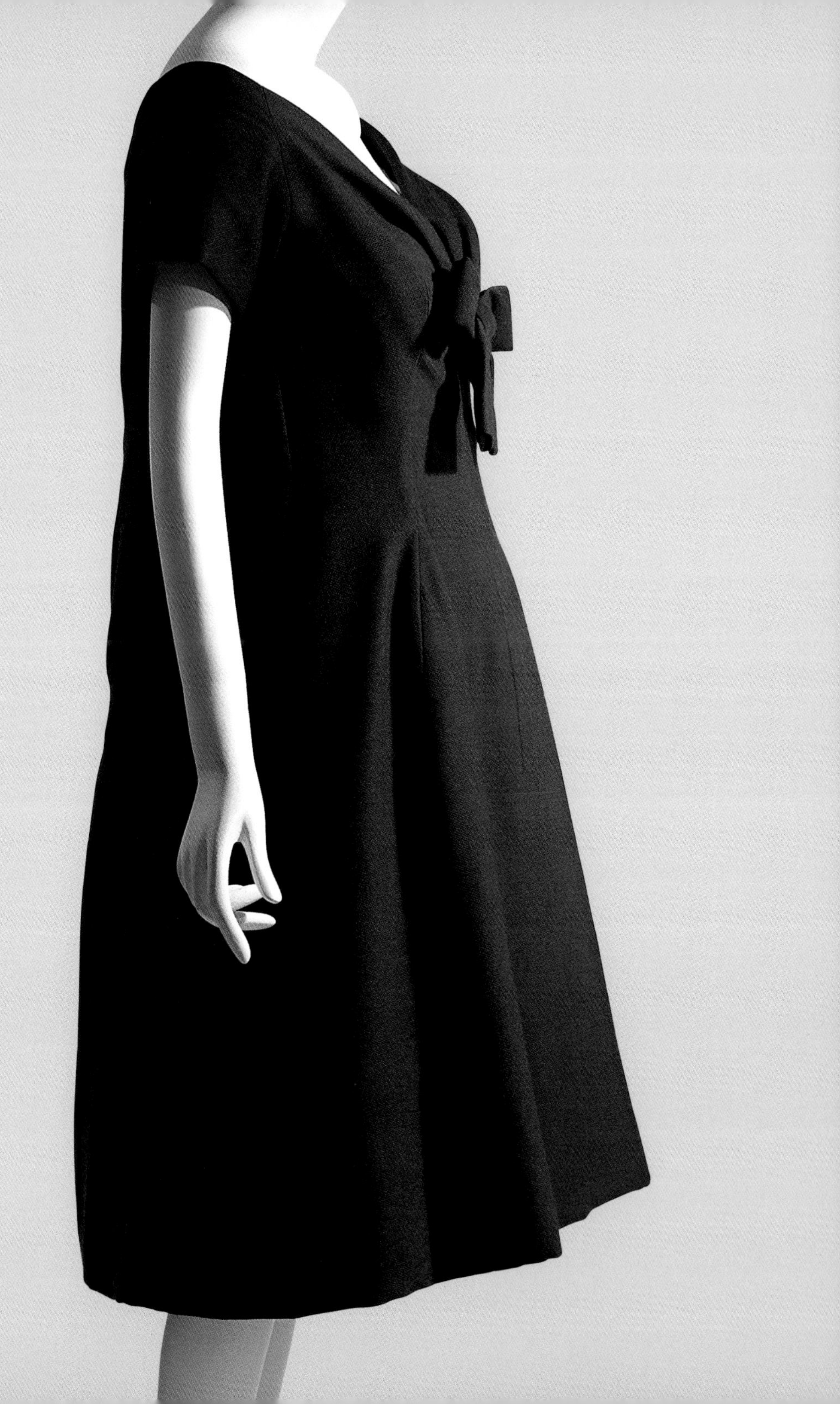

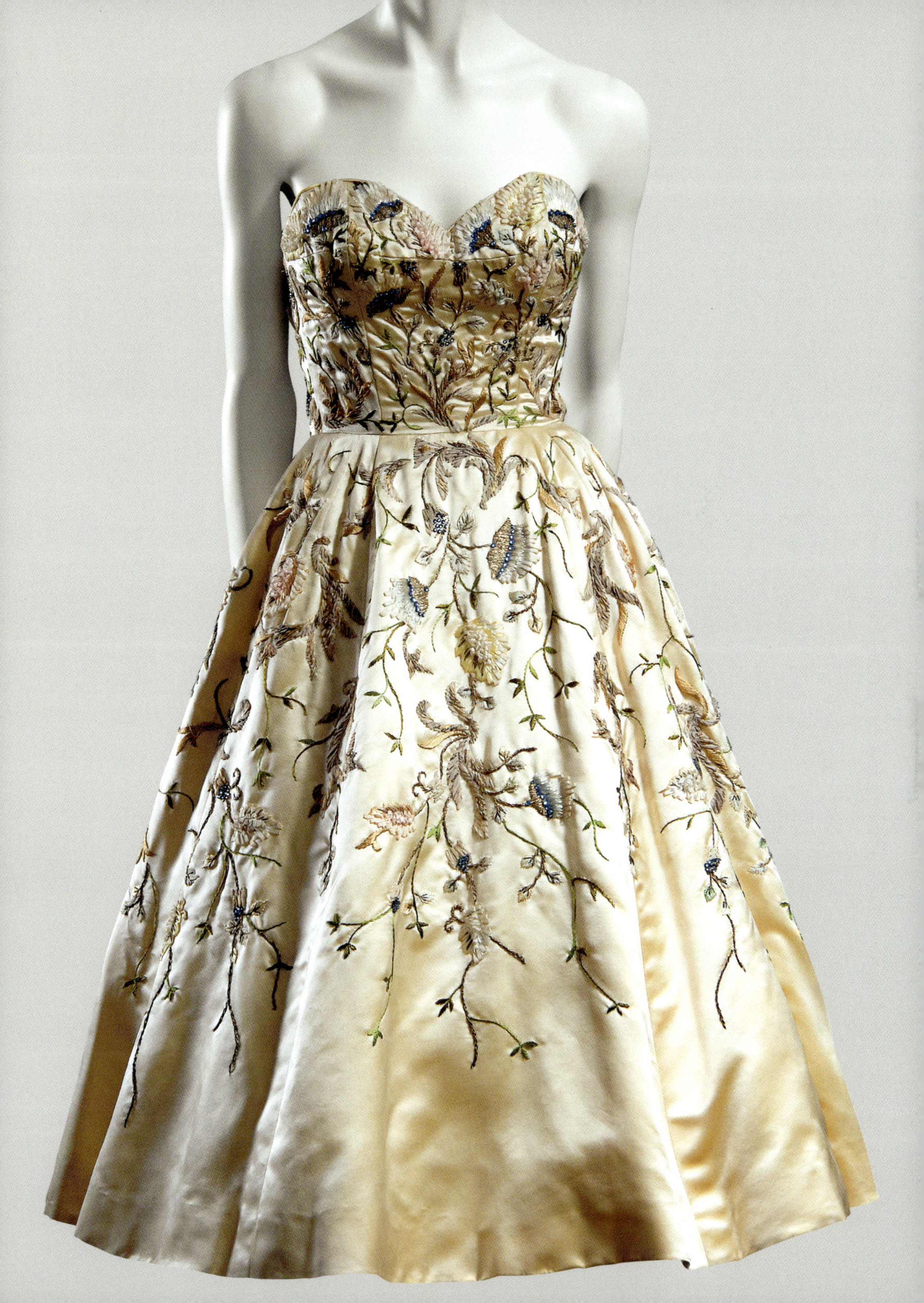

VORHERIGE DOPPELSEITE, LINKS
Christian Dior
(Yves Saint Laurent)
„*Trapèze*"-Kleid:
schwarze Wolle
Frankreich, 1958

Mit 21 Jahren wurde Yves Saint Laurent 1957 Chefdesigner des Hauses Dior. Für seine erste Kollektion experimentierte er mit einer weniger körpernahen Silhouette; das Ergebnis – die Trapezlinie – wurde zu einem triumphalen Erfolg.

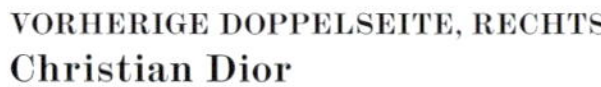

VORHERIGE DOPPELSEITE, RECHTS
Christian Dior
Abendkleid: cremefarbener Seidensatin, Seidenband und Stickerei aus Kokonseide
Frankreich, 1951

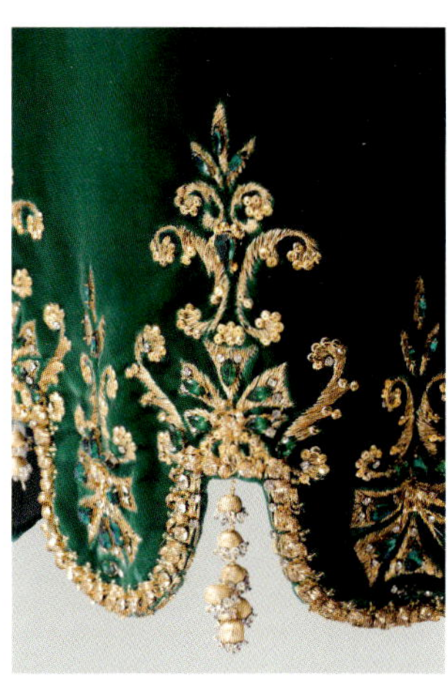

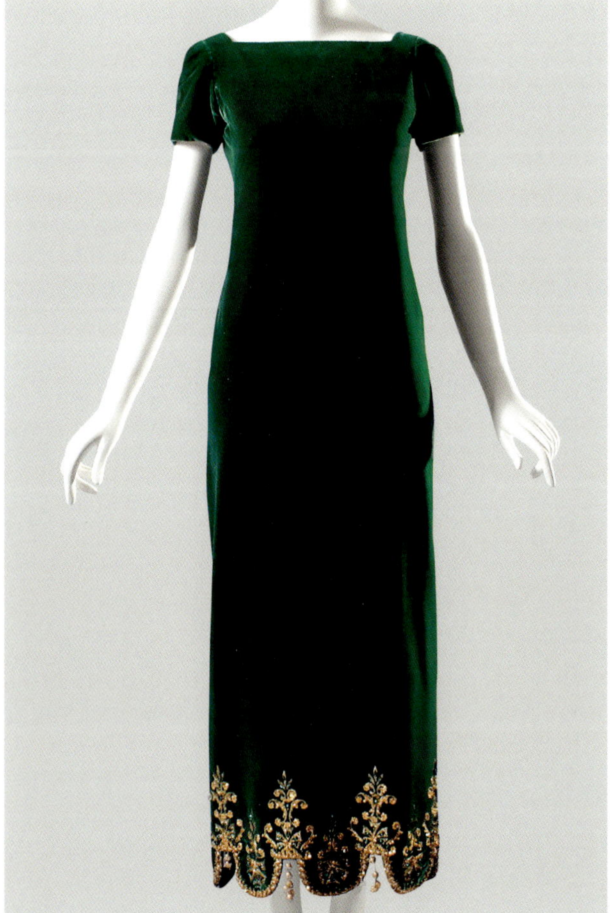

LINKS UND UNTEN
Christian Dior (Marc Bohan)
Abendkleid: grüner Seidensamt, Metallquasten, Strass, Glas
Frankreich, 1963

GEGENÜBER UND FOLGENDE DOPPELSEITE
Christian Dior (Marc Bohan)
Abendkleid: bedruckter rosafarbener Seidenchiffon, Metall, Kunstperlen
Frankreich, 1969

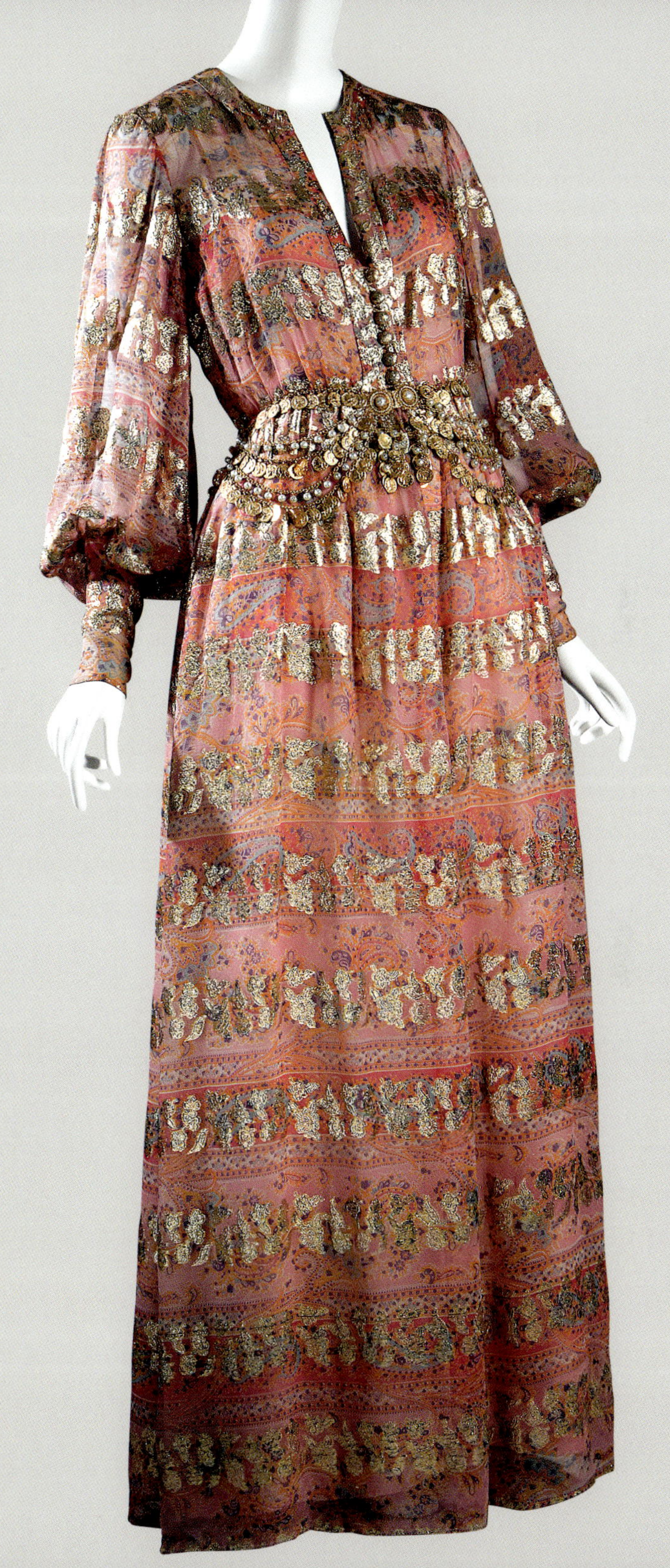

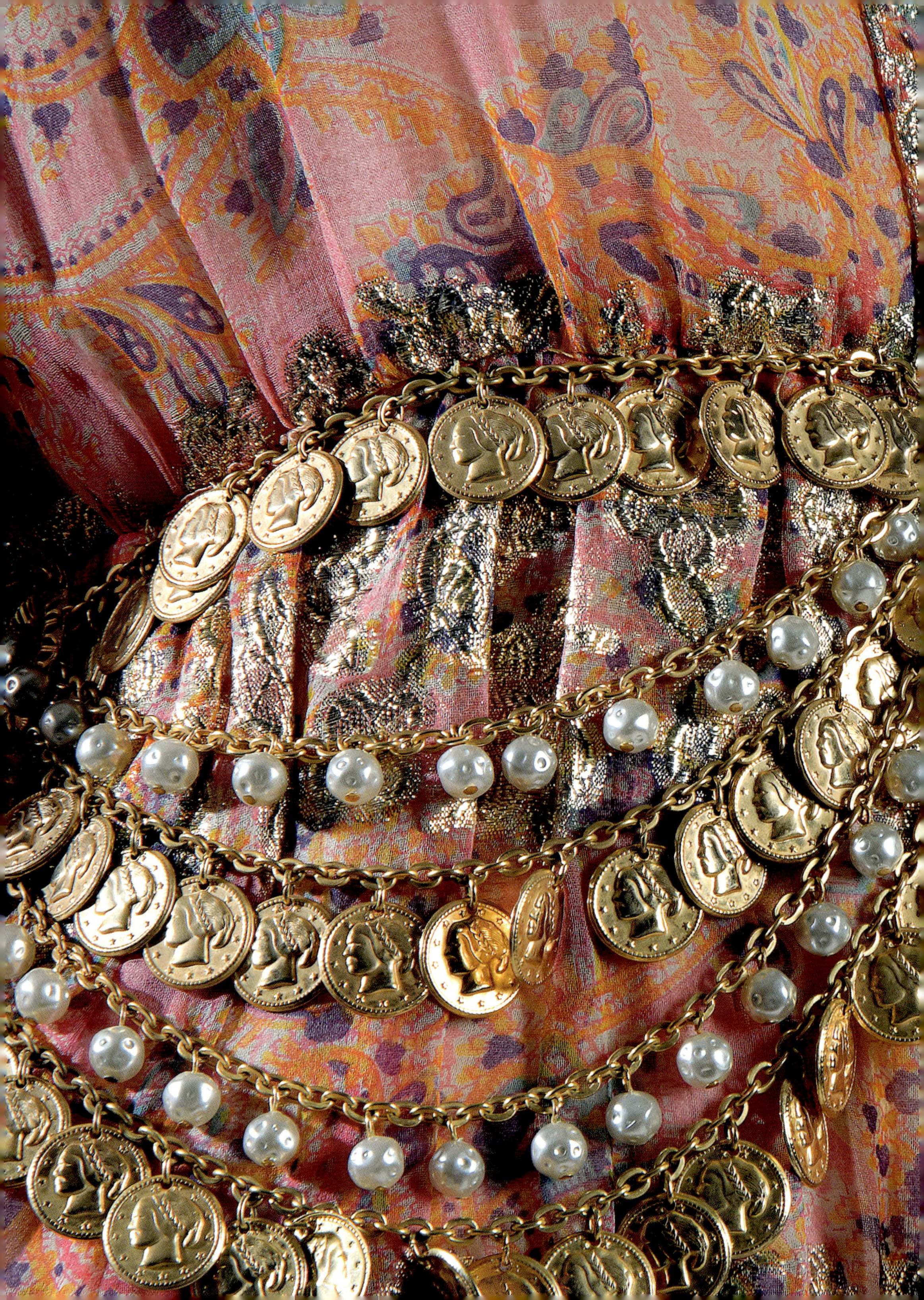

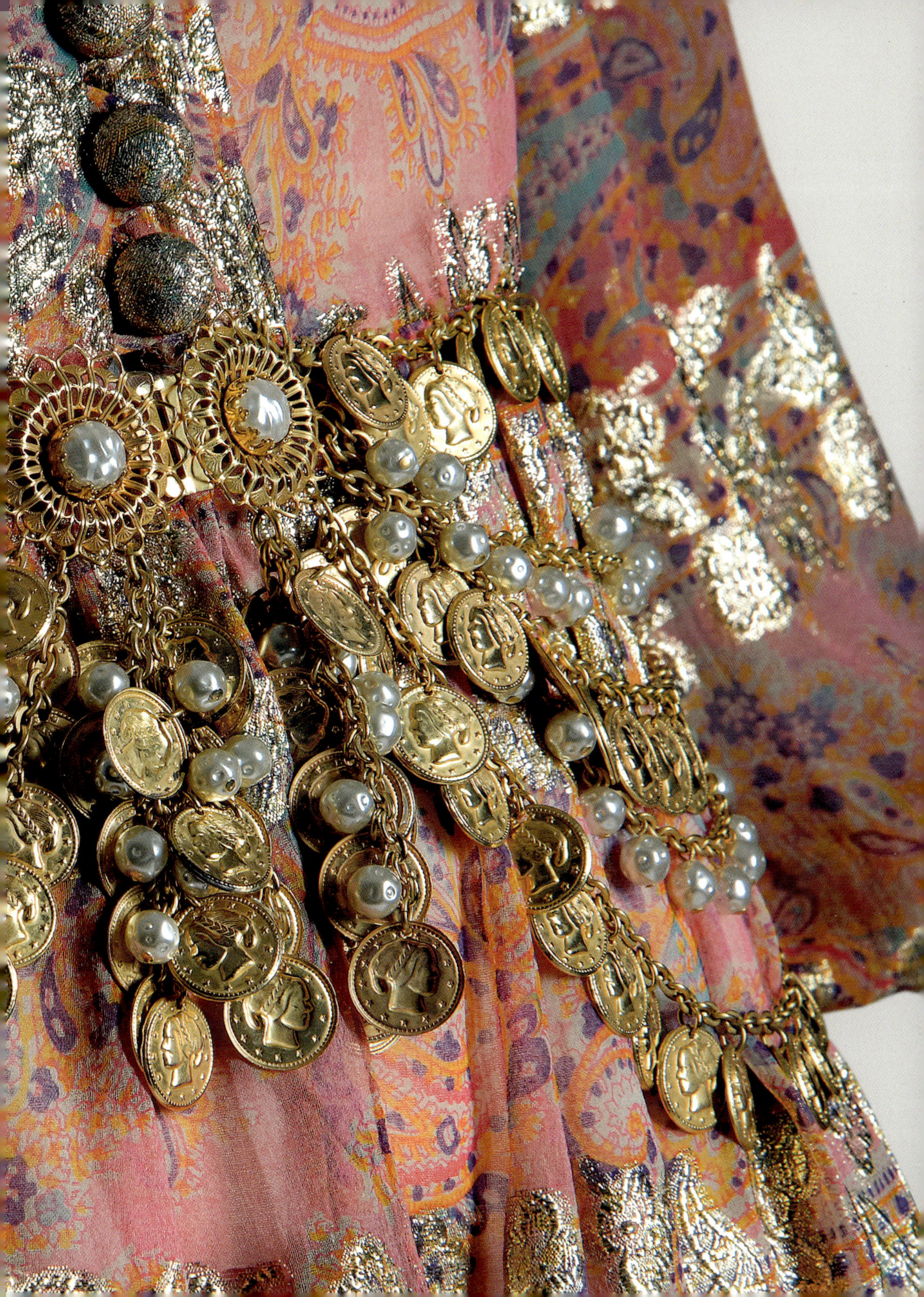

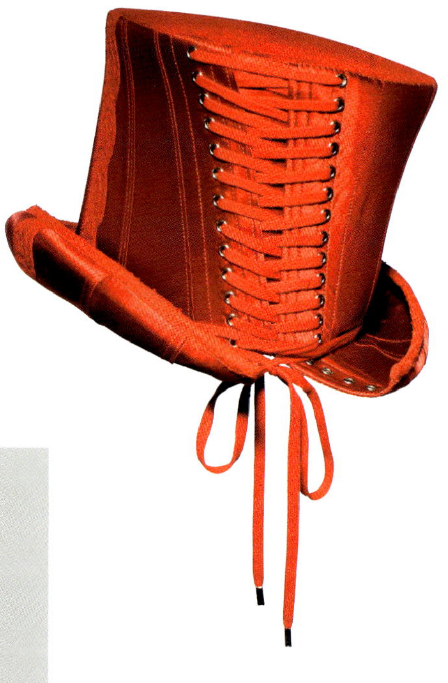

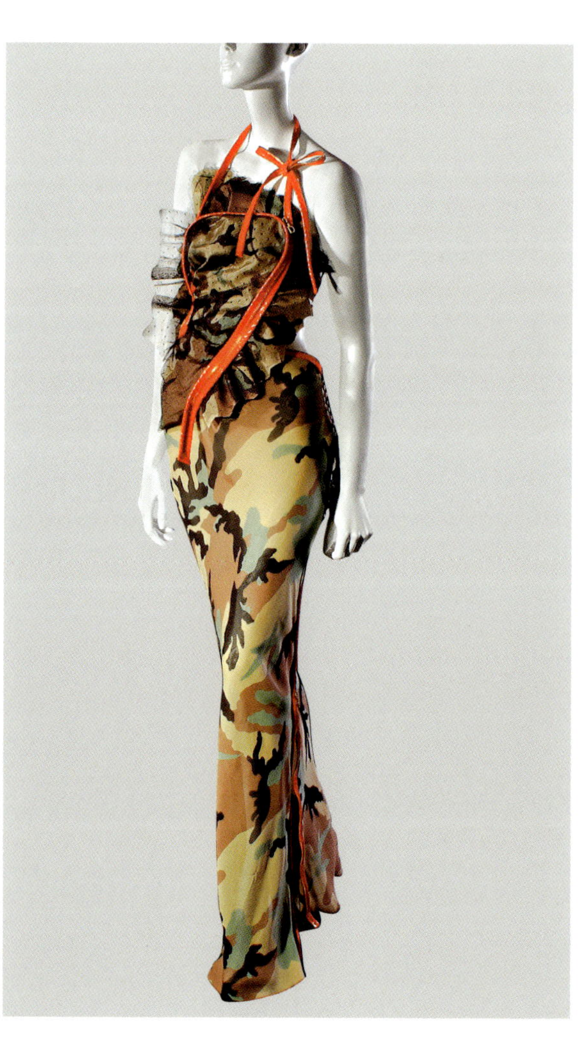

LINKS
Christian Dior (John Galliano)
Kleid: Seidentaft mit Tarnmusterdruck, Chinakrepp, Netz, Kunststoff
Frankreich, 2001

OBEN
Christian Dior (Stephen Jones)
Zylinder: roter Seidensatin, Chantillyspitze, Metall
Frankreich, 2000

GEGENÜBER
Christian Dior (John Galliano)
Kleid: schwarzes Lammleder, Seide
Frankreich, 2000

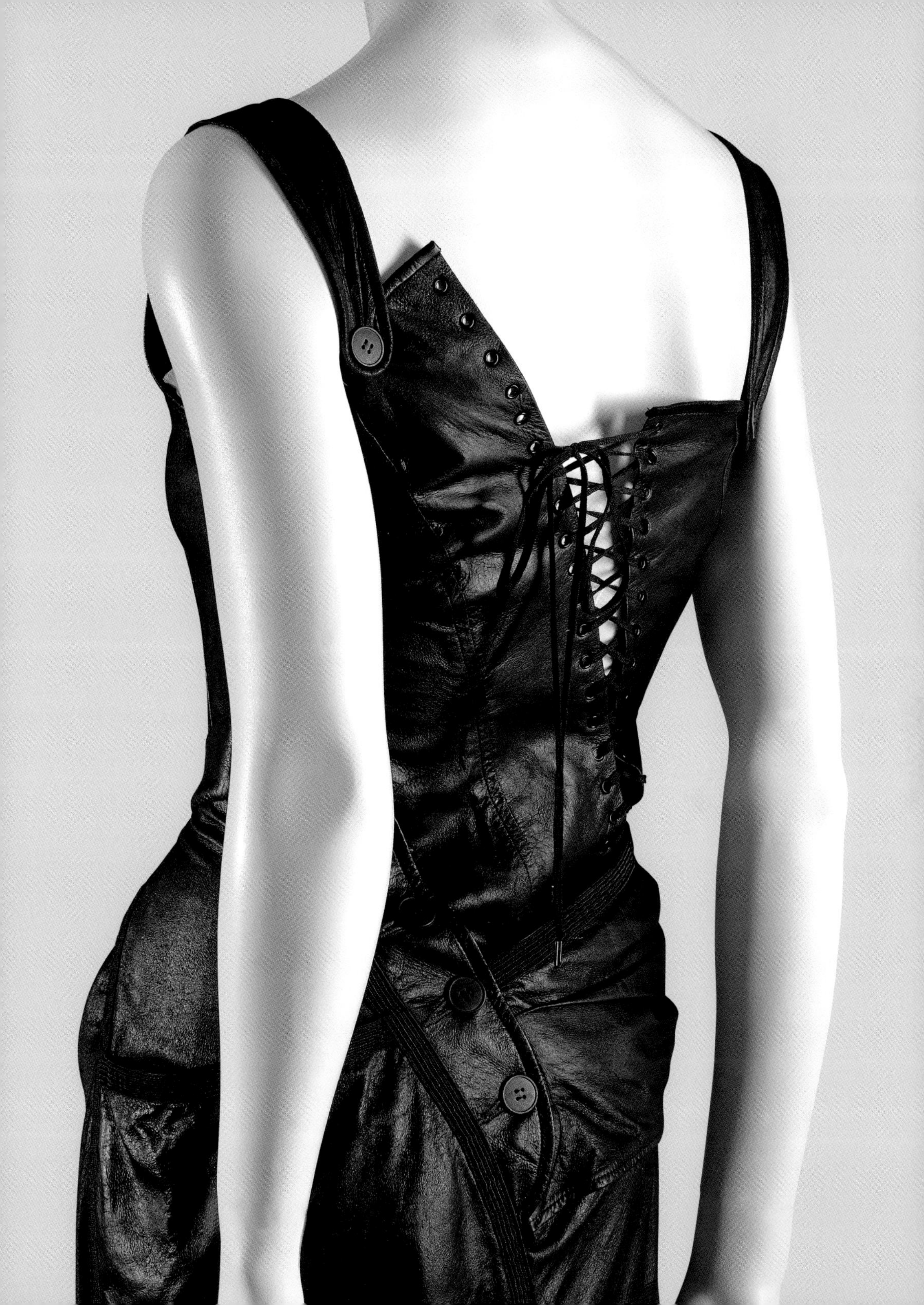

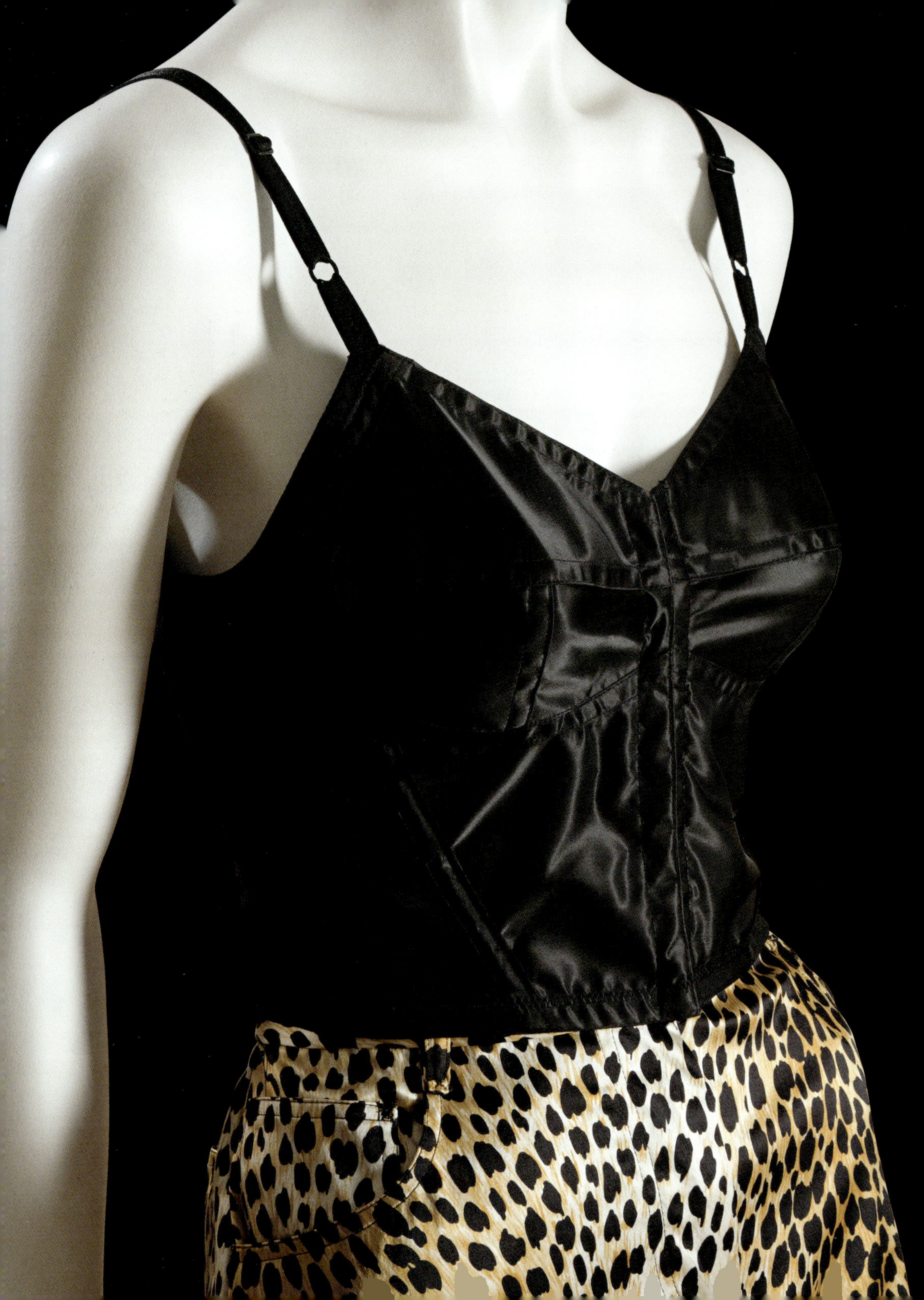

Dolce & Gabbana

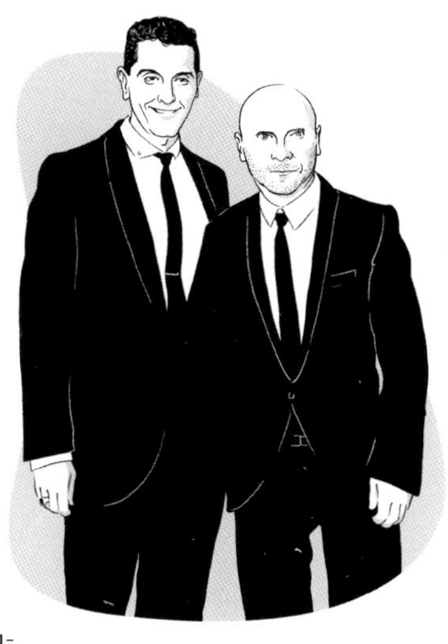

STEFANO GABBANA (* 1962) UND DOMENICO DOLCE (* 1958) Seit ihrem Einstieg in die Modeszene Mitte der 1980er-Jahre kreieren Dolce & Gabbana Kleider, die ganz unverhohlen sexy sind. Kennzeichnend für ihre Entwürfe sind Dessous-Elemente, lebhafte Animal-Prints und üppige Brokatstoffe. Trotz des provokativen Beigeschmacks ihrer Kreationen sehen sich Dolce & Gabbana der Tradition und Handwerkskunst ihres Heimatlandes verbunden.

Der gebürtige Sizilianer und Sohn eines Schneiders Domenico Dolce schneiderte bereits im Alter von sieben Jahren sein erstes Paar Hosen. Stefano Gabbana stammt aus Mailand, wo sein Vater als Drucker arbeitete. Dolce studierte – wenn auch nur für kurze Zeit – Modedesign, Gabbana dagegen Grafikdesign, arbeitete aber gerade einmal sechs Monate in diesem Beruf, ehe er sich nach Jobs in der Modebranche umzusehen begann. An diesem Punkt seiner Karriere traf er Dolce, der zu der Zeit als Assistent in einem Modeunternehmen beschäftigt war.

Bald fanden die beiden privat wie beruflich zusammen und präsentierten 1985 ihre erste Kollektion mit dem Titel *Geometrissimo*. In einer Zeit, in der viele italienische Designer sich dem Power-Look verschrieben hatten, war Dolce & Gabbanas Stil feminin und romantisch. Jedes Kleidungsstück war von den beiden eigenhändig zugeschnitten und genäht, da ihr Budget es ihnen damals noch nicht erlaubte, Assistenten zu beschäftigen. Entsprechend nannten sie ihre nächste Kollektion *Real Women* und baten Freundinnen und Verwandte auf den Laufsteg. Nach diesen bescheidenen Anfängen gelang es Dolce & Gabbana schnell, sich als eines der aufregendsten Mailänder Label zu etablieren. Ihre Mode der 1990er-Jahre – aufreizende Unterröcke als Kleider, sexy Corsagen, figurbetonte Kostüme – wurde oft gelobt für ihre provokative und zugleich selbstbewusste Ästhetik. Neben Werbekampagnen, die von Starfotografen wie Steven Meisel gestaltet wurden, war es vor allem Madonna, die dem Label mit regelmäßigen Aufträgen einen gewaltigen Popularitätsschub bescherte.

Obwohl die beiden Designer ihre private Beziehung im Jahr 2005 beendeten, sind ihre beruflichen Bande nach wie vor stark. Nach über 40 Jahren im Geschäft leiten die beiden ein Unternehmen, das 14 Kollektionen produziert, darunter eine Männerlinie, Kinderbekleidung, eine Accessoireserie und, natürlich, eine Wäschekollektion. —*C. H.*

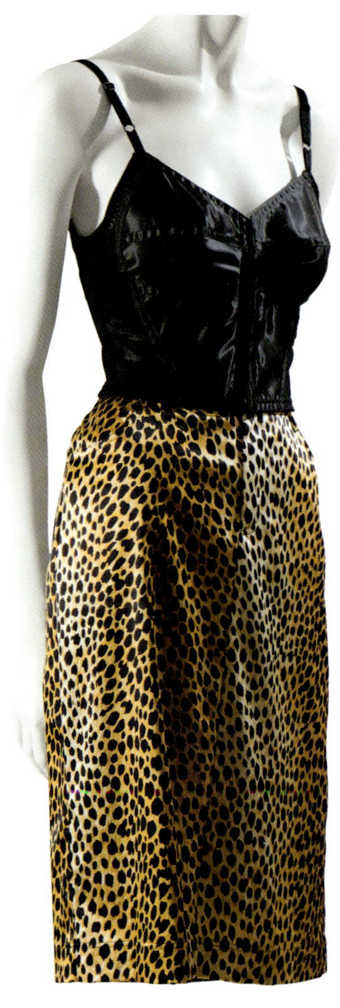

„Es ist immer das gleiche: Alle Männer und Frauen möchten sexy sein.“
— STEFANO GABBANA

„Dolce & Gabbana stehen für die sexy italienische Frau und erfinden sie neu … dank der Kleider von Domenico und Stefano kann man seine Persönlichkeit wechseln, indem man einfach seinen Kleiderschrank öffnet!“
— **Linda Evangelista, Model**

VORHERGEHENDE DOPPELSEITE UND OBEN
Dolce & Gabbana
Bustier: schwarzer Satin und Stretch-Spitze
Rock: Stretch-Satin mit Leopardenmusterdruck, Stretch-Satin
Italien, um 1992

Dolce & Gabbana sind für sexy Korsagenoberteile und lebhafte Animal-Prints bekannt, wie sie in diesem Ensemble vereint sind.

GEGENÜBER
Dolce & Gabbana
Kleid: mehrfarbig bedruckte Stretch-Seide
Italien, 1999

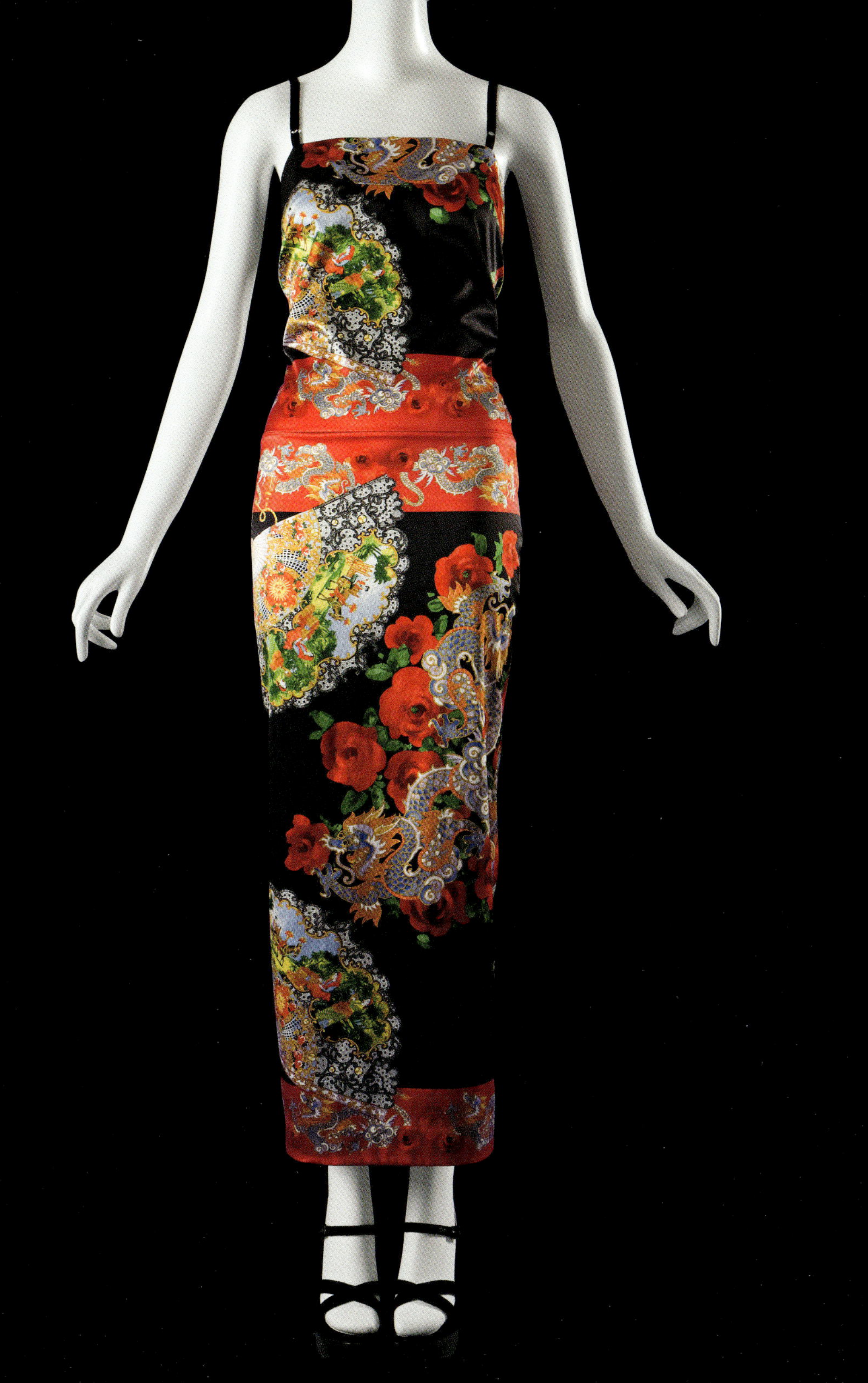

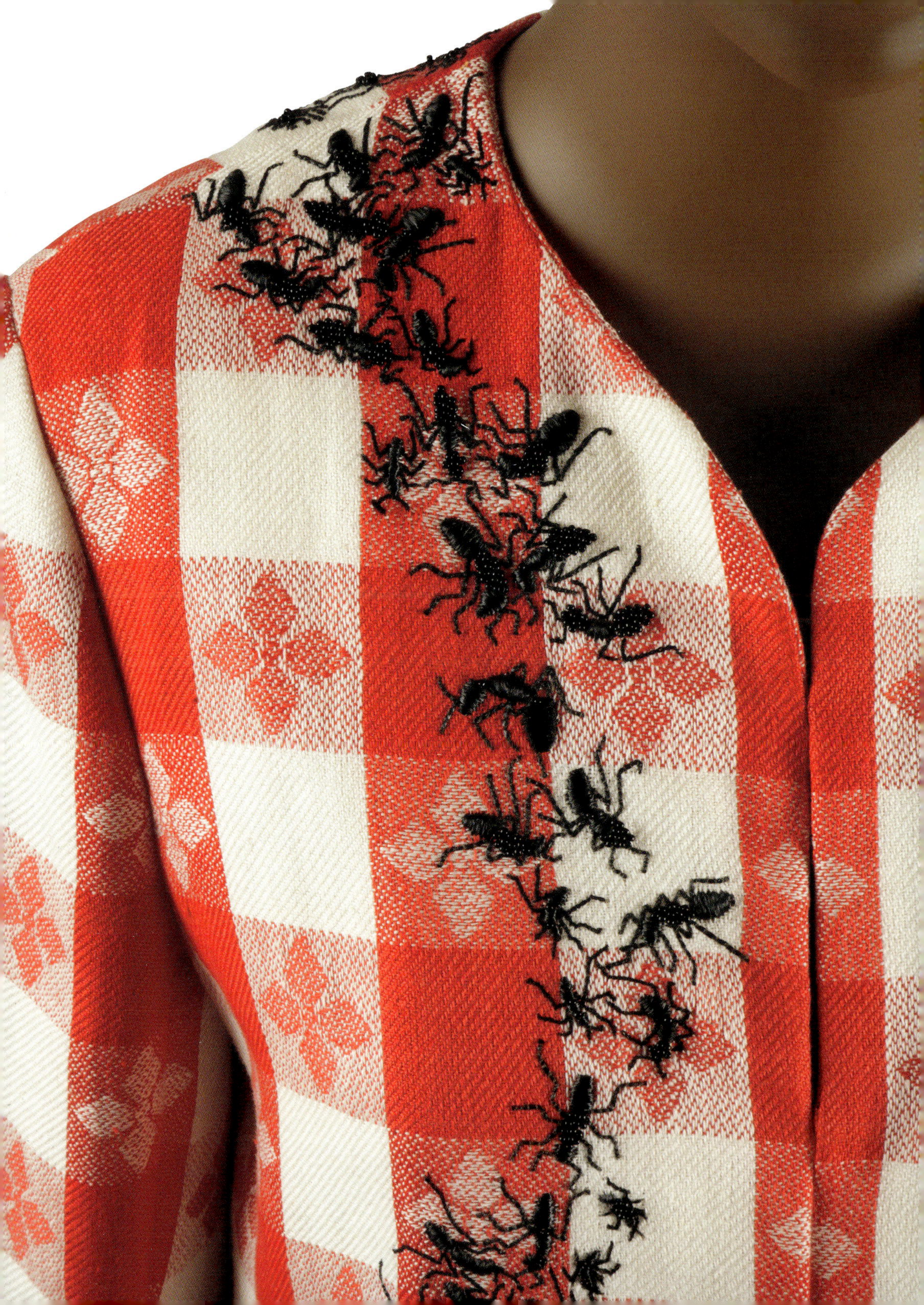

Perry Ellis

PERRY ELLIS (1940–1986) Mit seiner Herbstkollektion 1978 etablierte sich Perry Ellis als neue Größe in der New Yorker Modeszene. Der Kapitän des Princeton-Footballteams stürmte über den Laufsteg, gefolgt von Cheerleadern und Models. Sie trugen klassische amerikanische Sportswear mit Proportionen und aus Stoffen, wie sie die New Yorker Modewelt noch nie gesehen hatte. Eine Matrosenhose mit hohem Bund und Latz war mit einem kurzen, engen Zweireiher-Jackett kombiniert, und zu knöchellangen Tellerröcken aus Wollstoff wurden voluminöse Oversize-Strickpullover getragen. Das Resultat war raffiniert, jung und lässig. In der Zeit zwischen dieser ersten Kollektion und seinem Tod im Jahr 1986 wurde Ellis mit acht Coty Awards ausgezeichnet und baute ein Unternehmen auf, das 260 Millionen Dollar Umsatz erwirtschaftete.

Geboren in Portsmouth, Virginia, wuchs Perry Ellis als Einzelkind in den wohlsituierten Verhältnissen der gehobenen Mittelschicht auf. Nach einem Bachelorstudium am College of William and Mary und einem Masterabschluss im Einzelhandelsmarketing an der New York University arbeitete Ellis zunächst als Einkäufer für Sportswear bei Miller & Rhoads, einem in Richmond ansässigen Kaufhauskonzern. Anschließend kehrte er nach New York zurück und arbeitete als Designer für John Meyer of Norwich, später auch für die Textildesignerin Vera.

Perry Ellis' Kreationen waren, genau wie seine Modenschauen, immer witzig und respektlos, aber niemals schrill. Die Ästhetik seiner Entwürfe blieb immer in der amerikanischen Sportswear verwurzelt, zu der auch der adrette College-Look gehörte. Doch was sein gestalterisches Vokabular nährte und beflügelte, war seine Liebe zu Stoffen. Ellis favorisierte dicken Wolltweed, schwere Rohseide, feines Leinen und Kaschmir aus den besten Webereien Italiens und Englands, außerdem irischen Donegal-Tweed aus dickem, noppigem Wollgarn. Ellis starb am 30. Mai 1986 im Alter von 46 Jahren als eines der ersten Opfer der AIDS-Epidemie. *—F. D.*

„Ich war entschlossen, den Kurs der Mode zu ändern, mich von dem fortzubewegen, was ich die Anmaßlichkeit von Kleidung nenne – Kleider zu entwerfen, die erlangbarer sind, entspannter, aber letztendlich auch stilvoller und origineller."

— PERRY ELLIS

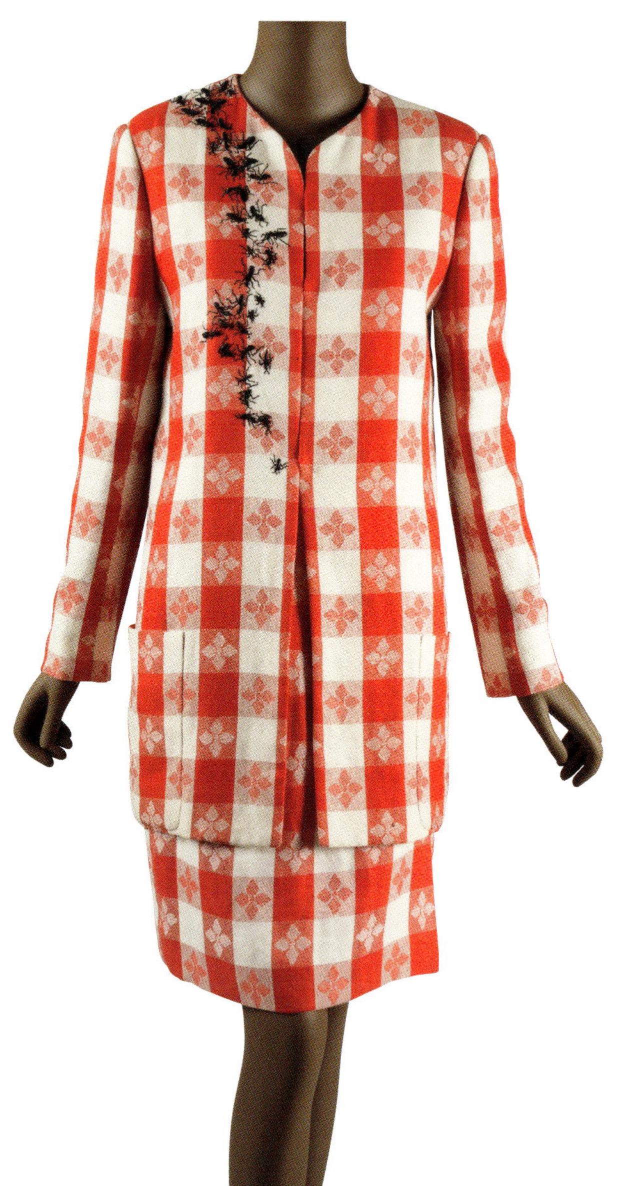

VORHERGEHENDE DOPPELSEITE UND LINKS
Perry Ellis (Marc Jacobs)
Kostüm: besticktes rotes und weißes Leinen
USA, 1990

GEGENÜBER
Perry Ellis
Kostüm: grüner Baumwoll-Breitcord
USA, 1981

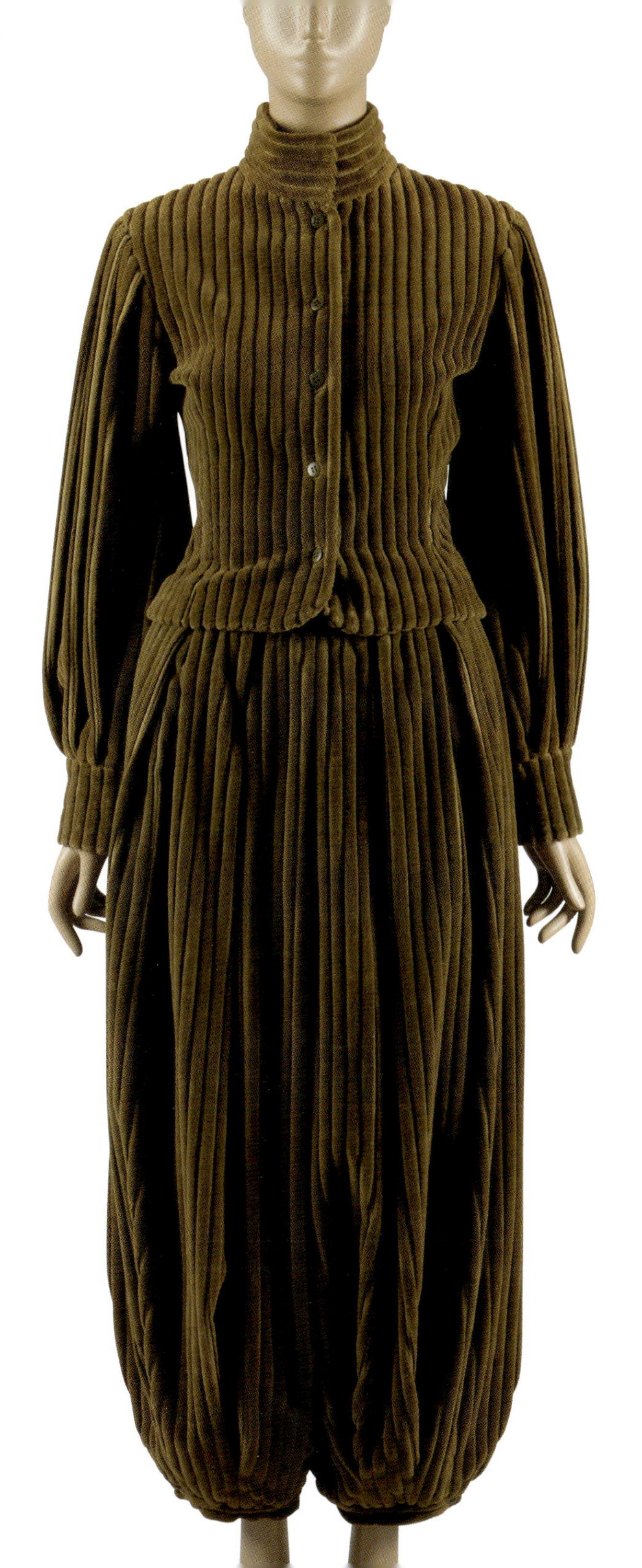

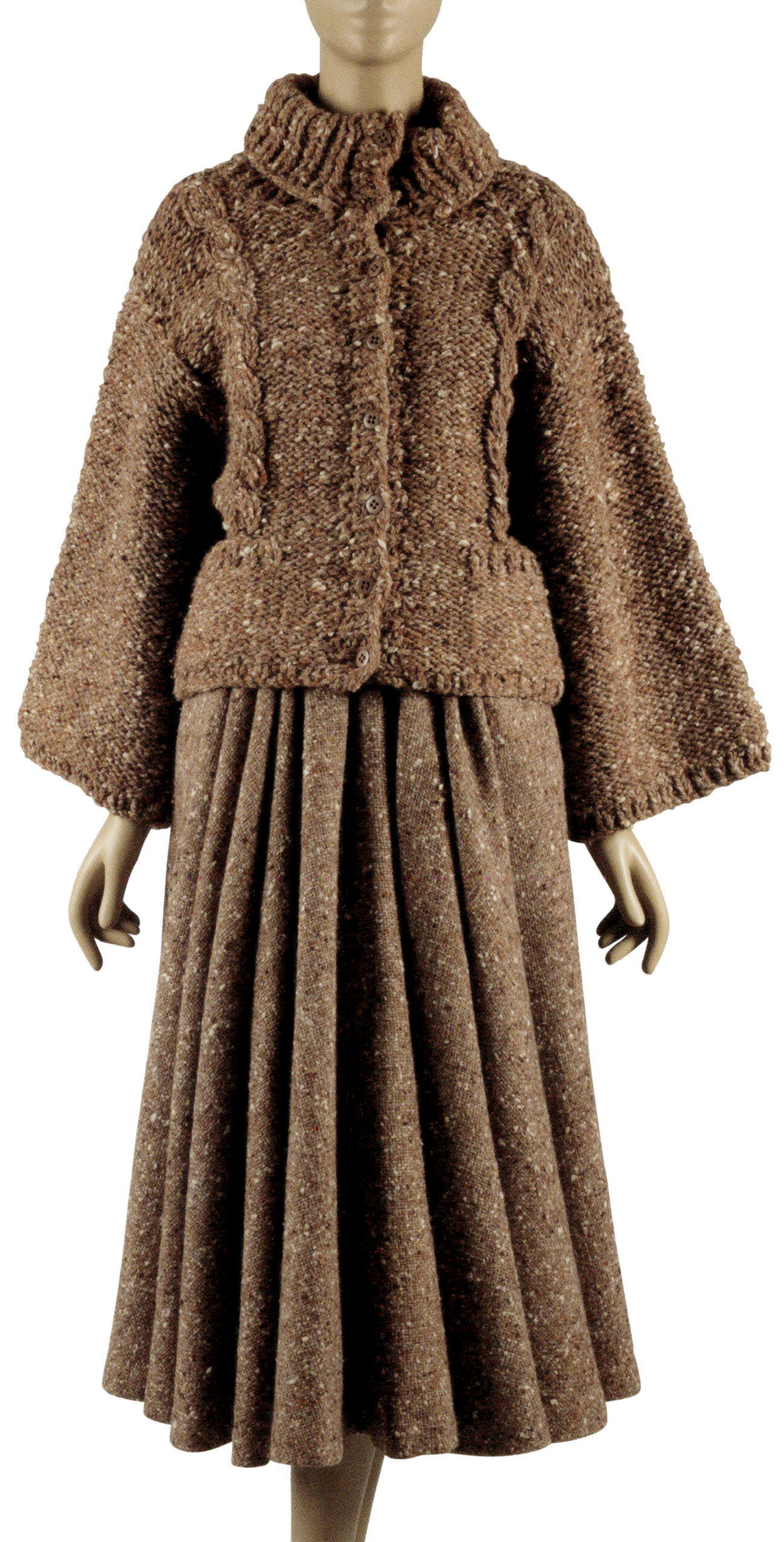

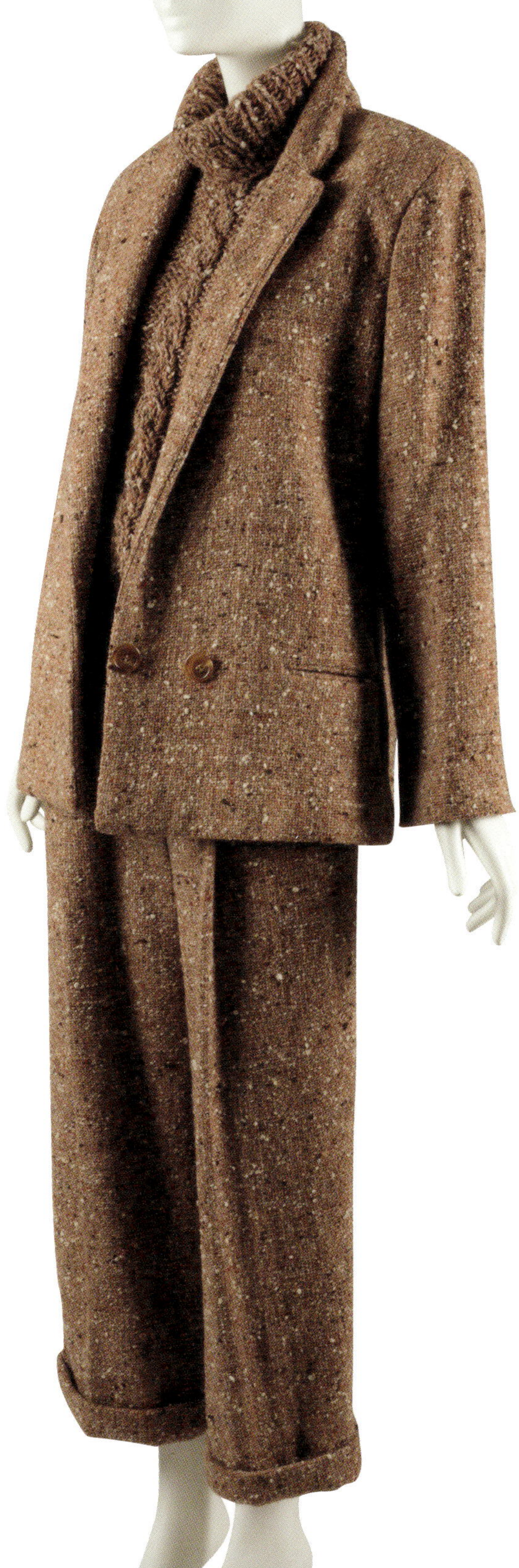

GEGENÜBER
Perry Ellis
Rock und Sweater:
brauner Tweed und Wolle
USA, 1981

RECHTS
Perry Ellis
Kostüm und Sweater:
brauner Tweed und
handgestrickte Wolle
USA, 1981

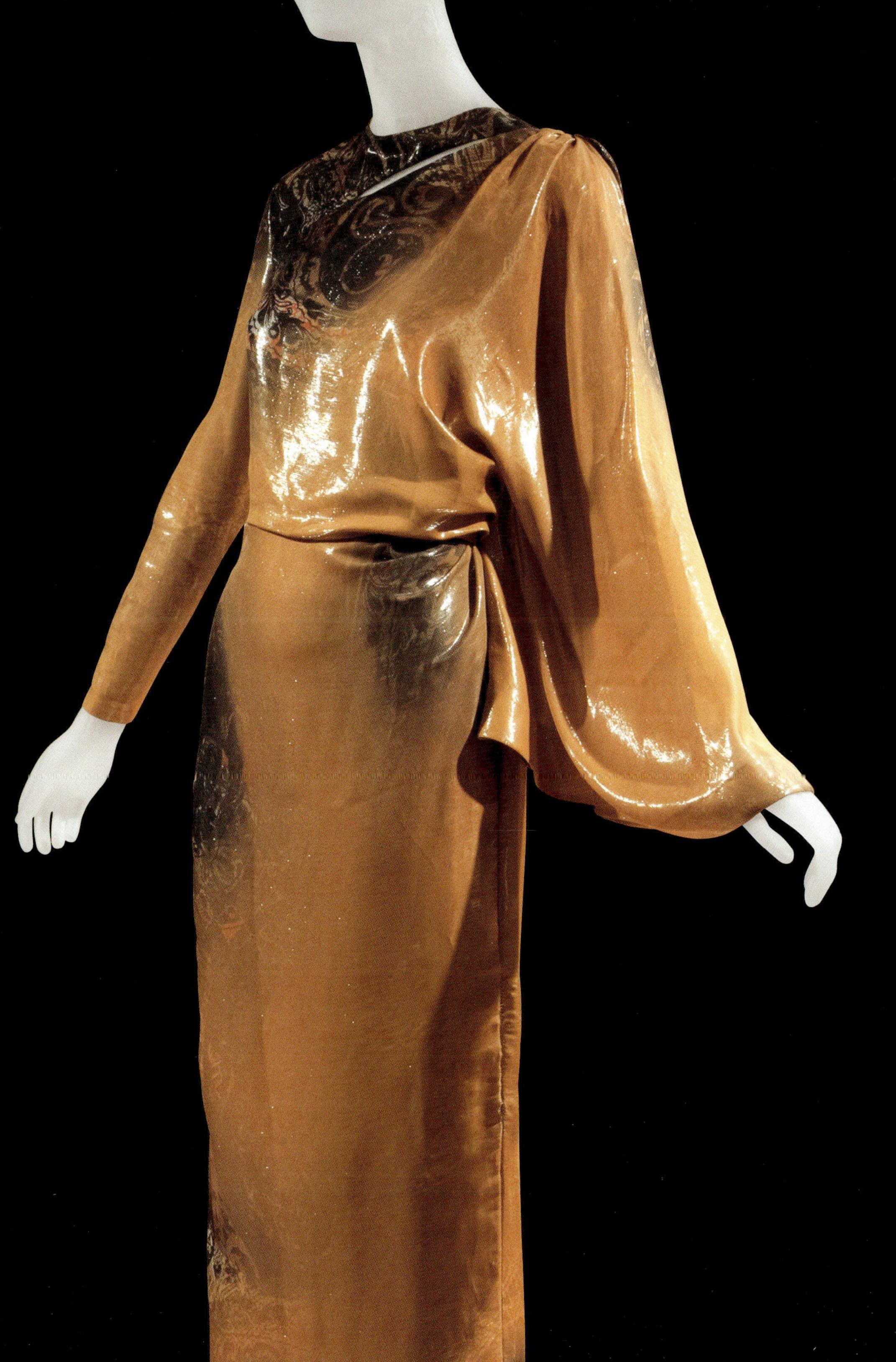

Etro

VERONICA ETRO (* **1974**) Etro ist ein relativ junges Label und dennoch in der Tradition und reichen Geschichte des exquisiten italienischen Textilhandwerks verwurzelt. Das Unternehmen stellte ursprünglich Dessins und Stoffe her und ist besonders für die Paisleymuster bekannt, die es seit 1981 verwendet. Die Paisleys sind so charakteristisch für Etro, dass J. J. Martin in *Harper's Bazaar* feststellte, dem Unternehmen sei es gelungen, „ein Paisleymuster in ein dezentes Erkennungszeichen, das jedes Logo überflüssig macht", zu verwandeln.

Die 1968 von Gerolamo („Gimmo") Etro (geb. 1940) gegründete Firma wird bis heute für ihre frappierenden Drucke und meisterhaften Dessins gefeiert. In den 1970er- und 1980er-Jahren griffen Edeldesigner wie Emmanuel Ungaro und Perry Ellis für ihre Kollektionen auf Luxustextilien von Etro zurück. In einem Interview gestand Gimmo 1982 der *New York Times*, dass er die Weiterverarbeitung seiner Stoffe mit gemischten Gefühlen verfolge: „In der Mode ist es einfach so: Wenn man mit den Designern zusammenarbeitet, mit den Armanis, Rykiels, Montanas, dann ist es ihr Image, das man vermittelt; man muss sich also mit ihnen verändern. Es ist mein Produkt, aber ihr Name steht darauf." Vielleicht waren es solche und ähnliche Bedenken, die Gimmo 1991 veranlassten, eine eigene Konfektionslinie auf den Markt zu bringen.

Wie viele italienische Firmen ist auch Etro ein Familienbetrieb. Gimmos Tochter Veronica Etro entwirft seit dem Jahr 2000 die Damenkollektion des Labels. Ihr Ansatz bildete sich schon in der Kindheit heraus, als sie zum Zeitvertreib aus Stoffresten Collagen bastelte, und hat sich zu einem Designstil weiterentwickelt, der zu gleichen Teilen farbenfroh, unkonventionell und exotisch ist. Sie arbeitet mit einem wahren Kaleidoskop an Dessins, Patchworkmustern und natürlich dem typischen Etro-Paisley, das sie immer wieder auf spielerische und überraschende Art neu interpretiert. Wie Veronica 2004 der Zeitschrift *W* erklärte: „Um ein traditionelles Muster wieder aufzuwärmen, würzt man es am besten mit einer guten Prise Ironie." *—J. F.*

„Mit Veronica Etro am Ruder sind das Eklektische und Exzentrische ebenso zum Inbegriff von Etro geworden wie die typischen Paisleydrucke des Hauses.“

—WOMEN'S WEAR DAILY

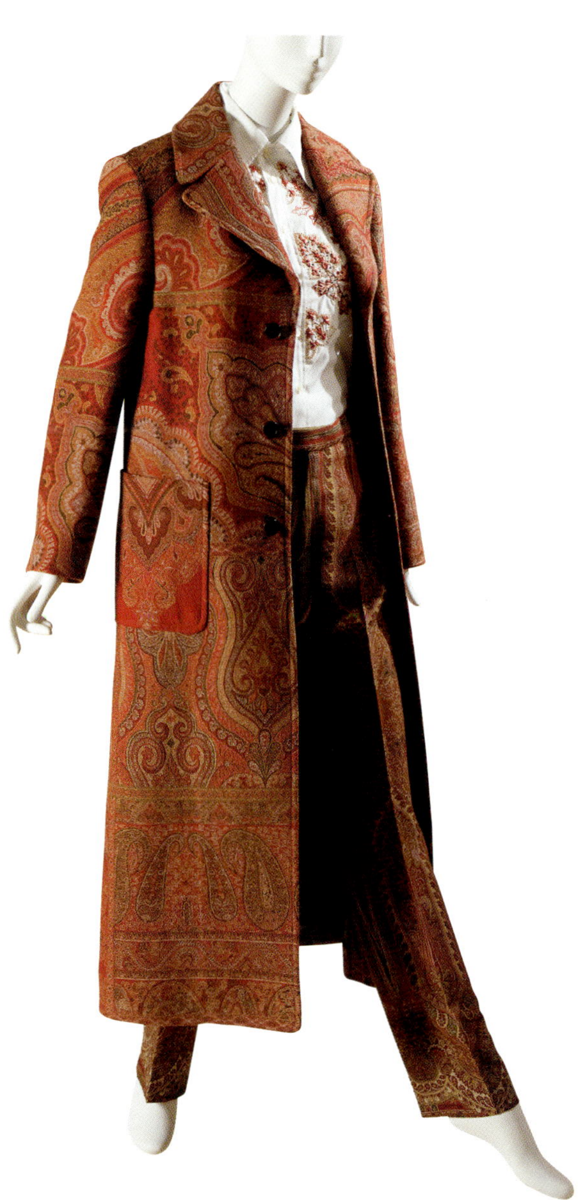

VORHERGEHENDE DOPPELSEITE
Etro (Veronica Etro)
Abendkleid: orangefarbenes, goldenes und schwarzes Nylon-Lurex
Italien, 2011

Mit diesem goldenen Abendkleid beschloss Etro die Präsentation seiner Herbstkollektion 2011. Der weich fallende Nylonlurexstoff umfließt den Körper auf sinnliche Weise und verleiht dem Etro-Muster mit seinen abstrakten Wirbeln zusätzliche Tiefe.

LINKS
Etro (Veronica Etro)
Ensemble: Woll-Chally mit mehrfarbigem Paisleymuster, weiße Baumwolle, mehrfarbige Stickereien, Perlenstickerei
Italien, 2002

GEGENÜBER
Etro (Veronica Etro)
Kleid und Gürtel: Woll-Chally mit cremefarbenem Paisleymuster, Leder, Wildleder
Italien, 2002

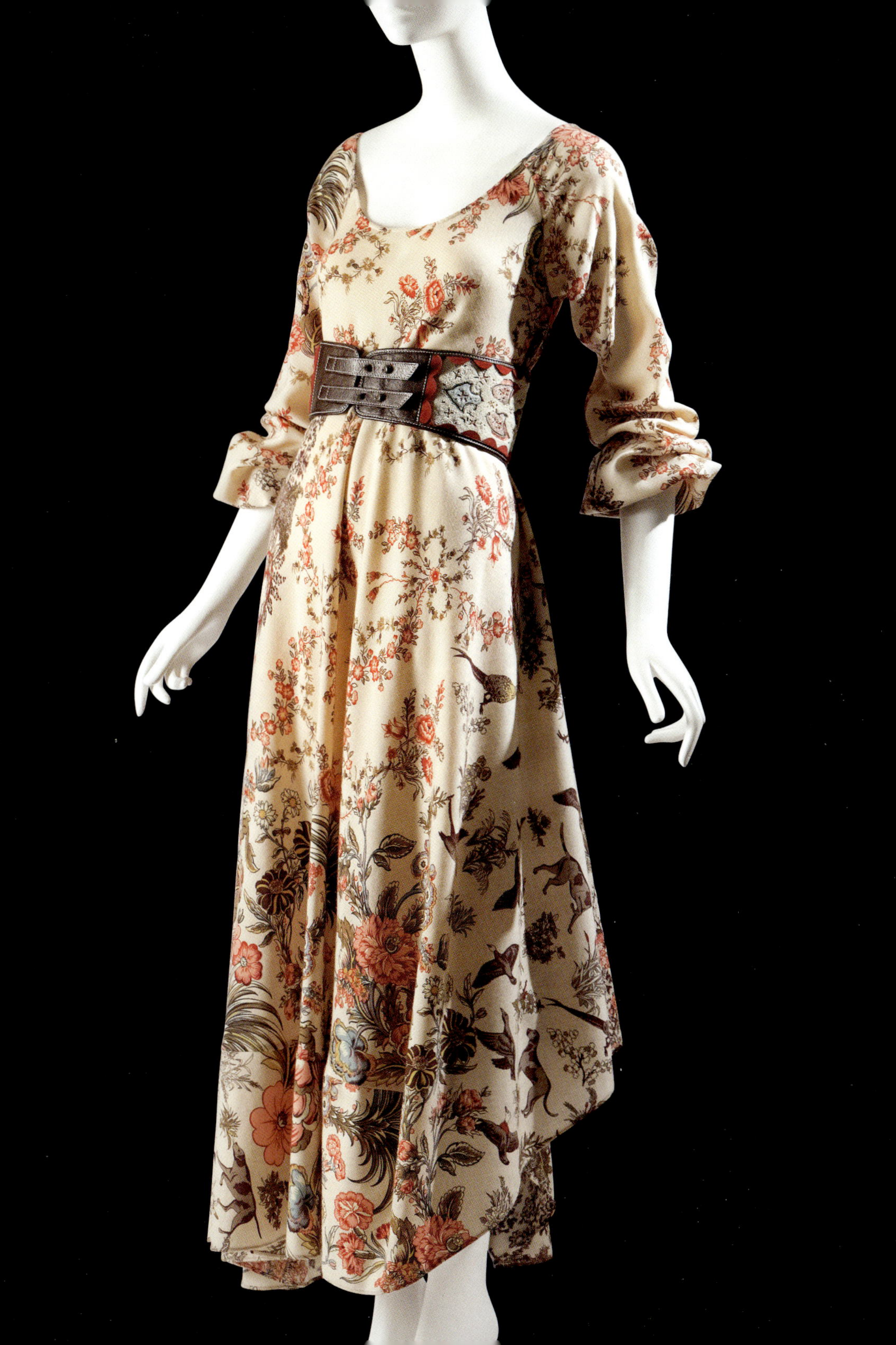

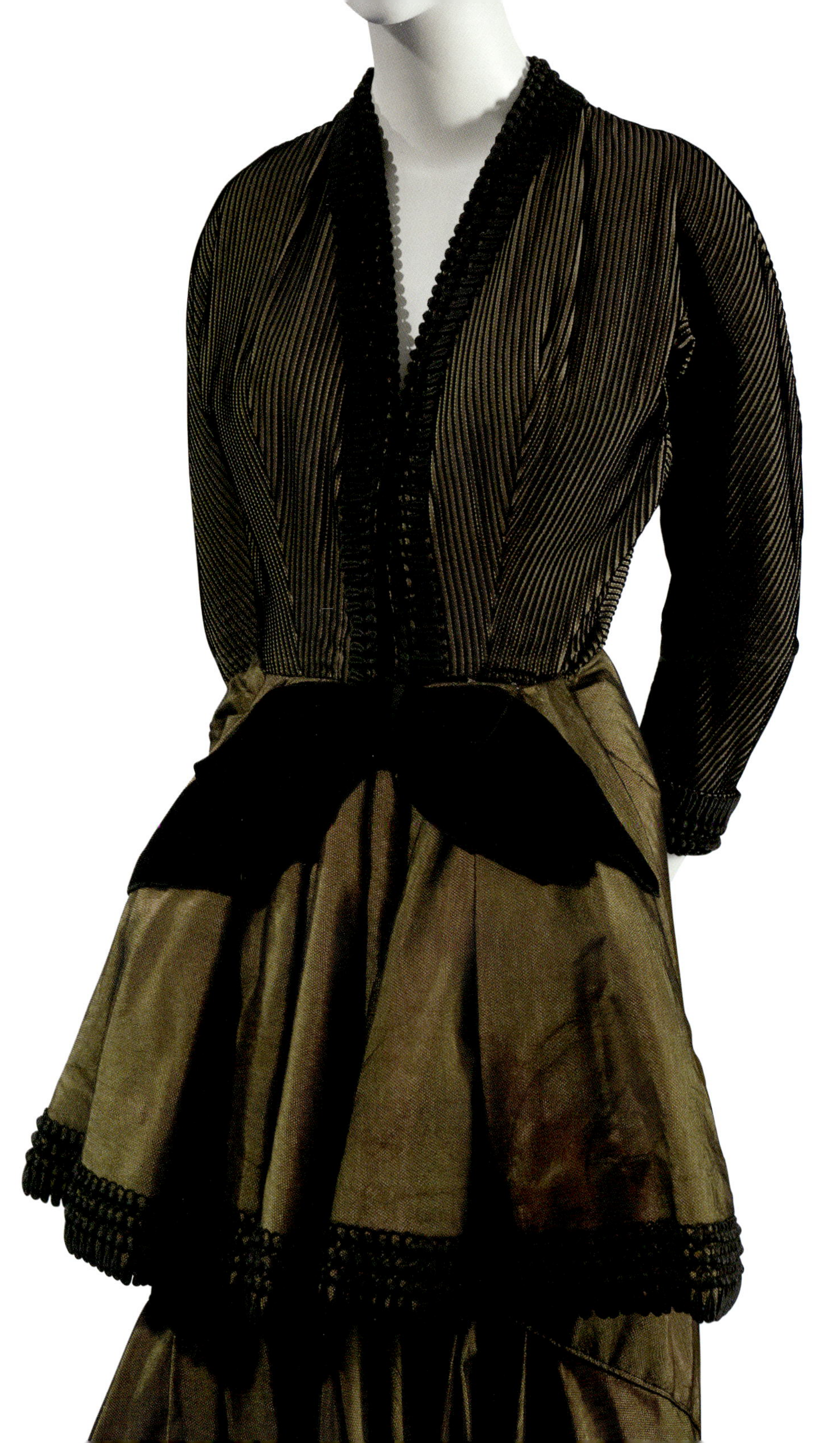

Jacques Fath

JACQUES FATH (1912–1954) war ein charismatischer Modeschöpfer, der die Weiblichkeit feierte und dem Glamour huldigte. Die *Vogue*-Redakteurin Bettina Ballard schwärmte von Faths besonderer Gabe, Frauen „attraktiv und sehr sexy“ aussehen zu lassen. Seine maßgeschneiderten Tageskleider und romantischen Abendroben brachten die sinnliche Seite der Trägerin zur Geltung, mit strategischen Details wie ungewöhnlichen Ausschnitten oder Schößchen, die die Kurven ihres Körpers betonten.

Fath präsentierte seine erste Couturekollektion 1937. Mit dem Zweiten Weltkrieg wurde seine Karriere 1939 für ein Jahr Militärdienst unterbrochen, doch sein Pariser Modehaus blieb auch während der deutschen Besatzungszeit geöffnet. Er war einer der ganz Großen der Pariser Nachkriegsmode, und auch in den Vereinigten Staaten erfreuten sich seine Kreationen in diesen Jahren großer Beliebtheit: 1948 ging er eine erfolgreiche Zusammenarbeit mit dem amerikanischen Konfektionär Joseph Halpert ein.

Fath hatte einen brillantes Gespür für Publicity und liebte es, großzügiger Gastgeber zu sein und zu aufwendigen Kostümfesten auf seinen Landsitz einzuladen – unter den prominenten Gästen Traumfrauen wie Rita Hayworth, die auch zu seinen Kundinnen zählte. Das *Life*-Magazin beschrieb Faths Mode als „tragbaren Glamour“. Seine Entwürfe strahlten wie auch er selbst Vitalität und Jugendlichkeit aus. Er „wusste, wie man junge Frauen anzieht, und schaffte es sogar, den nicht mehr ganz so jungen einen Hauch von Jugend an den Leib zu zaubern, denn er hatte etwas von einem Magier und Taschenspieler“, schrieb Celia Bertin in Paris à la Mode. Im Jahr 1949 erkannte *Life* in Fath „eine Art Kronprinzen oder Thronfolger für Diors Regentschaft über das Reich der Mode“. Doch nur fünf Jahre später starb Fath im Alter von nur 42 Jahren an Leukämie. Seine Frau Geneviève übernahm vorübergehend die Leitung seines Modehauses, das 1957 endgültig schloss. Versuche, das Unternehmen wiederzubeleben, blieben weitgehend ohne Erfolg; Fath selbst jedoch bleibt für die Verve, Schönheit und Magie in Erinnerung, um die er die Mode der Jahrhundertmitte bereicherte. *—J. F.*

„Seine Kleidungsstücke besitzen Einfallsreichtum und Flair. Er lässt dich jung aussehen … er lässt dich aussehen, als habest du Sex-Appeal – und glaub mir: Das ist wichtig."

— CARMEL SNOW, CHEFREDAKTEURIN, *HARPER'S BAZAAR*

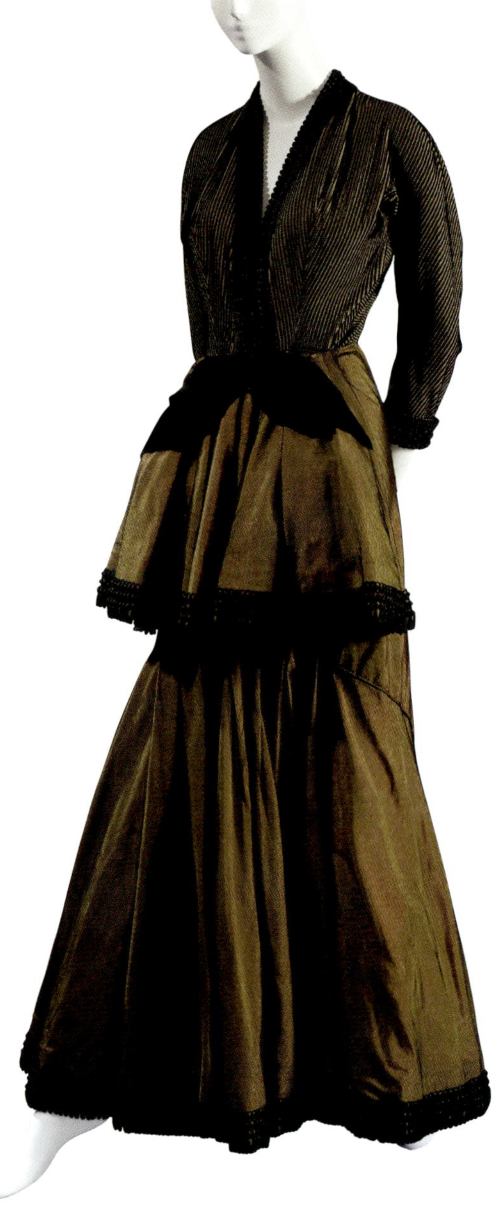

„Jacques Fath war ein Star. Er war so voller Leben, und er liebte das Leben. Er liebte alles, was ‚Glamour' hatte."
— **Bettina, Model**

VORHERGEHENDE DOPPELSEITE UND LINKS
Jacques Fath
Abendkleid: changierender Seidentaft, schwarzer Seidensamt, Seidentüll, Soutache
Frankreich, 1948

GEGENÜBER
Jacques Fath
Abendkleid: türkisfarbener Seidengeorgette, marineblauer und malvenfarbener Seidensatin
Frankreich, 1953

FOLGENDE DOPPELSEITE, LINKS
Jacques Fath
Kleid: schwarzer Wollköper
Frankreich, um 1947

FOLGENDE DOPPELSEITE, RECHTS
Jacques Fath
Badeanzug: schwarze Wolle, mehrfarbige Stickereien
Frankreich, um 1950

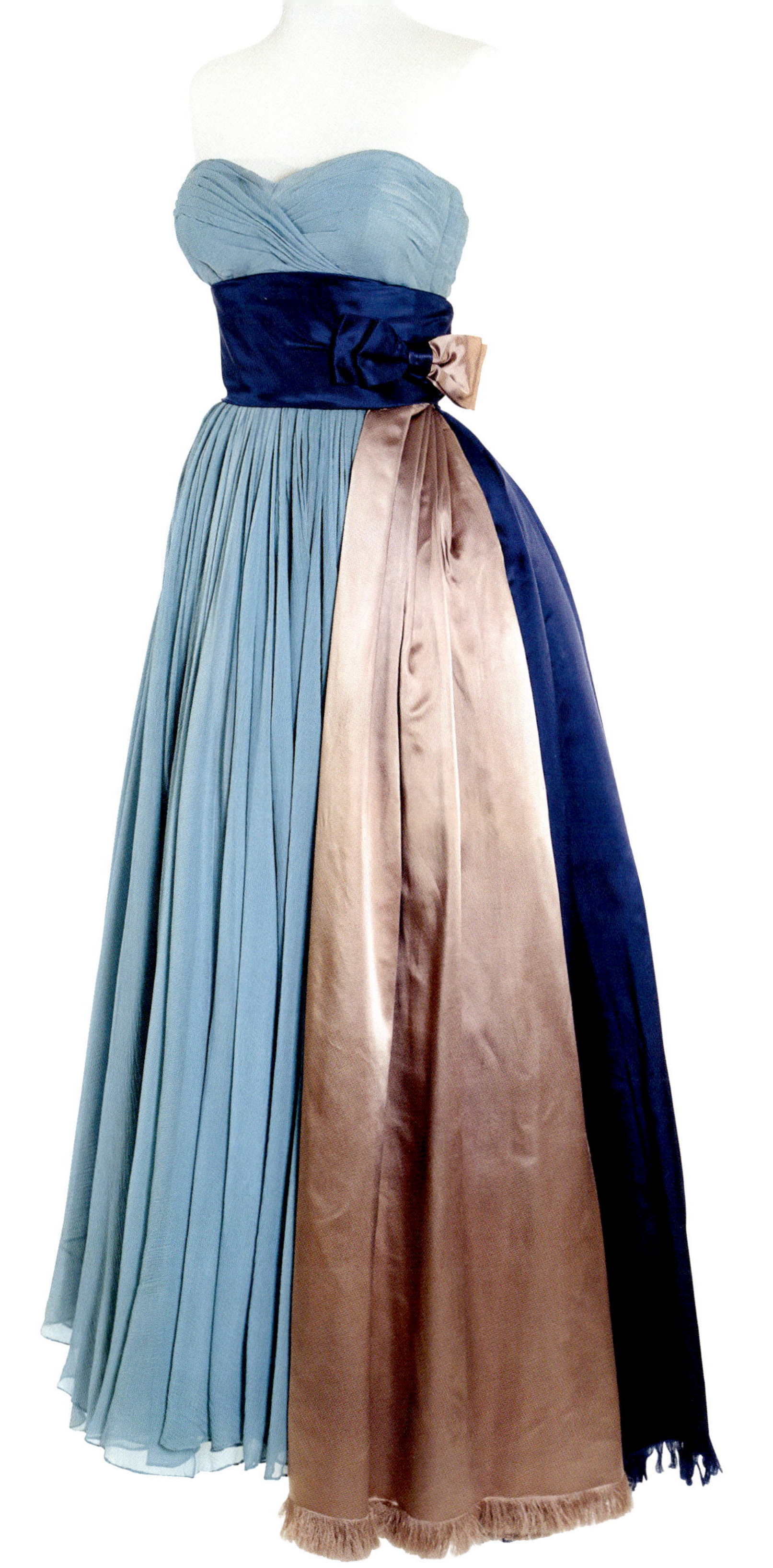

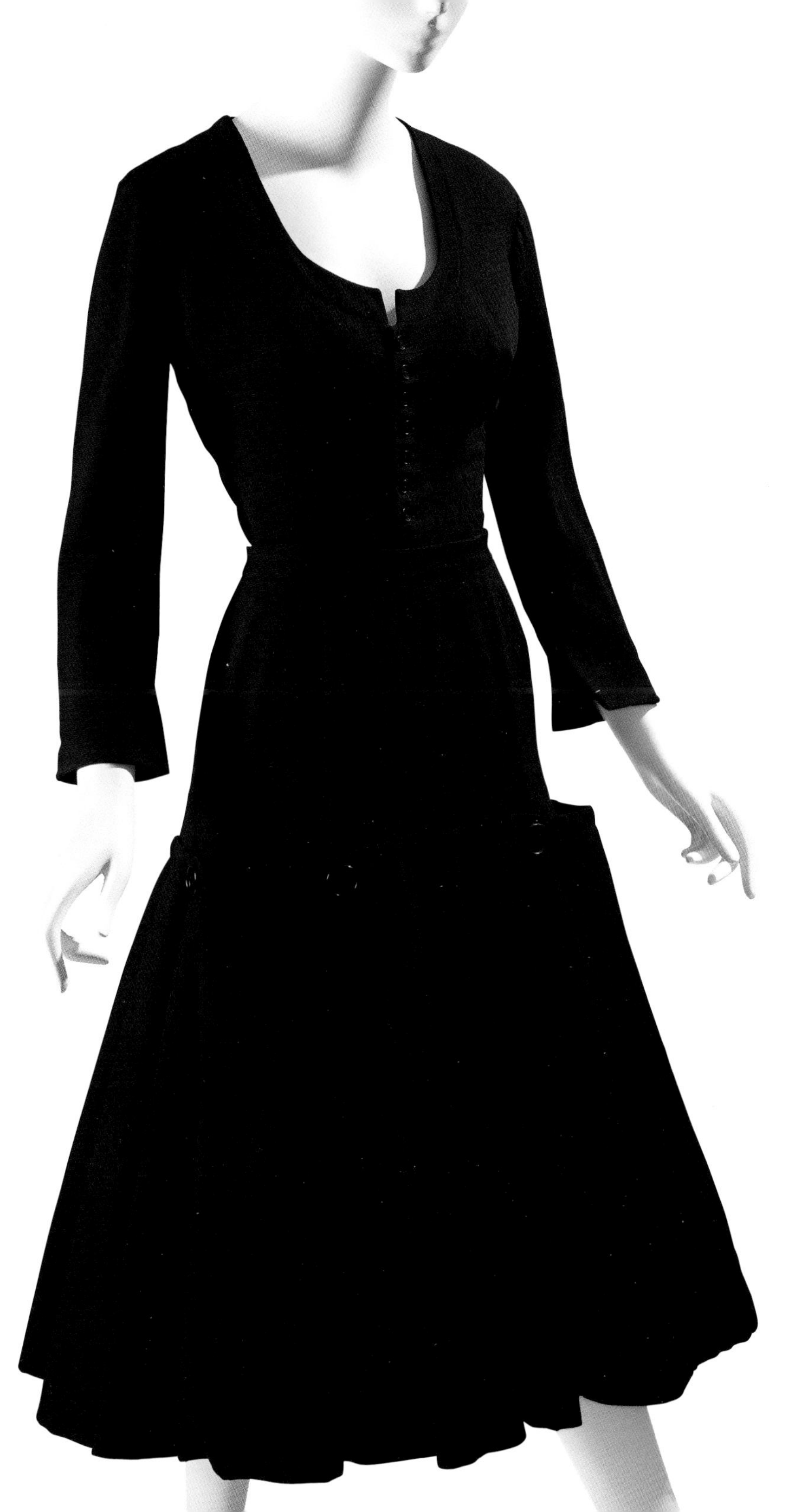

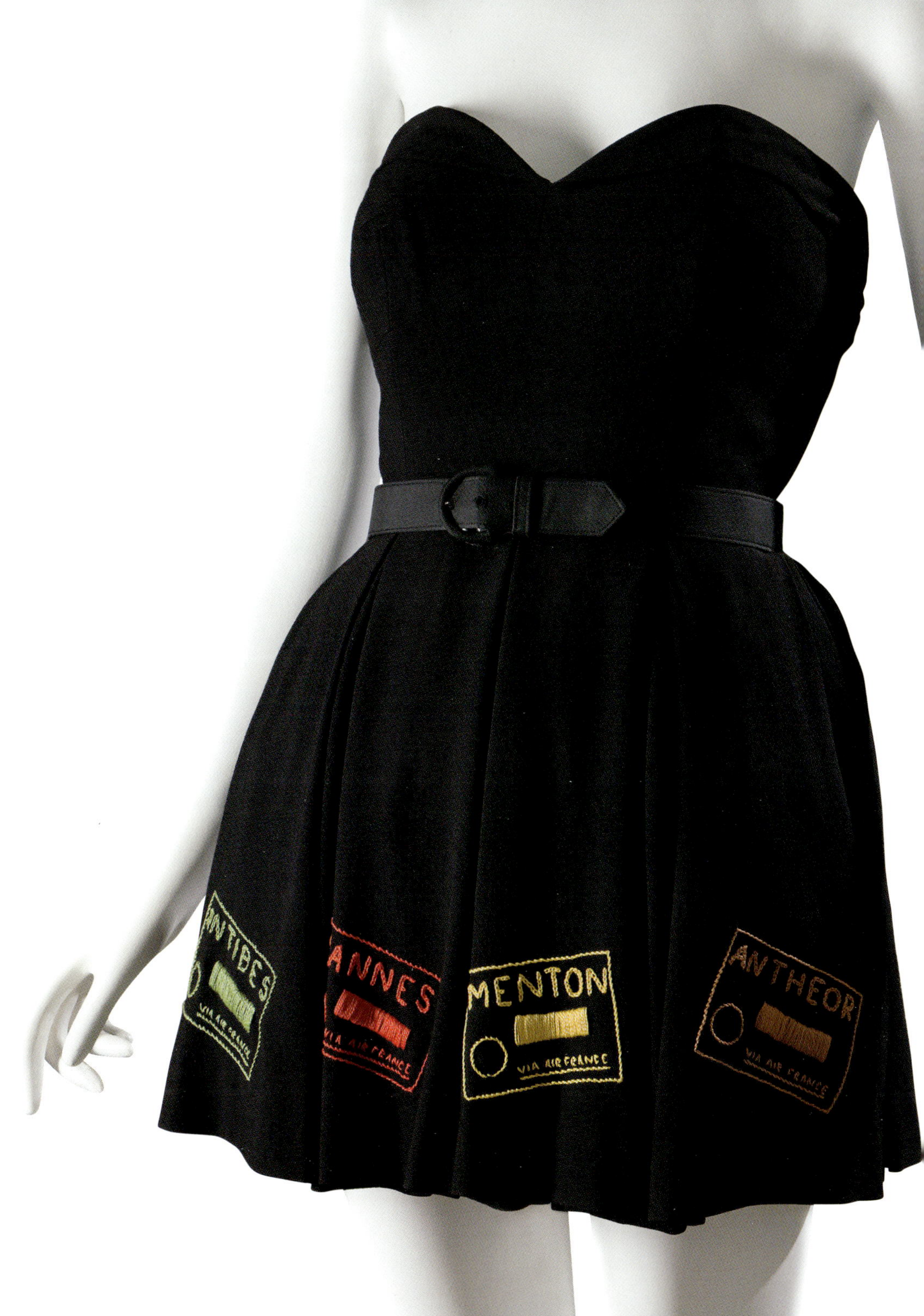
MENTON
VIA AIR FRANCE
ANTHEOR
VIA AIR FRANCE

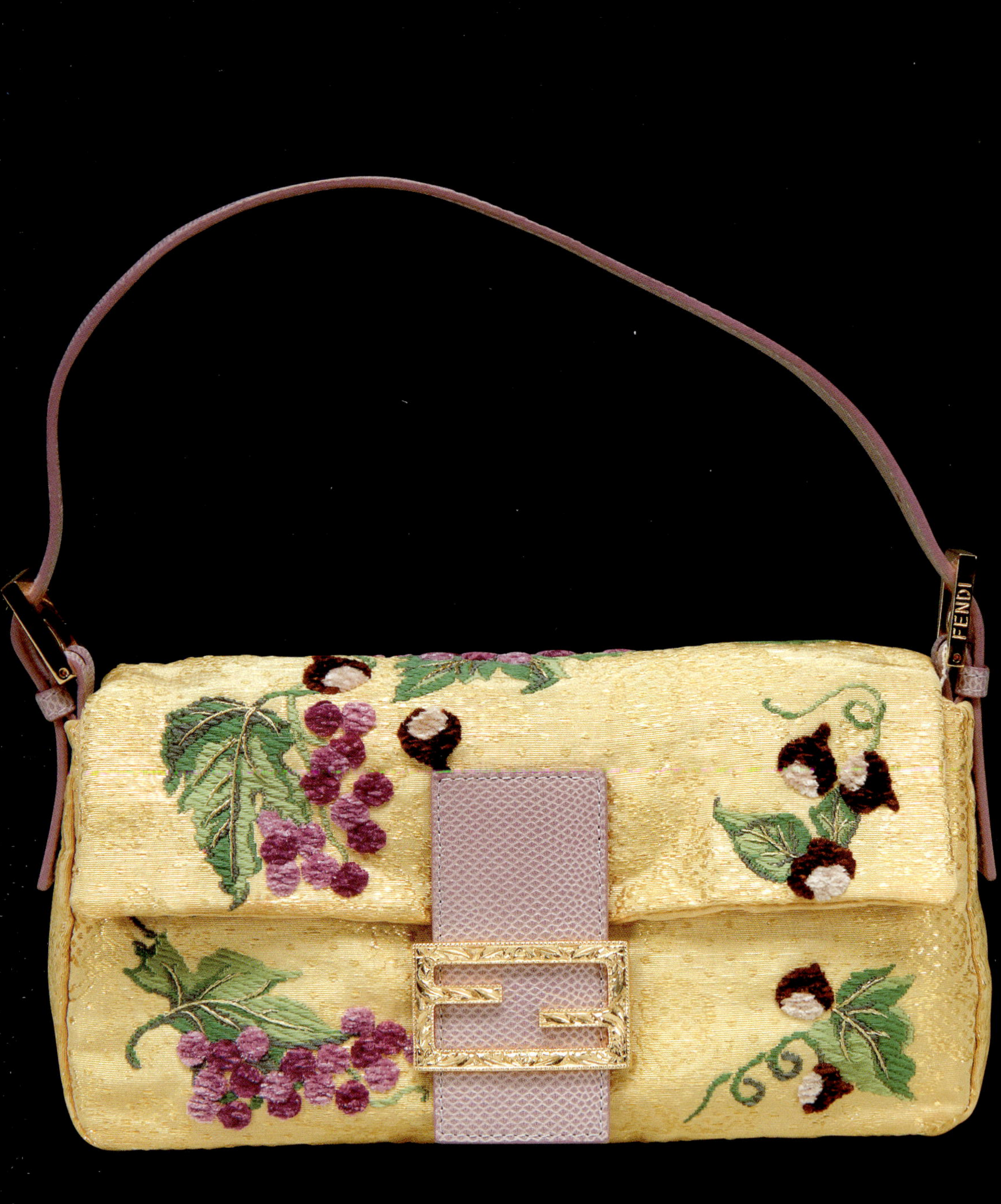
FENDI

Fendi

CARLA (1937–2017), ALDA (* 1940), PAOLA (* 1931), FRANCA (* 1935) UND ANNA FENDI (* 1933) Fendis Anfänge liegen in einem kleinen, 1925 als Familienbetrieb von Edoardo und Adele Fendi gegründeten Pelz- und Lederwarengeschäft in Rom. Von 1965 bis 2019 war Karl Lagerfeld der Chefdesigner des Hauses und verantwortlich für dessen Prêt-à-porter- und Pelzkollektionen. Von 1978 bis 1999 wurde die Firma von den fünf Töchtern des Ehepaares Fendi geleitet – Paola, Anna, Franca, Carla und Alda –, für die Lagerfeld wie ein Familienmitglied war. „Er ist das sechste Fendi-Kind; seine und unsere Vergangenheit und Zukunft sind miteinander verflochten", beschrieb Carla Fendi 1999 der *Women's Wear Daily* das enge Verhältnis.

Wie Lagerfeld der New York Times im März 1985 erklärte, zog er es vor, „Pelz so zu verarbeiten, als wäre er Stoff – haariger Stoff". Gemeinsam mit den Fendi-Schwestern befreite er den Pelzmantel von seiner Schwere, sowohl im wörtlichen Sinn – durch den Verzicht auf gewichtige Einlagen und Futter – als auch in übertragener Bedeutung, indem er alles Prätentiöse daran eliminierte. Fendi-Pelze sind oft gefärbt, teils in gewagten, unnatürlichen Farbtönen; neben Nerz und Zobel kommen ebenso häufig ausgefallene, unedle Pelzsorten wie Eichhörnchen und Wiesel zum Einsatz. Der Fendi-Look ist jung und trendig, was auch auf die Prêt-à-porter-Linie des Labels zutrifft.

Seit Ende der 1990er-Jahre konnte Fendi seine Marktposition im Luxussegment dramatisch verbessern, dank einer 1994 mit großem Erfolg eingeführten Accessoire-Linie, für die Silvia Venturini Fendi, eine Enkelin der Firmengründer, verantwortlich zeichnet. Zu ihren bekanntesten Designs zählt die heiß begehrte „Baguette"-Tasche, die im Herbst 1997 auf den Markt kam. Heute ist das Unternehmen im Besitz des LVMH-Konzerns und Silvia „die letzte Fendi, die noch durchhält", wie es Venessa Lau 2009 in der Märzausgabe der Zeitschrift *W* kommentierte. Doch Silvia Venturini Fendi führt das Fendi-Vermächtnis mit seinem Anspruch an Qualität und Kreativität fort. Nach seinem Eintritt bei Fendi im Jahr 2020 zeigte Kim Jones im folgenden Jahr seine erste Couture-Kollektion für das Haus. —*J. F.*

„Der Wahlspruch von Fendi lautet: ‚Nichts ist unmöglich'."
— SILVIA VENTURINI FENDI

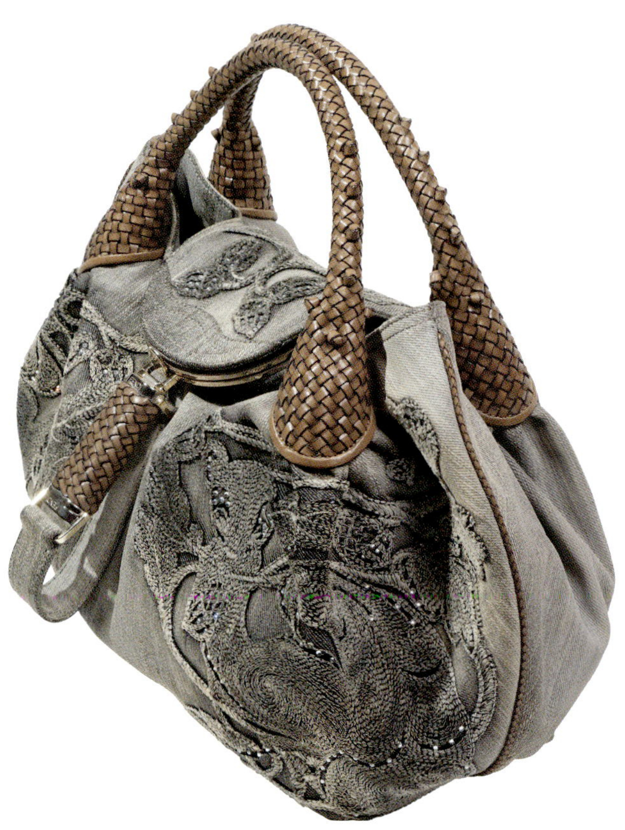

VORHERGEHENDE DOPPELSEITE
Fendi
Baguette-Abendhandtasche: goldmetallener Seidenbrokat, mehrfarbige Chenille, lavendelfarbenes Schlangenleder, goldfarbenes Metall
Italien, 2001

Die „Baguette"-Handtasche, die das Haus Fendi 1997 vorstellte, avancierte schnell zum Sammlerstück.

OBEN
Fendi
Squirrel-Spy-Handtasche: „stone-washed" Denim mit Stickerei, geflochtenes braunes Leder, Strass, Silber
Italien, 2007

GEGENÜBER
Fendi (Karl Lagerfeld)
Tunika und Rock: schwarzes Seiden-Faille, grau abgesteppt
Italien, 1980–1981

Dieses Fendi-Ensemble gehörte der legendären Tina Chow, Modeikone und Model.

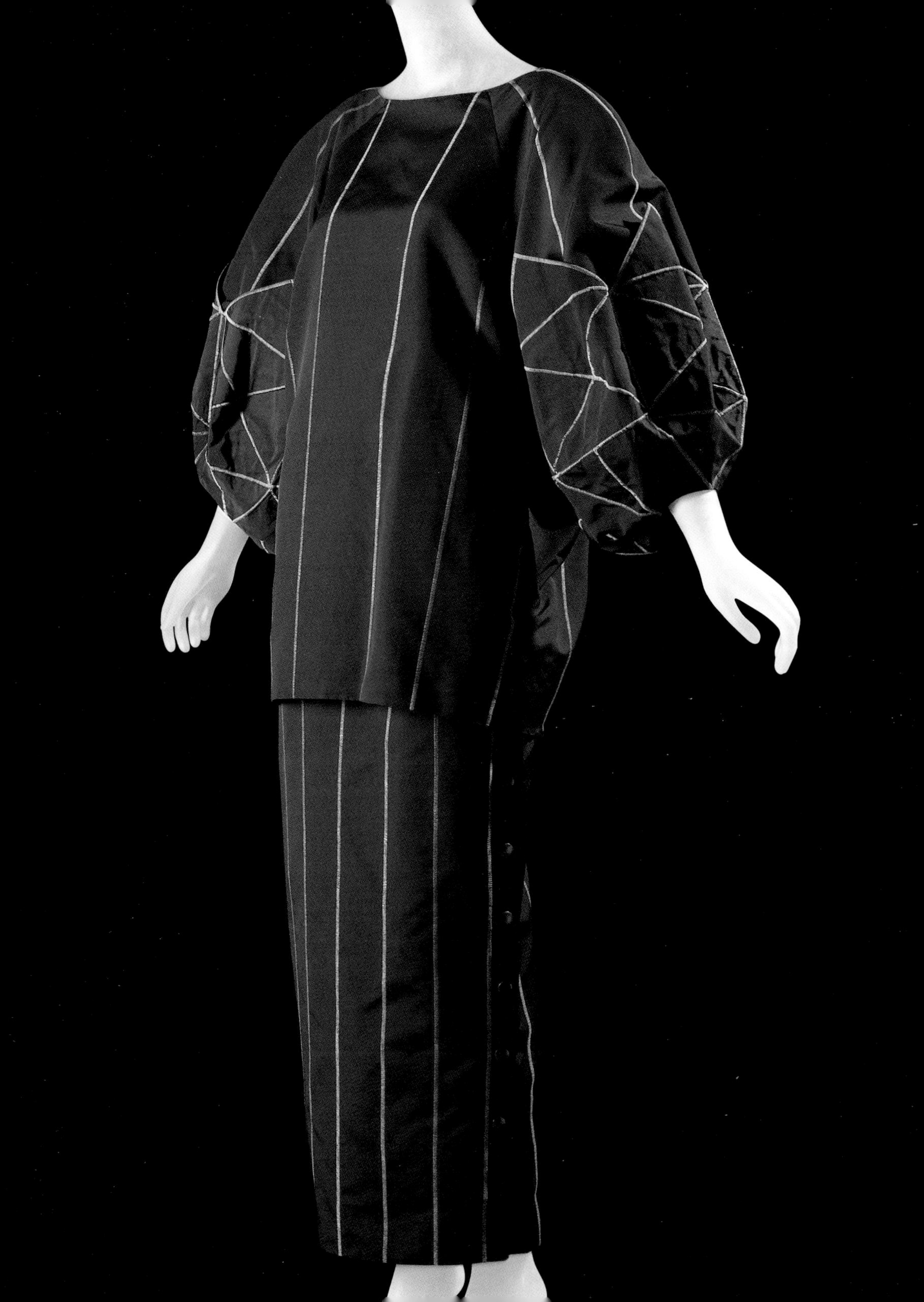

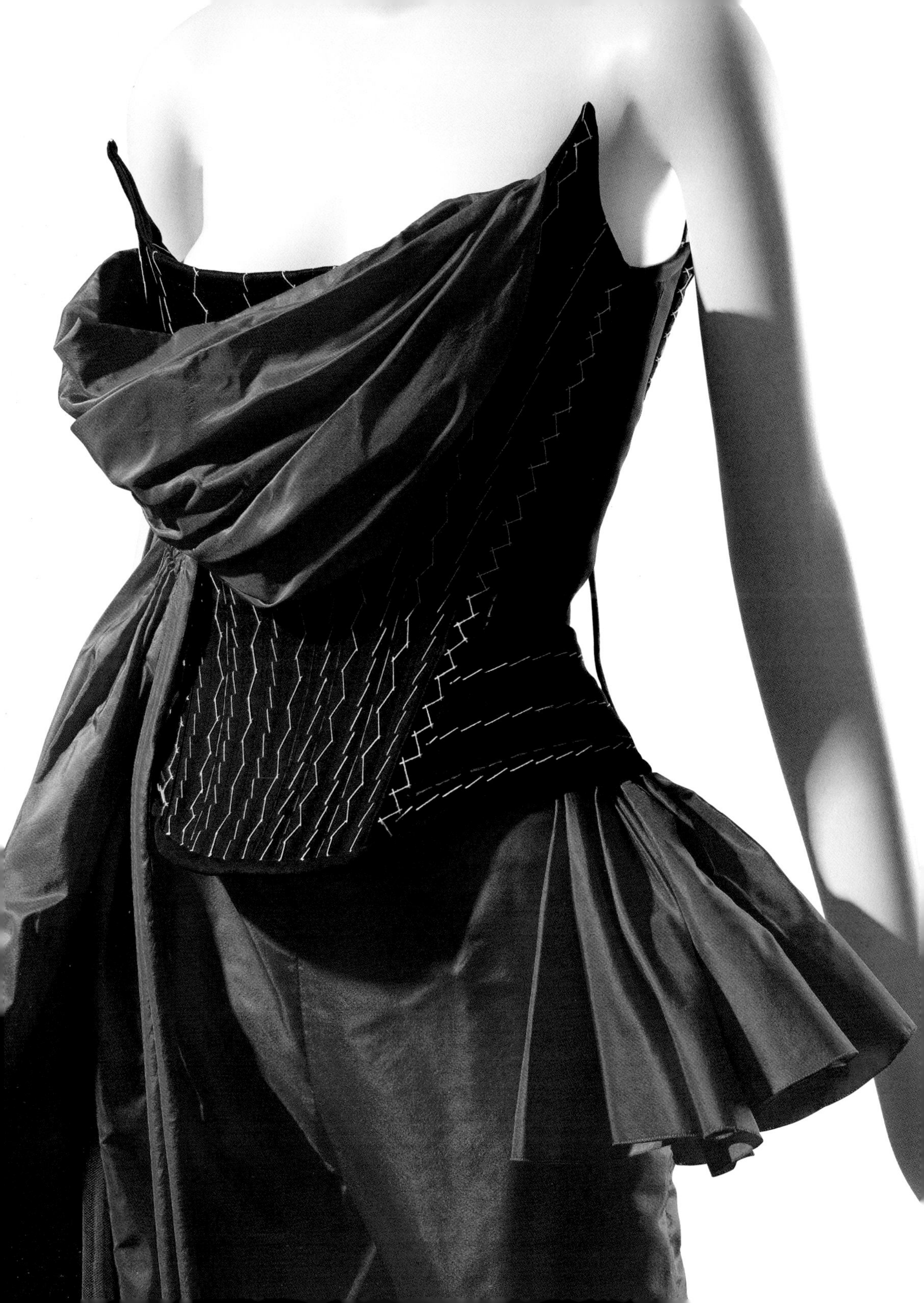

Gianfranco Ferré

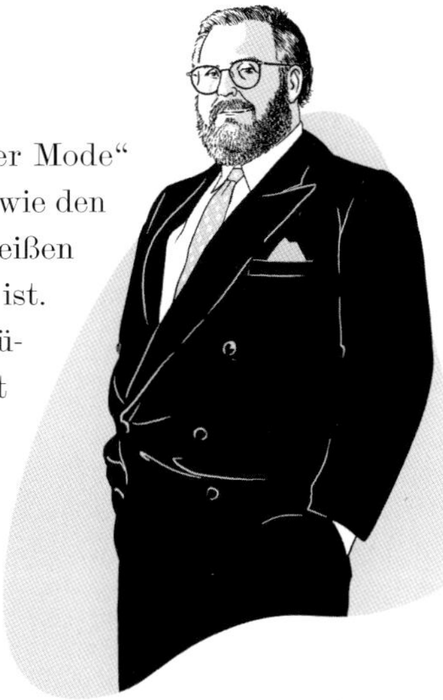

GIANFRANCO FERRÉ (1944–2007) wurde der „Architekt der Mode" genannt – eine Bezeichnung, die angesichts von Kreationen wie den dreidimensional konstruierten, bestechend verarbeiteten weißen Blusen, die sein Markenzeichen wurden, absolut zutreffend ist. Auf dem Höhepunkt seiner Karriere, in den 1980er- und frühen 1990er-Jahren, wurde der Italiener von der Fachwelt für die klaren Silhouetten seiner Kleider gefeiert, für die akkuraten Linien, exakten Schnitte und sichtbaren Nähte seiner Kostüme, für die luxuriösen Stoffe und opulenten Farben seiner Abendröcke.

Der aus dem italienischen Legnano stammende Ferré schloss 1969 sein Studium der Architektur am Politecnico di Milano ab, der größten technischen Universität des Landes. Ein Jahr darauf unternahm er mit Entwürfen für Accessoires und Regenmäntel seine ersten Schritte auf dem Modeparkett. Wie seine Landsleute Giorgio Armani und Gianni Versace gehörte auch Ferré der zweiten Generation von Konfektionsdesignern an, die nach dem Zweiten Weltkrieg internationale Beachtung erlangten. 1974 gründete er sein eigenes Unternehmen, Baila. Vier Jahre später präsentierte er seine erste Damenkollektion, es folgten 1982 eine Linie für Männer und 1986 schließlich die Premiere seiner alta moda-Kollektion in Rom. 1983 war er einer der ersten Professoren an der Mailänder Domus-Akademie, und zwar erhielt er als erster den Lehrstuhl für Modedesign. 1989 weitete sich Ferrés Schaffensradius über Italiens Grenzen aus, als Bernard Arnault, Kopf des LVMH-Konzerns, ihn als Kreativchef für die Damenlinie des Hauses Dior verpflichtete, für das er acht Jahre lang tätig war. Als er Dior verließ, lancierte Ferré ein Label unter eigenem Namen. Nach seinem plötzlichen Tod – er erlag einer schweren Hirnblutung – wurde Lars Nilsson als Chefdesigner in das Unternehmen geholt. Ihm folgten im April 2008 Tommaso Aquilano und Roberto Rimondi, die bis 2011 als Chefdesigner des Hauses arbeiteten. Ihnen folgten Stefano Citron und Federico Plaggi (bis 2014). —*P. M.*

„Glücklicherweise bin ich Architekt. Ich mag es, mich auszudrücken. Der höchste Ausdruck ist, die maximale Menge menschlicher Erfahrung in das Objekt zu stecken, das ich gerade erschaffe. Mein Ansatz ist sinnlich." – GIANFRANCO FERRÉ

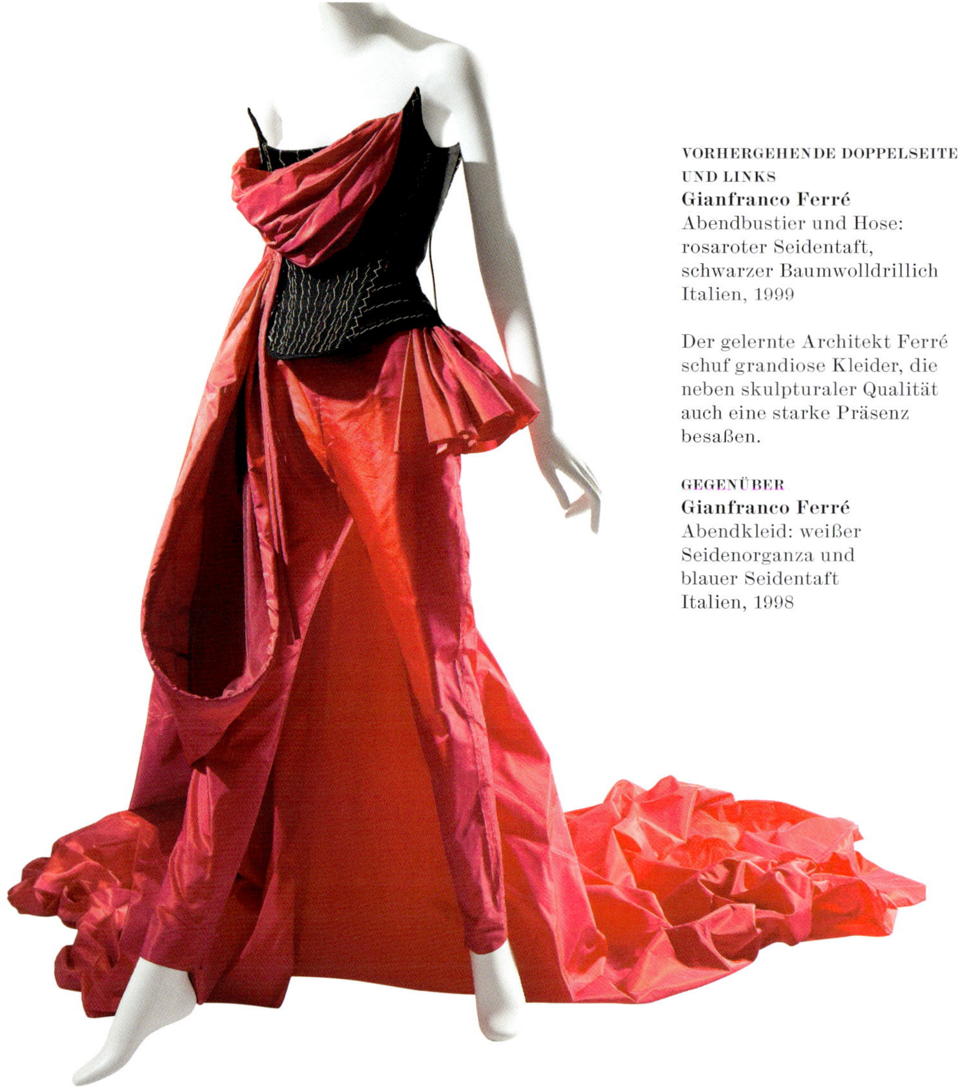

VORHERGEHENDE DOPPELSEITE UND LINKS
Gianfranco Ferré
Abendbustier und Hose: rosaroter Seidentaft, schwarzer Baumwolldrillich
Italien, 1999

Der gelernte Architekt Ferré schuf grandiose Kleider, die neben skulpturaler Qualität auch eine starke Präsenz besaßen.

GEGENÜBER
Gianfranco Ferré
Abendkleid: weißer Seidenorganza und blauer Seidentaft
Italien, 1998

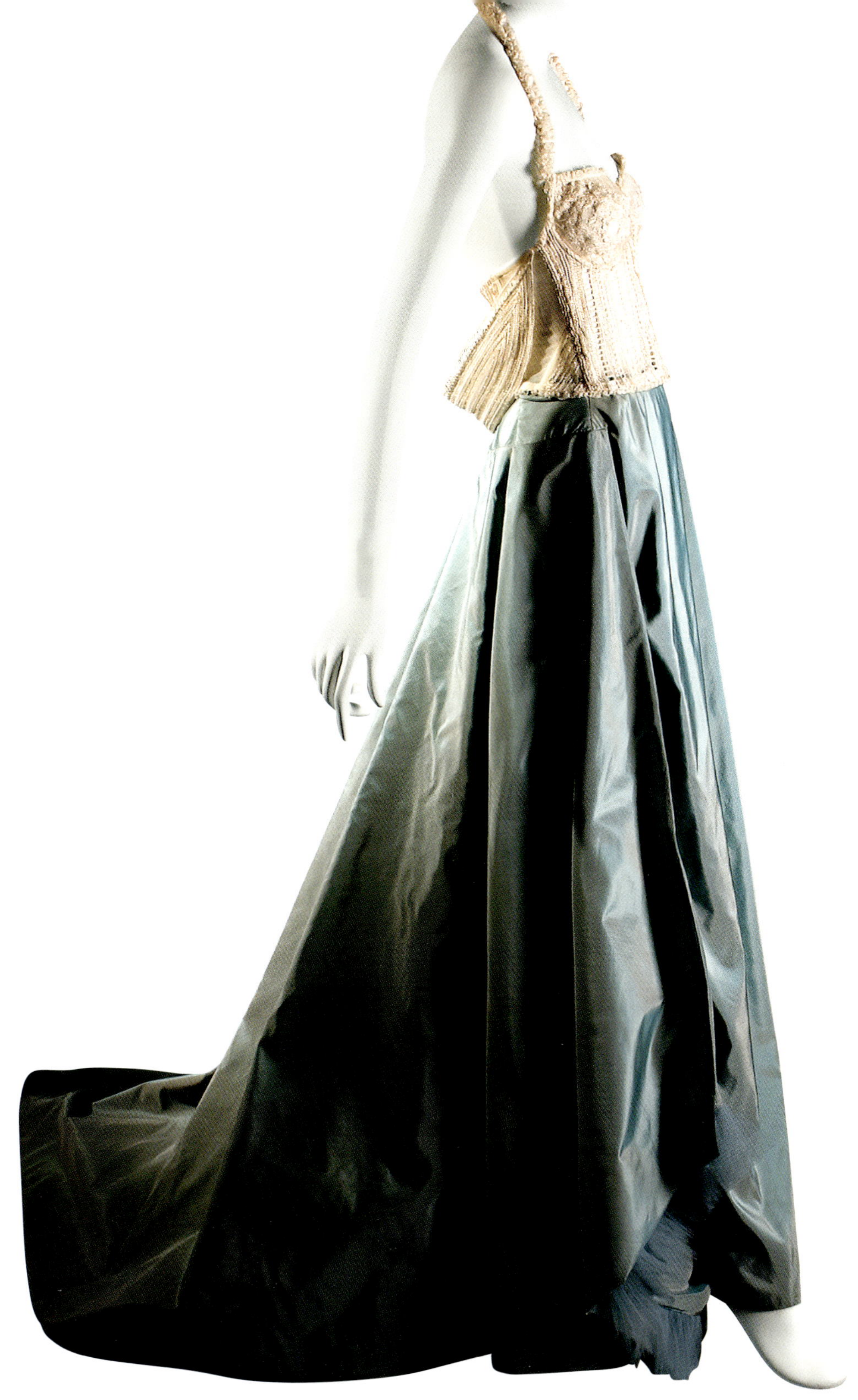

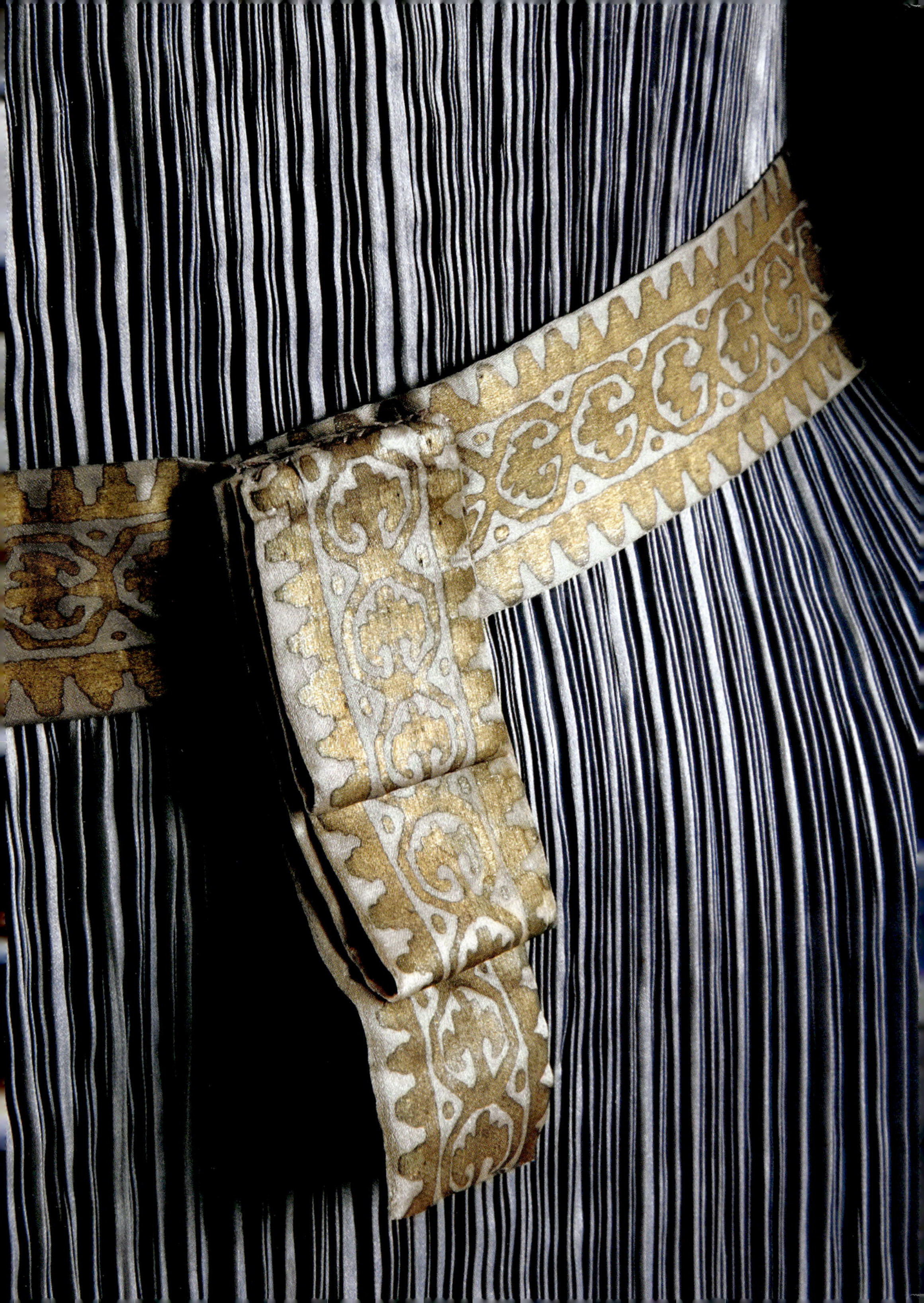

Mariano Fortuny

MARIANO FORTUNY (1871–1949), der als „Magier von Venedig“ bekannt wurde, war Maler, Graveur, Architekt, Fotograf, Lichttechniker, Erfinder und Impresario in einem. Sein Biograf Guillermo de Osma charakterisierte ihn als „seltene Mischung aus Wissenschaftler, Künstler und Handwerker, der in einer Zeit wachsender Spezialisierung das Ideal des Renaissancemenschen verkörperte“.

Fortuny, oft irrtümlicherweise als Venezianer angesehen, wurde im spanischen Granada als Sohn einer berühmten Künstlerfamilie geboren; sein Vater starb, als Fortuny gerade drei Jahre alt war. Die Familie zog bald darauf nach Paris, 1889 folgte der Umzug nach Venedig – der Stadt, die Fortunys Wahlheimat wurde. Als junger Mann reiste er durch Europa, um von ihm bewunderte Künstler wie Richard Wagner kennenzulernen. In seinem venezianischen Palazzo – Wohnhaus, Atelier, Ausstellungsraum und Denkfabrik zugleich – „erfand“ Fortuny sein von der griechischen Antike inspiriertes Kleid „Delphos“ und den Schal „Knossos“. Beide Modelle wurden mithilfe seines patentierten Plissierverfahrens hergestellt. Darüber hinaus entwickelte Fortuny neue Färbetechniken und entdeckte eine Möglichkeit, Stoffe – insbesondere Seidensamt – mit metallischen Farben zu bedrucken. Seine technischen Verfahren waren neu, doch seine umwerfenden Muster waren vergangenen Jahrhunderten entliehen und basierten meist auf italienischen Websamten aus der Zeit der Frührenaissance.

Jede Fortuny-Kreation – sei es eine plissierte „Delphos“-Robe, sei es eine bedruckte Samtjacke – ist auf Anhieb als solche zu erkennen. Sein Werk ist in Kostüm- und Modemuseen auf der ganzen Welt zu finden und wird von Kennern der Materie begeistert gesammelt, obwohl es sich bei seinen Kreationen nicht um Mode im eigentlichen Sinn handelt. Fortuny war eher eine Art modisches Ausnahmephänomen, denn er kreierte keine Looks, die sich weiterveränderten und -entwickelten. Die Silhouetten, die er schuf, lassen sich an einer Hand abzählen und waren im Grunde stets Variationen seiner fein plissierten Kleider und Jacken in T-Form, die nach Fortunys Vorstellung vorzugsweise im intimen Rahmen getragen werden sollten. Auch wenn das Formenrepertoire seiner Entwürfe beschränkt war: Der Vorrat an Farben und Mustern, mit denen Fortuny sie verzierte, schien grenzenlos zu sein. —*P. M.*

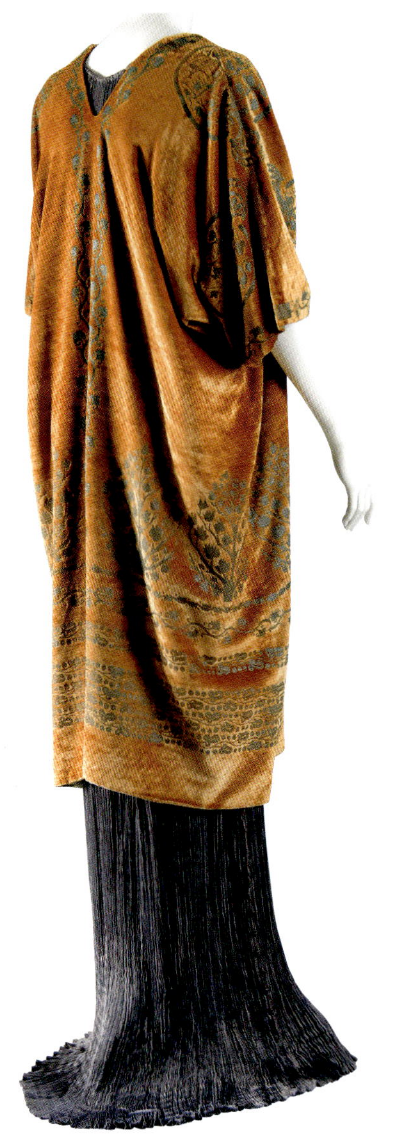

VORHERGEHENDE DOPPELSEITE UND LINKS
Mariano Fortuny
„Delphos"-Kleid: lavendelfarbene Plisseeseide, Seide mit Metallic-Druck
Italien, 1928
Überwurf: goldfarbener Seidensamt und Metallic-Druckfarbe
Italien, 1927

Fortunys von der klassischen Antike inspirierte Delphos-Roben zählten zu seinen berühmtesten Entwürfen. Die feinplissierten Seidenstoffe entstanden in einem Verfahren, das allein Fortuny beherrschte.

GEGENÜBER
Mariano Fortuny
Abendkleid: grauer Seidensamt mit Metallic-Prägung, Seidentaft, Glasperlen
Italien, 1924

„Das Fortuny-Gewand, das Albertine an jenem Abend trug, schien mir wie der verführerische Schatten jenes unsichtbaren Venedigs. Es wimmelte von arabischen Ornamenten, wie die venezianischen Paläste, die wie Sultaninen hinter einem durchbrochenen Schleier von Steinen versteckt sind, wie die Einbände der Biblioteca Ambrosiana …"

— MARCEL PROUST, *DIE GEFANGENE (LA PRISONNIÈRE)*

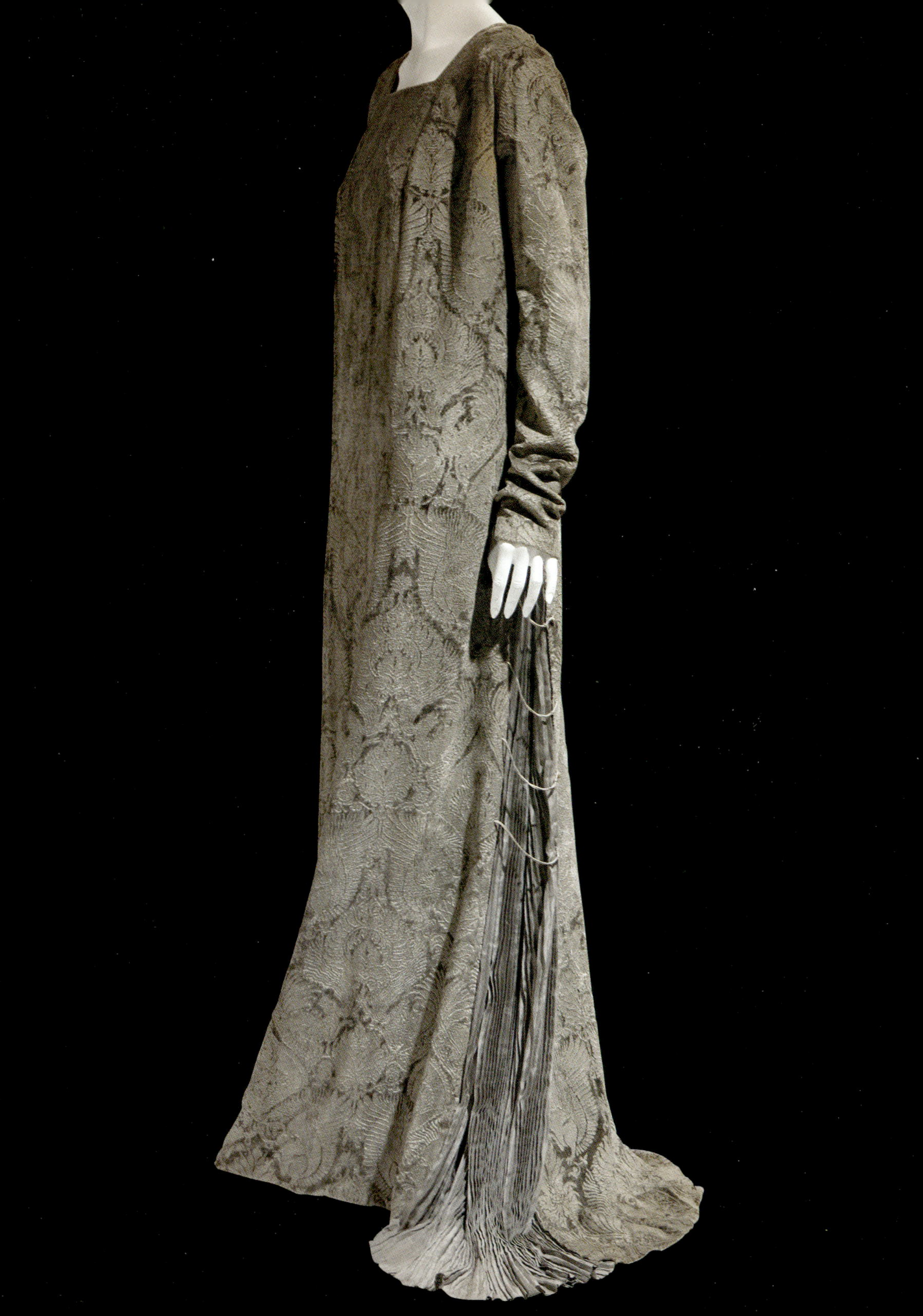

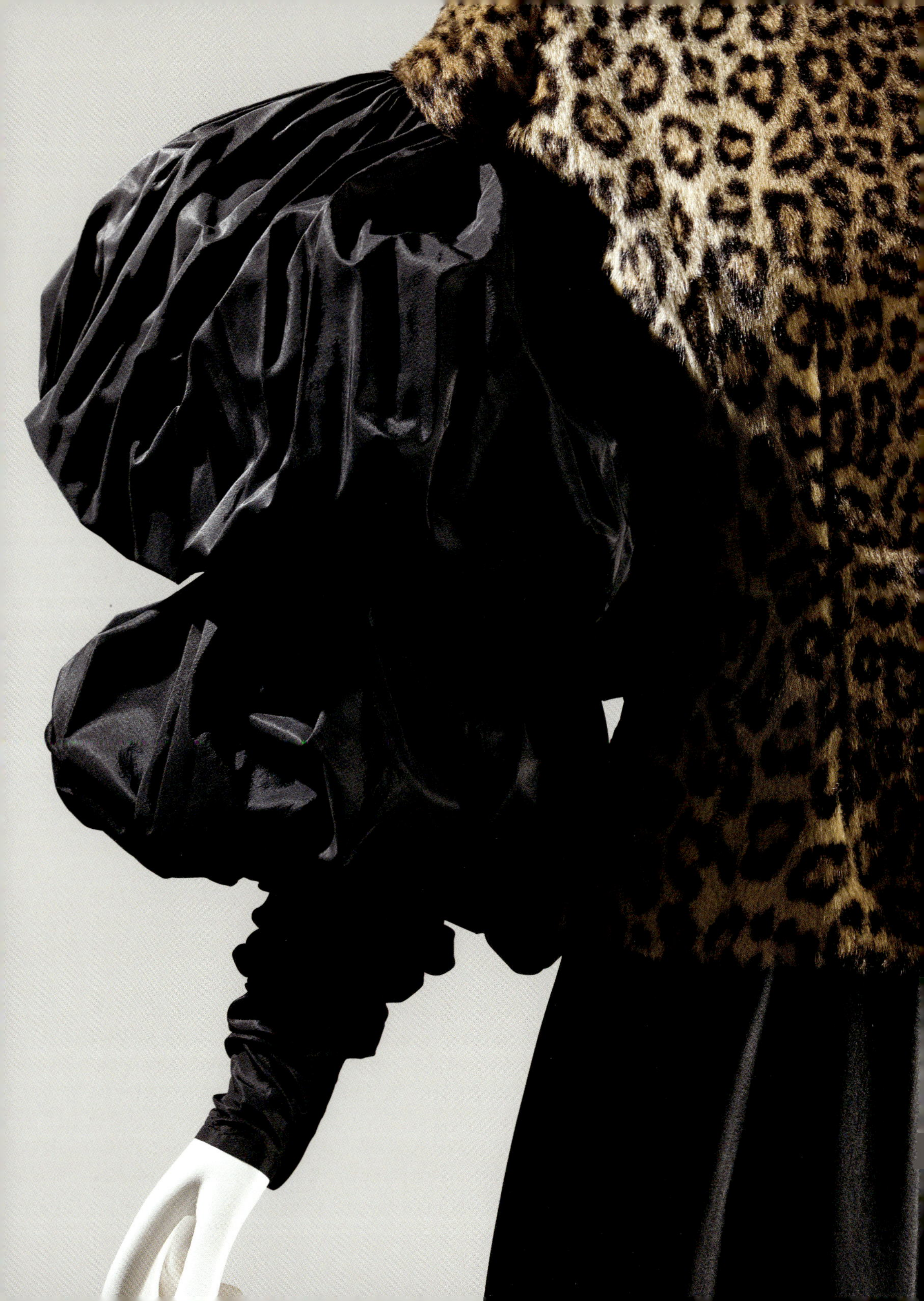

Jean Paul Gaultier

JEAN PAUL GAULTIER (*** 1952**), bekannt als das Enfant terrible der französischen Mode, inszeniert theatralische Laufstegshows mit Kleidern, die eine Kombination aus Erotik, Respektlosigkeit und Humor auszeichnet. Doch im Kern zeugt seine Arbeit von einer tiefen Wertschätzung für die hohe Kunst der Haute Couture. Gaultier wuchs in einem Vorort von Paris auf; sein frühes Interesse an Mode erwachte, als er das Korsett seiner Großmutter entdeckte. Mit 18 wurde ihm eine Assistenzstelle bei Pierre Cardin angeboten; obwohl er auch kurzzeitig für Patou, Jacques Esterel und Angelo Tarlazzi arbeitete, inspirierte die Arbeit bei Cardin ihn am meisten. „Bei Cardin war alles möglich."

Gaultier zeigte seine erste Prêt-à-porter-Kollektion 1976; gegen Ende des Jahrzehnts fanden seine Entwürfe bereits breite Beachtung. Mit Unterstützung durch den japanischen Modekonzern Kashiyama gründete Gaultier 1982 eine Firma unter eigenem Namen und wurde bald als einer der provokantesten Designer des ausgehenden 20. Jahrhunderts bekannt. Der erste Männerrock, den er 1985 in einer Kollektion mit dem Titel *Und Gott erschuf den Mann* auf den Laufsteg brachte, war ein wichtiges Beispiel für Gaultiers Auseinandersetzung mit dem Thema Androgynität. Sein früh gewecktes Faible für Korsetts inspirierte ihn immer wieder zu Kleidern im Wäschelook; weltbekannt wurden seine Kostüme für Madonnas Blond-Ambition-Tournee 1990, allen voran sein zum Kultstück avancierter Spitzkegel-BH.

1997 zeigte Gaultier seine erste Couturekollektion. Von 2003 bis 2010 zeichnete er als Kreativchef für die Damenlinie von Hermès verantwortlich. Seine eigene Marke umfasst heute Parfüms, Accessoires und die Zweitlinie JPG. Seine erste Wäschekollektion entstand 2010 in Zusammenarbeit mit dem italienischen Lingerie-Luxuslabel La Perla. Obwohl längst kein *enfant* mehr, reizt Gaultier mit seinen Entwürfen nach wie vor die Grenzen aus, die der Mode und Vorstellungskraft gesetzt sind. Nach 50 Jahren in der Modebranche ging Gaultier im Januar 2020 in den Ruhestand. Es ist geplant, dass eine Reihe von Gastdesignern die neuen Kollektionen des Labels entwerfen werfen. *—C. H.*

„Ich glaube, dass Schönheit viele Formen hat. Sexualität ist Teil unseres Lebens, sie ist Teil dessen, was wir sind. Es ist nichts Schlimmes daran, sie zu zeigen." — JEAN PAUL GAULTIER

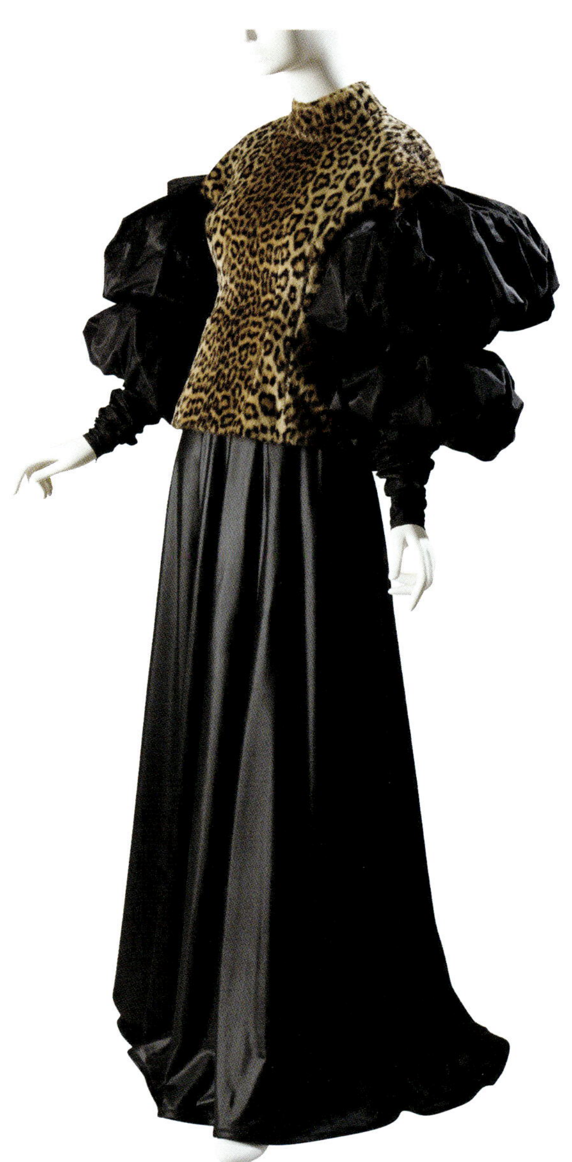

VORHERGEHENDE DOPPELSEITE UND LINKS
Jean Paul Gaultier
Bluse: schwarze Seide, Leopardenfellimitat
Frankreich, 1988
Rock: schwarzes Polyamidelastan (Lycra)
Frankreich, 1987

Gaultier war einer der einflussreichsten Designer der 1980er-Jahre – einer Zeit, in der extreme Silhouetten in der Mode dominierten, wie dieses dramatische Ensemble belegt.

GEGENÜBER
Jean Paul Gaultier
Kleid: pfirsichfarbener Satin, pfirsichfarbene Stretch-Baumwolle
Frankreich, um 1987

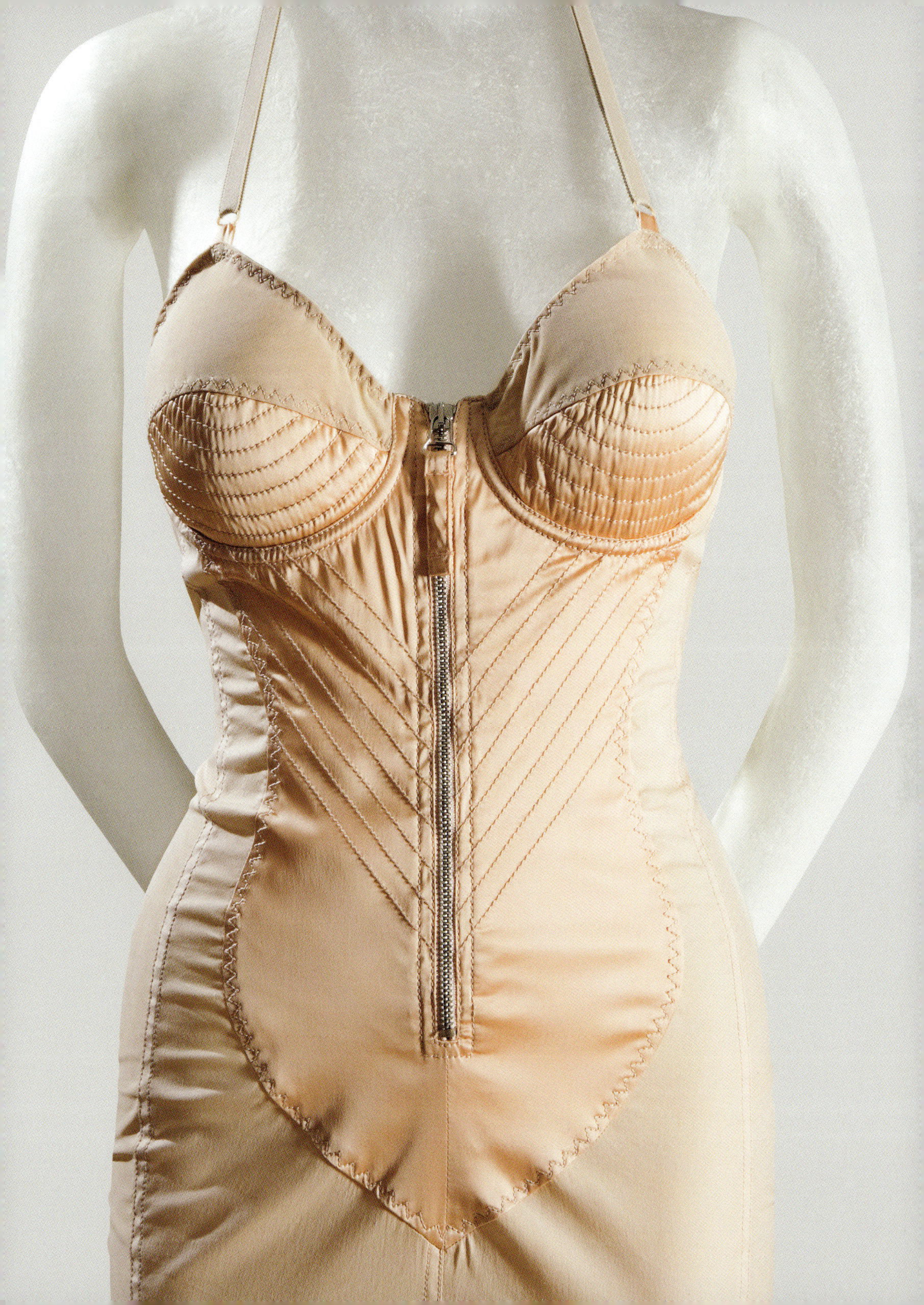

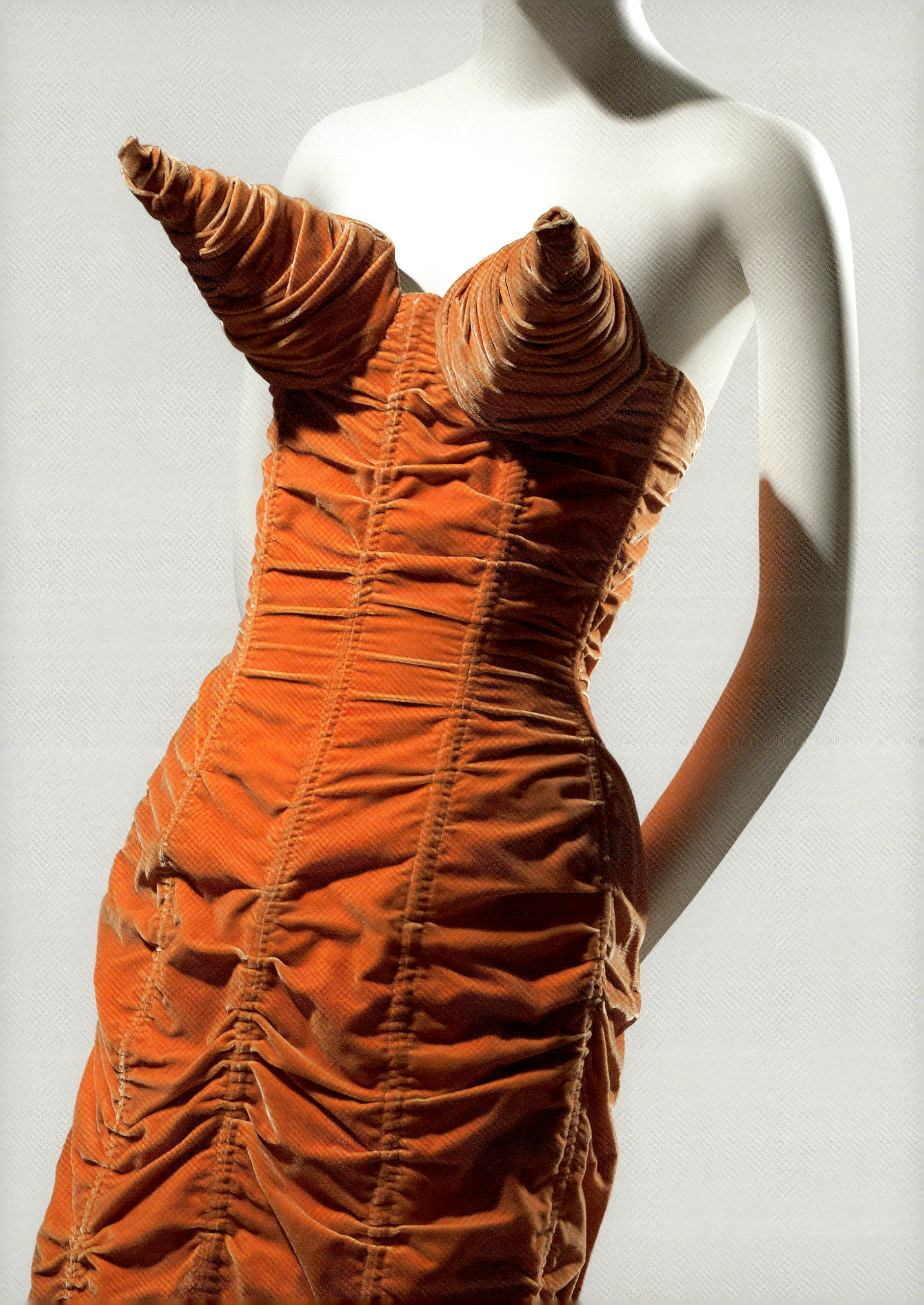

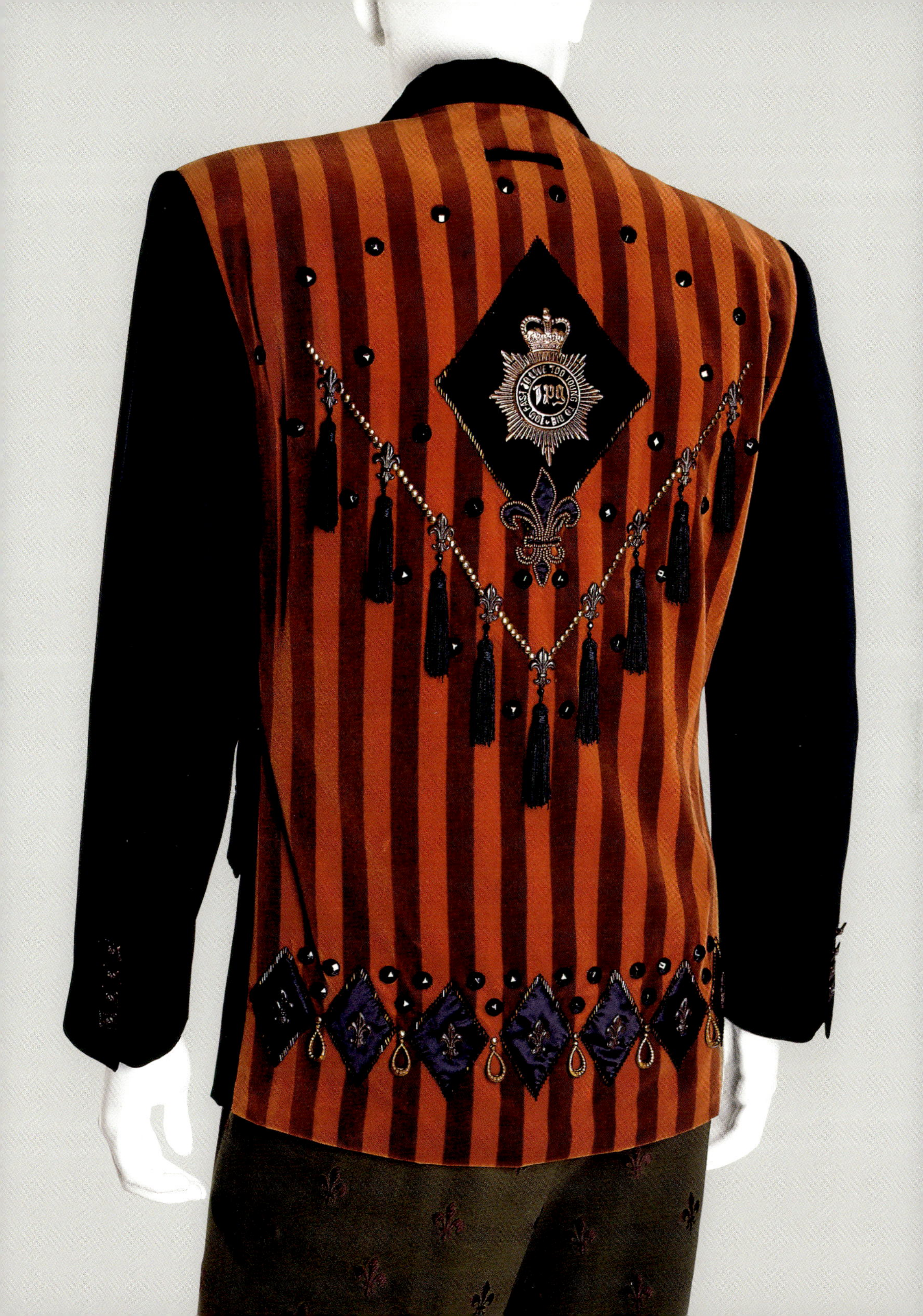
TOO FAST TO LIVE TOO YOUNG TO DIE
JPG

VORHERGEHENDE DOPPELSEITE, LINKS
Jean Paul Gaultier
Kleid: orangefarbener Samt
Frankreich, 1984

Mit dem Korsett seiner Großmutter, das er in jungen Jahren entdeckte, wurde Gaultiers Leidenschaft für Damenunterwäsche geweckt. Für das Korsagenkleid ersann er eine Vielzahl an Variationen, doch am berühmtesten ist der Entwurf mit dem überspitzten Kegel-BH.

VORHERGEHENDE DOPPELSEITE, RECHTS
Jean Paul Gaultier
Herrensakko: schwarzer Wollgabardine, orangefarben gestreifter Samt, Troddeln, Perlen
Hose: olivgrüne Kunstseide
Frankreich, 1988

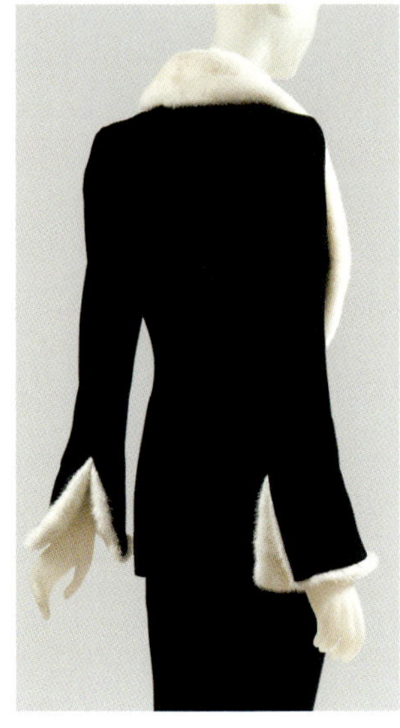

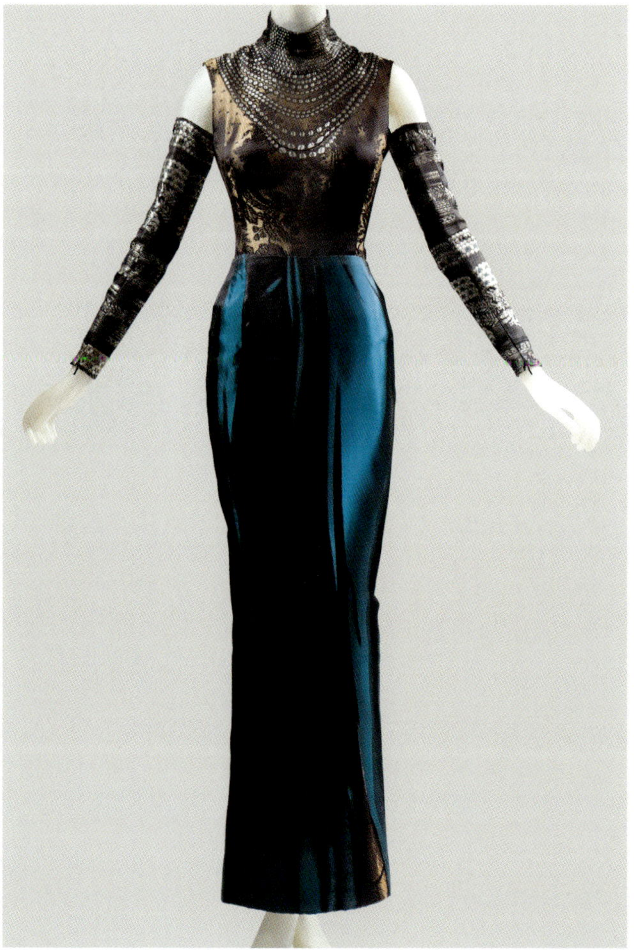

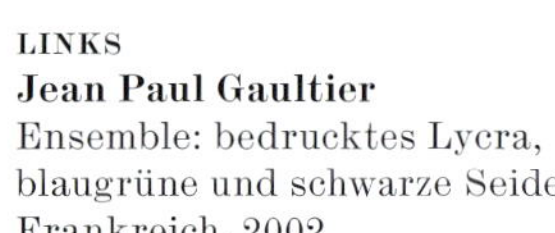

LINKS
Jean Paul Gaultier
Ensemble: bedrucktes Lycra, blaugrüne und schwarze Seide
Frankreich, 2002

OBEN UND GEGENÜBER
Jean Paul Gaultier
Abendensemble: schwarzer Seidensamt, weißer Nerz
Frankreich, 2002

FOLGENDE DOPPELSEITE
Jean Paul Gaultier
Jacke: schwarzes Leder, schwarzes Wildleder, graue Wolle mit Nadelstreifen, schwarzer Kunstpelz
Frankreich, 1987

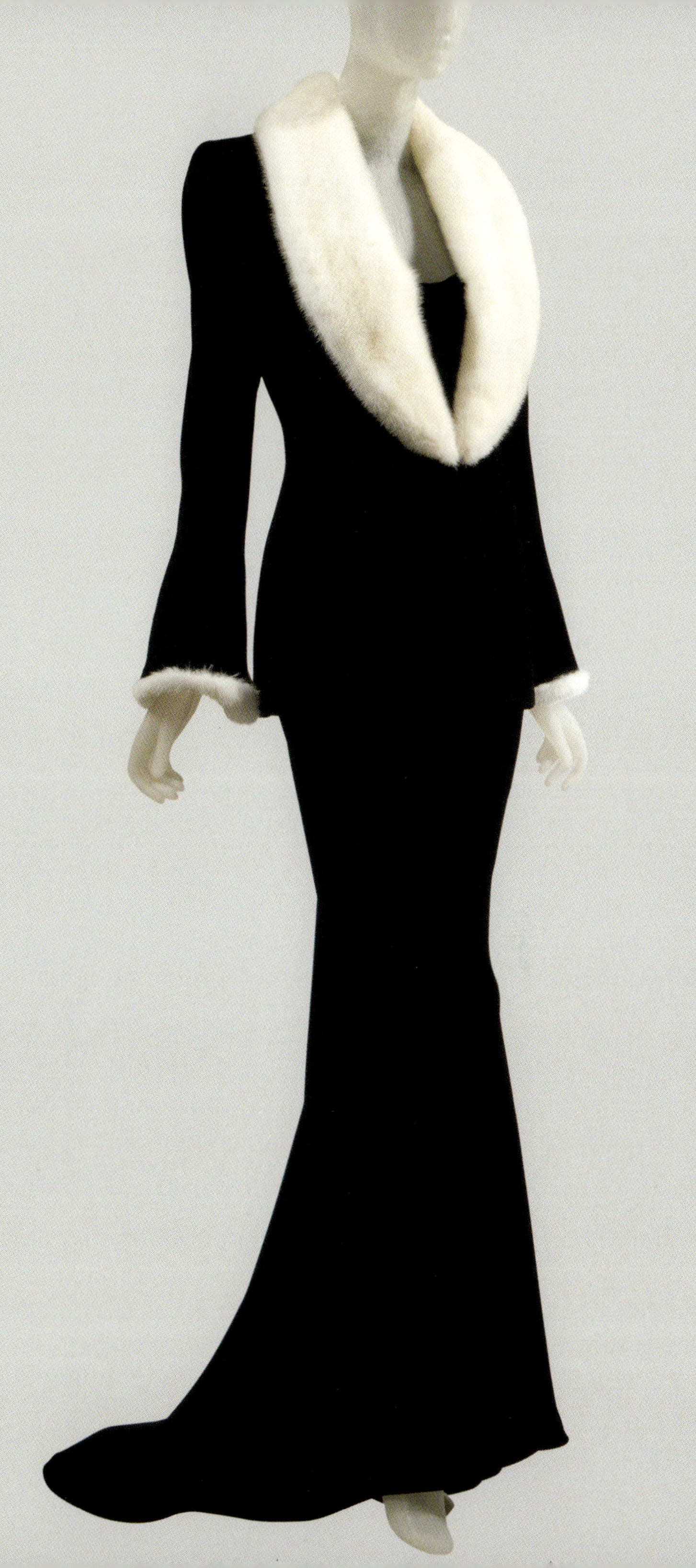

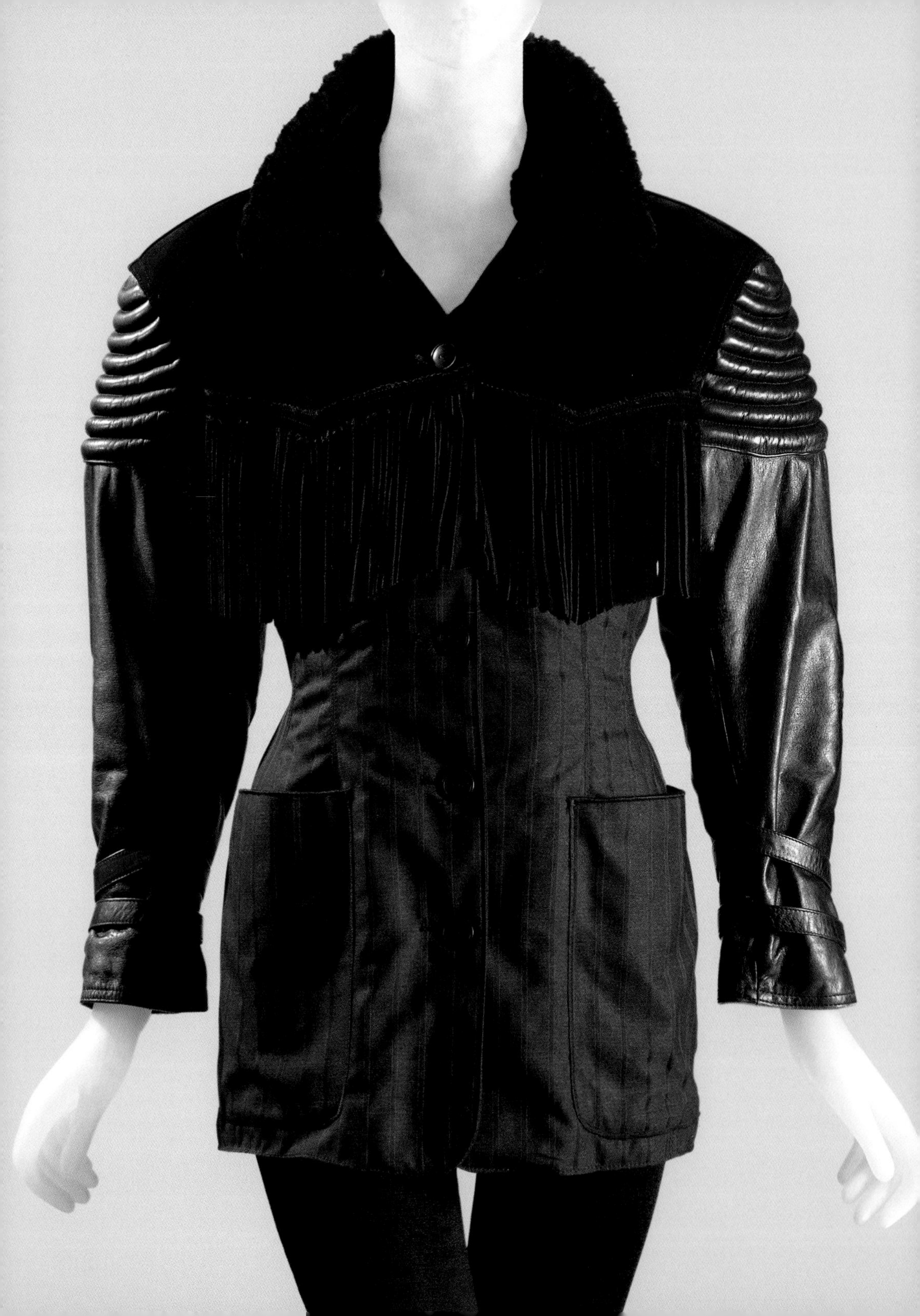

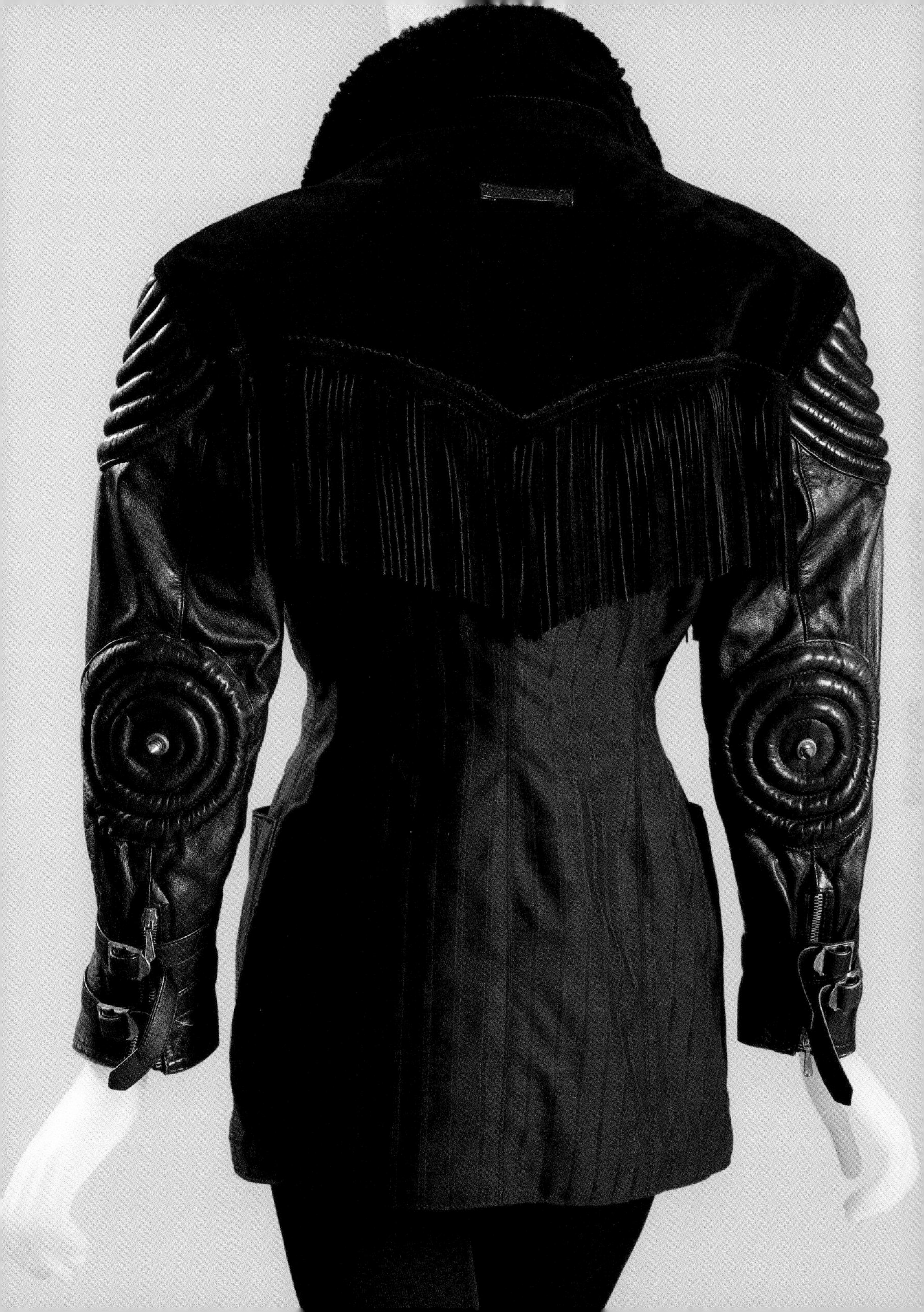

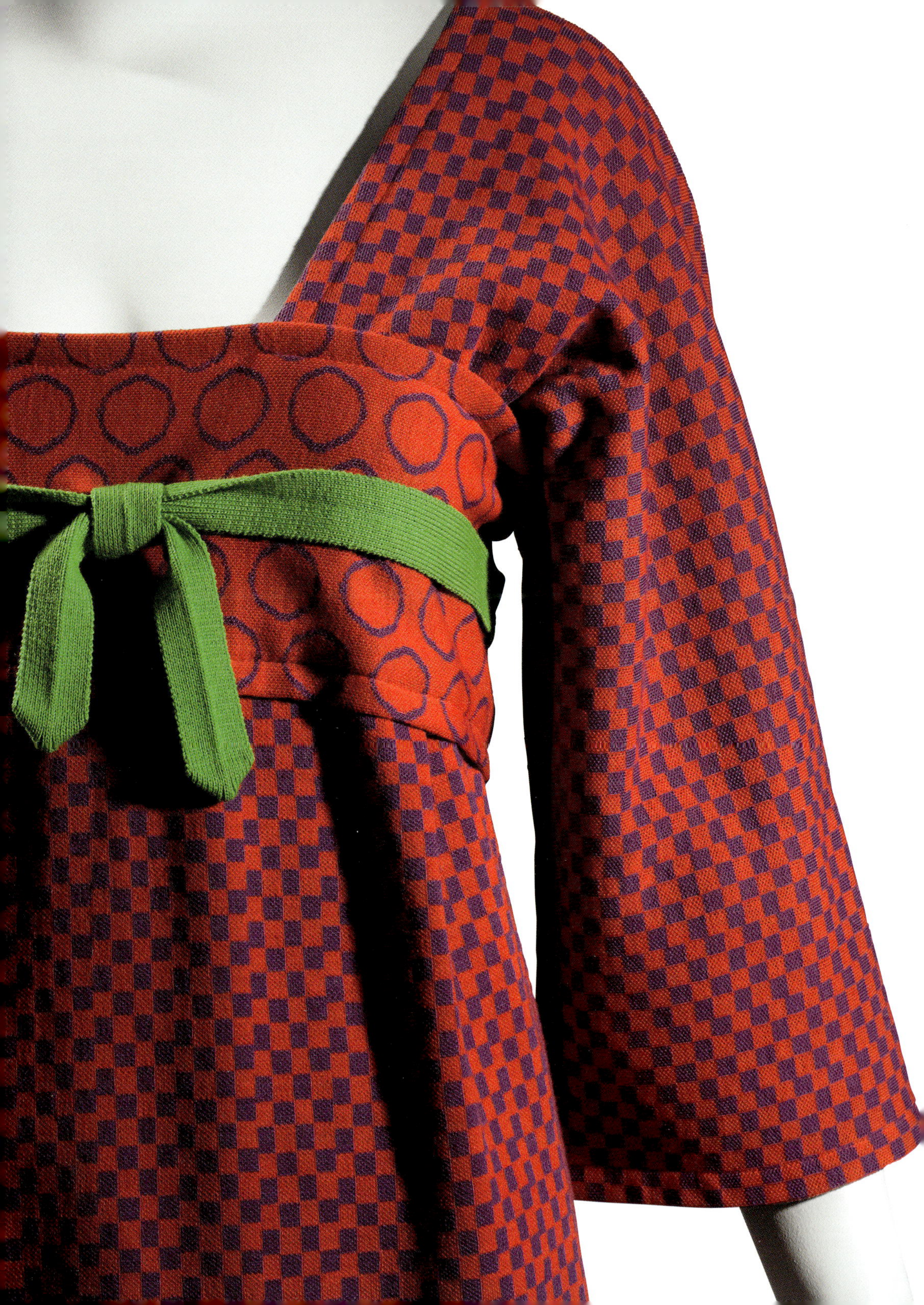

Rudi Gernreich

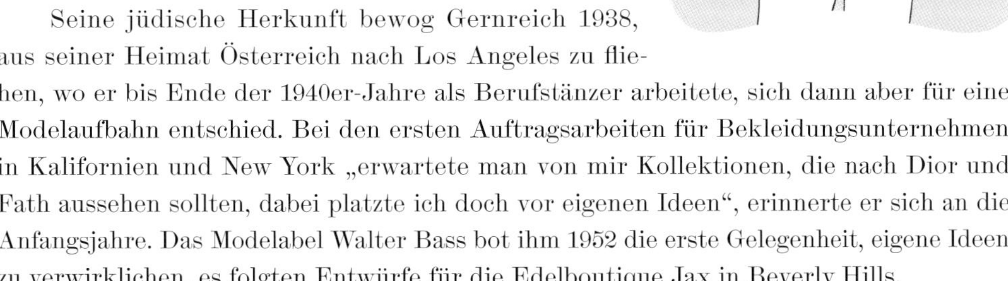

RUDI GERNREICH (1922–1985) machte sich vor allem mit avantgardistischen, mitunter skandalösen Entwürfen einen Namen, zu denen neben rein grafischen, von Harlekins und japanischen Kabuki-Tänzern inspirierten Kollektionen auch der „Monokini" zählte, sein 1964 vorgestellter Oben-ohne-Badeanzug. Doch hinter seiner aufsehenerregenden Mode verbarg sich ein Verständnis für Farbe, Form und die Bedürfnisse der modernen Frau, das auf 30 Jahren Erfahrung in der Modebranche basierte.

Seine jüdische Herkunft bewog Gernreich 1938, aus seiner Heimat Österreich nach Los Angeles zu fliehen, wo er bis Ende der 1940er-Jahre als Berufstänzer arbeitete, sich dann aber für eine Modelaufbahn entschied. Bei den ersten Auftragsarbeiten für Bekleidungsunternehmen in Kalifornien und New York „erwartete man von mir Kollektionen, die nach Dior und Fath aussehen sollten, dabei platzte ich doch vor eigenen Ideen", erinnerte er sich an die Anfangsjahre. Das Modelabel Walter Bass bot ihm 1952 die erste Gelegenheit, eigene Ideen zu verwirklichen, es folgten Entwürfe für die Edelboutique Jax in Beverly Hills.

1960 gründete Gernreich sein eigenes Unternehmen und begann eine Zusammenarbeit mit dem Strickmode-Hersteller Harmon. Mit dem Oben-ohne-Badeanzug als Extrembeispiel sorgten Gernreichs gewagte Modelle häufig für Schlagzeilen. Hauchdünne, unversteifte „Kein-BH"-BHs, Kleider mit durchsichtigen Vinyl-Einsätzen, androgyne Hosenanzüge und Op-Art-Muster in verblüffenden Farbkombinationen zählten zu seinen wichtigsten Entwürfen. 1967 befand die Times, dass kein amerikanischer Designer „verrückter und seiner Zeit weiter voraus" sei als Gernreich. Im Jahr darauf gab Gernreich sein Unternehmen auf, arbeitete aber weiterhin als Designer und präsentierte 1970 eine seiner konzeptionellsten Kollektionen: Minimalistische, „zweckmäßige" Kleidung, die unisex gedacht war, illustrierte seine Vision für die Mode der Zukunft, in der Nacktheit nicht Sexualität, sondern Freiheit bedeuten sollte. Solche Denkanstöße gab Gernreich mit dieser und weiteren Kollektionen bis zu seinem endgültigen Rückzug aus der Mode im Jahr 1981. —*C. H.*

„Mädchen, die Gernreichs Kleider tragen, schätzen sie über alles, weil die dem Körper Bewegungsfreiheit lassen." – TIME

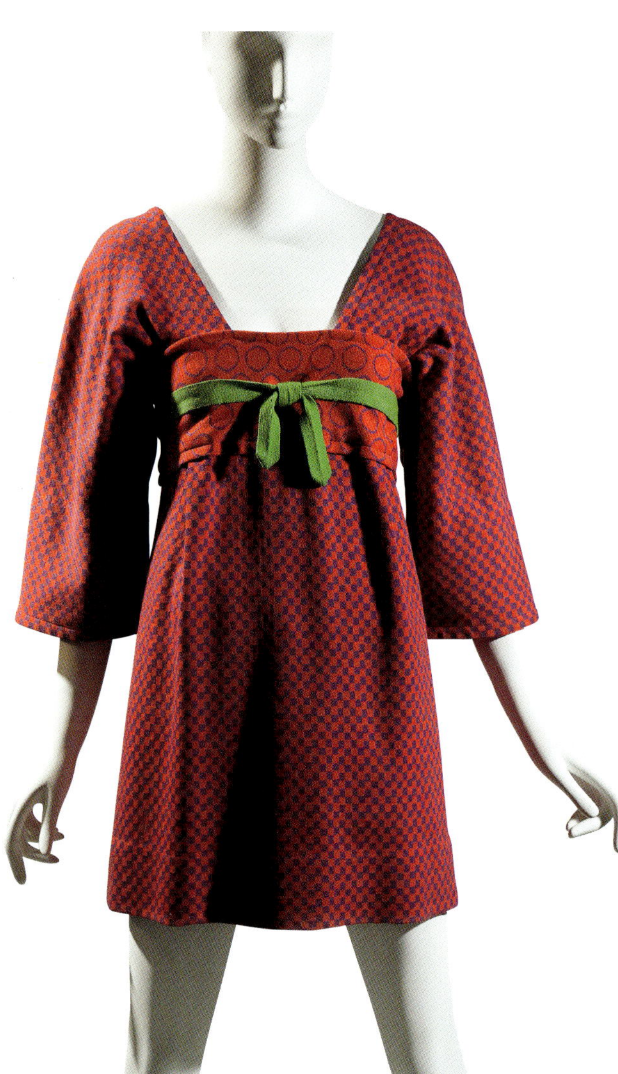

„Ich bin überzeugt, dass Rudi Gernreich so gut wie alles entworfen hat, was man für die Menschen im 20. Jahrhundert entwerfen konnte. Seine Kleider sind so logisch und klar, dass sie für reifere Frauen genauso gut funktionieren wie für Teenager."
— **Peggy Moffitt, Model**

VORHERGEHENDE SEITE UND LINKS
Rudi Gernreich
Kabuki-Kleid: rotes und violettes Wollgewirke, lindgrünes Wollgewirke
USA, 1968

GEGENÜBER
Rudi Gernreich
Oberteil und Hose (links): Polyestertrikot mit braunem und weißem Giraffenfelldruck
Tunika (rechts): Nylongewirke mit schwarzem und braunem Tigerfelldruck
USA, 1965/1966

FOLGENDE DOPPELSEITE, LINKS
Rudi Gernreich
Kleid: mehrfarbig bedruckter Seidenköper
USA, um 1970

FOLGENDE DOPPELSEITE, RECHTS
Rudi Gernreich
Monokini: gelb und weiß karierte Wolle, gelbe Wolle
USA, 1964

ÜBERNÄCHSTE DOPPELSEITE
Rudi Gernreich
Ensemble: schwarz und gelbweiß karierte Wolle, gelbweiß karierte Wolle, rote Wolle
USA, 1967

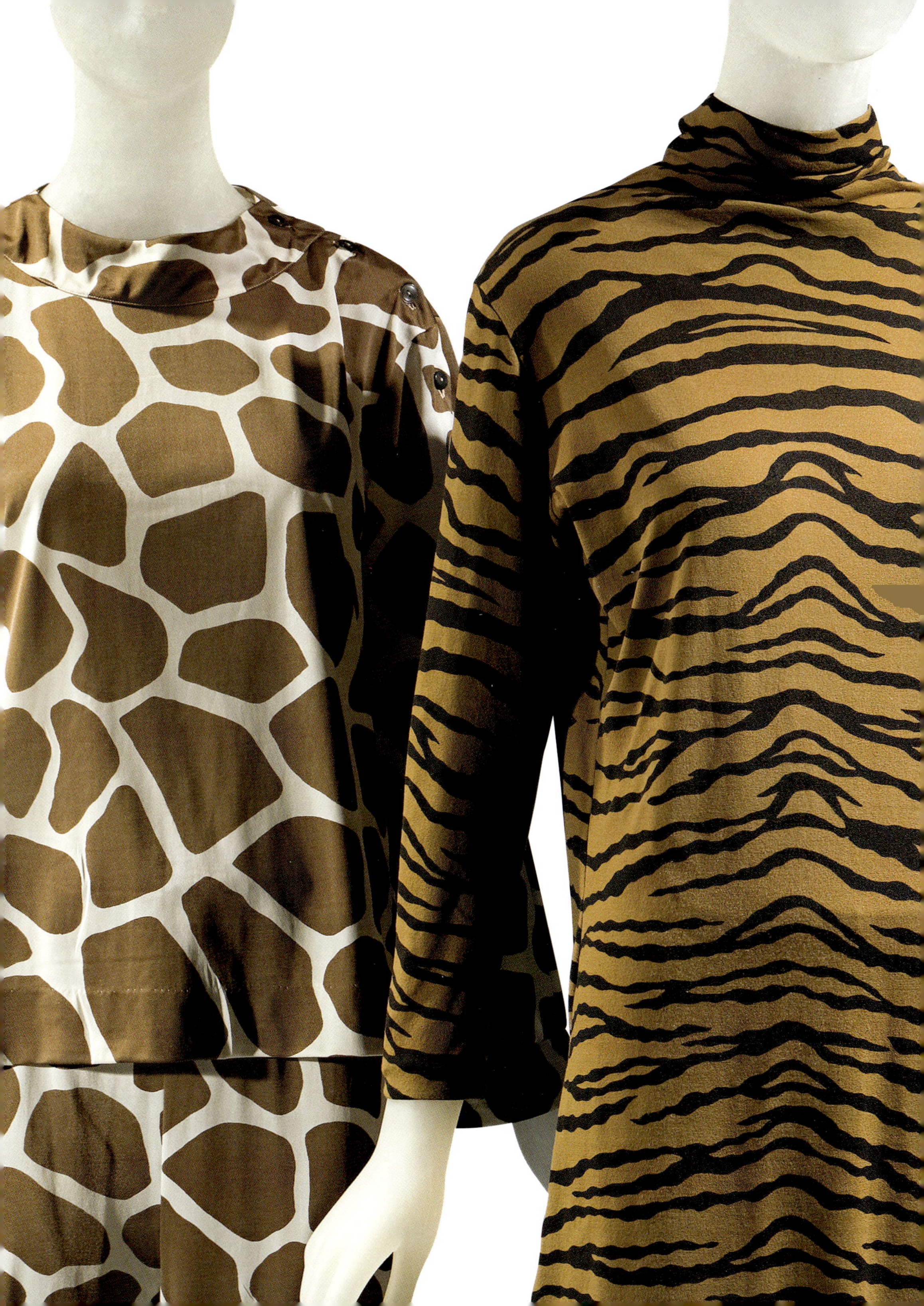

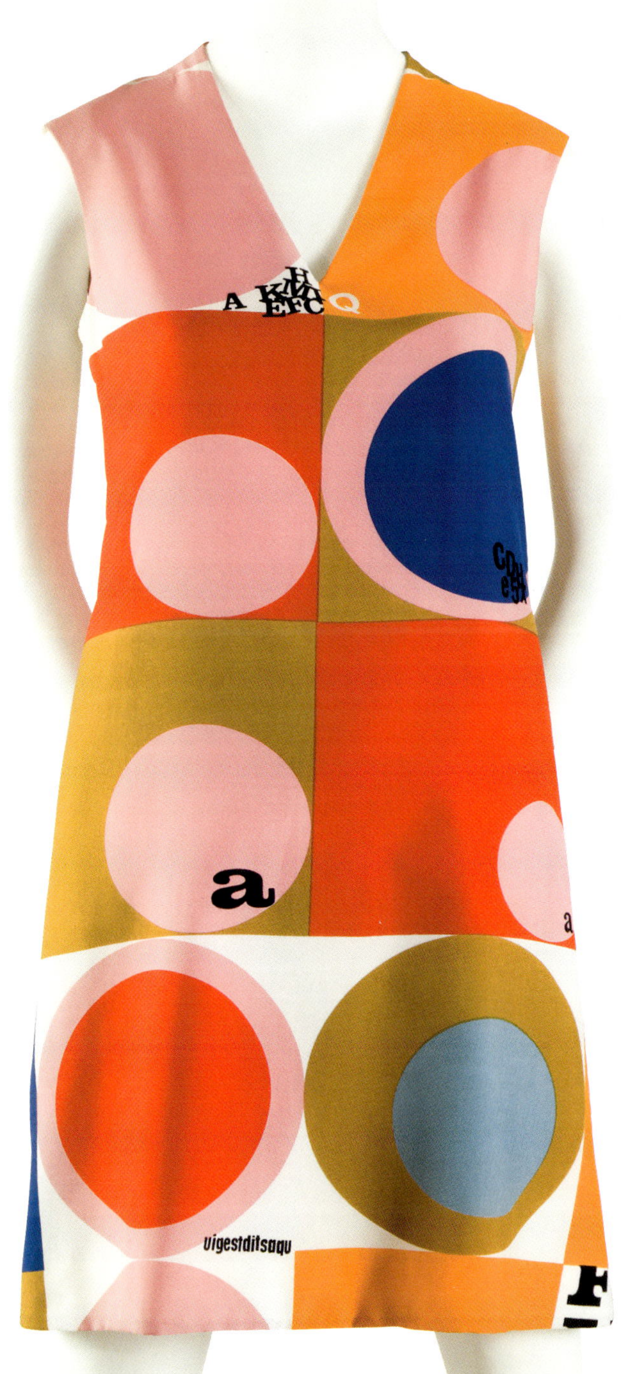

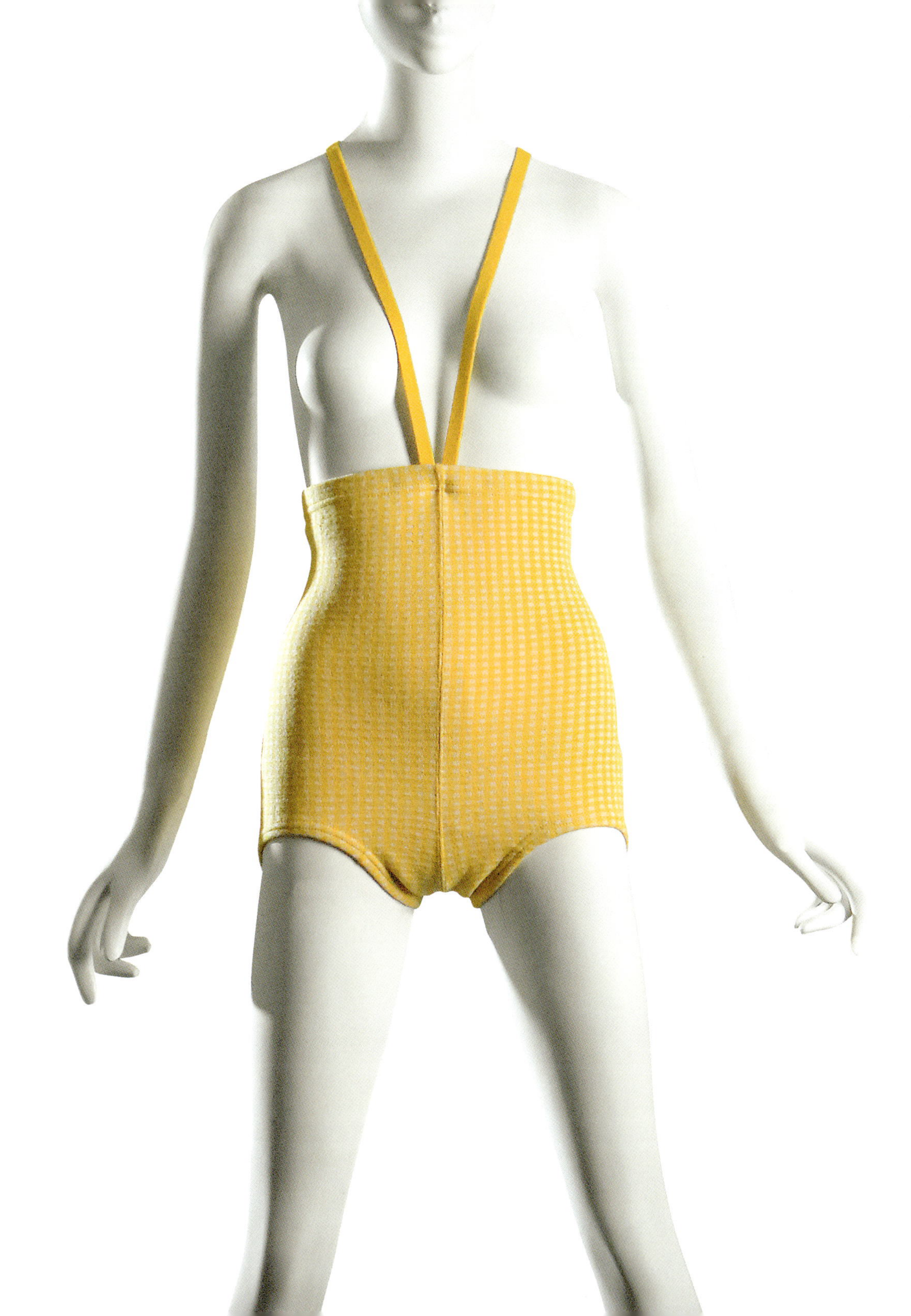

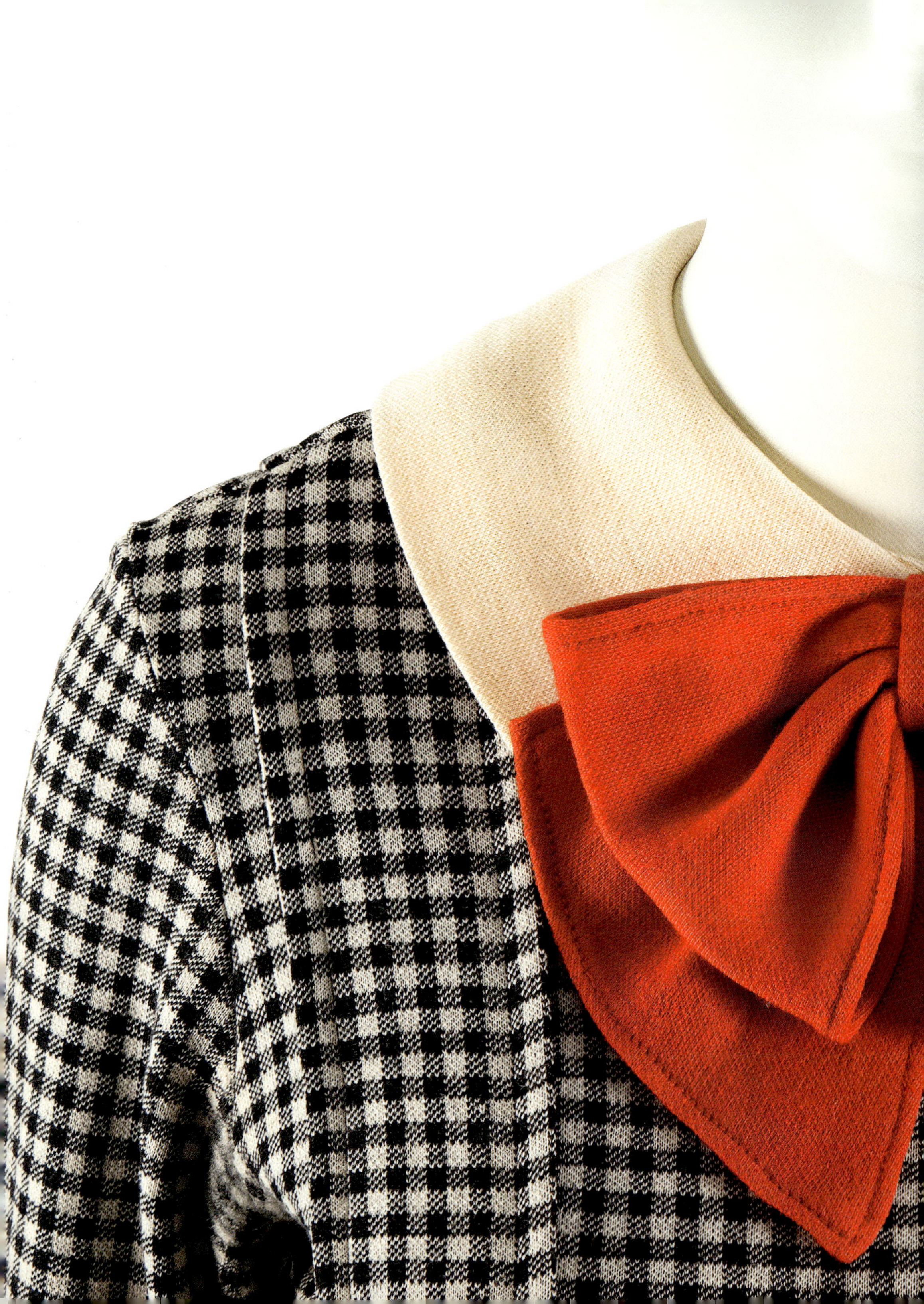

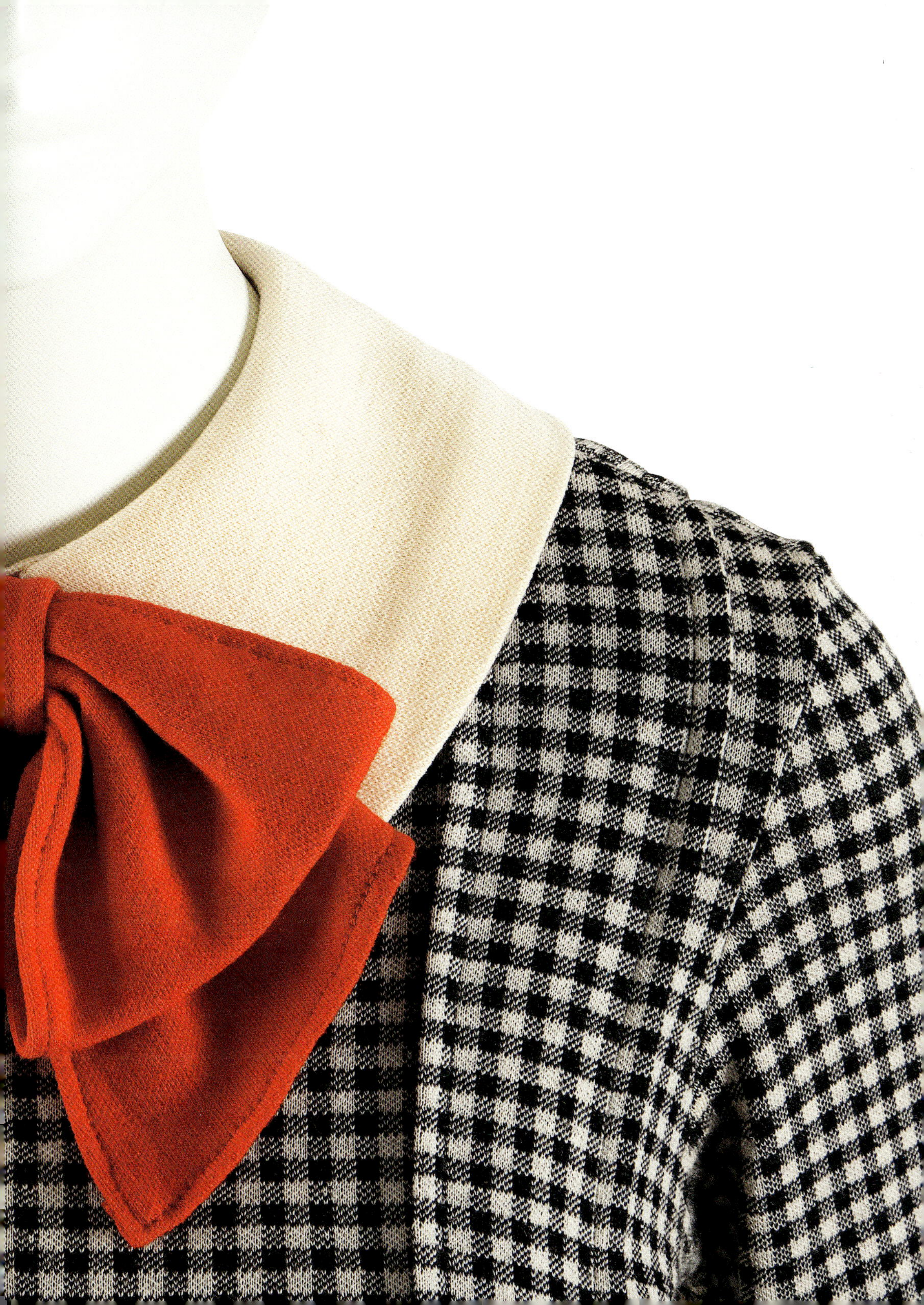

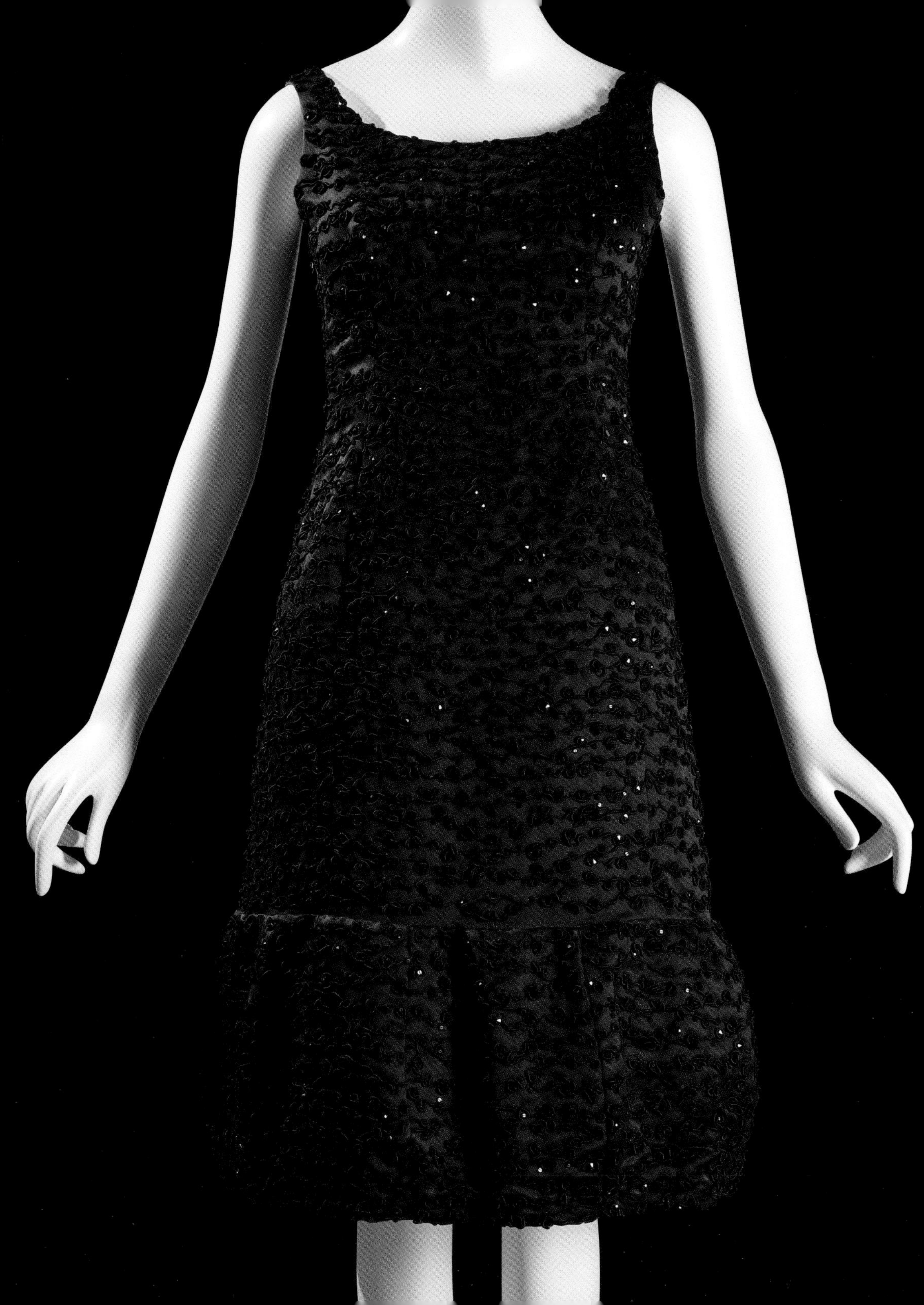

Givenchy

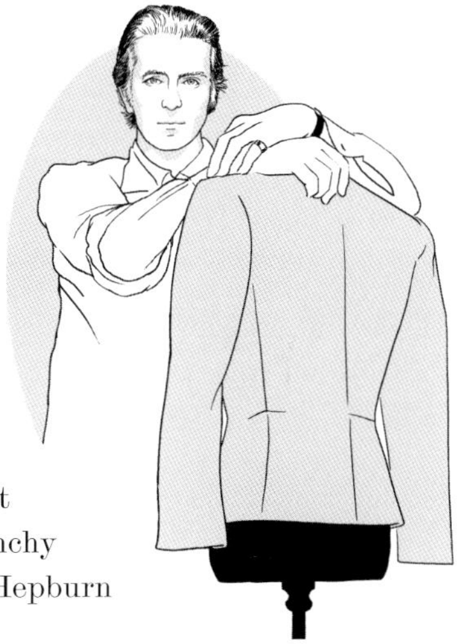

HUBERT DE GIVENCHY (1927–2018), der „bestaussehende Modeschöpfer Frankreichs“, ist vor allem für seinen klaren, präzisen Stil und vereinfachte Formen bekannt. Er entwarf elegante Kleider, Mäntel und Kostüme für so illustre Kundinnen wie Lauren Bacall, Greta Garbo, Elizabeth Taylor, Jacqueline Kennedy Onassis und Wallis Simpson. Zu Weltruhm verhalf seinen Kreationen jedoch Audrey Hepburn; die knabenhaft jugendliche Eleganz der Schauspielerin inspirierte Givenchy zu Entwürfen für ihre Film- und Privatgarderobe, die Hepburn zu einer Stilikone machten.

Hubert James Marcel Taffin de Givenchy, in Pariser Modekreisen als „Le Grand Hubert“ bekannt, kam im nordfranzösischen Beauvais zur Welt. Mit 17 zog er nach Paris und arbeitete dort für die Modehäuser Jacques Fath, Robert Piguet, Lucien Lelong und Elsa Schiaparelli. 1952 präsentierte er seine erste Couturekollektion mit hochwertigen Separates, bestehend aus Baumwollröcken und -blusen, die für ihren frischen Look viel Lob erntete. Ein Jahr darauf wurde Givenchy dem Modeschöpfer vorgestellt, den er mehr als alle anderen bewunderte: Cristóbal Balenciaga. Die Wertschätzung erwies sich als gegenseitig, und viele Jahre lang sollte Balenciaga dem jungen Designer als Mentor zur Seite stehen. Als sich der Spanier 1968 zur Ruhe setzte, verwies er das Gros seiner Kundinnen an Givenchy. 1995 zog Givenchy sich aus dem Geschäft zurück, in der Reihe seiner Nachfolger finden sich unter anderem John Galliano und Alexander McQueen, zwei der einflussreichsten Modedesigner des 21. Jahrhunderts.

Von 2005 bis 2017 oblag die kreative Leitung für die Prêt-à-porter-Linie sowie für die Couturelinie dem Italiener Riccardo Tisci. Tisci beeinflusste das Haus mit seinem finster-romantischen Stil, und seine aufregenden Entwürfe waren auf eine selbstbestimmte, in ihrer Sexualität souveräne Frau zugeschnitten. 2017 ernannte Givenchy Clare Waight Keller zur ersten Kreativchefin des Hauses. Sie wurde 2020 durch Matthew Williams ersetzt. *—M. M.*

„Givenchys Name ist gleichbedeutend mit Eleganz und geordneten Proportionen in allem, was er tut.“

— ANDRÉ LEON TALLEY, FREIER REDAKTEUR, *VOGUE*

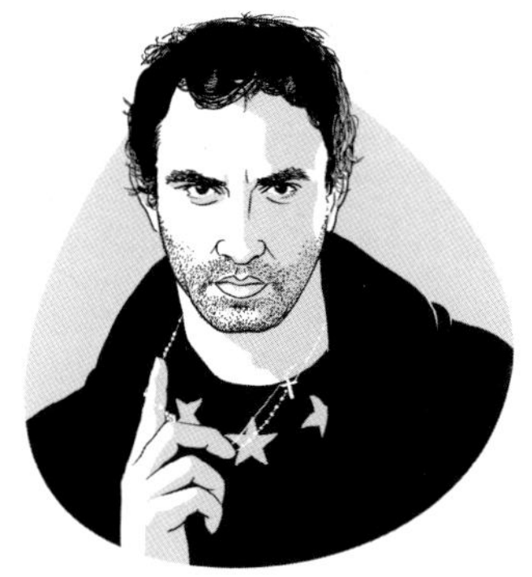

Riccardo Tisci (* 1974)

„Seine Kleider sind die einzigen, in denen ich ganz ich selbst bin. Er ist weit mehr als ein Modeschöpfer; er erschafft Persönlichkeiten.“
— **Audrey Hepburn, Schauspielerin**

VORHERGEHENDE DOPPELSEITE
Hubert de Givenchy
Abendkleid: schwarzer Seidensatin, schwarze Biesen, Strass
Frankreich, 1968

„Meine Frau ist so stark und sich ihrer Sexualität so sicher, hat so viel Vertrauen in ihre Entscheidungen, dass sie mit beiden Welten spielen kann.”
— **Riccardo Tisci**

GEGENÜBER
Givenchy
Abendkleid: violette Zellwolle
Frankreich, um 1967

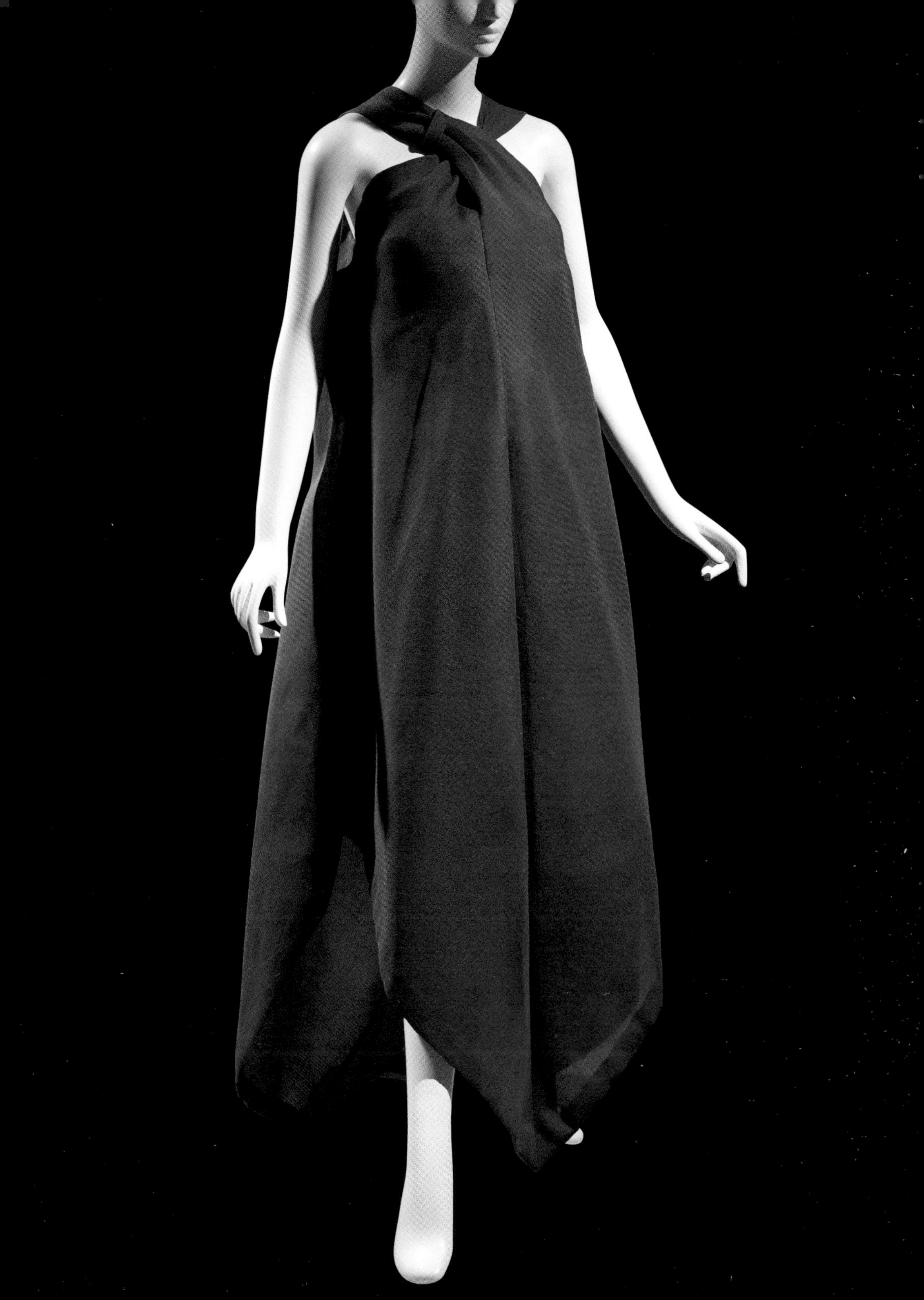

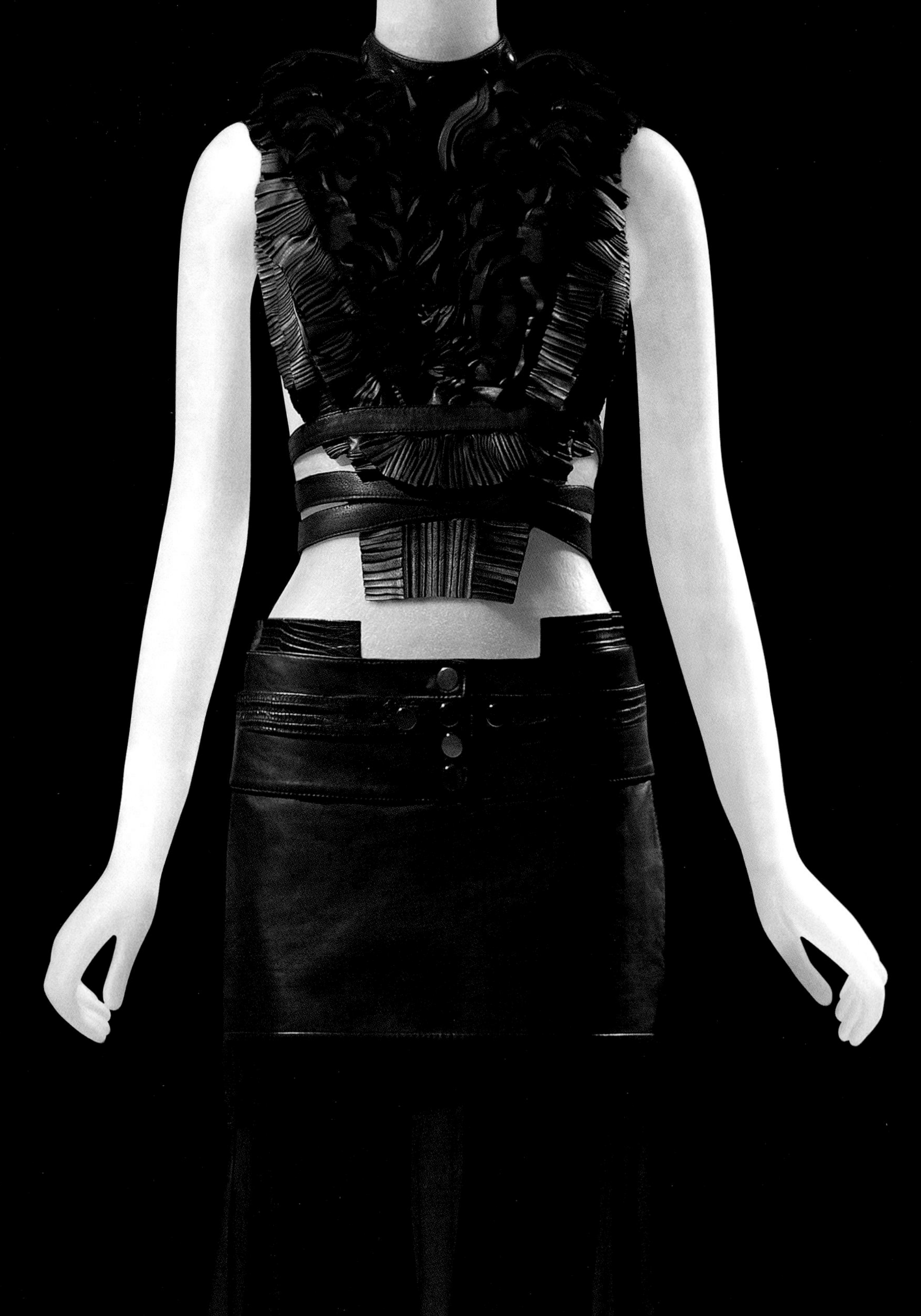

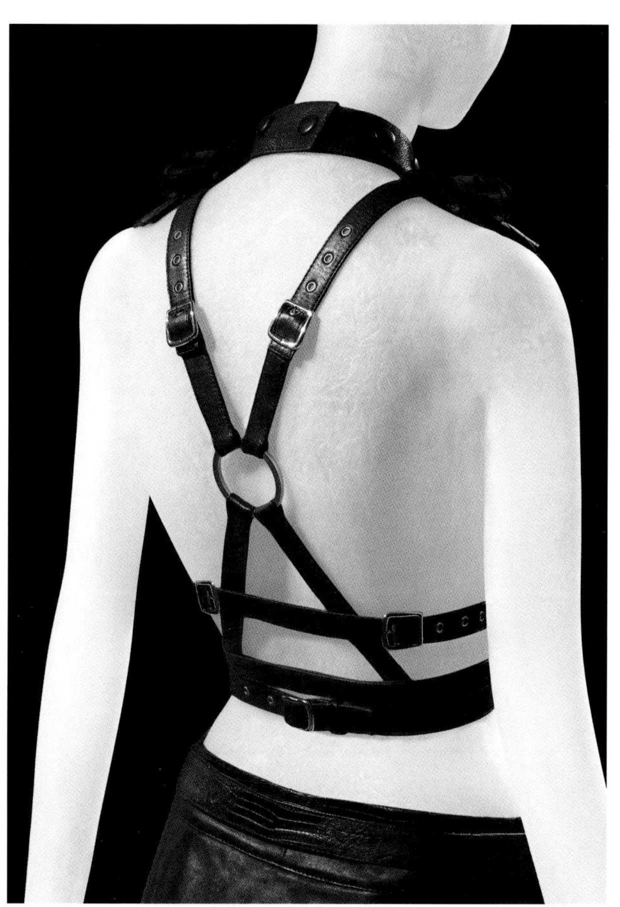

GEGENÜBER UND LINKS
Givenchy (Riccardo Tisci)
Ensemble: schwarzes Leder, Chiffon, Metallschnallen
Frankreich, 2011

UNTEN
Givenchy (Riccardo Tisci)
Stiefel: schwarzes Leder
Frankreich, 2011

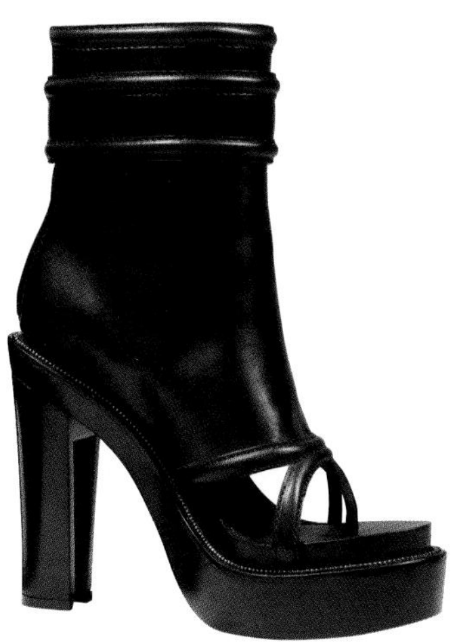

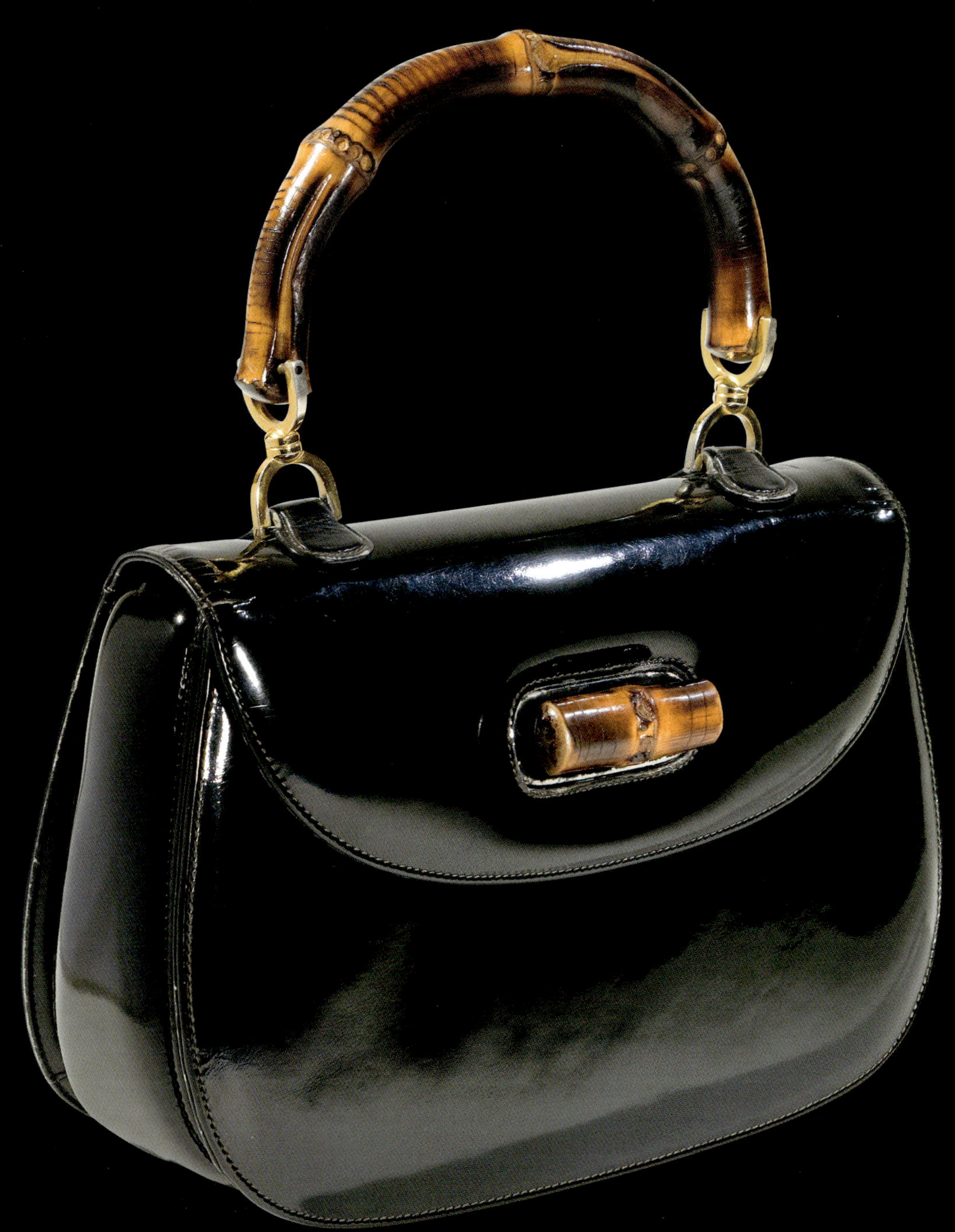

Gucci

GUCCIO GUCCI (1881–1953) Was wir heute mit dem Namen Gucci verbinden, nämlich eines der bekanntesten und begehrtesten Luxuslabels der Welt, hat nur noch wenig mit dem bescheidenen, familiengeführten Lederwarengeschäft gemeinsam, das im Jahr 1921 von Guccio Gucci gegründet wurde. Guccio, der in jungen Jahren in Luxushotels in London und Paris arbeitete, kam angesichts der edlen Reisetaschen und Koffersets der betuchten Hotelgäste auf die Idee, in seine – für ihr Traditionshandwerk bekannte – Heimatstadt Florenz zurückzukehren und eine eigene, unprätentiöse, aber exquisit gearbeitete Gepäckserie zu entwerfen. Im Lauf der Zeit traten vier seiner Söhne dem Betrieb bei, erweiterten das Produktspektrum und eröffneten neue Geschäfte in Rom und auch außerhalb Italiens. Schon in den 1950er-Jahren war Gucci nicht nur für Reisegepäck, sondern auch für Damenhandtaschen bekannt. Die ungewöhnlichen Modelle, wie die 1947 auf den Markt gebrachte Tasche mit Griffen aus gebogenem Bambus, wurden von den elegantesten Frauen dieser Zeit getragen, darunter Grace Kelly und Elizabeth Taylor.

1968 weitete das Unternehmen sein Portfolio auf eine Konfektionslinie aus und florierte auch während der 1970er-Jahre; modisches Design und hohe Qualität ließen Gucci zu einem Liebling des Jetsets werden. Trotz seiner langen Erfolgsgeschichte geriet das Unternehmen im folgenden Jahrzehnt an den Rand des Bankrotts; innerfamiliäre Streitigkeiten und übersteigerte Expansionspolitik waren die wesentlichen Gründe. Die Modemanagerin Dawn Mello wurde schließlich damit beauftragt, das Image des Hauses neu zu beleben – was ihr 1990 bravourös gelang, als sie den talentierten Jungdesigner Tom Ford (geb. 1961) für die Damenkollektion des Labels verpflichtete. 1994 übernahm er auch die kreative Gesamtleitung. Ford, der den Stil der Marke schon seit seiner Kindheit in den 1970ern bewunderte, verjüngte für Gucci typische Vintage-Elemente mit modernem Glamour und starkem Sexappeal – zu einem Look, den der Modejournalist Eric Wilson als „sinnlich-verrucht" beschreibt. Am Ende des Jahrzehnts zählte Gucci wieder zu den wichtigsten Labels der Welt. Ford verließ das Unternehmen 2004, doch auch seine Nachfolgerin, Frida Giannini, durchforstet die Gucci-Archive weiter nach neuen Inspirationen. Ihre eleganten, begehrten Kreationen sichern Gucci bis heute eine Position an vorderster Modefront. Gianninis Nachfolger wurde Alessandro Michele; seine erste Kollektion für Gucci präsentierte er 2015. —*C. H.*

„In weniger als einem Jahrzehnt als Kreativchef hat der gebürtige Amerikaner Herr Ford Gucci … in ein begehrtes Sinnbild für Sex und Glamour verwandelt."
— CATHY HORYN, *THE NEW YORK TIMES*

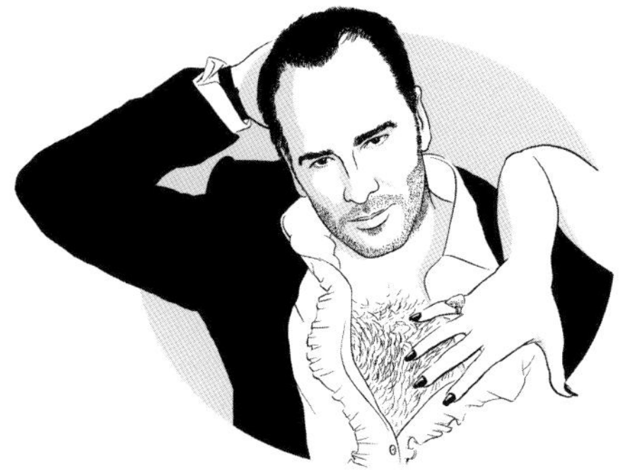

Tom Ford (* 1961)

„An die Qualität erinnert man sich noch, wenn man den Preis längst vergessen hat."
— **Aldo Gucci**

VORHERGEHENDE DOPPELSEITE
Gucci
Handtasche: schwarzes Lackleder, Bambus
Italien, um 1976

„Ich stelle mir gerne vor, dass ich Mitte der 1990er-Jahre einen bestimmten Hedonismus in die Mode zurückgebracht habe. Sexualität ist in meinen Arbeiten immer präsent."
— **Tom Ford**

GEGENÜBER
Gucci (Tom Ford)
Kleid: weißer Jersey, goldenes Metall
Italien, 1996

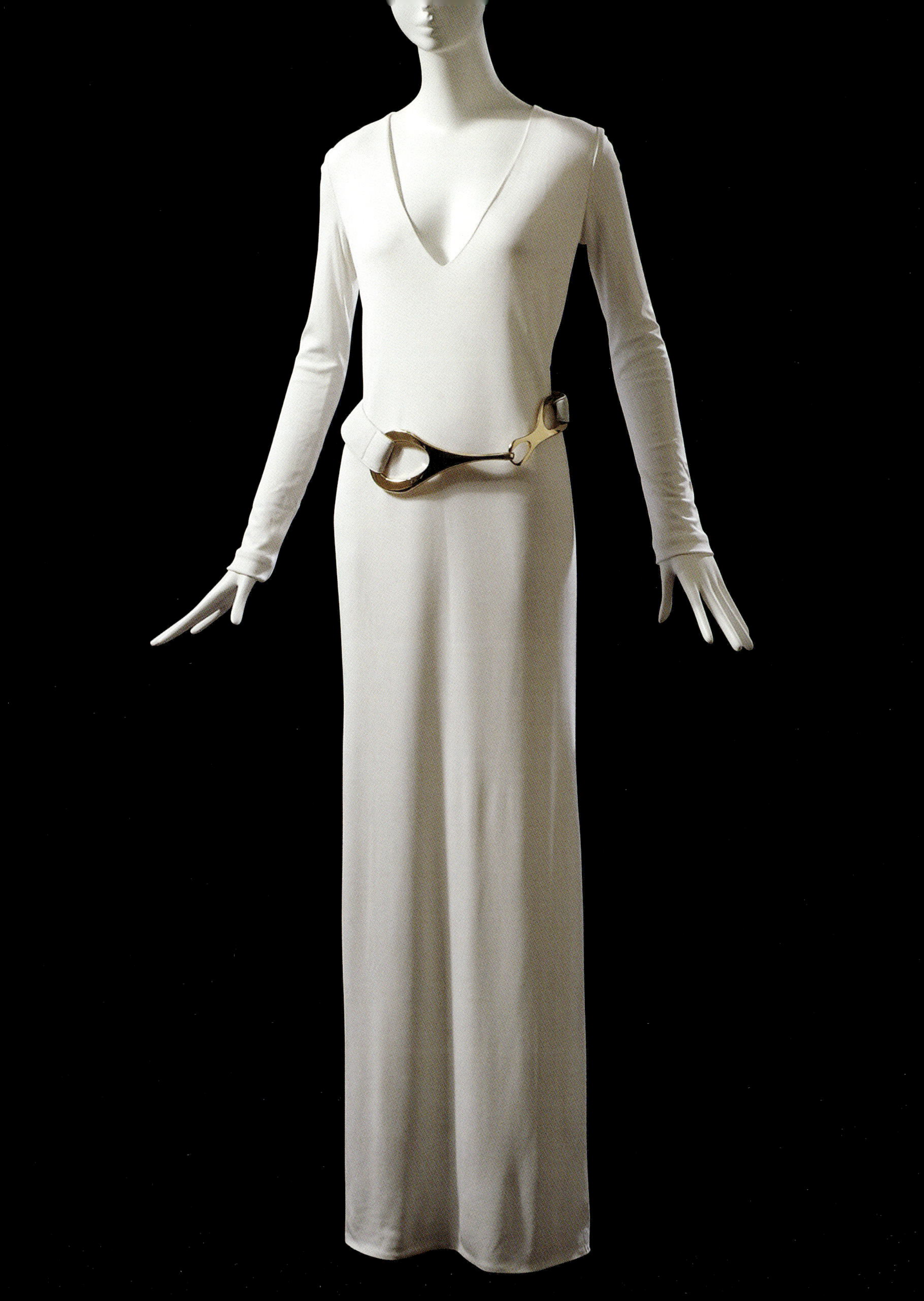

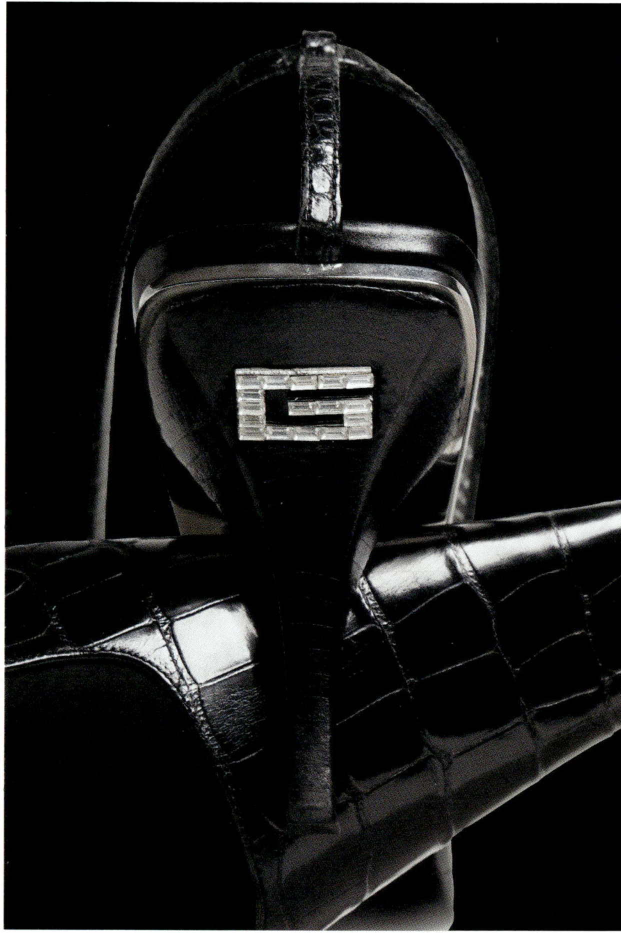

GEGENÜBER
Gucci (Tom Ford)
Abendkleid und Jacke:
grüner Seidenorganza,
Seide, Pelz und Pailletten
Italien, 2004

Tom Ford kreierte für Gucci ultrasexy Looks wie dieses aufreizende Abendensemble, das an den Hollywood-Glamour der 1930er-Jahre erinnert und durch intensive Grüntöne zeitgemäßes Flair erhält.

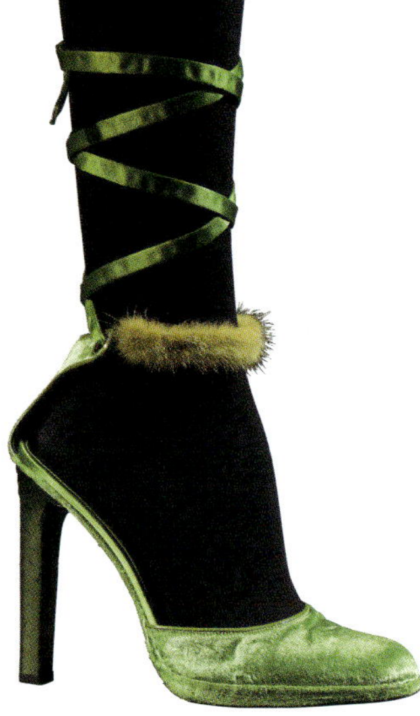

OBEN
Gucci
Riemchenpumps:
schwarzes Krokodilleder
Italien, 1998

RECHTS
Gucci
Abendschuh: säuregrüner
Samt, Seide und Pelz
Italien, 2004

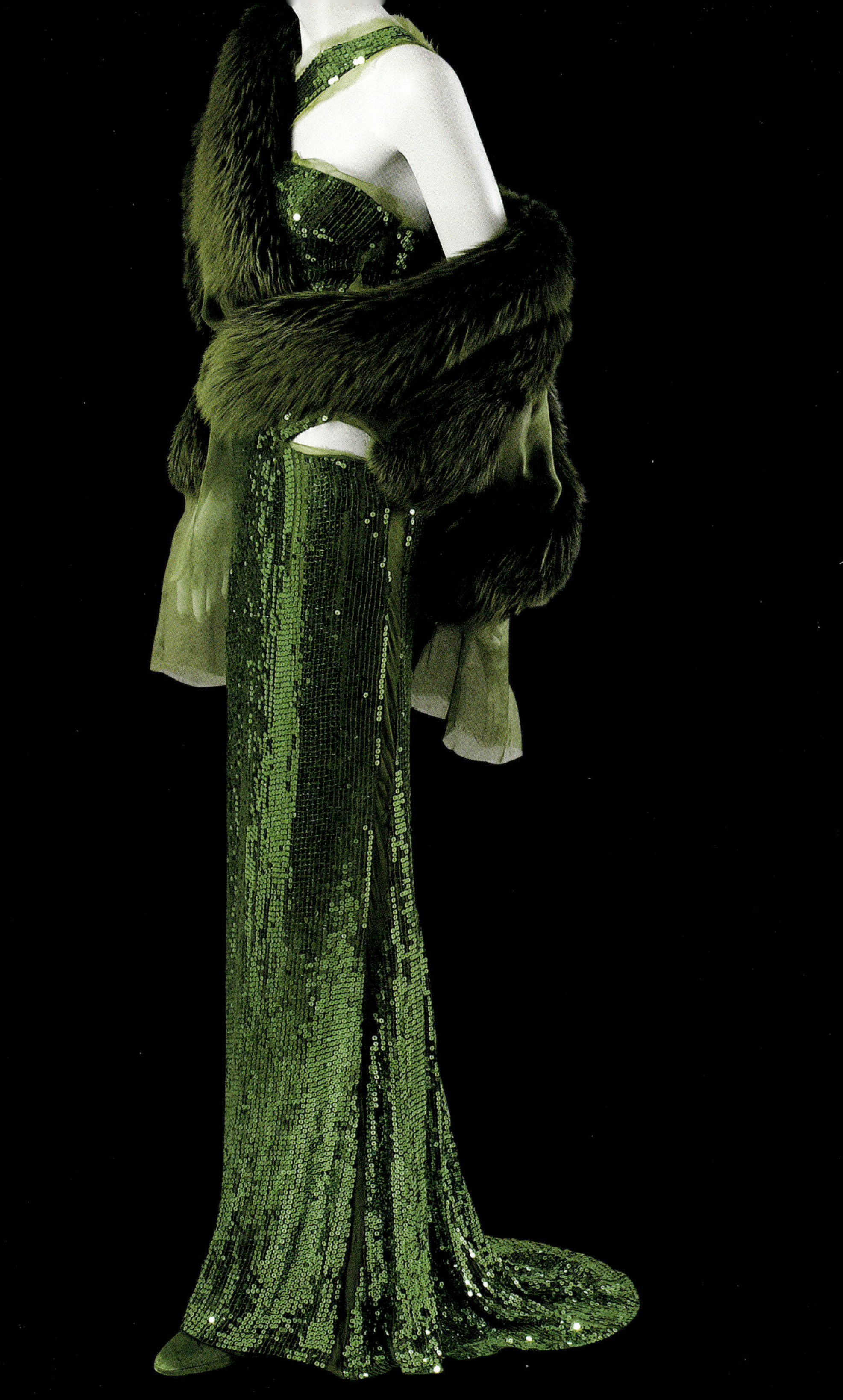

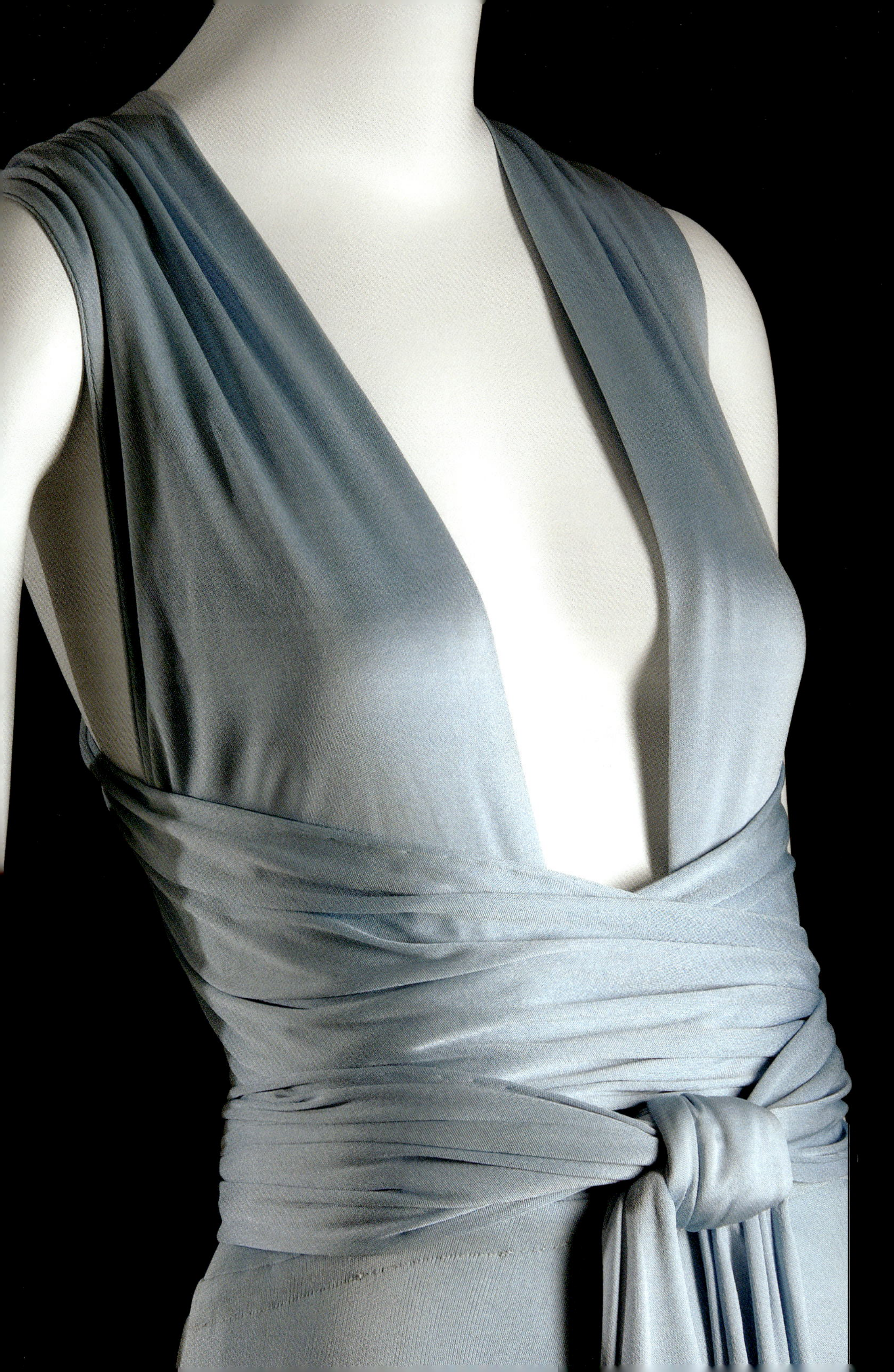

Halston

ROY HALSTON FROWICK (1932–1990) Halston hat bekanntlich gesagt: „Man ist nur so gut wie die Leute, die man anzieht." Und tatsächlich zog Halston einige der chicsten Frauen der Welt an, darunter Lauren Bacall, Martha Graham, Bianca Jagger, Babe Paley, Liza Minnelli und Diana Vreeland. Halstons minimalistischer Ansatz bot legere Eleganz, die zum Sinnbild des modischen Looks der 1970er-Jahre wurde. Mit einer schon fast gnadenlosen Einfachheit ließ Halston Frauen elegant und kultiviert und dabei jung und sexy aussehen.

Geboren als Roy Halston Frowick, begann Halston zunächst eine Karriere als Hutmacher und arbeitete kurz für Lilly Daché, ehe er 1959 in die Hutabteilung von Bergdorf Goodman wechselte. Dort kreierte er eines seiner erfolgreichsten Modelle, den „Pillbox"-Hut, der von Jacqueline Kennedy bei der Amtseinführung ihres Mannes 1961 getragen wurde. 1966 entwarf Halston bereits Konfektionskleidung für Bergdorf, zwei Jahre darauf eröffnete er sein eigenes Modeatelier.

Seine minimalistische Ästhetik war von trügerischer Schlichtheit. Er eliminierte Einlagen, Versteifungen und sonstige überflüssige Details, die die Konturen seiner Kleider überladen hätten. Zu seinen typischen Looks zählten asymmetrische One-Shoulder-Kleider, Overalls, Chiffontuniken, Abendpyjamas und Abendkleider aus Jersey. Halston modernisierte Klassiker der amerikanischen Freizeitmode wie das Twinset durch Verwendung von Materialien wie Kaschmir und Jersey, kreierte Separates, die so kombiniert und variiert werden konnten, dass sie für verschiedenste Anlässe den passenden Gesamtlook ergaben, und verhalf dem Hemdblusenkleid – mithilfe von Ultrasuede – zu einem erfolgreichen Comeback.

Halston verkörperte als Persönlichkeit wie als Marke den mondänen Glamour der 1970er-Jahre. Als Stammgast des legendären New Yorker Nachtklubs Studio 54 verkehrte Halston mit vielen seiner prominenten Kundinnen auch privat. Er kannte den Lebensstil der modernen Frau und entwarf die passenden Kleider dafür. *—M. M.*

„Frauen machen Mode. Designer machen Vorschläge, aber der Erfolg hängt davon ab, was Frauen mit den Kleidern machen.“ — HALSTON

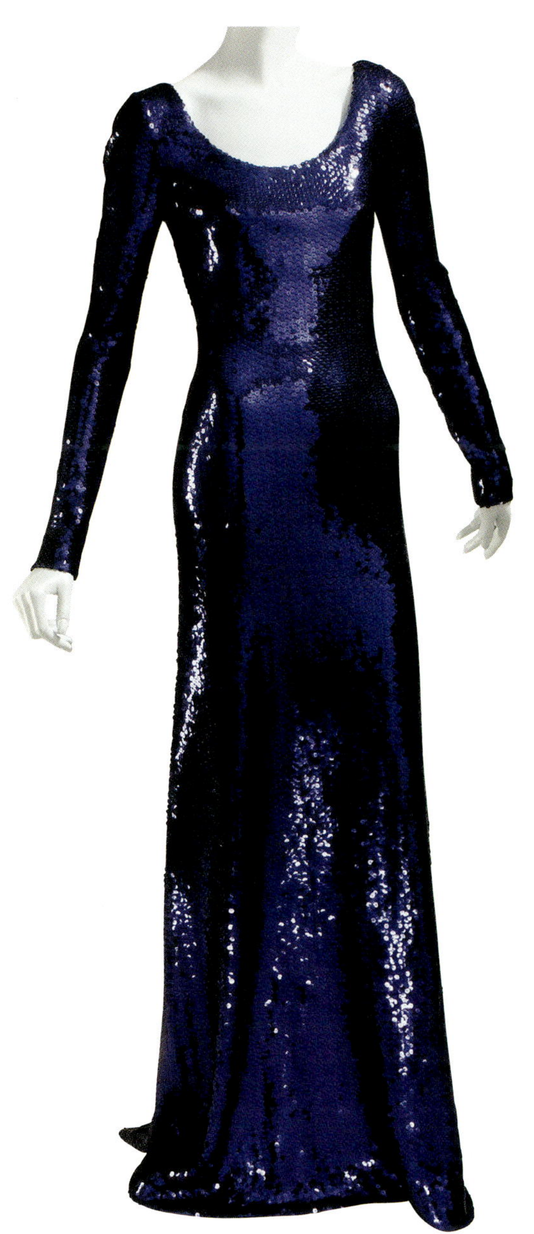

„Ich stehe auf saubere, amerikanische Schönheit… für die Frau, die Tag und Nacht arbeitet. Das muss kein New-York-Look sein – eher einer für jede Frau überall hier im Land, die feminin aussehen will.“
— **Halston**

VORHERGEHENDE DOPPELSEITE
Halston
Abendkleid: hellblauer Seidenjersey
USA, 1972–1973

Bei diesem Abendkleid kann die Trägerin zwei lange Wickelbänder auf unterschiedliche Art um den Körper schlingen, um so viel – oder wenig – Haut zu zeigen, wie es ihr gefällt.

LINKS
Halston
Abendkleid: blauer paillettenbesetzter Jersey
USA, 1972

GEGENÜBER
Halston
Abendkleid: rote Seide, rotes Nylon, rote Stiftperlen, beigefarbene Seide
USA, 1979

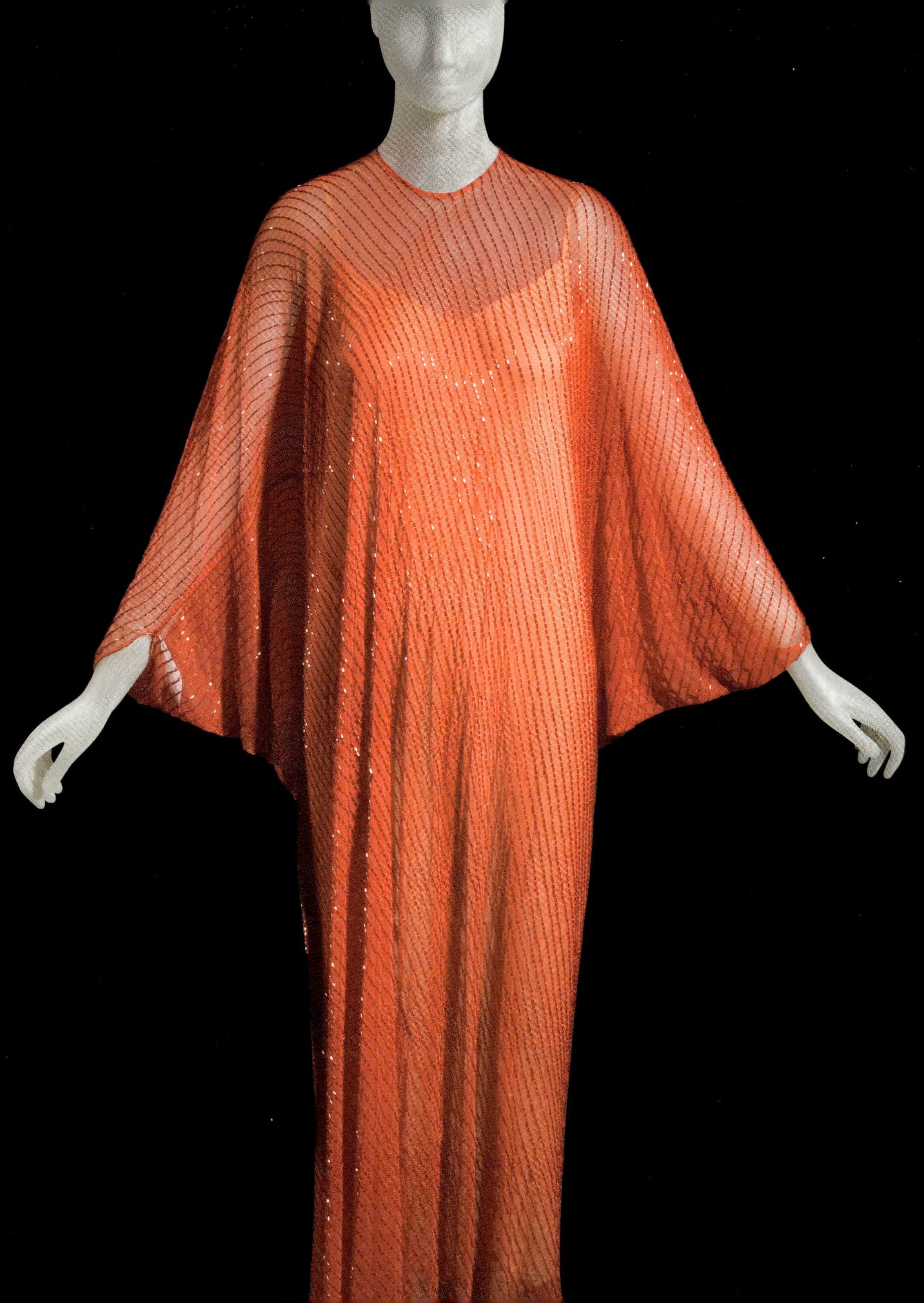

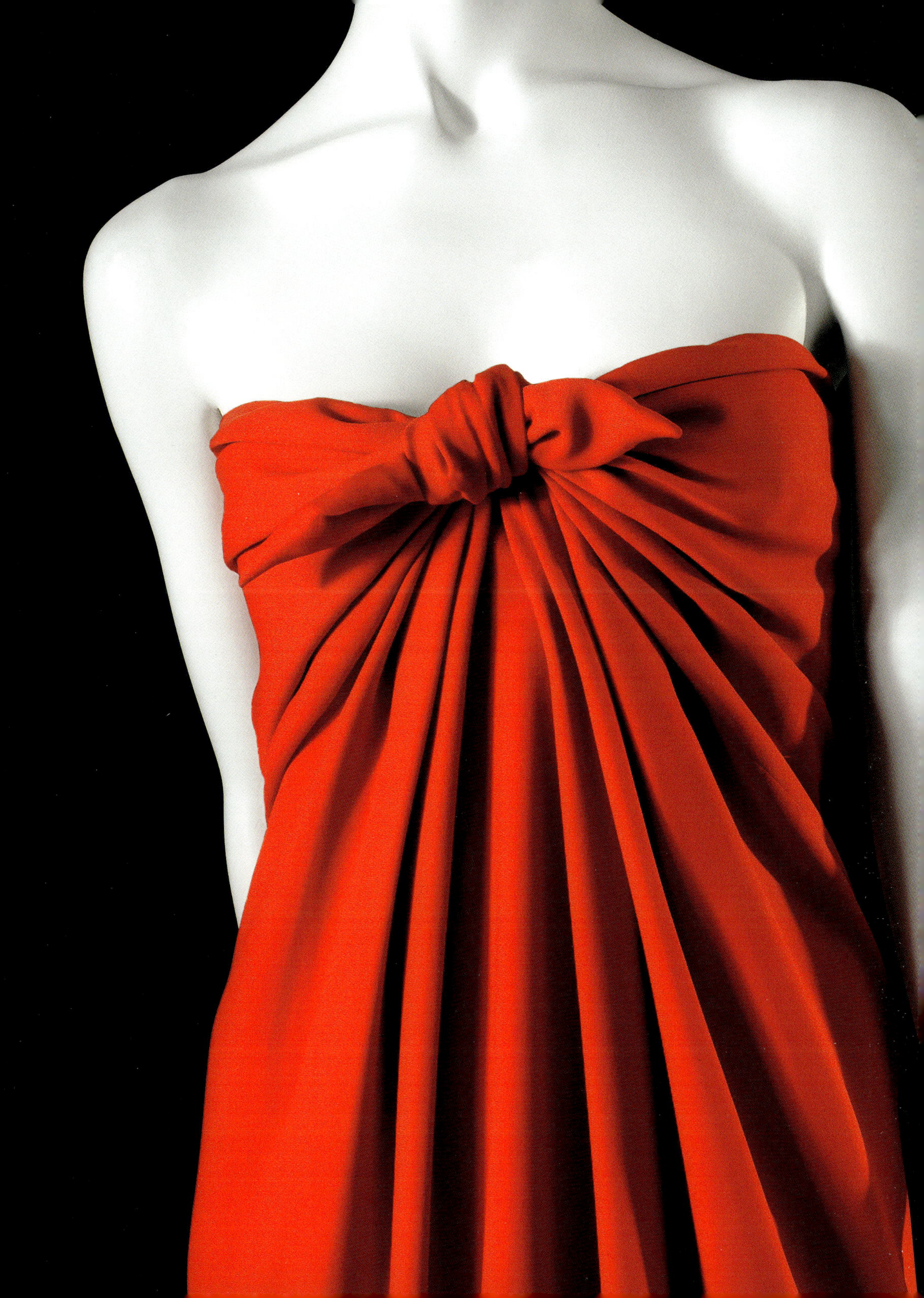

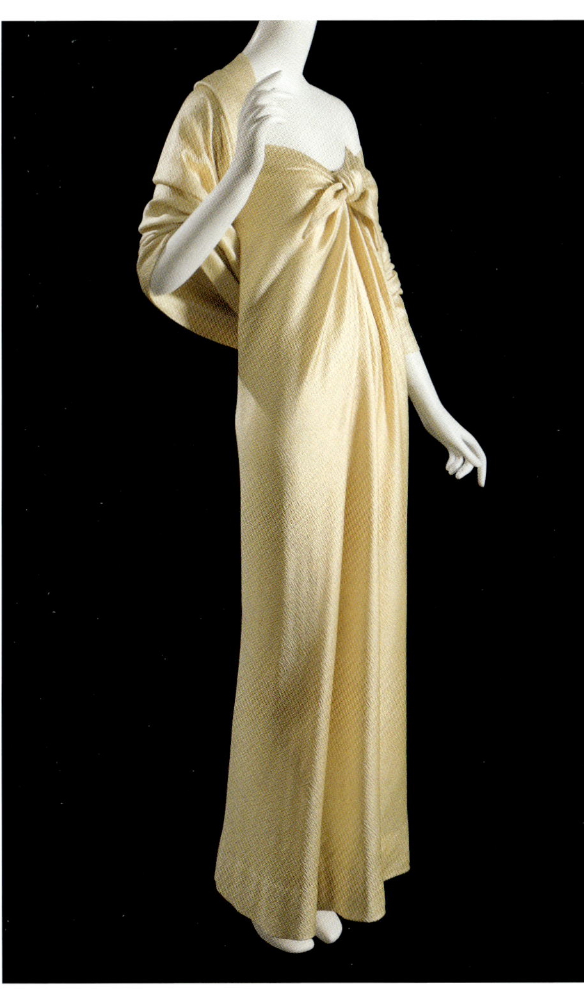

LINKS
Halston
Abendkleid und Stola: hellpfirsichfarbener gehämmerter Satin
USA, 1976

Halston sprach nur selten über die technischen Aspekte seiner Arbeit, doch die augenscheinliche Schlichtheit seiner Kreationen ist trügerisch. Dieses Kleid ist aus einem einzigen Stück Stoff schräg zum Fadenlauf geschnitten und weist eine einzige Naht auf, die um den Körper herum verläuft.

UNTEN
Halston
Abendkleid und Strickjacke: schwarzes Lurexgewirke
USA, 1973

FOLGENDE DOPPELSEITE
Halston
Abendkleid: rote Seidenorganza und schwarzer Krepp
USA, 1981

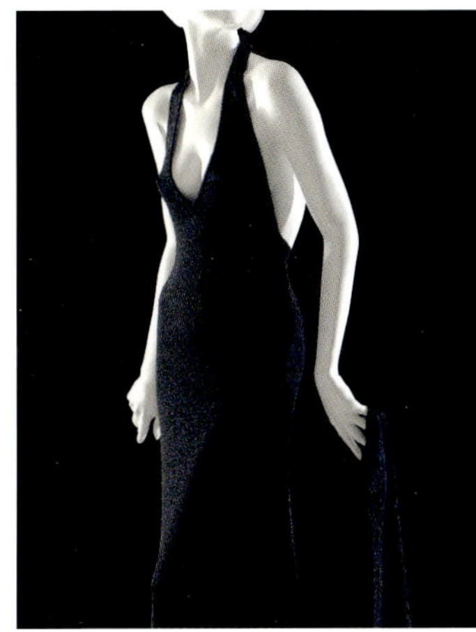

GEGENÜBER
Halston
Abendkleid: roter Seidenkrepp
USA, um 1976

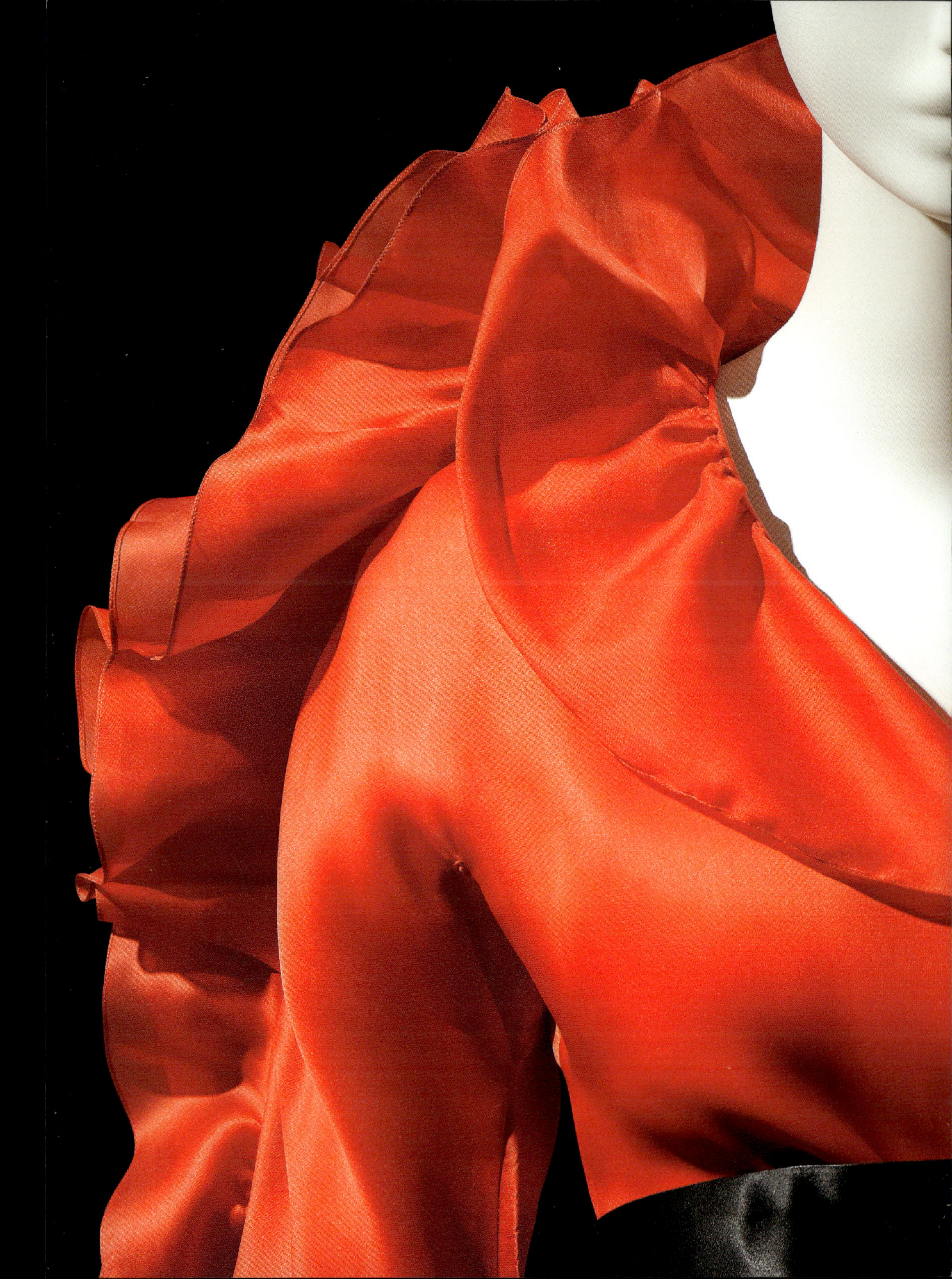

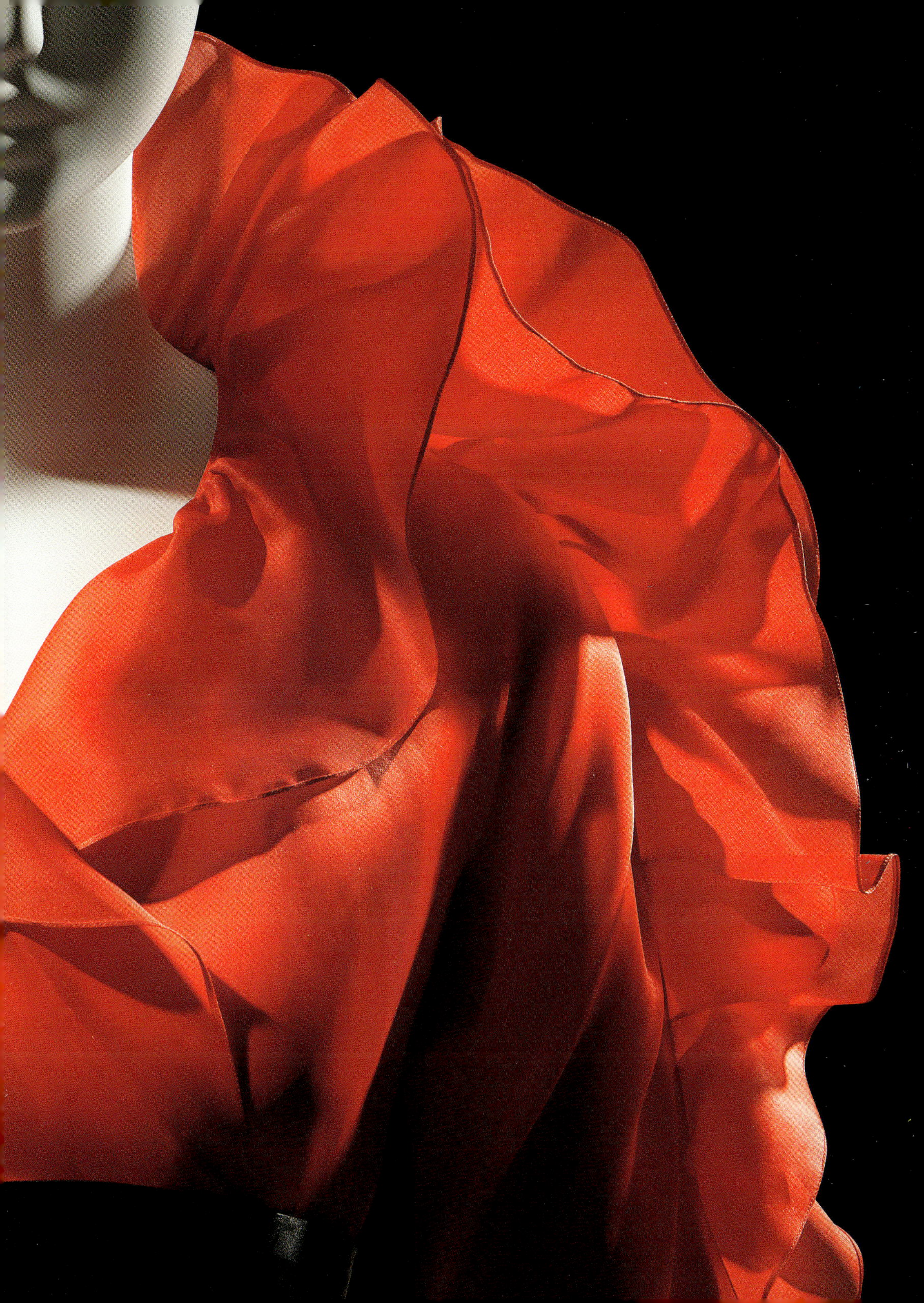

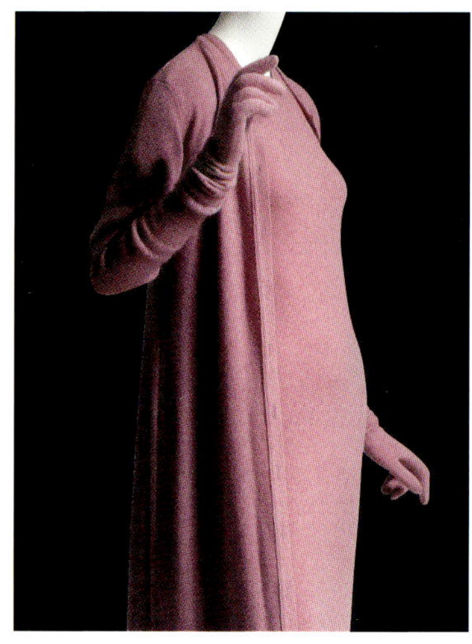

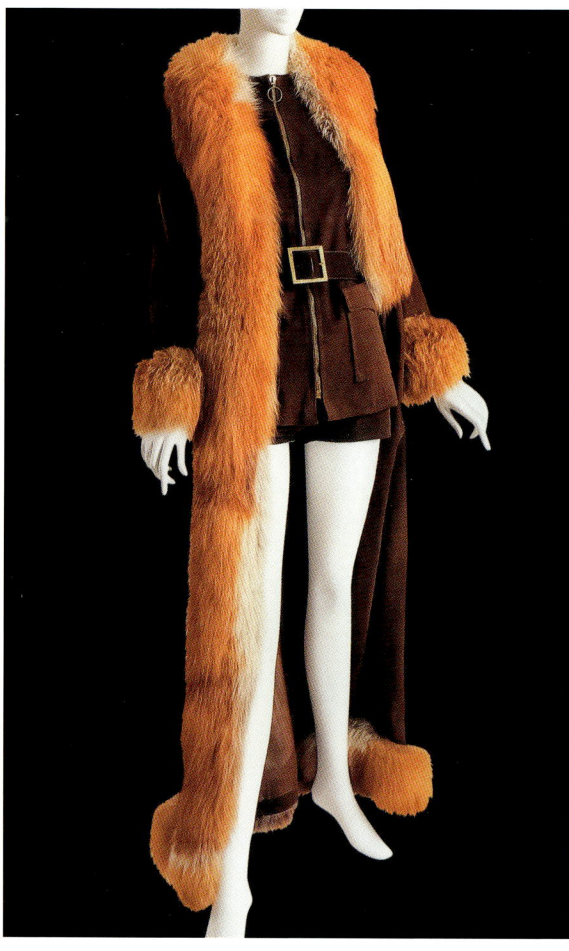

LINKS
Halston
Ensemble: braunes Wildleder, Pelzbesatz
USA, 1970–1971

OBEN
Halston
Ensemble: lavendelfarbener Kaschmir
USA, 1972–1973

GEGENÜBER
Halston
Kleid: beigefarbenes Ultrasuede
USA, 1972

Von diesem vielseitigen Hemdblusenkleid, gefertigt aus Ultrasuede und von der Zeitschrift *Esquire* 1975 als „beliebtestes teures Kleid aller Zeiten" bezeichnet, verkaufte Halston über 50 000 Stück.

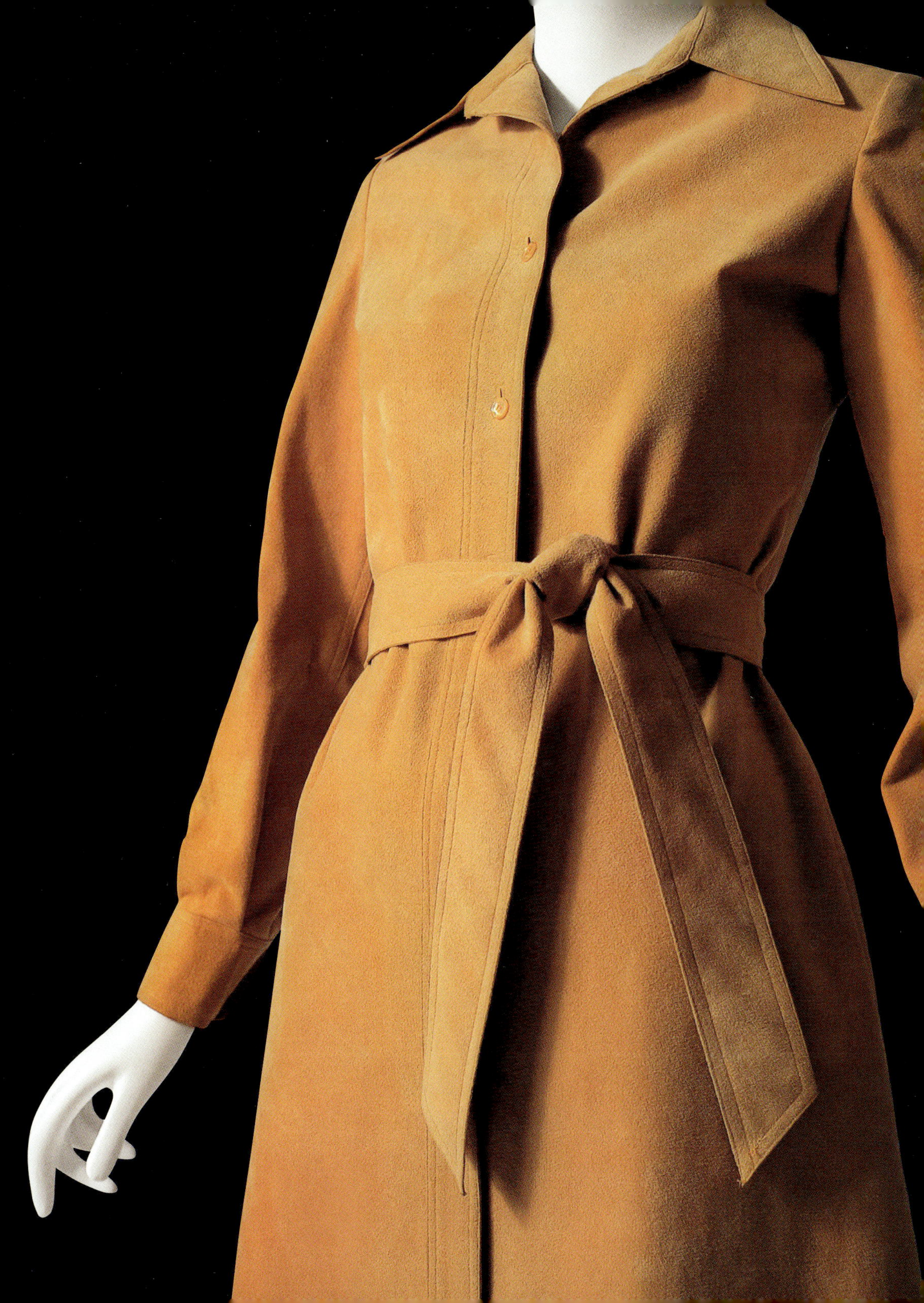

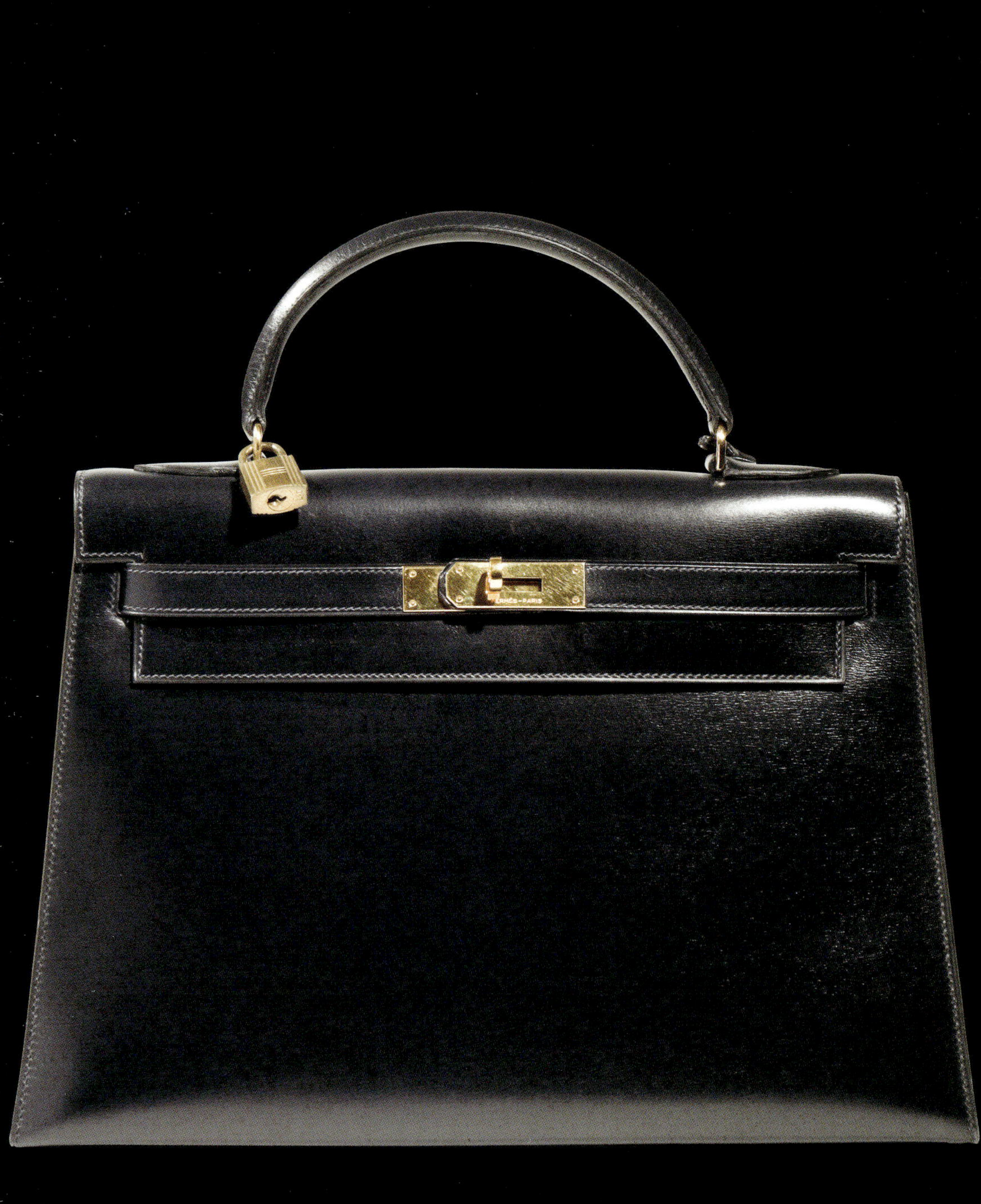

Hermès

THIERRY HERMÈS (1801–1878) Der Pariser Luxus-Lederwarenhersteller Hermès wurde 1837 von Thierry Hermès gegründet, einem deutschstämmigen Einwanderer mit protestantischen Wurzeln. In seinen Anfängen stellte der Betrieb hochwertige Geschirre und Zaumzeug für Pferdekutschen her. Heute produziert Hermès hochwertige Damenhandtaschen, dazu Männermode, Damenmode, Parfüms und eine Reihe weiterer Lifestyle-Produkte.

Im Jahr 1880 zog Thierrys Sohn Charles-Émile mit seinem Geschäft, das Sättel herstellte und verkaufte, an die noch heute gültige Adresse in der Nummer 24 der Rue du Fauburg Saint-Honoré. Die Enkelsöhne des Firmengründers, Adolphe und Émile-Maurice, erweiterten das Sortiment um eine Accesssoire-Linie und präsentierten 1922 die ersten Lederhandtaschen, Ende des Jahrzehnts schließlich auch eine erste Kollektion für Damenbekleidung. In den 1930er-Jahren entwickelte Hermès einige seiner bekanntesten Designs, darunter den *petit sac haut à courroies* (später in „Kelly Bag" umbenannt) und den bedruckten Hermès-Seidenschal, für den Robert Dumas 1937 das Motiv *Le Jeu des Omnibus et Dames Blanches* entwarf. Nach Ende des Zweiten Weltkriegs expandierte das Unternehmen weiter und führte neue Produkte wie den Damenduft *Calèche* ein. Der Absatz der „Kelly Bag" schnellte in die Höhe, als Fürstin Gracia Patricia von Monaco 1956 mit einem dieser Modelle auf der Titelseite des *Life*-Magazins erschien. Dennoch verlor Hermès in den 1970er-Jahren allmählich an Boden gegenüber Konkurrenzfirmen, die mit billigeren Materialien und Produktionsmethoden arbeiteten. Das Unternehmen blieb seinem Anspruch an höchste handwerkliche Qualität jedoch treu, versuchte nun aber auch eine jüngere Klientel zu erreichen. 1984 präsentierte das Haus die nach der englischen Schauspielerin und Sängerin Jane Birkin benannte *„Birkin Bag"*, die wie auch die „Kelly"- und viele andere Hermès-Handtaschen zu einem Klassiker wurde.

Die Konfektionslinien des Labels entwickelten sich in den vergangenen zwei Jahrzehnten in eine abstraktere, architektonische Richtung. 1997 wurde Martin Margiela für den Entwurf einer Damenkollektion gewonnen, 2003 folgte ihm Jean Paul Gaultier, zu dessen gewagten Kreationen gefranste Kaschmirmäntel zählten, die wie Pferdedecken über die Schultern geworfen und gegürtet wurden. 2010 übernahm Christophe Lemaire die kreative Leitung des Hauses; ihm folgte 2014 Nadège Vanhee-Cybulski. —*P. M.*

„So intelligent entworfen und so zutiefst gut gemacht, dass es über Mode hinausgeht …“
— LAURA JACOBS, *VANITY FAIR*

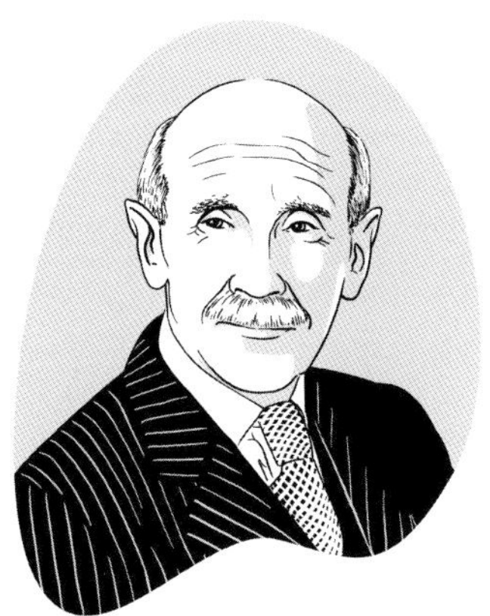

Robert Dumas Hermès
(1898–1978)

„[Hermès] protzt nicht, lässt keine Prominenten für sich werben, vergibt keine Lizenzen auf seinen Namen, gestattet nicht, dass auch nur ansatzweise fehlerhafte Ware das Atelier verlässt (fehlerhafte Ware wird vernichtet), lässt sich von Trends nicht beirren.“
— Laura Jacobs, *Vanity Fair*

VORHERGEHENDE DOPPELSEITE
Hermès
„Kelly“-Handtasche:
marineblaues Leder,
Metallteile aus Messing
Frankreich, 2000

GEGENÜBER
Hermès (Jean Paul Gaultier)
Ensemble: heidegraue Wolle,
Lammfell, Wollfilz
und schwarzes Leder
Frankreich, 2010

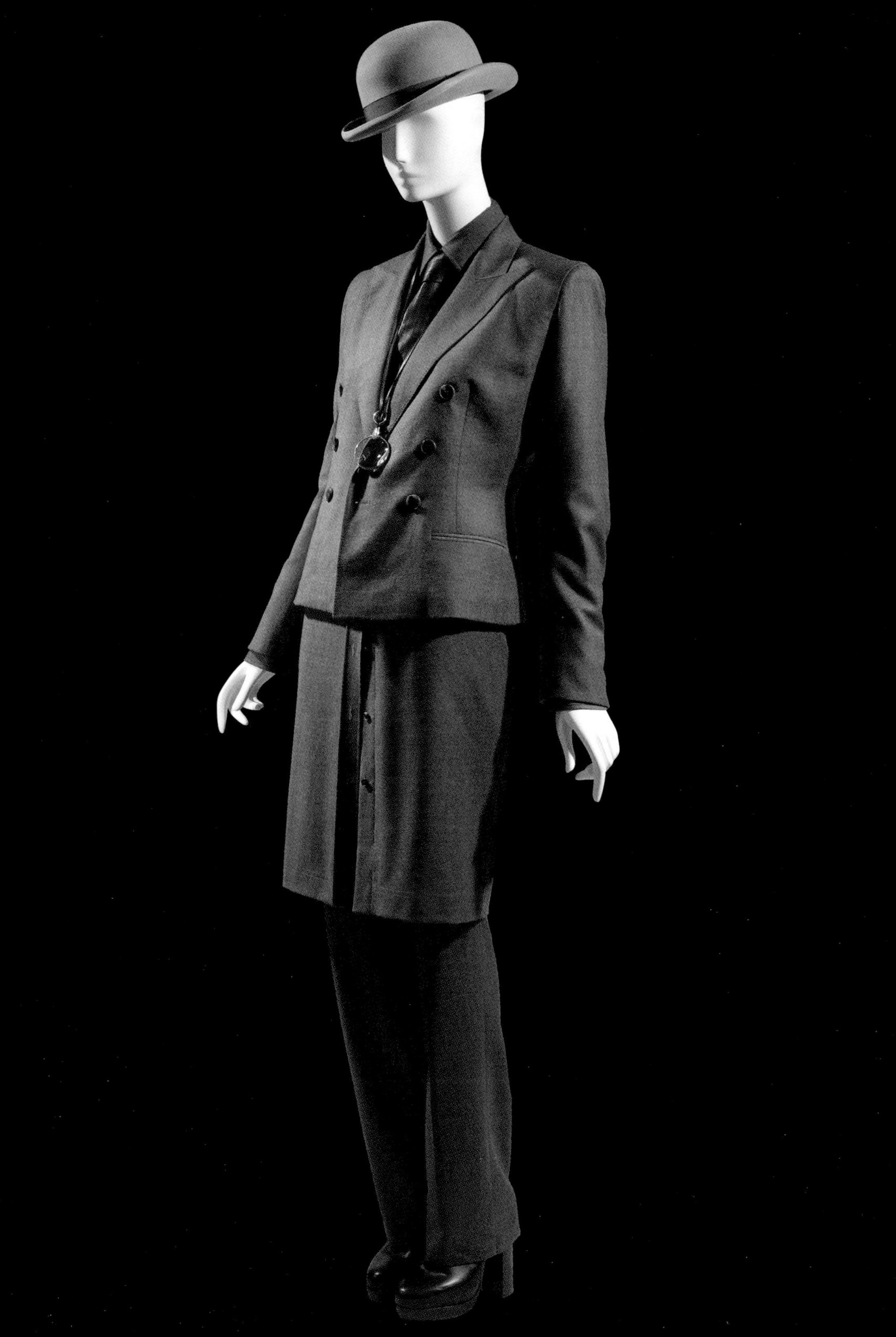

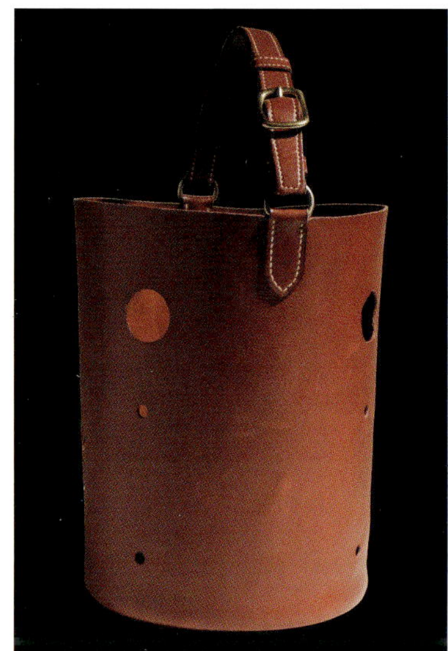

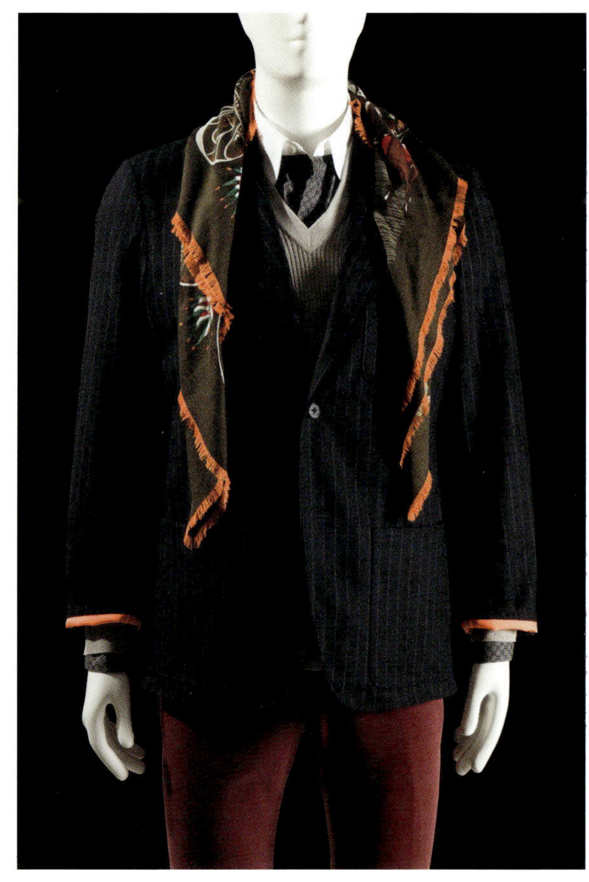

OBEN
Hermès
Handtasche: rotes Leder,
vergoldete Metallteile
Frankreich, um 1938

RECHTS UND GEGENÜBER
Hermès (Véronique Nichanian)
Herrenensemble: marineblaue
Wolle mit Nadelstreifen,
orangefarbene Baumwolle,
rosafarbener Baumwollvelveton,
schwarzes Leder
Frankreich, 2010

Das Haus Hermès, Traditionshersteller von Luxusaccessoires und für seine bedruckten Seidenschals bekannt, hat in den letzten Jahren auch als Herren- und Damenmodelabel an Bedeutung gewonnen.

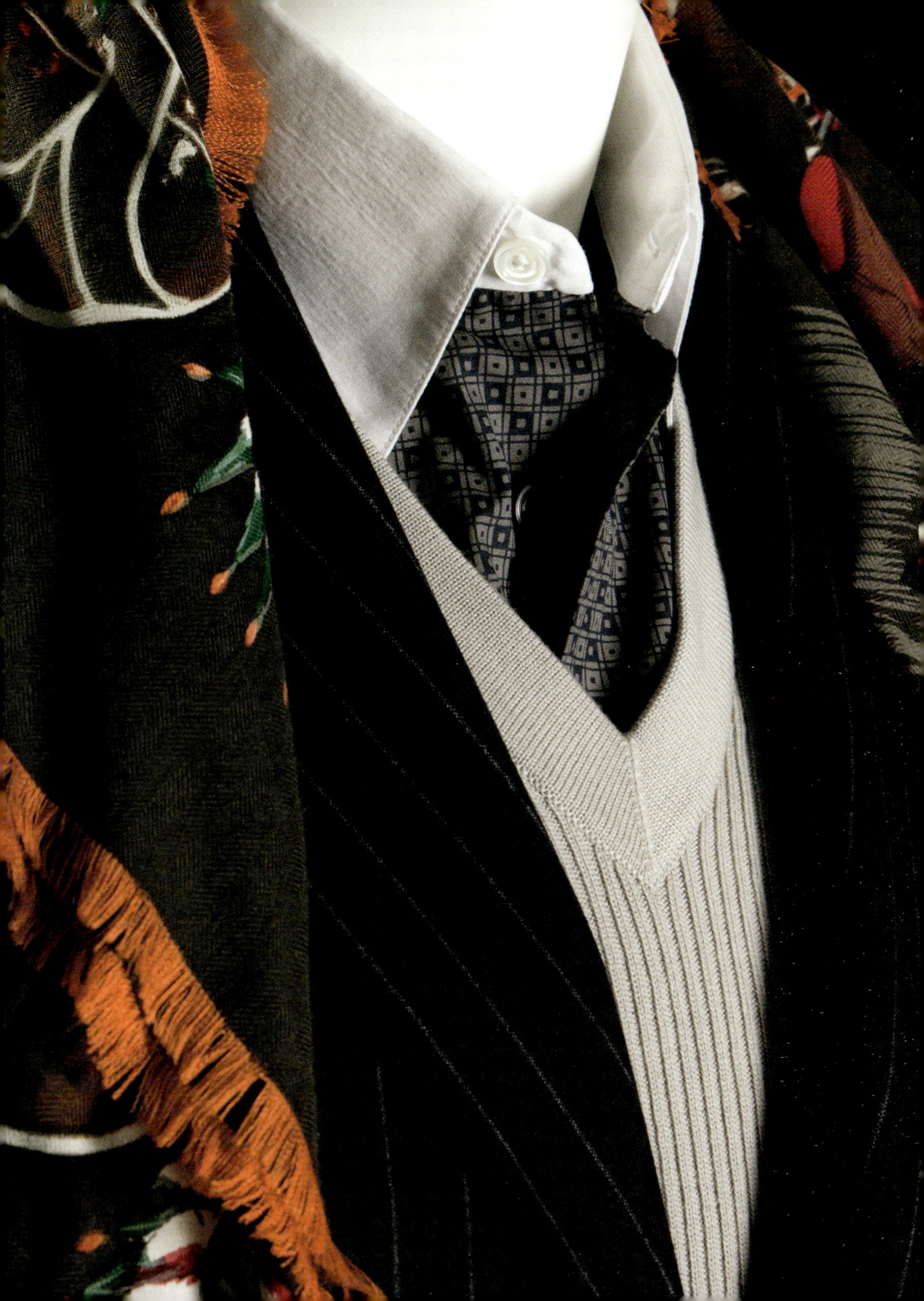

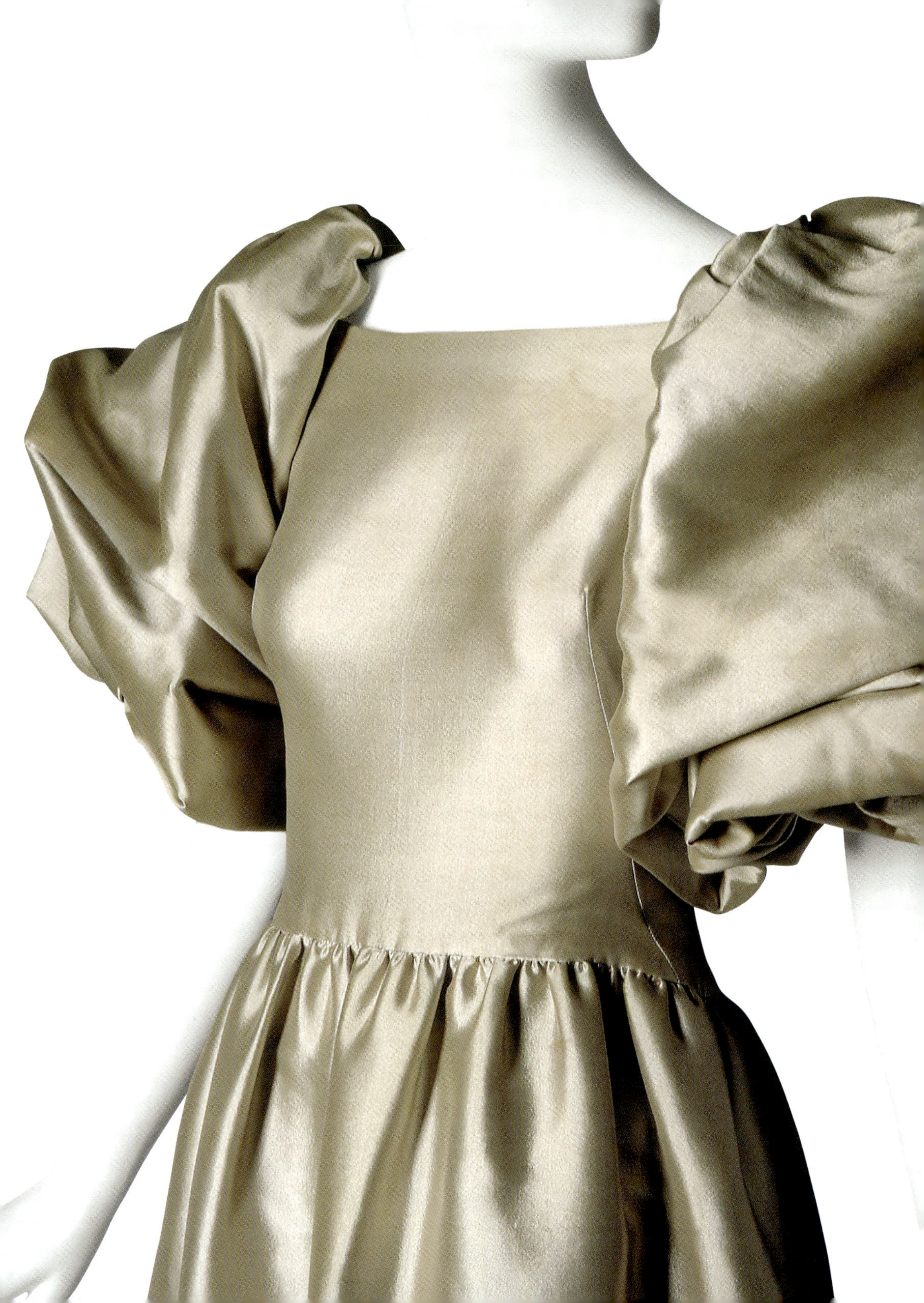

Carolina Herrera

CAROLINA HERRERA (* 1939) Schon vor dem Debüt ihrer ersten Laufstegkollektion im Jahr 1981 galt die aristokratische venezuelanische Schönheit Carolina Herrera seit Langem als eine der bestangezogenen Frauen der Gesellschaft. Ihre ersten Entwürfe erschienen zu einer Zeit, in der laut *New York Times* „Aufstylen" das „neue Gebot der Stunde" war, und in dieses gesellschaftliche Klima passten Herreras verschwenderische Abendroben blendend.

Ärmel spielen in ihrer Arbeit eine herausragende Rolle: Ihre Ärmel sind derart charakteristisch, dass Herrera von der Zeitschrift *Women's Wear Daily* schon früh als „unsere Ärmelheilige" bezeichnet wurde. Wenn eine Frau sitzt, erklärte die Designerin dazu der *New York Times* 1980, „kommt es vor allem auf das an, was von der Taille aufwärts zu sehen ist. Darum sind mir Ärmel so wichtig. Sie lassen Sie wichtig aussehen." Ihre Sensibilität für einen ganz bestimmten Lebensstil verhalf Herrera zu einem elitären Kundenkreis, dem auch ihre Freundin Jacqueline Kennedy Onassis angehörte.

Wie der Journalist John Duka beobachtete, bewegt sich Herrera am Ende einer Modenschau im November 1981 „mit der Selbstsicherheit einer Person, die mit dem Ruf des Dilettantimus zu kämpfen und gewonnen hatte". Im Lauf ihrer mittlerweile 35 Jahre währenden Karriere (ein Ende ist noch nicht in Sicht) hat Herrera sich fraglos als Modeschöpferin bewiesen, die *alle* Frauen versteht, nicht nur die gut betuchten.

Herreras persönlicher Stil und ihre Entwürfe gehen Hand in Hand; beide sind frisch, glanzvoll und elegant, ihre Gewänder stets makellos geschneidert und exquisit verarbeitet. Sie selbst bezeichnet ihre Kreationen als „sehr feminin mit einer gewissen Eleganz; auf moderne Art klassisch". Herrera trat 2018 als Chefdesignerin zurück, und ihr Nachfolger Wes Gordon zeigte 2019 seine erste eigene Kollektion. *—J. F.*

„In einer Zeit, in der wahre Eleganz, gute Manieren und wesensmäßige Weiblichkeit schwer zu bekommen sind, ist Herrera eine inspirierende Figur."
— ANNETTE TAPERT, *TOWN & COUNTRY*

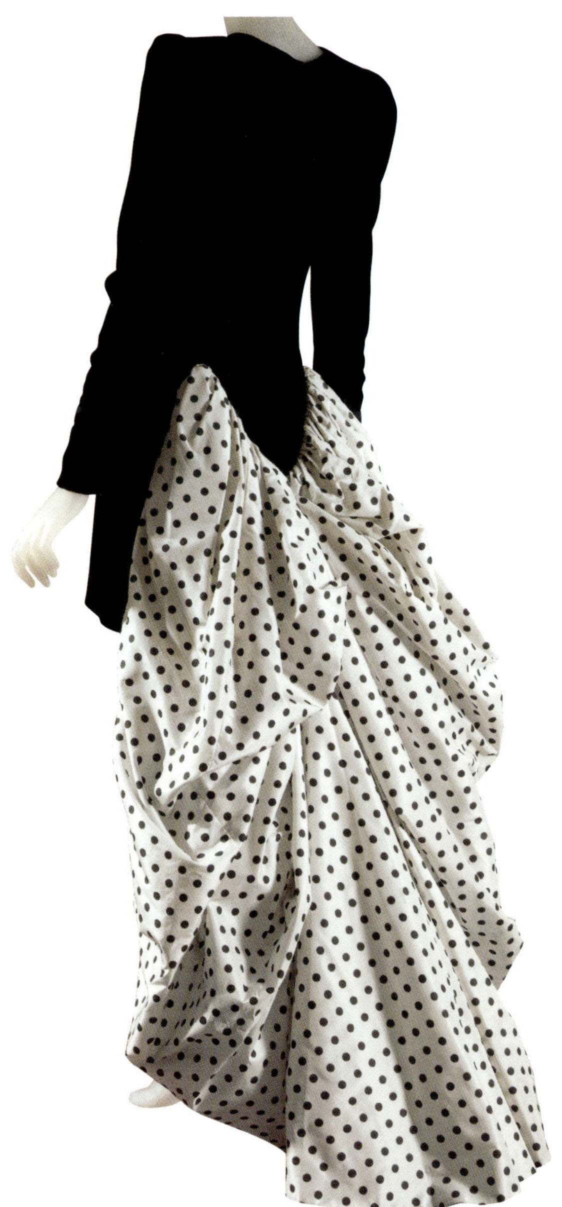

„Carolina ist der Inbegriff von Klasse. Sie hat sich zu einer wichtigen Designerin für die elegante, weit gereiste, weltgewandte Kundin entwickelt, die sich keinerlei modischen Launen und Trends unterwirft. Wir alle wollen wie sie aussehen und uns so wie sie kleiden."
— **Rose Marie Bravo,** ***Town & Country***

VORHERGEHENDE DOPPELSEITE
Carolina Herrera
Abendkleid: eierschalenfarbene Peau de soie
USA, 1981

LINKS
Carolina Herrera
Cocktailkleid: schwarzer Samt, schwarzer und weißer Seidentaft
USA, 1988

GEGENÜBER
Carolina Herrera
Abendkleid: schwarz-weiß gestreifter Seidentaft
USA, 2004

Die Modeschöpferin trug eine Version dieses Abendkleides – eine festliche Abwandlung der schlichten, weißen Bluse, ihres persönlichen Markenzeichens – anlässlich einer vom Costume Institute des Metropolitan Museum veranstalteten Gala im Jahr 2004.

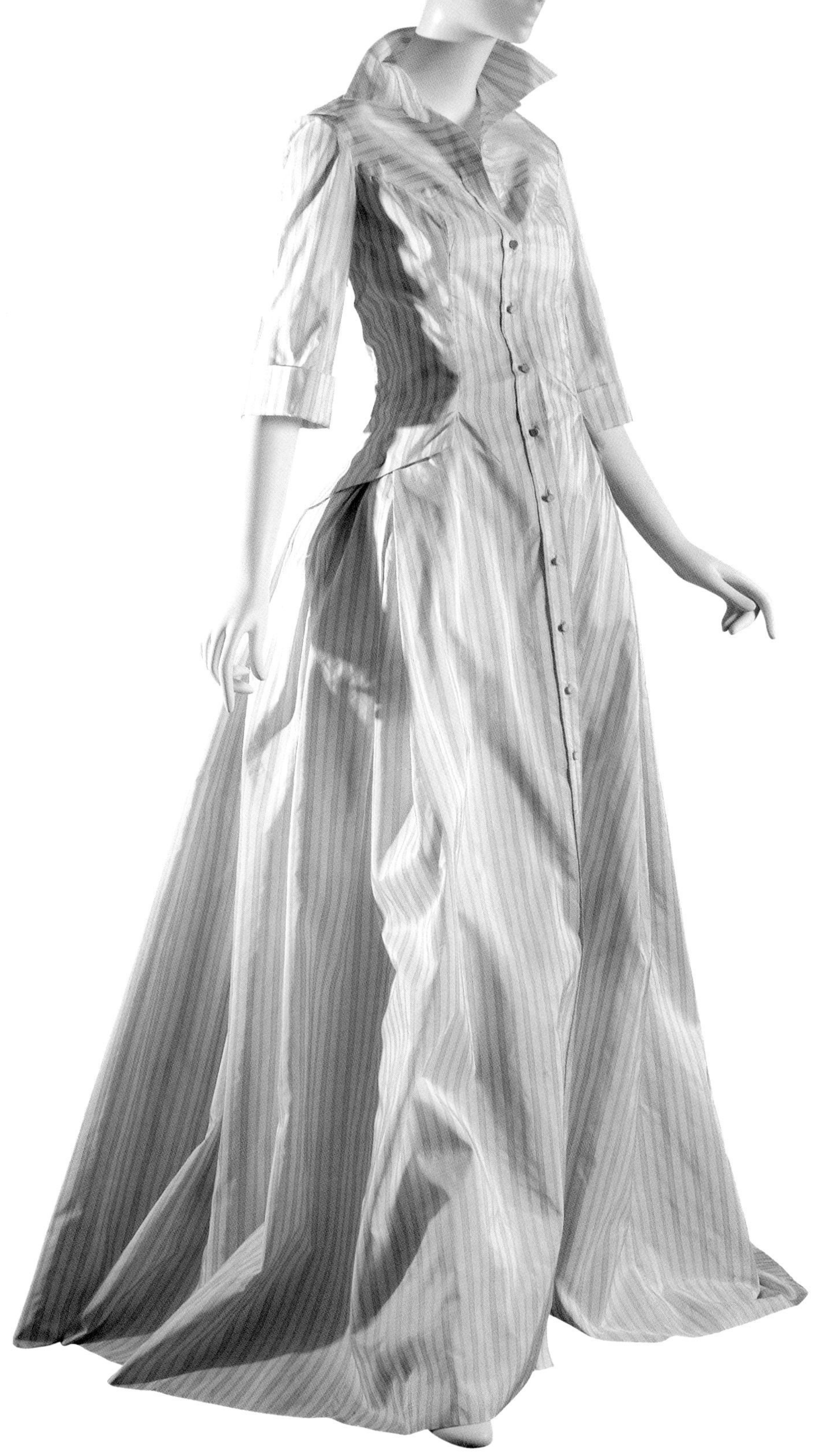

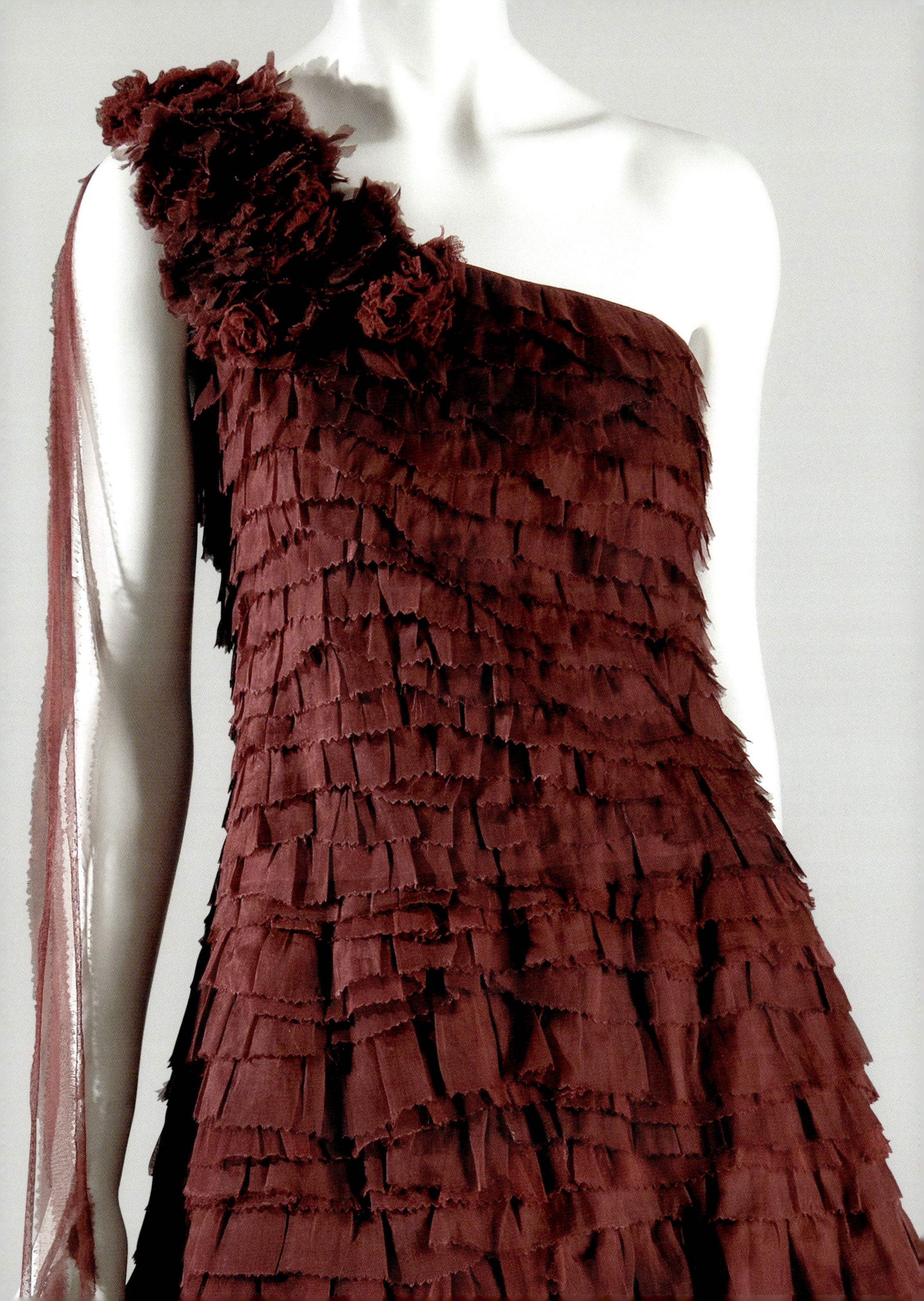

Marc Jacobs

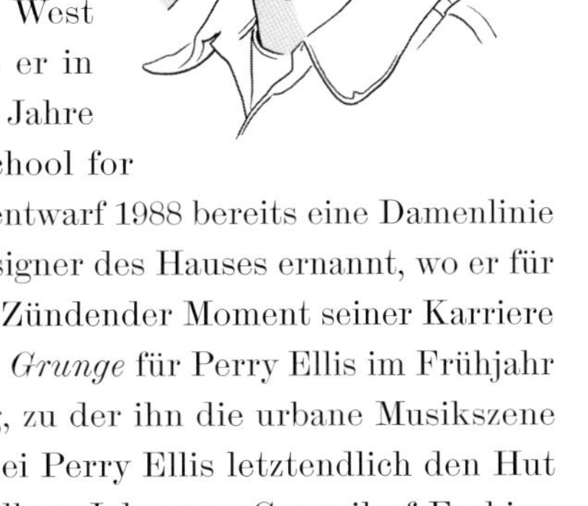

MARC JACOBS (* 1963) Seine charakteristische Melange aus Uptown-Eleganz und Downtown-Straßenatmosphäre hat Marc Jacobs die Anerkennung der Fachpresse und anderer Modeschaffender eingetragen. Anna Wintour, Chefredakteurin der *Vogue* und Jacobs-Unterstützerin der ersten Stunde, schwärmte von seiner Gabe, „alles Konservative cool aussehen zu lassen ... und alles Coole konservativ".

Jacobs kommt zwar von der gediegenen Upper West Side, doch seine prägenden Erfahrungen sammelte er in der New Yorker Klubszene downtown. 1986, nur zwei Jahre nach seinem Abschluss an der Parsons the New School for Design, präsentierte er seine erste eigene Kollektion, entwarf 1988 bereits eine Damenlinie für Perry Ellis und wurde im Jahr darauf zum Chefdesigner des Hauses ernannt, wo er für seine Arbeit ungewöhnlich hohes Kritikerlob erntete. Zündender Moment seiner Karriere war die Präsentation der heute legendären Kollektion *Grunge* für Perry Ellis im Frühjahr 1993, einer ausgesprochenen Antimode-Inszenierung, zu der ihn die urbane Musikszene Seattles inspirierte. Wegen *Grunge* musste Jacobs bei Perry Ellis letztendlich den Hut nehmen, doch ironischerweise wurde er noch im selben Jahr vom Council of Fashion Designers of America zum Designer des Jahres in der Kategorie Damenmode gekürt.

Als Jacobs sowohl unter eigenem Namen wie auch als Kreativchef für Louis Vuitton (von 1997 bis 2013) arbeitete, hatte er in Fan-Kreisen bald Kultstatus erlangt. Mit unermüdlichem Einfallsreichtum entwirft er nach wie vor elegante und gleichzeitig unberechenbare Mode, die den kulturellen Zeitgeist widerspiegelt. Für Louis Vuitton arbeitete er mit einer Reihe von Künstlern zusammen, beispielsweise mit Stephen Sprouse für eine LV-Kollektion *Graffiti* oder 2003 mit Takashi Murakami, der Manga- und Japan-Pop-Elemente in die Luxusmode brachte. Für eine in Zusammenarbeit mit dem Starfotografen Juergen Teller produzierte, nach wie vor laufende Anzeigenserie holt Jacobs Popikonen und Society-Prominenz wie Winona Ryder, Sofia Coppola, Victoria Beckham und sogar den Kinderstar Dakota Fanning vor die Kamera. —*M. M.*

„Kein anderer amerikanischer Designer hat den New Yorker Straßenstil so erfolgreich mit einer Ehrfurcht vor der Schaffung schöner Mode verschmolzen."
— ANNA WINTOUR, CHEFREDAKTEURIN, *VOGUE*

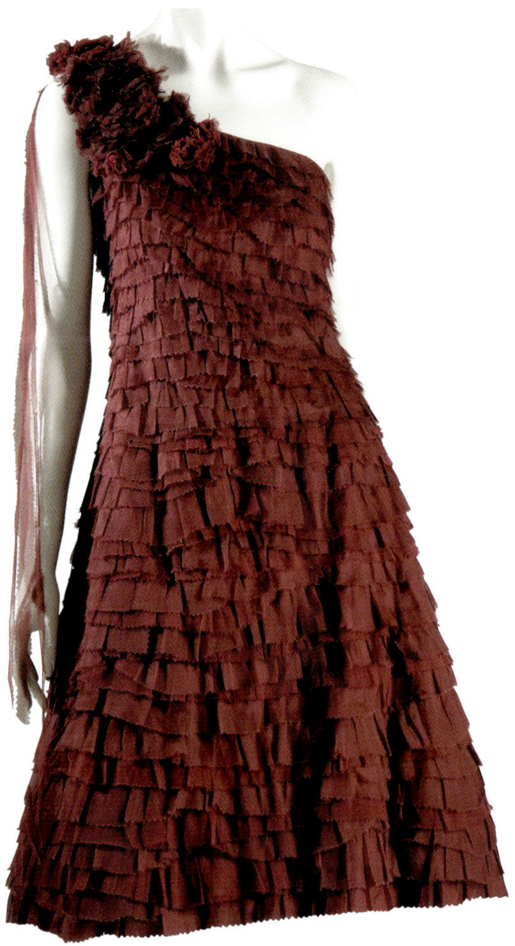

„Ich liebe es, ganz alltägliche und beruhigende Dinge zu nehmen und daraus die luxuriösesten Dinge der Welt zu machen."
— **Marc Jacobs**

VORHERGEHENDE DOPPELSEITE UND LINKS
Marc Jacobs
Abendkleid: rot-violette Seidenorganza und Tüll, Taft
USA, 2000

UNTEN
Louis Vuitton (Marc Jacobs)
Schnürschuhe: Goldleder mit Nerz und Seide
USA, 2004

GEGENÜBER
Marc Jacobs
Abendkleid: schwarzer Seidenchiffon, Tüll und wiederbestickte Spitze
USA, 2008

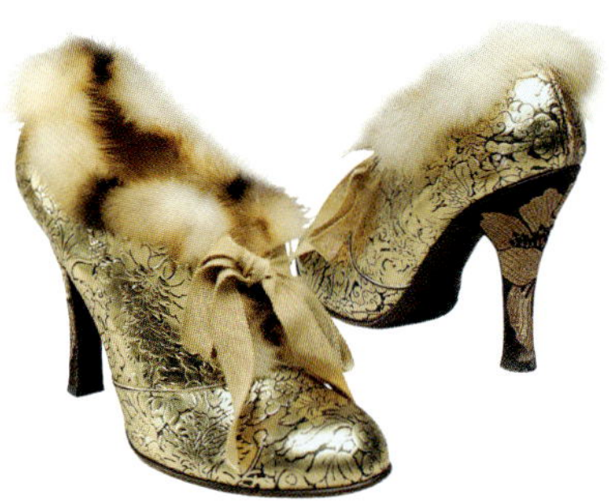

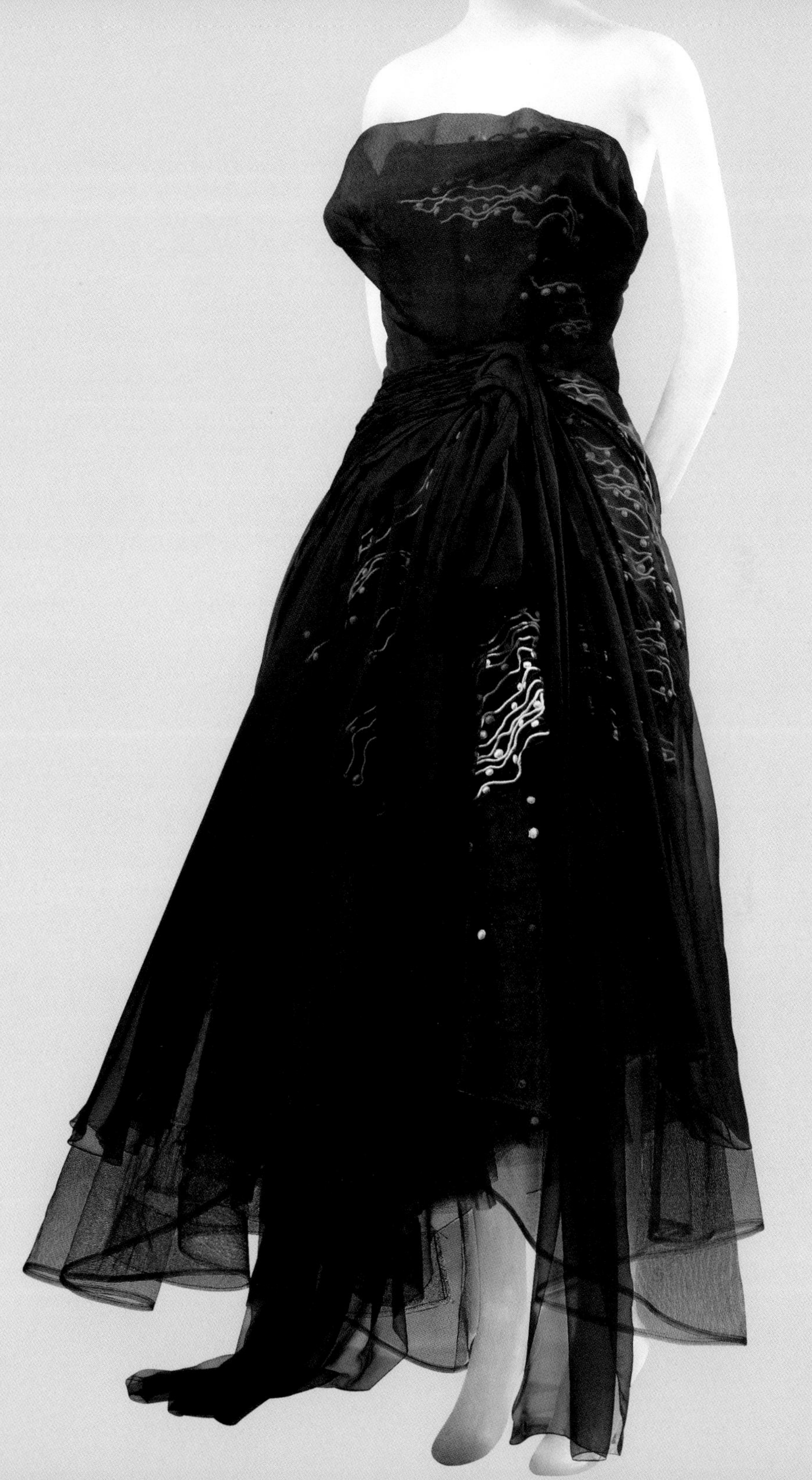

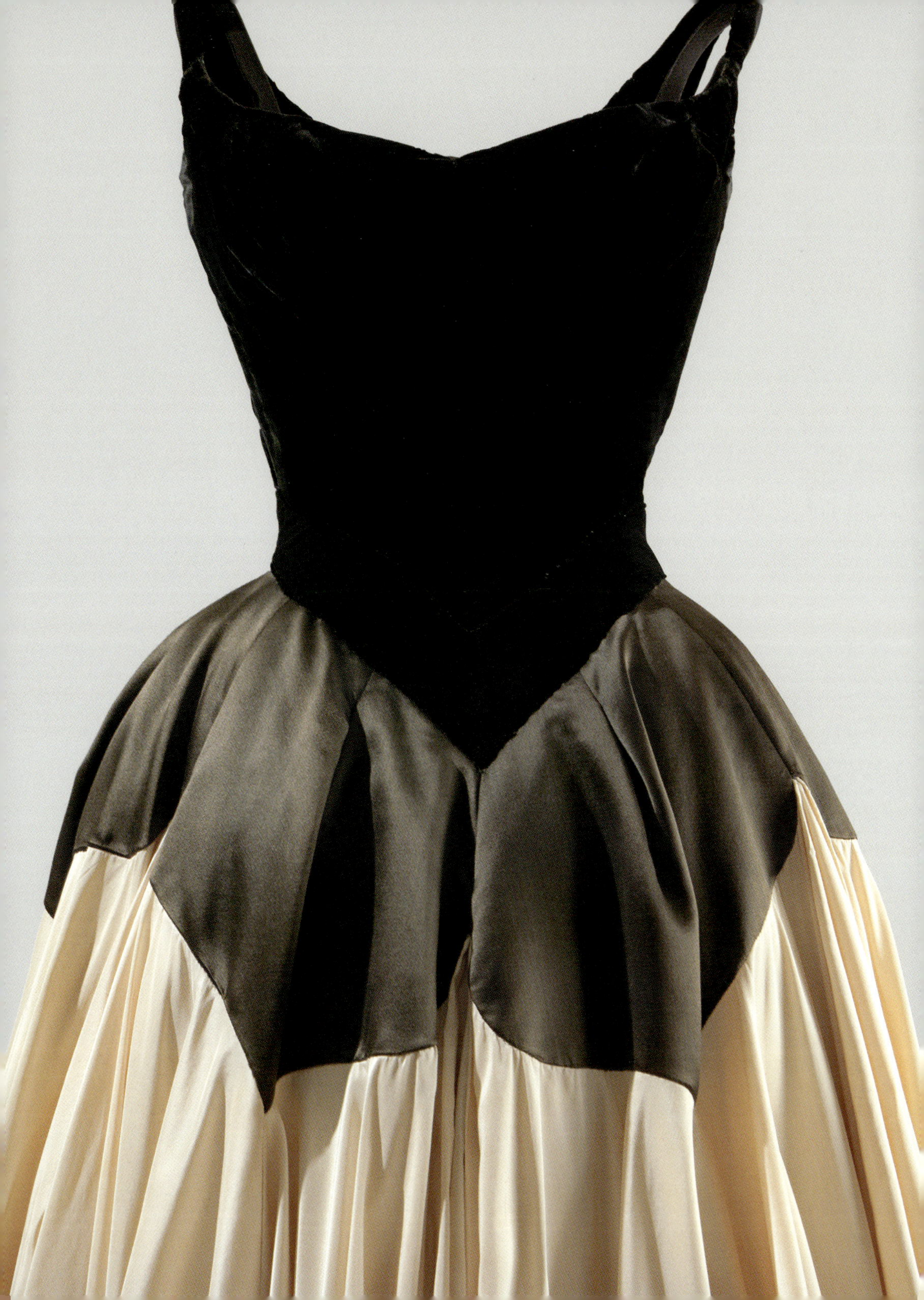

Charles James

CHARLES JAMES (1906–1978) war ein Couturier der Couturiers – von Modeschöpfern wie Christian Dior und Jacques Fath zutiefst verehrt, doch der breiteren Öffentlichkeit weitgehend unbekannt. Obwohl er kostspielige Mode für einige der anspruchsvollsten Kundinnen der Welt kreierte, geriet er häufig an den Rand des Bankrotts. Ein brillanter Couturier, aber ein schwieriger und gebrochener Charakter, der im Lauf seiner 50 Jahre währenden Karriere weniger als 1000 Kleidungsstücke produzierte. Die schiere Seltenheit und Einzigartigkeit der noch erhaltenen Stücke aus seiner Hand lässt James' Kreationen mit zu den wertvollsten Exponaten gehören, die in Kostüm- und Modemuseen zu finden sind.

Die Karriere des gebürtigen Engländers, Sohn eines Offiziers und einer reichen Erbin aus Chicago, beginnt in Chicago, wo er unter dem Namen Charles Boucheron zunächst als Modist arbeitete. In New York, seiner nächsten Station, fing er auch an, Kleider zu entwerfen. An der Art, wie er strenge, geometrische Formen und weiche, fließende Falten einander gegenüberstellte, ist seine Vorbildung als Hutmacher zu erkennen. In den 1950er-Jahren arbeiteten viele Modeschöpfer Versteifungen und Polster in ihre Modelle ein, doch James ging noch viel weiter: Häufig konstruierte er ein ausgefeiltes Innengerüst, das den Leib der Trägerin umschloss, und modellierte anschließend durch kunstvolles Drapieren von Seiden- und Satinstoffen mit höchster Virtuosität die Außenhülle.

Seine wohl bekanntesten Entwürfe entstanden in den 1940er- und 1950er-Jahren: raffiniert und oft asymmetrisch geschnittene Ballkleider, für die damals rund 1500 Dollar verlangt wurden; heute erzielen sie leicht das Hundertfache. Das Museum des FIT besitzt einige der von James für die Schauspielerin und Sängerin Lisa Kirk entworfenen Roben, außerdem ein wunderschönes Exemplar seines berühmtesten Ballkleids, „Abstract" oder „Four-Leaf Clover" (Vierblättriges Kleeblatt). Auch seine wattierten, abgesteppten Abendjacken stießen zu Recht auf Bewunderung. Abgesehen von seiner herausragenden Fähigkeit, „Skulpturen" aus Stoff zu formen, besaß James auch ein brillantes Farbgefühl und spielte mit überraschenden Kontrasten wie Goldgelb und Eisblau in meisterhafter Manier. Er war ein schwieriges Genie und zählte Babe Paley, Mrs. William Randolph Hearst und Doris Duke zu seinen Kundinnen. —*V. S.*

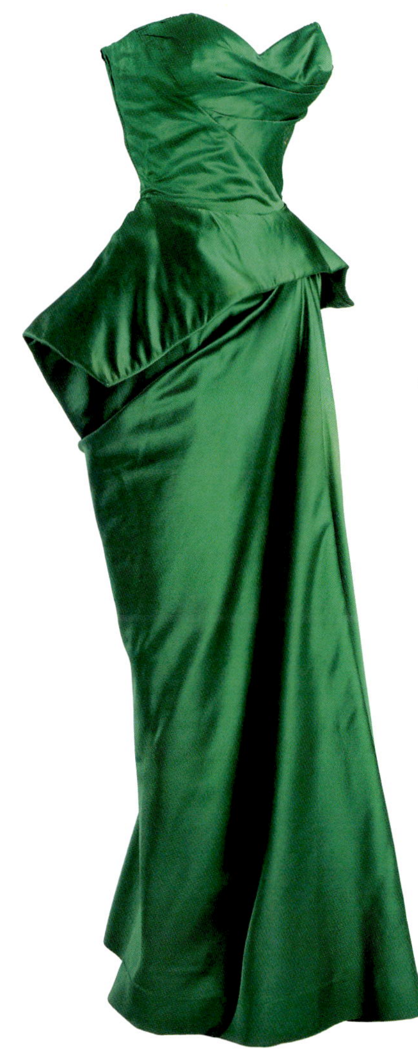

„Charles James ist nicht nur der größte amerikanische Couturier, sondern der weltbeste und der einzige Damenschneider, der [die Schneiderei] von einer Gebrauchskunst zu einer reinen Kunstform erhoben hat.“

— CRISTÓBAL BALENCIAGA

*„Die individuelle Qualität von Charles James' Kreationen resultiert aus einem intuitiven Gespür für Schnitte in Kombination mit Drapage und Modellage. Mit jeder Naht setzt er einen anatomischen Akzent, der durch das Wechselspiel mit Farben und Texturen noch verstärkt wird.“ —**Vogue***

VORHERGEHENDE DOPPELSEITE
Charles James
Abendkleid „Blütenblatt“: schwarzer Seidensamt, schwarzer Seidensatin, elfenbeinfarbener Seidentaft
USA, 1951

OBEN
Charles James
Kleid: dunkelsmaragdgrüner Seidensatin
USA, 1954

GEGENÜBER
Charles James
Abendkleid „vierblättriges Kleeblatt“: rosaroter Seidentaft, blassrosafarbener Seidensatin
USA, 1953

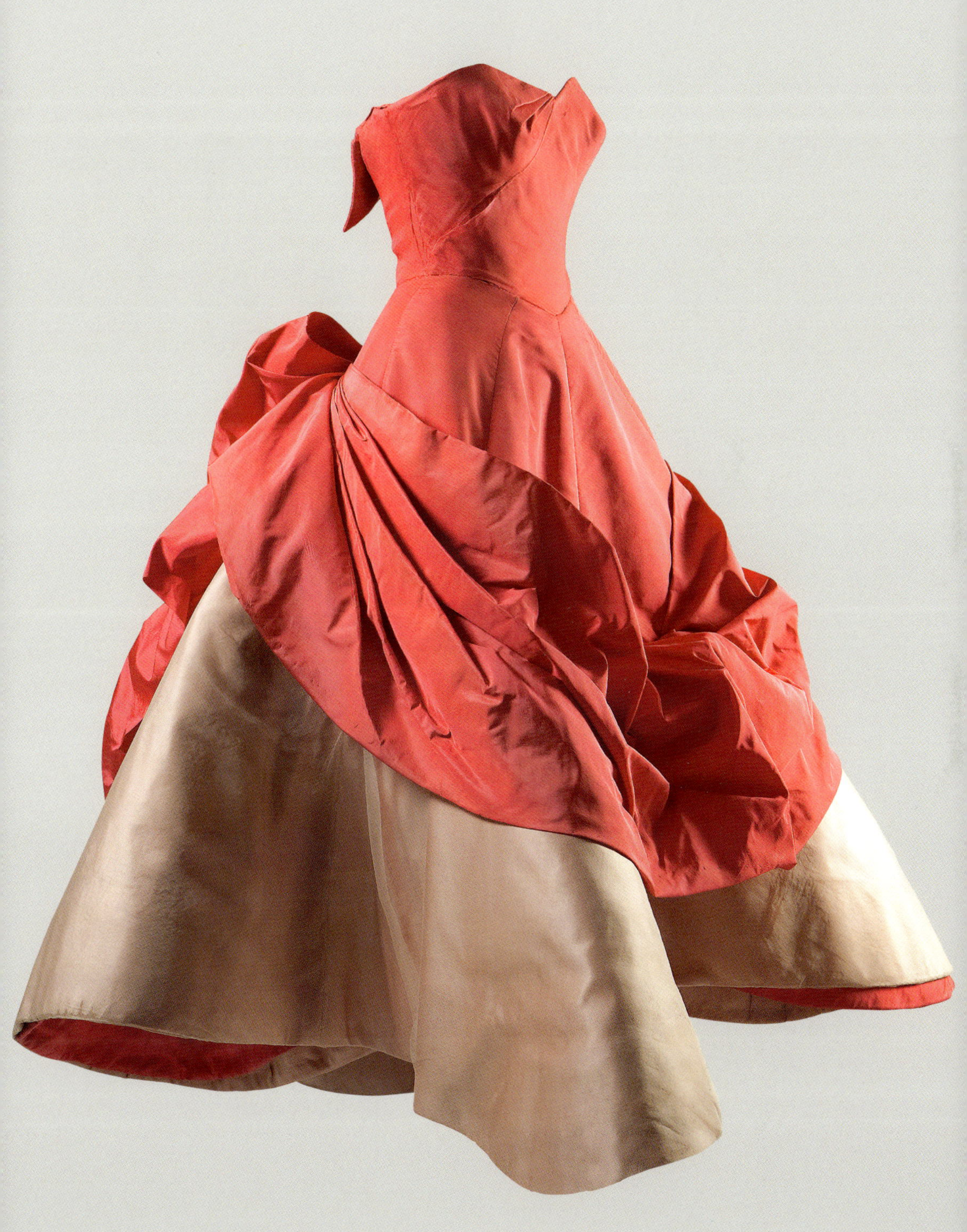

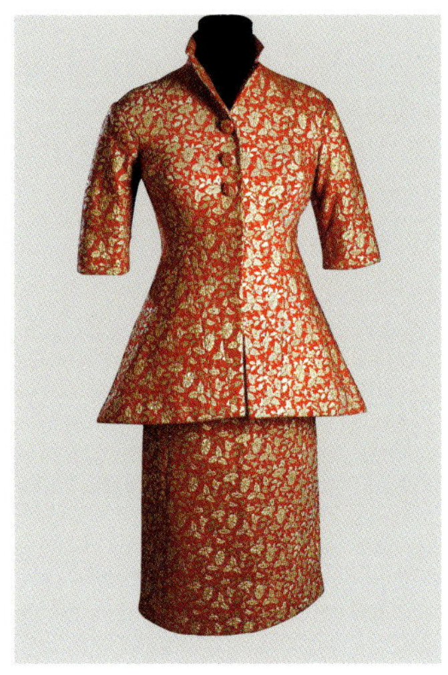

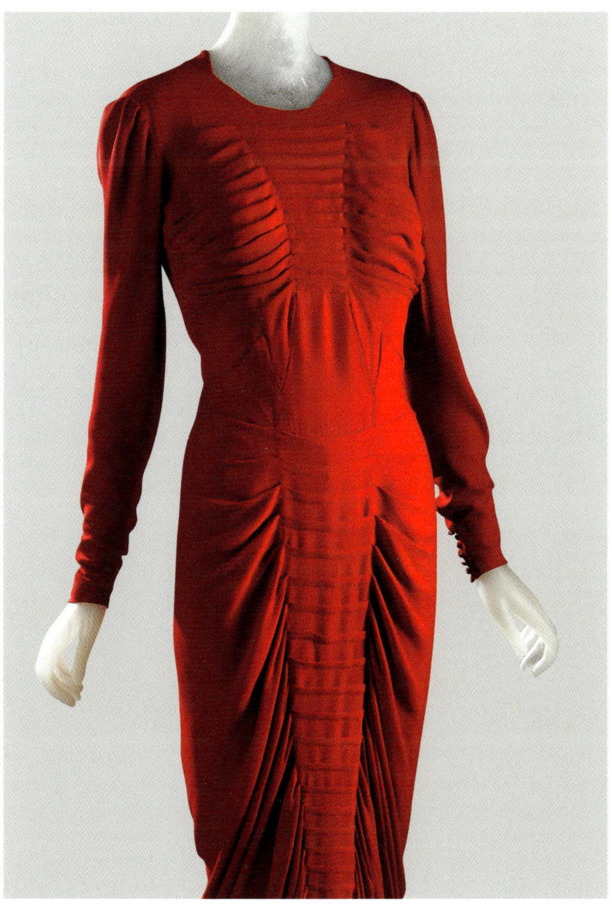

LINKS
Charles James
Abendkleid *„La Sirène"*:
roter Seidenkrepp
USA, um 1940

OBEN
Charles James
Kostüm „Pagoda":
metallisch roter und
goldener Blumenbrokat
USA, 1955

GEGENÜBER
Charles James
Abendkleid *„La Sirène"*:
braungrauer Seidenkrepp
USA, um 1956

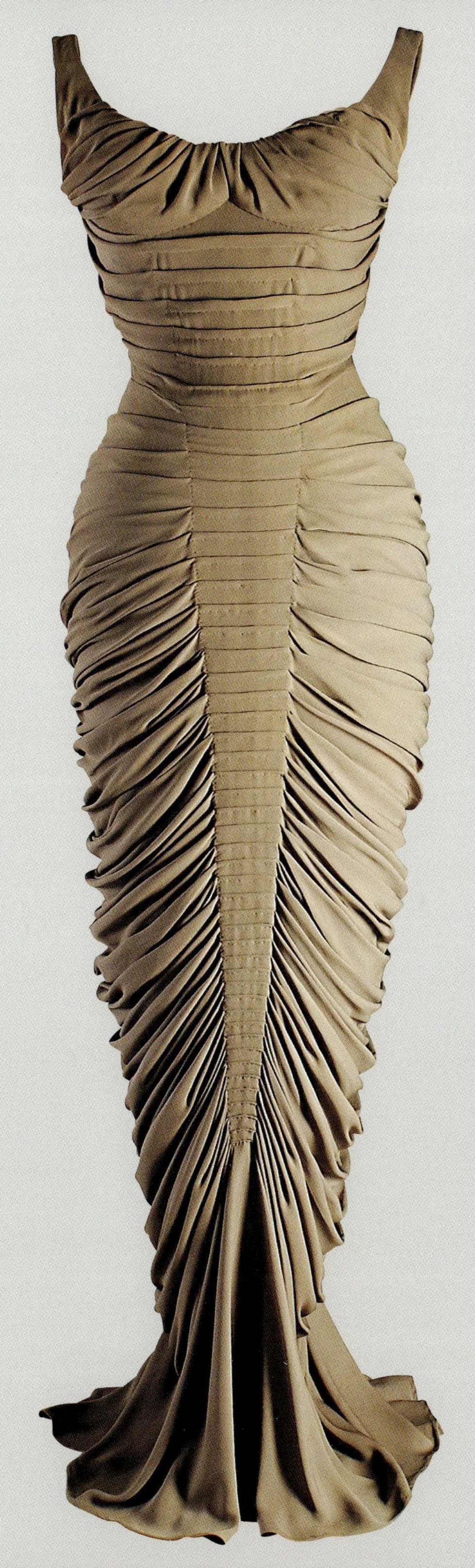

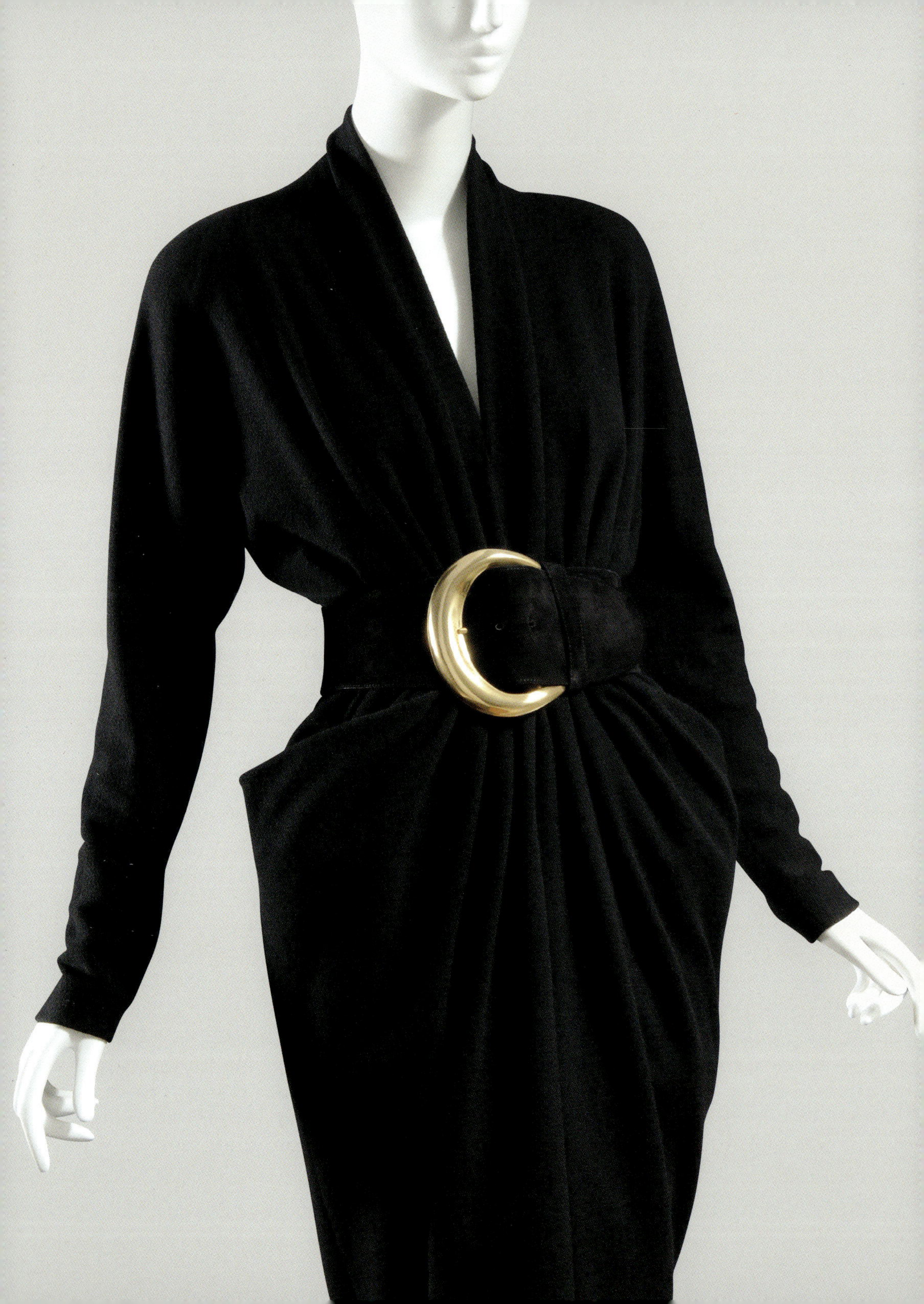

Donna Karan

DONNA KARAN (* 1948) Donna Karans Vater war Maßschneider, ihre Mutter arbeitete als Model und im Modevertrieb. „Im Grunde bin ich in der Seventh Avenue aufgewachsen", sagt Karan über ihre Jugendzeit. Sie verließ die Parsons the New School for Design 1968, um für das Modeunternehmen Anne Klein zu arbeiten. Dort wurde sie im Lauf von drei Jahren gefeuert, wieder eingestellt und 1971 zur stellvertretenden Kreativchefin befördert. Zusammen mit Louis Dell'Olio gelang es Karan in den zehn Jahren ihrer Tätigkeit für Anne Klein, das Image der Marke zu modernisieren.

Ihr eigenes Label lancierte Karan im Jahr 1985. Sie befasste sich eingehend mit der Idee der Separates – zwei, drei leicht kombinierbaren Einzelteilen – und steigerte sie auf *seven easy pieces*, also sieben leicht kombinierbare Teile, die perfekt auf die Bedürfnisse der berufstätigen New Yorkerin zugeschnitten waren. Ihre Entwürfe waren praktisch, modisch und figurbetont. Oft bildete ein Bodysuit die erste Lage, über die anschließend weitere, körpernahe und „leichte" Stücke wie Strumpfhosen und Wickelröcke geschichtet werden konnten. Meist in Schwarz oder neutralen Farben gehalten, übersetzt in sinnliche Kaschmir- und Jerseystoffe, ließen die Teile sich mittels minimaler Variationen von Tages- in Abendkleidung verwandeln. Dazu genügte oft schon ein markantes Accessoire, beispielsweise ein Gürtel des Schmuckdesigners Robert Lee Morris, mit dem Karan lange Zeit zusammenarbeitete.

Wie Donna Karan 2005 der Autorin und Redakteurin Ingrid Sischy erklärte, war sie mit der Idee angetreten, Mode für Frauen zu entwerfen, „die wie ich selbst ein hektisches Leben führen, die sich ihrer eigenen Sinnlichkeit bewusst sind, die ihren Körper kennen, die wissen, was sie wollen". 2015 zog sich Karan als Chefdesignerin von DKNY zurück. Karans Hauptkollektion wurde eingestellt – und für kurze Zeit waren Maxwell Osborne und Dao-Yi Chow vom Label Public School Chefdesigner bei DKNY. *—J. F.*

„Sie versteht den Körper einer Frau besser, als es ihre männlichen Rivalen tun. Und sie ist auch total modern. Karan ist die Chanel Amerikas.“

— JOHN FAIRCHILD, HERAUSGEBER VON *WWD*

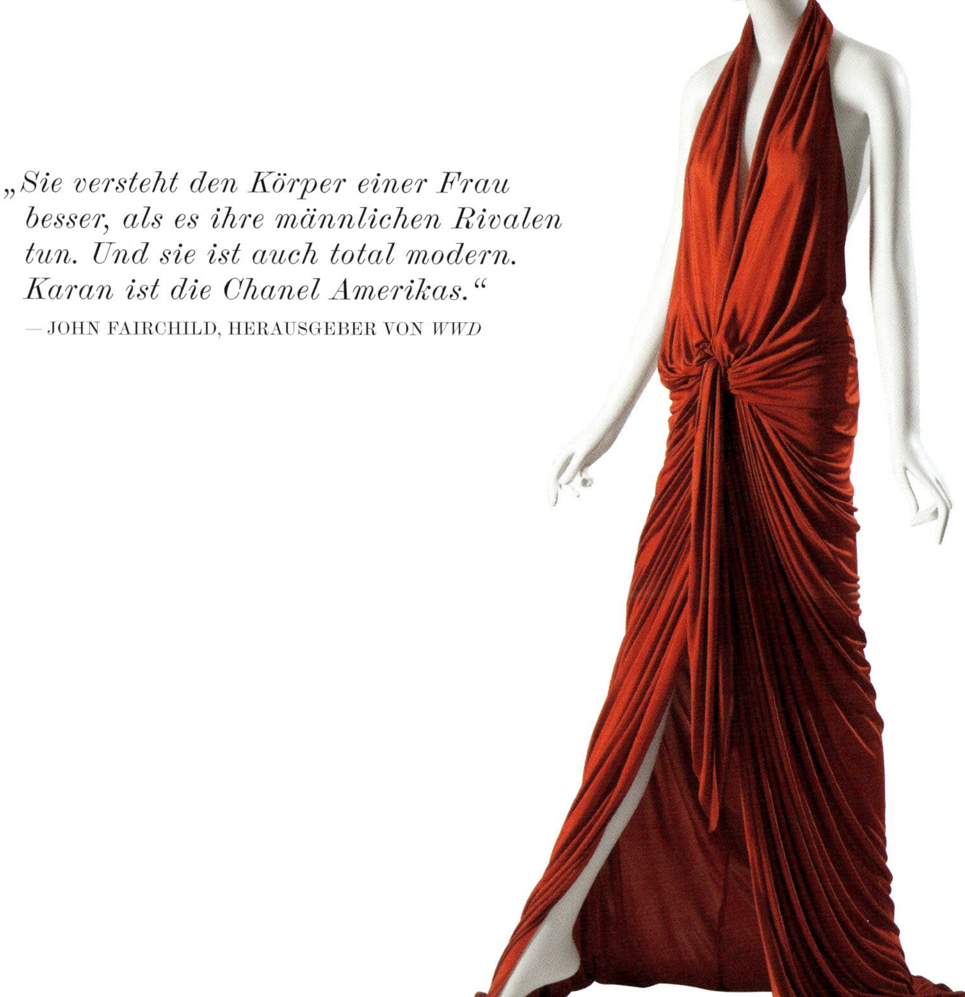

VORHERGEHENDE DOPPELSEITE
Donna Karan
Kleid: schwarzes Wollgewirke
Gürtel: schwarzes Wildleder, goldfarbenes Metall
USA, 1987

Karan arbeitete häufig mit dem Schmuckdesigner Robert Lee Morris zusammen, der auch den Gürtel für dieses Kleid entwarf.

OBEN
Donna Karan
Kleid: roter Seidenjersey
USA, 2009

Dank ihrer Fähigkeit, Stoffe so zu drapieren, dass sie die Formen und damit die Sinnlichkeit des weiblichen Körpers akzentuieren, kreiert Donna Karan einen Look, der stark und feminin zugleich ist.

GEGENÜBER
Donna Karan
Kleid: dunkelgrauer Jersey, Leder
USA, 2009

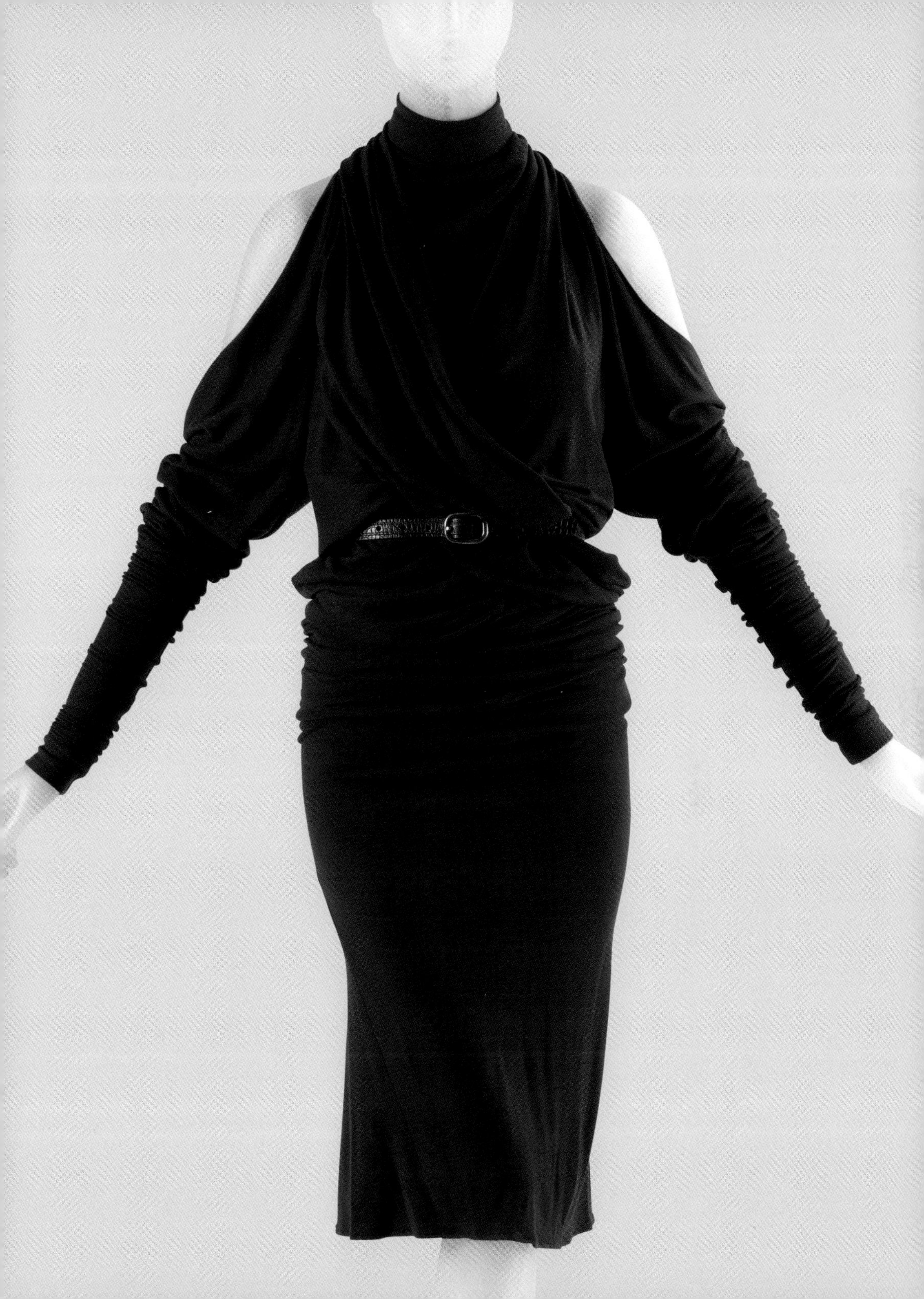

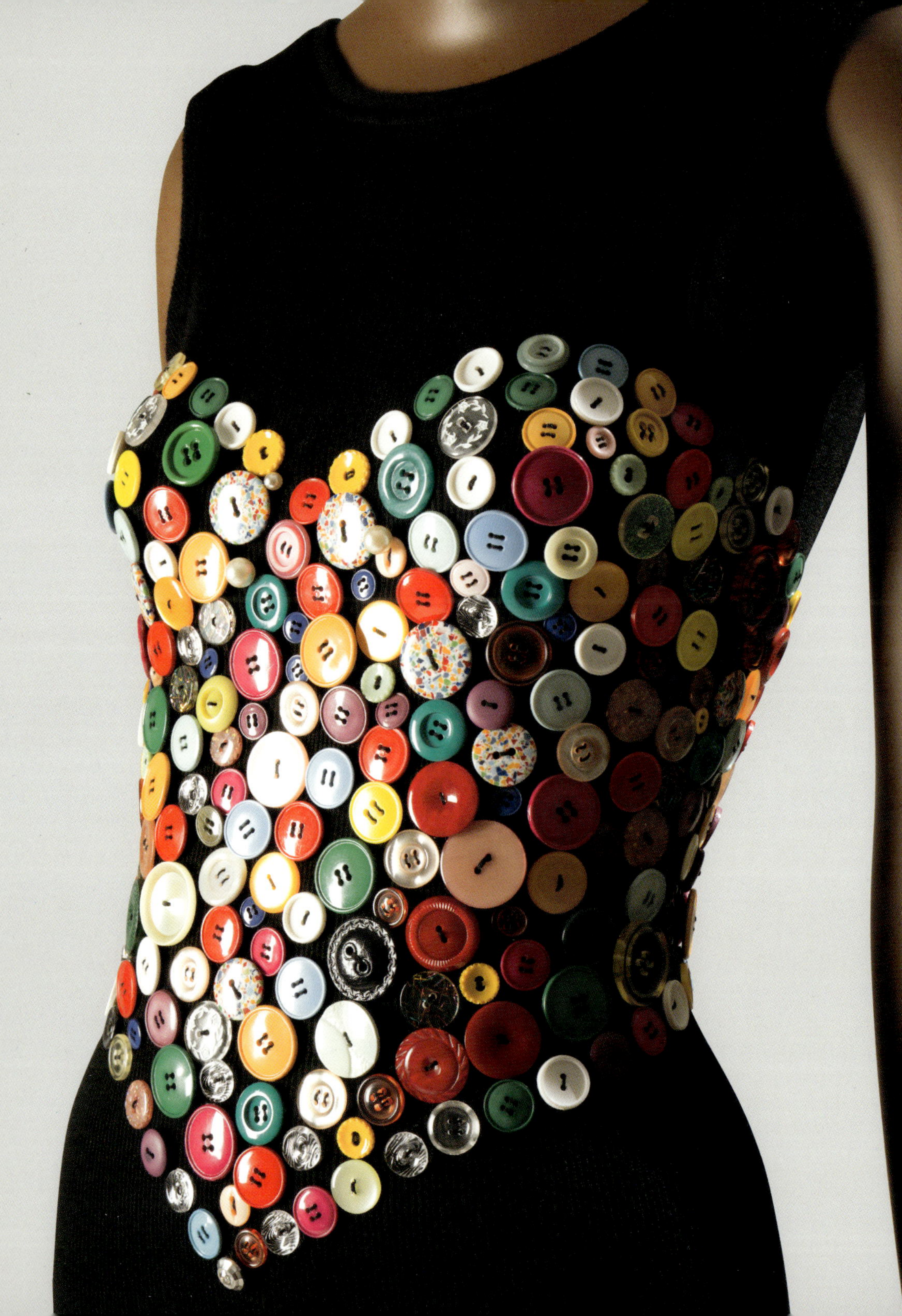

Patrick Kelly

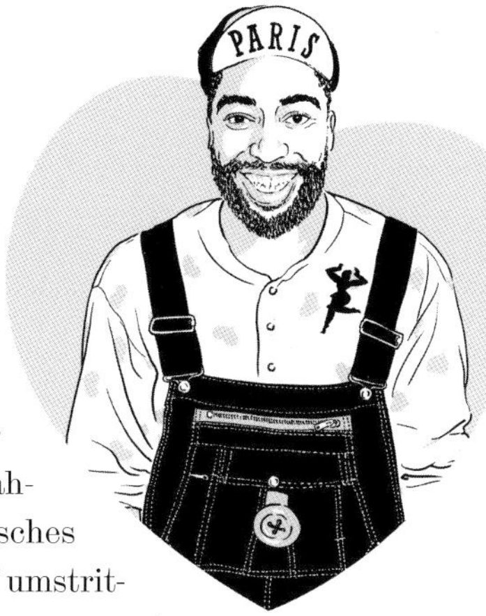

PATRICK KELLY (1954–1990) Ein Patrick-Kelly-Entwurf ist unverkennbar: fröhlich, provokativ und überschwänglich. Als erster amerikanischer Modeschöpfer, der Aufnahme in die Chambre Syndicale du Prêt-à-Porter des Couturiers et des Créateurs de Mode fand, brachte er den Großteil seiner Karriere in Paris zu. Seine Kreationen waren humorvoll und elegant, aber seine Inspiration schöpfte er aus seiner persönlichen Erfahrung als Afroamerikaner und verwies auf sein afrikanisches Erbe, auf die afroamerikanische Geschichte, aber auch auf umstrittene rassistische Bildsymbole, die er in seinem Werk anprangerte.

Kelly kam 1954 in Mississippi zur Welt. Eine erste Vorstellung von Mode und Stil vermittelte ihm seine Großmutter, die bleibenden Einfluss auf seine gestalterische Ästhetik haben sollte. Er arbeitete in Atlanta und New York, ehe er 1979 nach Paris zog. Dort entwarf er Kostüme für den Nachtclub Palace und verkaufte seine Mode nicht in Boutiquen, sondern auf Flohmärkten und an befreundete Models. Diese Entwürfe – Schlauchkleider aus Strick mit farbenfrohen, ausgefallenen Verzierungen – fielen der *Elle*-Redaktion auf, die ihm und seinen Kreationen im Februar 1985 ein sechsseitiges Editorial widmete.

Bald darauf gründete er gemeinsam mit seinem Partner Björn Amelan das Label Patrick Kelly Paris. 1987 stieg der Modekonzern Warnaco als Investor ein, was Kelly die Möglichkeit gab, sein Portfolio auf die Couture auszuweiten – und den Umsatz in die Millionen. Seine Kreationen waren pfiffig, witzig und selbstbewusst, Qualitäten, die noch deutlicher in den energiegeladenen Modenschauen zum Tragen kamen, für die Kelly bekannt wurde. Das breite Spektrum seiner Kundinnen reichte von Bette Davis über Grace Jones und die Princess of Wales bis Gloria Steinem. Kellys Karriere fand mit seinem Tod im Jahr 1990 ein frühes und jähes Ende, doch der Einfluss seiner freudesprühenden, tiefgründigen und mutigen Designs auf die Mode währte an. —*E. W.*

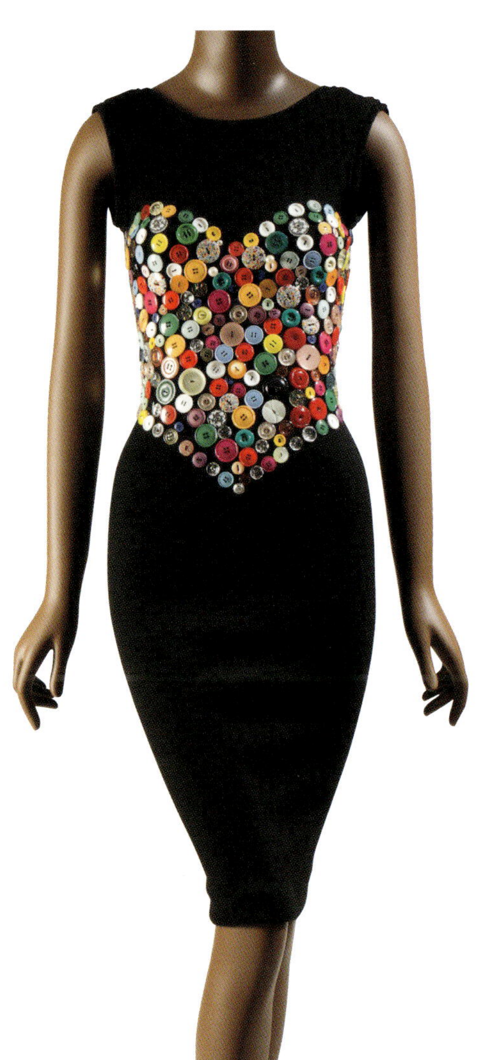

„Das Herz war sein Markenzeichen, als Kürzel für ‚Liebe', Liebe zu Frauen, zur Mode, zur Geschichte der Mode und der Haute Couture, und auch Liebe zu seinen einfachen Wurzeln im amerikanischen Süden."
— **Laura Jacobs, *Vanity Fair***

VORHERGEHENDE DOPPELSEITE UND LINKS
Patrick Kelly
Kleid: geripptes Gewirke aus schwarzer Wolle, mehrfarbiger Kunststoff
Frankreich, Herbst 1986

GEGENÜBER
Patrick Kelly
Kleid: schwarzer Knautschsamt und goldenes Metall
Frankreich, 1987–1988

„Sein Gebrauch sehr umstrittener Bildsprache … war sehr originell, und er war Vorläufer eines Trends, den man seither in der Popkultur und Hochkunst von Amerikanern afrikanischer Abstammung beobachten konnte."
— BJÖRN AMELAN, KÜNSTLER UND KELLYS PARTNER

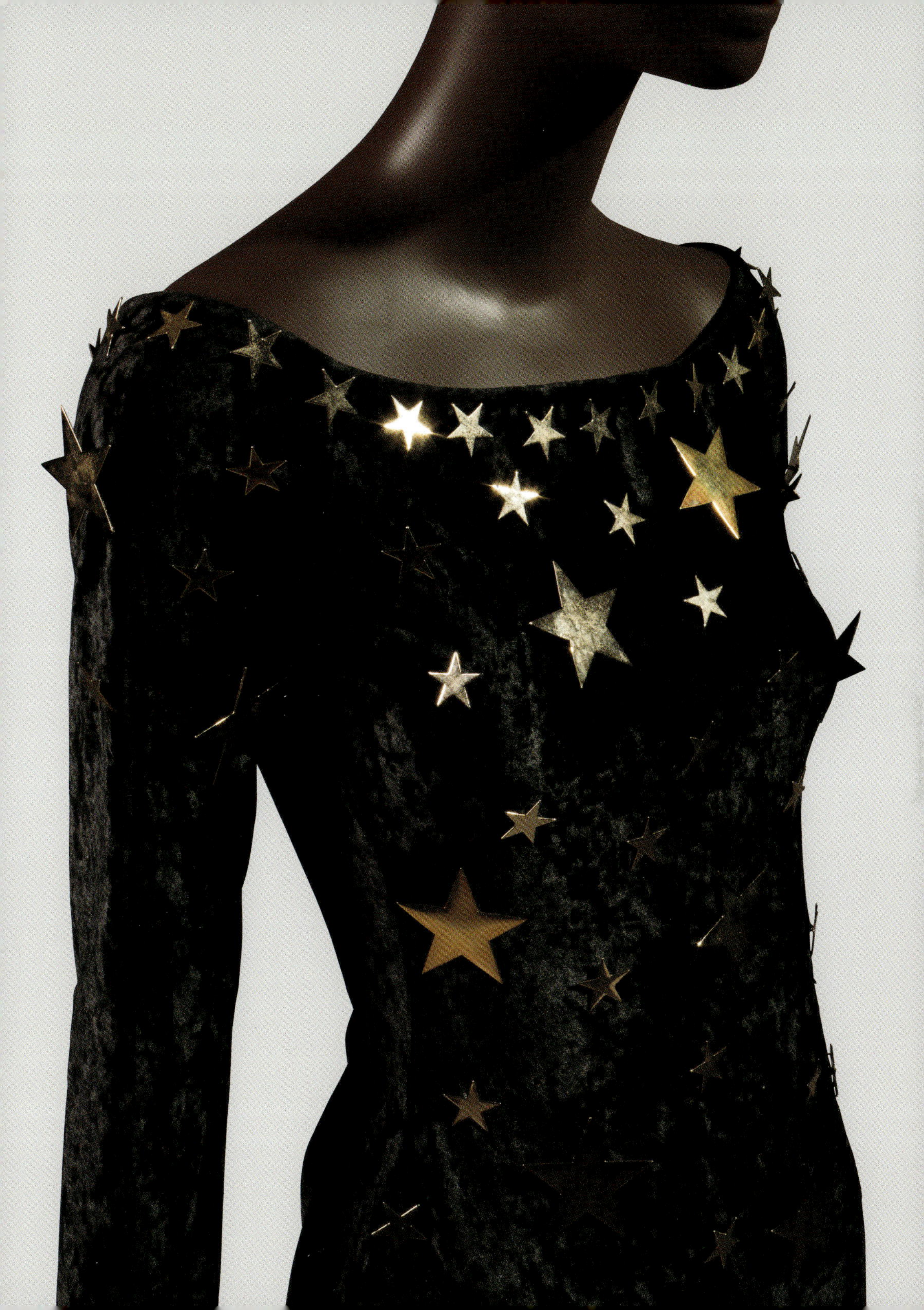

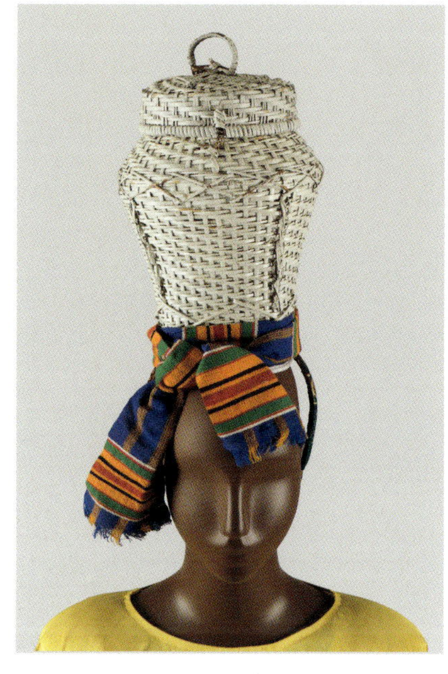

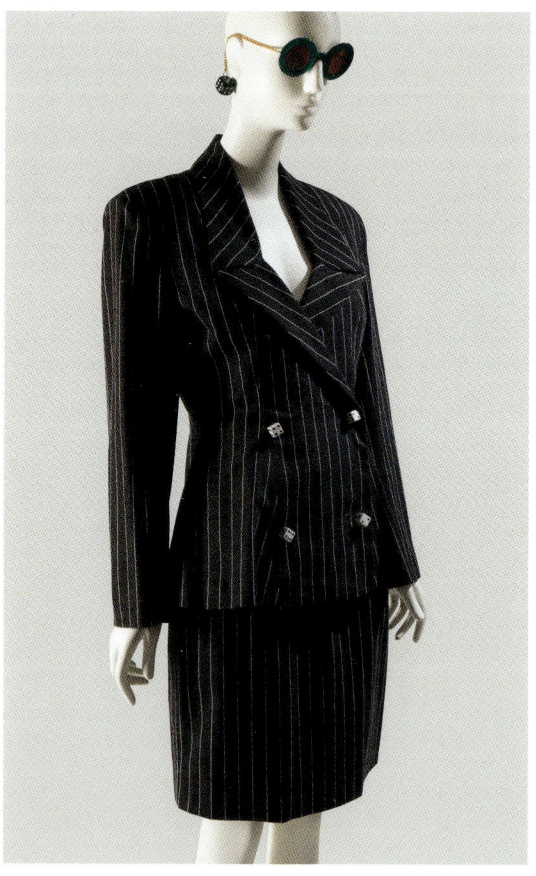

LINKS
Patrick Kelly
Kostüm und Sonnenbrille: graues Denim mit Nadelstreifen, Kunststoff und Metall
Frankreich, Frühjahr 1989

OBEN UND GEGENÜBER
Patrick Kelly
Hose und Hut: mehrfarbig bedrucktes Elastan, Baumwolle und Peddigrohr
Frankreich, Frühjahr 1988

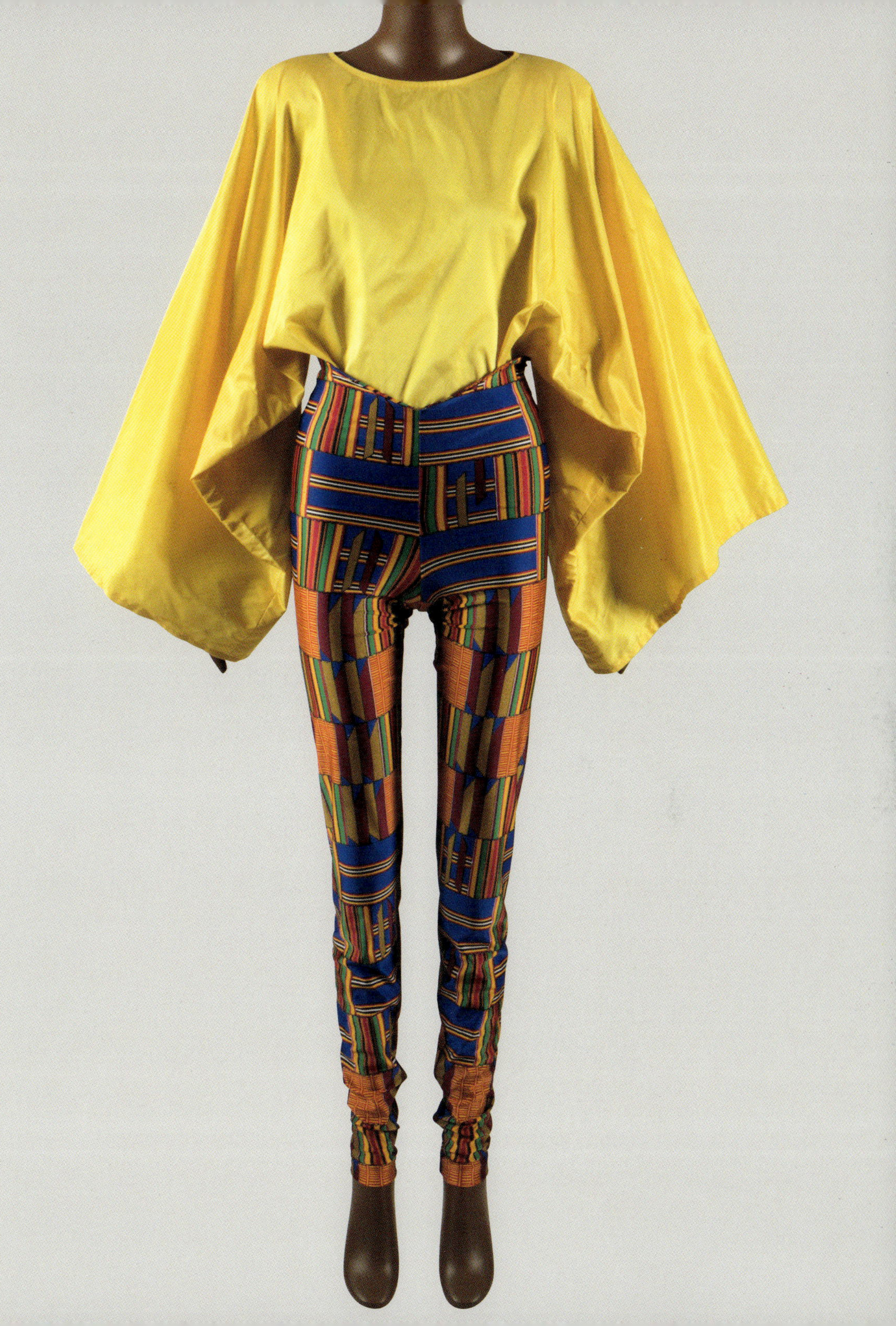

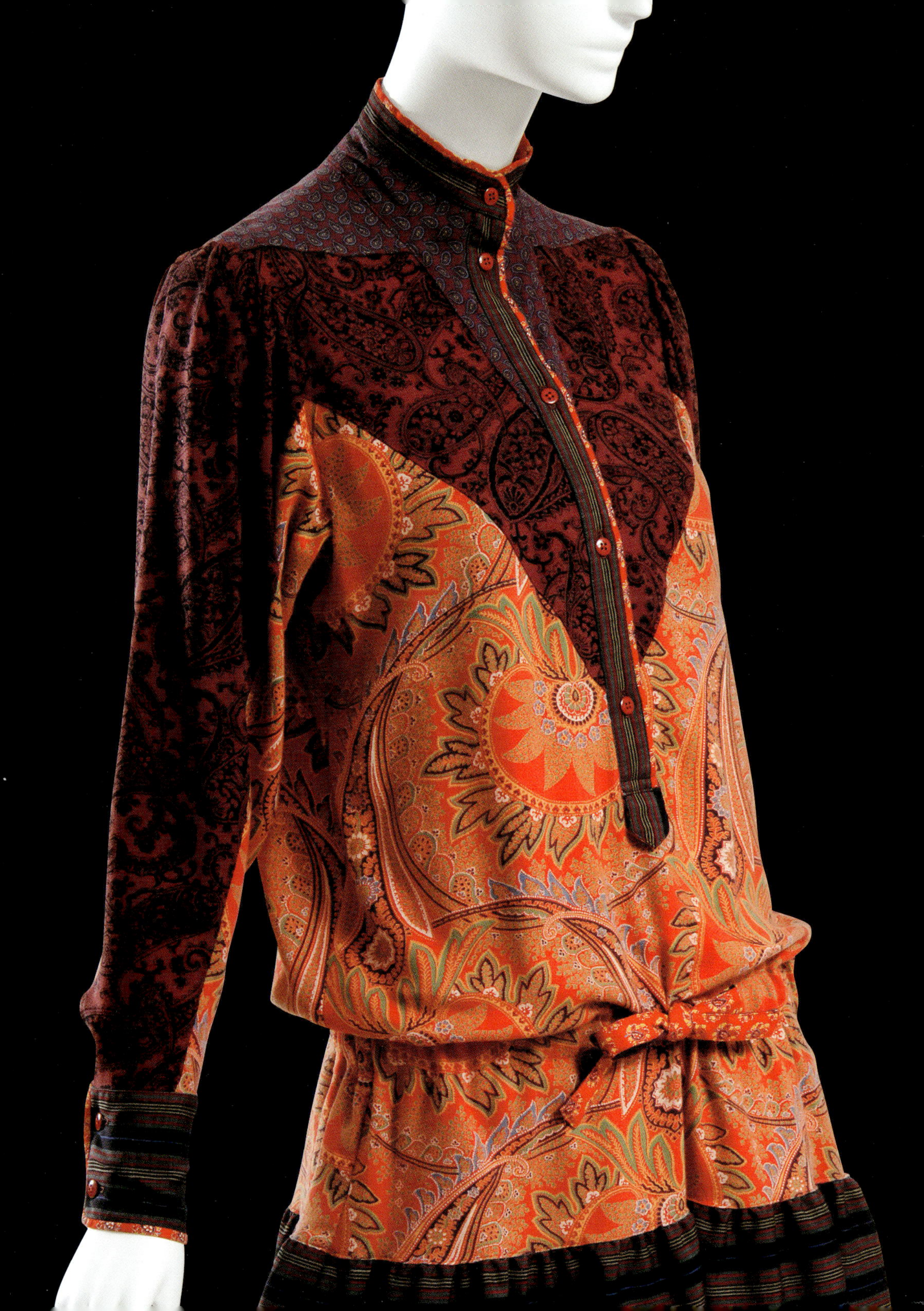

Kenzo

KENZO TAKADA (1939–2020) kommt das Verdienst zu, sich als erster Modedesigner mit den weniger offensichtlichen Aspekten traditioneller japanischer Kleidung wie der Vermummung des Körpers auseinandergesetzt zu haben. Aus meterlangen Baumwollbahnen schuf er Gewänder, die von den Schultern bis zum Brustansatz gesmokt waren und sich von dort an in breiten Falten um den Körper der Trägerin bauschten. Er nahm den Trend der 1970er- und 1980er-Jahre – übergroße Pullover und kastige Silhouetten, wie sie später millionenfach getragen wurden – vorweg und seine Hänger dienten Couturiers wie Yves Saint Laurent als Inspiration. Nach einem kurzen Gastspiel an der Universität von Kobe begann Kenzo 1958 eine Ausbildung am Bunka Fashion College in Tokio. In Paris, wohin es ihn anschließend zog, trug er von Flohmärkten einen kunterbunten Textilienfundus zusammen, der ihm Material für seine ersten, gewagten Entwürfe liefern sollte – einen wilden Mix aus Stoffstücken, die er zu einem Kleidungsstück vernähte. Im Lauf der 1970er-Jahre erregten Kenzos Kollektionen zunehmend die Aufmerksamkeit der Modepresse, er erweiterte seinen Aktionsradius und eröffnete mit Jungle Jap sein erstes Ladengeschäft. 1999 zog er sich aus dem Modebetrieb zurück.

Trotz aller Neuerungen und Inspirationen, die Kenzo der Branche bescherte, ist er nicht so bekannt wie seine Landsleute. Für seine Interpretationen traditioneller japanischer Bauernkleidung wie beispielsweise des *happi*, einer langärmligen Jacke, wählte er helle, florale Stoffe anstelle der zerfranst-dekonstruierten, düsteren Ästhetik, die typischerweise mit japanischem Design assoziiert wird. Nichtsdestoweniger hat sein heiter-beschwingter, folkloristisch gefärbter Stil der Mode eine neue Richtung gegeben. 1993 wurde die Marke Kenzo vom französischen Luxusgüterkonzern LVMH aufgekauft. 2003 übernahm der Sizilianer Antonio Marras das Design der Damenkollektion und wurde 2008 zum Chefdesigner ernannt. Im Juli 2011 traten Humberto Leon und Carol Lim an Marras' Stelle. Nach ihrem Weggang im Jahr 2019 schloss sich Felipe Oliveira Baptista dem Label an. Kenzo Takada starb im 2020 im Alter von 81 Jahren.—*P. M.*

„Es bedarf schon einer Menge Torheit, um in der Modebranche zu arbeiten."
— KENZO

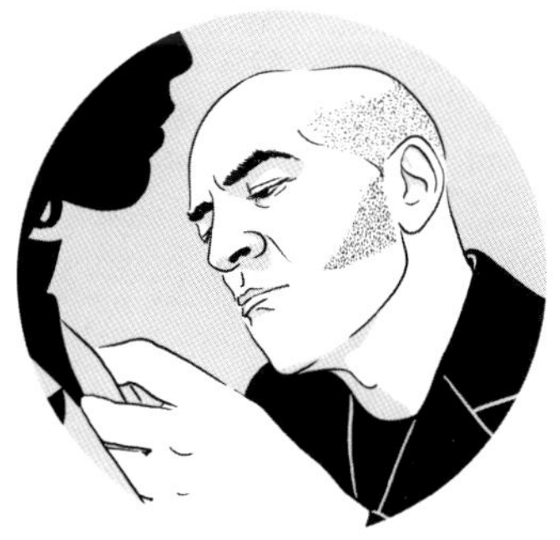

Antonio Marras
(* 1961)

„Mode ist wie Essen, man sollte nicht immer beim Gleichen bleiben – das ist monoton. Man braucht Veränderung in der Garderobe wie auf dem Teller, um sich auch geistig zu verändern." — **Kenzo**

VORHERGEHENDE DOPPELSEITE
Kenzo
Kleid: mehrfarbig bedruckte Baumwolle
Frankreich, um 1982

GEGENÜBER
Kenzo (Antonio Marras)
Ensemble: Baumwolldrillich; Leinen; Seidengaze mit Blumendruck; rosarote, blaue und hellgrüne Zellophanapplikation; Pailletten
Frankreich, 2011

FOLGENDE DOPPELSEITE
Kenzo (Antonio Marras)
Ensemble: beigefarbener Seidenkreppchiffon; blaue, lavendelfarbene und grüne Organzaapplikation; jadegrüner Seidensatin
Plateausandalen: jadegrüner Seidensatin und Leder; rosarotes Lackleder
Frankreich, 2011

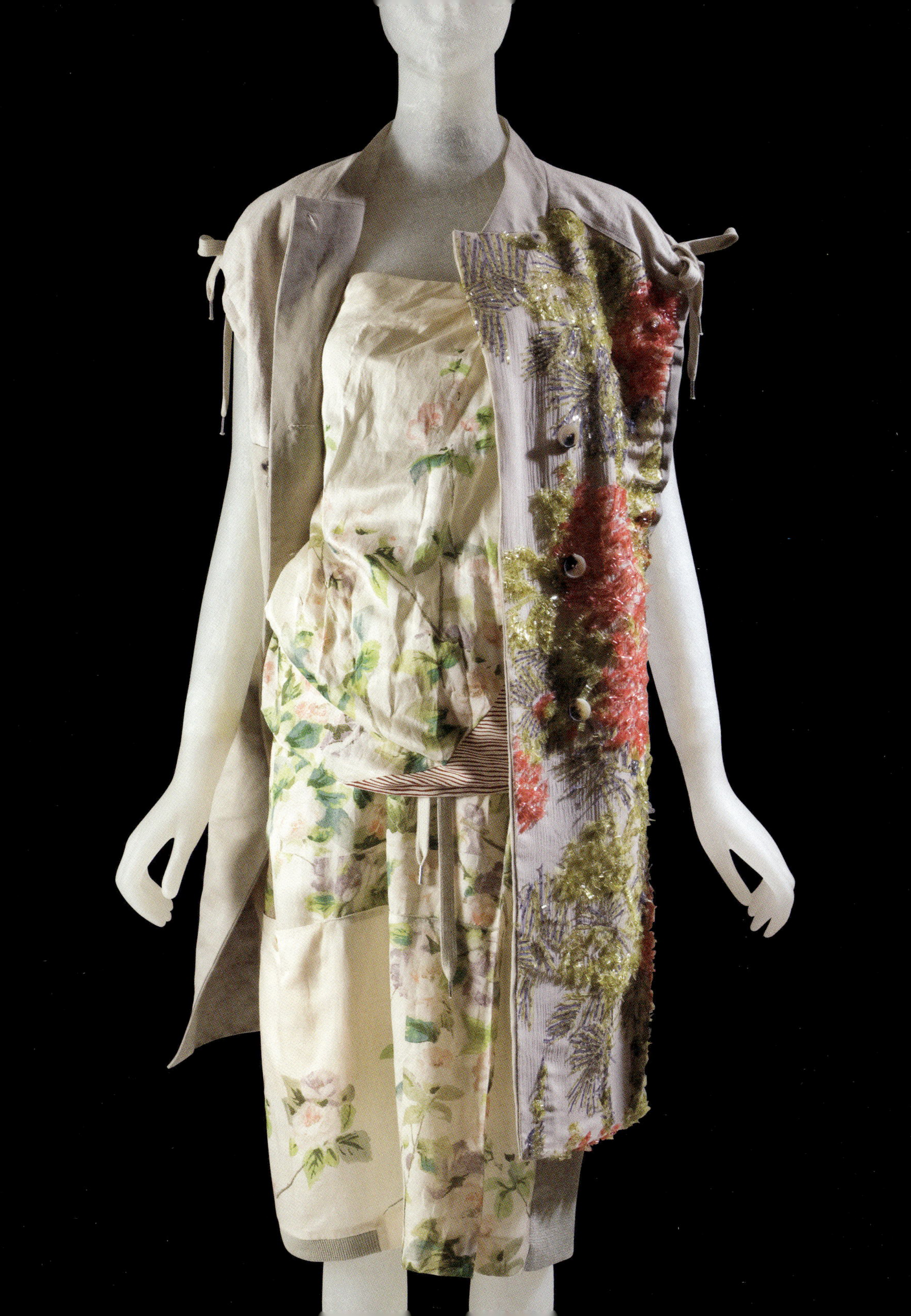

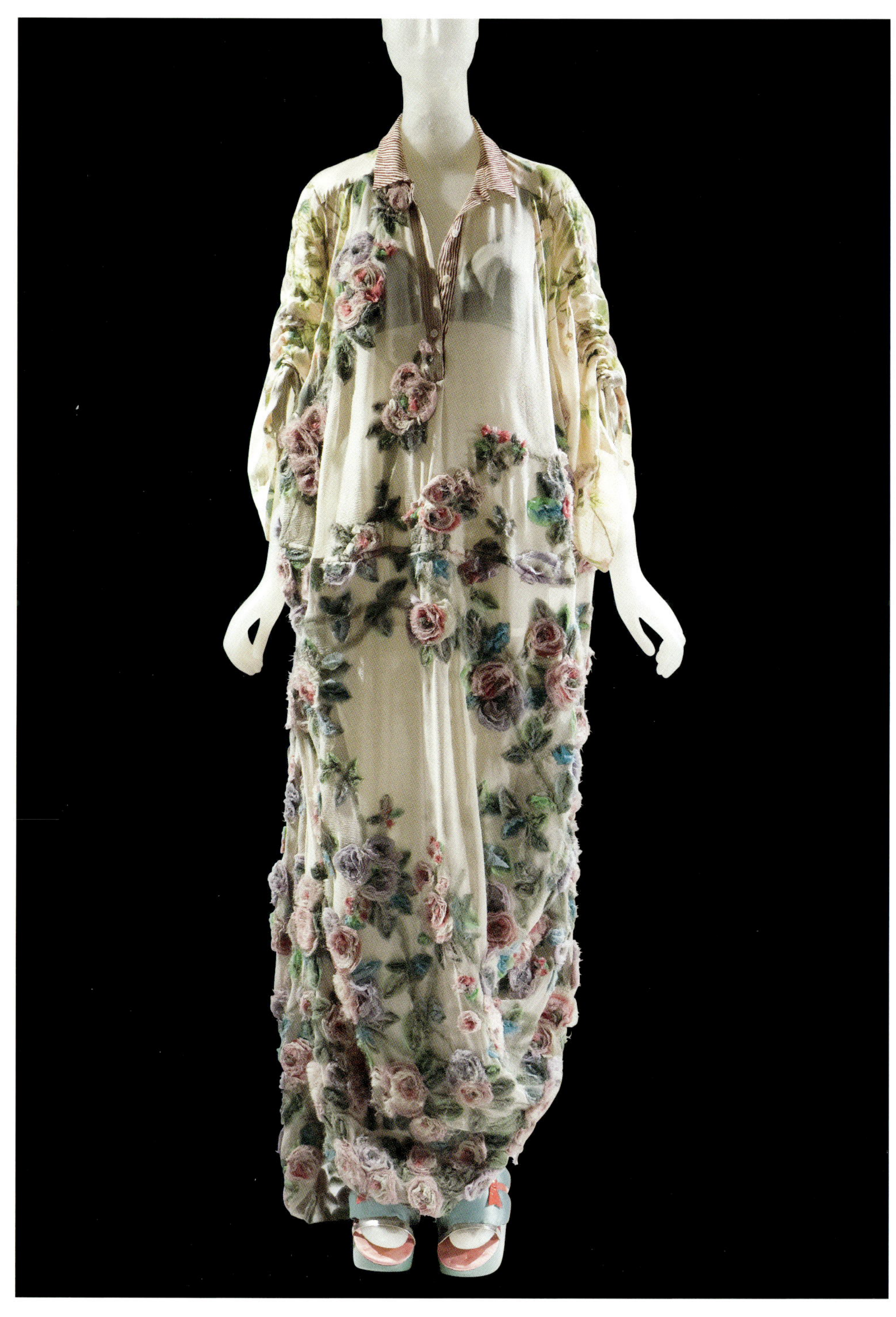

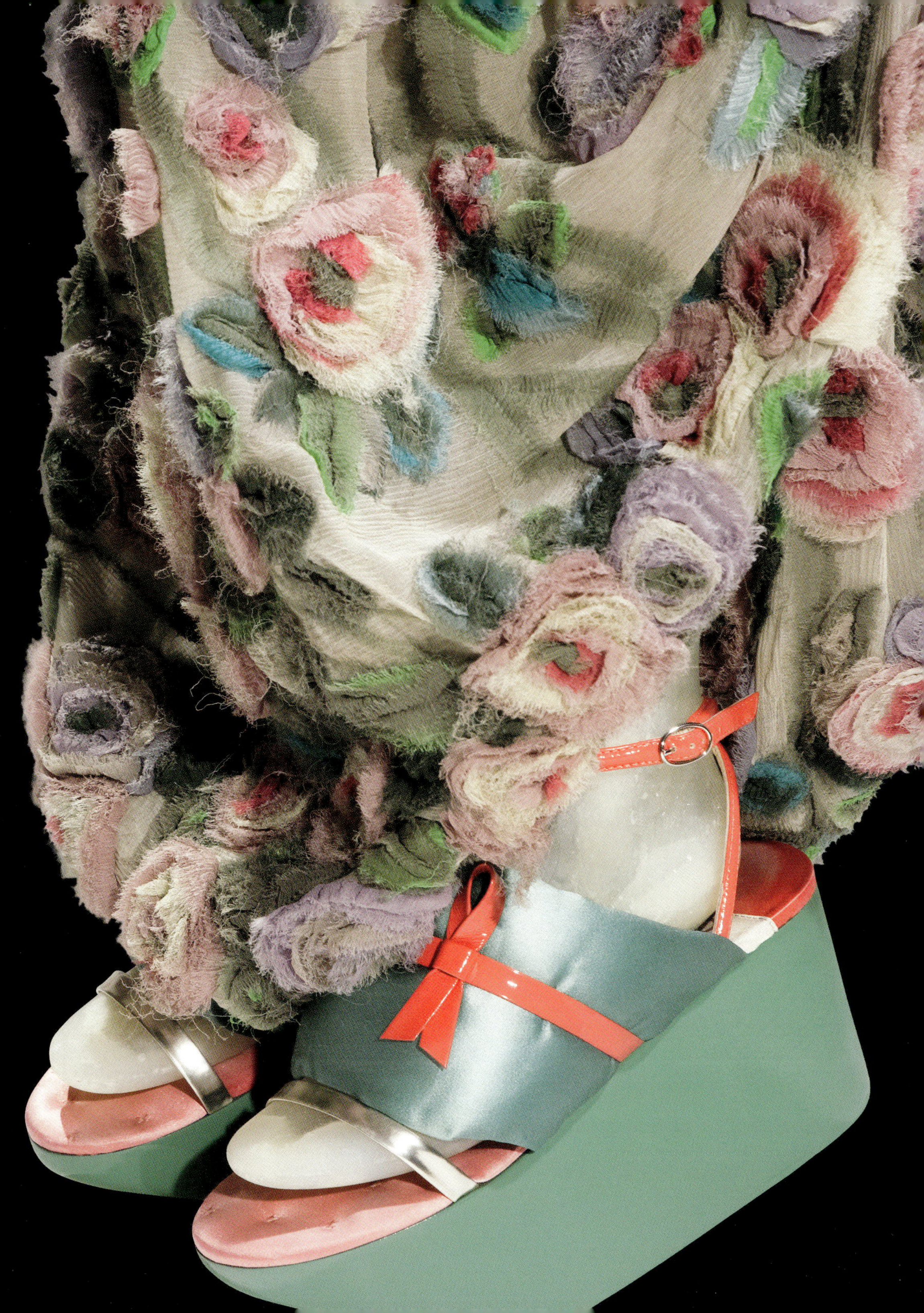

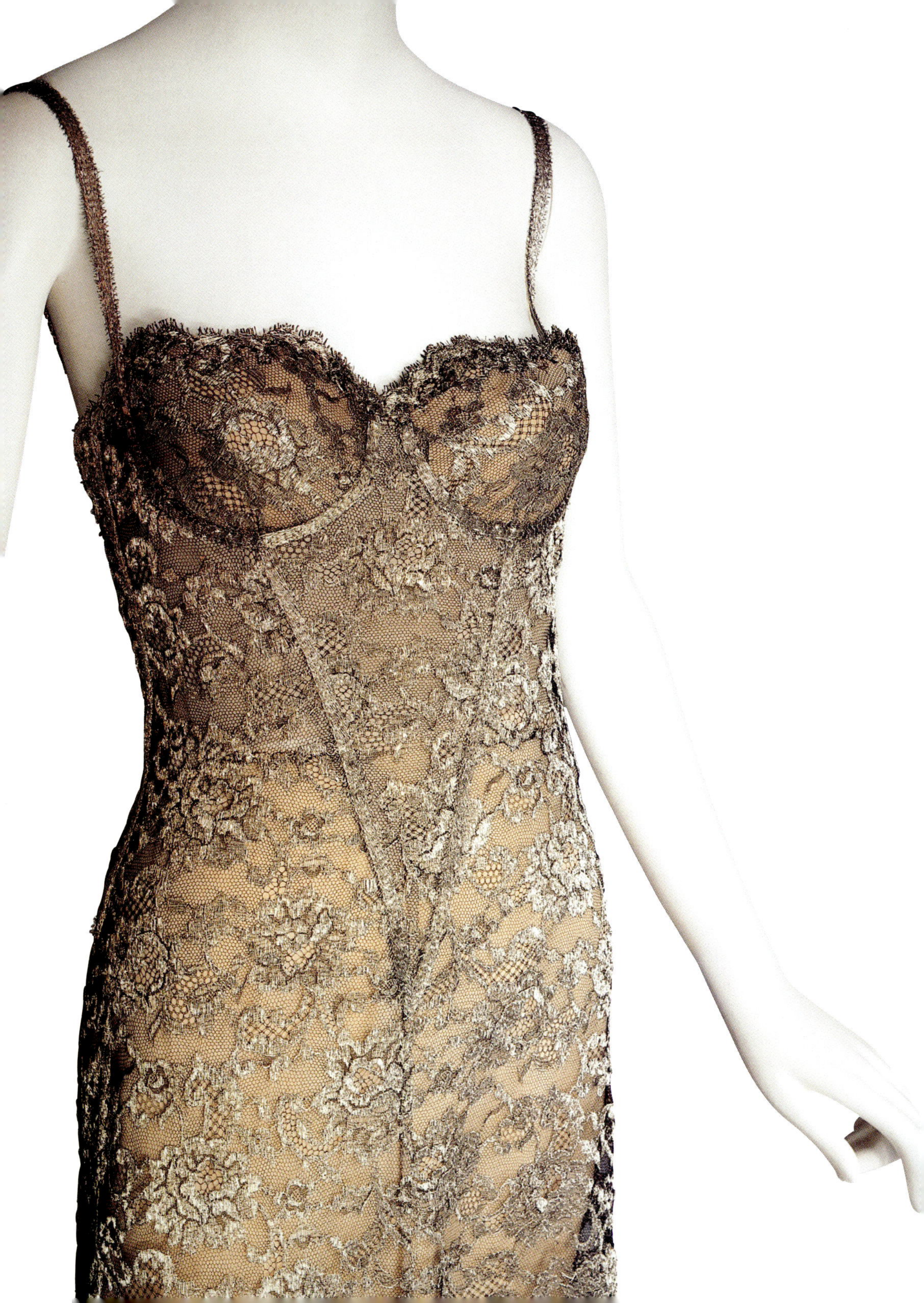

Calvin Klein

CALVIN KLEIN (* **1942**) Von den klar geschnittenen Mänteln und Anzügen, die Calvin Kleins Karriere begründeten, bis zu den architektonischen Konstruktionen Francisco Costas steht der Name Calvin Klein heute als Synonym für puristische Mode, zurückhaltende Farbigkeit und Schlichtheit. Aus diesen Bestandteilen setzt sich die Gesamtvision des Modeschöpfers Calvin Klein zusammen, der sich mit seinem amerikanischen Kult-Label den Ruf eines „Großmeisters des Minimalismus" erworben hat.

Der gebürtige New Yorker stieg nach einer Ausbildung am FIT 1967 mit der Gründung eines eigenen Labels in die Branche ein. Mit Mänteln und Anzügen machte Calvin Klein sich einen Namen und erweiterte sein Portfolio bald um elegante, schnörkellose Freizeitmode aus hochwertigen Materialien in dezenten Farben. Zu seinen Markenzeichen-Looks zählen die Cabanjacke, Outfits, die am Tag und zum Ausgehen geeignet sind, abendtauglich gestylte T-Shirts und schlichte Kleider mit Spaghettiträgern.

Auch seine umstrittenen Anzeigenkampagnen der 1980er- und 1990er-Jahre trugen dazu bei, Klein zu einer Leitfigur der amerikanischen Alltagskultur werden zu lassen. Die 1980 erschienene Jeanswerbung, für die das damals 15-jährige Model Brooke Shields posierte, konfrontierte die Öffentlichkeit auf aggressive Weise mit dem Thema Sexualität; auch die provokante 1990er-Jahre-Werbung für Unterwäsche mit Kate Moss und Mark Wahlberg verlieh dem Label Calvin Klein eine sexuell aufgeladene Aura, die die Präsenz der Marke noch verstärkte.

2001 trat Calvin Klein als Kreativchef des Unternehmens ab und verpflichtete den Brasilianer Francisco Costa, der 2003 auch Kleins Nachfolger als verantwortlicher Designer der Damenlinie werden sollte. Von 2015 bis 2018 war der Belgier Raf Simons als Chief Creative Officer für Calvin Klein tätig. Jessica Lomax leitet derzeit die globale Designstrategie von Calvin Klein. —*M. M.*

„Minimalismus ist sparsam, aber tatsächlich reichhaltig. Ich finde ihn recht spannend."
— FRANCISCO COSTA

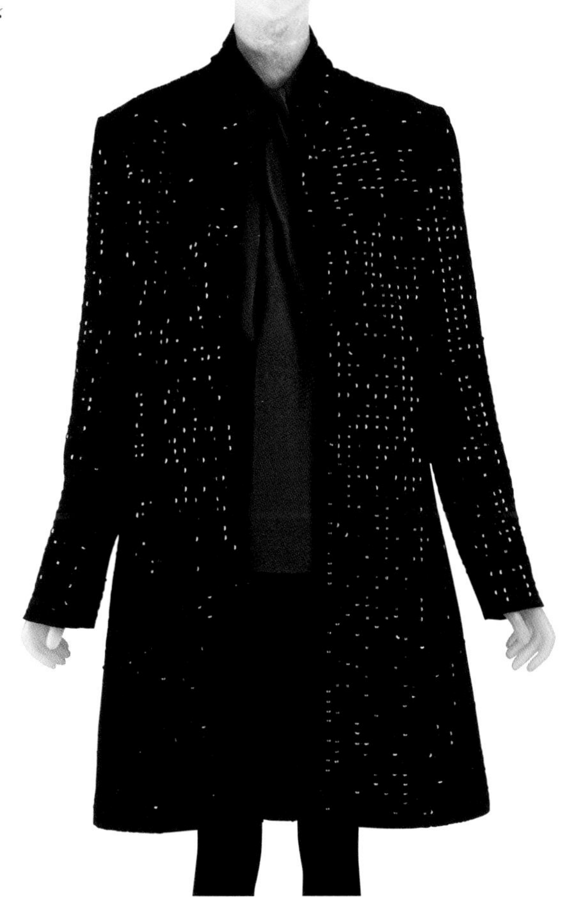

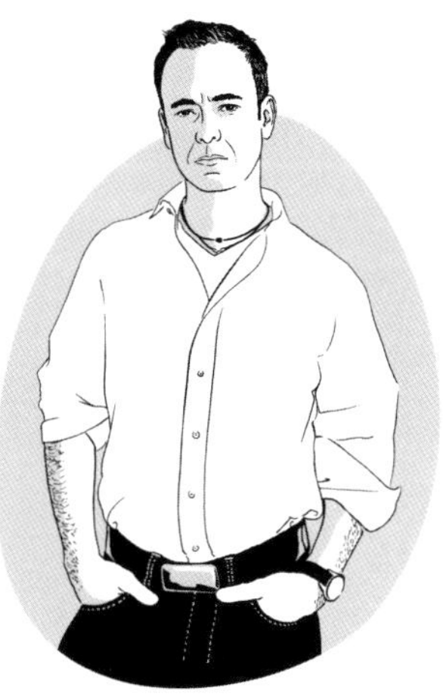

Francisco Costa
(*** 1964**)

„[Es ging mir] immer schon darum, Mode für die moderne, berufstätige Amerikanerin zu machen."
— **Calvin Klein**

VORHERGEHENDE DOPPELSEITE
Calvin Klein
Abendkleid: metallische Chantillyspitze, Chiffon
USA, 1992

GEGENÜBER
Calvin Klein Collection
(**Francisco Costa**)
Futteralabendkleid: pfirsichfarbener Strickjersey
USA, 2008

OBEN
Calvin Klein Collection
(**Francisco Costa**)
Ensemble: schwarze Wolle, graue Seidencharmeuse, schwarze Kristallpailletten
USA, 2008

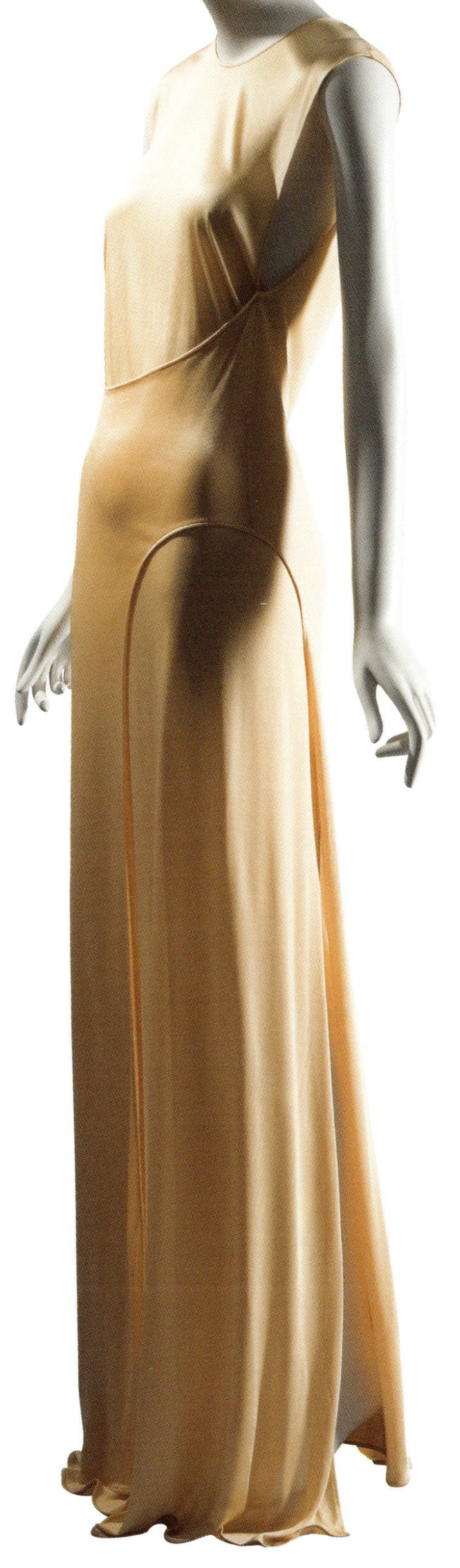

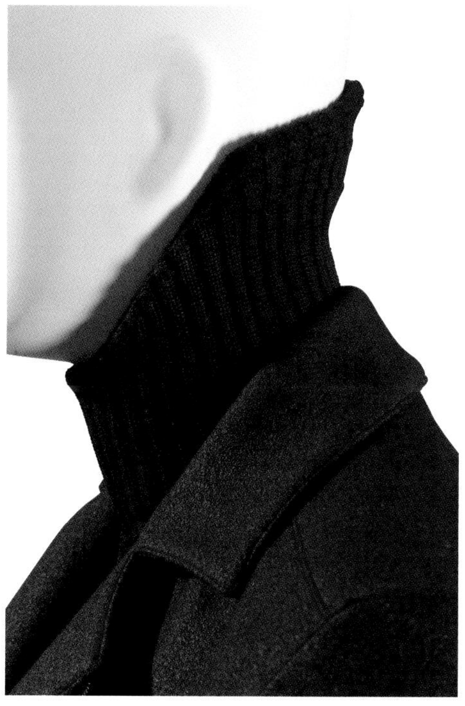

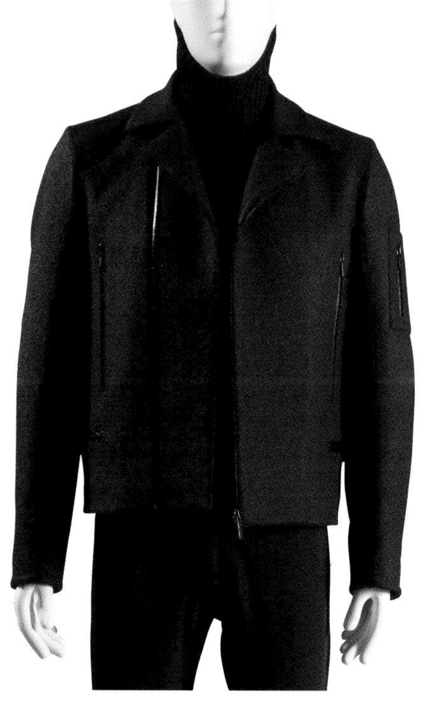

OBEN
Calvin Klein Collection (Italo Zucchelli)
Herrenensemble: schwarze Wollmischung, schwarzer Polyester
USA, 2010

Der Herrenmodedesigner Italo Zucchelli bringt eine neue Härte in die minimalistische Ästhetik und das glatte, schnörkellose Design, für das die Marke bekannt ist.

GEGENÜBER
Calvin Klein
Ensemble: marineblaue Meltonwolle
USA, um 1970

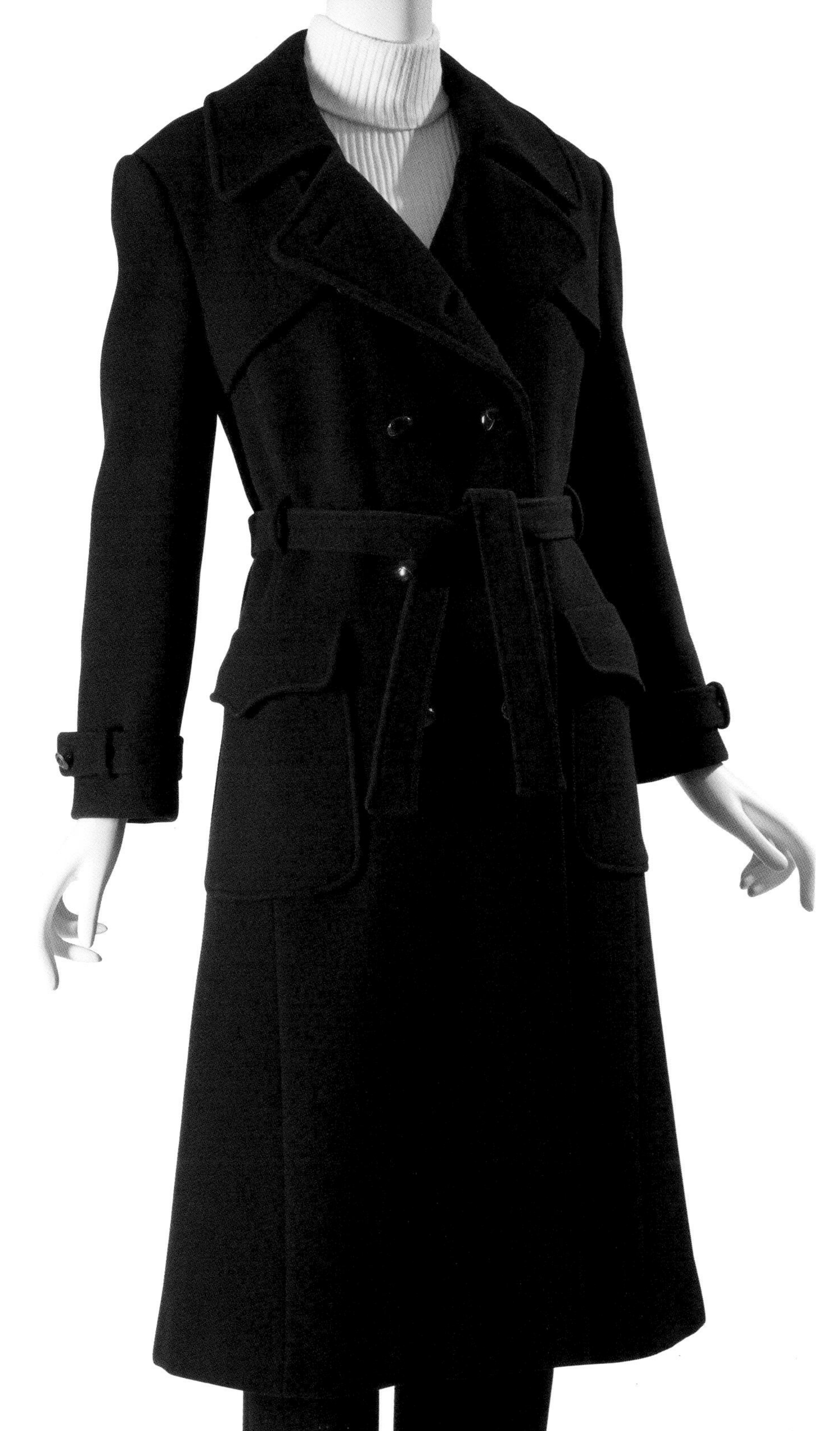

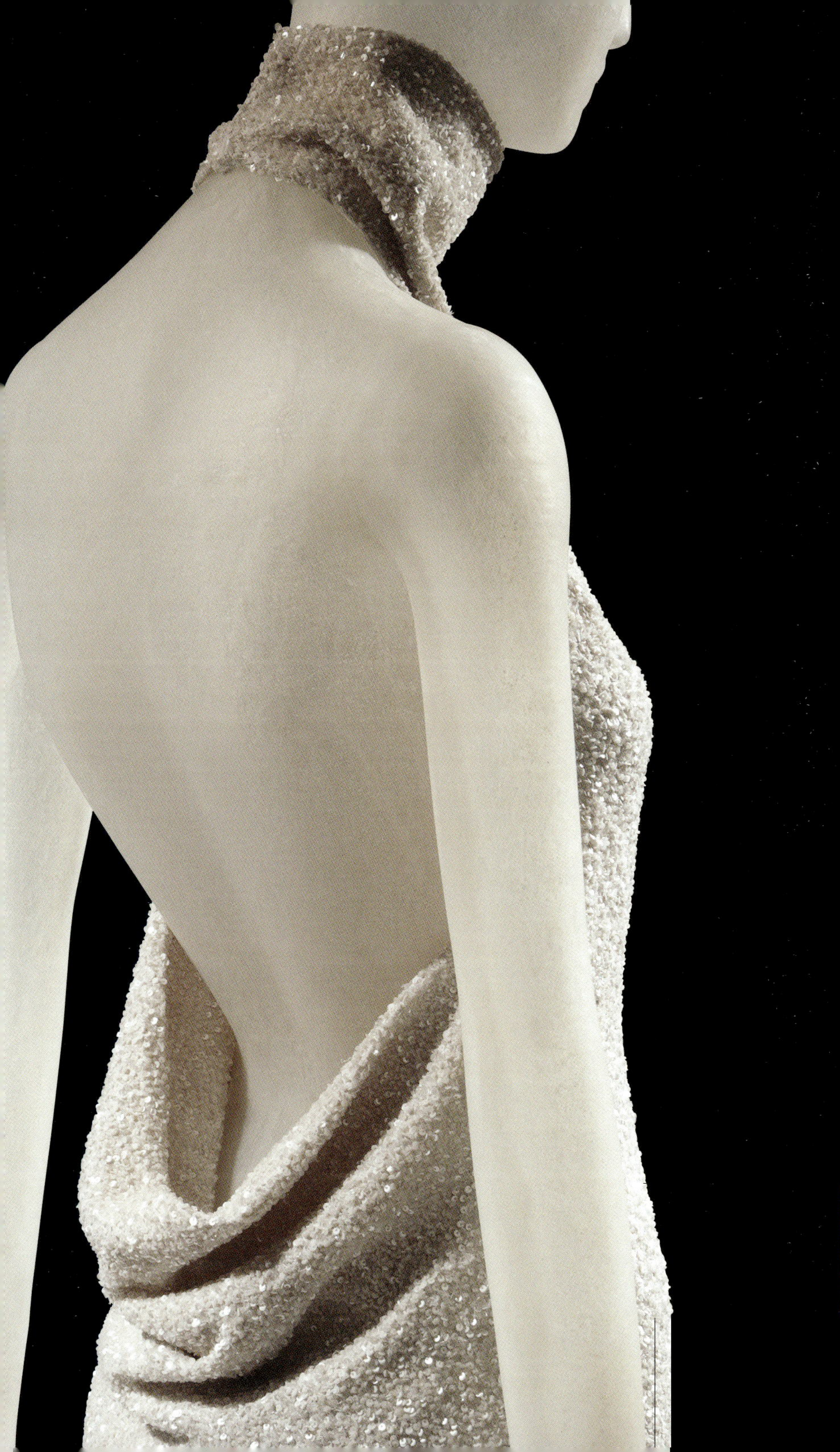

Michael Kors

MICHAEL KORS (* 1959) Der Name Michael Kors ist zum Synonym für das Beste geworden, was moderne amerikanische Mode zu bieten hat: klare, sportliche Eleganz und bequemen, lässigen Luxus. Obwohl er auf den Spuren früherer Meister wie Norman Norell und Bill Blass wandelt, die enge, intensive Beziehungen zu ihren Kundinnen pflegten, geht Kors als Modeschöpfer in jeder Hinsicht mit der Zeit und hat eines der finanziell erfolgreichsten Modeunternehmen der Welt aufgebaut, das neben solidem Einzelhandel auch ein imposantes Online-Geschäft betreibt.

Kors, der nach eigenen Worten schon zu seiner Jugendzeit ein „Mode-Junkie" war, studierte kurz am FIT in New York, ehe er im Alter von 19 Jahren für eine kleine Boutique seine erste Kollektion entwarf und selbst vermarktete. 1981 lancierte er unter eigenem Namen eine Damenlinie, die von führenden Einzelhändlern vertrieben wurde, doch keine zehn Jahre später war seine Firma gezwungen, Insolvenz anzumelden und sich neu zu strukturieren.

Nach dem Wiederaufbau des Unternehmens führte Kors preisgünstigere Linien ein, erweiterte das Portfolio um Herrenmode und konzentrierte sich stark auf seine Accessoires-Linie. 1997 verpflichtete ihn das französische Modelabel Céline als ersten Chefdesigner für den Entwurf seiner Damen-Konfektionslinie. Bestärkt durch den Erfolg seiner Arbeit verließ er das Unternehmen im Oktober 2003, um sich auf seine eigene Marke zu konzentrieren, und begann überall in Amerika eigene Boutiquen zu eröffnen. Sein kreatives Schaffen wurde von der Modebranche honoriert. 1999 wählten ihn die Fashion Designers of America (CFDA) zum Designer des Jahres in der Kategorie Damenmode. 2003 wurde ihm derselbe Titel auch in der Kategorie Männermode zugesprochen. Im Juni 2010 erhielt Kors von der CFDA als bislang jüngster Preisträger den Geoffrey-Beene-Preis für sein Lebenswerk und, ebenfalls für sein Lebenswerk, den FiFi Award der Fragrance Foundation, dem Interessenverband der amerikanischen Parfümindustrie. —*P. M.*

„Ich habe genug von Trends. Was mich angeht, so braucht eine Frau heute nichts weiter als einen schwarzen Rollkragen[pulli], einen schwarzen Mini[rock] und einen langen schwarzen Mantel." — MICHAEL KORS

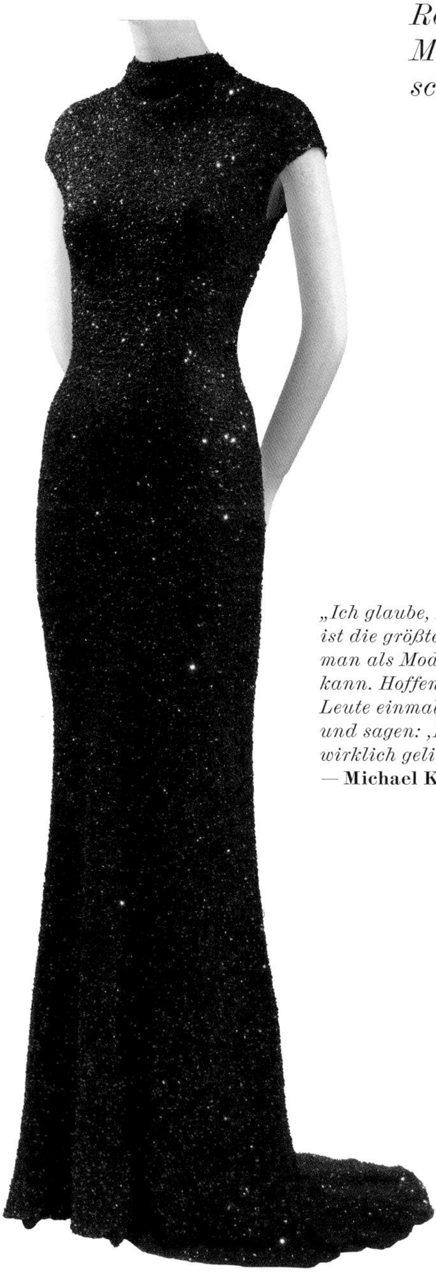

„Ich glaube, Empathie ist die größte Gabe, die man als Modeschöpfer haben kann. Hoffentlich werden die Leute einmal auf mich schauen und sagen: ‚Er hat die Frauen wirklich geliebt.'"
— **Michael Kors**

VORHERGEHENDE DOPPELSEITE
Céline (Michael Kors)
Abendkleid: weißgelbe Seide, Pailletten, Stiftperlen
Frankreich, 1998

LINKS
Céline (Michael Kors)
Abendkleid: schwarze Seide, Pailletten, Stiftperlen
Frankreich, 1998

GEGENÜBER
Michael Kors
Jacke und Hose: schwarze Leinengaze
USA, 1993

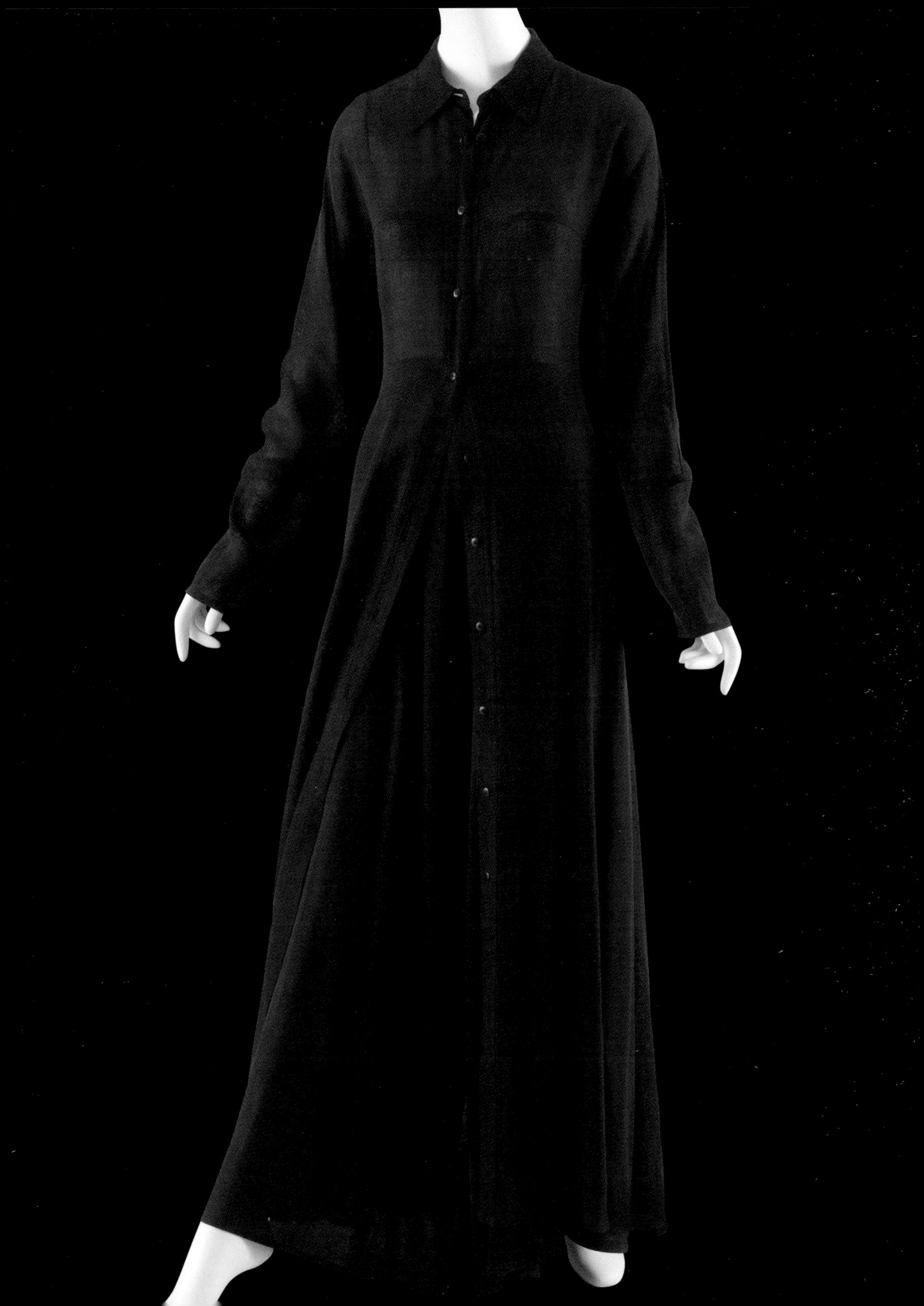

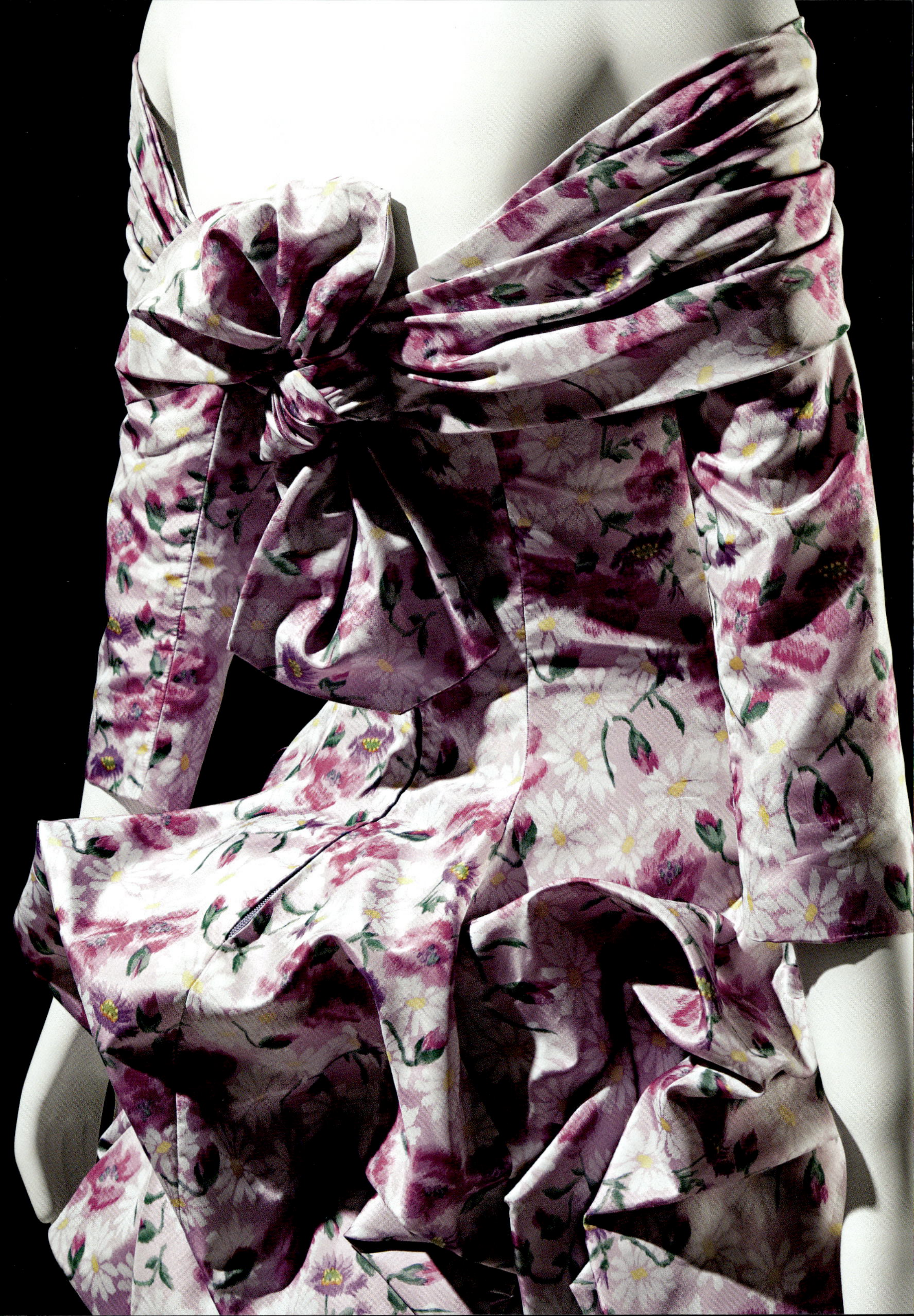

Christian Lacroix

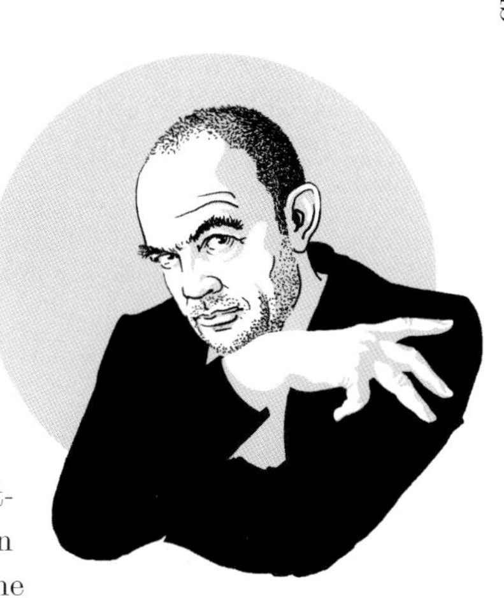

CHRISTIAN LACROIX (*** 1951**) Mit seinem Abschluss in Kunstgeschichte und anschließendem Studium der Museumswissenschaft an der Pariser École du Louvre hätte Christian Lacroix auch Kurator werden können. Stattdessen wurde er der „verrückte Bausch-und-Tournüren-Mann der Couture", wie ihn die *Women's Wear Daily* im Februar 1987 liebevoll nannte.

Lacroix arbeitete kurze Zeit für Hermès und Guy Paulin, doch erst mit seinen historisierenden Bouffant-Kreationen für das Couturehaus Patou, dem er von 1981 bis 1987 angehörte, gelang ihm der Durchbruch. Seine erste Kollektion unter eigenem Namen, vorgestellt im Juli 1987, war ein Sensationserfolg, den Lacroix in seinem autobiografischen Buch *Pêle-Mêle* so erklärt: „Wir schienen eine versteckte Sehnsucht aufgedeckt zu haben – die Sehnsucht nach einer Rückkehr zum Luxus und zur ausschweifenden Verspieltheit der Haute Couture." Bis zur Herbst/Winter-Saison 2009 entwarf Lacroix sowohl Couture- als auch Prêt-à-porter-Kollektionen.

Seine Inspiration bezog er aus unterschiedlichsten Quellen, doch ein dominantes, immer wiederkehrendes Element seines Œuvres waren nostalgisch anmutende Neuinterpretationen der Mode- und Kostümgeschichte. Zu den weiteren, starken Einflüssen auf Lacroix' Arbeit zählen Folklore, Spanien und die Eindrücke seinerJugendjahre im südfranzösischen Arles, das er selbst als einen Ort beschrieb, „an dem Vergangenheit und Gegenwart aufeinandertreffen". Es waren vor allem die „Mischungen und Kontraste", die ihn an Arles faszinierten. Mischungen und Kontraste – gewagte Farben, Muster und scheinbar unvereinbare Details – waren oft genau die Qualitäten, die Lacroix' Entwürfe so außergewöhnlich machten. Sein Faible für Theatralik und Prunk zeigt sich in allen Bereichen seines Schaffens, doch sollte seine Mode nicht als bloße Inszenierung charakterisiert werden: „Ich werde immer hin- und hergerissen sein zwischen keuschem Entzücken an der Reinheit der Form und rauschhafter Lust an Ornamentik", wie er selbst konstatierte, „denn Couture ist beides zugleich." *—J. F.*

„Couture ist eine Art Laboratorium, in dem alles erlaubt ist. Man schlägt Formen und Proportionen vor, ohne über Preise nachzudenken." — CHRISTIAN LACROIX

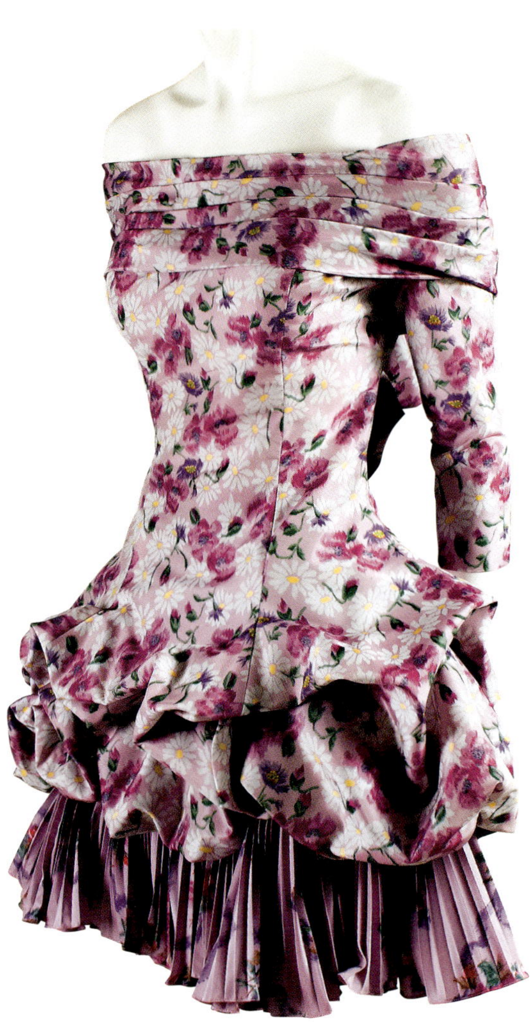

„Weil er um alles Gute weiß, das in der Geschichte geschehen ist, um die Zeiten, als Frauen dafür lebten, schön auszusehen, verfügt er über ein größeres Vokabular als die meisten zeitgenössischen Designer. Jedem von ihnen stünden die besten Kunststicker oder Kunstblumenmacher der Welt zur Verfügung, doch Lacroix weiß mehr über diese Möglichkeiten, weil er die Vergangenheit wirklich studiert hat."
— **Caroline Rennolds Milbank, *Time***

VORHERGEHENDE DOPPELSEITE UND LINKS
Christian Lacroix
Abendkleid *„à la folie"*: mehrfarbig bedruckter Seidentaft
Frankreich, 1988

Für dieses Couturekleid verwendete Lacroix ein florales Stoffdessin, das exklusiv für ihn gedruckt wurde.

GEGENÜBER
Christian Lacroix
Abendkleid: brauner Seidenchiffon
Frankreich, 2005

„Die Tatsache, dass ich als ‚Couturier der Farbe' gelte, hat mich immer überrascht und erstaunt", schrieb Lacroix in seinem Buch *Christian Lacroix: Histoires de Mode*. Mit diesem romantischen Chiffonkleid beschwört er die fein nuancierten Schattierungen der Dämmerung herauf.

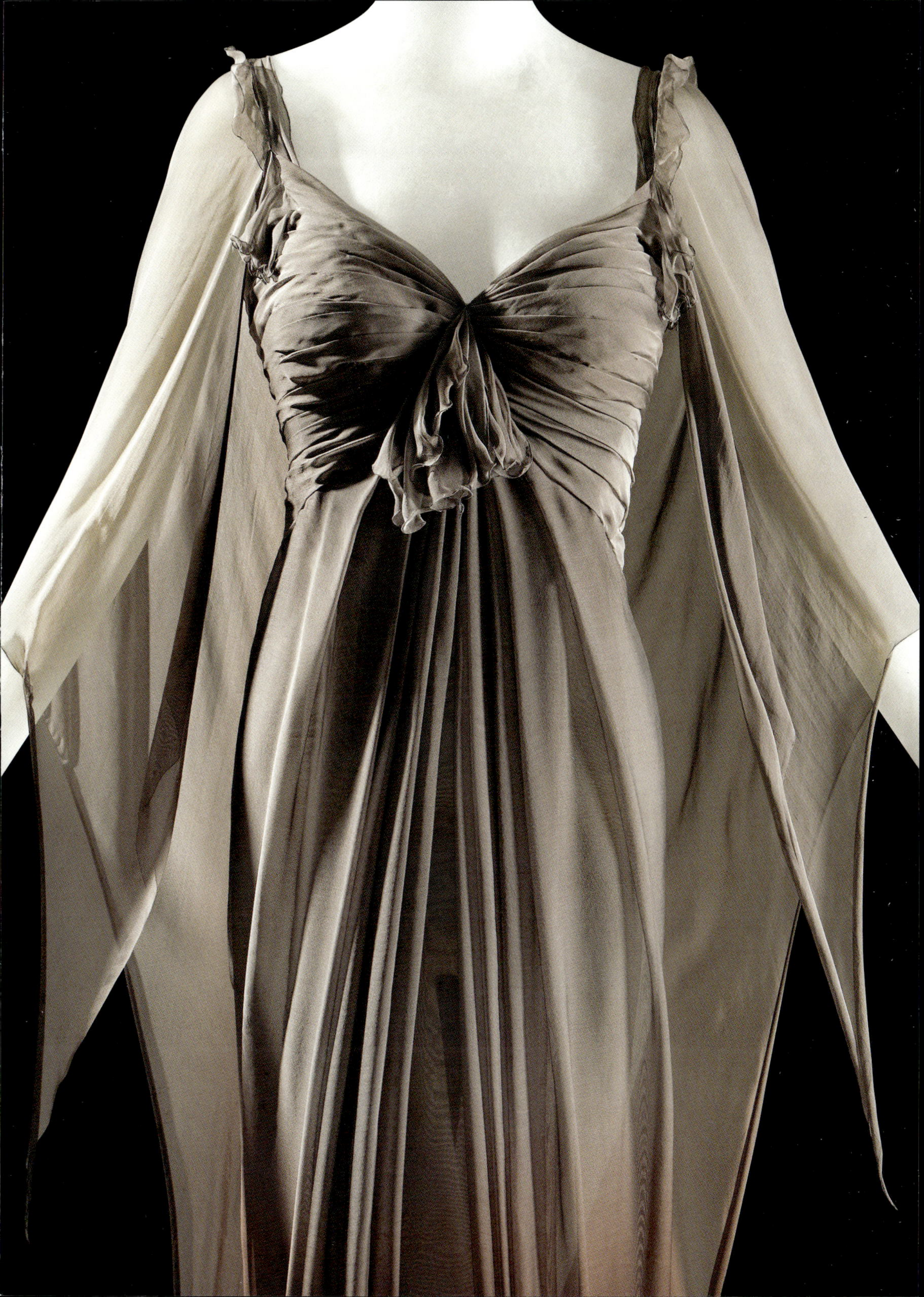

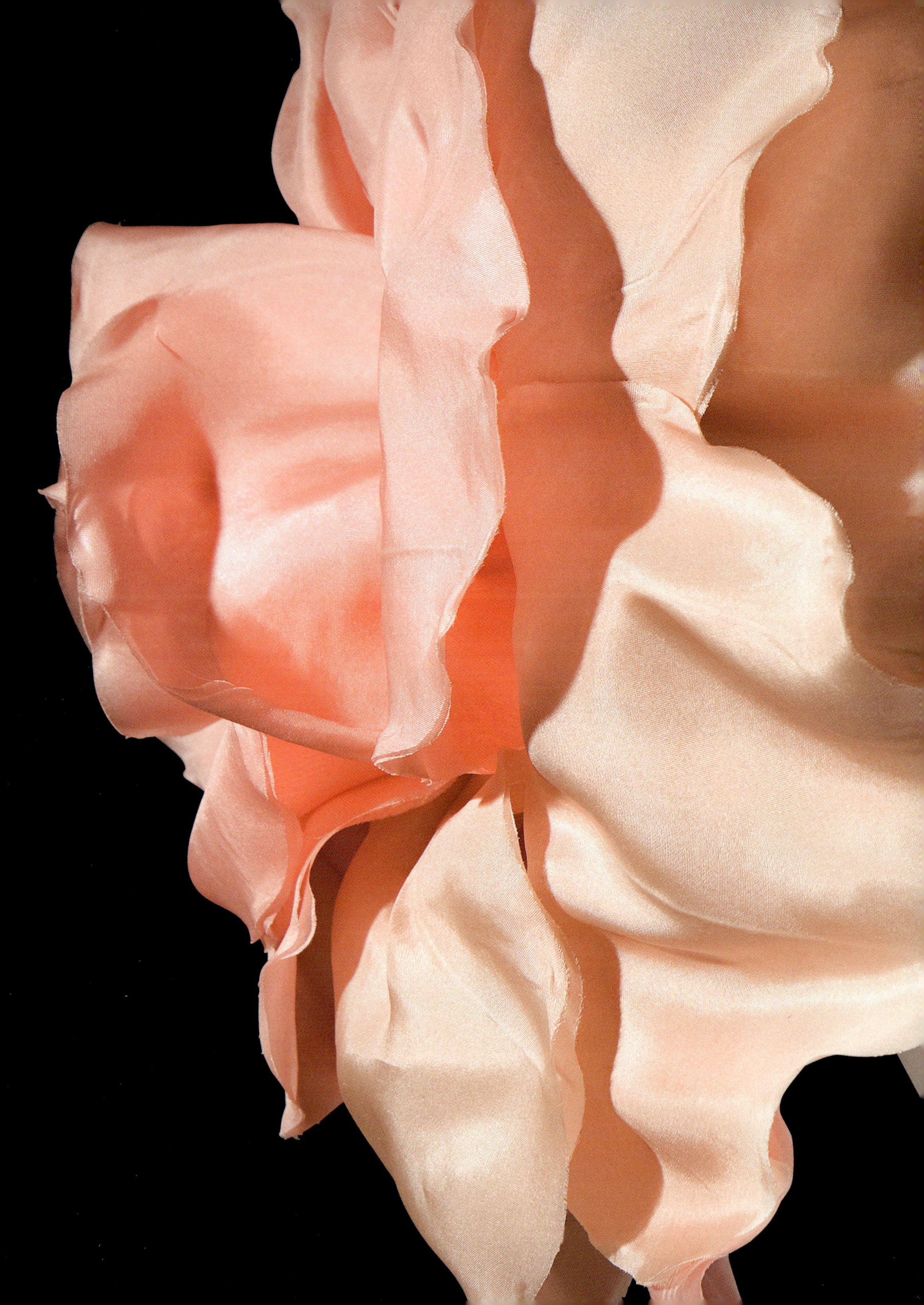

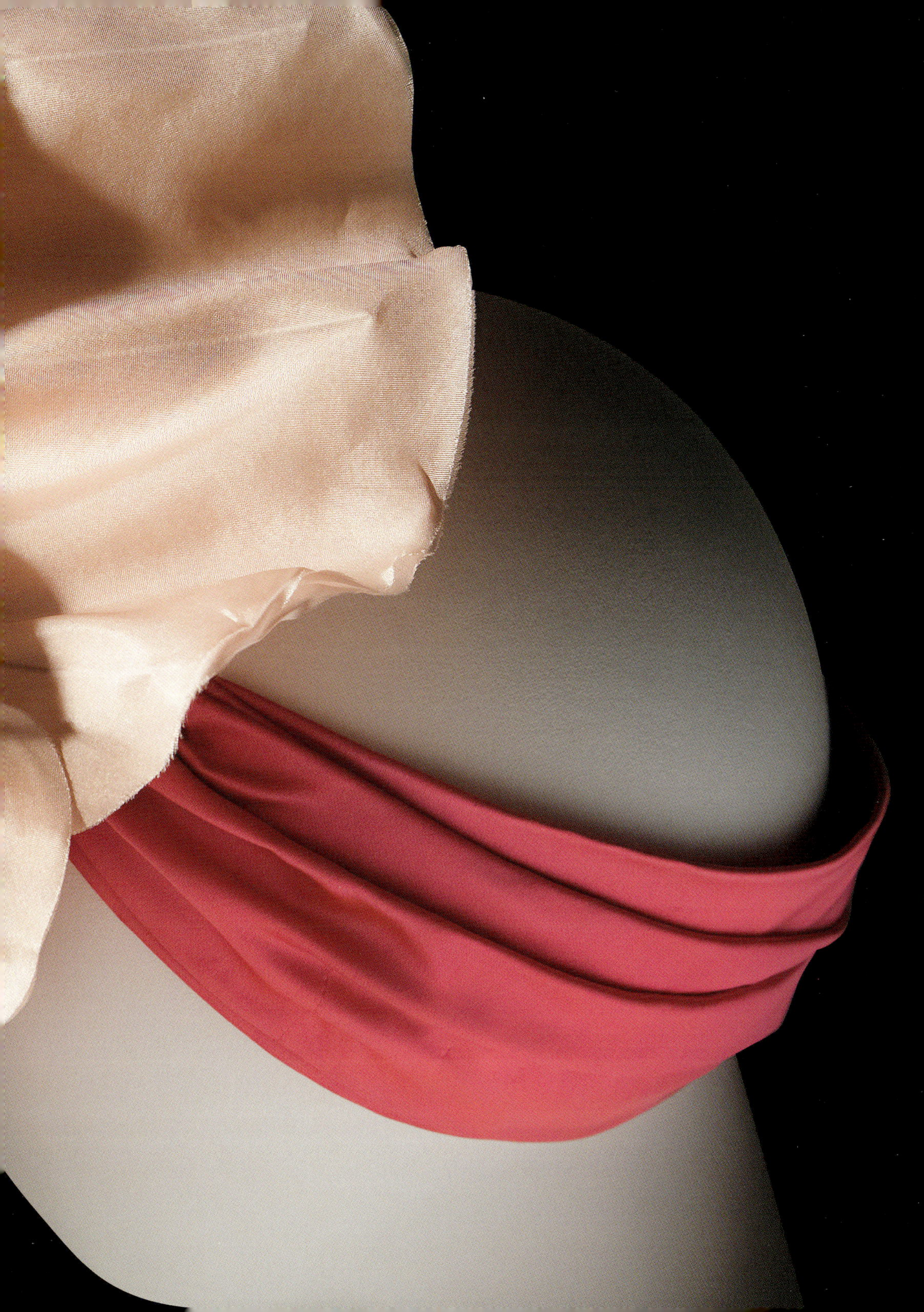

VORHERGEHENDE DOPPELSEITE
Patou (Christian Lacroix)
Hut: rosaroter und magentafarbener Seidensatin
Frankreich, 1986

UNTEN
Christian Lacroix
Strandbekleidungsensemble: mehrfarbiges Stretch-Nylon, Seidenchiffon, metallisches Kunststroh, Kunststoff, metallisches Leder
Frankreich, 1990

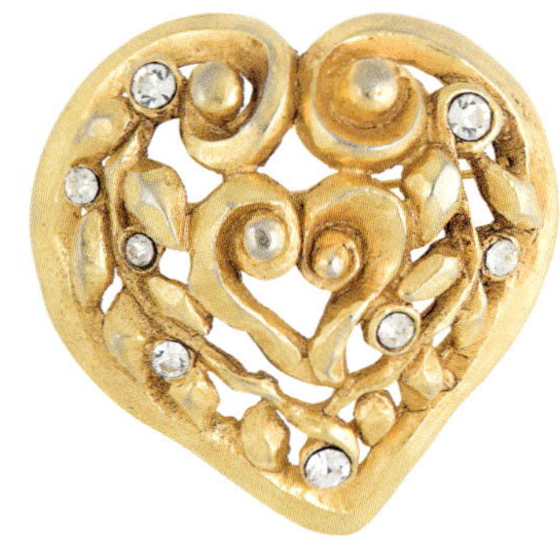

OBEN
Christian Lacroix
Brosche: goldenes Metall, Strass
Frankreich, 1991

GEGENÜBER
Christian Lacroix
Abendkleid: türkisfarbener Seidensatin
Frankreich, um 1988

FOLGENDE DOPPELSEITE
Christian Lacroix
Abendkleid: orangefarbenes Seiden-Faille, orangefarbenes Seidensatin, Strass
Frankreich, 2005

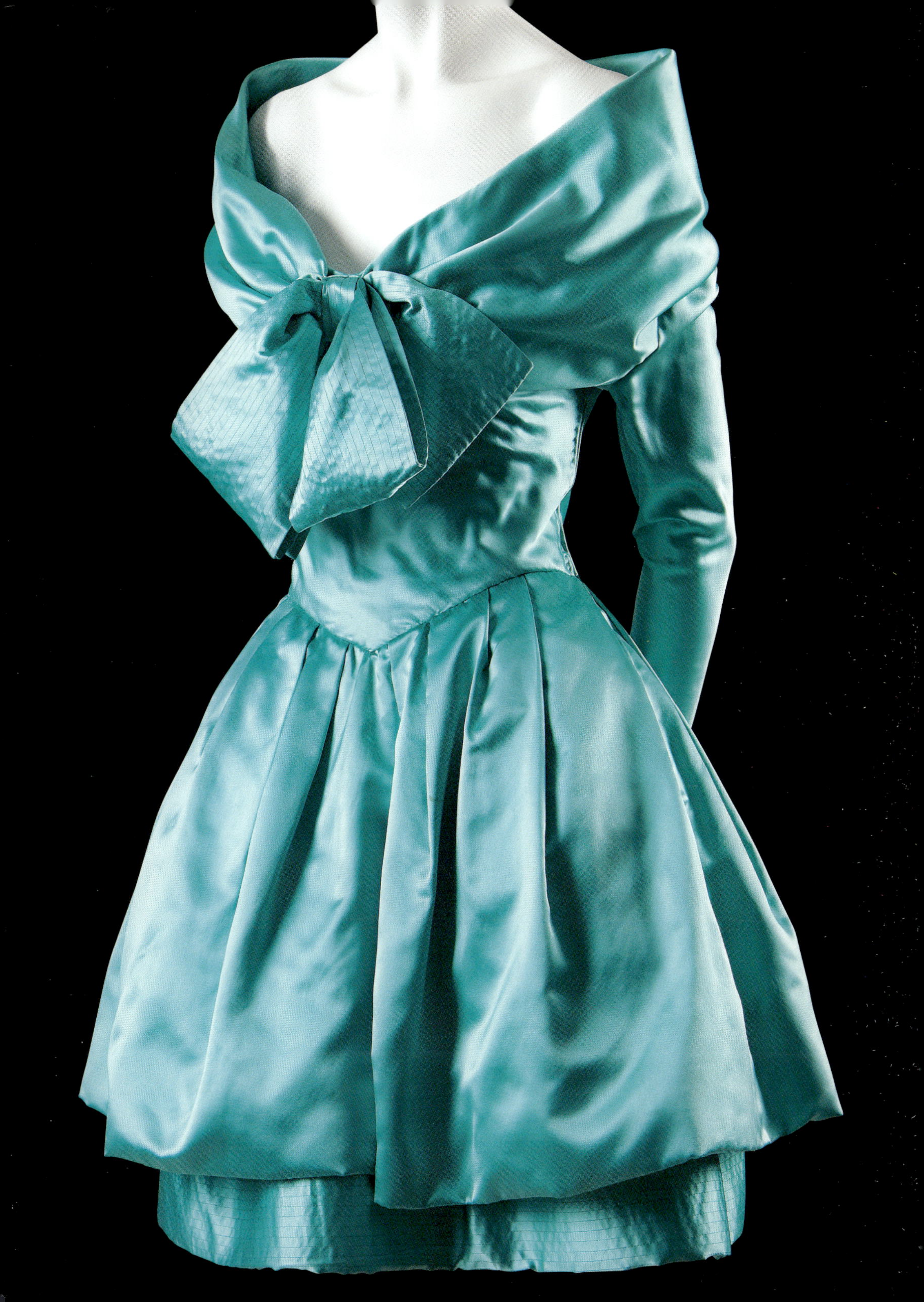

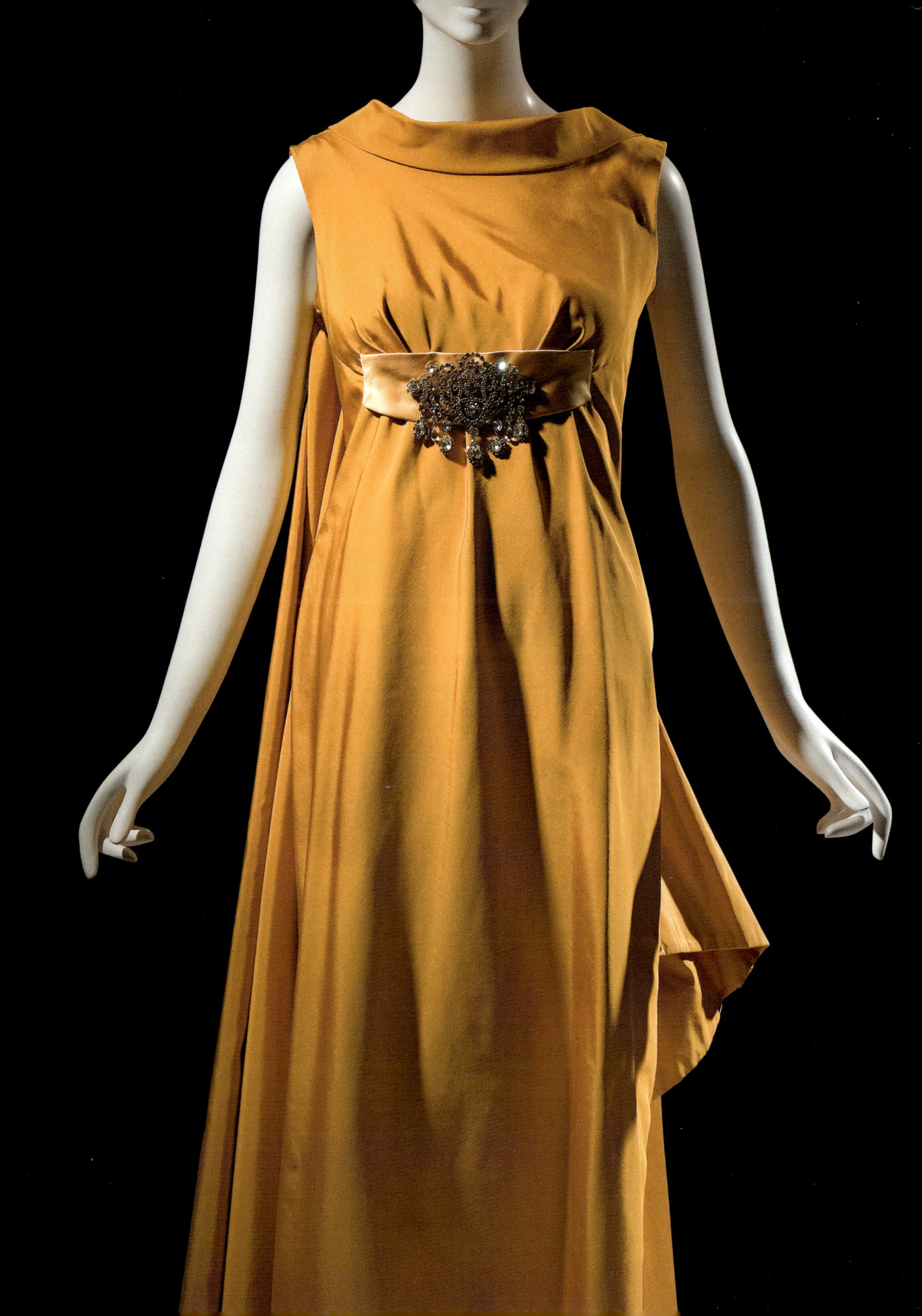

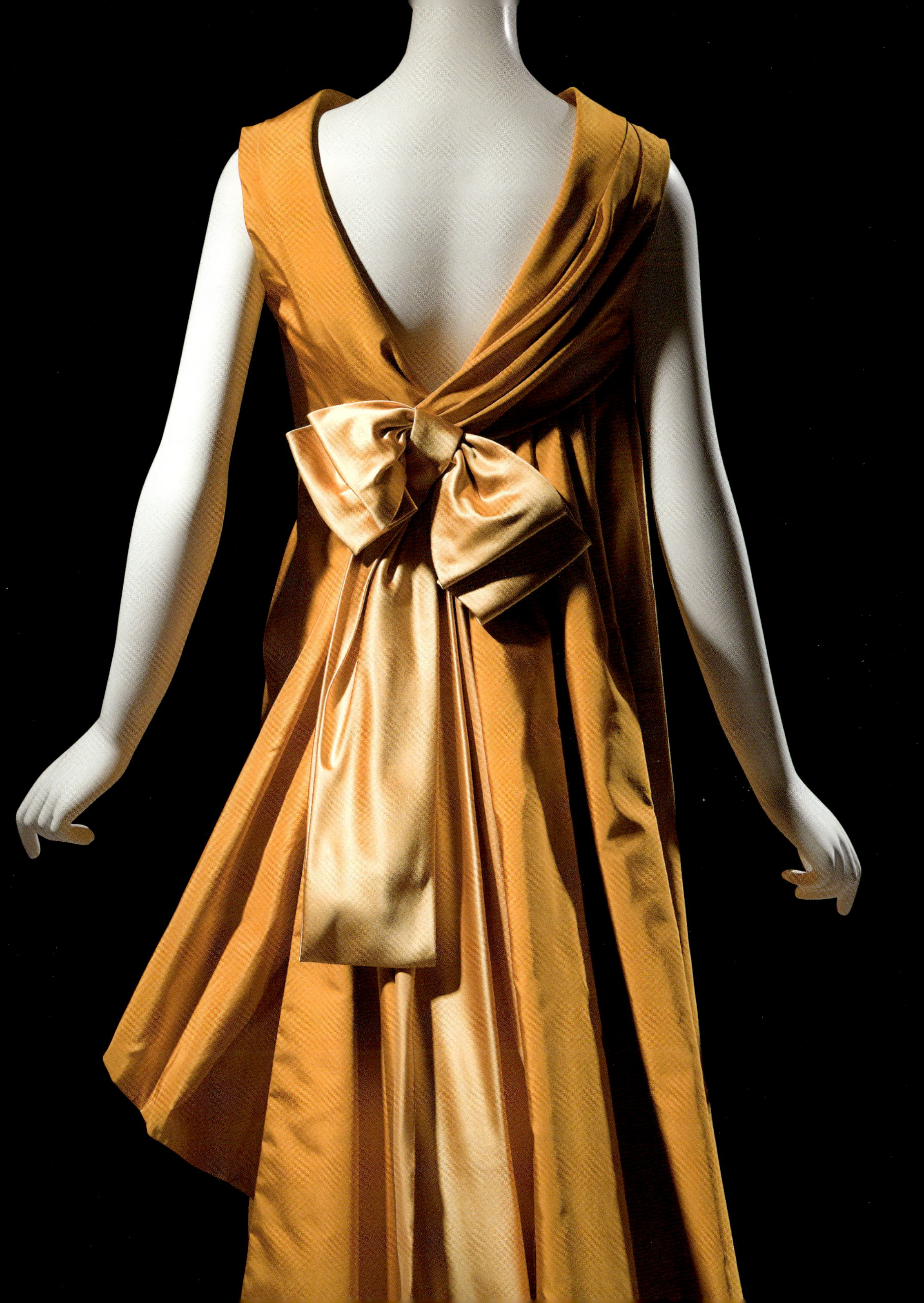

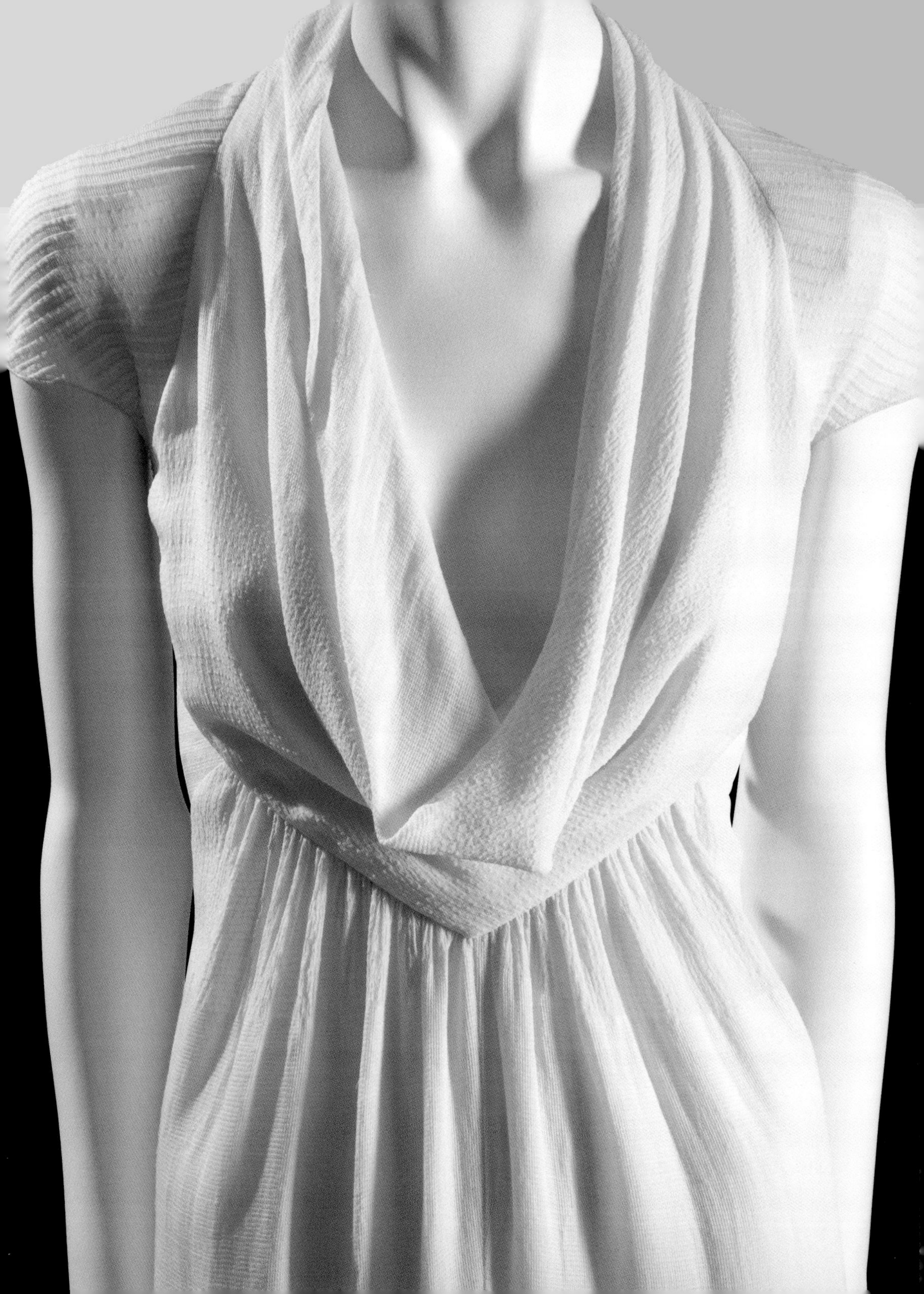

Karl Lagerfeld

KARL LAGERFELD (1933–2019) war einer der produktivsten Modeschöpfer unserer Zeit. Mit über 20 Kollektionen, die er alljährlich entwarf, stand er als treibende Kraft und allein verantwortlicher Kreativchef hinter den großen Modehäusern Chanel und Fendi wie auch seiner eigenen Marke, Karl Lagerfeld. In einer Kombination aus historischen Verweisen und zeitgemäßen Trends hauchte der häufig als „postmodern" bezeichnete Designer Modelabels neues Leben ein und erntete dafür große Anerkennung.

Der gebürtige Hamburger zeigte schon in jungen Jahren eine starke Affinität zur Mode. 1954 gewann er einen Wettbewerb des International Wool Secretariat in der Kategorie Mäntel. Er begann seine Modelaufbahn als Assistent in den Couture-Ateliers von Pierre Balmain und Jean Patou, ehe er sich schließlich dem Prêt-à-porter-Sektor zuwandte, weil er glaubte, dort größeren künstlerischen Freiraum zu haben.

In den 1960er-Jahren begann er, als selbstständiger Designer für Kunden wie Chloé, Krizia und das Haus Fendi zu arbeiten, für das er ab 1965 Pelzkollektionen entwarf. Doch es waren vor allem seine Entwürfe für das Label Chloé, die ihm Anerkennung und schließlich die Rolle des Chefdesigners eintrugen. In den 1970er-Jahren fingen Lagerfelds Chloé-Kreationen, die sich durch schlanke Silhouetten und markante geometrische Muster auszeichneten, die Stimmung der Zeit ein und etablierten ihn als einen international führenden Designer. 1983 übernahm er die kreative Leitung des Hauses Chanel und lancierte zwei Jahre später seine ersten eigenen Linien, Karl Lagerfeld und KL.

Lagerfelds Talent erstreckte sich über Mode hinaus bis zur Fotografie und Illustration. Er entwarf Coca-Cola-Flaschen, einen Flügel zum 150. Firmenjubiläum von Steinway & Sons und als erster Designer eine Exklusivkollektion unter eigenem Namen für die schwedische Modekette H&M. „Ich bin ein wandelndes Label", wie er sich einmal selbst beschrieb. „Ich heiße Labelfeld, nicht Lagerfeld." *—M.M.*

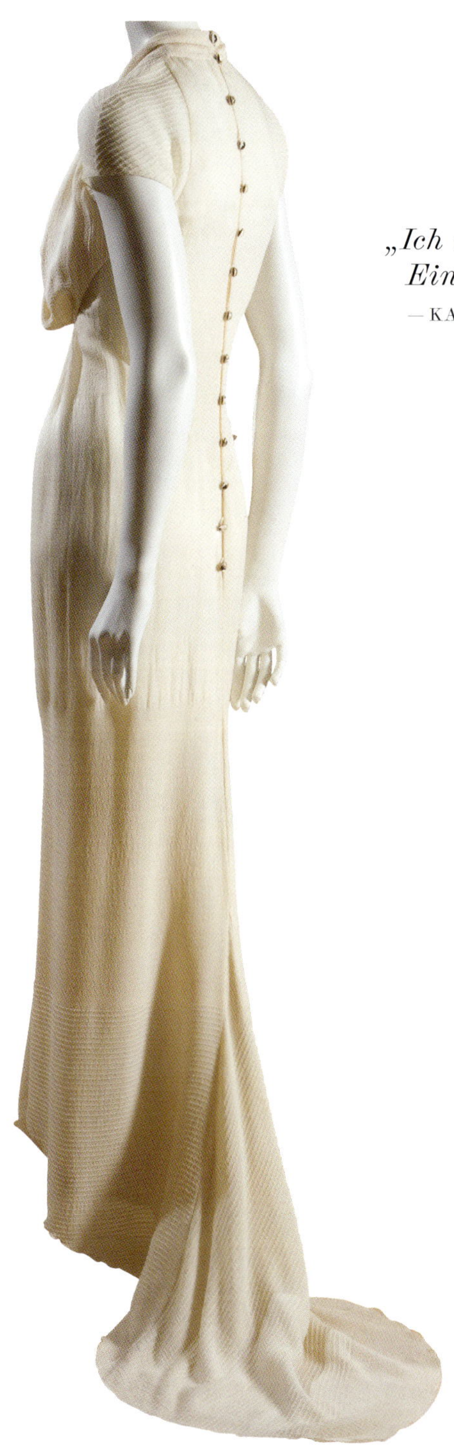

„Ich wäre gern ein multinationales Ein-Mann-Modephänomen."
— KARL LAGERFELD

„Von allen Designern, mit denen ich gearbeitet habe, war Karl der wahre Intellektuelle."
— **Gaby Aghion, Gründerin von Chloé**

VORHERGEHENDE DOPPELSEITE UND LINKS
Chloé (Karl Lagerfeld)
Abendkleid: weißer Chiffon, weißes Baumwollgewirke
Frankreich, um 1977

GEGENÜBER
Karl Lagerfeld
Kleid und Jacke: schwarzes Azetat/Viskosekrepp, Metallfiligranknöpfe
Frankreich, 1991

FOLGENDE DOPPELSEITE, LINKS
Karl Lagerfeld
Kleid und Mantel: mehrfarbig bedruckter Wollgabardine, Wollkrepp
Frankreich, 1984–1985

FOLGENDE DOPPELSEITE, RECHTS
Karl Lagerfeld
Jacke und Rock: schwarzer Seidenchinakrepp mit mehrfarbigem Druck geometrischer Muster
Frankreich, 1984–1985

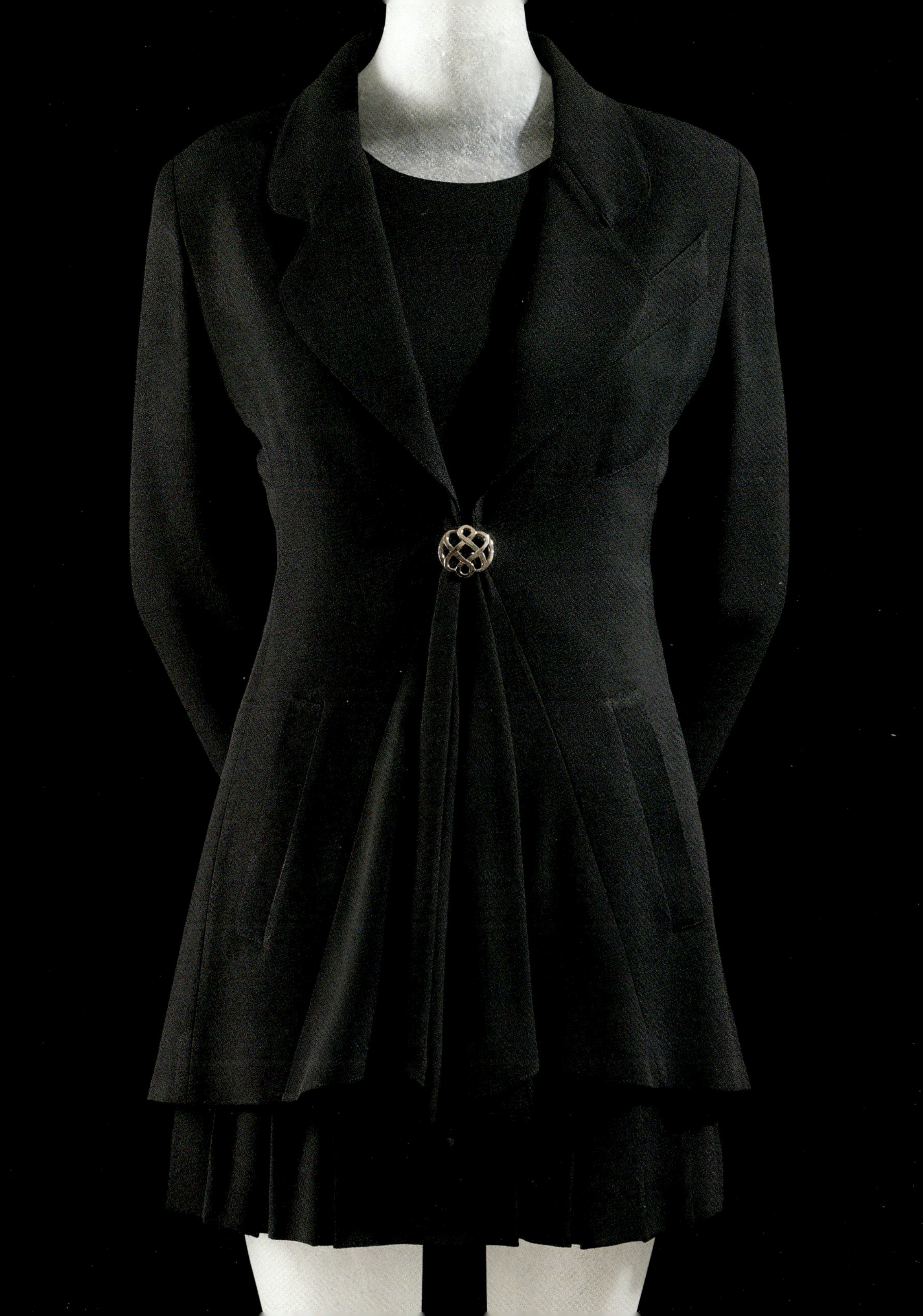

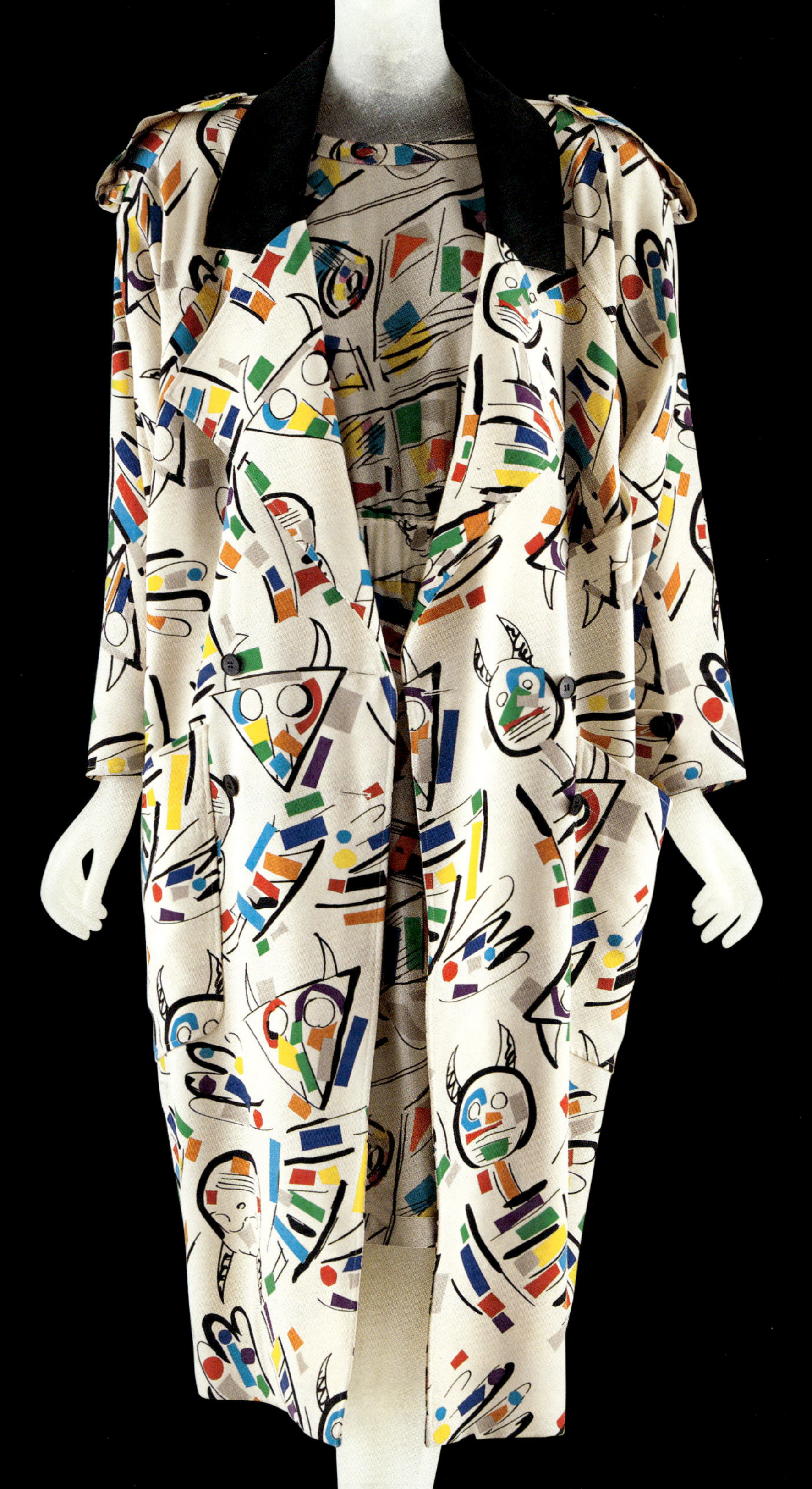

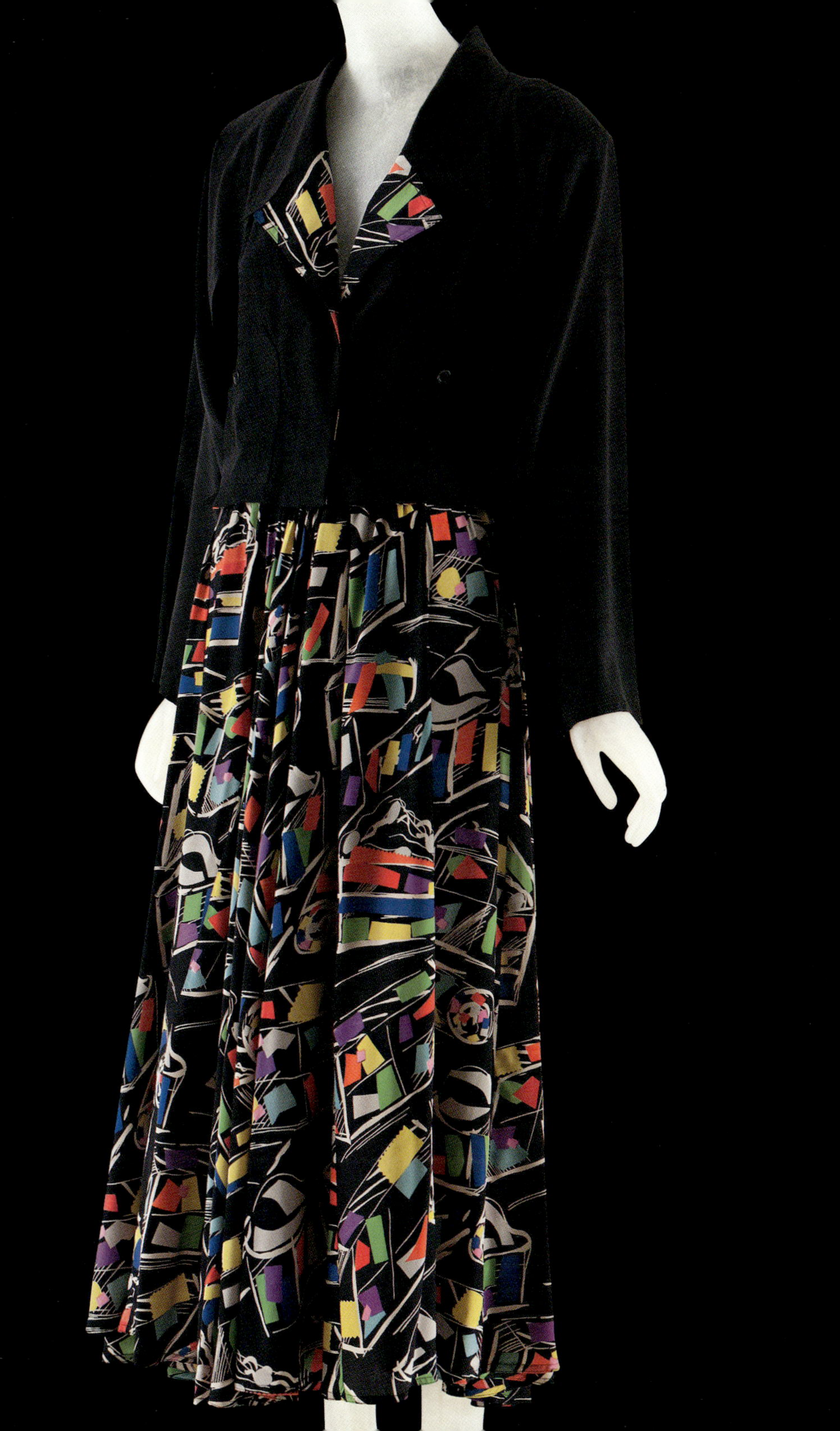

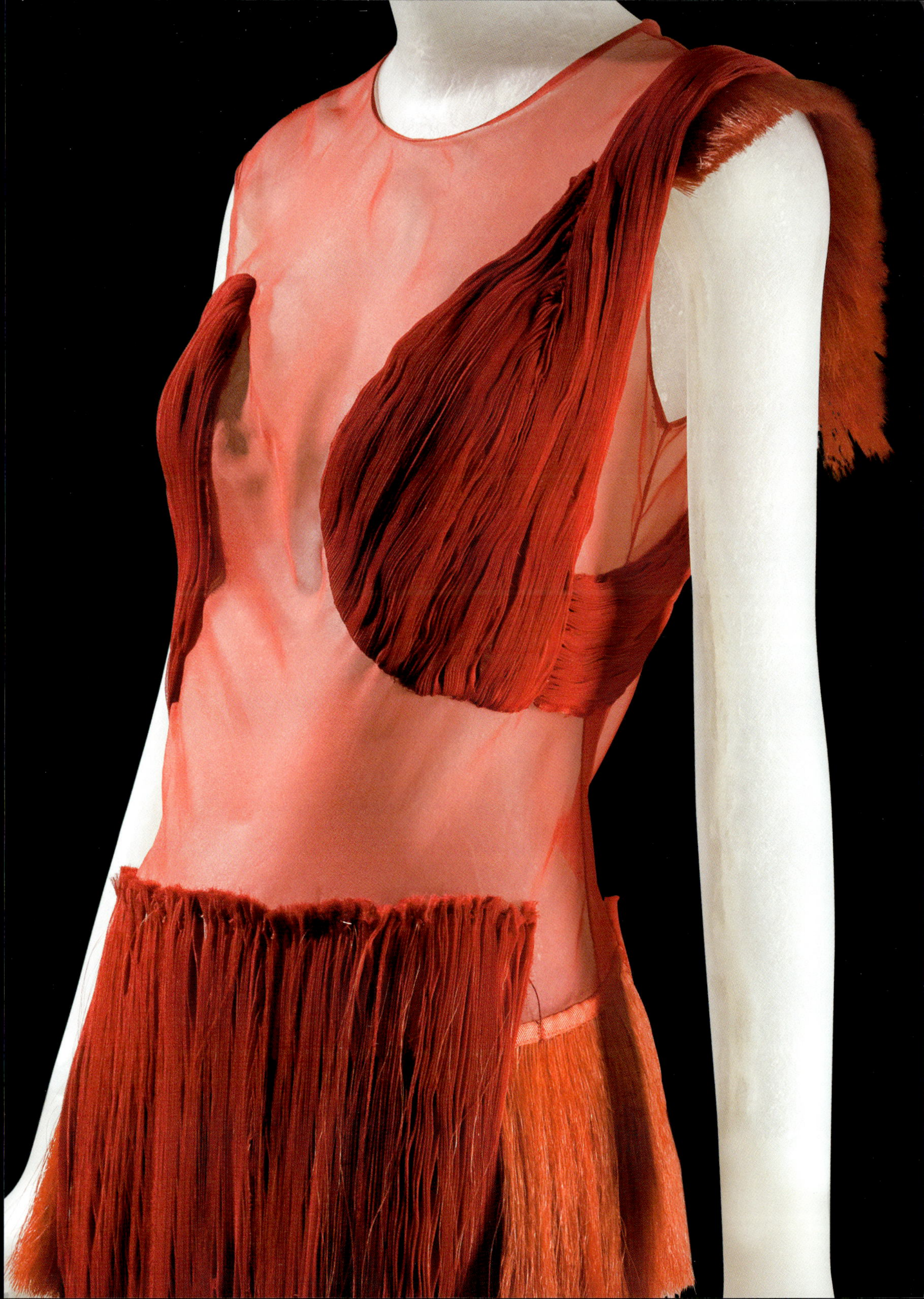

Helmut Lang

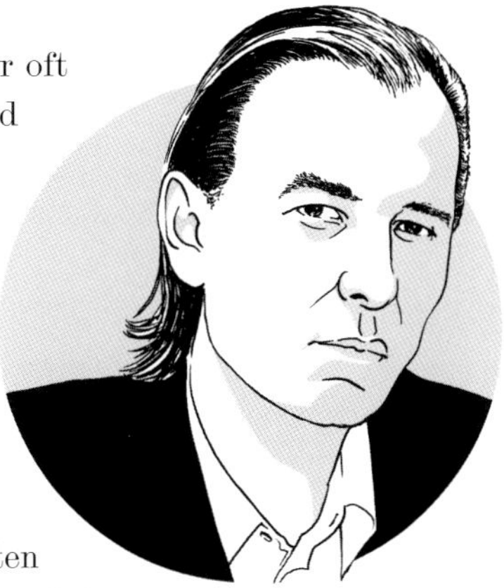

HELMUT LANG (* 1956) zählte zu den Vorkämpfern der oft als „minimalistisch" bezeichneten Ästhetik, die das Bild der 1990er-Jahre prägte. 1997 verlegte er als erster Designer den Sitz eines führenden europäischen Modeunternehmens nach Amerika. Zum Ausklang des 20. Jahrhunderts war der gebürtige Österreicher zu einem Titanen der Modewelt avanciert.

Auf dem Höhepunkt seines Erfolges in den 1990er-Jahren setzte Lang mit jedem Schritt, durch den er sein Imperium vergrößerte, richtungweisende Impulse in der Popkultur. Nach dem Firmenumzug in die Vereinigten Staaten wählte er für seine Markenreklame so unorthodoxe Orte wie die Dachwerbeträger der New Yorker Yellow Cabs und kam als erster Designer auf die Idee, saisonale Anzeigenkampagnen im *National Geographic* und dem *Artforum* zu schalten.

1998 ließ Lang den realen Laufsteg hinter sich und stellte neue Entwürfe via Live-Stream im Internet vor. Für die Präsentation seiner Frühjahrskollektion 1999 entschied er sich dazu, noch vor den europäischen Schauen an den Start zu gehen, ein unglaublich gewagter Schritt, der dem New Yorker Modeestablishment den Atem verschlug und augenblicklich von großen Kollegen wie Calvin Klein kopiert wurde. Dieser zeitliche Vorsprung im Halbjahresturnus der internationalen Defilees verhalf der amerikanischen Mode von nun an auch östlich des Atlantiks zu verstärkter Beachtung.

Androgyne, akkurat geschnittene Anzüge begründeten Langs Ruhm, doch sein konzeptioneller Ansatz reichte noch weiter: Für die Herbst/Winter-Kollektion 1999 ersann er eine Hightech-Lederuniform in Orange oder Silber, deren Jacke durch ein Futter mit Innengurten in einen Umhang verwandelt werden konnte. Spätere Kollektionen schöpften aus einem breiten Spektrum an Inspirationen, das von Meeresbiologie über Surfermode bis zu osteuropäischen Einflüssen reichte. 2005 zog Lang sich aus der Mode zurück und arbeitet seitdem als Künstler. —*P. M.*

„Ich gehe mit einer Vorstellung oder eine Idee an ein Stück heran, die dann verdichtet und geschichtet, aufgebrochen und wieder aufgesammelt und plötzlich von einer anderen übernommen wird. Es wird zu einem interaktiven Ringen um das Gleichgewicht zwischen der Wichtigkeit der Form und der Wichtigkeit des Inhalts.“ — HELMUT LANG

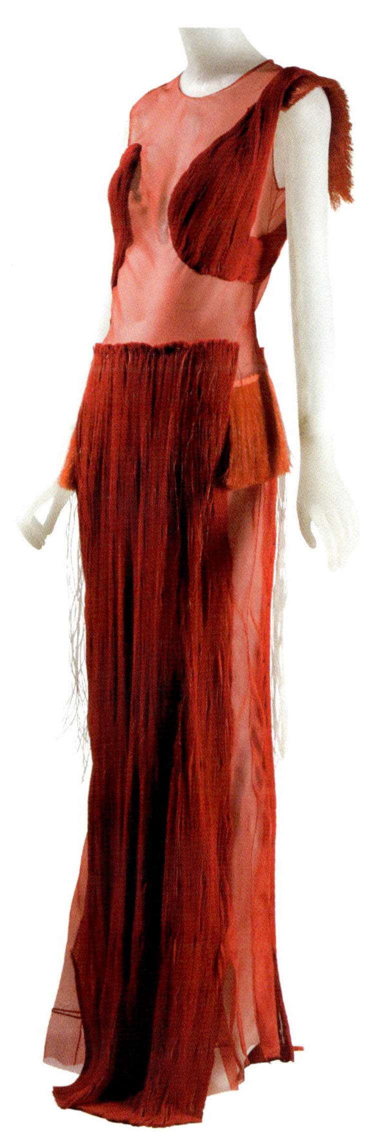

VORHERGEHENDE DOPPELSEITE UND LINKS
Helmut Lang
Abendkleid: roter Seidenchiffon, Nylon-Rosshaar
USA, 2004

GEGENÜBER
Helmut Lang
Ensemble: brauner, weißer und grauer Seidenorganza, weißes Nylon, Kunststoff
USA, 2003

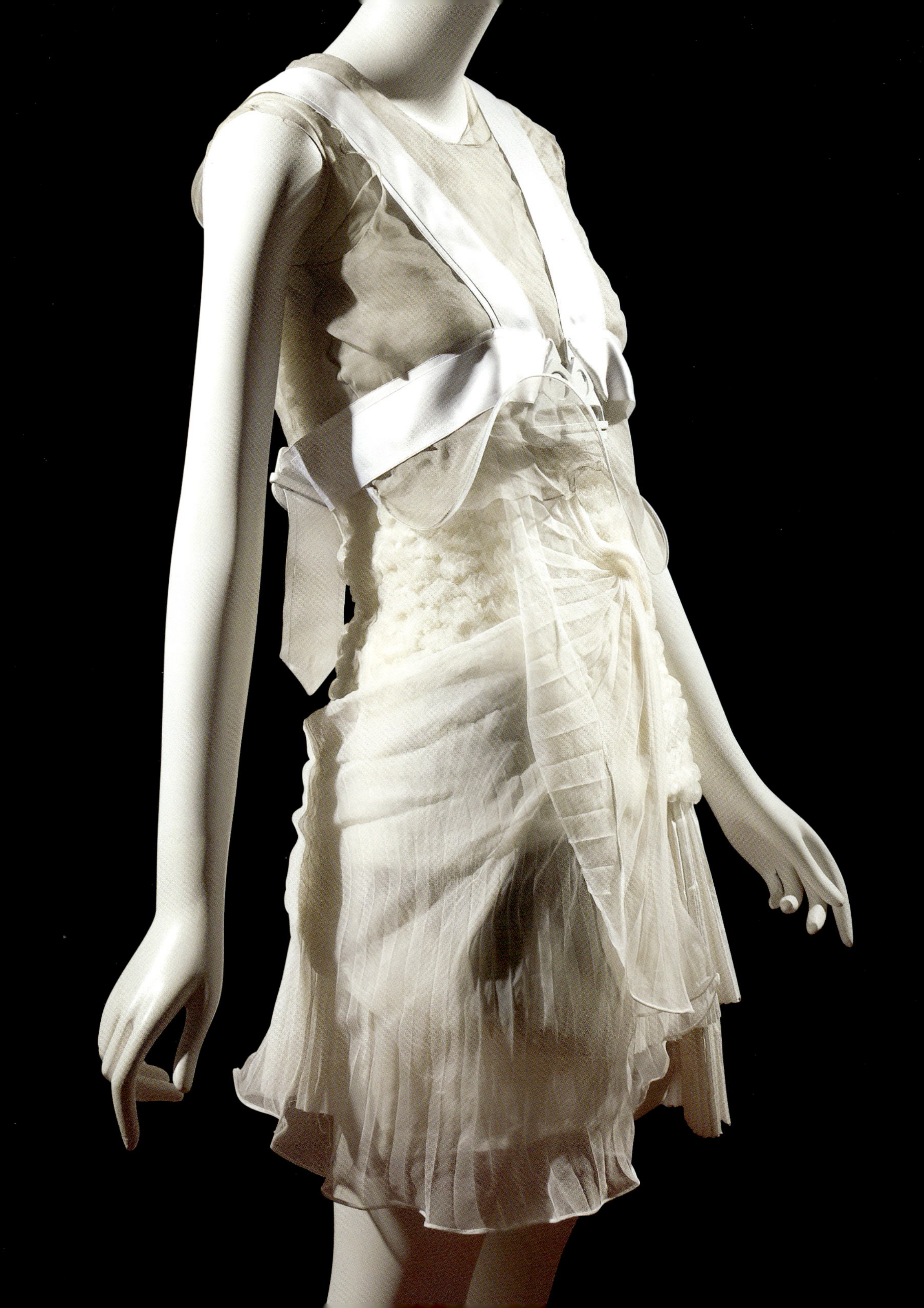

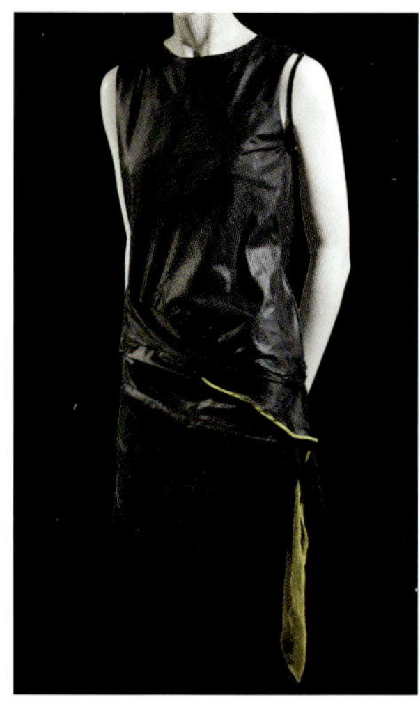

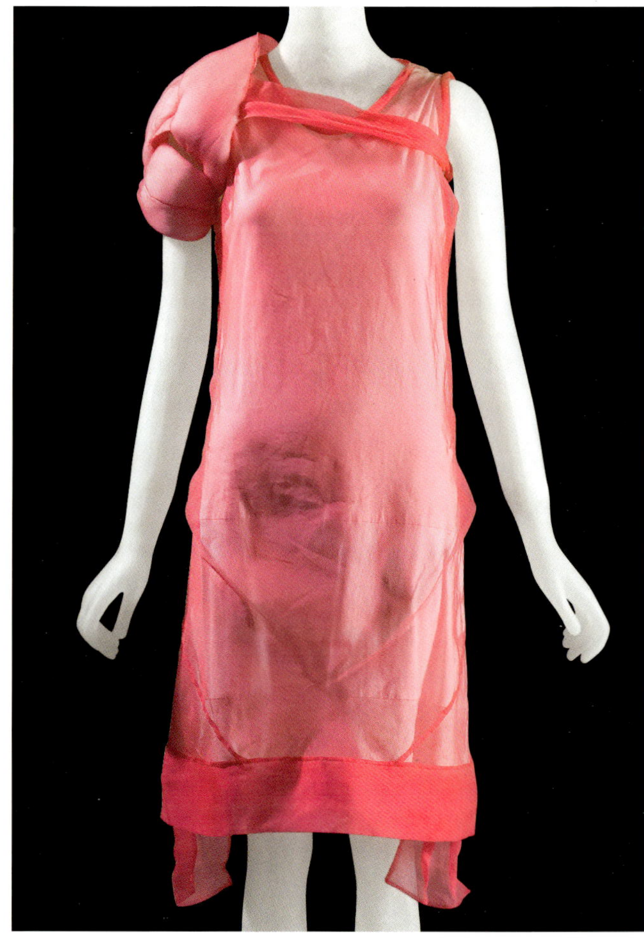

OBEN
Helmut Lang
Kleid: schwarzer Polyester, Seidensatin, hellgrüne Seidengaze
USA, 1997

Helmut Lang, 1956 in Österreich geboren, etablierte sich zunächst als Modeschöpfer in Paris, ehe er 1997 nach New York übersiedelte. Der Modeminimalist entwickelte für Gebrauchskleidung konzeptionell anspruchsvolle, androgyne Interpretationen, die Männer und Frauen gleichermaßen ansprachen.

RECHTS
Helmut Lang
Kleid: rosaroter Polyesterchiffon, weißer Baumwolljersey
USA, 1998

GEGENÜBER
Helmut Lang
Ensemble: schwarzes und weißes Baumwollgewirke, Baumwolle, Chiffon, Organza
USA, 2003

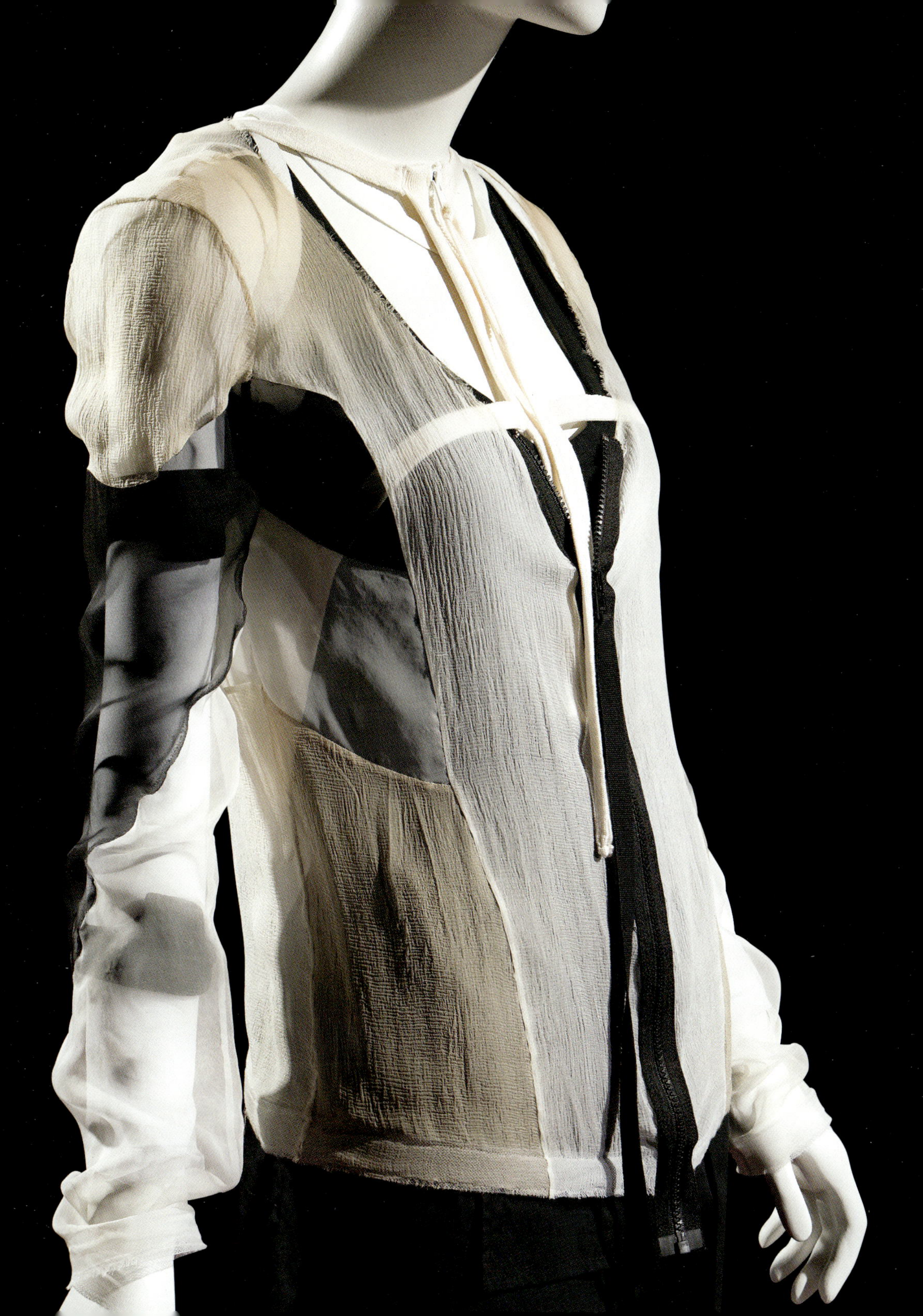

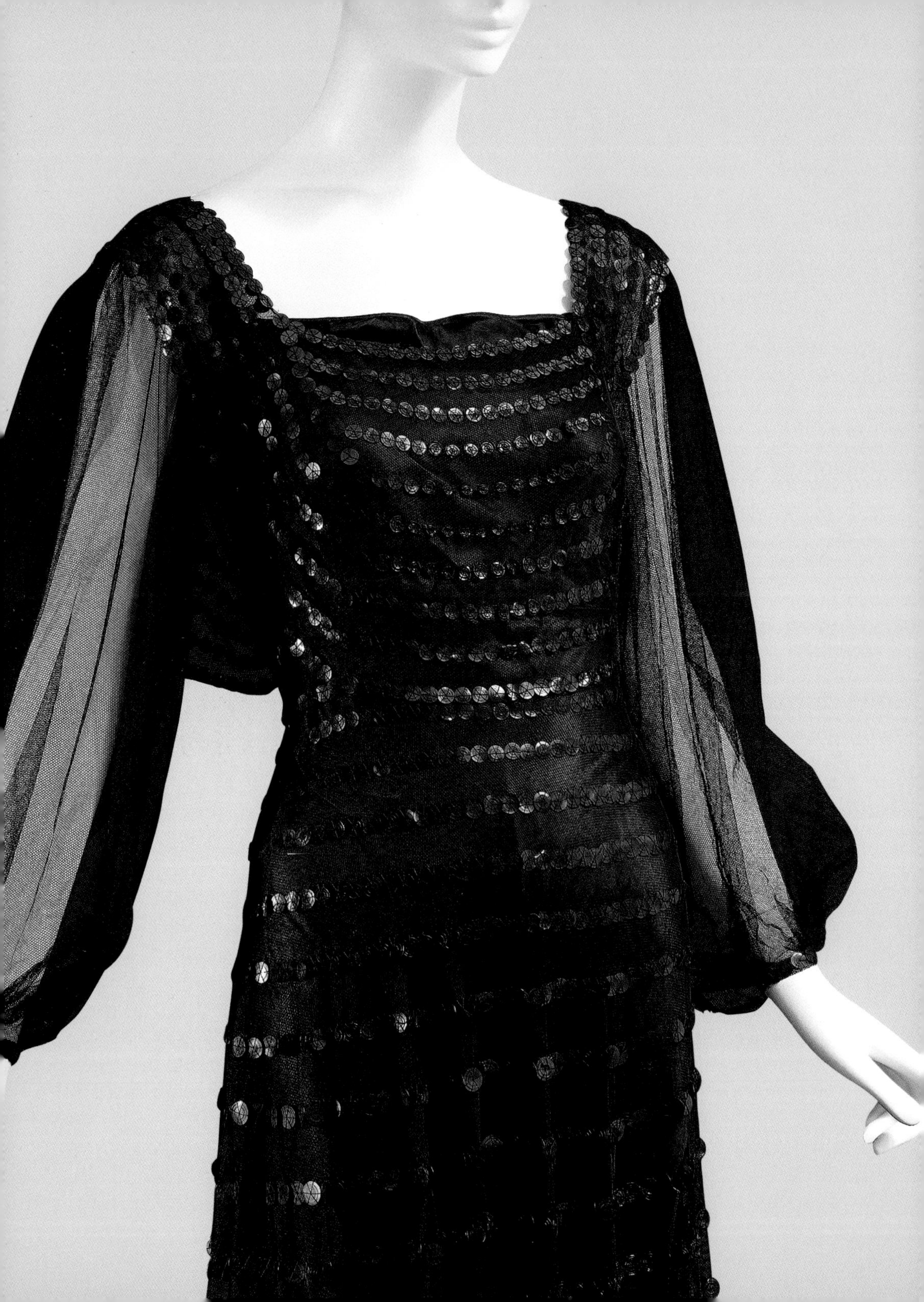

Lanvin

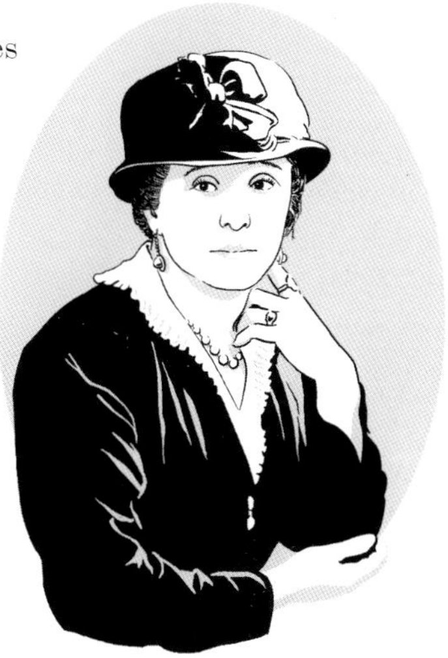

JEANNE LANVIN (1867–1946) Das Emblem des Hauses Lanvin basiert auf einem Bild, das Jeanne Lanvin und ihre Tochter Marguerite Marie-Blanche zeigt – ein passendes Markenzeichen, war die Beziehung der beiden doch eine der Grundlagen für Lanvins Erfolg, die Tochter wichtigste Inspirationsquelle der Mutter.

Lanvin arbeitete zunächst in einem Schneideratelier, ehe sie sich 1889 mit einem Hutsalon selbstständig machte. Auf Drängen ihrer Kunden, die entzückt waren von den Kleidern, die sie für ihre Tochter schneiderte, begann sie 1908 damit, Kindermode zu entwerfen. 1909 stellte sie ihre erste Damenmode-Kollektion vor und erweiterte ihr Repertoire im Lauf der Jahre um eine Herrenlinie, Freizeitmode und Parfüms.

Die *robe de style*, das Stilkleid der 1920er-Jahre, war ihre wohl bekannteste Kreation: ein hochromantisches, ultrafeminines Kleid mit tief angesetzter Taille und seitlichem Panier, das an Moden des 18. Jahrhunderts erinnerte. Zur Verzierung griff Lanvin dabei oft auf üppige Stickereien, Applikationen oder Perlenbesätze zurück – Stilelemente, für die das Haus Lanvin bekannt werden sollte. Auch Einflüsse aus anderen Kulturen, speziell der asiatischen, und exotische Anklänge sind in vielen ihrer Entwürfe präsent. In den 1930er-Jahren widmete sie sich weiter mit Einfallsreichtum und Könnerschaft neuen Möglichkeiten der Verzierung und Stoffstrukturen.

Das Unternehmen Lanvin überdauerte den Tod seiner Gründerin im Jahr 1946 und produzierte bis 1993 weiter Couturekollektionen. Von 2001 bis 2015 hatte Alber Elbaz die künstlerische Leitung des Hauses inne; seine Entwürfe entsprechen perfekt der Idee von Romantik, Jugend und Weiblichkeit, für die der Name Lanvin so lange stand. 2016 wurde Bouchra Jarrar zur Chefdesignerin ernannt; ihr folgten 2017 Olivier Lapidus und 2019 Bruno Sialelli. —*J. F.*

„Mme. Jeanne Lanvin ist die Dekanin der großen Pariser Couturières."
— JANET FLANNER, *LADIES' HOME JOURNAL*

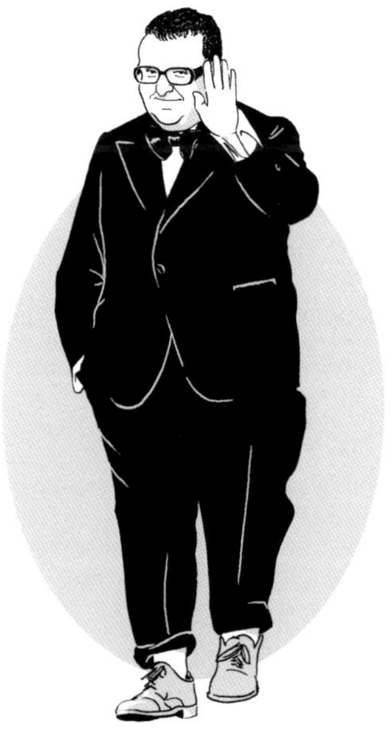

Alber Elbaz (* 1961)

VORHERGEHENDE DOPPELSEITE
Jeanne Lanvin
Abendkleid: schwarzer Synthetiktüll, Satin, Kunststoffpailletten
Frankreich, um 1935

Das Haus Lanvin war für exquisite Verzierungen wie die Pailletten auf diesem Kleid bekannt; in abgestuften Größen übereinander gereiht, verleihen sie dem zarten Tüll zusätzlichen Ausdruck.

„Es gibt viele Designer, deren Entwürfe eine Frau dünner oder hübscher aussehen lassen können. Elbaz scheint über die Macht zu verfügen, eine Frau interessanter aussehen zu lassen."
— **Ariel Levy, *The New Yorker***

GEGENÜBER
Jeanne Lanvin
Abendjacke: gelber Seidensatin, Silberlamé
Frankreich, 1937

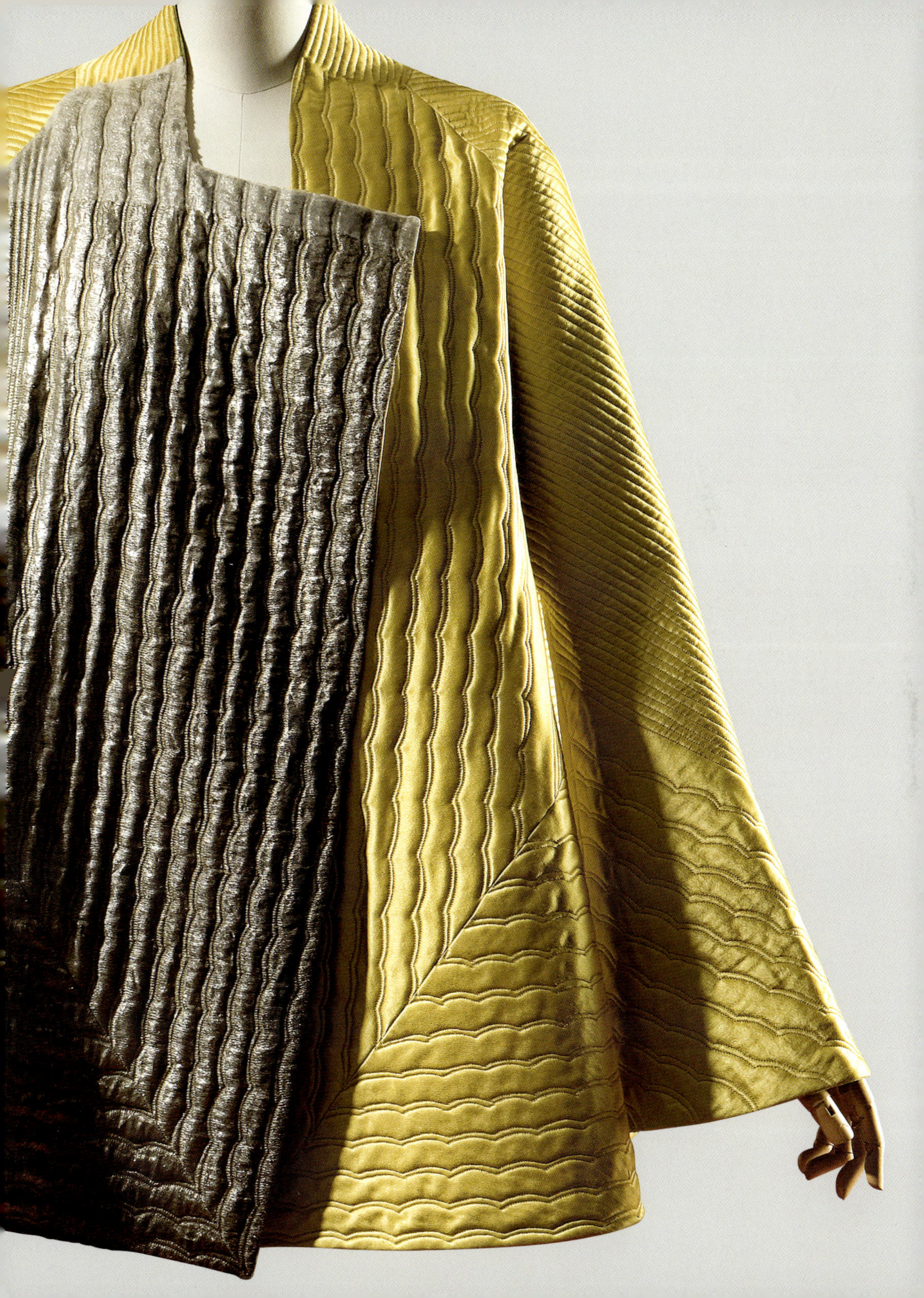

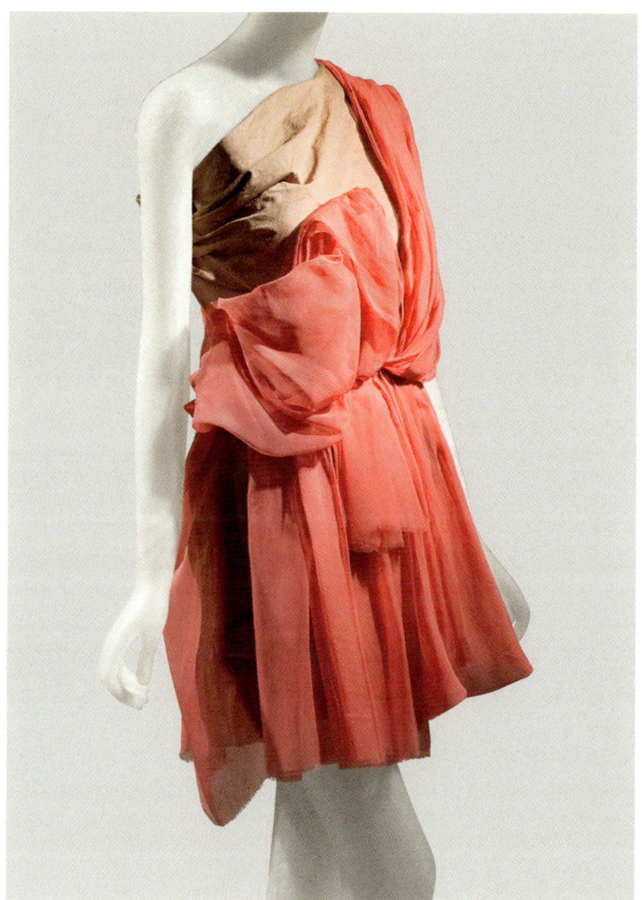

LINKS
Lanvin (Alber Elbaz)
Kleid: hellbraune Baumwolle und rosaroter Polyesterorganza
Frankreich, 2010

UNTEN
Jeanne Lanvin
Kleid: rosaroter Baumwollorgandy, Baumwollnetz
Frankreich, um 1930

GEGENÜBER
Lanvin (Lanvin-Castillo)
Abendkleid und Mantel: schwarzer Seidensatin
Frankreich, um 1959

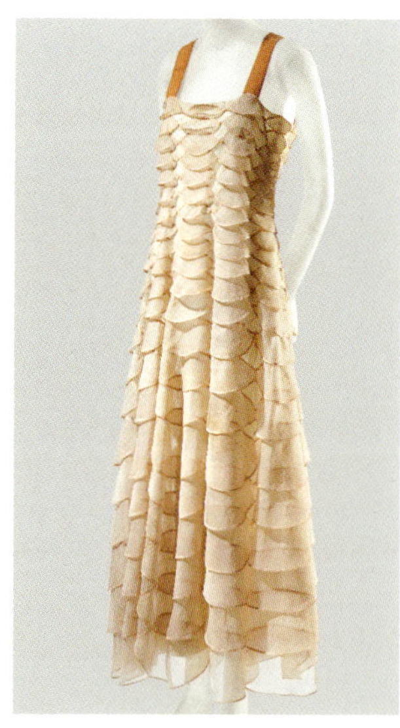

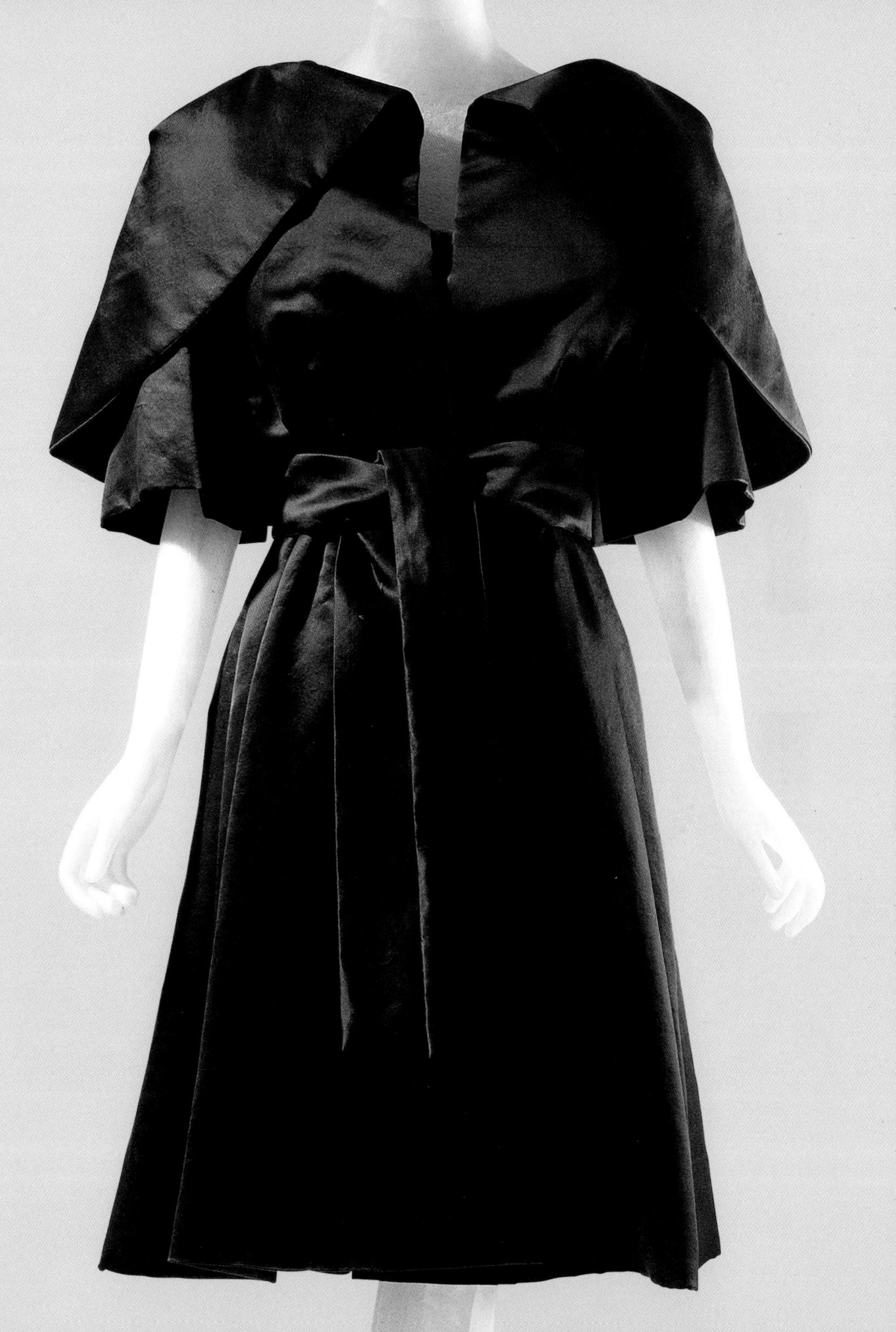

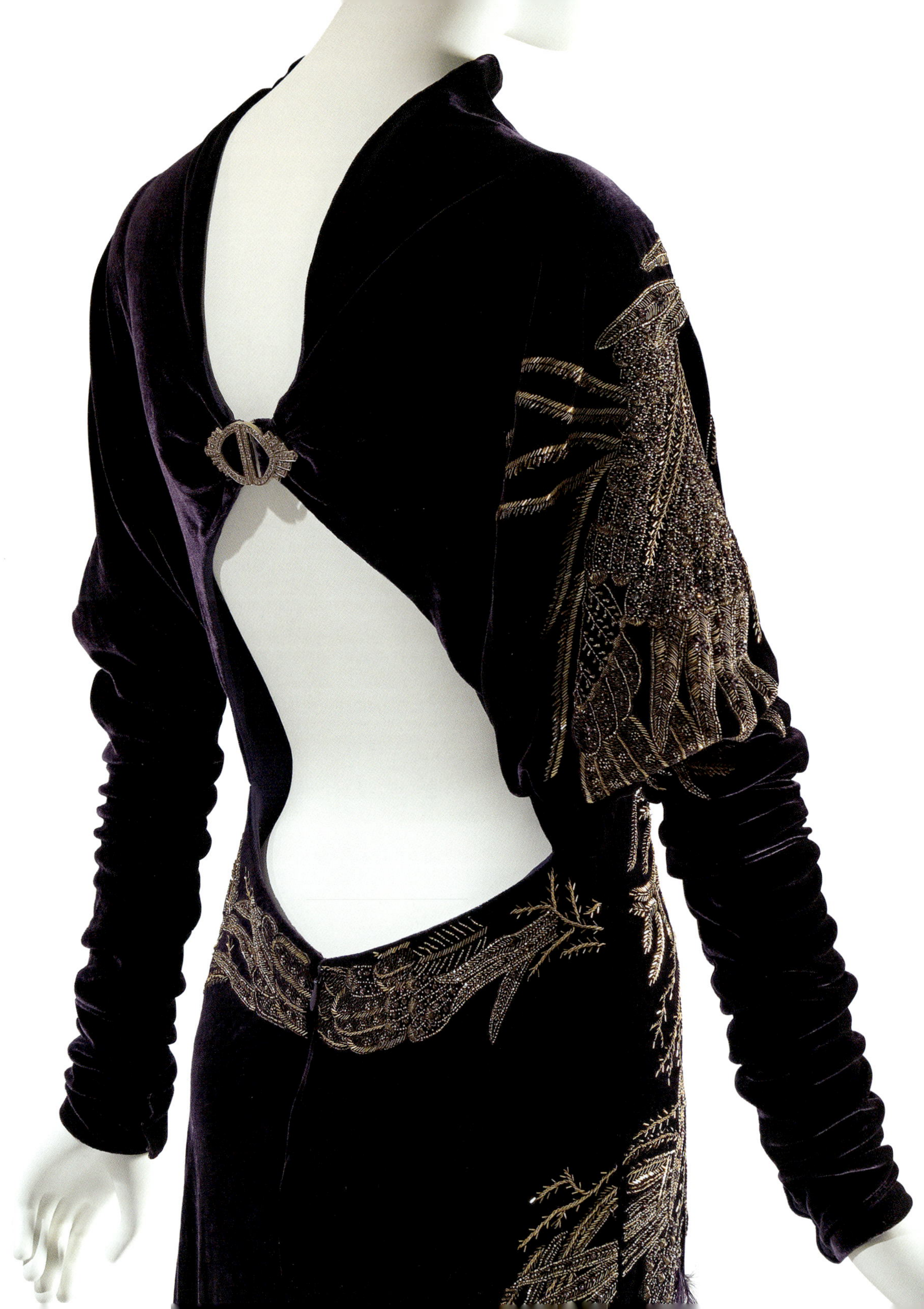

Ralph Lauren

RALPH LAUREN (* 1939) Im Lauf des letzten halben Jahrhunderts hat Ralph Lauren eine der erfolgreichsten Mode- und Lifestylemarken der Welt aufgebaut und aus der Ikonografie Amerikas einen globalen Lifestylekonzern entwickelt. Ob vom Charme der Neuengland-Küste inspiriert, von der Naturschönheit des Südwestens oder von Hollywoods Glamour, seine Kollektionen für Männer und Frauen, ihre Kinder und das gemeinsame Heim vermitteln einen zeitlosen Stil, der überall auf der Welt wiedererkannt wird. Lauren, geboren in New York und aufgewachsen in der Bronx, wusste schon, ehe ihm klar war, welche Laufbahn er einschlagen würde, dass er etwas zu sagen hatte und eine Leidenschaft für das Leben besaß, die er in Kleidern zum Ausdruck bringen konnte. Allein an seinem Schreibtisch im Empire State Building entwarf Lauren 1967 eine außergewöhnliche Kollektion von breiten Krawatten, die die Art, wie Männer sich kleideten, verändern sollten. Bald folgte eine komplette Herrenkollektion, die die Anmutung europäischer Maßschneiderei und amerikanischer Freizeitmode in sich vereinte. 1972 gewann er seinen ersten Coty Award, den Preis der amerikanischen Modekritiker, und lancierte eine von den Herrenkollektionen inspirierte Damenlinie. Im Lauf der folgenden Jahrzehnte weitete er seinen Aktionsradius auf die Bereiche Parfüm, Kinderbekleidung, Bettwäsche, Inneneinrichtung und Wohnaccessoires aus, präsentierte seine Damenkollektion auf dem Laufsteg und erschloss der Herrenmode mit seinem Purple Label eine neue Ebene von Luxus. Während das Unternehmen weiter wuchs, blieb Lauren konsequent in seinem Qualitätsanspruch, seinem Respekt vor Traditionen und seinem Glauben an den amerikanischen Traum.

Heute ist Ralph Lauren in kreativer wie unternehmerischer Hinsicht einer der führenden und innovativsten Köpfe der Branche – und selbst zu einer amerikanischen Ikone geworden. Als bislang einziger Modedesigner wurde er vom Council of Fashion Designers of America (CFDA) in vier Sparten ausgezeichnet: als Designer des Jahres in den Kategorien Frauen- und Herrenmode, als Einzelhändler des Jahres sowie mit dem Geoffrey-Beene-Preis für sein Lebenswerk, außerdem mit dem CFDA Humanitarian Leadership Award. Im Juni 2007 kürte ihn die CFDA als ersten Preisträger des American Fashion Legend Award. 2015 berichtete die *New York Times*, dass Ralph Lauren als CEO zurückgetreten ist, er seinem Unternehmen aber als Vorstandsvorsitzender und künstlerischer Leiter erhalten bleiben wird.

„Was ich mache, hat mit Leben zu tun. Ich war stets der Meinung, man könne durch die Art, wie wir uns kleiden und durch die Orte, die wir bereisen, viele Leben leben, wenn auch nur in der Phantasie.“

— RALPH LAUREN

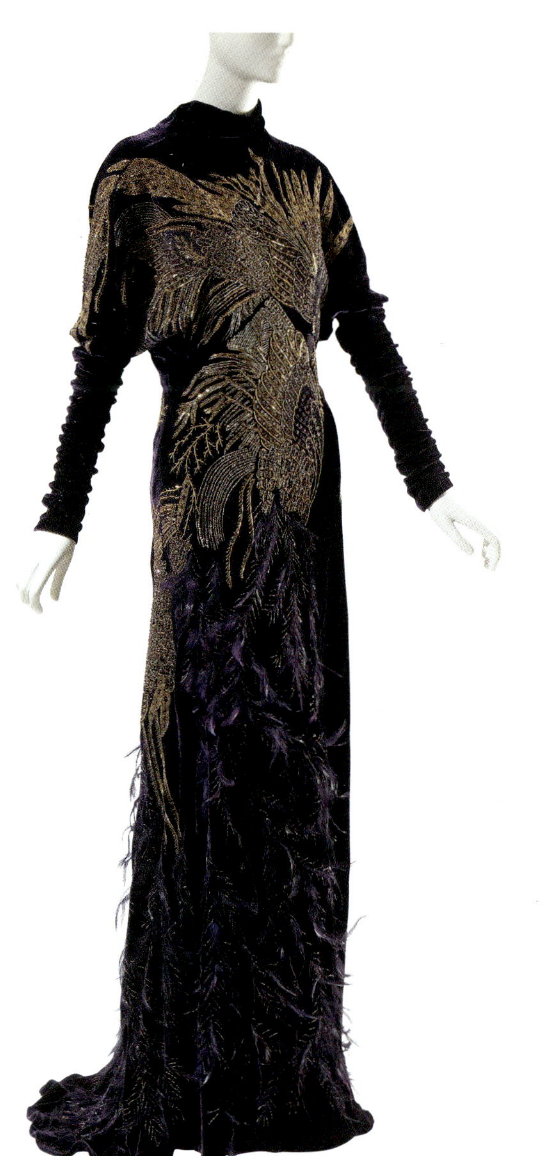

„Für mich ist Ralph Lauren der amerikanische Designer überhaupt. Er hat den amerikanischen Traum für viele erreichbar gemacht. Es ist eine Vision vom perfekten Amerika, vom glücklichen, angenehmen Amerika – ein Amerika mit Qualität und einer starken Identität.“

— **Karl Lagerfeld**

VORHERGEHENDE DOPPELSEITE UND LINKS
Ralph Lauren
Abendkleid: violetter Samt, goldene Perlenstickerei, metallische Barrengoldstickerei, Federn, Pailletten, Strass
USA, 2008

GEGENÜBER
Ralph Lauren
Abendkleid: Lamé, bestickter Tüll, silbermetallische Perlenstickerei, Glasperlen, Strass
USA, 2007

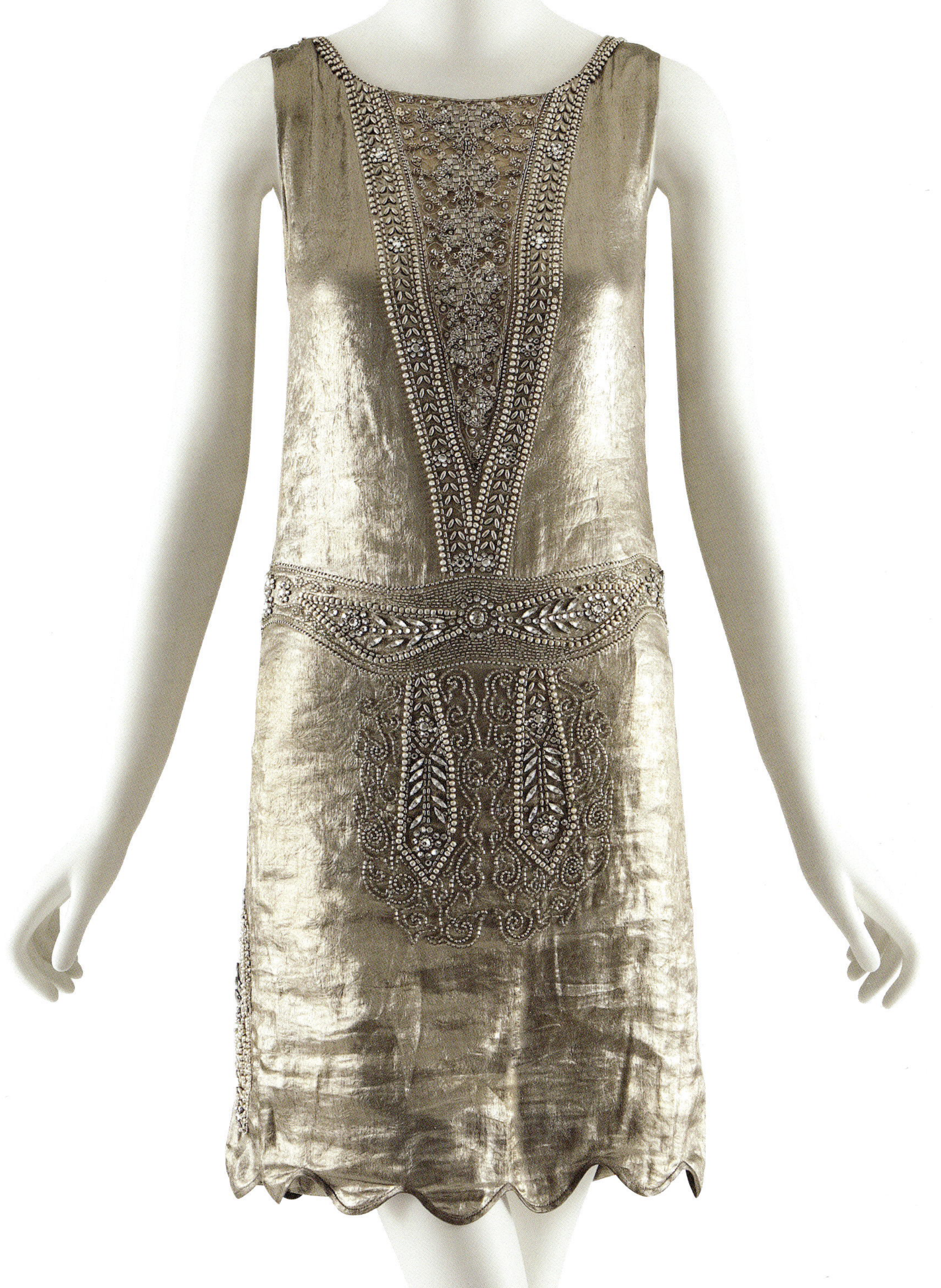

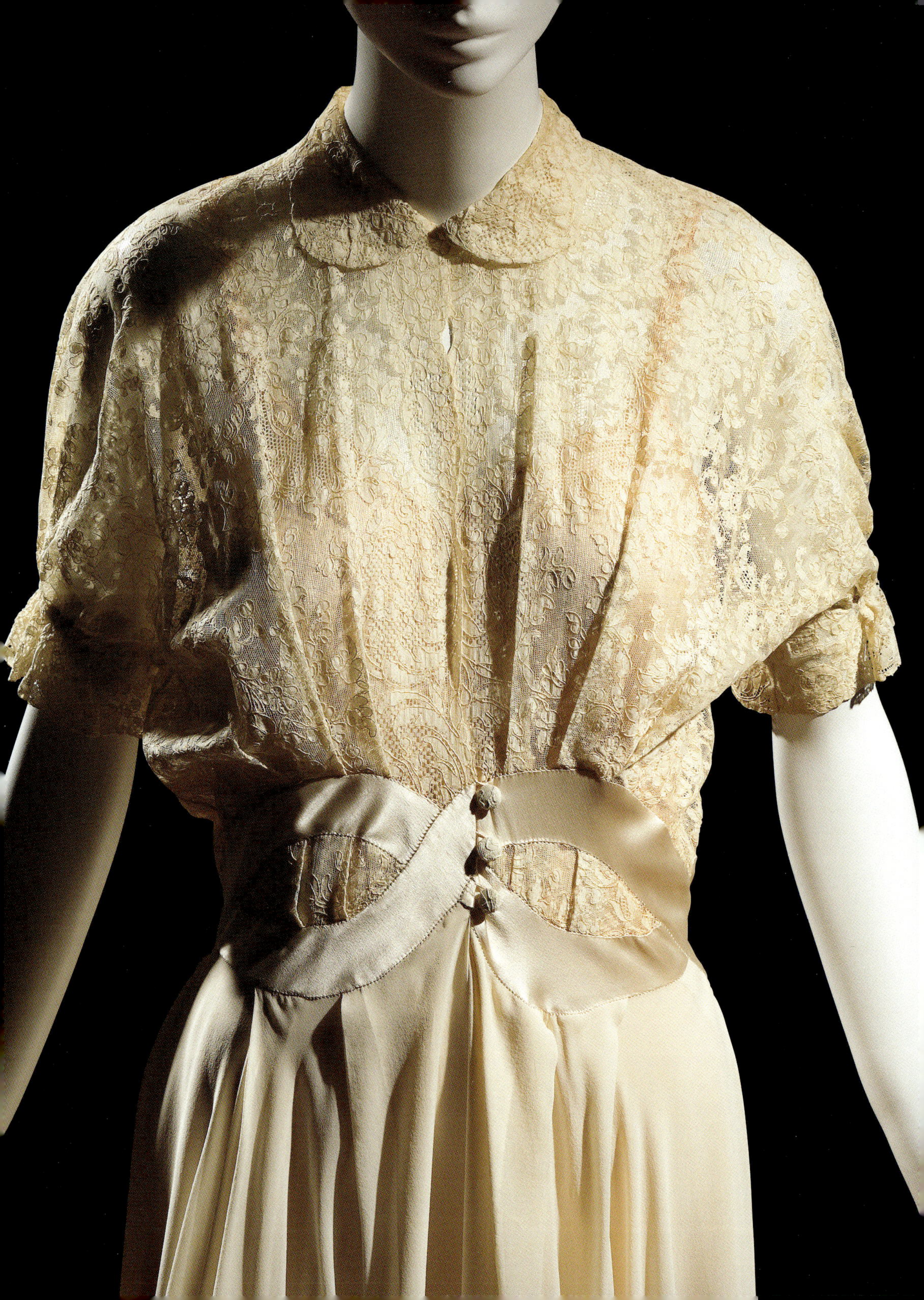

Lucien Lelong

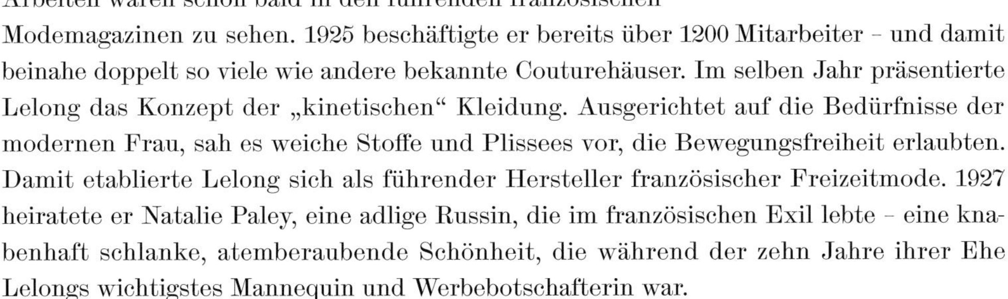

LUCIEN LELONG (**1889–1958**) war drei Jahrzehnte lang überaus einflussreich und eine Instanz des guten Geschmacks. Obwohl er nicht selbst entwarf, überwachte und segnete er jedes einzelne Produkt ab, das den Namen Lelong trug – von Kleidung über Parfüms und Schmuck bis zu Accessoires. Als Mentor förderte er die Karrieren einer Reihe junger Ausnahmetalente wie Pierre Balmain, Christian Dior und Hubert de Givenchy.

Lelongs Eltern betrieben ein kleines, exklusives Couturehaus, das er nach seiner Rückkehr aus dem Wehrdienst im Ersten Weltkrieg übernahm. Seine Arbeiten waren schon bald in den führenden französischen Modemagazinen zu sehen. 1925 beschäftigte er bereits über 1200 Mitarbeiter – und damit beinahe doppelt so viele wie andere bekannte Couturehäuser. Im selben Jahr präsentierte Lelong das Konzept der „kinetischen" Kleidung. Ausgerichtet auf die Bedürfnisse der modernen Frau, sah es weiche Stoffe und Plissees vor, die Bewegungsfreiheit erlaubten. Damit etablierte Lelong sich als führender Hersteller französischer Freizeitmode. 1927 heiratete er Natalie Paley, eine adlige Russin, die im französischen Exil lebte – eine knabenhaft schlanke, atemberaubende Schönheit, die während der zehn Jahre ihrer Ehe Lelongs wichtigstes Mannequin und Werbebotschafterin war.

Die 1920er-Jahre bescherten Lelong großen Erfolg, doch als seine Glanzzeit wird das folgende Jahrzehnt angesehen, in dem seine Mode eine klassischere Richtung einschlug und Lelong geschmeidig weiche Stoffe und diagonale Schnitte favorisierte. 1937 wurde der Couturier zum Präsidenten des Pariser Modeverbandes Chambre Syndicale de la Haute Couture gewählt. Als zwei Jahre später der Krieg ausbrach, war es Lelong mit seinen unerschütterlichen Führungsqualitäten, der den Pariser Couturebetrieb am Leben erhielt. Nach seinem Rücktritt vom Präsidentenamt 1945 wurde er zum Ehrenvorsitzenden auf Lebenszeit ernannt. Wegen gesundheitlicher Probleme musste er sein Unternehmen 1948 schließen und verbrachte die letzten zehn Jahre seines Lebens in Biarritz. —*C. H.*

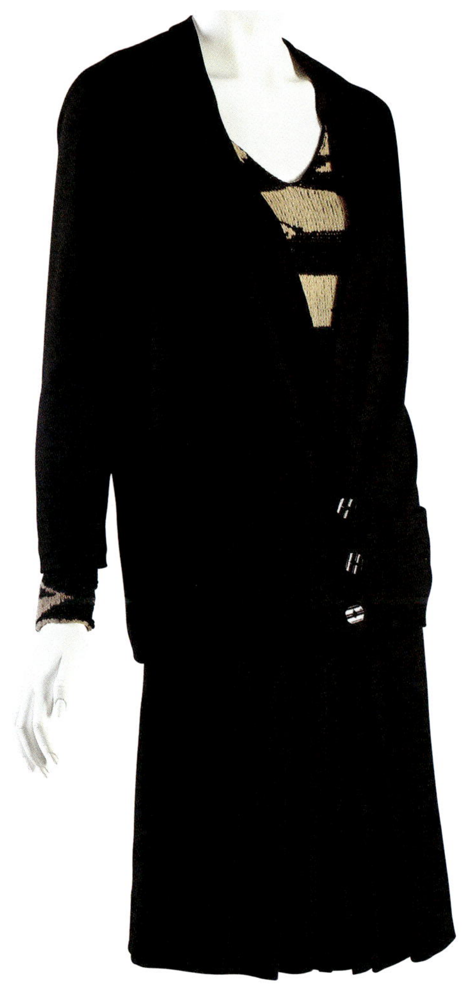

„Je eleganter Französinnen erscheinen, desto mehr wird unser Land zeigen, dass es sich nicht davor fürchtet, der Zukunft ins Auge zu sehen.“ — LUCIEN LELONG, WÄHREND DER DEUTSCHEN BESATZUNGSZEIT

„Wir Couturiers arbeiten instinktiv mit Volumen, um die ihnen innewohnenden Formen freizulegen, genau wie Architekten und Bildhauer; und wie sie streben auch wir nach Vollkommenheit durch einen Prozess fortschreitender Verfeinerung.“
— **Lucien Lelong**

VORHERGEHENDE DOPPELSEITE
Lucien Lelong
Frisiermantel: elfenbeinfarbener Seidenchiffon, Satin und eierschalenfarbene Spitze
Frankreich, um 1948

OBEN
Lucien Lelong
Kostüm: schwarzer Wolljersey, schwarze und weißgelbe Wolle
Frankreich, um 1927

Dieses legere und doch elegante Kostüm steht beispielhaft für den sportiven, alltagstauglichen Stil, den Lelong selbst als „kinetisches“ Design bezeichnete.

GEGENÜBER
Lucien Lelong
Abendkleid:
schwarzer Seidensatin
Frankreich, um 1938

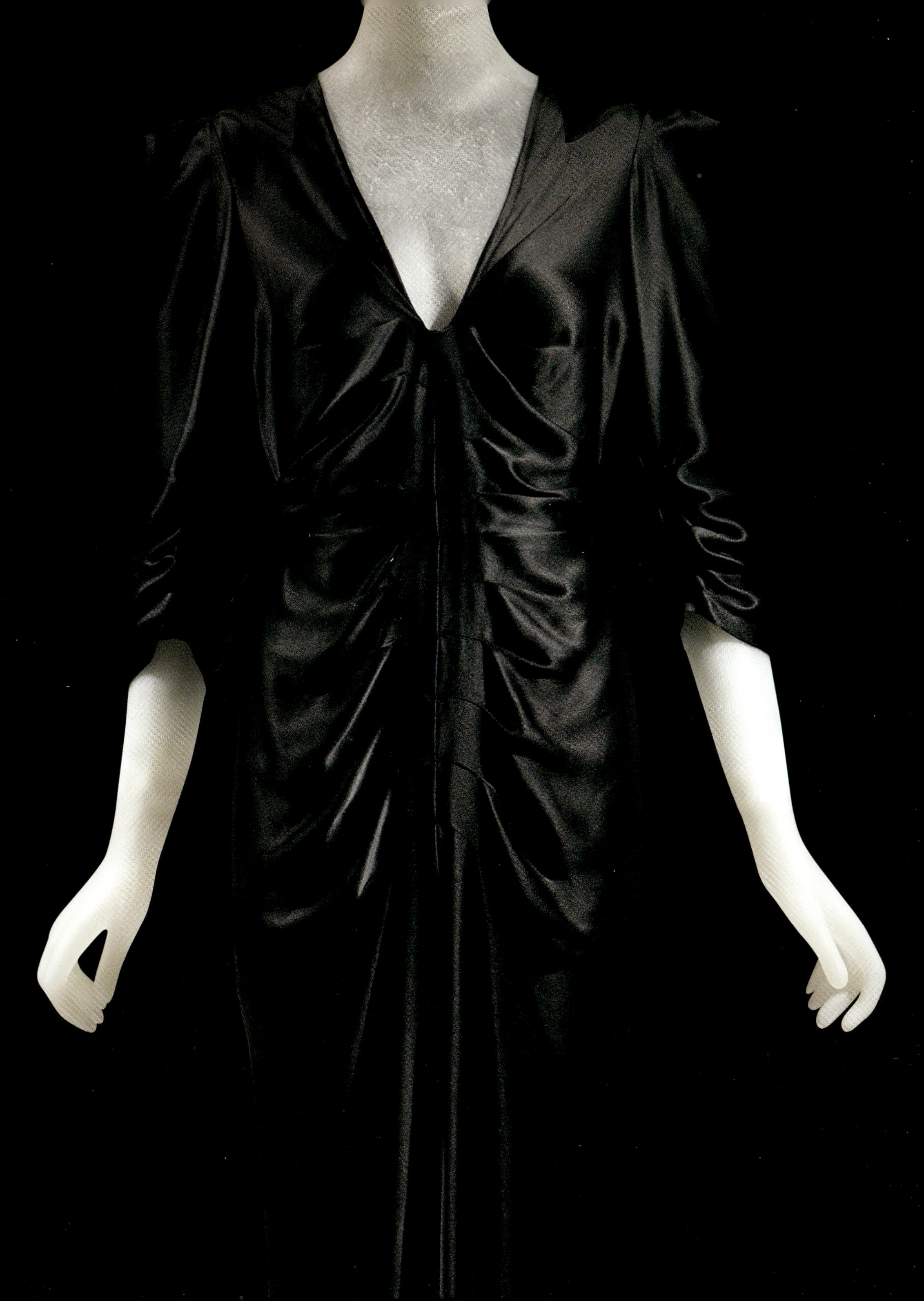

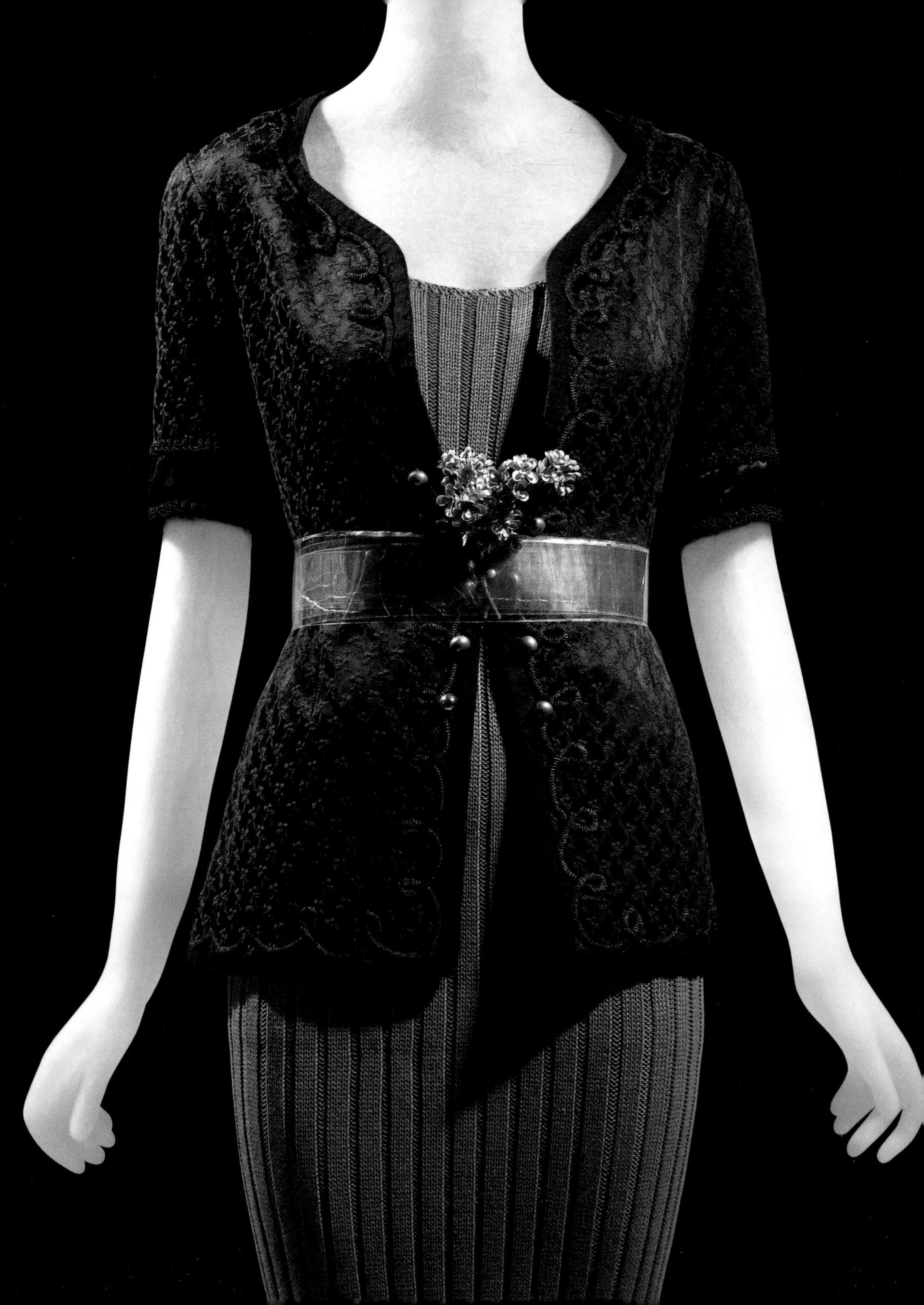

Martin Margiela

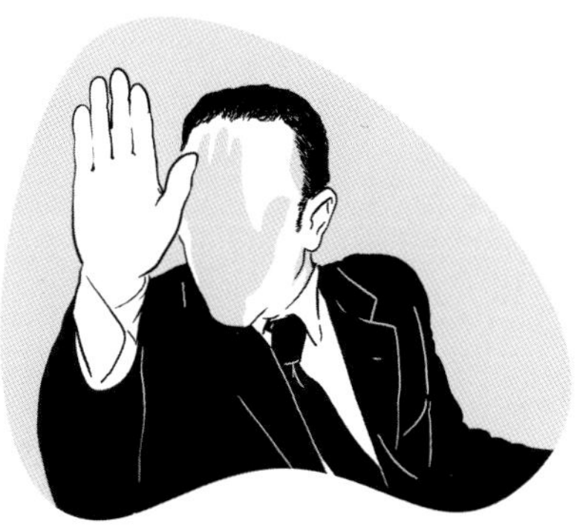

MARTIN MARGIELA (* 1957) Im Jahr 1989 wurde die Welt der Mode von einer Truppe junger Designer aus dem belgischen Antwerpen erschüttert, deren revolutionärster Kopf Martin Margiela war. Sein „neues" Design sah wie zerpflückt und wieder neu zusammengesetzt aus: Einzelkomponenten wie Ärmel und Taschen waren nach außen gewendet oder versetzt, Zwischenfutter und offene Kanten bewusst sichtbar gelassen. Für gewöhnlich sorgfältig versteckte Innenkomponenten wie Futter, Schulterpolster, Einlagen und Wattierungen dienten bei seinen Entwürfen als Versteifung und Ornament zugleich. In dieser Neukonfiguration klassischer Elemente kam Margielas Sinn für die Wiederverwertung von Materialien zum Ausdruck. Nach einem Modedesignstudium an der Antwerpener Kunstakademie und einigen Assistenzjahren bei anderen Designern gründete er 1988 sein eigenes Label, Maison Martin Margiela. Von 1997 bis 2003 zeichnete er als Chefdesigner für die Damenkollektion des ehrwürdigen Hauses Hermès verantwortlich.

Margiela, bekannt dafür, als Person schwer fassbar zu sein, gestaltete selbst die Etiketten seiner Kleider zurückhaltend: Ein Stück Stoff, mit nichts als einer Zahlenreihe von 0 bis 23 bedruckt (die Nummer der jeweiligen Kollektion war eingekreist), wurde von innen mit weißem Garn durch vier kleine Heftstiche fixiert, die bei ungefütterten Kleidungsstücken von außen zu sehen waren. Nach der Übernahme seines Unternehmens durch den italienischen Modekonzern Diesel im Jahr 2002 zog Margiela sich nach und nach aus dem Geschäft zurück. 2009 wurde die Trennung offiziell bekanntgegeben.

Margiela folgte dem Prinzip der Dekonstruktion so kompromisslos wie kein anderer. Angefangen bei seiner ersten Laufstegshow in einem Abbruchhaus inmitten eines Pariser Arbeiterviertels im Jahr 1989 über die berüchtigte Ausstellung 1997 in Rotterdam, bei der mit Schimmelpilzen und Bakterien behandelte Stücke aus seinem Archiv zu sehen waren, bis zu seinen jüngsten Modeschmuckstücken, hergestellt aus den Kristalltropfen antiker Kronleuchter, bewies Margiela unübertroffene Meisterschaft darin, Schönheit durch eine an Lumpensammlung und Recycling erinnernde Ästhetik neu zu definieren. Bill Cunningham von der *New York Times* sprach ihm sogar das Verdienst zu, den „Umsturz des alten Regimes vorvorgestriger Eleganz" bewirkt zu haben. Martin Margiela verließ sein gleichnamiges Unternehmen im Jahr 2009. Die Kollektionen wurden von seinem Atelier entworfen bis zur Einstellung von John Galliano im Jahr 2015. —*P. M.*

„Er hat eine ganze Generation von Modeschöpfern beeinflusst und wird künftige Generationen beeinflussen. Die ausgefransten Säume, die sichtbaren Abnäher – er hat ein ganz neues Vokabular entwickelt, ein Vokabular des Aufbaus. Martin Margiela hat die Art und Weise verändert, wie wir Kleider machen."

— SOPHIA KOKOSALAKI, MODESCHÖPFERIN

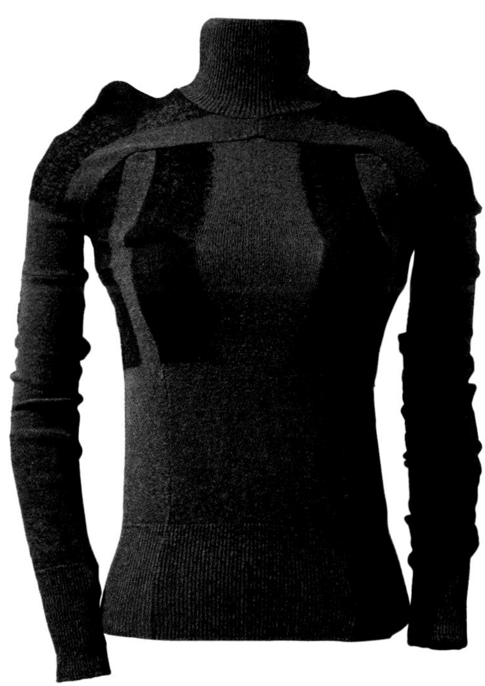

„Wie Martin Margiela aussieht, hat für uns wenig oder nichts zu tun mit diesem Prozess [die Öffentlichkeit zu erreichen]. Wir möchten, dass die Menschen mit ihrem Geschmack und ihrem persönlichen Stil auf ein Kleidungsstück reagieren, nicht mit dem Eindruck, den sie von der Person oder der Gruppe haben, die dahintersteht."

— **Maison Martin Margiela**

VORHERGEHENDE DOPPELSEITE
Maison Martin Margiela
Ensemble: schwarzer Blumenbrokat, schwarzer und violetter Satin, schwarze Borte, geripptes Gewirke aus khakifarbener Baumwolle
Belgien, 1993

OBEN
Maison Martin Margiela
Sweater: grüne, schwarze und olivgrüne Wolle; Baumwolle
Belgien, 1991

GEGENÜBER
Maison Martin Margiela
Tunika: beigefarbenes Leinen
Belgien, 1997

Diese Tunika, die zu Margielas berühmtesten Entwürfen zählt, erinnert an eine Schneiderbüste, und – darüber hinaus – an ein Probestück, den Vorläufer eines fertigen Modells.

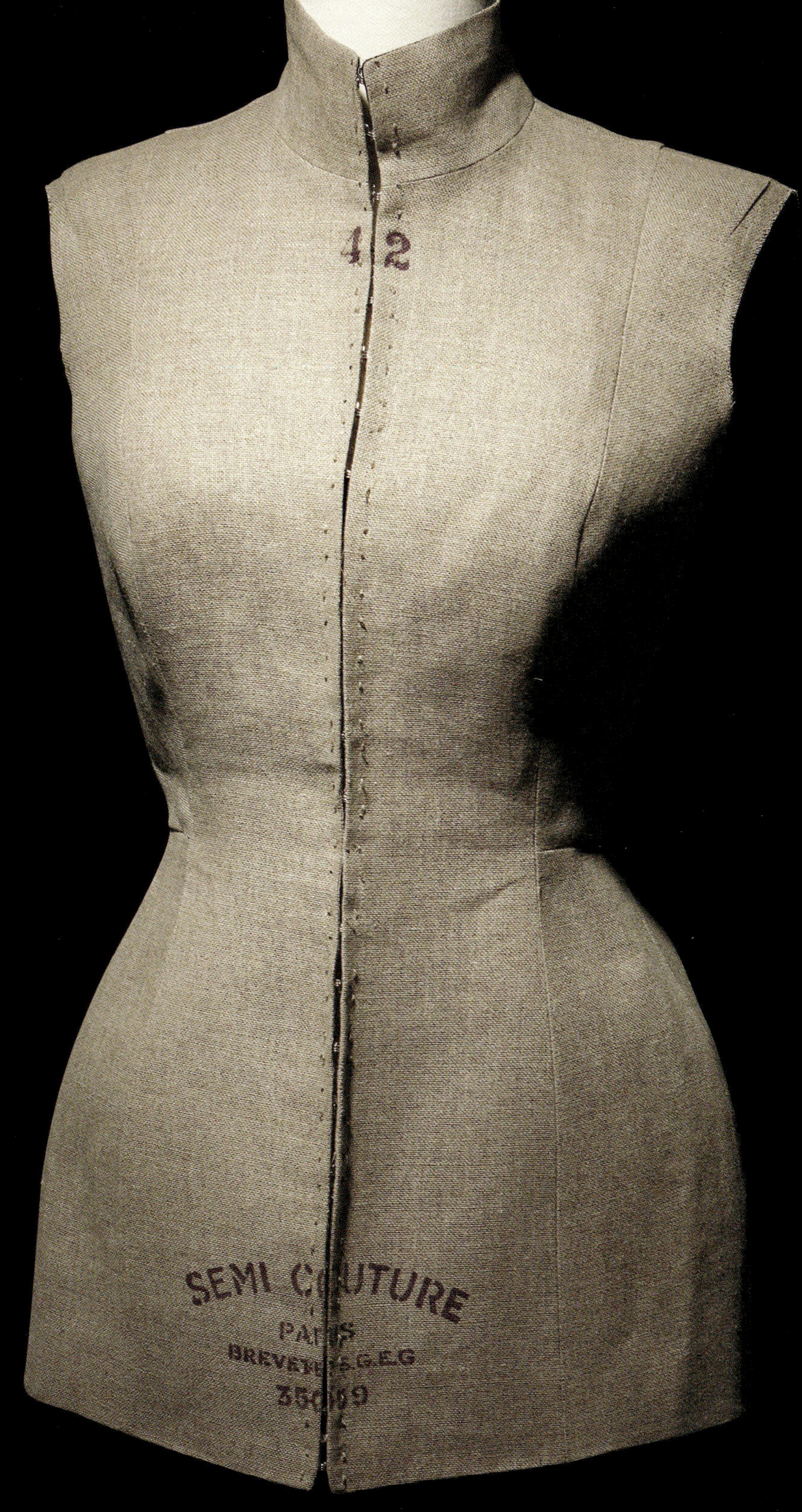
42
SEMI COUTURE

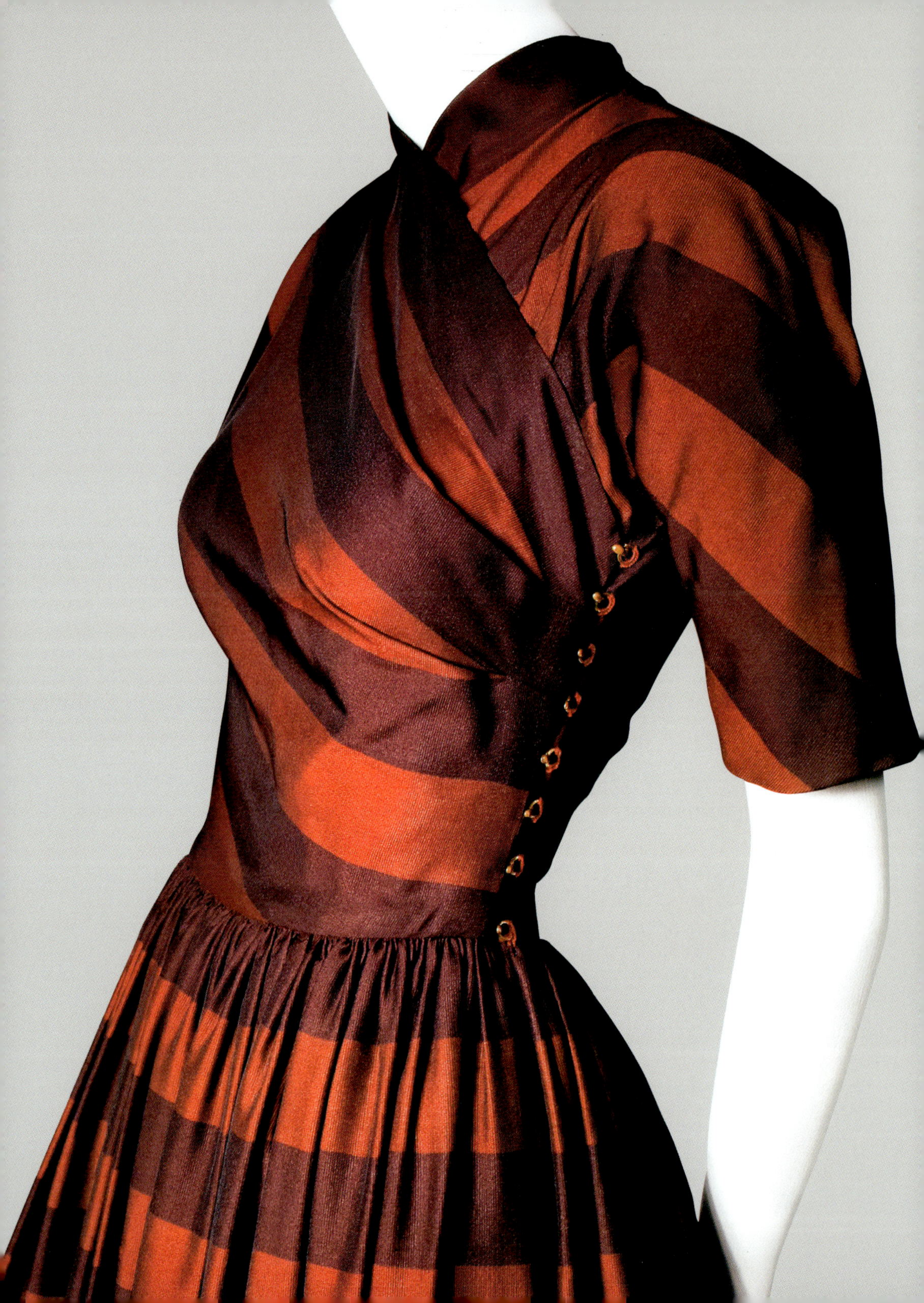

Claire McCardell

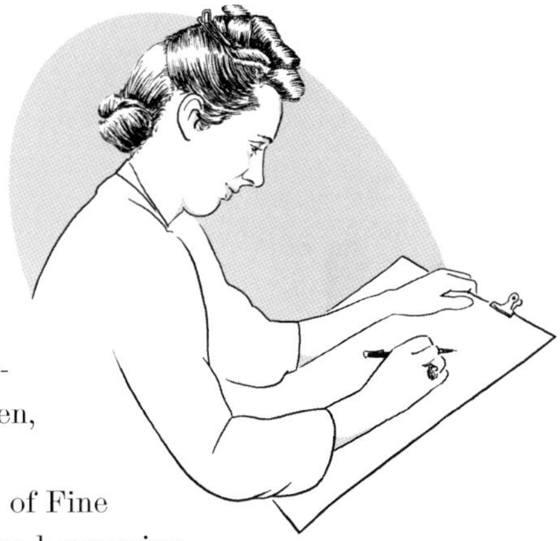

CLAIRE MCCARDELL (1905–1958) ist eine Schlüsselfigur der modernen amerikanischen Freizeitmode. Auf seiner Titelseite vom 2. Mai 1955 beschrieb das *Time Magazine* sie als „diejenige, die am besten versteht, wie amerikanische Frauen aussehen wollen". Ihre Kleider waren von legerer und dennoch zweckmäßiger Unkompliziertheit. „Ich verwende gerne Knöpfe zum Knöpfen, Gürtel zum Gürten, Bänder zum Binden", erläuterte McCardell.

Ihr Studium absolvierte sie an der New School of Fine and Applied Art in New York, aus der später Parsons hervorging. In ihrer weiteren Berufslaufbahn war sie überwiegend für das Konfektionshaus Townley Frocks tätig, ab 1932 als Chefdesignerin. Eine zwischenzeitliche Anstellung bei Hattie Carnegie war nur von kurzer Dauer, da ihre schlichten Entwürfe nicht dem Carnegie-Look entsprachen; nach ihrer Rückkehr zu Townley blieb sie bis zu ihrem Tod im Alter von 52 Jahren verantwortliche Kreativchefin der Marke.

McCardell adaptierte für ihre Mode viele Grundelemente des New Look der Nachkriegsära, befreite sie aber von dessen formaler Strenge. Viele ihrer Entwürfe betonten die Taille – durch Gürtel, nicht durch Mieder – und hatten Tellerröcke, die ohne Petticoats auskamen. Ein Stildiktat lag McCardell fern, und so ließen sich ihre Kleider oft auf mehrere Arten tragen. Schärpen oder schmale Bänder beispielsweise konnten je nach Vorliebe der Trägerin eingesetzt werden – ein individueller Spielraum, der McCardell sehr wichtig war.

Sie selbst formulierte es so: „Kleider sind für echte, lebendige Frauen gemacht ... Sie sollen getragen und mit Leben gefüllt werden." Und doch ruhen ihre Entwürfe heute in Museen und Vitrinen – vielleicht deshalb, weil McCardell in ihrer Bescheidenheit heute moderner denn je wirkt. —*J. F.*

„Claire konnte gewöhnlichen Kaliko im Wert von fünf Dollar nehmen und ein Kleid daraus machen, das eine schicke Frau überall tragen konnte."
— NORMAN NORELL

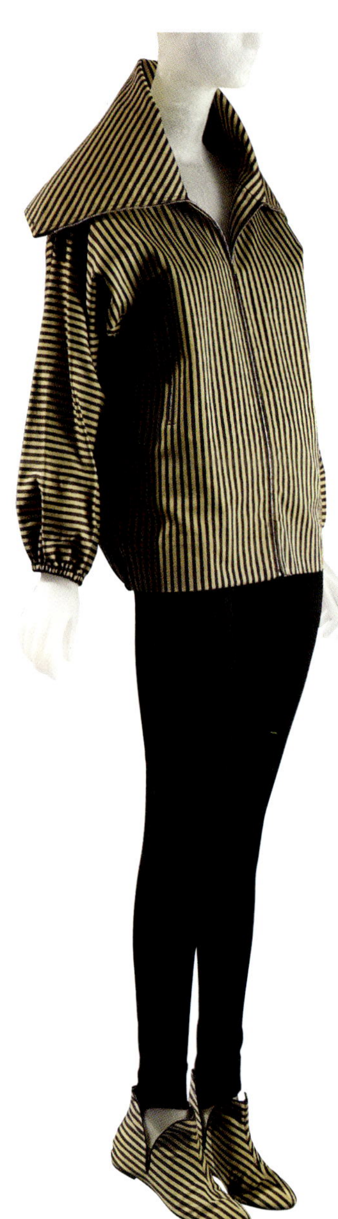

„In den individuellen Ansätzen von Donna Karan, Calvin Klein und Norma Kamali ist noch der frische Wind zu spüren, den McCardell in die Mode brachte."
— **Constance C.R. White, *The New York Times***

VORHERGEHENDE DOPPELSEITE
Claire McCardell
Abendkleid: rot-violett-gestreiftes Seiden-Faille, Messing
USA, um 1955

McCardell interpretierte das *Popover*-Kleid (ein „Überzieh"-Kleid) nach dessen Einführung im Jahr 1942 immer wieder neu. Formellere Versionen wie dieses konnten von der modebewussten Gastgeberin zu häuslichen Anlässen getragen werden.

LINKS
Claire McCardell
(Stiefel von Capezio)
Ensemble: beige-schwarz-gestreifter Baumwollköper, schwarzer Wolljersey, Gummiband, Messing
Stiefeletten: beige-schwarz-gestreifter Baumwollköper, Gummiband
USA, 1945–1955

GEGENÜBER
Claire McCardell
Spielanzug: schwarz-weiß-karierte Baumwolle
USA, um 1954
Gürtel: rotes Gummiband, Metall
USA, um 1950

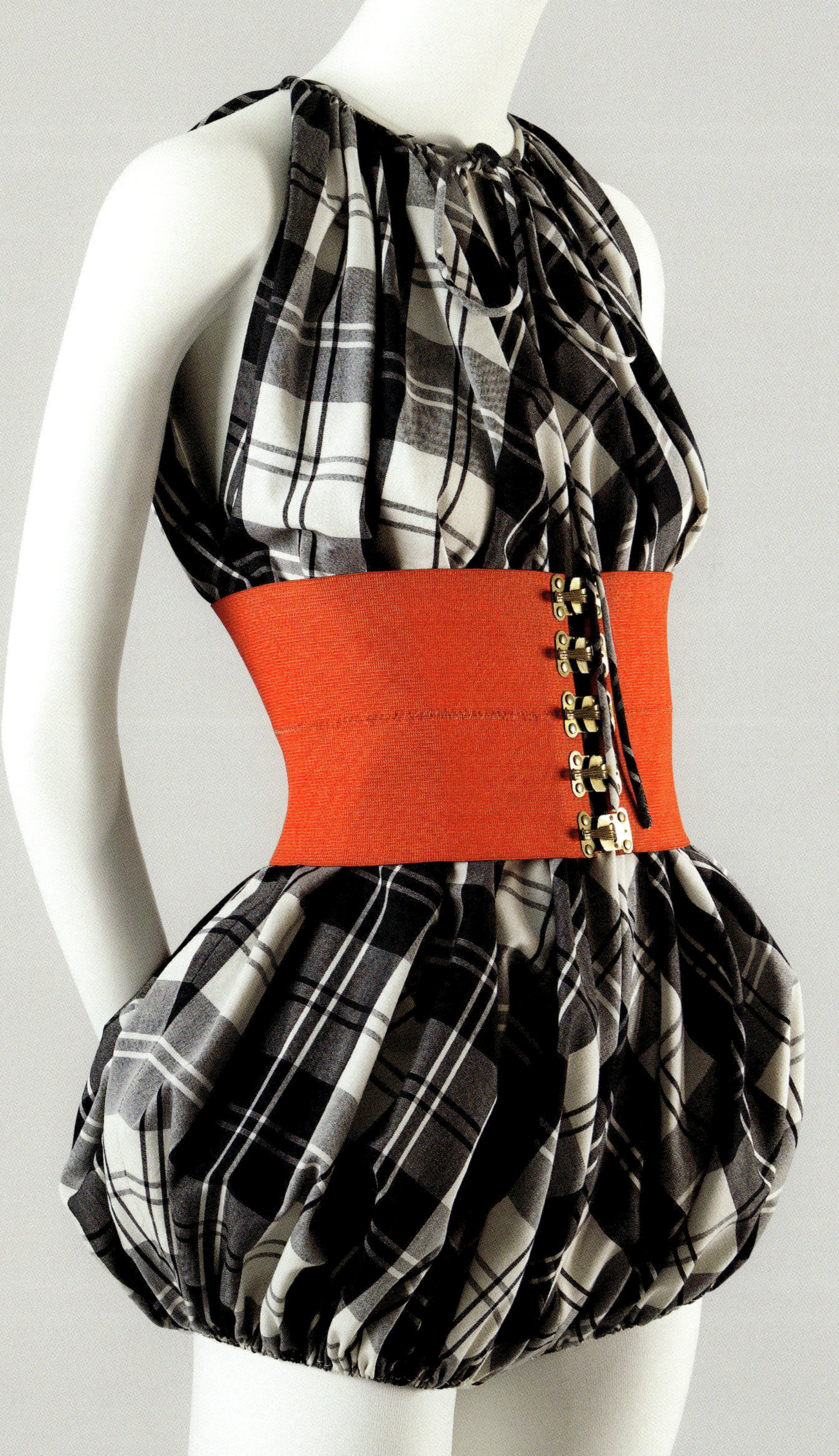

RECHTS
Claire McCardell
Abendkleid:
weißer Baumwollpikee
USA, 1951

UNTEN
Claire McCardell
Kleid und Schärpe:
mehrfarbig gestreifte Wolle,
roter Wolljersey
USA, 1955

Sally Kirkland, ehemalige Moderedakteurin des *Life*-Magazins, schenkte dem Museum am FIT viele Claire-McCardell-Kreationen, darunter dieses Kleid.

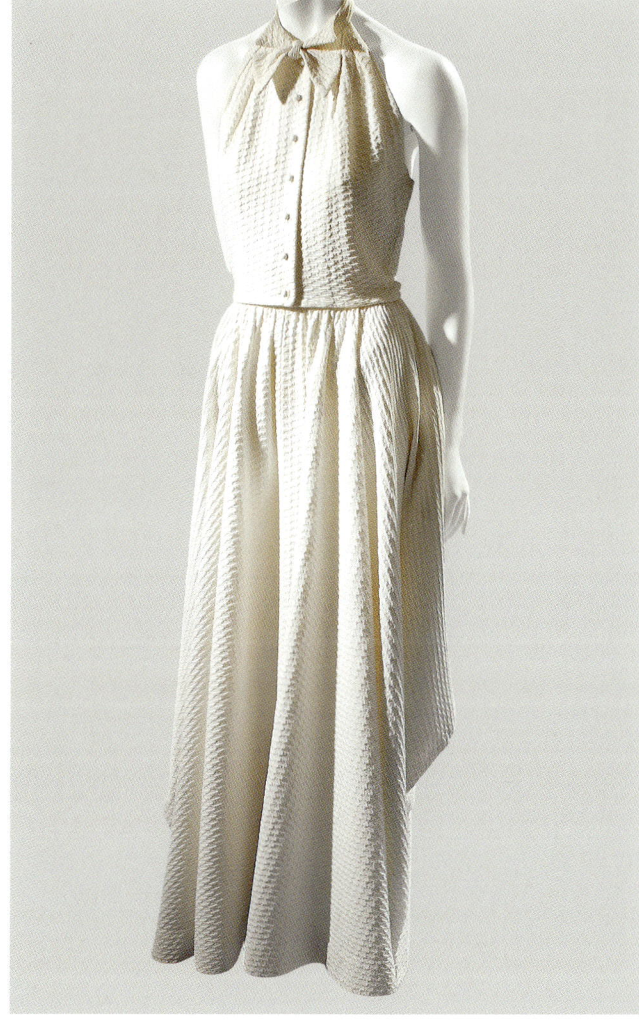

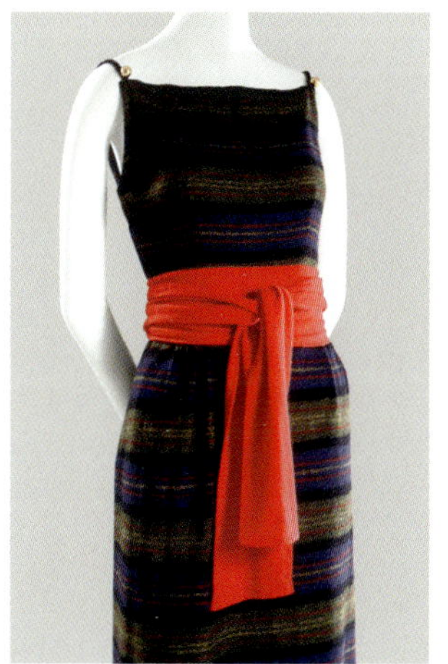

GEGENÜBER
Claire McCardell
Kleid: weiße bedruckte
Baumwolle, goldenes Metall
USA, 1955

Der für dieses Kleid verwendete Stoff – bedruckt mit dem von Fernand Léger entworfenen Motiv *Parade Sauvage* – stammt aus der Serie Moderne Meister des New Yorker Textilproduzenten Fuller Fabrics.

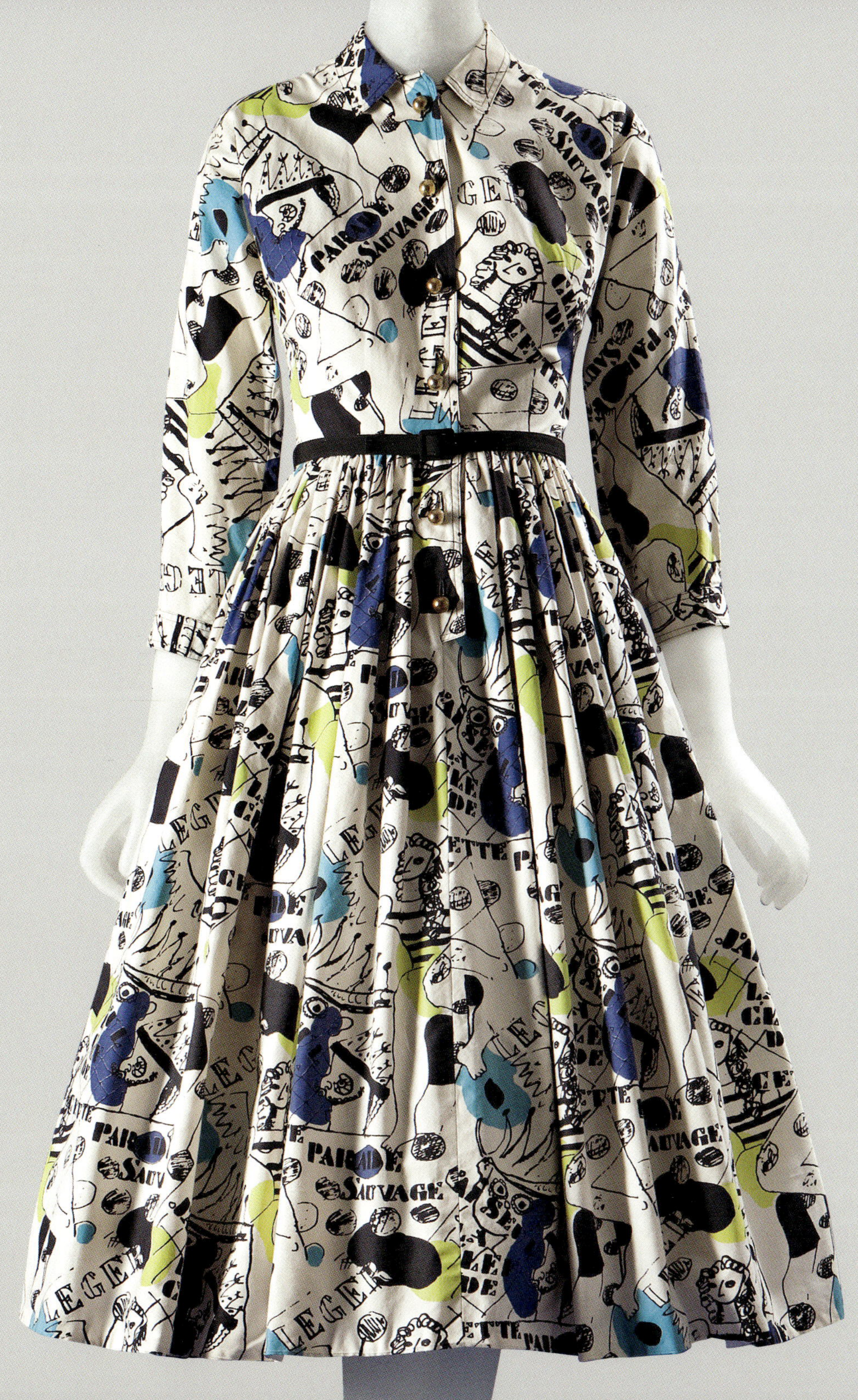
PARADE SAUVAGE
LEGER

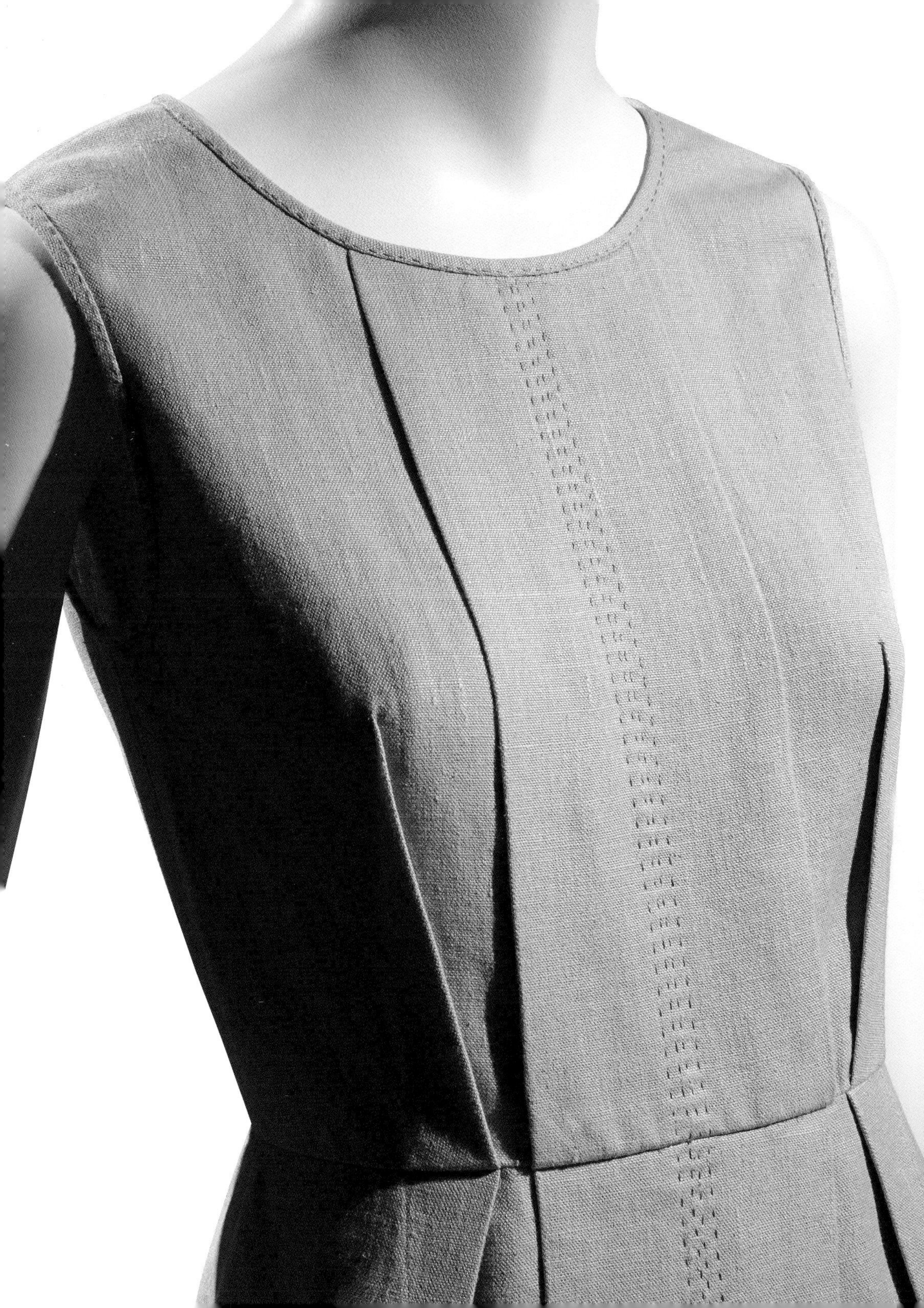

Stella McCartney

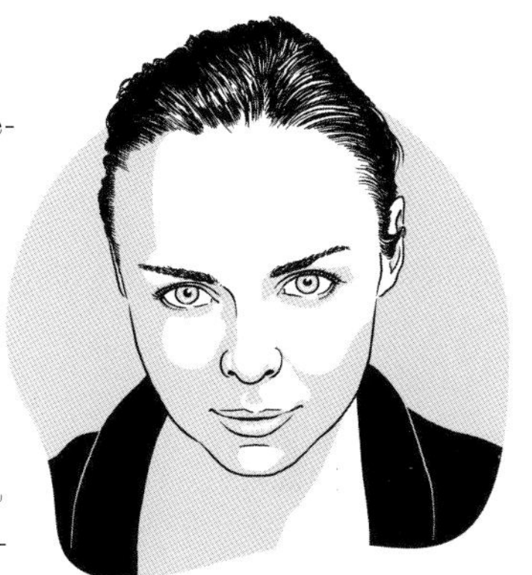

STELLA McCARTNEY (*** 1971**) wird nicht nur für ihre elegante, tragbare Mode bewundert, sondern auch für ihre klaren Prinzipien: Wie ihre berühmten Eltern, Linda und Paul McCartney, lebt sie vegan und weigert sich strikt, Pelze und Leder für ihre Arbeit zu verwenden, auch nicht für Schuhe und Handtaschen.

McCartney zeigte schon in der Kindheit großes Interesse für Mode und absolvierte noch als Teenager Praktika bei Christian Lacroix und dem Londoner Savile-Row-Maßschneider Edward Sexton. Die Kollektion, die sie 1995 zum Abschluss ihrer Ausbildung am Central Saint Martins College of Art and Design präsentierte, stieß auf derart große Resonanz, dass sie durch den Verkauf der gezeigten Modelle ihre Folgeentwürfe finanzieren konnte. Für echte Schlagzeilen sorgte sie 1997, als sie mit gerade einmal 25 Jahren zur Chefdesignerin des renommierten französischen Konfektionshauses Chloé ernannt wurde. Die Reaktionen auf ihre Arbeit waren gemischt, doch McCartney flößte der Marke mit ihren jungen, leicht subversiven Entwürfen neue Kraft ein. Im Jahr 2001 verließ sie das Haus, um ihr eigenes Label zu gründen.

McCartneys Stil ist modern, doch niemals trendig. Sie bekennt freimütig, nur Kleider zu entwerfen, die sie selbst gerne tragen würde, und wird in der Öffentlichkeit häufig in Eigenkreationen gesichtet. Ihre Vorliebe für feminine, weich drapierte Silhouetten wird ausbalanciert durch ein Faible für knackig-scharfe Schnitte; und ihre Fähigkeit, auf den ersten Blick unvereinbare Stilelemente zu einem überzeugenden Look zu verschmelzen, wird von der Fachwelt oft gelobt.

Als mittlerweile fest etablierte Modeschöpferin ist McCartney auch zur viel beachteten Vorkämpferin für ein Umdenken in der Modebranche geworden. Ihre Kleider werden tierschutzkonform und umweltbewusst unter verstärktem Einsatz abbaubarer Materialien, schonender Färbeverfahren und CO_2-neutraler Herstellungsmethoden produziert. —*C. H.*

„Tragbar – das ist in der Mode beinahe ein schmutziges Wort, aber das ist, was ich mache. Und ja, es kann etwas langweilig werden, aber ich kann es in jeder Saison zu etwas Besserem und für dieser Saison Treffenderem treiben.“

— STELLA McCARTNEY

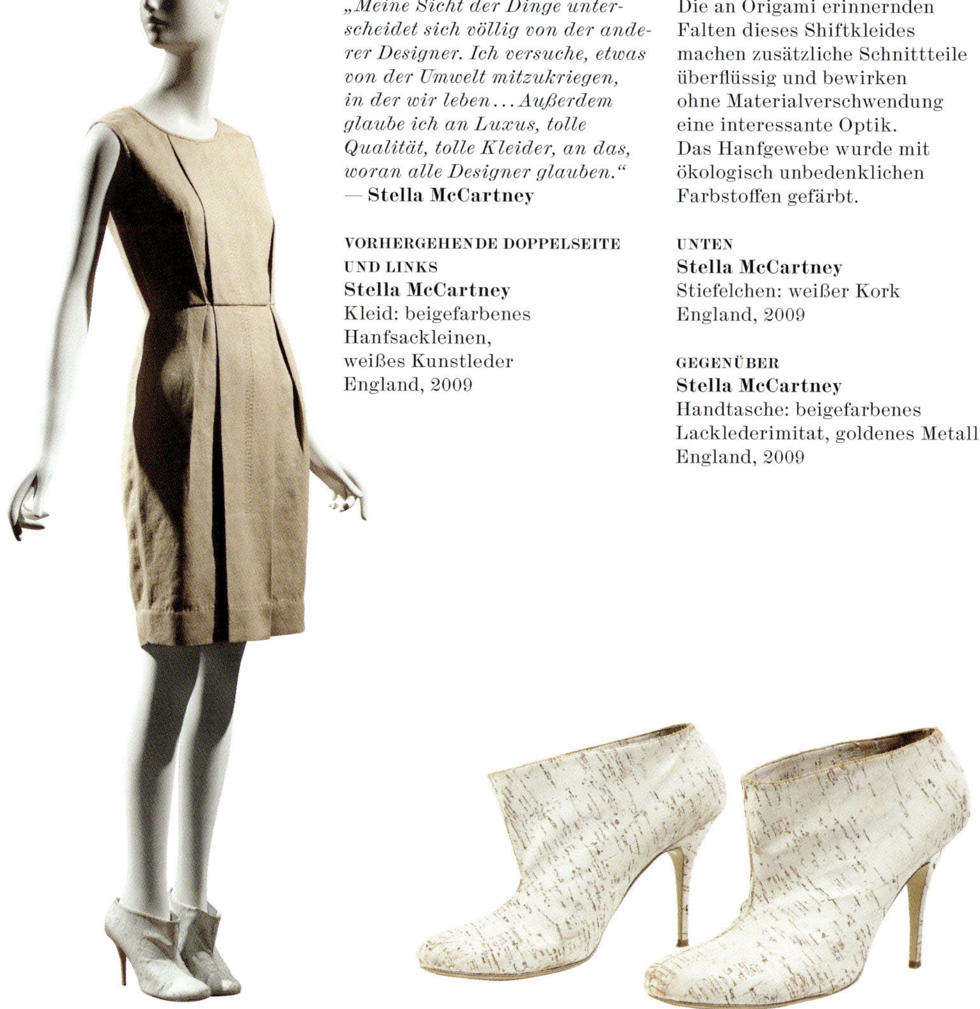

„Meine Sicht der Dinge unterscheidet sich völlig von der anderer Designer. Ich versuche, etwas von der Umwelt mitzukriegen, in der wir leben … Außerdem glaube ich an Luxus, tolle Qualität, tolle Kleider, an das, woran alle Designer glauben.“
— **Stella McCartney**

VORHERGEHENDE DOPPELSEITE UND LINKS
Stella McCartney
Kleid: beigefarbenes Hanfsackleinen, weißes Kunstleder
England, 2009

Die an Origami erinnernden Falten dieses Shiftkleides machen zusätzliche Schnittteile überflüssig und bewirken ohne Materialverschwendung eine interessante Optik. Das Hanfgewebe wurde mit ökologisch unbedenklichen Farbstoffen gefärbt.

UNTEN
Stella McCartney
Stiefelchen: weißer Kork
England, 2009

GEGENÜBER
Stella McCartney
Handtasche: beigefarbenes Lacklederimitat, goldenes Metall
England, 2009

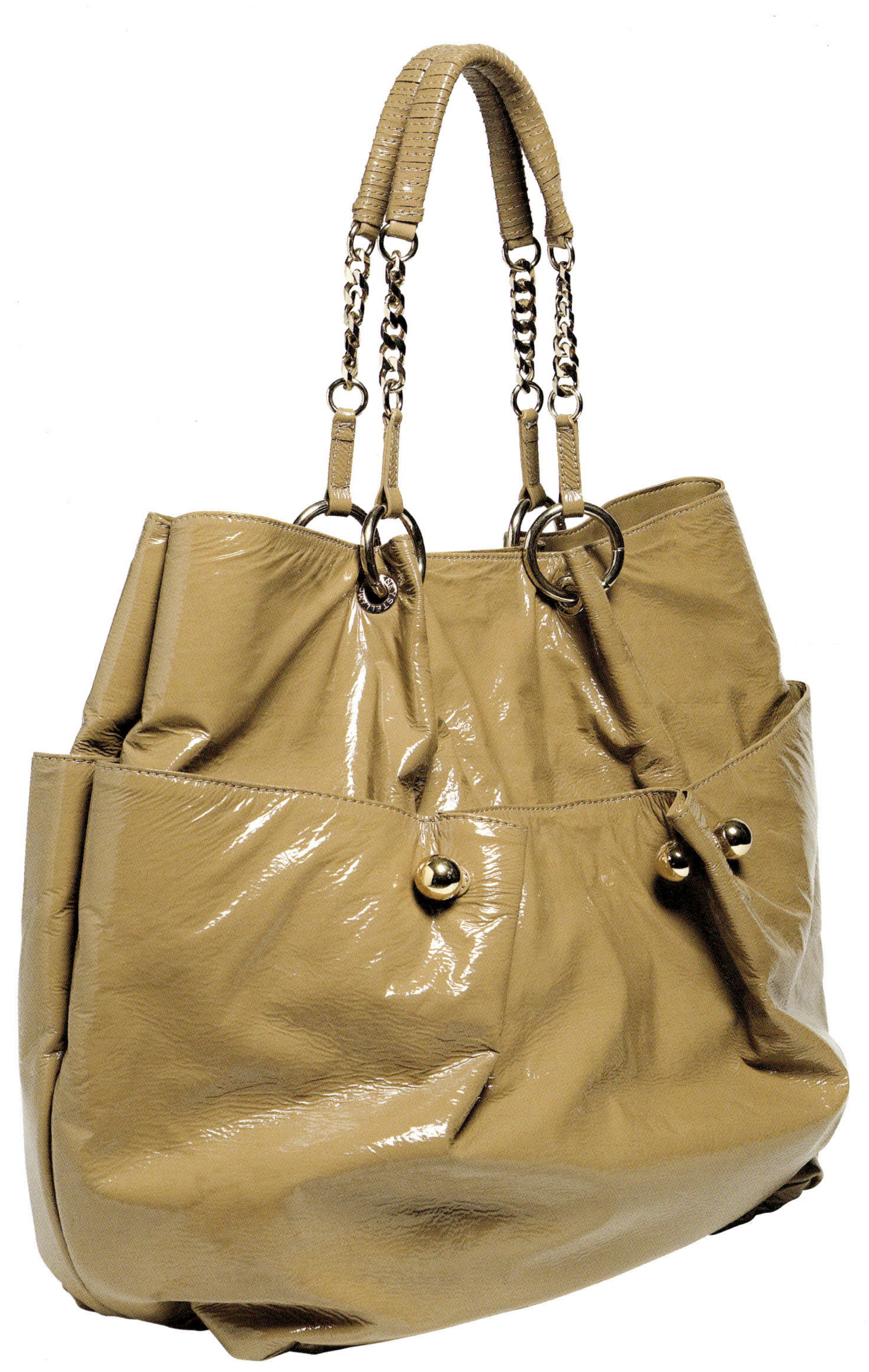

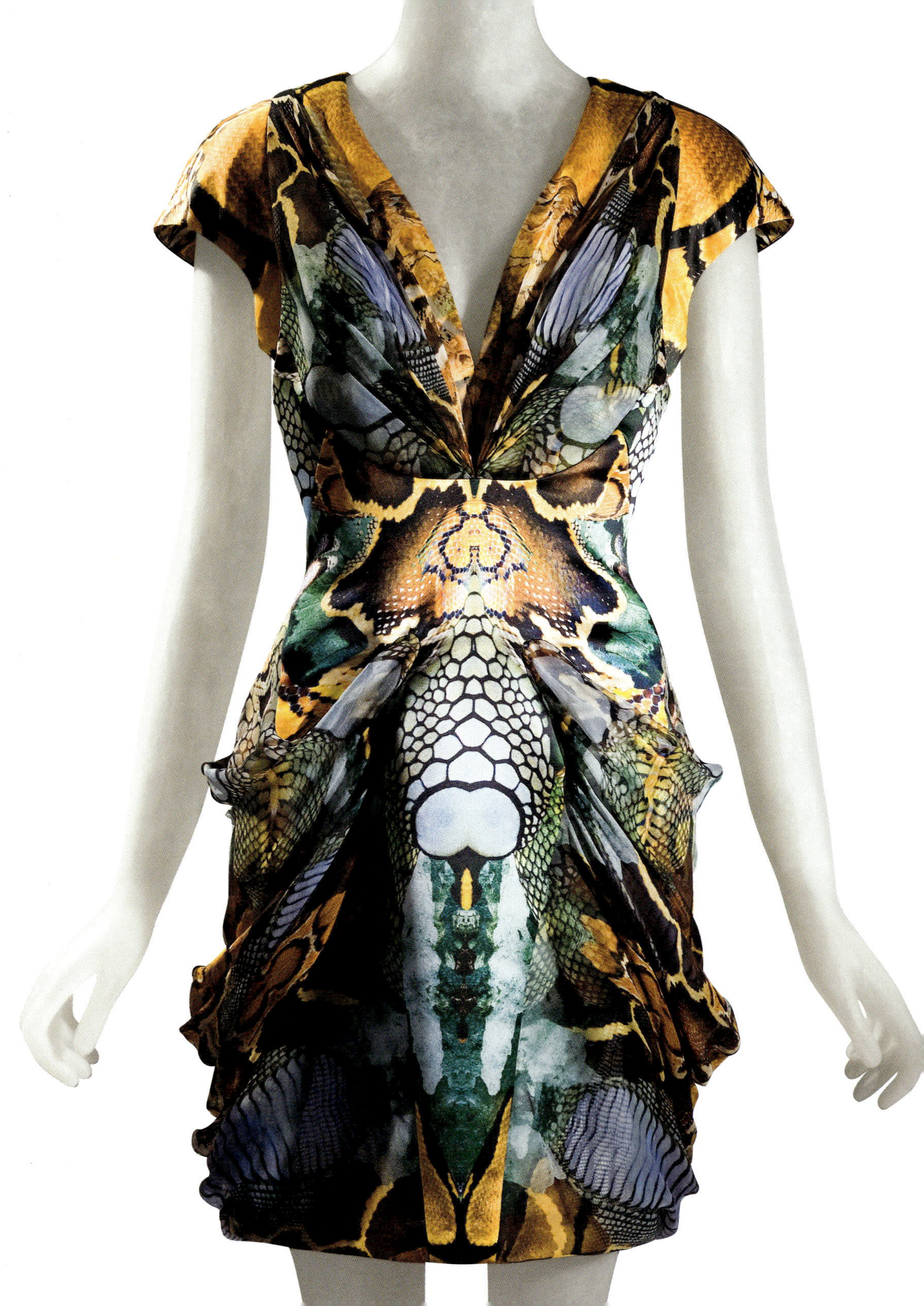

Alexander McQueen

LEE ALEXANDER MCQUEEN (1969–2010) war einer der kreativsten und bedeutendstenModeschöpfer seiner Generation. Sein Talent brachte den Spross einer englischen Arbeiterfamilie auf den Gipfel der Modewelt. Andere Designer waren finanziell gesehen erfolgreicher, doch nur wenige schufen Mode von solch visueller Kraft und unbändiger Schönheit.

McQueen, seinen eigenen Worten nach das „rosa Schaf" der Familie, ging mit 16 von der Schule ab, um eine Schneiderlehre bei Anderson & Sheppard in der Londoner Savile Row anzutreten. In das Futter eines dort vom damaligen Prinzen Charles in Auftrag gegebenen Anzugs soll er Gerüchten zufolge eine schwere Beleidigung eingestickt haben. Auf seine Bewerbung um eine Stelle am Central Saint Martins College of Art and Design wurde ihm ein Studienplatz angeboten, und McQueen schloss mit einem Master in Modedesign ab. Seine komplette Abschlusskollektion wurde von der Modestylistin Isabella Blow aufgekauft, die zu einer Freundin und Mentorin wurde. Nur zwei Jahre später wurde er vom British Fashion Council zum Designer des Jahres gewählt, der ersten von vielen Auszeichnungen, die er erhielt. 1996 ernannte Bernard Arnault, Kopf des LVMH-Konzerns, McQueen zum Chefdesigner des Hauses Givenchy. Obwohl viele der Couturekollektionen, die er für Givenchy entwarf, traumhaft schön waren, fühlte McQueen sich dort kreativ eingeengt; 2001 verließ er das Unternehmen zugunsten einer Kooperation mit der Gucci-Gruppe, die bereits 51 Prozent an seinem eigenen Unternehmen erworben hatte.

McQueen präsentierte seine Kollektionen in spektakulären Laufstegshows, die die Grenze zwischen Kunst und Mode verwischten. Für das Finale seiner von der Figur der Jeanne d'Arc inspirierten Show *Joan* (1998) stellte er ein bis über den Kopf in Rot gekleidetes Model in die Mitte eines brennenden Kreises. Für *Voss* setzte er 2001 einen verspiegelten Kubus auf die Bühne, der Assoziationen zu einer Irrenanstalt erwecken sollte, und ließ für die Herbst/Winter-Schau 2006 Kate Moss als dreidimensionales Hologramm wie eine Vision über dem Laufsteg schweben. 2010, unmittelbar nach dem Tod seiner Mutter, nahm McQueen sich das Leben. Seine langjährige Assistentin Sarah Burton übernahm die kreative Leitung. —*V. S.*

„Er greift Ideen aus der Vergangenheit auf und sabotiert sie mit seinem Schnitt, um sie völlig neu zu machen .... Er ist wie ein Spanner [sic!] in dem Sinne, dass er den Stoff aufschlitzt und auf ihn einsticht, um all die erogenen Zonen des Körpers zu erkunden.“

— ISABELLA BLOW, MODEREDAKTEURIN

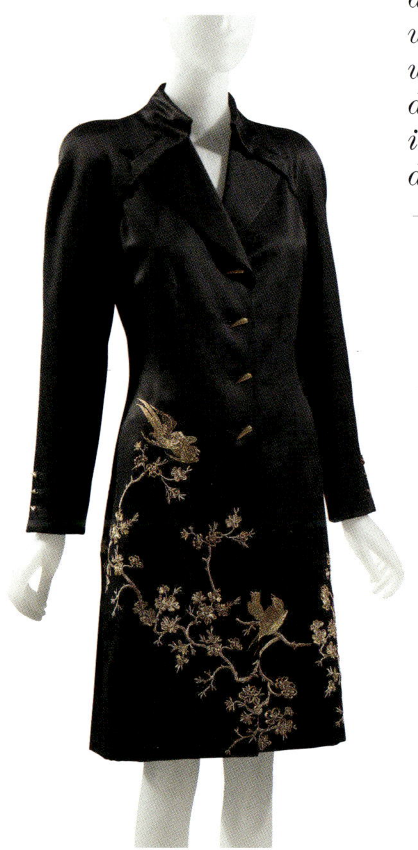

„[McQueen] erschuf sich eine eigene Welt, in der er alles tun konnte, was er wollte, ohne Einschränkungen.“
— **Sarah Burton**

VORHERGEHENDE DOPPELSEITE
Alexander McQueen
Kleid, Kollektion *Plato's Atlantis*: Seidenchiffon, digital bedruckt mit mehrfarbigem Reptilienmuster
England, 2010

Für seine Kollektion *Plato's Atlantis* entwickelte McQueen digital verfremdete Reptilprints, um „einen apokalyptischen Ausblick auf den kommenden ökologischen Kollaps der Welt“ zu vermitteln.

OBEN
Givenchy (Alexander McQueen)
Abendmantel: schwarze Wolle, Seidensatin, metallisch Stickerei
Frankreich, 1997

GEGENÜBER
Alexander McQueen
Abendkleid: schwarzes Vinyl, weißes Seiden-Faille, schwarzer Seidentüll
England, 2008

FOLGENDE DOPPELSEITE, LINKS
Givenchy (Alexander McQueen)
Stiefel: schwarzes Leder, orangefarbenes Echsenleder
Frankreich, 1998

FOLGENDE DOPPELSEITE, RECHTS
Alexander McQueen
Stiefel: schwarzes Leder, Kunsthorn
England, 2003

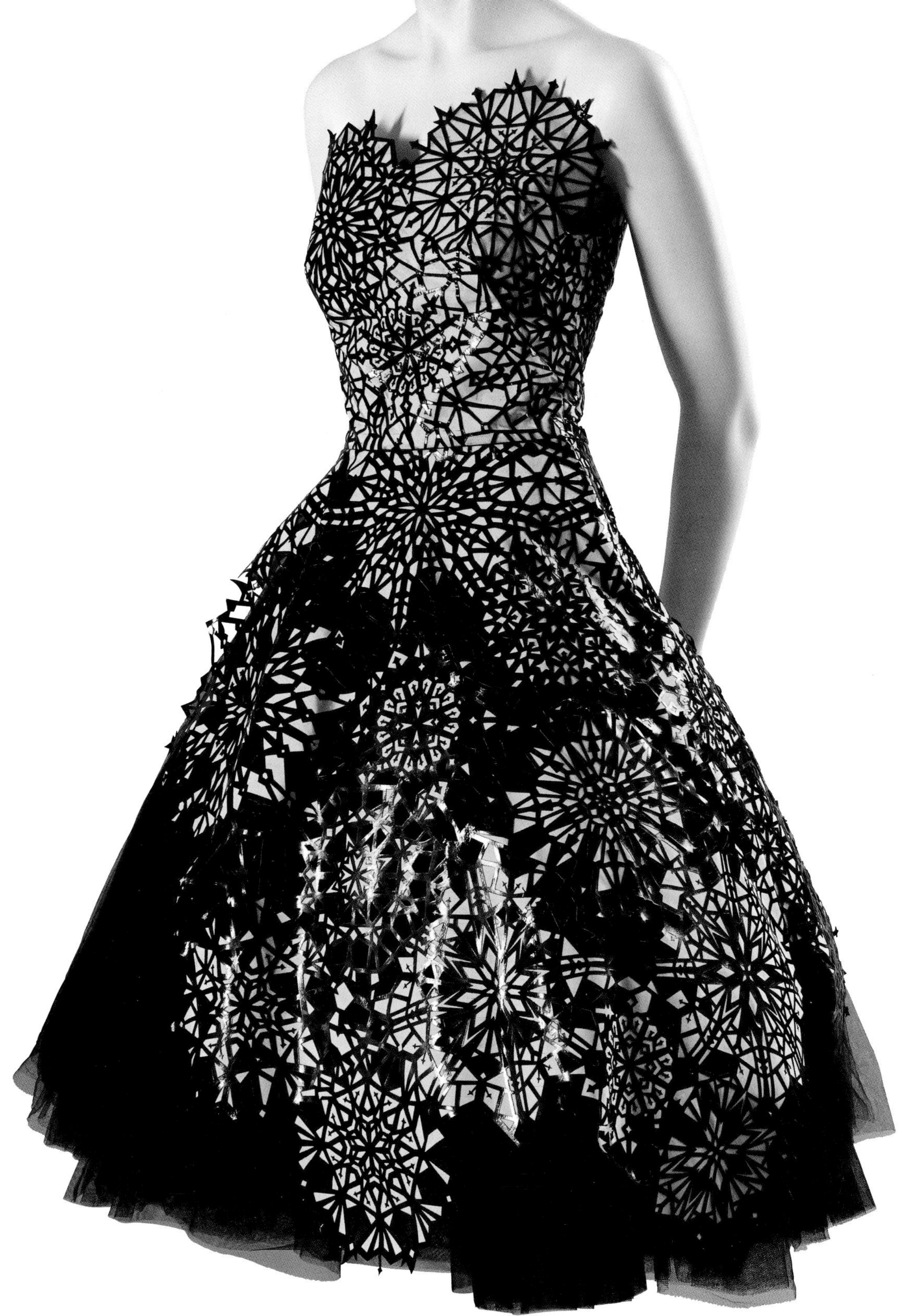

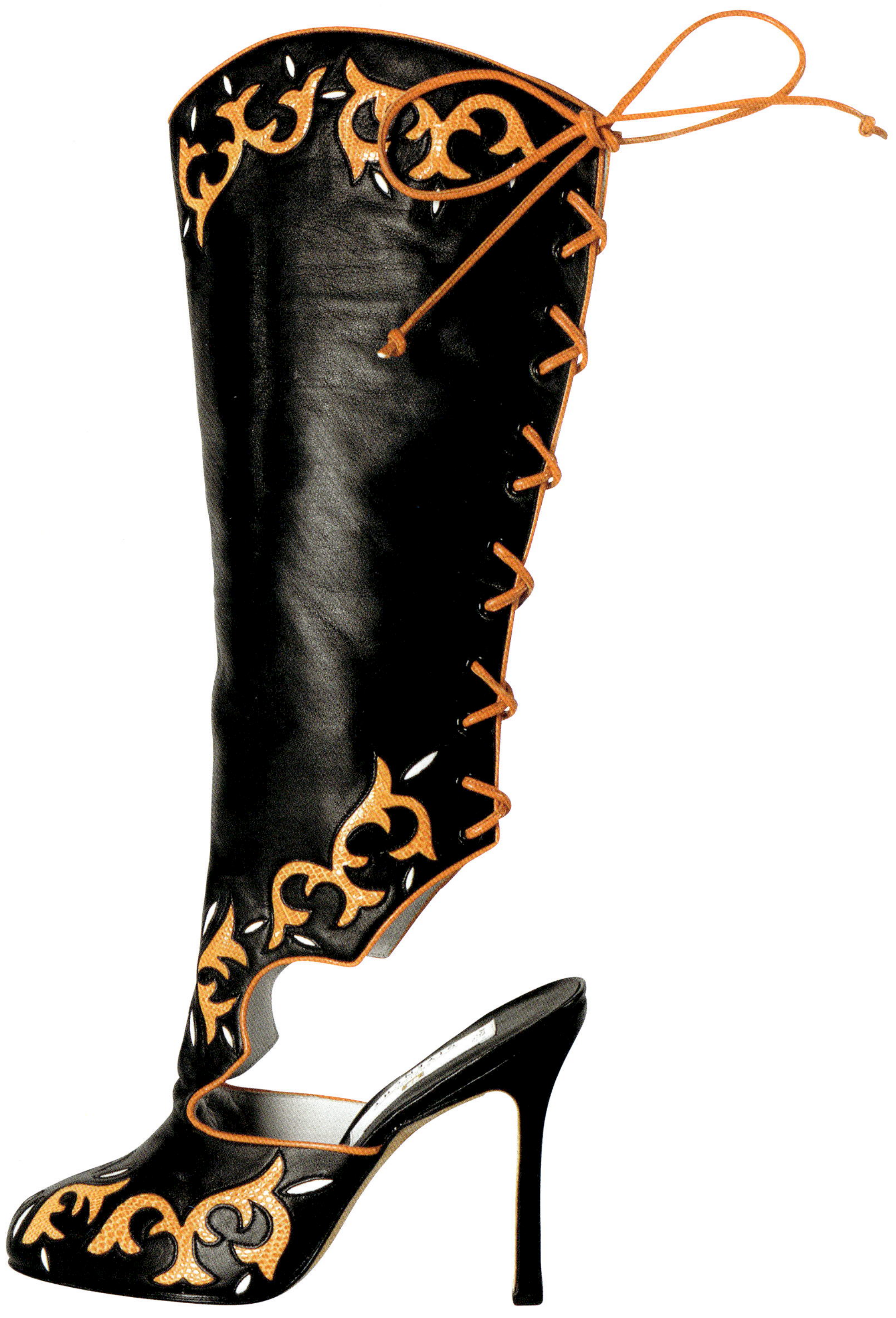

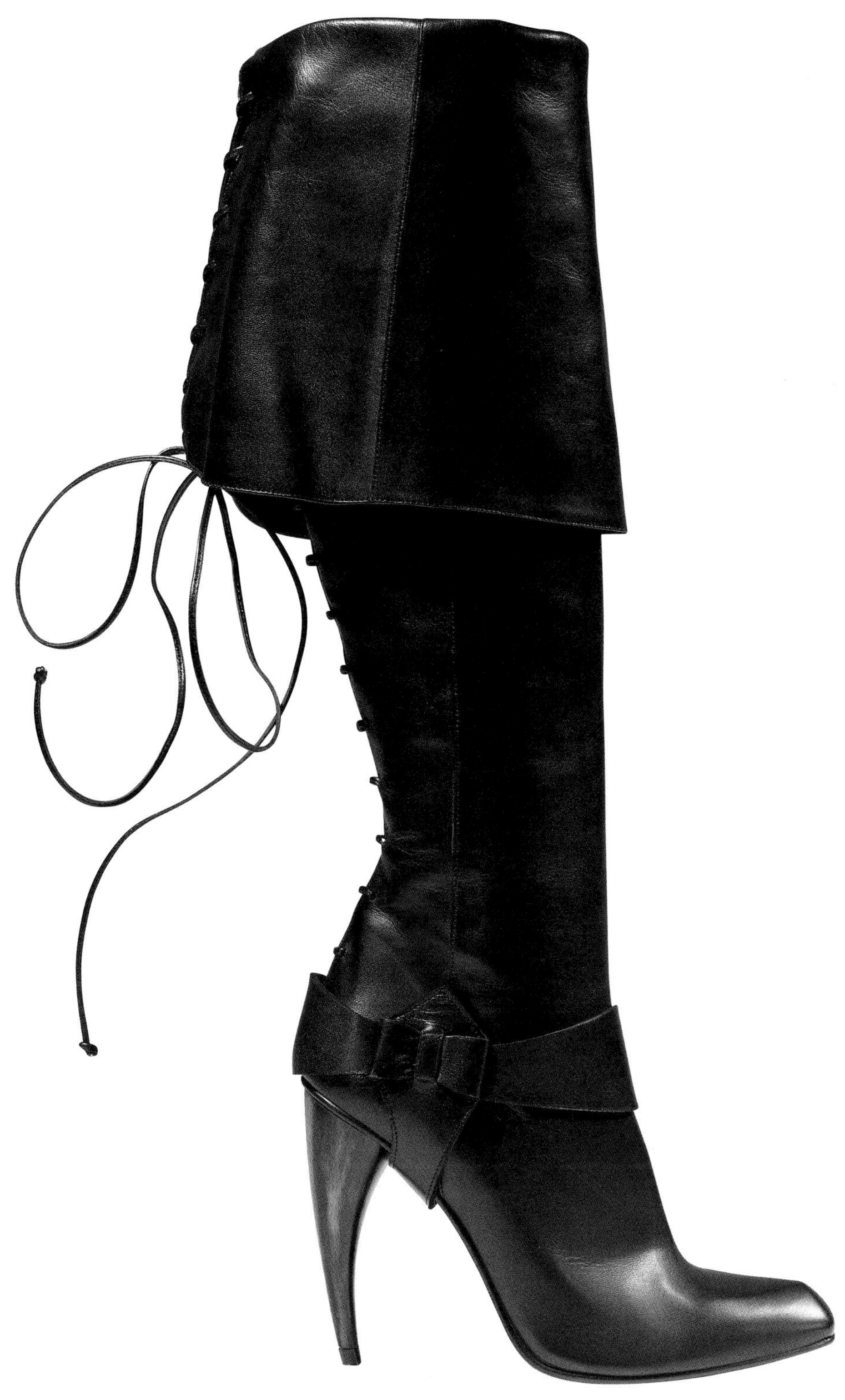

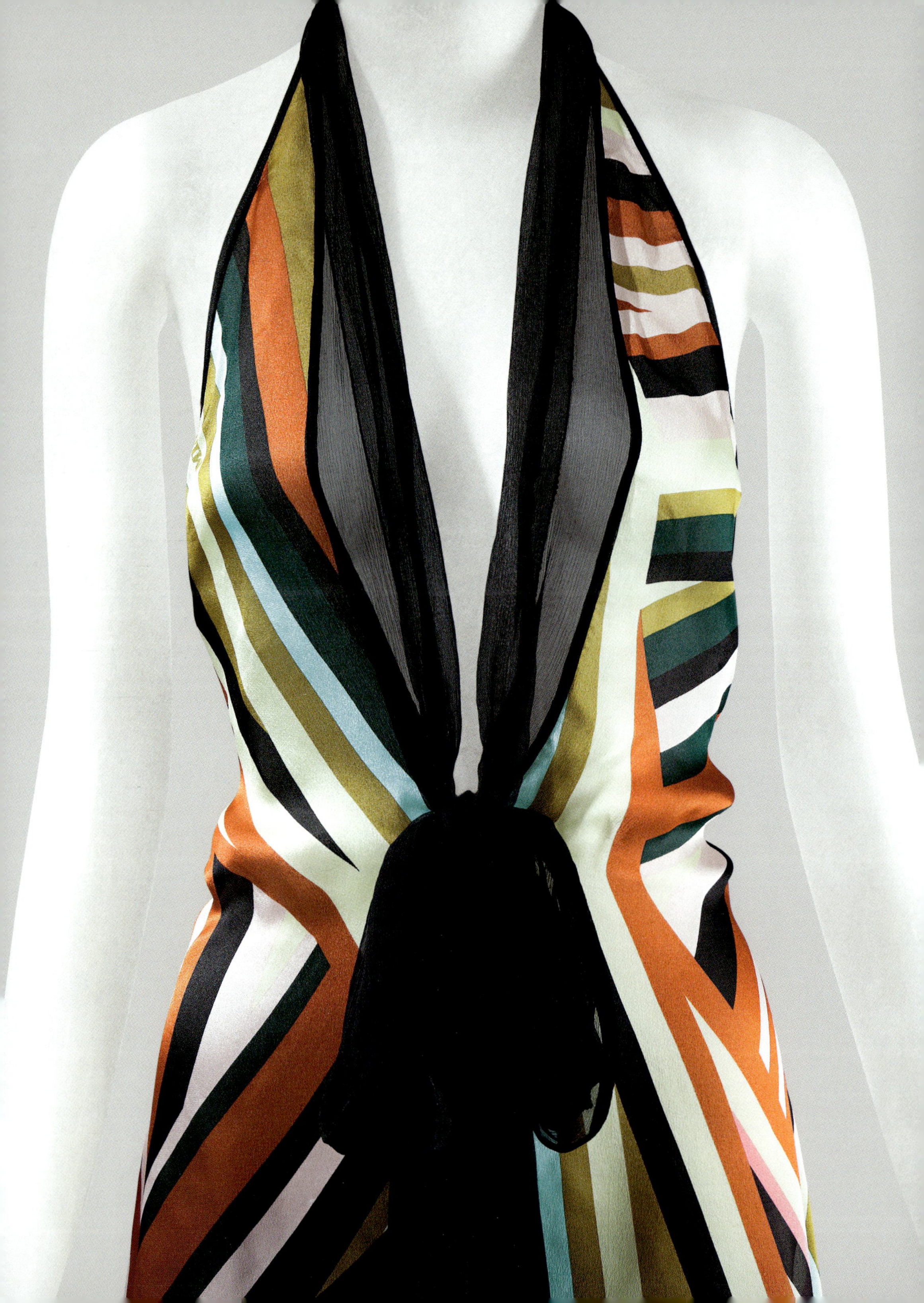

Missoni

OTTAVIO (1921–2013) & ROSITA MISSONI (* 1931) Das 1953 von den Eheleuten Ottavio „*Tai*" und Rosita Missoni gegründete Unternehmen ist für seine Strickmode bekannt, die in Streifen-, Zickzack- und Wellenmustern ein Kaleidoskop an Farben entfaltet. „Die Leute mochten unsere Mode immer schon, weil sie ungezwungen und jung ist", wie Rosita Missoni *Women's Wear Daily* erklärte. In den 1960er-Jahren erregten die kunstvollen Designs die Aufmerksamkeit der italienischen Modejournalistin Anna Piaggi und der *Vogue*-Chefredakteurin Diana Vreeland, die der Marke zu internationaler Bekanntheit verhalfen. Heute wird Missoni von Trendsetterinnen wie Madonna, Kate Moss und Nicole Kidman getragen.

„Seit wir in diesem Geschäft arbeiten, ist unsere Philosophie, dass ein Kleidungsstück wie ein Kunstwerk sein sollte", erläuterte Rosita der *New York Post*. Tatsächlich reichen die Einflüsse, die das Missoni-Design prägen, von der Malerei Giacomo Ballas und Sonia Delaunays bis zur Textilkunst der Inkas und Guatemalteken. Seit 1969 verwenden die von der *Vogue* als „Meister der Farbmischung" gepriesenen Firmengründer Ottavio und Rosita abschnittsweise gefärbte Garne, die es Missoni erlauben, Farbnuancen übergangslos zu kombinieren. „Sehen Sie nur! Wer hat gesagt, es gäbe nur Farben?", staunte Diana Vreeland, nachdem sie die Kollektion jenes Jahres im Grand Hotel in Rom gesehen hatte. „Es gibt auch Farbtöne!"

Die Familie Missoni hat eine Ästhetik mit Kultcharakter etabliert, die sie Saison für Saison weiterentwickelt. Dank ihres einheitlichen Stils können Missoni-Modelle über Kollektionen und Jahrgänge hinweg frei kombiniert werden, was von ihrer zeitlosen Qualität zeugt. Schon unter Ottavios und Rositas Leitung in den 1970er- und 1980er-Jahren höchst erfolgreich, erhielt das Unternehmen ein neues Gesicht, als ihre Tochter Angela 1997 die kreative Leitung übernahm. Ottavio Missoni ist 2013 gestorben. —*M. M.*

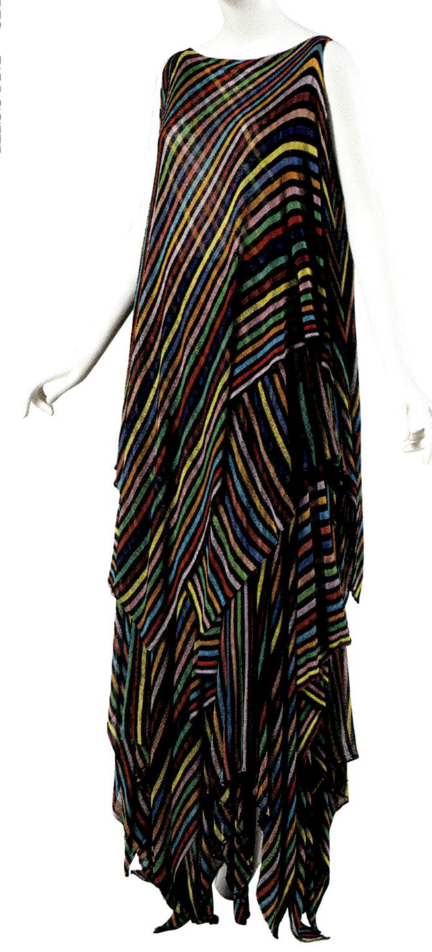

*„Die Vorstellung eines Erklärungsversuchs, wie ich bestimmte Muster und Farben aufeinander abstimme, bringt mich zum Lachen ….
Es geschieht instinktiv, beinahe als läge es mir im Blut.“* — ANGELA MISSONI

LINKS
Missoni
Tunika und Rock: mehrfarbig gestreiftes Kunstseidengewirke
Italien, 1972

UNTEN
Missoni
allerlei Gewirke
Italien, 1971, 1972, 1972, 1972, 1977 (von links nach rechts)

GEGENÜBER
Missoni
Ensemble: orangefarbenes und rotes streckengefärbtes Kunstseidengewirke
Italien, 1973

„Ich habe das zwanghafte Bedürfnis, Dinge auf interessante Weise zusammenzufügen. Ich nehme Farben und Formen gerne selbst in die Hand.“
— **Rosita Missoni**

VORHERGEHENDE DOPPELSEITE
Missoni
Kleid: mehrfarbig bedruckter Seidenchinakrepp
Italien, 2003

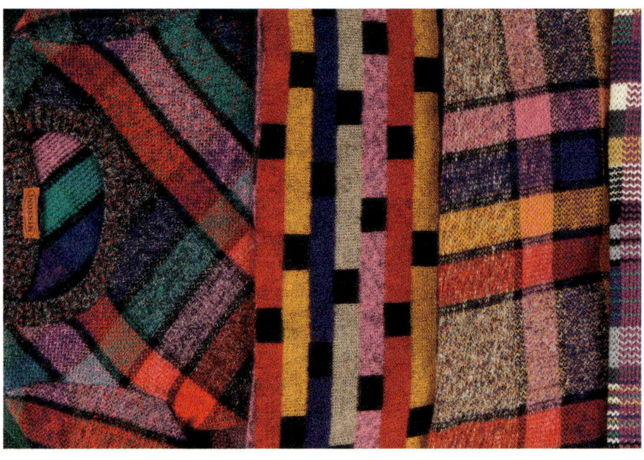

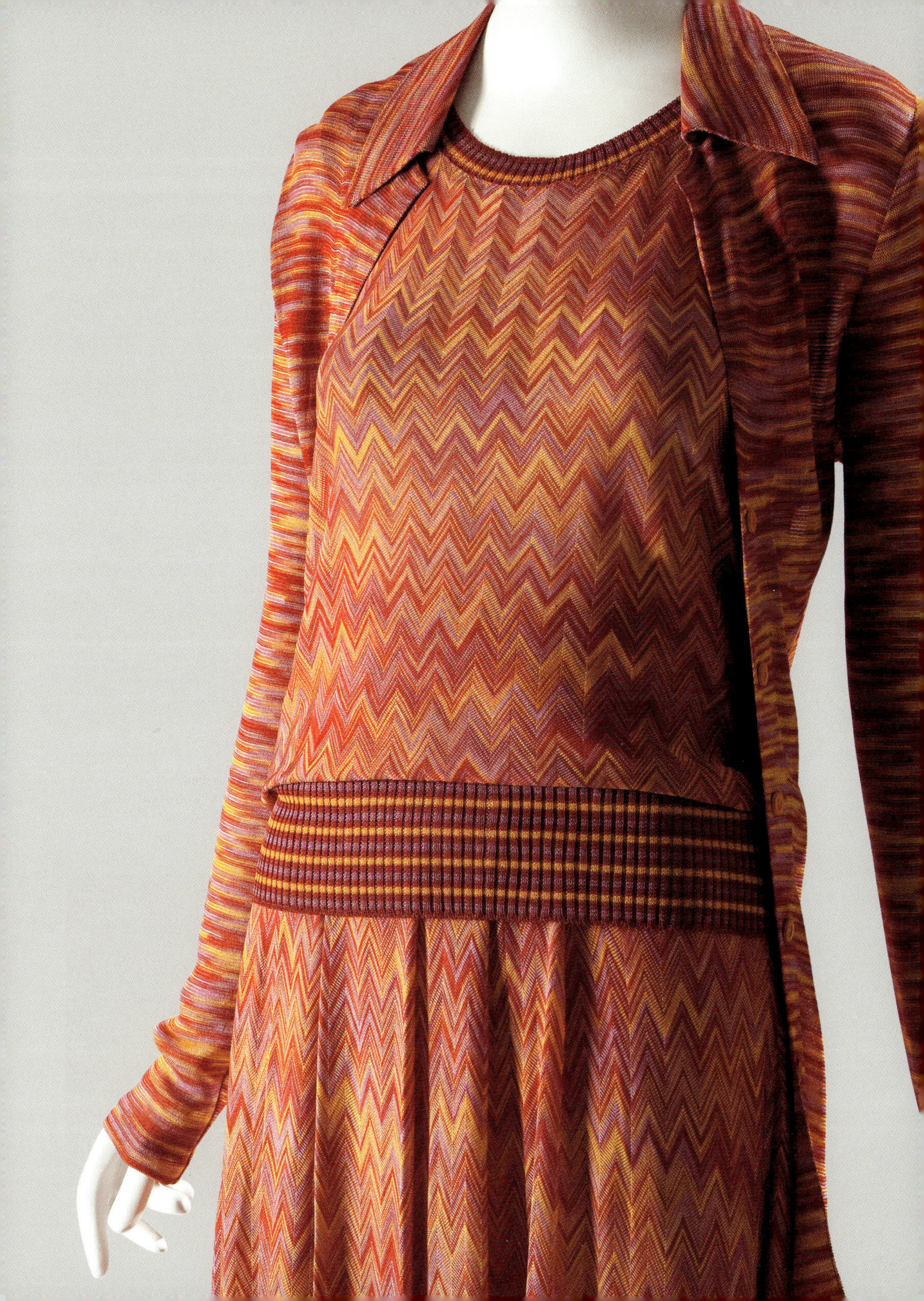

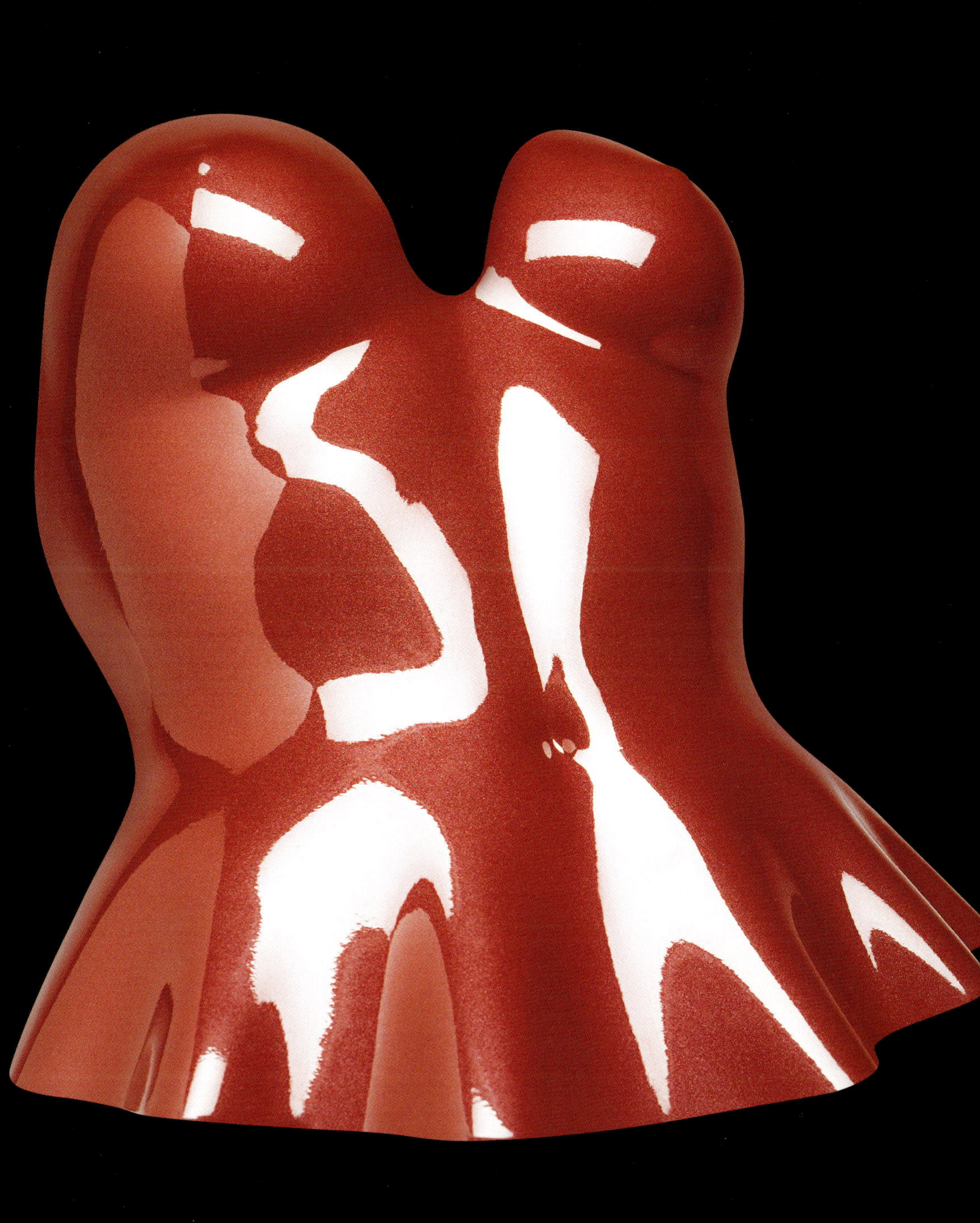

Issey Miyake

ISSEY MIYAKE (1938–2022) Mit Issey Miyakes Paris-Debüt vollzog sich Anfang der 1970er-Jahre ein dramatischer Wandel in der Welt der Mode. Miyake gehörte zur „ersten Welle“ japanischer Modemacher, die sich intensiv mit den großen gesellschaftlichen Veränderungen der späten 1960er-Jahre und der wachsenden Bedeutung von Konfektionskleidung auseinandersetzten. Dieser kulturelle Wandel, in Verbindung mit Japans Aufstieg zur wirtschaftlichen Supermacht, bildete den Kontext, aus dem heraus Miyake einen optimistischen, zukunftsorientierten Designansatz entwickelte. Seinem ausgeprägten Sinn für Traditionen folgend, verwendete er außerdem als Erster Materialien, die damals noch als folkloristisch und wenig modisch galten, und läutete damit die Abkehr von weniger eindeutigen, gekünstelten und stilisierten Formen von „Exotik“ ein.

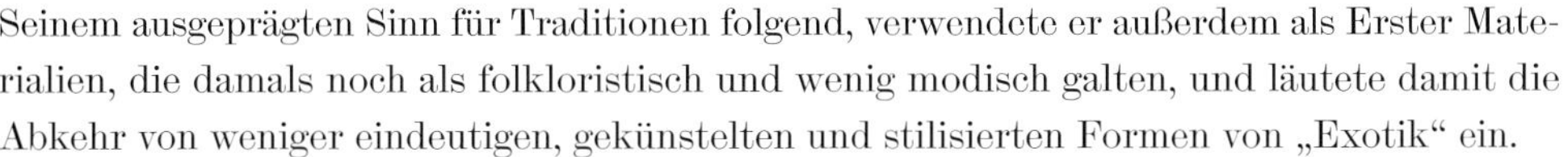

Miyake war einer der ersten Designer von Weltrang, die die jeweils neuesten Hightech-Synthetikstoffe, die in Japan produziert wurden, kreativ zu nutzen wussten. Durch die Verwendung von Kunststoffen wie dauerhaft plissiertem Polyester und dank seiner innovativen Schnitttechnik war es Miyake möglich, einige der außergewöhnlichsten Gewänder zu fertigen, die die Welt je gesehen hat. Seine fantastischen Plisseekreationen, die sich von flachen Stoffstücken in dreidimensionale, geometrische Formen verwandeln, kamen bei ihrer Laufstegpremiere Ende der 1980er-Jahre einer Offenbarung gleich. 1993 lancierte Miyake seine Pleats-Please-Damenlinie, die sich durch gerade Schnitte und gewagt innovatives Flächendesign auszeichnete. Von 1996 bis 1998 entwarfen auf Einladung Miyakes Künstler wie Yasumasa Morimura, Nobuyoshi Araki, Tim Hawkinson oder Cai Guo-Qiang einzigartige Entwürfe für diese Linie.

In den Jahren 1994 und 1999 unterbrach Miyake seine Arbeit an den Kollektionen, um sich auf Forschungs- und andere Projekte zu konzentrieren, wie beispielsweise die Speziallinie A-POC (ein Akronym für *a piece of cloth* – „ein Stück Stoff“). Bei den Anfangsversionen dieser Linie waren fertige Kleidungsstücke in einen nahtlosen Jersey-Schlauchstoff eingearbeitet, die auf dem Verkaufstisch herausgeschnitten und nach Kundenwünschen abgeändert werden konnten. Mittlerweile hat sich das A-POC-Konzept zu einem noch moderneren „System“ der Kleiderherstellung weiterentwickelt, das zukünftig bei allen Issey-Miyake-Linien unter dem Namen A-POC *Inside* zur Anwendung kommen soll. Der Designer starb im Jahr 2022. —*P. M.*

„Wenn es keinen Dialog gibt, keinen Austausch, wird Kreativität unmöglich. Dieser Gedanke liegt im Kern meiner Arbeit, und daher unterscheidet sie sich auch deutlich von dem, was Leute als ‚reine Kunst' bezeichnen." — ISSEY MIYAKE

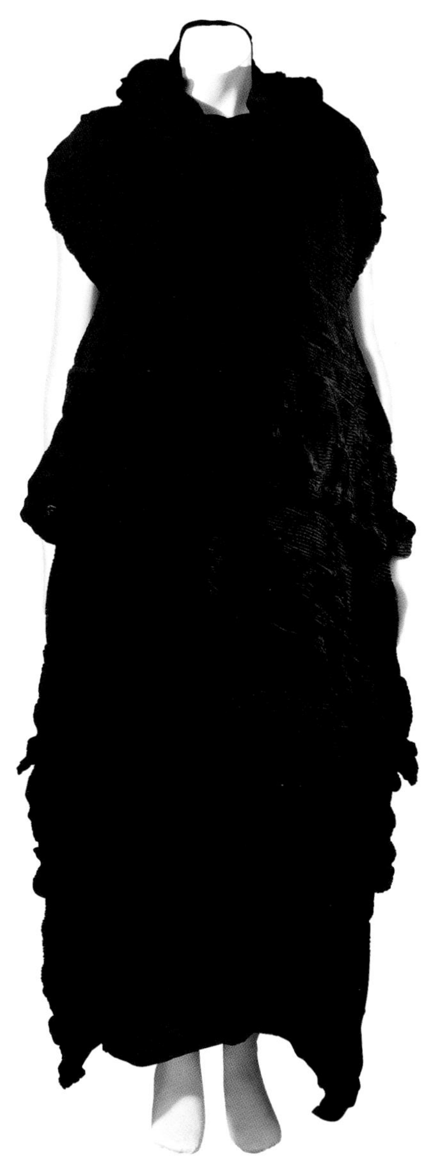

„Kleider sind bedeutungslos bis auf die Tatsache, dass sie Empfindungen und Reaktionen bei ihren Trägern hervorrufen … Ich entwerfe nicht, um mich selbst zu verwirklichen, sondern um all denjenigen Antworten zu liefern, die sich Fragen stellen zu unserer Zeit und wie wir in ihr leben sollten."
— **Issey Miyake**

VORHERGEHENDE DOPPELSEITE
Issey Miyake
Bustier: rotes geformtes Harz
Japan, 1983

RECHTS
Issey Miyake
„Bouncing Dress": plissierter schwarzer Polyester
Japan, 1995

GEGENÜBER
Issey Miyake
Kleid: mit einem Fotomotiv von Yasumasa Morimura bedruckter Polyester
Japan, 1997

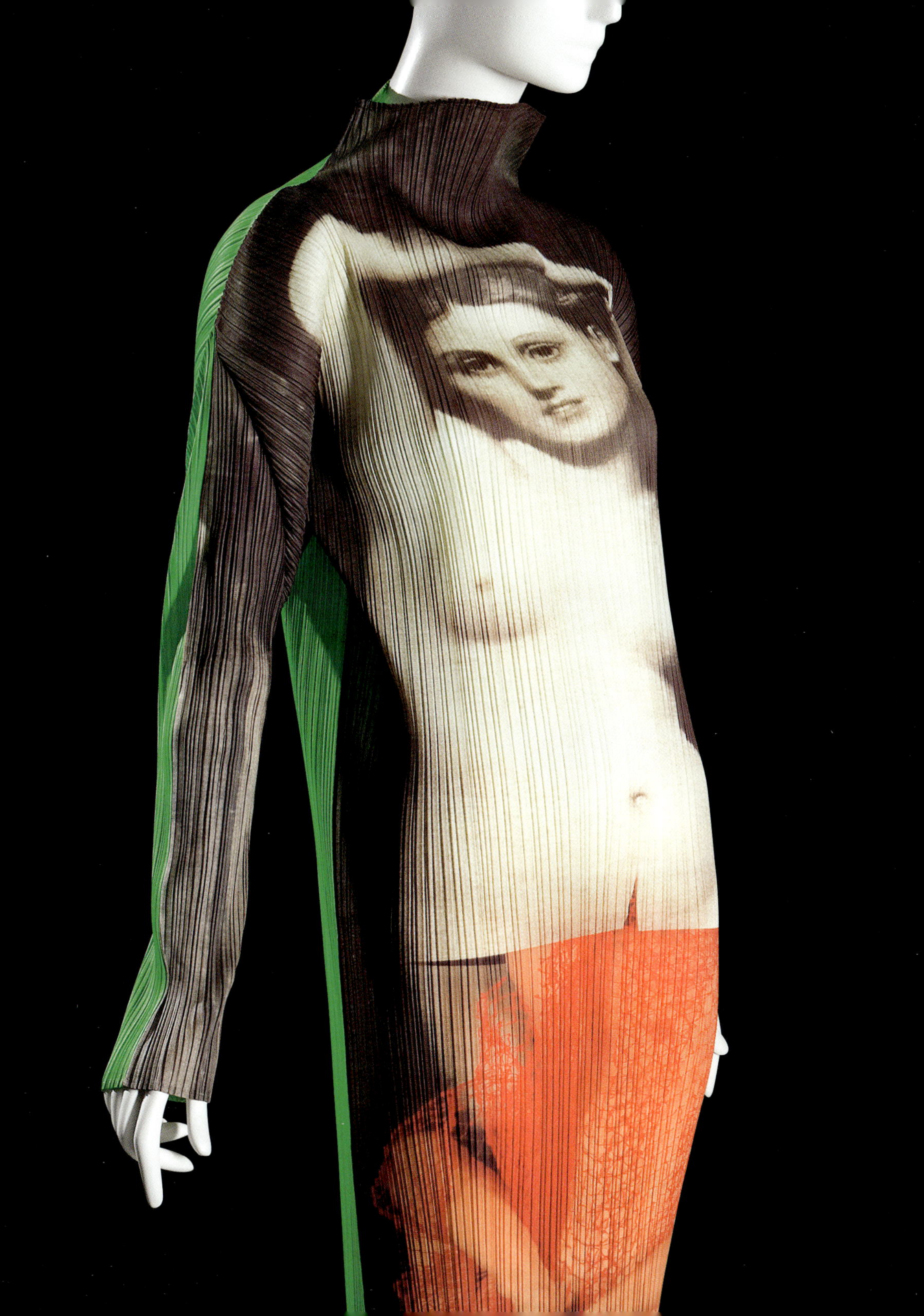

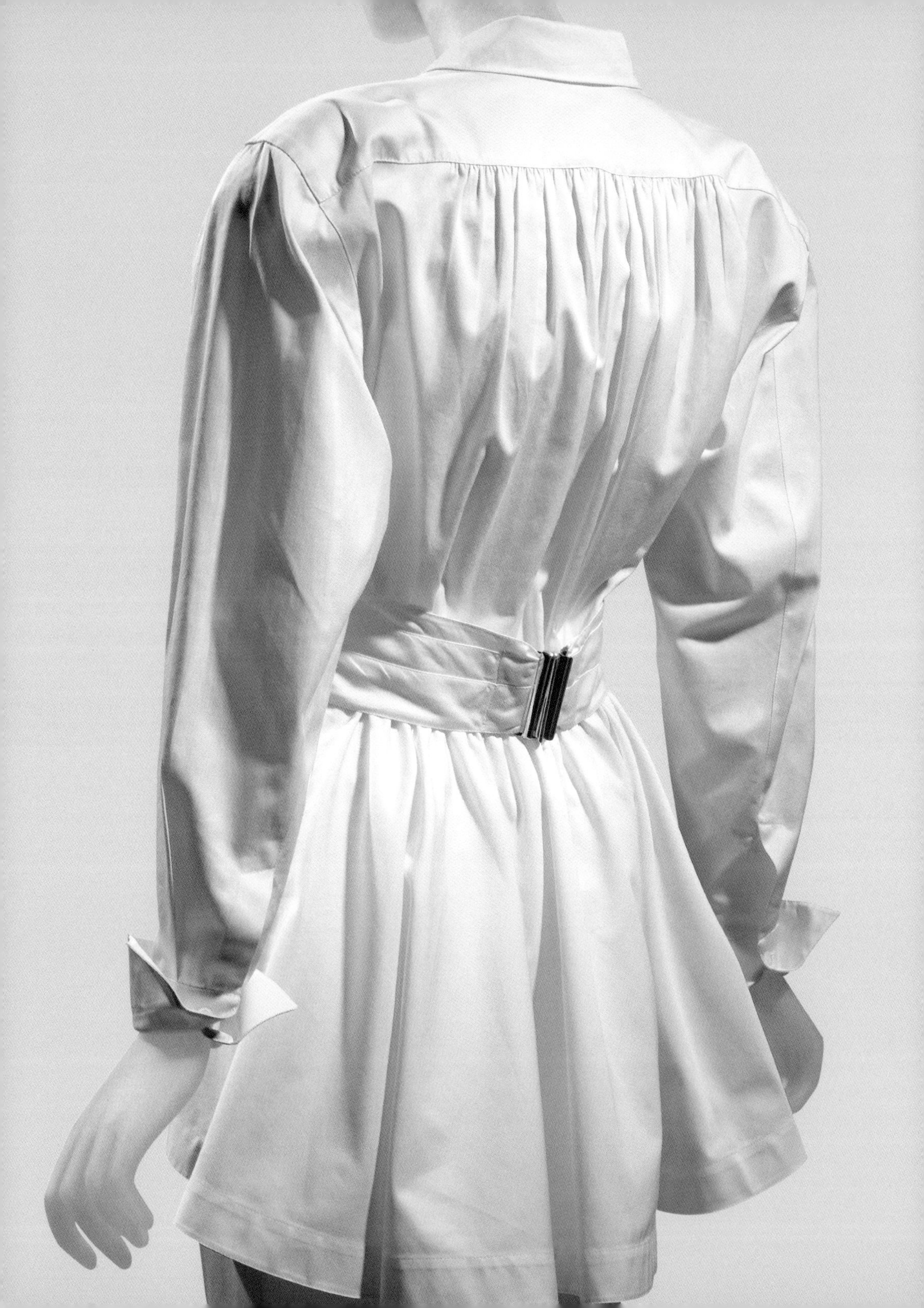

Claude Montana

CLAUDE MONTANA (* 1947) war als Pariser Modeschöpfer von den späten 1970er- bis Anfang der 1990er-Jahre außergewöhnlich kreativ. Seine Mode war von einer aggressiven Eleganz, die bis heute nahezu unerreicht ist. Montanas Silhouetten waren unverkennbar – Jacken, aus denen breite Schalkrägen wuchsen, extrem betonte Schultern, eingeschnürte Taillen, hautenge, knöchellange Bleistiftröcke, Körper vermummende Kokonmäntel –, und häufig fanden sich die extremen Proportionen seiner maskulinen und femininen Modelle in einem einzigen Ensemble vereint. Als leidenschaftlicher Kolorist wählte er häufig kräftiges Lila, Lippenstiftrot und sogar Metallicfarben, dazu auch neutrale Töne. Ebenso dramatisch wie seine Mode waren auch Montanas Modenschauen.

Ohne je eine Ausbildung als Modedesigner absolviert zu haben, wagte er seinen ersten Vorstoß ins Metier mit einer Schmuckkollektion aus Pappmaschee und Strassbesatz. In den 1970er-Jahren begann er, mit Leder zu arbeiten und entwickelte eine Reihe komplexer Konstruktionstechniken. Leder blieb eines seiner Lieblingsmaterialien und spielte in seinem gesamten Schaffen eine herausragende Rolle. 1976 erschien seine erste Kollektion, drei Jahre darauf gründete er sein eigenes Unternehmen, The House of Montana. 1981 führte er mit Montana Hommes auch eine Herrenlinie ein. Die Verwicklung in ein Gerichtsverfahren Mitte der 1990er-Jahre, in dem er unterlag, wurde zum Stolperstein in Montanas Laufbahn. Finanzielle Probleme zwangen ihn, sein Unternehmen 1997 zu verkaufen; zehn Jahre darauf erschienen seine letzten Entwürfe.

Ein Höhepunkt seines Schaffens waren die Haute-Couture-Kollektionen, die er von 1990 bis 1992 für das Haus Lanvin kreierte. Seine kühnen Entwürfe ernteten höchstes Kritikerlob, bescherten Lanvin aber einen verheerenden finanziellen Gesamtverlust von geschätzten 50 Millionen Dollar. Ungeachtet seiner Achterbahnkarriere bleibt Claude Montana für viele Designer eine Quelle der Inspiration und einer der eigenständigsten Modeschöpfer unserer Zeit. —*P. M.*

„Montana, der beständig zu den führenden Modeschöpfern der Welt gerechnet wird, ist sowohl für die aufsehenerregende Bandbreite seiner Modeschauen im Stil von MGM, die stets zu den gefragtesten Veranstaltungen in der Stadt gehören, berühmt als auch für den undurchsichtigen Film noir *seines Lebens hinter der Bühne."*

— ANNE BOGART, *LOS ANGELES TIMES*

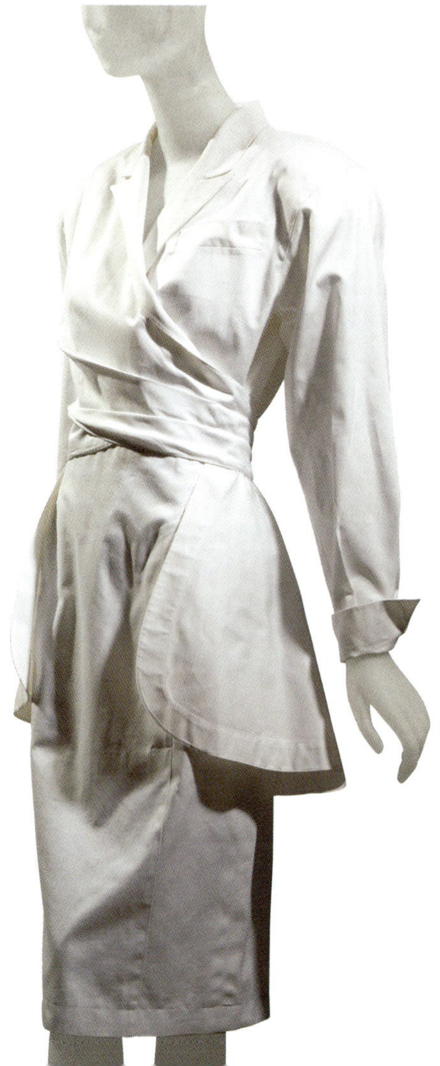

„Es gibt heute nur wenige Designer, die man ebenso bewundern kann für den sicheren Schnitt, die sinnliche Optik, die Weiblichkeit unter den gewagten Formen, die verführerischen Luxusmaterialien, deren Vielfalt über Leder hinausreicht, wie für die fortwährende, vollendete Beherrschung eines Modedesigns, das stets zwischen abstrakten Kunstformen und konventioneller Kleidung oszilliert."

— **Richard Martin, Kurator**

VORHERGEHENDE DOPPELSEITE UND LINKS
Claude Montana
Kostüm: weißer Baumwollköper
Frankreich, 1986

GEGENÜBER
Claude Montana
Kleid: schwarzes Leinen
Frankreich, 1983

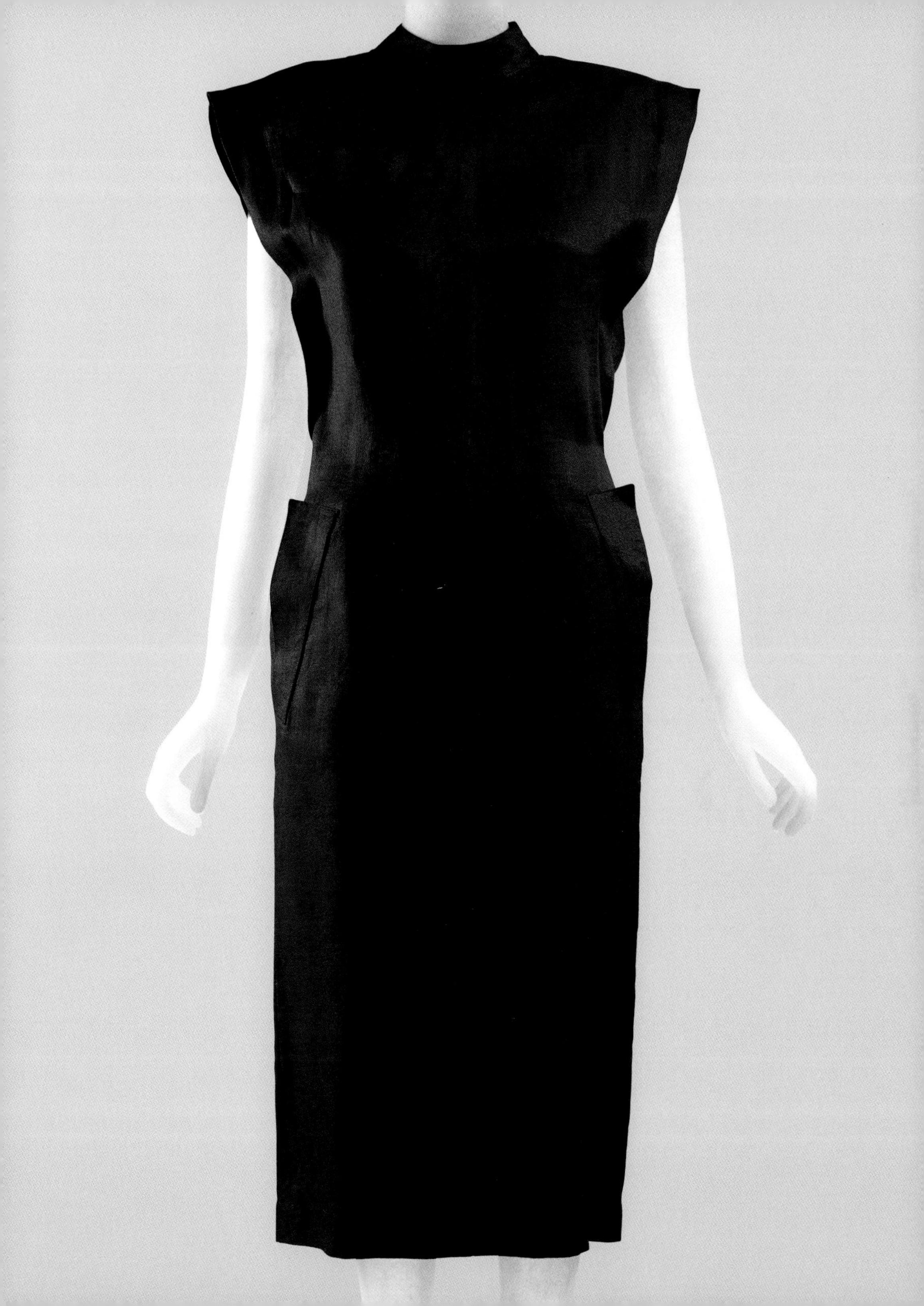

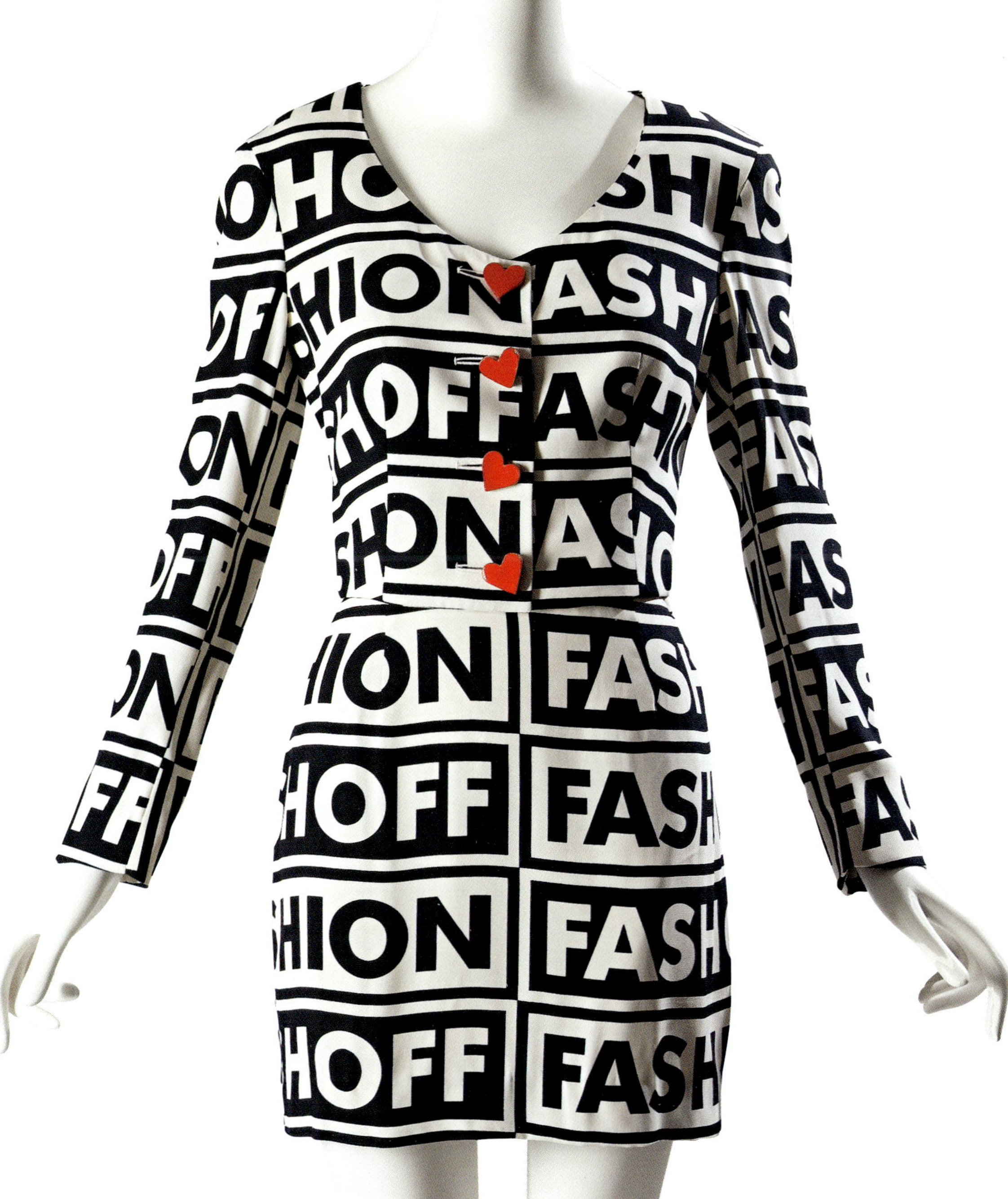

Moschino

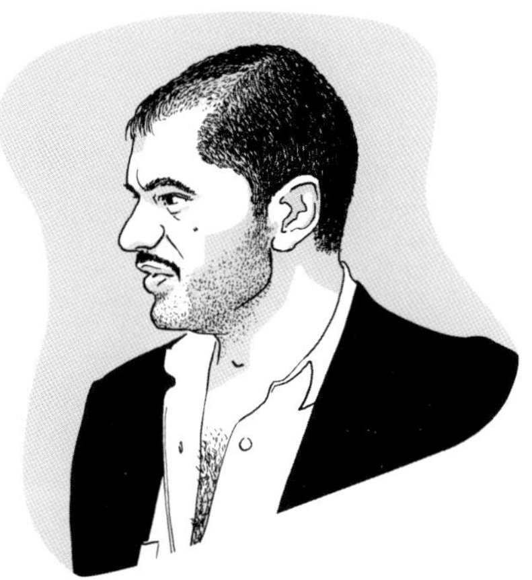

FRANCO MOSCHINO (1950–1994) war Modemacher und Gesellschaftskritiker zugleich. „Mode sollte Spaß machen, und sie sollte eine Botschaft haben", lautete sein Credo. In den 1980er- und frühen 1990er-Jahren nutzte er Humor und Mode als Mittel, um der Gesellschaft einen Spiegel vorzuhalten und den Materialismus der Modebranche anzuprangern. So trug seine Version des klassischen Chanelkostüms an Stelle der üblichen Gürtelkette den auf Bauchhöhe eingestickten Spruch This is a Waist of Money – ein Wortspiel mit den englischen Begriffen für „Bauch, Taille" (waist) und „Verschwendung" (waste).

Moschino schneiderte Kleider aus Müllsäcken oder ließ sie mit Strichcodes bedrucken – er entwarf sogar ein Herrenhemd, das an eine Zwangsjacke erinnern sollte und den Spruch „Nur für Modeopfer" auf dem Rücken trug. Moschino studierte zunächst Kunst, erkannte aber bald, dass Mode als Ausdrucksmittel ebenso überzeugend sein konnte wie Farbe und Leinwand. Er begann, als freier Designer und Modezeichner für eine Reihe italienischer Unternehmen zu arbeiten und gründete 1983 sein eigenes Label. Einige Jahre später lancierte er seine Zweitlinie, Cheap and Chic. Moschinos Schauen waren skurrile Theaterinszenierungen, bei denen sein besonderer Witz voll zur Geltung kam. Er ließ seine Models auf allen vieren über den Laufsteg kriechen und dabei bekannte Persönlichkeiten wie Tina Turner oder Prinzessin Margaret verkörpern und verwendete kuriose Requisiten wie Schweinenasen aus Gummi oder lebende Gänse.

Moschino bediente sich konventioneller Schnitttechniken, um sexy, tragbare Mode zu kreieren, der er anschließend mit surrealistischen Details und einem Augenzwinkern einen schrägen Touch verlieh. Ironischerweise zollte ihm gerade die Branche, die er kritisierte, großen Beifall für sein Rebellentum. Seit seinem Tod 1994 leitet Rossella Jardini das Unternehmen. Auch wenn Moschinos Schaffenszeit nur wenige Jahre währte, wird sein Stil noch heute überall auf der Welt erkannt. 2013 wurde Jeremy Scott Kreativdirektor von Moschino. —*M.M.*

„Mode ist in meiner Vorstellung etwas, worüber man ewig lachen kann, aber es ist auch über nichts schwerer zu lachen, weil Leute sie so ernst nehmen.“

— MOSCHINO

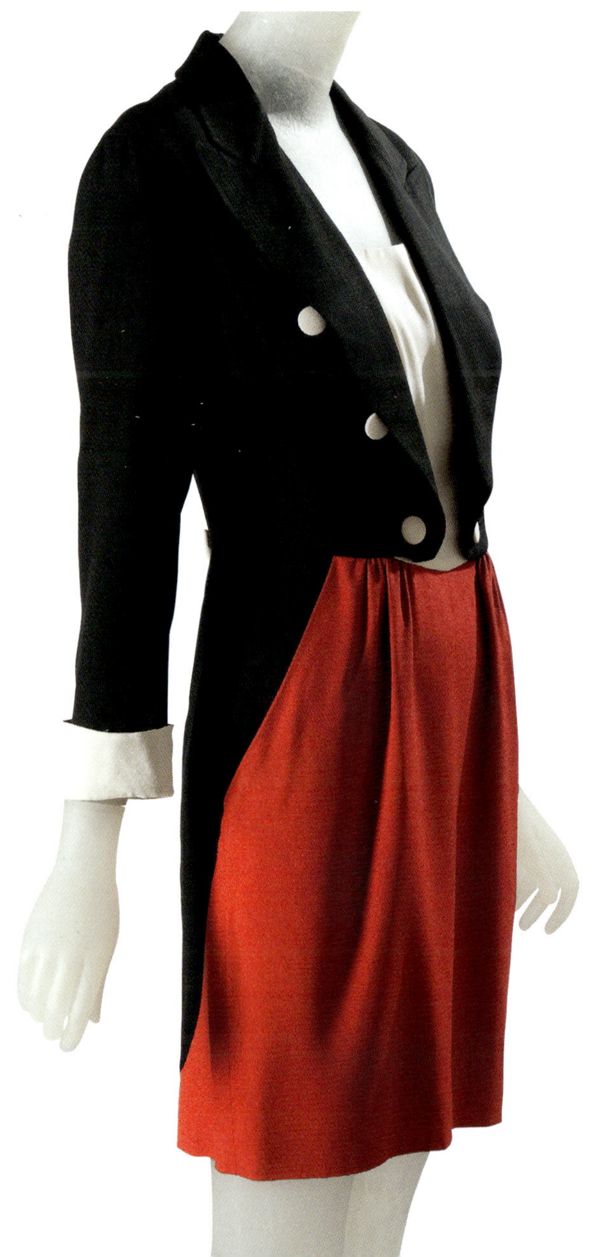

VORHERGEHENDE DOPPELSEITE
Franco Moschino
Kostüm: schwarze und gelbweiße Kunstseide, rote Holzknöpfe
Italien, 1990

LINKS
Franco Moschino
Kleid: schwarzer, weißer und roter Kunstseidenkrepp
Italien, 1992

GEGENÜBER
Franco Moschino
Kleid: schwarzer Kunstseidenkrepp, Kunstperlen
Italien, 1989

FOLGENDE DOPPELSEITE, LINKS
Franco Moschino
Herrenanzug: bedruckte Baumwolle, schwarzes Baumwollgewirke
Italien, 1995

FOLGENDE DOPPELSEITE, RECHTS
Franco Moschino
Abendkleid: schwarzes Kunstseidenelastan, Bügelbüstenhalter
Italien, 1994

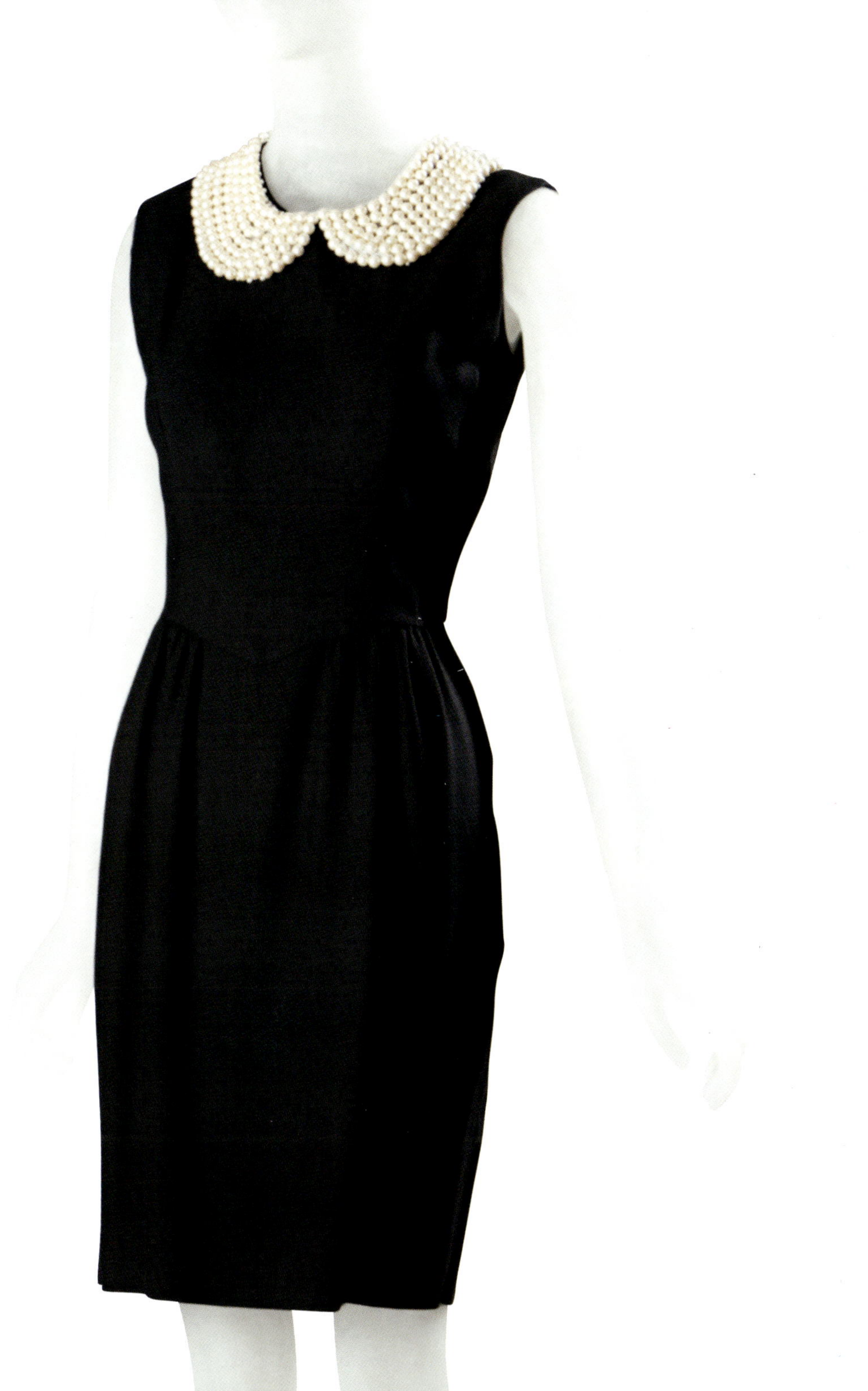

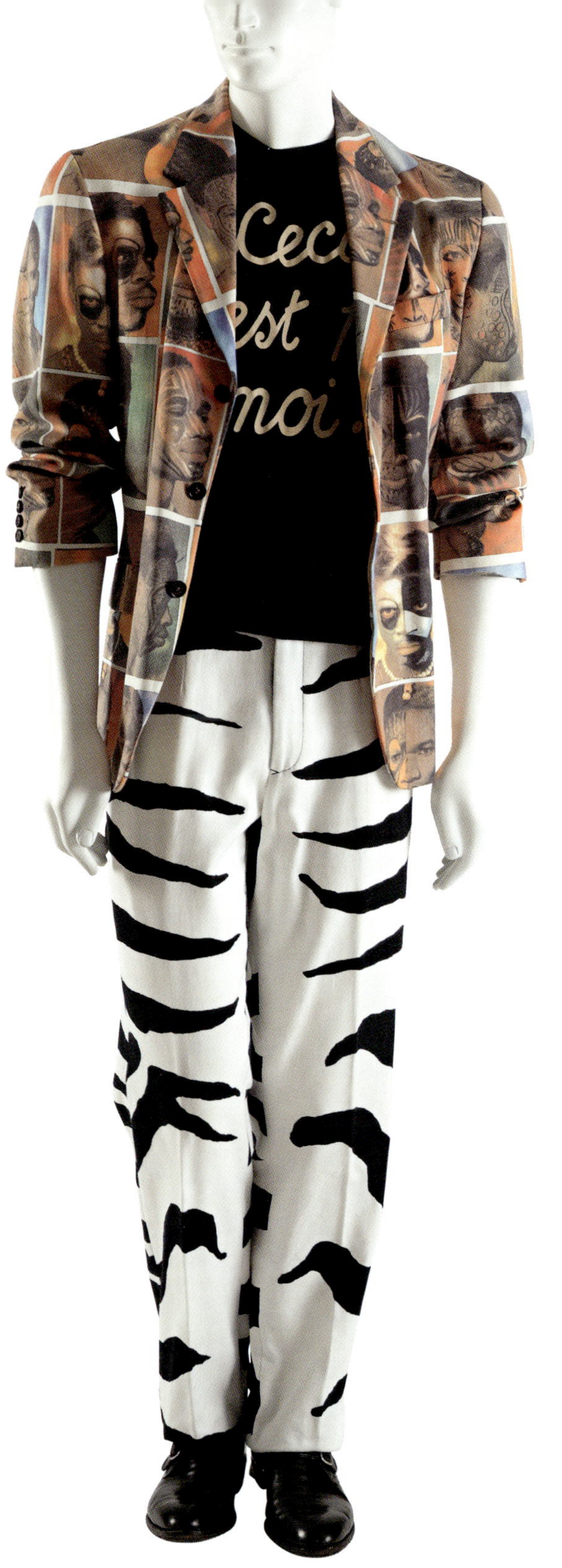
Cec
est
moi

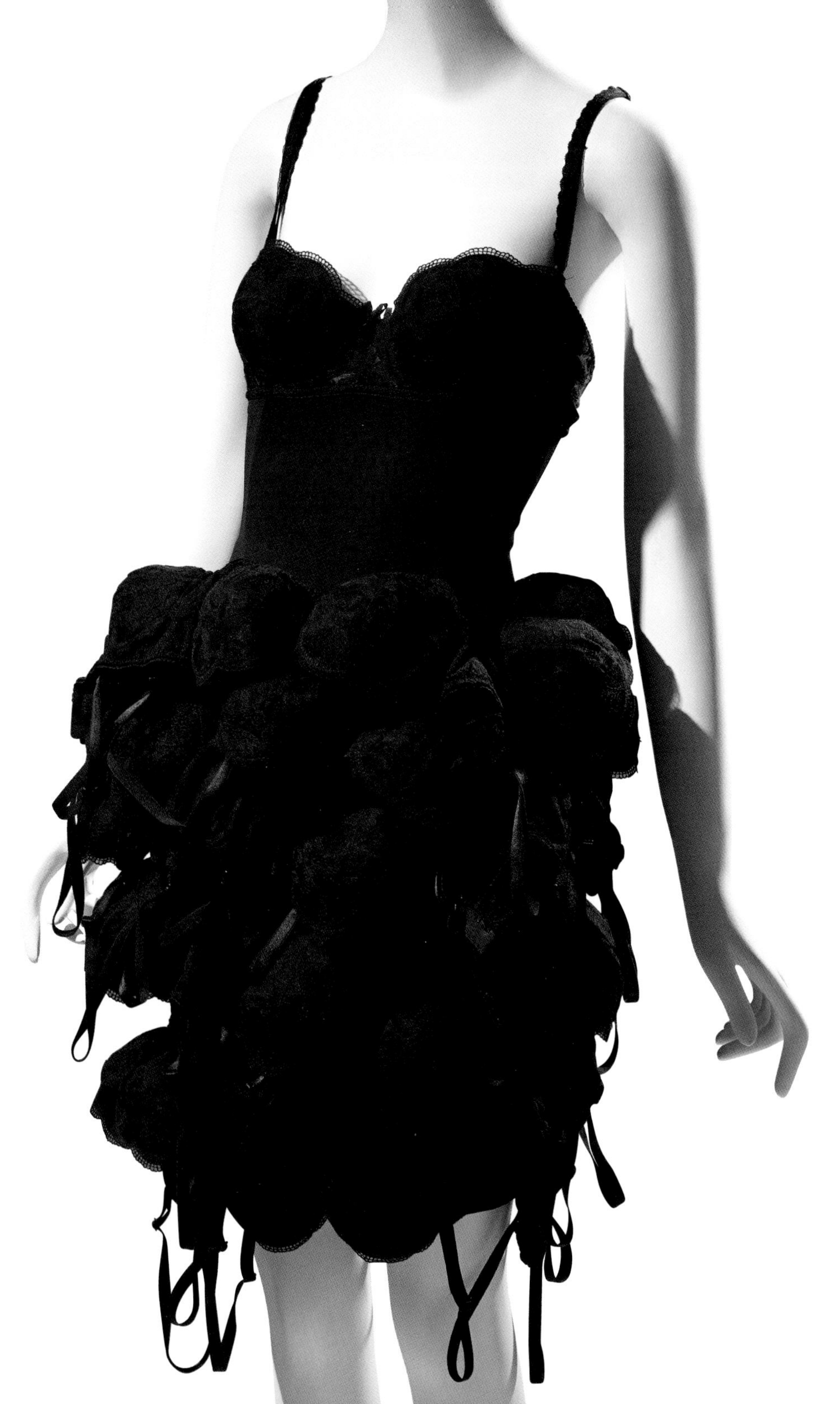

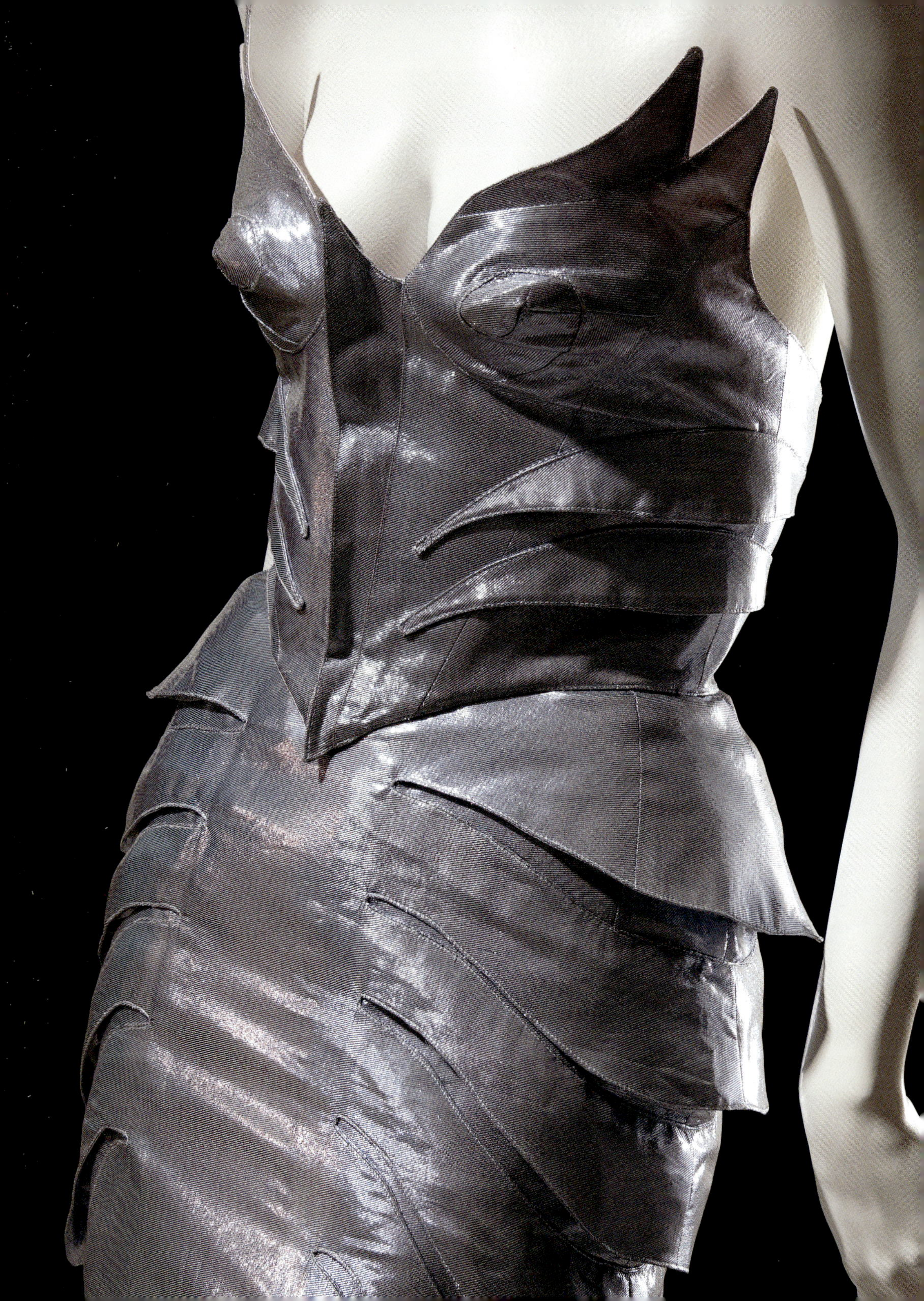

Thierry Mugler

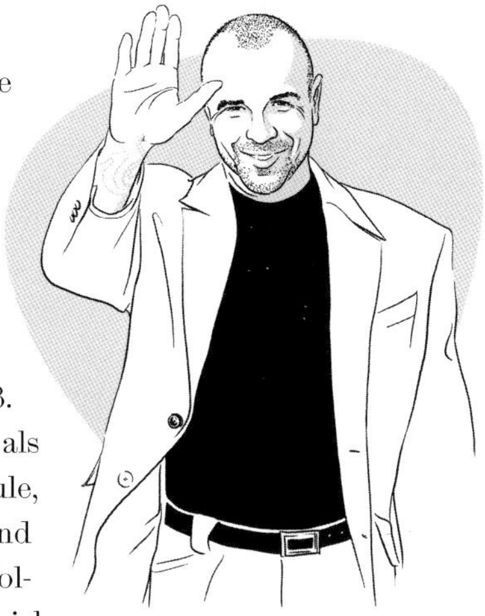

THIERRY MUGLER (1948–2022) glaubte, dass Mode wie ein Theaterstück inszeniert werden sollte. Mit seinen Kollektionen der 1980er- und 1990er-Jahre, die häufig ein Faible für Fantasy- und Fetisch-Looks erkennen ließen, entwarf Mugler eine radikale Vision, die ihm den Status eines Superstars eintrug. Die Komplexität seiner Schnitte und die Präzision seiner Passformen bewiesen, dass er neben Fantasie auch handwerkliches Können besaß.

Mugler begann seine Karriere im Alter von 20 Jahren als Schaufensterdekorateur für die Pariser In-Boutique Gudule, arbeitete anschließend einige Zeit als freier Designer und stellte 1973 unter dem Label Café de Paris seine erste Kollektion vor. Mit seinen modernen, sexy Kleidern löste er sich von aktuellen Trends, hatte aber dennoch Erfolg. Ein Jahr später lancierte er bereits eine Linie unter eigenem Namen. War die Mode der 1980er-Jahre an sich schon figurbetont und feminin, trieb Mugler diese Optik noch auf die Spitze – mit Kostümen im Power-Look, deren Wespentaillen durch überbreite, kantige Schultern noch akzentuiert wurden. Neben diesen verführerischen, dabei tragbaren Kostümen, die kommerziell sehr erfolgreich waren, kreierte er auch fantastischere Looks wie die aggressiv erotischen „Vampir"-Kleider oder ein Bustier, das einem Auto-Kühlergrill samt Scheinwerfern nachempfunden war.

In den 1990er-Jahren schuf Mugler in Zusammenarbeit mit dem berühmten Korsettmacher Mr. Pearl einige seiner extravagantesten Stücke. Nachdem ihm bereits lange Zeit attestiert worden war, Konfektionskleidung von Beinahe-Couturequalität zu entwerfen, präsentierte Mugler 1992 seine erste wirkliche Haute-Couture-Kollektion und stellte noch im selben Jahr mit „Angel" ein Parfum vor, das zum Bestseller avancieren sollte. Mugler zog sich 2003 aus seiner Marke zurück und widmete sich später der Fotografie und dem Kostümdesign. Von 2010 bis 2013 arbeitete Nicola Formichetti als Muglers Chefdesigner; ihm folgten 2014 David Koma und 2017 Casey Cadwallader. Thierry Mugler starb 2022 im Alter von 73 Jahren. —*C. H.*

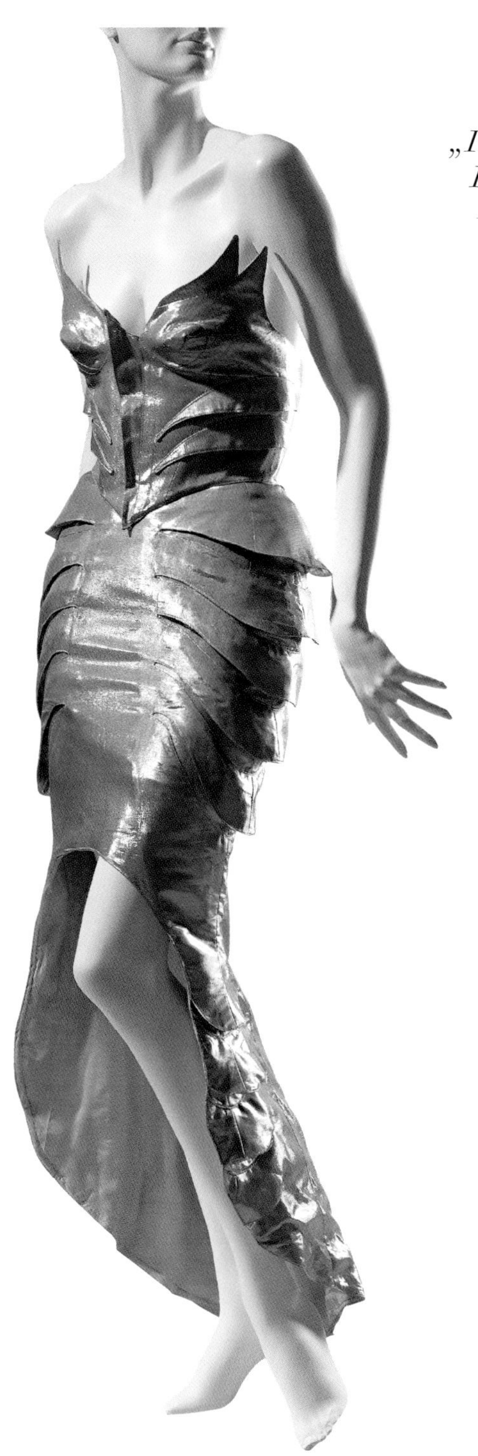

„In jeder Frau steckt eine Göttin. Ich liebe es, sie zu verherrlichen."
— THIERRY MUGLER

„Thierry Mugler steht für die Macht des Glamours und den direkten Weg in die Zukunft."
— **Nicola Formichetti**

VORHERGEHENDE SEITE UND LINKS
Thierry Mugler
Abendkleid: silber-fliederfarbener Lamé, fliederfarbener Satin
Frankreich, um 1987

GEGENÜBER
Thierry Mugler
Kostüm: metallisch blaue Seide und Wolle, Strass
Frankreich, um 1996

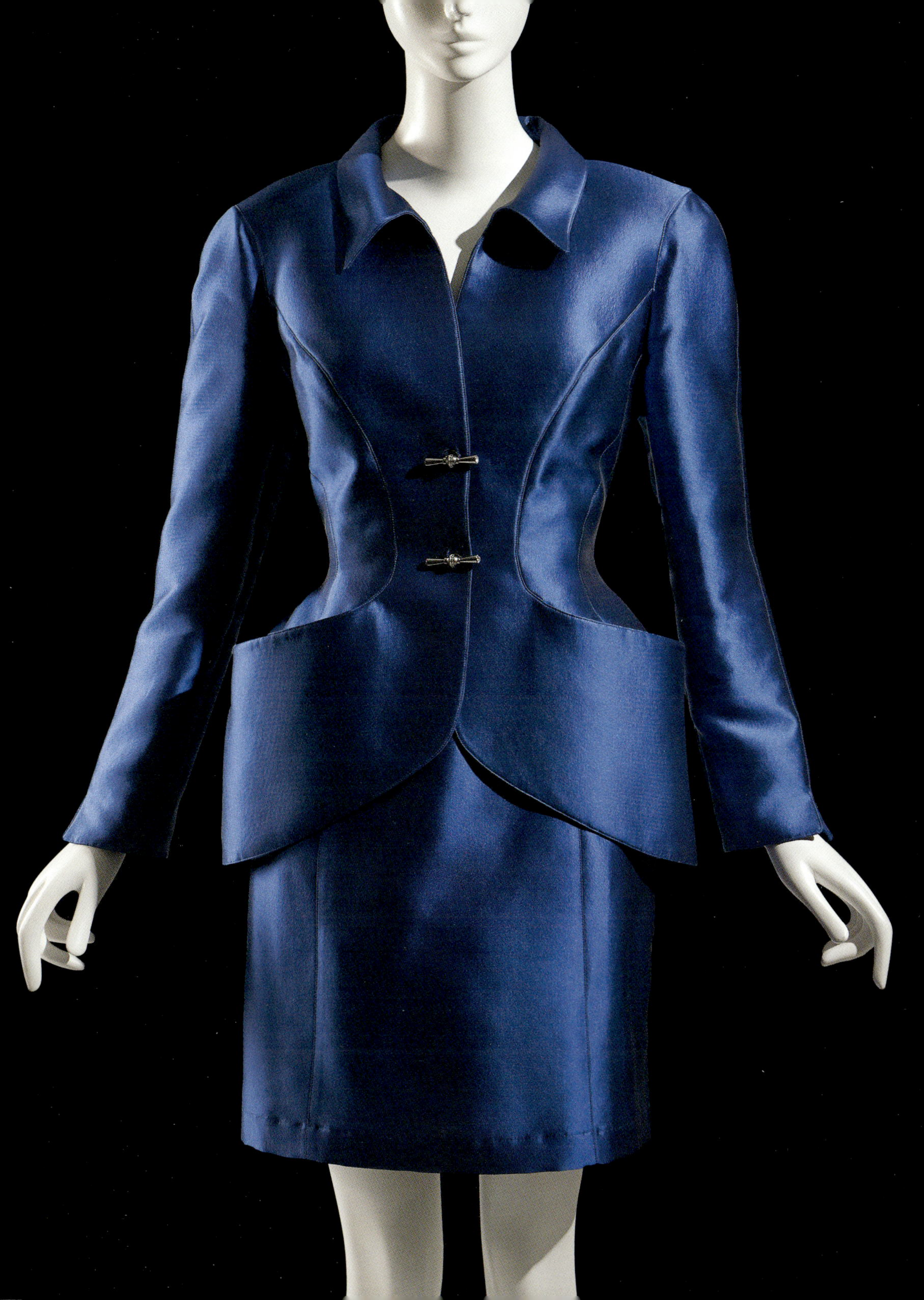

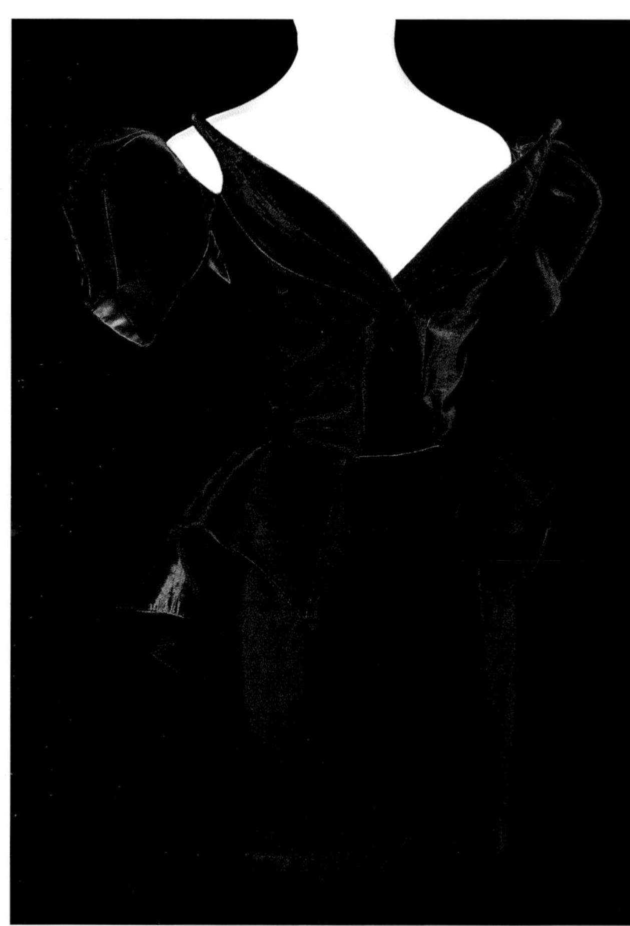

GEGENÜBER
Thierry Mugler
Abendkleid: Silberlamé
Frankreich, um 1979

Muglers Mode war von Fantasy- und Fetisch-Elementen geprägt. Sein Ideal war stets eine Femme fatale – ob Vamp oder Nixe.

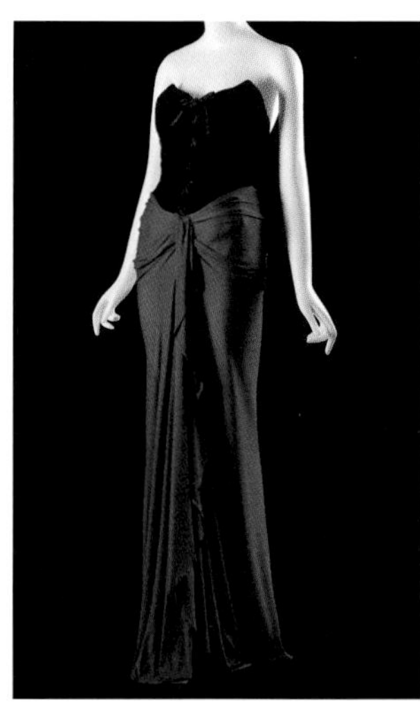

OBEN
Thierry Mugler
Abendkleid: schwarzer Samt
Frankreich, 1981

RECHTS
Thierry Mugler
Abendkleid: schwarzer Samt, grüner Seidenjersey
Frankreich, 1987

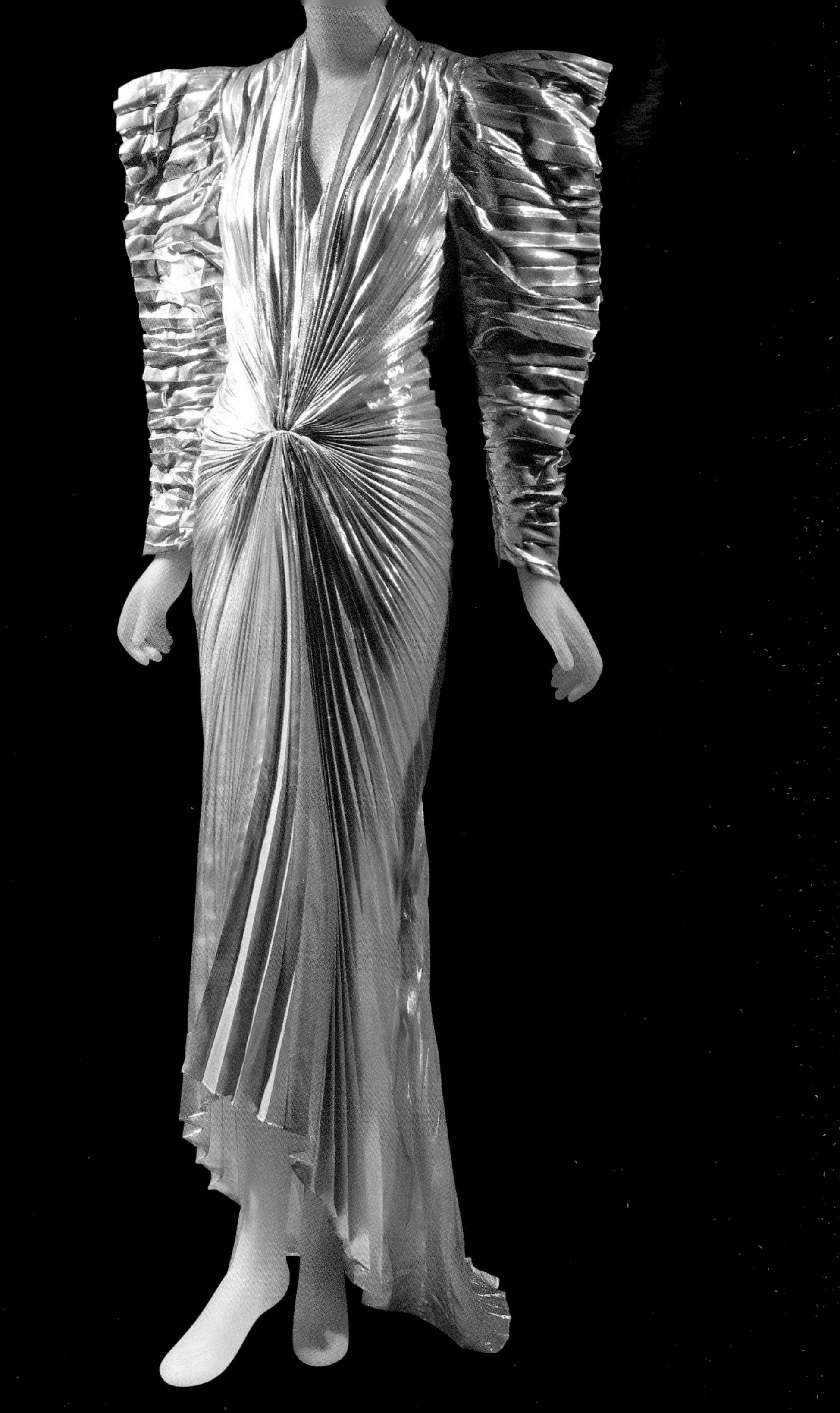

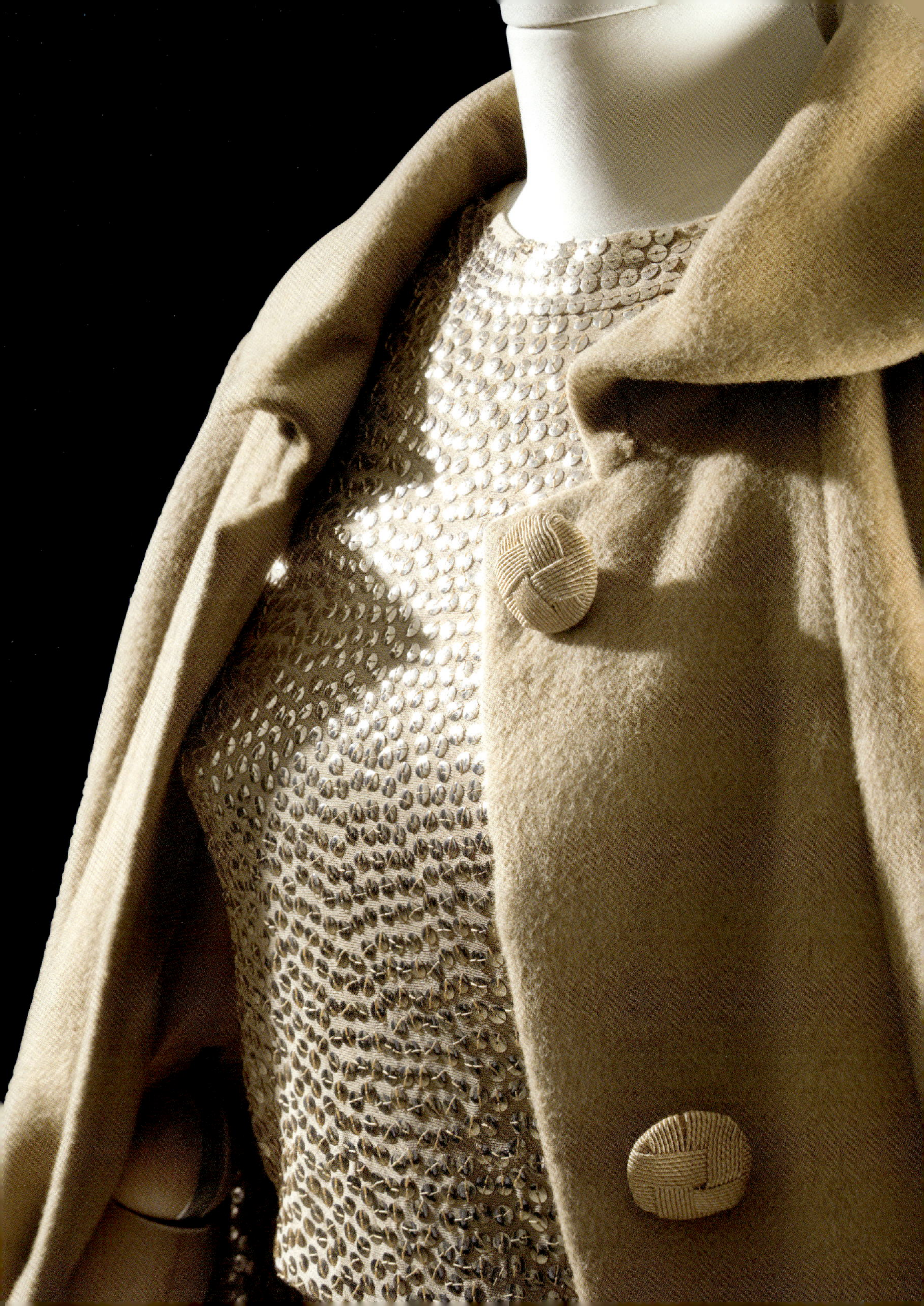

Norman Norell

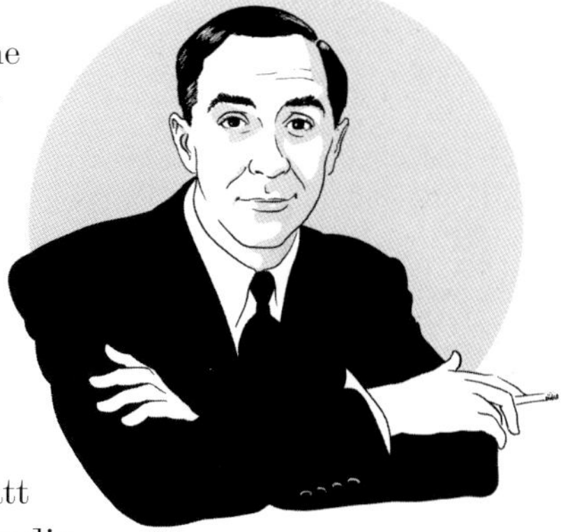

NORMAN NORELL (1900–1972) bewies, dass amerikanische Mode auch einen eigenen Kurs einschlagen kann. Er kreierte neben eleganter Abendmode auch schlichte Tageskleidung, wobei er jedes Teil eines Kleidungsstücks mit Sorgfalt behandelte und Innenfuttern und Einlagen ebenso viel Aufmerksamkeit schenkte wie äußerlichen Details. Es verwundert nicht, dass Norell-Kleider oft als die „Rolls-Royces der amerikanischen Modebranche" bezeichnet wurden.

Nach seiner Ausbildung zum Modedesigner am Pratt Institute arbeitete Norell ab 1922 als Kostümbildner für die Firma Paramount Studios (die sich damals in Astoria, Queens befanden) und kleidete Stummfilmstars wie Rudolph Valentino und Gloria Swanson ein. 1928 wechselte er zum Modehaus Hattie Carnegie, für das er amerikanische Konfektionsmode entwarf, die er um modifizierte Elemente der Pariser Couture bereicherte. Während dieser Anfangsjahre erweiterte er sein Wissen bezüglich Schnitttechnik, Passform und Stoffqualitäten durch regelmäßige Reisen zu den Pariser Defilées, die ihn über die Couturestandards auf dem Laufenden hielten. Eine Meinungsverschiedenheit mit Carnegie veranlasste Norell 1940, eine Position beim Konfektionär Anthony Traina anzunehmen, für den er 20 Jahre lang unter dem gemeinsamen Label Traina-Norell tätig war. Seine eigene Linie lancierte er 1960.

Zu Norells gefragtesten Kreationen zählten Kleider im Empirestil, Kostüme mit Hosenrock, Matrosenkleider und auch das Hemdkleid, zu dem er sich von den 1920er-Jahren als seiner bevorzugten Stilepoche inspirieren ließ. Er selbst hielt seine schlichten, runden Halsausschnitte, die er gerne mit Bubikragen schmückte, für seinen größten Beitrag zum Katalog der Mode. Norell legte höchsten Wert auf handwerkliche Qualität bei der Umsetzung seiner Entwürfe, für die er auch außerordentlich viel Handarbeit verlangte. Als er 1972 starb, resümierte die *New York Times*: „Norman Norell machte die Seventh Avenue zur Konkurrenz für Paris." —*M. M.*

„Ich liebte Normans Kleider. Sie waren ebenso zielgerichtet wie die von Balenciaga oder Chanel, und er achtete ebenso fanatisch auf Qualität.“
— BETTINA BALLARD, REDAKTEURIN, *VOGUE*

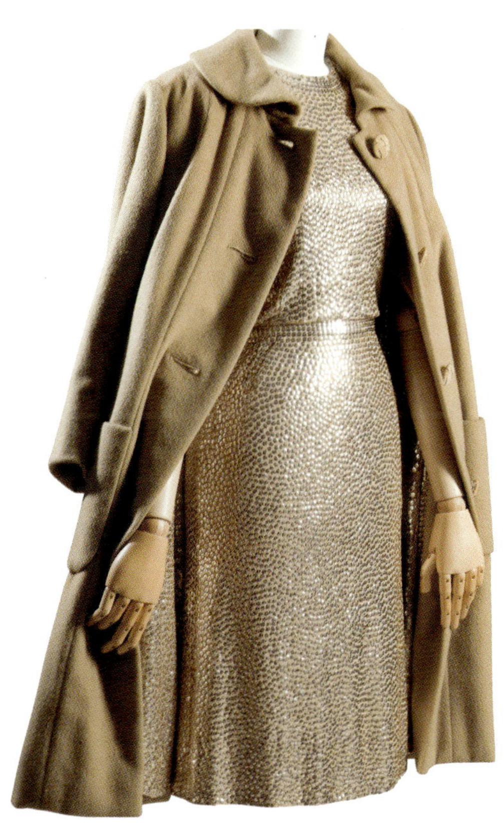

„Ich habe mein ganzes Leben dem Streben nach Qualität gewidmet.“
— **Norman Norell**

VORHERGEHENDE DOPPELSEITE UND OBEN
Traina-Norell (für Nan Duskin)
Abendmantel und -kleid: kamelhaarfarbener Kaschmir, kamelhaarfarbener Seidenjersey, Goldpailletten
USA, um 1958

Norman Norell war bekannt für unauffällige Eleganz. Mit diesem Mantel, den er mit einem Innenfutter aus goldenen Pailletten versah, betrieb Norell eine Art von „verstecktem“ Luxus, noch ehe dieser Begriff in Gebrauch kam. Das Ensemble stammt aus dem Besitz der Schauspielerin Lauren Bacall, die dem FIT-Museum – allein im Jahr 1968 – 142 Kleider schenkte.

GEGENÜBER, LINKS
Norman Norell
Abendkleid in Meerjungfrauenform: violetter Seidenjersey und Pailletten
USA, um 1965

GEGENÜBER, RECHTS
Norman Norell
Abendkleid in Meerjungfrauenform: dunkelgrauer Seidenjersey und Pailletten
USA, um 1968

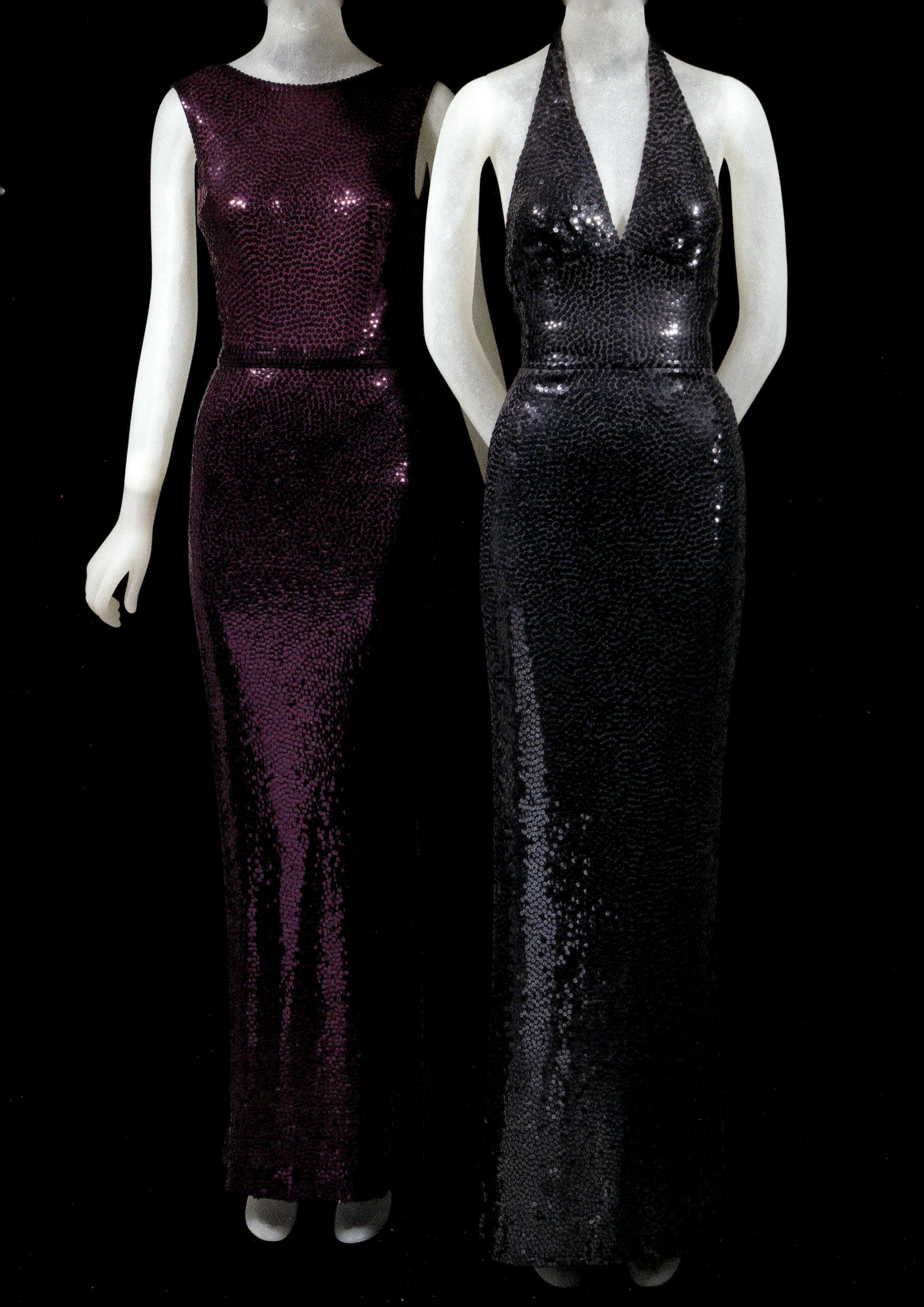

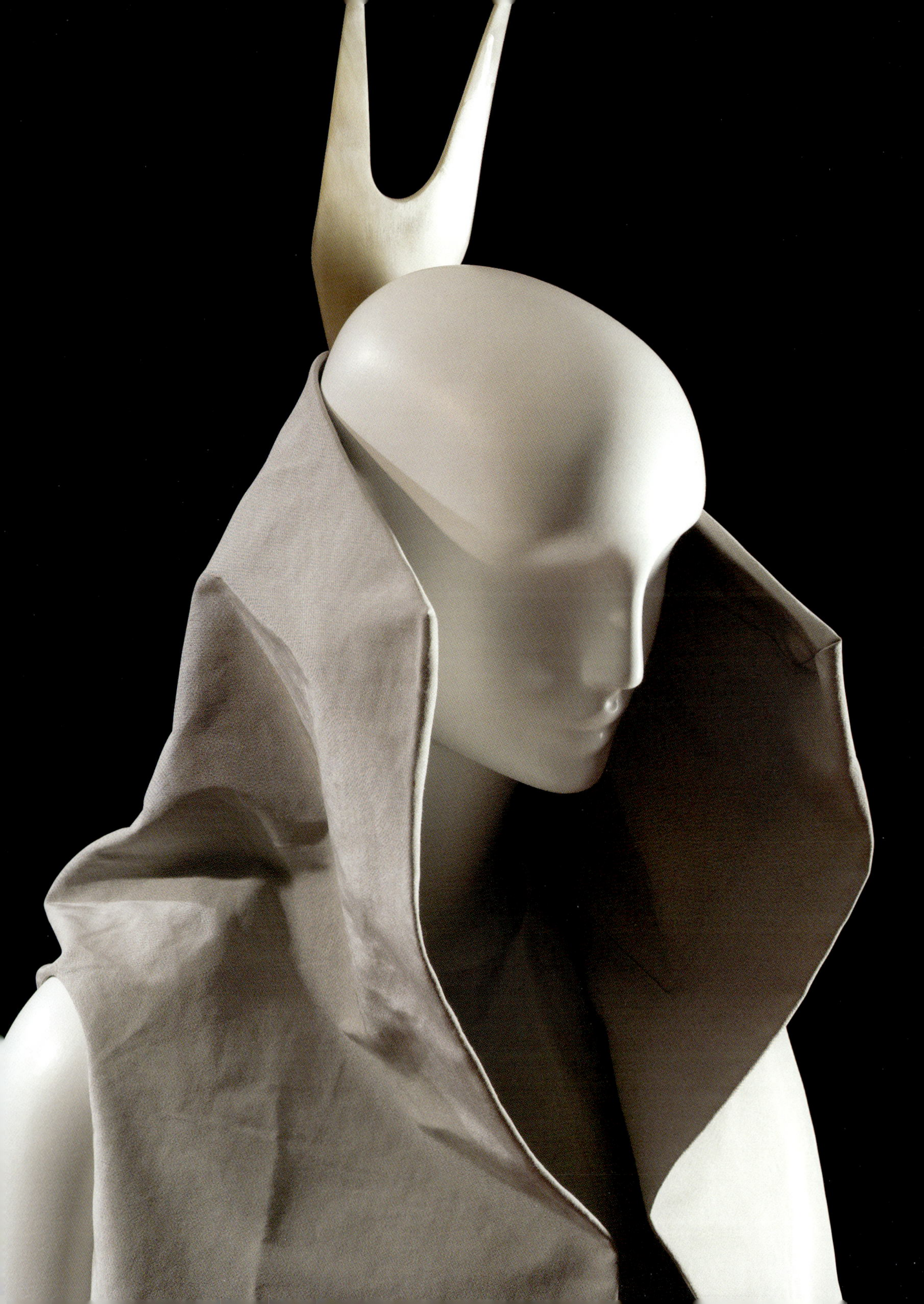

Rick Owens

RICK OWENS (* 1962) Der gebürtige Kalifornier Rick Owens entwirft Mode, die als „Glamour trifft Grunge" etikettiert wurde – sinnliche, auf schroffe Art wunderschöne Gewänder und, als seine Spezialität, drapierte Jerseykleider und Lederjacken. 2006 wurde der in Paris ansässige Avantgardedesigner vom ehrwürdigen Pelzhaus Revillon engagiert, das mit seiner eher biederen, hochwertigen Pelzmode nicht gerade als eine für Owens naheliegende Adresse zu vermuten gewesen wäre. Zu dessen Markenzeichen zählen eine erdige, leicht angeschmutzte Farbpalette, eine düstere Gothic-Anmutung und extrem schlanke, schmale Silhouetten, die hin und wieder durch skulpturale Jacken und Mäntel mit spitzen Säumen ausbalanciert werden. Revillon dagegen war eine Bastion der Tradition und konservativen Eleganz, bis Owens das Label mit seiner ersten Kollektion 2006 wachrüttelte: Aus Pelzkombinationen wie Nerz und Fuchs schuf er einen wahren Wust an Westen und Jacken mit eng anliegenden Rückenpartien und vorderseits in Volants auslaufenden Stehkrägen. Alle Pelze und pelzverbrämten Stücke wurden mit raffiniert drapierten Wickeltops und schmal geschnittenen Hosen zu einem coolen Demimonde-Look kombiniert, der von der Fachpresse gefeiert wurde.

Nach einem Kunststudium am Otis College of Art and Design in Los Angeles produzierte Owens zunächst für einige kleinere Unternehmen preisgünstige Kopien von Designermode, ehe er 1994 sein eigenes Label lancierte. Mit dem neuen Jahrtausend tauchten seine Entwürfe in der französischen und amerikanischen *Vogue* auf, 2002 schließlich präsentierte er seine erste Laufstegkollektion im Rahmen der New Yorker Fashion Week. Im Jahr darauf beschlossen Owens und Michele Lamy, seine Ehefrau und Muse, das Atelier von Los Angeles nach Paris zu verlegen und an den Pariser Schauen teilzunehmen. Seit dem Umzug hat Owens eine Reihe von Auszeichnungen erhalten, eigene Ladengeschäfte eröffnet und mehrere Linien für Kleidung und Möbel lanciert. *—P. M.*

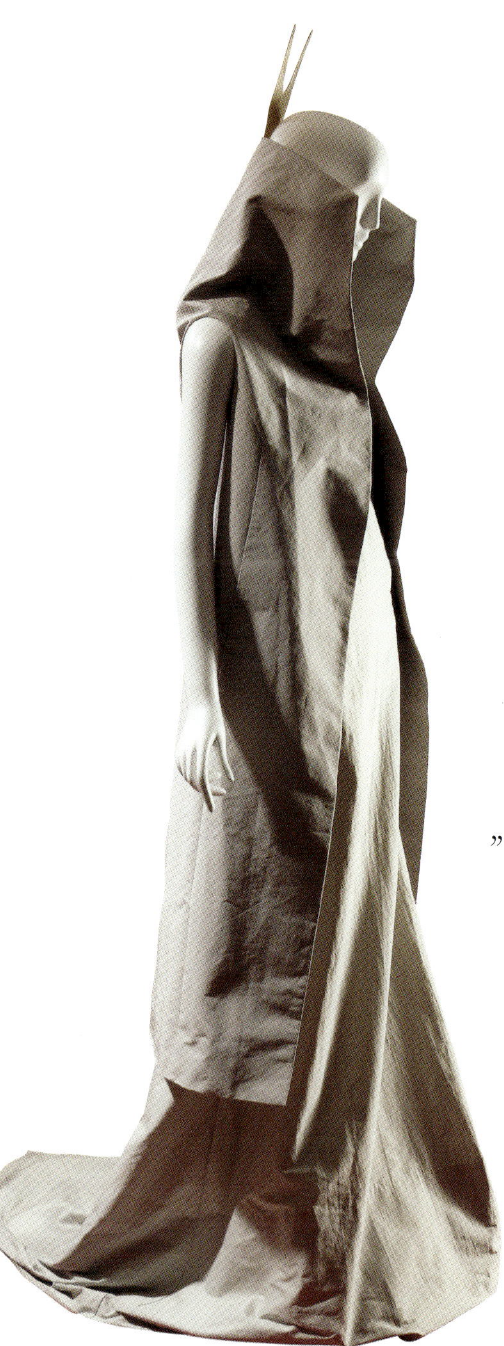

„Ich versuche Kleider so zu machen, wie Lou Reed Musik macht – mit minimalen Akkordwechseln und ganz direkt. Lässig, aber irgendwie unheimlich. Alles, was ich mache, soll sich getragen und locker anfühlen."
— **Rick Owens**

VORHERGEHENDE DOPPELSEITE UND LINKS
Rick Owens
Ensemble: blassgraue gewaschene Baumwolle, Seiden-Faille, Harz
Frankreich, 2011

GEGENÜBER
Rick Owens
Jacke: schwarzes Denim, Wollfilz, künstlich gealtertes Leder
Rock: grauer Seidenkrepp
Frankreich, 2008

Die für ihre Konstruktionen aus Gewebe und Stahl bekannte amerikanische Künstlerin Lee Bontecou inspirierte Owens zu erstaunlichen Gewändern mit flügelartigen Schulterfortsätzen.

„Es geht um eine Eleganz mit einem Stich ins Barbarische, die Nachlässigkeit, wenn etwas schleift, und den Luxus, dass es einem egal ist." — RICK OWENS

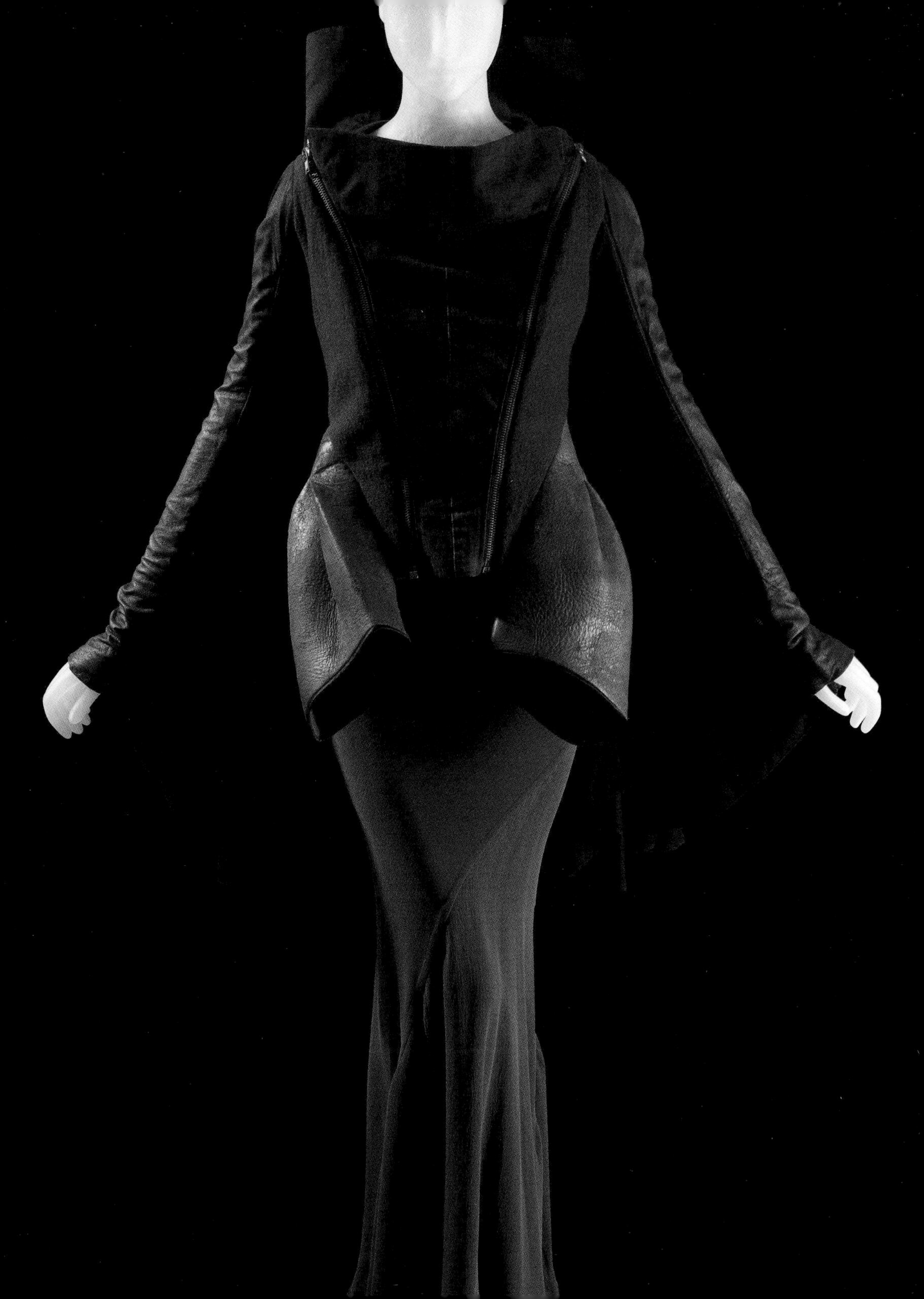

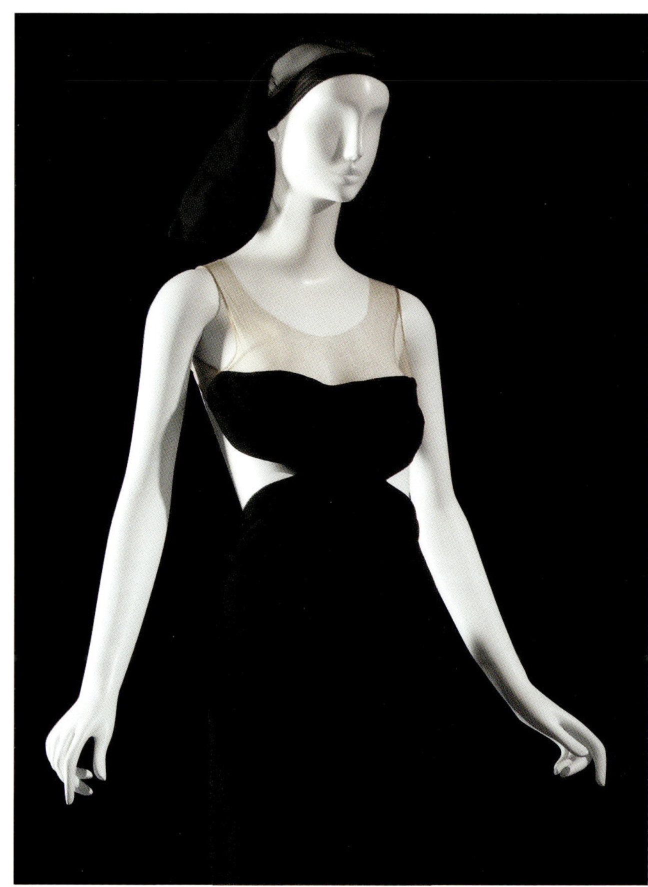

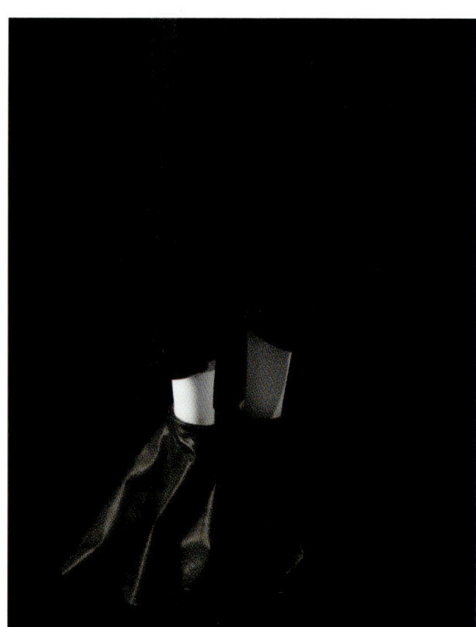

OBEN, LINKS UND GEGENÜBER
Rick Owens
Ensemble: schwarzer Seidenkrepp, beigefarbener Tüll, schwarzer Organza, Leder
Frankreich, 2009

Rick Owens zählt zu den kreativsten und einflussreichsten Modedesignern der Gegenwart. In seinen vorwiegend aus dunklen, schräg geschnittenen Stoffen gearbeiteten Kreationen finden Gothic-Empfindsamkeit und Couturetechnik zusammen.

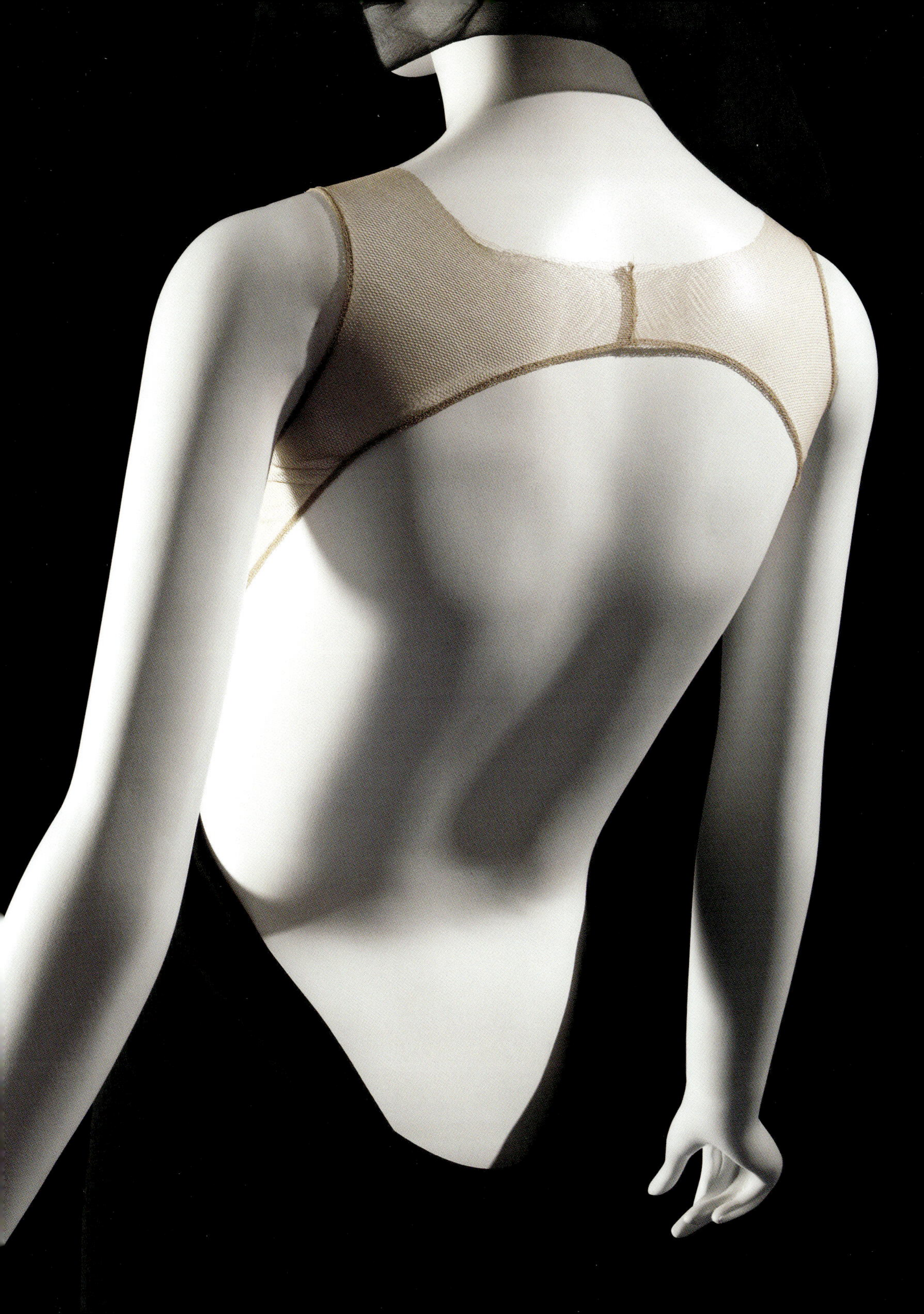

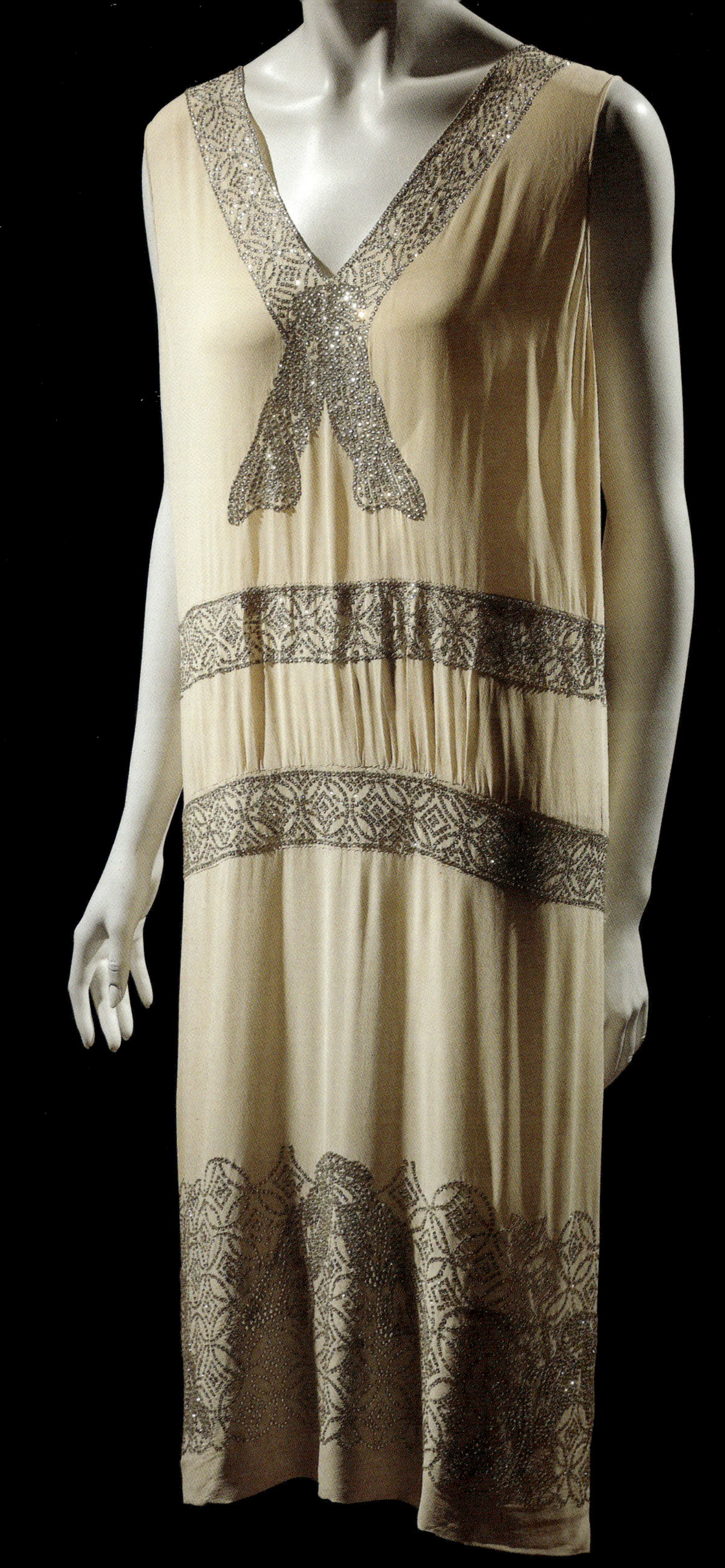

Jean Patou

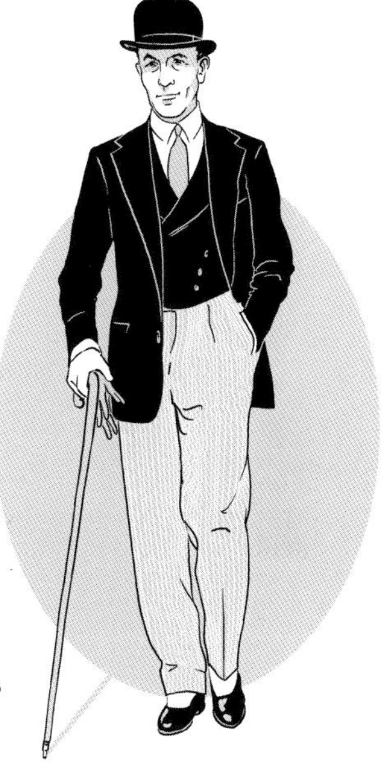

JEAN PATOU (1887–1936) kam als Sohn eines Gerbers zur Welt und versuchte zunächst im Kürschnergewerbe zu arbeiten, ehe er sich um einen Einstieg in die Modebranche bemühte. 1912 gründete er das kleine Couturehaus Maison Parry und plante 1914, ein Atelier unter eigenem Namen zu eröffnen. Doch seine Karriere wurde durch den Ersten Weltkrieg unterbrochen, in dem Patou als Hauptmann eines Zuavenregiments diente. 1919 schließlich nahm er seine Arbeit wieder auf.

Die Gesellschaftskolumnistin Elsa Maxwell bezeichnete den Couturier, dem der Ruf eines Frauenhelden und Spielers vorauseilte, in ihrer Autobiografie als die „extravaganteste Gestalt, die je in die Welt der Couture vorgedrungen ist". 1924 sorgte Patou mit einer Amerikareise international für Schlagzeilen, bei der er die „amerikanische Diana" – wie er sein Idealbild einer jungen, modebewussten Amerikanerin nannte – zu studieren beabsichtigte. Die schlanke, sehnige Diana schien ihm für einige seiner Kreationen besser geeignet als die eher kurvenreiche „französische Venus", und so kehrte er mit mehreren amerikanischen Mannequins nach Paris zurück. Seine Idee erwies sich als brillant und fand bei Einkäufern, Kundinnen und der Presse gleichermaßen Anklang.

Patou war sehr auf Wettbewerb bedacht. Nach den Worten der Moderedakteurin Edna Woolman Chase „sah Patou in Chanel seine wahre Erzfeindin"; er war es gewesen, nicht Chanel, der als Erster die Säume nach unten und die Taillen nach oben versetzt hatte. Dieser fast schon revolutionäre Akt beendete die langjährige Vorherrschaft kurzer Röcke. Gelobt wurde Patou auch für seinen ausgeprägten Farbsinn, für seinen geschickten Umgang mit geometrischen Formen und – wie seine Rivalin Chanel – für die sportive Eleganz seiner Entwürfe. Eine Reihe renommierter Designer haben seit Patous Tod die Linie des Hauses weitergeführt, darunter Marc Bohan, Karl Lagerfeld, Michel Goma, Jean Paul Gaultier und Christian Lacroix. Im Jahr 2018 erwarb LVMH die Marke, die jetzt als Patou bekannt ist. —*J. F.*

„Normalerweise gefällt mir die Kleidung von M. Patou nicht, was beweist, dass ich eine Barbarin bin …“ — LOIS LONG, *THE NEW YORKER*

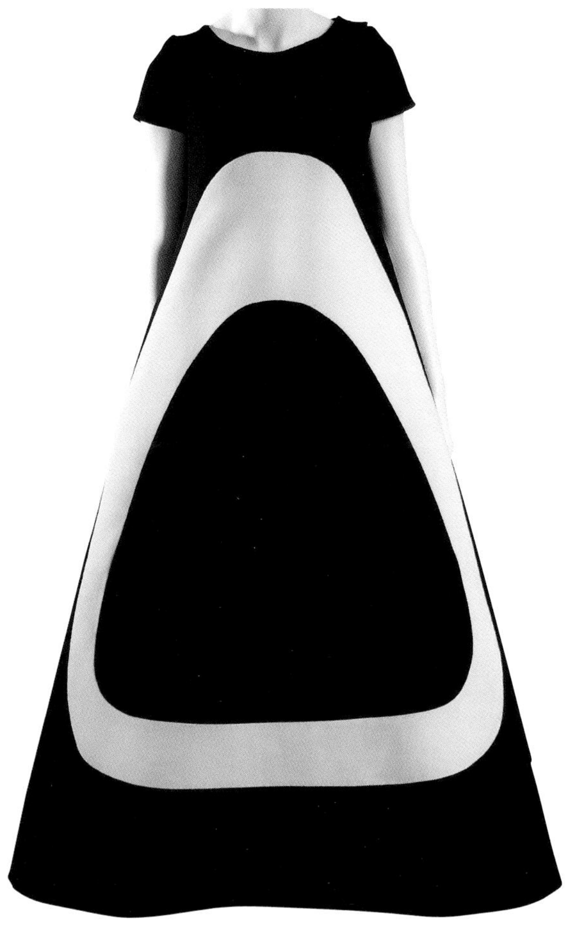

LINKS
Jean Paton
Abendkleid: schwarze und weiße Seide
Frankreich 1967–1969

Dieses Abendkleid spiegelt den Einfluss der Op-Art auf die Mode der 1960er-Jahre wider und illustriert beispielhaft Gomas erfolgreiche Arbeit für das alteingesessene Haus Patou.

„Monsieur Jean Patou … ist gewillt, alles Lob oder alle Schuld – je nach Standpunkt – dafür auf sich zu nehmen, den gegenwärtigen Trend zu mehr Weiblichkeit ausgelöst zu haben, der die Modewelt auf den Kopf gestellt hat.“
— The New York Times

VORHERGEHENDE DOPPELSEITE
Jean Paton
Abendkleid: gelbweißer Seidenchiffon, Strass
Frankreich, 1929

GEGENÜBER
Jean Paton
Abendkleid: beigefarbener Seidensamt, goldmetallische Spitze, grünes Seidenband
Frankreich, um 1923

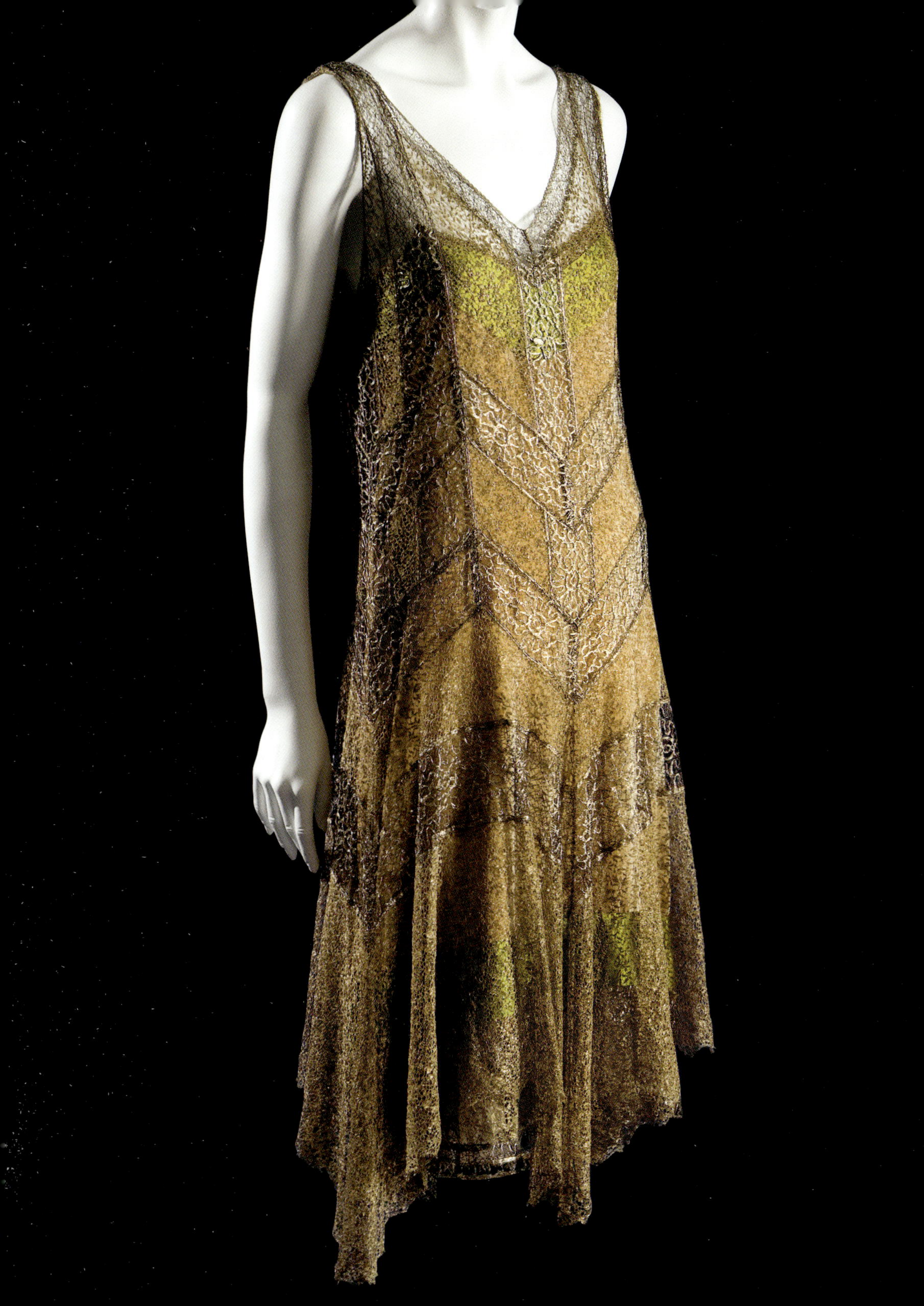

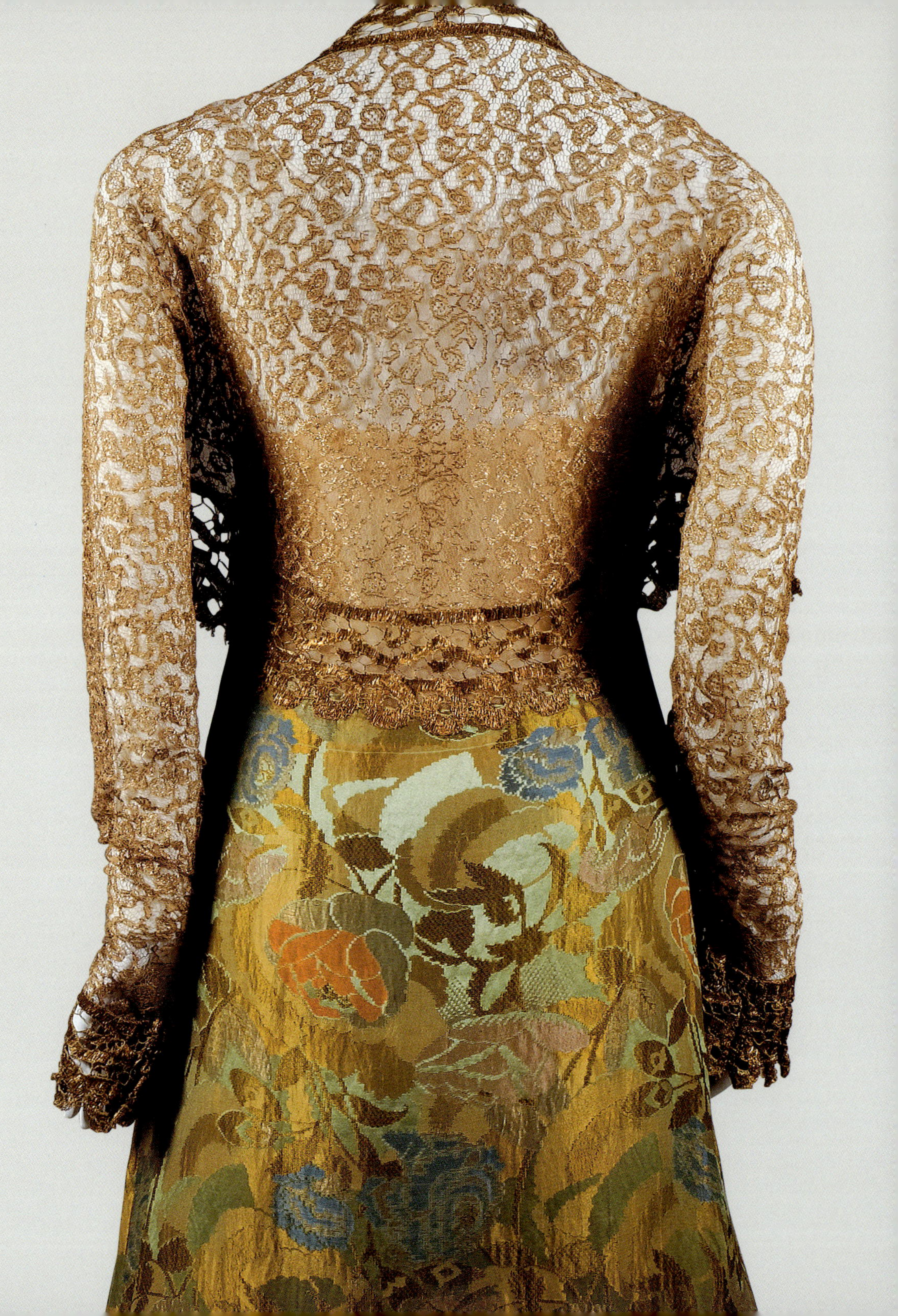

Paul Poiret

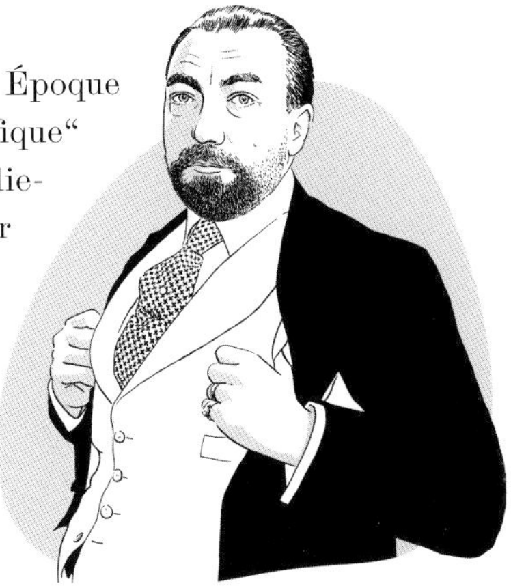

PAUL POIRET (1879–1944) In der Spätphase der Belle Époque war Paul Poiret als „König der Mode“ und „Le Magnifique“ bekannt. Obwohl nicht der einzige Couturier, der zu dieser Zeit in Paris gefeiert wurde, stand er als Symbol für alles, was diese Ära auszeichnete – Klassizismus und Exotismus, revolutionärer Wandel und exquisite Handwerkskunst, aber auch lebhafter Austausch zwischen verschiedenen Bereichen der Kunst und der Einfluss einiger dieser Disziplinen (Tanz, bildende Kunst, angewandte Kunst) auf die Mode. Poiret beflügelte nicht nur die Vorstellung vom Modeschöpfer als Künstler, sondern weitete seinen Schaffenskreis auch auf andere Bereiche wie Inneneinrichtung, Parfümkreation und die kreative Vermarktung seiner Arbeit aus.

Poiret stammte aus einer Tuchhändlerfamilie und war noch nicht einmal 20 Jahre alt, als die Modeschöpferin Madeleine Chéruit ein Dutzend seiner Entwurfszeichnungen kaufte. 1896 wurde er von Jacques Doucet engagiert, einem herausragenden Couturier der damaligen Zeit. Poirets erster Entwurf für das Haus, ein rotes Cape, verkaufte sich 400-mal. Im Jahr 1901 engagierte ihn das Couturehaus Worth, für das er unter anderem schlichte, praktische Kleider, „Bratkartoffeln“ genannt, kreierte. Die Reaktion der konservativen Worth-Klientel auf sein Avantgardedesign bewog Poiret jedoch, 1903 eine eigene *maison de couture* zu eröffnen.

Am besten in Erinnerung bleiben seine hinreißenden, orientalisch anmutenden Abendkleider und Ballkostüme; seine ausgestellten „Lampenschirm“-Tuniken und Haremshosen zählten zu den berühmtesten Entwürfen der Epoche. Poiret entwickelte eine neue, freiere Silhouette, die ohne steife Unterröcke und Korsetts auskam. Er begann, seine fließenden, klassisch inspirierten schmalen Kleider eher am Körper zu drapieren, als sie zuzuschneiden. Trotz vieler solch vorausgreifender Ideen war Poiret im Herzen Traditionalist und sah sich in einem Zwiespalt zwischen seinem Faible für opulente Theatralik einerseits und einer sich ständig verändernden, modernen Ästhetik andererseits, wie sie nach dem Ersten Weltkrieg den Lauf der Mode bestimmen sollte. Dennoch definierte Poiret – durch sein Werk, seine Person und sein Vermächtnis – neu, was Mode im engeren und Design im weiteren Sinn bedeuten konnte. —*P. M.*

„Bin ich verrückt, wenn ich versuche, Kunst in meine Kleider einzubringen, oder wenn ich sage, Couture sei eine Kunst?“ — PAUL POIRET

VORHERGEHENDE DOPPELSEITE
Paul Poiret
Phantasiegewand: grünes Seidenblumenbrokat, Goldspitze
Frankreich, um 1912

RECHTS
Paul Poiret
Ensemble Haremskostüm im türkischen Stil: silberne Lamégaze, lavendelfarbener Seiden- und Silberlamé, roter Seidenchiffon, Kunstperlen, Federn, Strass
Frankreich, 1919

Dieses Haremskostüm wurde ursprünglich von Mrs. Henry Clews, einer frühen Kundin Poirets, bei einem Kostümball der Comtesse de Clermont-Tonnerre in Paris getragen. Madame Poiret trug ein ähnliches Ensemble bei dem berühmten Tausendundzweite-Nacht-Ball, den Poiret im Juni 1911 veranstaltete.

GEGENÜBER
Paul Poiret
Mantel: schwarzes Seiden-Faille, schwarze und goldene Seidenfransen
Frankreich, 1908

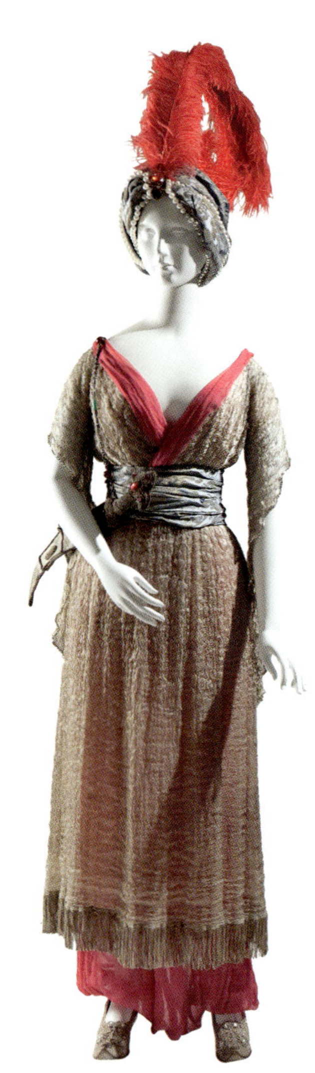

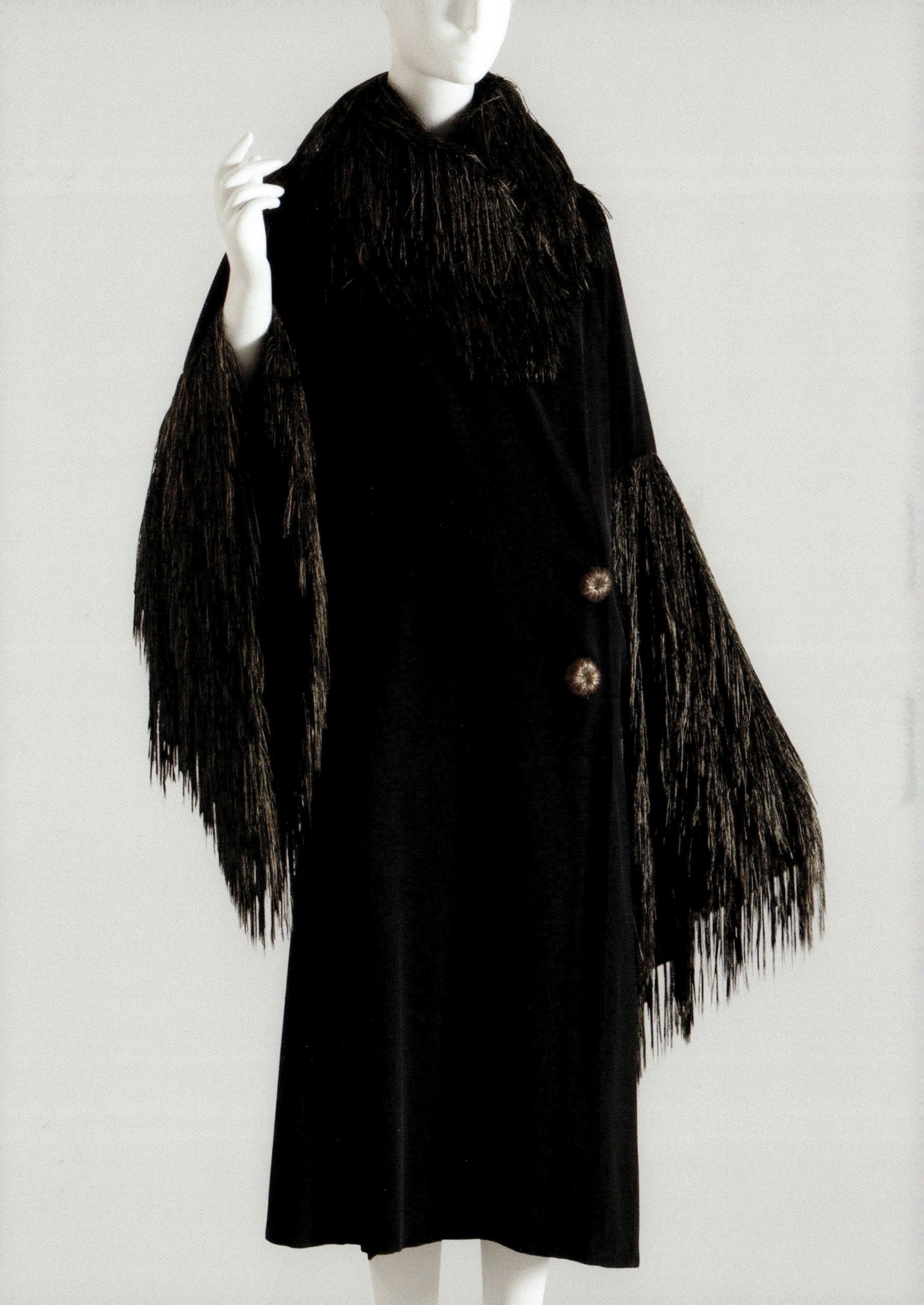

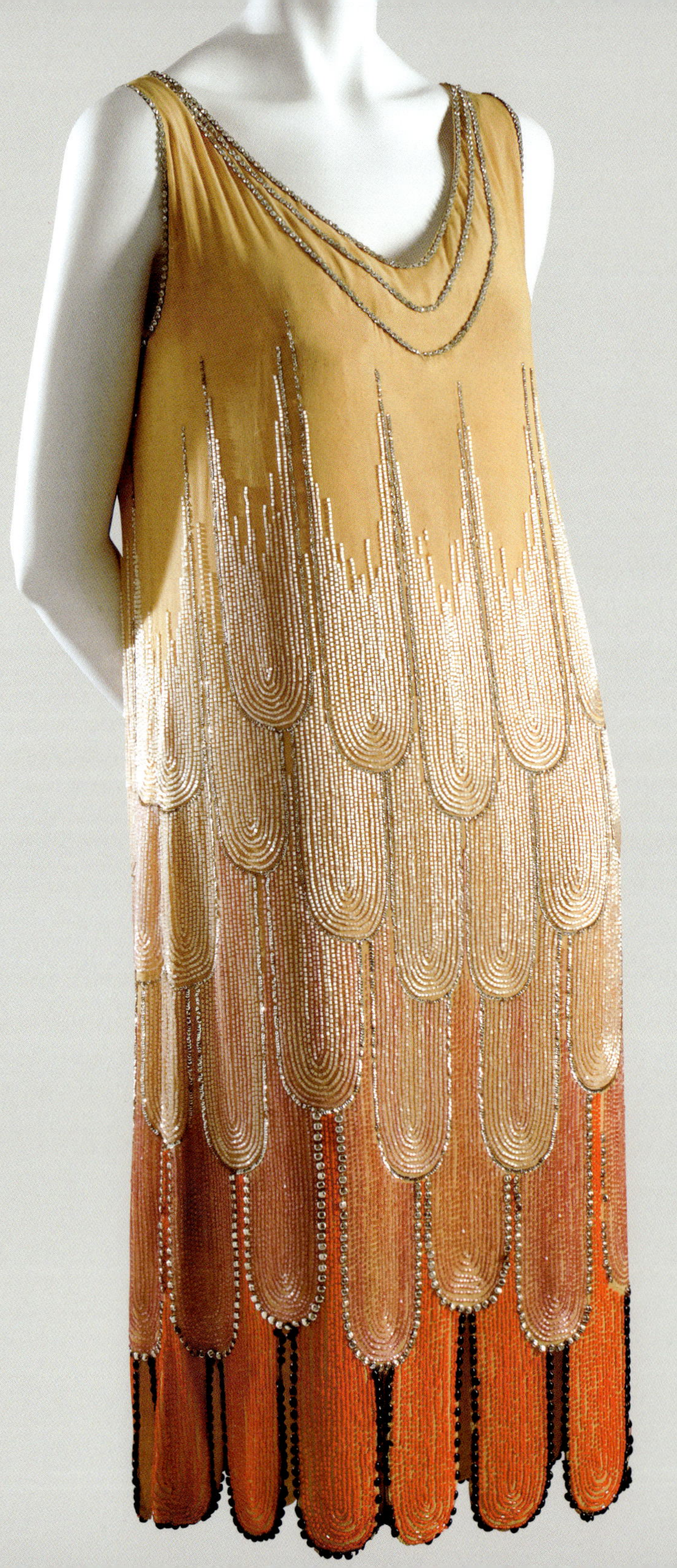

GEGENÜBER
Paul Poiret
Abendkleid: rosarote, weiße und orangefarbene Stiftperlen, goldfarbener Seidenchiffon
Frankreich, um 1926

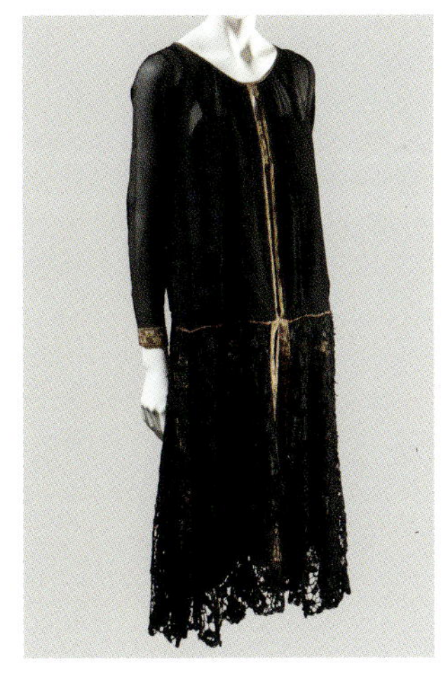

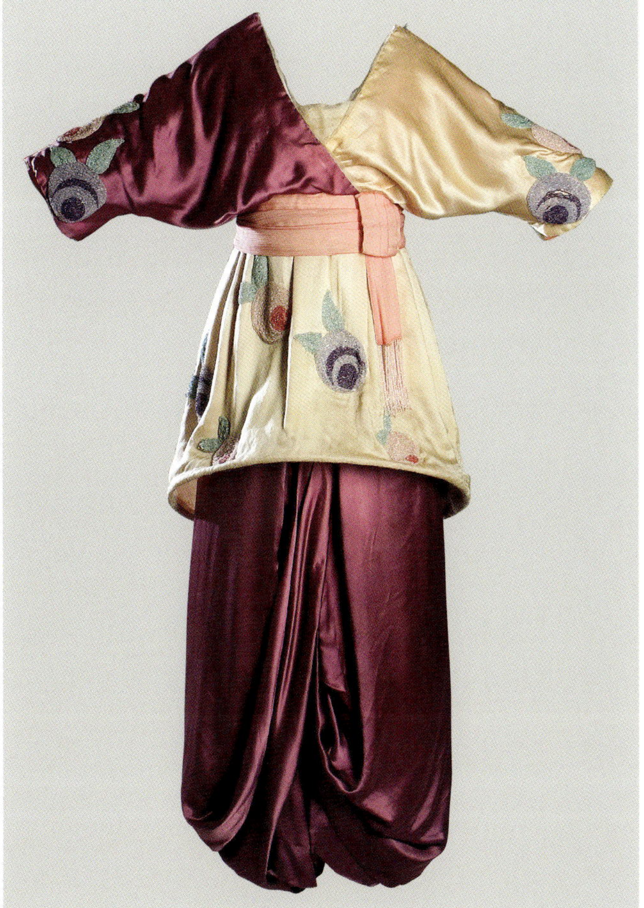

OBEN
Paul Poiret
Abendkleid: schwarzer Seidenchiffon, Goldspitze
Frankreich, um 1926

LINKS
Paul Poiret
„Sorbet"-Kleid: malven- und elfenbeinfarbener Seidensatin; rosarote, violette, grüne Rocailleperlen
Frankreich, 1913

Poiret war berühmt für seine orientalisch inspirierten Kreationen. Auf seinem Tausendundzweite-Nacht-Ball trug Madame Poiret ein Kostüm aus kurzem Reifrock und Haremshosen, das als Vorlage für das „Sorbet"-Kleid aus dem Jahr 1913 diente.

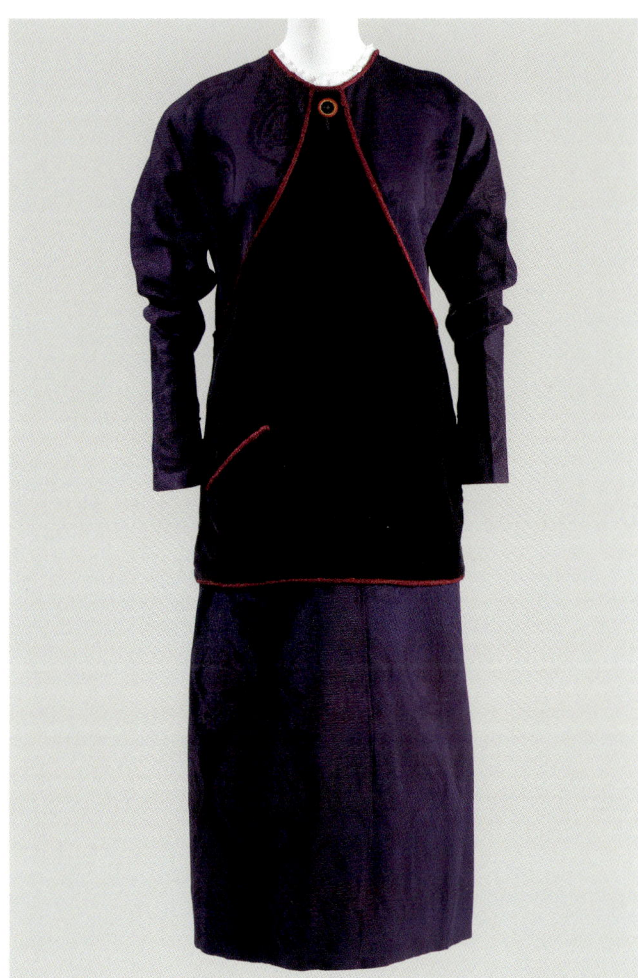

LINKS
Paul Poiret
„Mélodie“-Kleid: violetter Seidenjacquard, Seidensamt
Frankreich, 1912

Dieses Kleid gehörte Poirets Ehefrau und Muse Denise, die zugleich sein bevorzugtes Mannequin war. Ihre schlanke, mädchenhafte Figur war wie geschaffen für die schmale, hochtaillierte *„Melodie“*-Silhouette.

GEGENÜBER
Paul Poiret
Kleid: brauner und rosafarbener Seidenchinakrepp
Frankreich, um 1921

UNTEN
Paul Poiret
Stiefel: olivgrünes Lammleder
Frankreich, um 1918

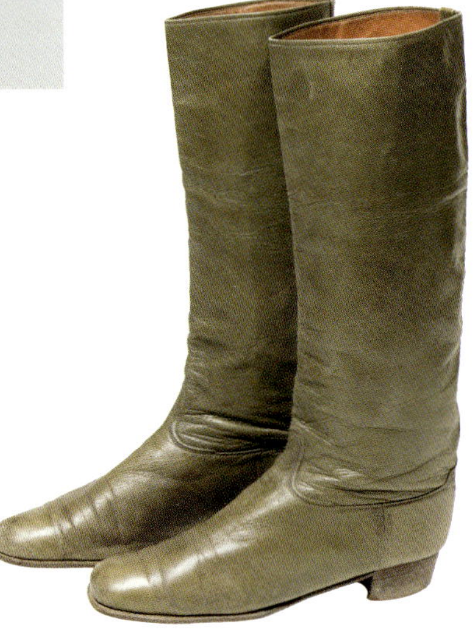

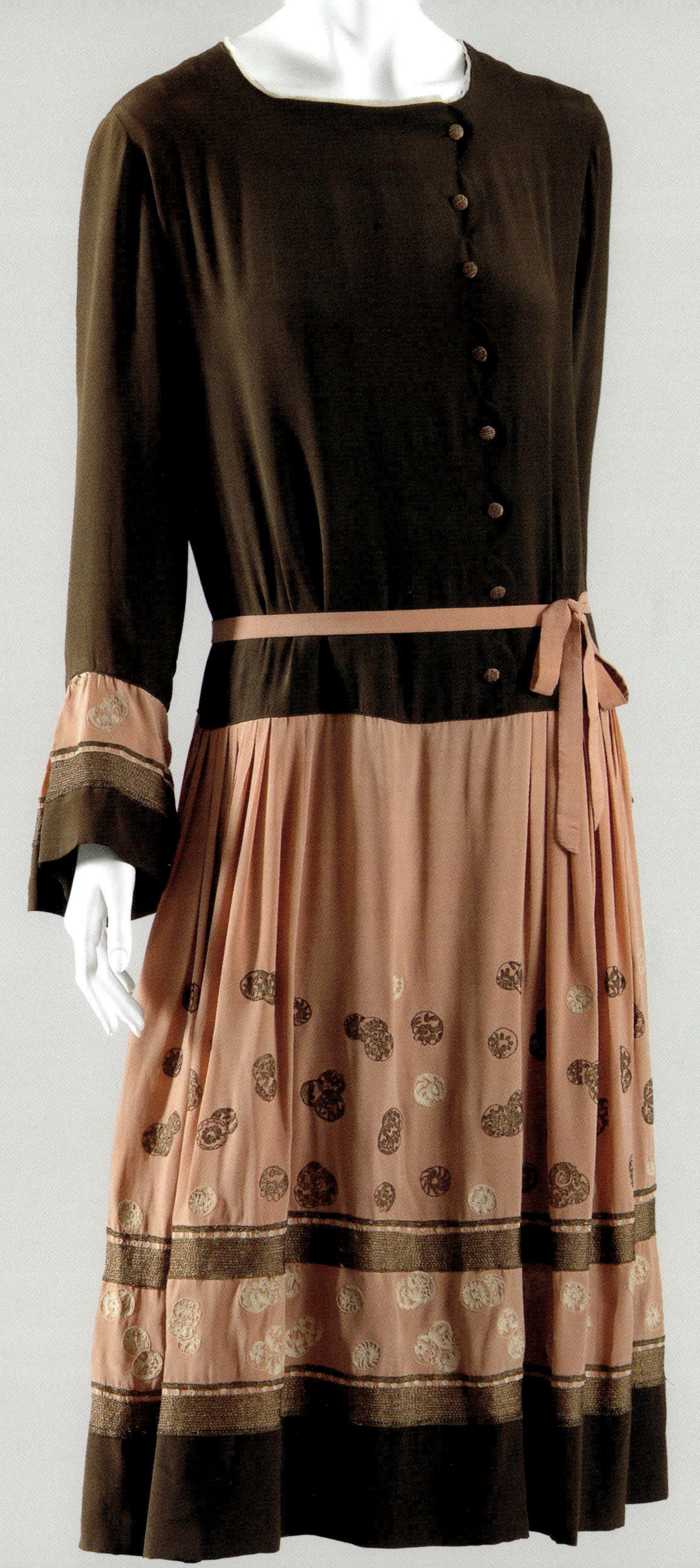

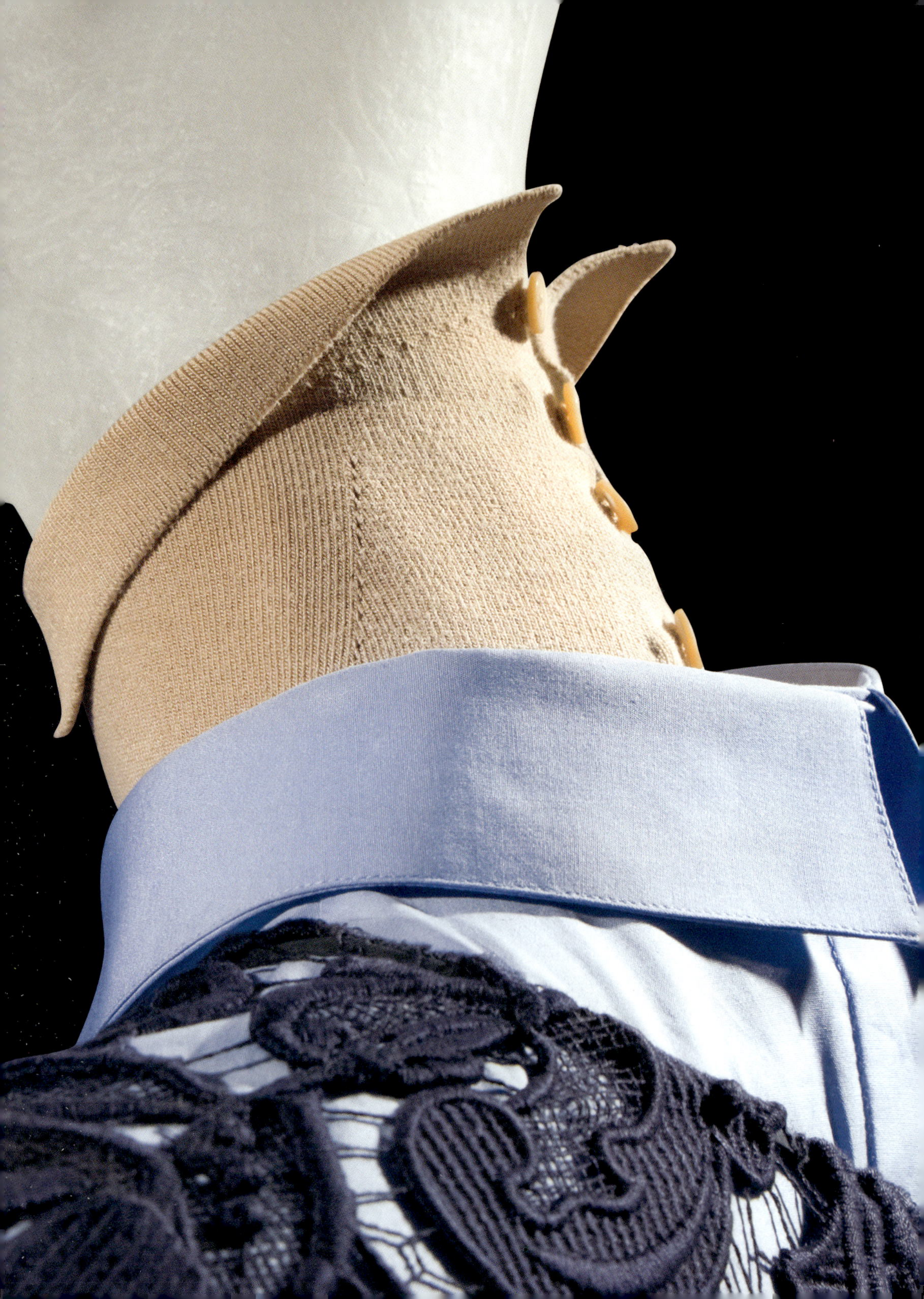

Prada

MIUCCIA PRADA (* 1949) Mit seinem coolen und eigenwilligen Design zählt Prada zu einem der bekanntesten Modelabels der Welt. Was 1913 als kleines Lederwarengeschäft begann, entwickelte sich in den 1990er-Jahren zu einem führenden Hersteller hochwertiger Luxusmode und globalen Konzern – dank Miuccia Prada, Enkeltochter eines der Firmengründer, und Patrizio Bertelli, Miuccias Ehemann und Geschäftspartner. Mit der Veröffentlichung des Bestsellers *Der Teufel trägt Prada* 2003 und dessen Verfilmung 2006 wurde das Unternehmen zu einem Phänomen der Popkultur. In den Anfangsjahren vertrieben die Gebrüder Prada neben Lederwaren aus eigener Herstellung auch aus England importierte Schiffskoffer und Handtaschen. 1978 erbte Miuccia, bereits seit 1970 für das Haus tätig, das Unternehmen und entwickelte zusammen mit Bertelli ein von Taschen über Schuhe bis zu kompletten Kleiderkollektionen reichendes Portfolio, das heute zu den bedeutendsten der Welt zählt.

1979 stellte Miuccia ihre mittlerweile berühmten Rucksäcke und Tragetaschen aus festem, armeetauglichem Nylongewebe vor, einem Material, das schon ihr Großvater als Bezugsstoff für Schiffskoffer verwendet hatte. Mitte der 1980er-Jahre waren diese Stücke bereits heißbegehrte Accessoires. Die klassische Prada-Handtasche war praktisch und robust, doch ihr Design und die hochwertige Verarbeitung strahlten eine Aura von beiläufigem Luxus aus, die zum Erkennungszeichen der Marke wurde. Die erste Konfektionslinie für Damen kam 1989 auf den Markt – eine Kombination aus Sportswear im Retrostil, klaren Linien und opulenten Stoffen, die sich blendend verkaufte und den „Prada-Look" begründete.

In den 1990er-Jahren stieg die Erfolgskurve des Unternehmens himmelwärts. Neue Produktlinien kamen hinzu, darunter eine Männerkollektion und die preisgünstigere Frauenlinie Miu Miu (Miuccias Kosename). All diese eleganten, minimalistischen Prada-Designs zusammen wurden zum Symbol für den „Blackberry-, Hightech- und Börsen-Hype der frühen 1990er-Jahre", wie die *New York Times* schrieb. Über die Mode hinaus spielt Prada eine bedeutende Rolle in der Förderung wegweisender zeitgenössischer Kunst- und Architekturprojekte, und sogar ein italienisches America's-Cup-Team segelt unter Pradas Flagge. Im Jahr 2020 gab Miuccia Prada bekannt, dass Raf Simons ihr als Co-Kreativdirektor des Hauses zur Seite stehen wird – eine Entscheidung, die die Vogue als „eine Meisterleistung innovativen Denkens" bezeichnete. —*P. M.*

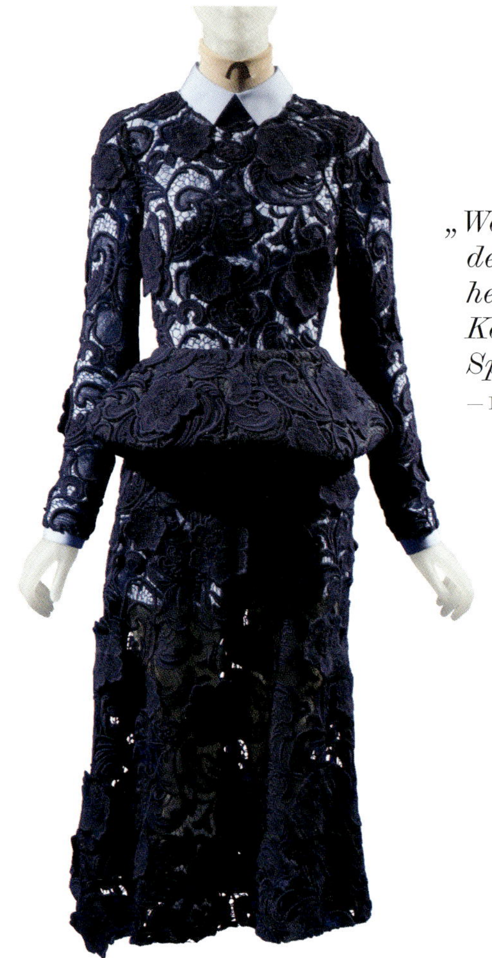

„Was man trägt, ist, wie man sich der Welt präsentiert, besonders heute, wo zwischenmenschliche Kontakte so schnell sind. Mode ist Sprache ohne Verzug.“

— MIUCCIA PRADA

„Das Label Prada steht heute für wesentlich mehr als die schwarze Nylonuniform der unangreifbar Coolen: Technologie, Kunst, Sport und der immer allerneueste Trend sind mit der Marke verwoben, als wollte alles zusammen mit einem blasierten Schulterzucken sagen: ‚Wir sind nun mal die Moderne.‘“

— **Julie V. Iovine,**
The New York Times

VORHERGEHENDE DOPPELSEITE UND OBEN
Miuccia Prada
Ensemble: marineblaue Baumwoll-Luftspitze, hellblaue Baumwolle, rosahautfarbenes Seidengewirke
Italien, 2008

Miuccia Prada zählt zu den einflussreichsten Modeschöpferinnen der Gegenwart. Mit diesem Ensemble erfand sie für Spitze eine radikal neue Verwendung.

GEGENÜBER
Miuccia Prada
Ensemble: grüner Seidenköper mit mehrfarbigem Druck, schwarzer Seidenkrepp, grüner Samt, Lackleder, Kunststoff

Obwohl Miuccia Prada vor allem für harte, sogar hässliche Eleganz bekannt ist, zählen auch reizende Romantik-Looks wie dieses Ensemble zu ihrem Repertoire. Der Stoff ist mit einem leicht an den Jugendstil erinnernden Elfendessin bedruckt, das in Zusammenarbeit mit dem Künstler James Jean entstand.

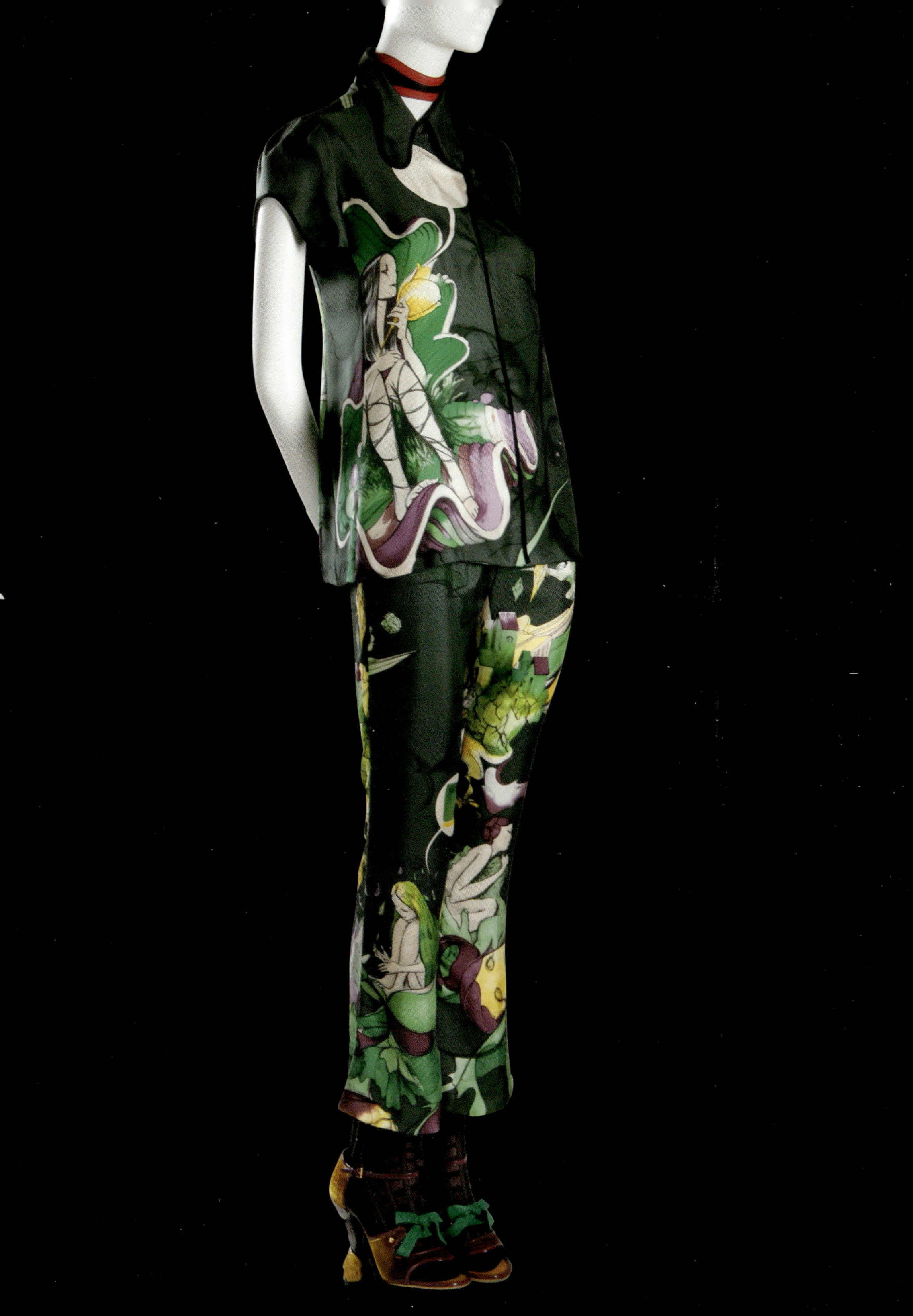

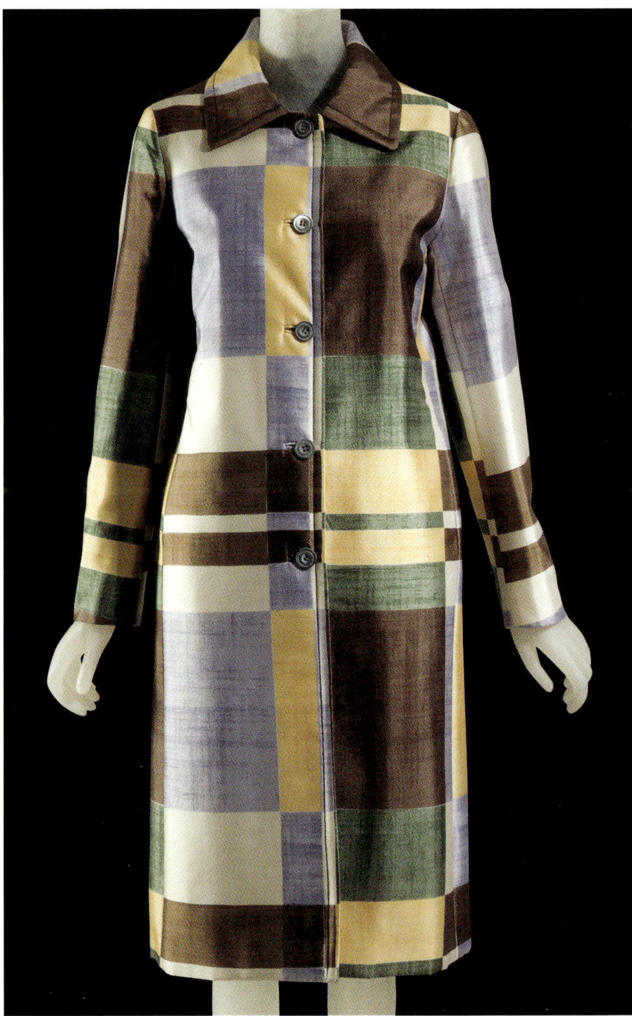

LINKS
Miuccia Prada
Mantel: braun, golden und grün bedruckte Seide
Italien, 1996

UNTEN
Miuccia Prada
Plateaupump: braunes changierendes Lackleder
Italien, 2008

GEGENÜBER
Miuccia Prada
Ensemble: schwarze Wolle, orangefarbene Vlieswolle mit Kunststoff-Fransen, roter Seidenripp
Schuhe: schwarzer Satin, maulwurfsgrauer Satin, schwarzes Gummiband, Metallteile
Italien, 2007

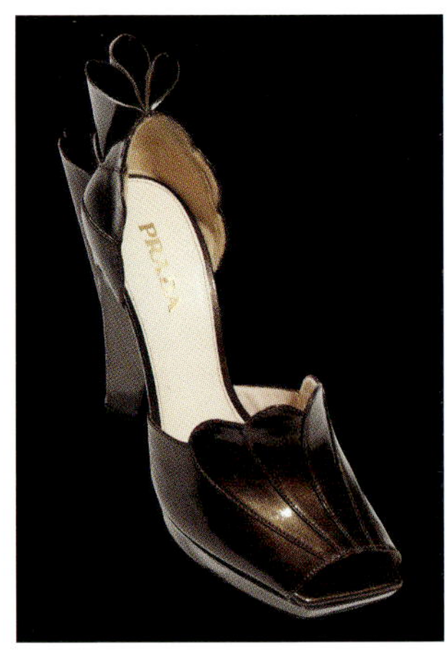

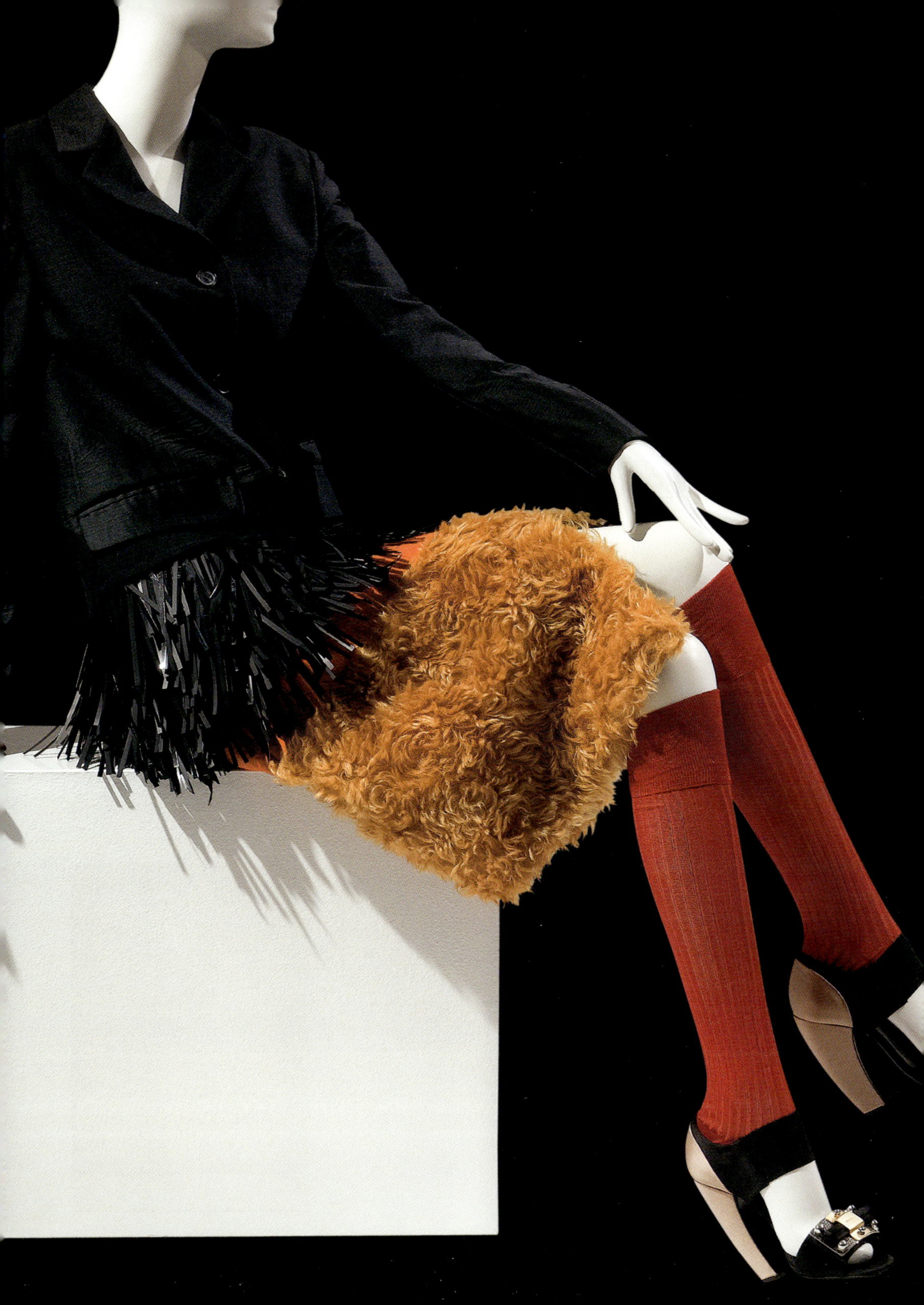

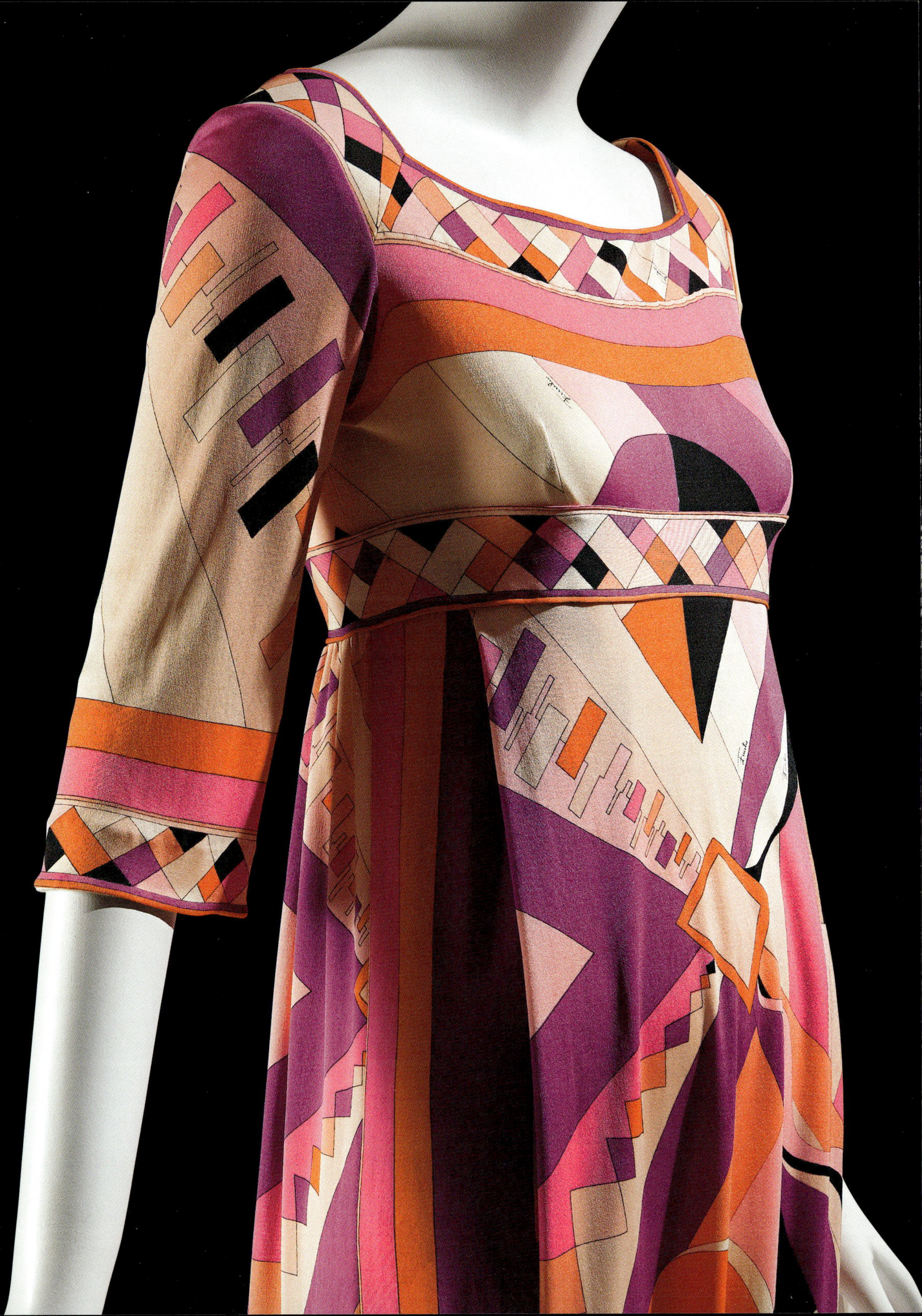

Pucci

EMILIO PUCCI (1914–1992) Mode von Pucci ist an ihren dynamischen Mustern und lebhaften, ausgefallenen Farbkombinationen auf Anhieb zu erkennen. „Erst dachten alle, der Look wäre verrückt; dann waren alle verrückt danach", erinnerte sich der Firmengründer Emilio Pucci, ein italienischer Adliger, der nie beabsichtigt hatte, Designer zu werden. Bei einem Skiurlaub in der Schweiz wurden Pucci und seine Begleiterin in ihren farbenfrohen, von ihm selbst entworfenen Outfits von der *Harper's-Bazaar*-Fotografin Toni Frisell entdeckt; die Zeitschrift druckte die Bilder 1948 ab, und bald darauf war der Pucci-Look im New Yorker Nobelkaufhaus Lord & Taylor erhältlich.

Puccis Vertrautheit mit dem entspannten Lebensstil der oberen Zehntausend trug zu seinem Erfolg bei. Im Lauf der 1950er-Jahre erfreute sich seine unkomplizierte, elegante Mode wachsender Beliebtheit beim internationalen Jetset. Seine Stücke aus federleichtem, knitterfreiem Seidenjersey waren ideal für die Reise, zudem bequem und knitterfrei, was zur damaligen Zeit noch die Ausnahme war.

Puccis Mode wurde zum Synonym für die jugendliche Vitalität der 1960er-Jahre, obwohl er mit seinen expressiven, selbst entworfenen Mustern dem Op-Art-Trend und dessen leuchtender Farbigkeit im Grunde voraus gewesen war. Von der Presse als „Prince of Prints" oder „Meister der Muster" tituliert, wurde Pucci auf dem Höhepunkt seines Erfolges mit Designaufträgen überhäuft und gestaltete vom Topflappen bis zur Stewardessenuniform alles in dem für ihn charakteristischen, fröhlich-lebendigen Stil.

Im Lauf der folgenden zwei Jahrzehnte ließ die „Puccimanie" nach, doch kurz vor seinem Tod im Jahr 1992 konnte Pucci noch das Comeback seines Labels miterleben. Seitdem wird das Unternehmen von seiner Tochter Laudomia geleitet, die in Zusammenarbeit mit Designern wie Christian Lacroix, Matthew Williamson, Peter Dundas und zuletzt Massimo Giorgetti das väterliche Vermächtnis fortführt. Im Jahr 2020 kündigte die Marke an, dass sie eine Reihe von einmaligen Kollektionen mit verschiedenen Designern einführen wird. —*C. H.*

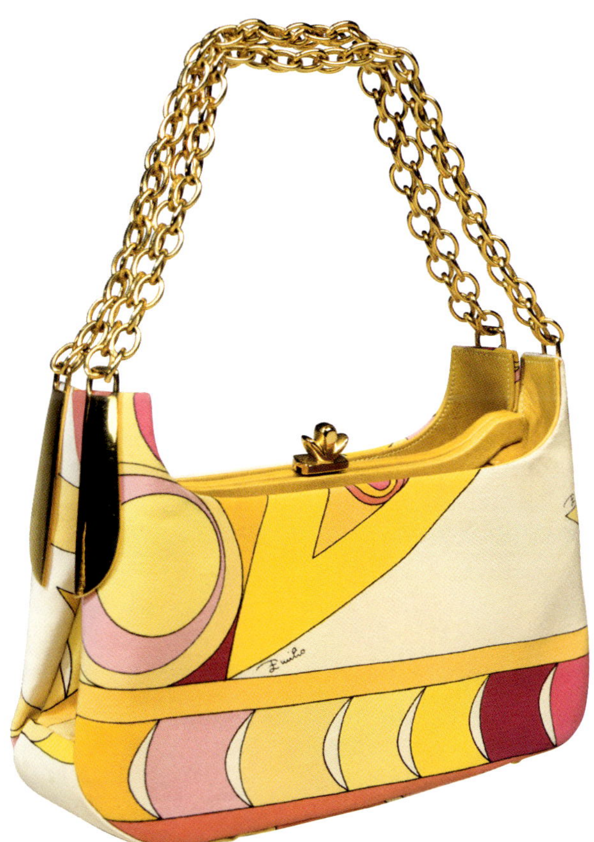

„[Puccis] Seidenjersey trug sich beinahe, als hätte man nichts am Leib.“
— **Diana Vreeland, Redakteurin, *Harper's Bazaar* und *Vogue***

VORHERGEHENDE DOPPELSEITE
Pucci
Kleid: mehrfarbig bedruckter Seidenjersey
Italien, um 1965

LINKS
Pucci
Handtasche: mehrfarbig bedrucktes Seiden-Faille, goldenes Metall
Italien, um 1967

GEGENÜBER, LINKS
Pucci
Jacke: mehrfarbig bedruckter Baumwollvelveton
Italien, um 1963
Hose: schwarzer Stretch-Schantung
Italien, um 1968

GEGENÜBER, RECHTS
Pucci
Bluse: mehrfarbig bedruckte Seide
Hose: rote Seide
Italien, um 1955

Puccis bunte Freizeitmode ist jahrzehntelang populär geblieben. In den 1960er-Jahren standen seine Muster für jugendliche Vitalität und wurden von modebewussten Frauen weltweit getragen.

„Ich habe die Mode mittels Intuition revolutioniert. Bestimmte Dinge lagen in der Luft.“
— EMILIO PUCCI

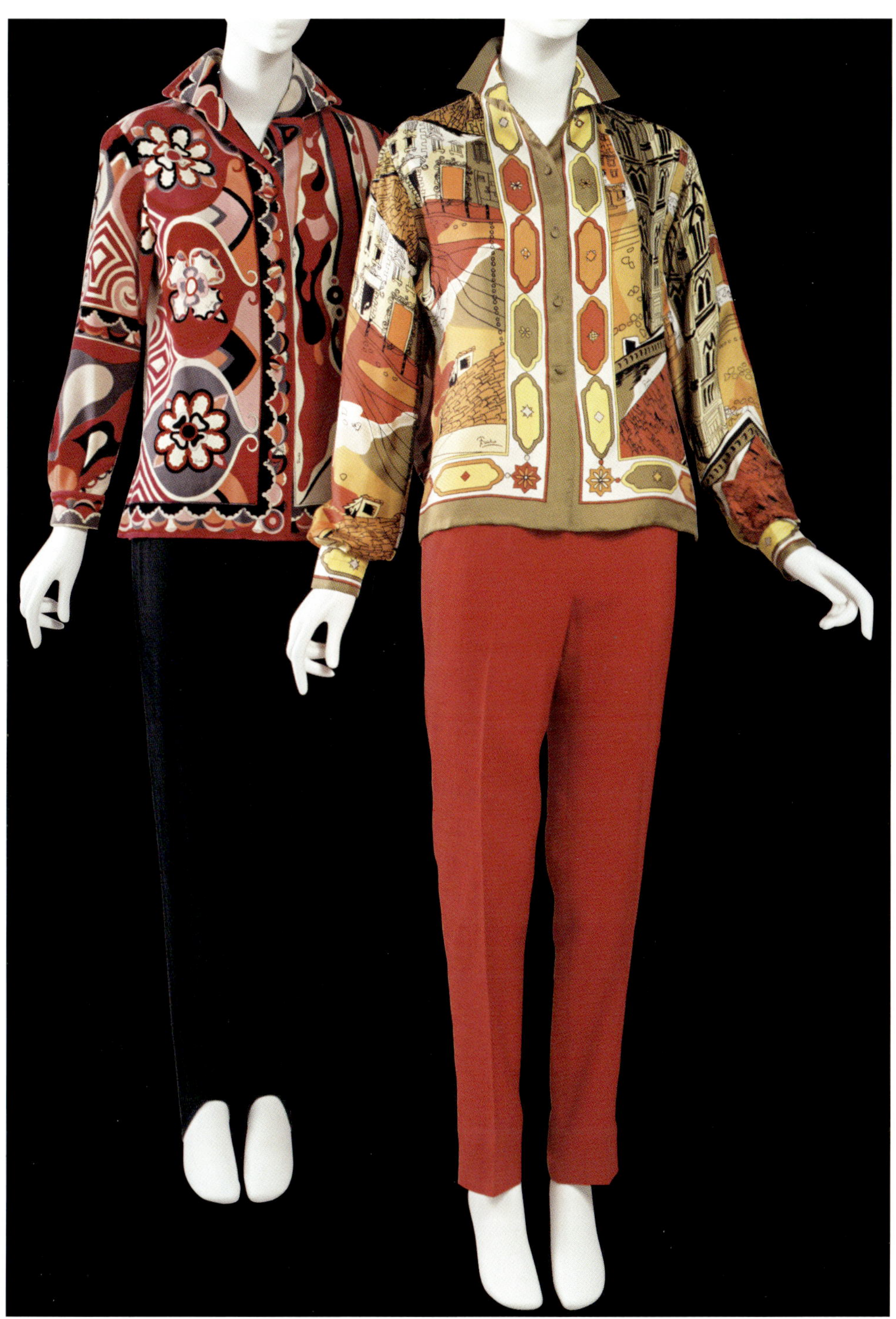

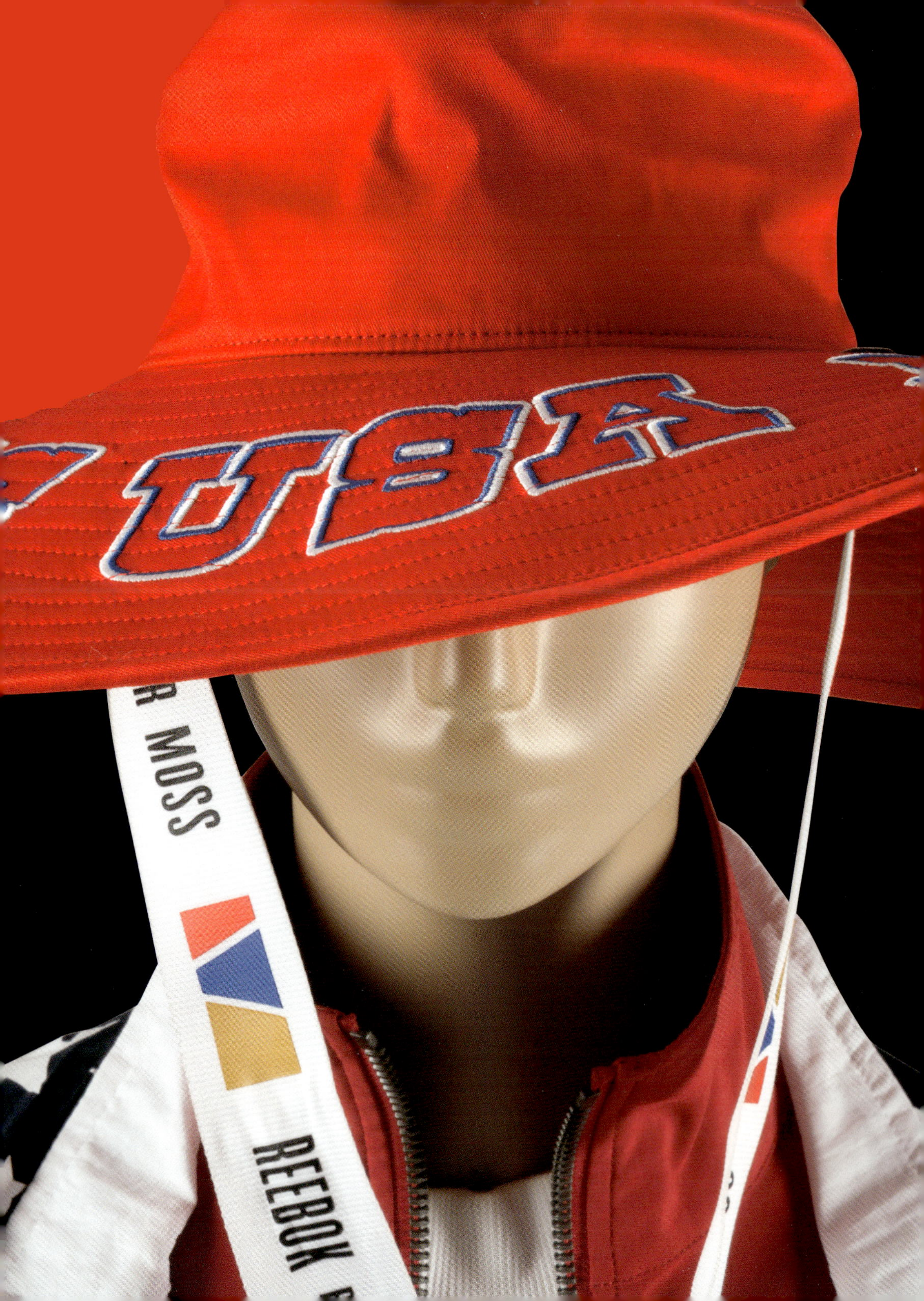
USA
R MOSS
REEBOK

Pyer Moss

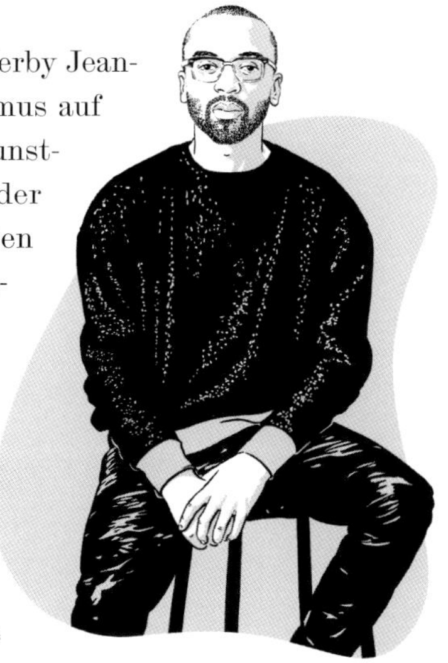

KERBY JEAN-RAYMOND (* 1986) Pyer-Moss-Gründer Kerby Jean-Raymond hat keine Scheu, Politik und sozialen Aktivismus auf dem Laufsteg zu thematisieren. Seine Mode verbindet kunstvolle Handarbeit, etwa eine handbemalte Lederjacke oder ein perlenbesetztes Etuikleid, mit Sportswear-Elementen wie Sneakers, T-Shirts und Hoodies, die oft als „Streetwear" tituliert werden. Jean-Raymond lehnt dieses Etikett jedoch ab und erklärt: „Ich möchte bloß wissen, worauf sich ‚Street' beziehen soll – auf die Kleider oder auf mich?" 2018 gewann Pyer Moss den renommierten CFDA/Vogue Fashion Fund Award, was Jean-Raymonds Werk Anerkennung neuen Ausmaßes bescherte. Seine Reaktion auf den Ruhm war ein Tweet: „An alle, die jetzt neu über Pyer Moss berichten: Danke und willkommen. Bitte seid so gut und bezeichnet uns nicht als Streetwear-Label. Das ist denkfaul und eindimensional. Wir sind mehr, ihr seid mehr."

Solche offenen Statements zur Rassenfrage sind zu einem Markenzeichen von Pyer Moss geworden. T-Shirts und Jacken schmücken Sprüche wie „We already have a black designer", „AS USA AS U" oder „Stop calling 911 on the culture". Aber das war nicht immer ein Erfolgsrezept. Jean-Raymond lancierte Pyer Moss 2013 als Männermodelabel, erweiterte es 2015 um eine Damenlinie und stand 2017 kurz davor, das Unternehmen aufzugeben und sich ganz aus der Branche zurückzuziehen. Erst ein Kooperationsvertrag mit Reebok ermöglichte ihm, sich die volle Kontrolle über Pyer Moss zurückzukaufen und wieder seiner ursprünglichen Vision für die Marke zu folgen. Seither präsentiert Jean-Raymond Pyer Moss wieder als Hymne an die Schwarze Kultur, angefangen bei einer von den Schwarzen Cowboys des 19. Jahrhunderts inspirierten Kollektion bis zu einer Modenschau im Weeksville Heritage Center in Brooklyn. Er selbst sagt: „Als Schwarzer in der Öffentlichkeit zu stehen ist ein politischer Akt, ob man will oder nicht ... Kleidung ist nach der Musik unser gebräuchlichstes Ausdrucksmittel ... Sie ist unsere Leinwand." 2021 präsentierte Kerby Jean-Raymond als erster schwarzer amerikanischer Designer auf der Pariser Haute-Couture-Woche. —*E. M.*

„Tatsächliches Ziel dieser Kollektionen ist eine Verschiebung des Narrativs, über das ständig geredet wird: was es heißt, schwarz zu sein und auszusehen und zu handeln.“ — KERBY JEAN-RAYMOND

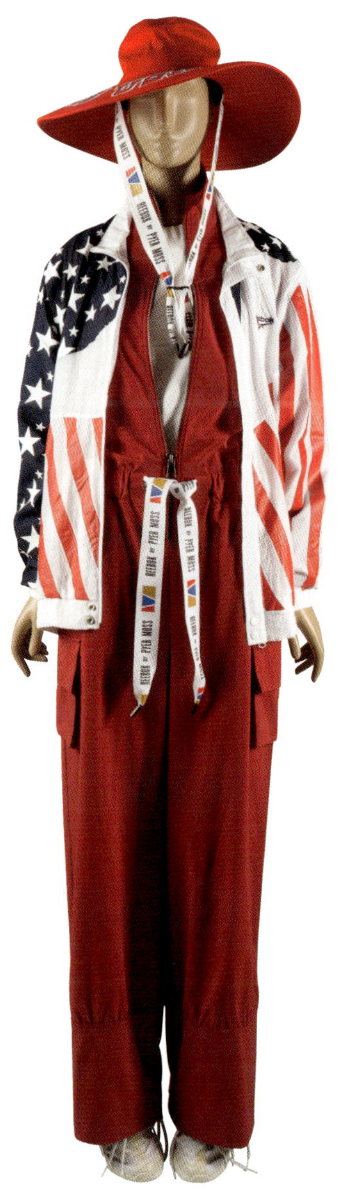

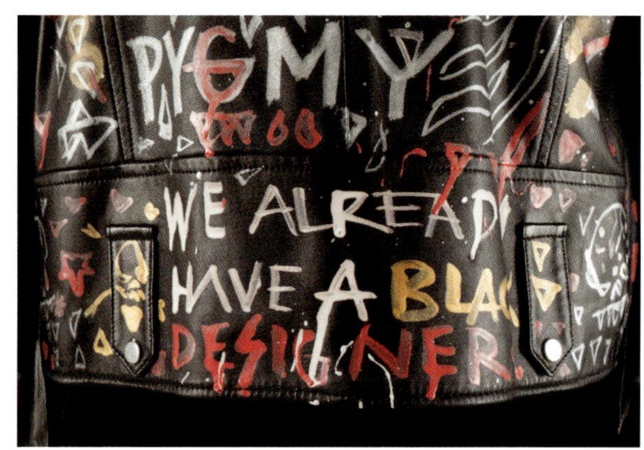

„Alles, was ich gemacht habe, war persönlich.“
— **Kerby Jean-Raymond**

VORHERGEHENDE DOPPELSEITE
Pyer Moss
(Kerby Jean-Raymond)
Ensemble: weiße Baumwolle, roter Drillich und roter Polyester
USA, Herbst 2018

OBEN UND GEGENÜBER
Pyer Moss
(Kerby Jean-Raymond)
Ensemble: handbemaltes schwarzes Leder, Velours und Baumwolle
USA, Frühjahr 2016

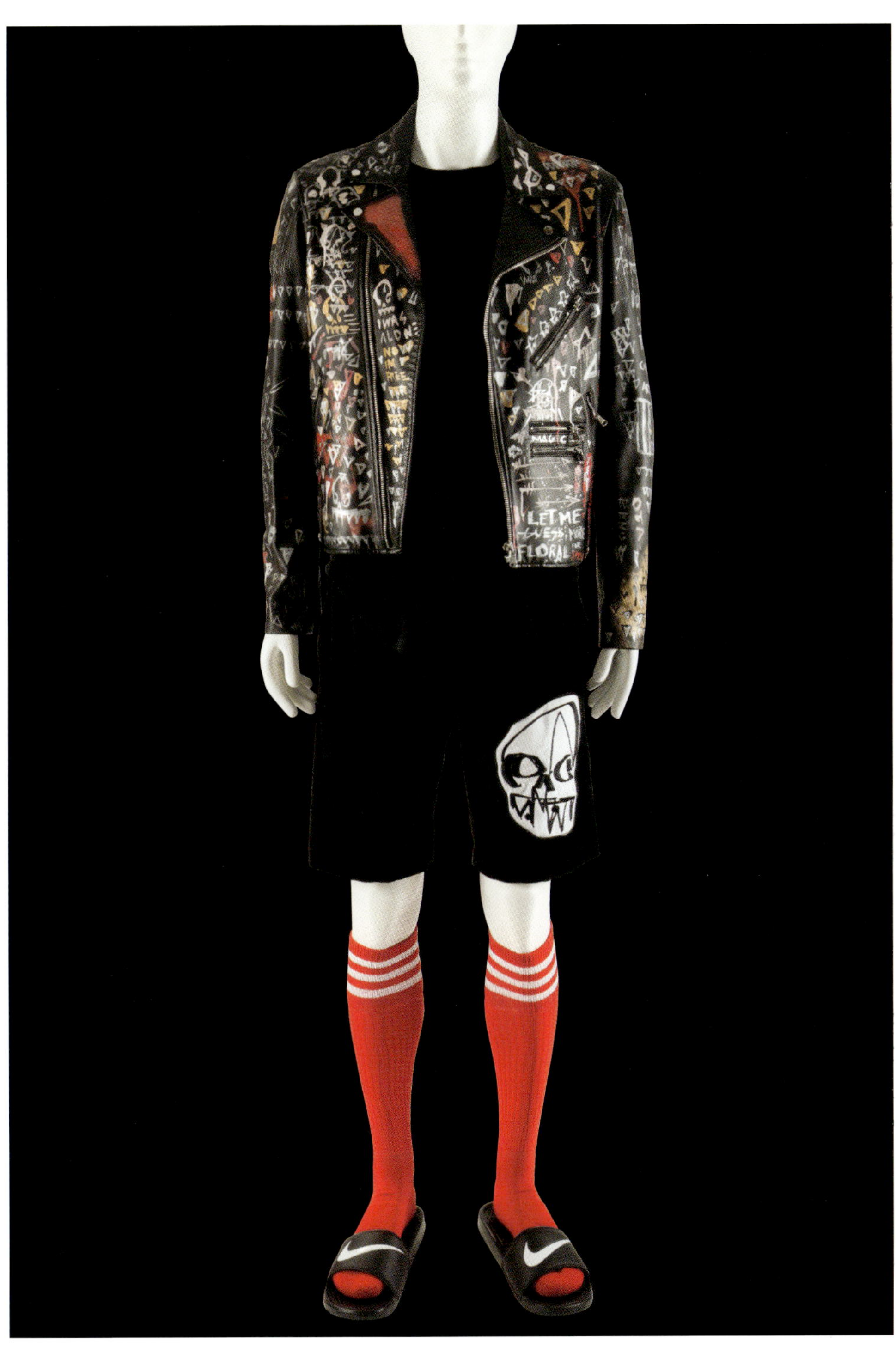
LET ME
FLORAL

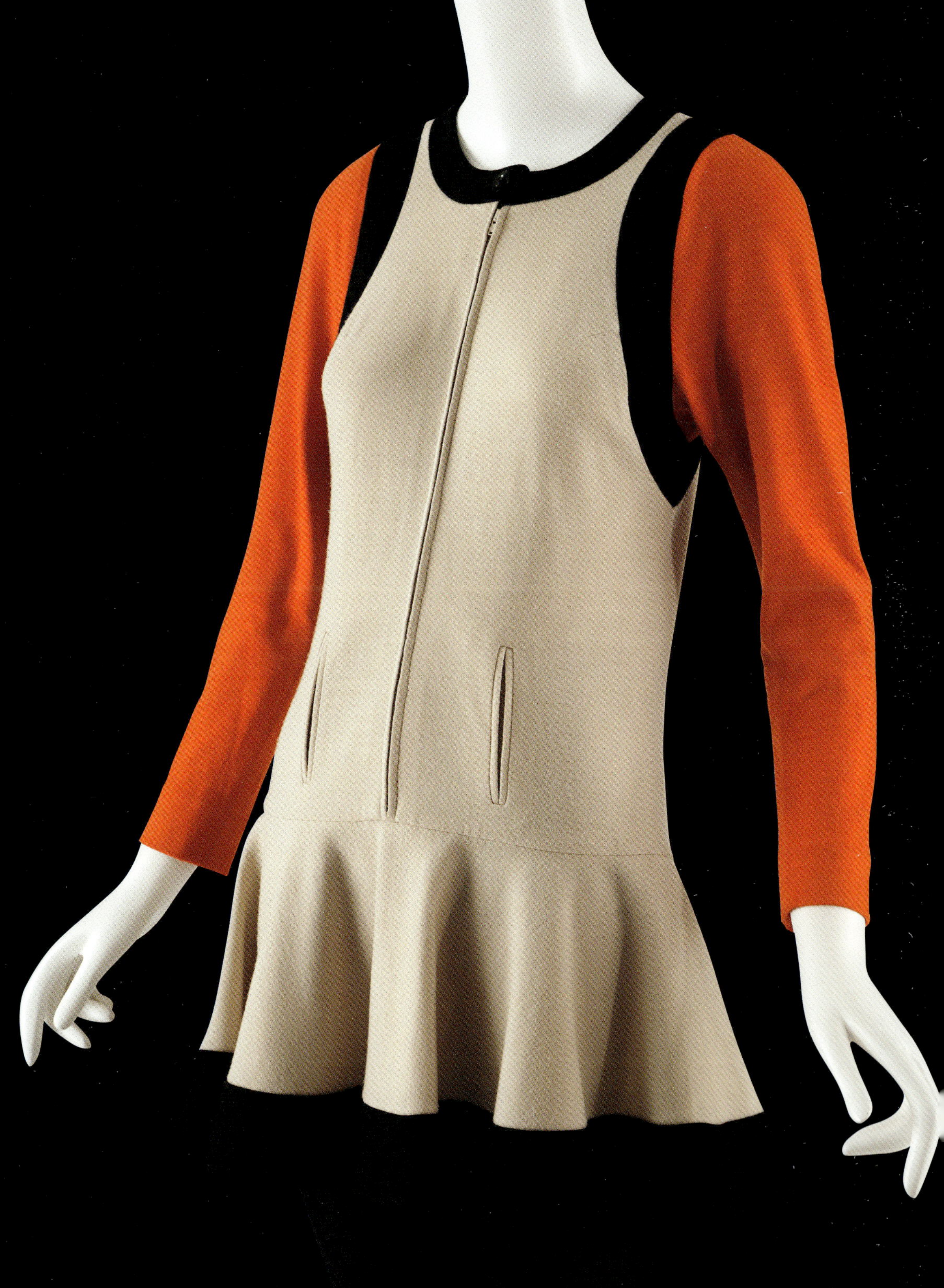

Mary Quant

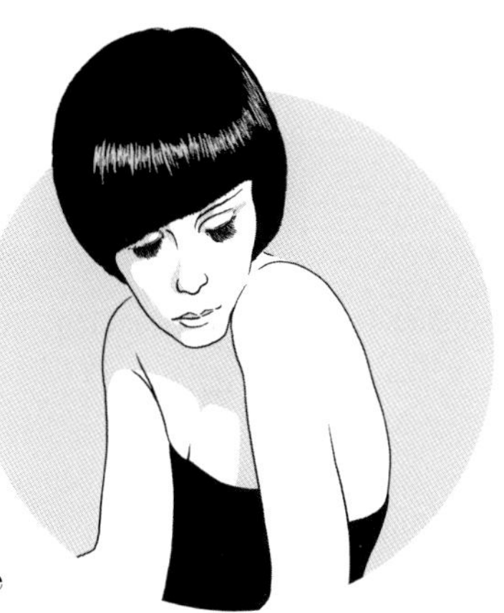

MARY QUANT (*** 1934**) bemerkte einmal, dass sie, „zu Recht oder Unrecht“ als Erfinderin „des Lolita-Looks, des Schulmädchen-Looks, des Regenwetter-Looks, des Schrägen Looks, des Brave-Mädchen-Looks und einer Menge anderer Looks“ galt. Doch die Zuschreibungen waren ihr nicht unangenehm. „Ich finde es schön, dass mir solche Dinge zugute gehalten werden“, erklärte sie. Auch der aus den 1960er-Jahren nicht mehr fortzudenkende Minirock gilt als ihre Erfindung, obwohl diese Ehre zu gleichen Teilen André Courrèges gebührt.

Quant studierte am Londoner Goldsmiths College und lernte dort ihren späteren Ehemann und Geschäftspartner Alexander Plunkett-Greene kennen. Nach kurzer Tätigkeit für den Londoner Modisten Erik eröffnete sie 1955 in Chelsea ihre Boutique Bazaar, die sich bald zu einer Pilgerstätte für junge Mods und Rocker entwickeln sollte. Aus Unzufriedenheit mit dem Angebot, das auf dem Markt erhältlich war, begann Quant schließlich, selbst Mode zu entwerfen. Quants Modelle fingen den Geist und die Vitalität der aufkeimenden Londoner Jugendkultur ein.

Ihre Entwürfe – klassische Shiftkleider mit Falten oder Kasackkleider in A-Linie mit tiefer Taille – waren von einer in den späten 1950er- und 1960er-Jahren außergewöhnlichen Schlichtheit. Daneben entwarf Quant auch „ausgeflippte“ Strumpfhosen und passende Höschen, arbeitete als erste Modedesignerin mit PVC, entwarf Stoffe und lancierte eine Kosmetiklinie. Ihre Modelle wurden auch außerhalb von Großbritannien, und zwar weltweit verkauft, zum Beispiel in der größten US-amerikanischen Ladenkette J. C. Penney. —*J. F.*

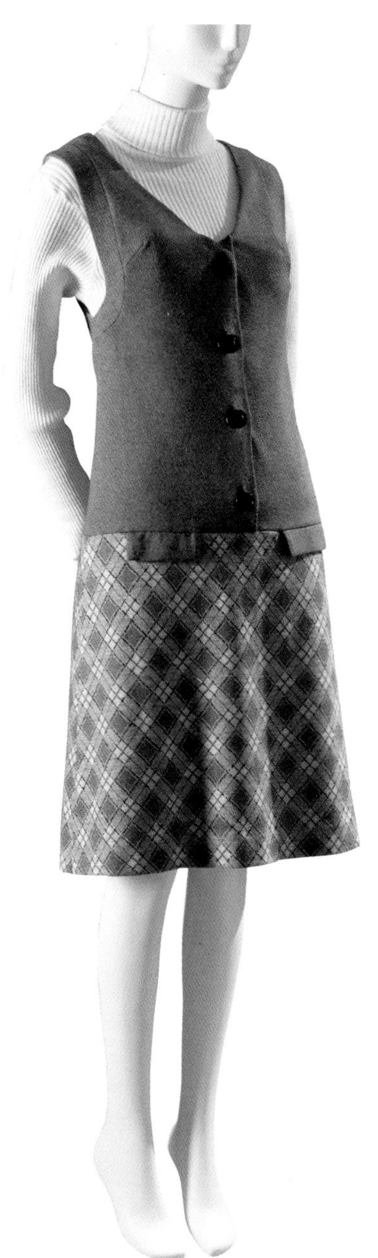

„Wir waren dabei, als eine sagenhafte Renaissance in der Mode ihren Anfang nahm. Wir haben sie nicht ausgelöst. Wir waren einfach, wie sich dann gezeigt hat, Teil des Ganzen."
— **Mary Quant**

VORHERGEHENDE DOPPELSEITE
Mary Quant
Kleid: hellbrauner, orangefarbener und schwarzer Wolljersey
England, um 1965

LINKS
Mary Quant
Kleid: graue Wolle und Kunstseide, Argyle-Gewirke
England, um 1967

GEGENÜBER
Mary Quant
Kleid: schwarzer Kunstseidenkrepp
England, um 1962

„Mary hatte das richtige Alter (einundzwanzig). Sie wählte den richtigen Ort (die King's Road) und die richtige Zeit (1955)."
— ERNESTINE CARTER, KURATORIN UND JOURNALISTIN

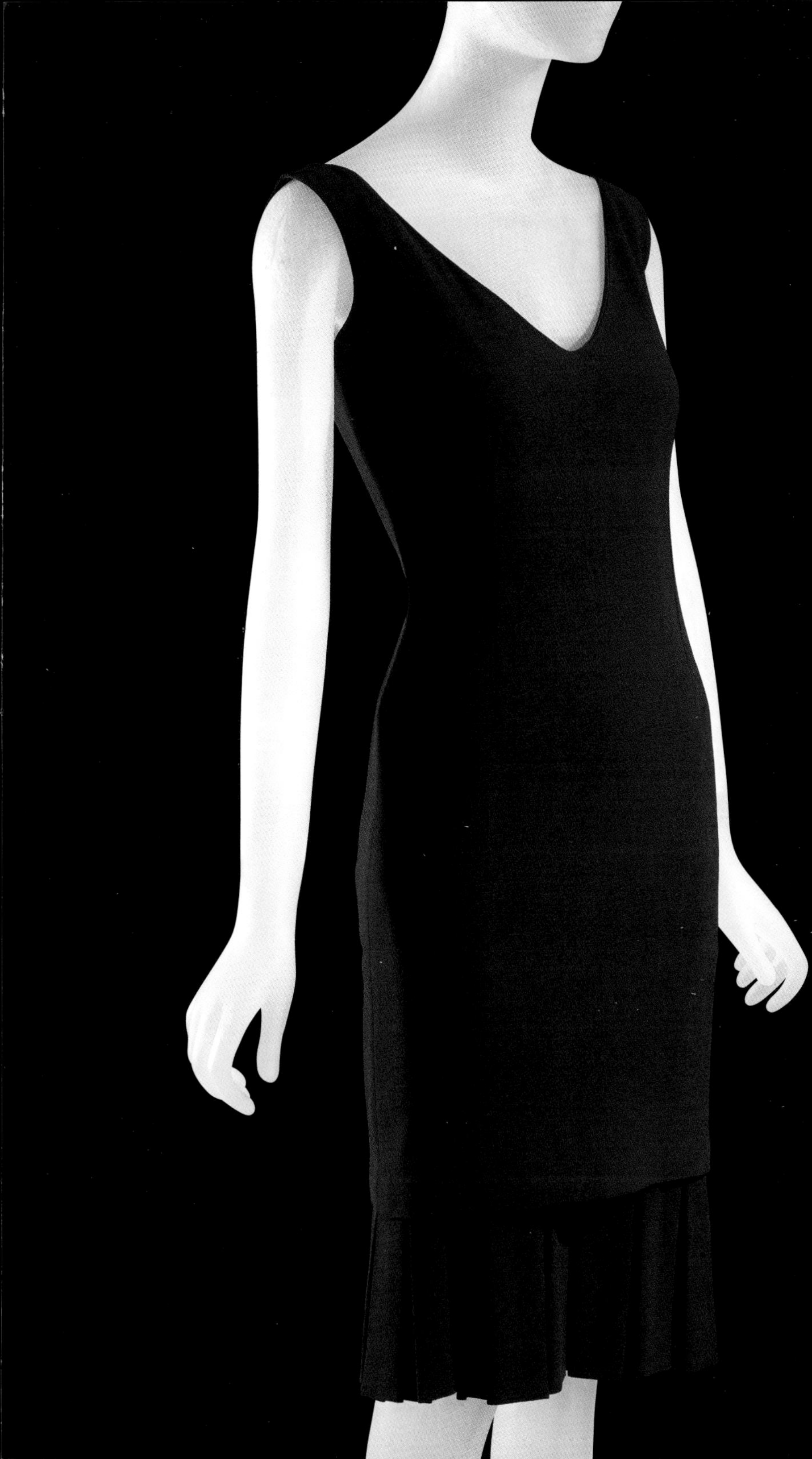

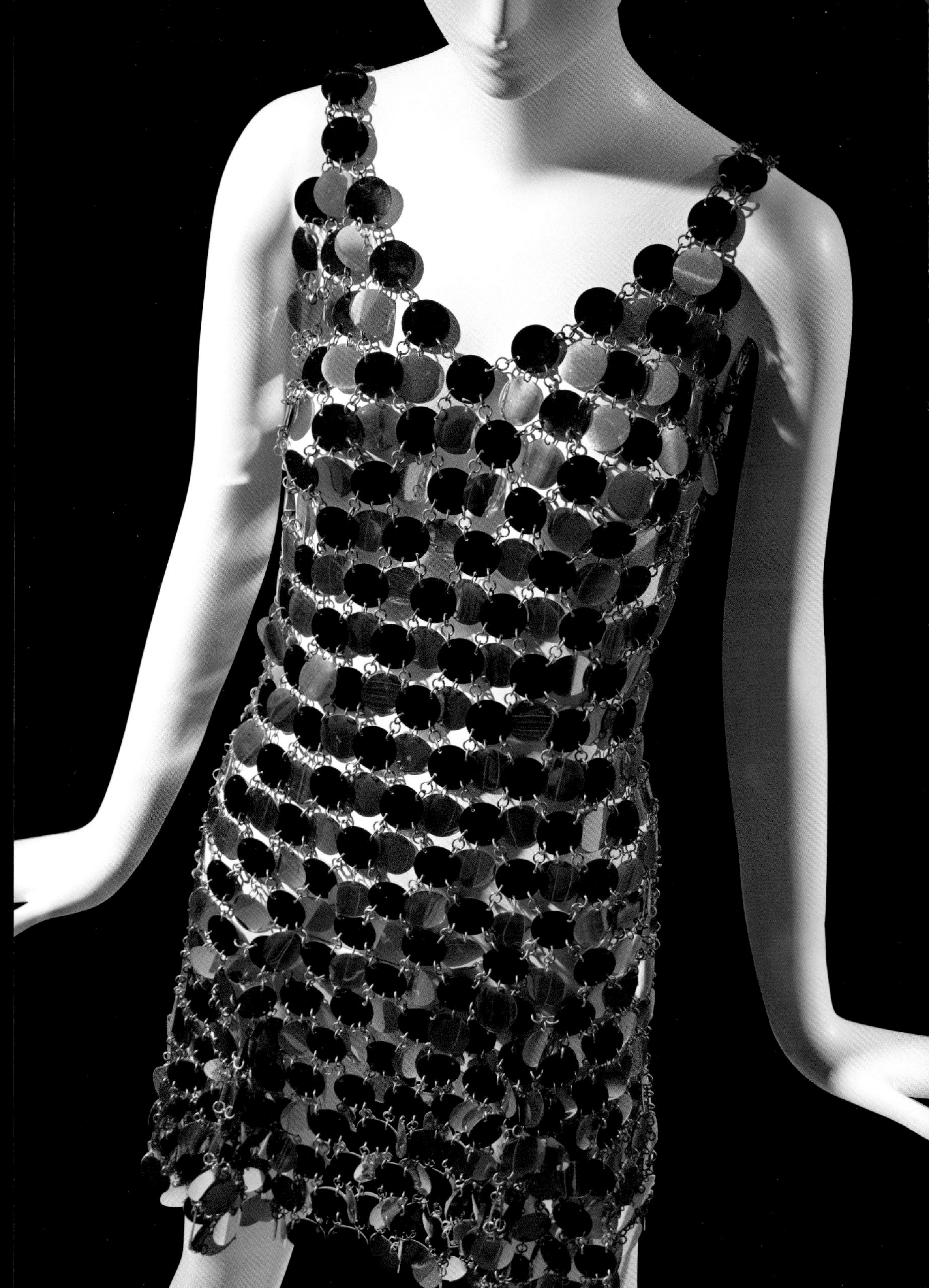

Paco Rabanne

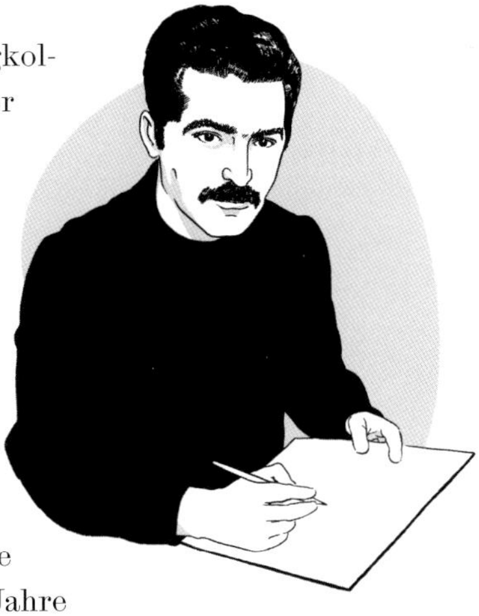

PACO RABANNE (* 1934) präsentierte seine erste Laufstegkollektion 1966 unter dem Motto „Zwölf untragbare Kleider aus zeitgemäßen Materialien". Für diese Kleider, die wie futuristische Rüstungen wirkten, verwendete er durch Metallringe verbundene Plättchen aus dem Kunststoff Rhodoid. „Wir müssen nach neuen Materialien Ausschau halten, wenn wir neue Formen entdecken wollen", war Rabannes Überzeugung, mit der er sich als einer der führenden experimentellen Designer seiner Zeit etablieren sollte.

Paco Rabanne verbrachte seine frühe Kindheit im spanischen Baskenland, bis politische Unruhen seine Familie zur Flucht nach Frankreich zwangen. Er studierte zwölf Jahre lang Architektur an der Pariser École des Beaux-Arts. Sein Studium finanzierte er unter anderem mit Modeillustrationen für Charles Jourdan und Roger Model – diese Tätigkeit weckte sein Interesse am Metier. In den 1950er-Jahren begann Rabanne, Schmuck und ausgefallene Accessoires zu entwerfen – darunter einige Stücke im Auftrag so bedeutender Modehäuser wie Christian Dior und Givenchy.

Seine Kleider, zu denen er sich von den modernen Plastikmaterialien seiner Schmuckkreationen inspirieren ließ, stießen anfangs auf gemischte Reaktionen. Viele französische Modekritiker waren entsetzt über Rabannes Bruch mit Traditionen, das amerikanische Publikum dagegen fasziniert. Rabanne entwarf weiterhin Kleiderkollektionen, für die er später auch Metallplättchen, Papier, Leder, Gummi, ja sogar Stoff verwendete, und fügte seiner charakteristischen Kettenhemdoptik neue Formen und Texturen hinzu. Mitte der 1970er-Jahre verlor Rabannes Mode an Bedeutung, doch sein radikaler Ansatz in der Materialwahl und Konstruktionstechnik inspiriert andere Designer nach wie vor. Von 2011 bis 2012 arbeitete der Inder Manish Arora als Kreativchef für die Marke Paco Rabanne; ihm folgte Julien Dossen, der das Vermächtnis der Marke weiterführen wird. Im Herbst 2011 präsentierte er seine erste Damenkollektion (Frühjahr/Sommer 2012) im Rahmen der Pariser Schauen. —*C. H.*

„Ich bin nur an der Erforschung neuer, moderner Materialien interessiert. Formen bedeuten mir gar nichts.“
— PACO RABANNE

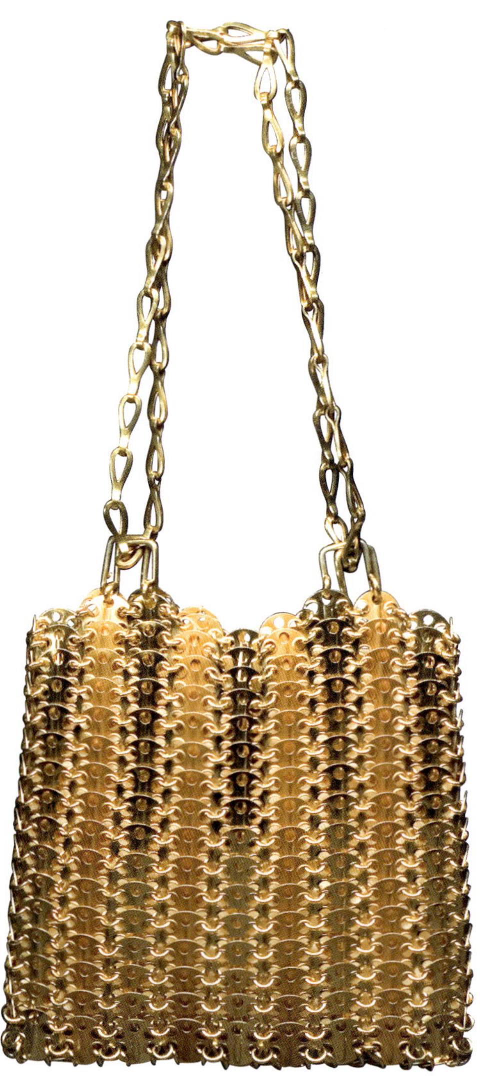

VORHERGEHENDE DOPPELSEITE
Paco Rabanne
Kleid: silberner Kunststoff, schwarzer Kunststoff, silberfarbenes Metall
Frankreich, um 1966

LINKS
Paco Rabanne
Handtasche: goldenes Metall
Frankreich, um 1966

GEGENÜBER
Paco Rabanne
Kleid: weißer Kunststoff, silberfarbener Kunststoff, silberfarbenes Metall
Frankreich, um 1968

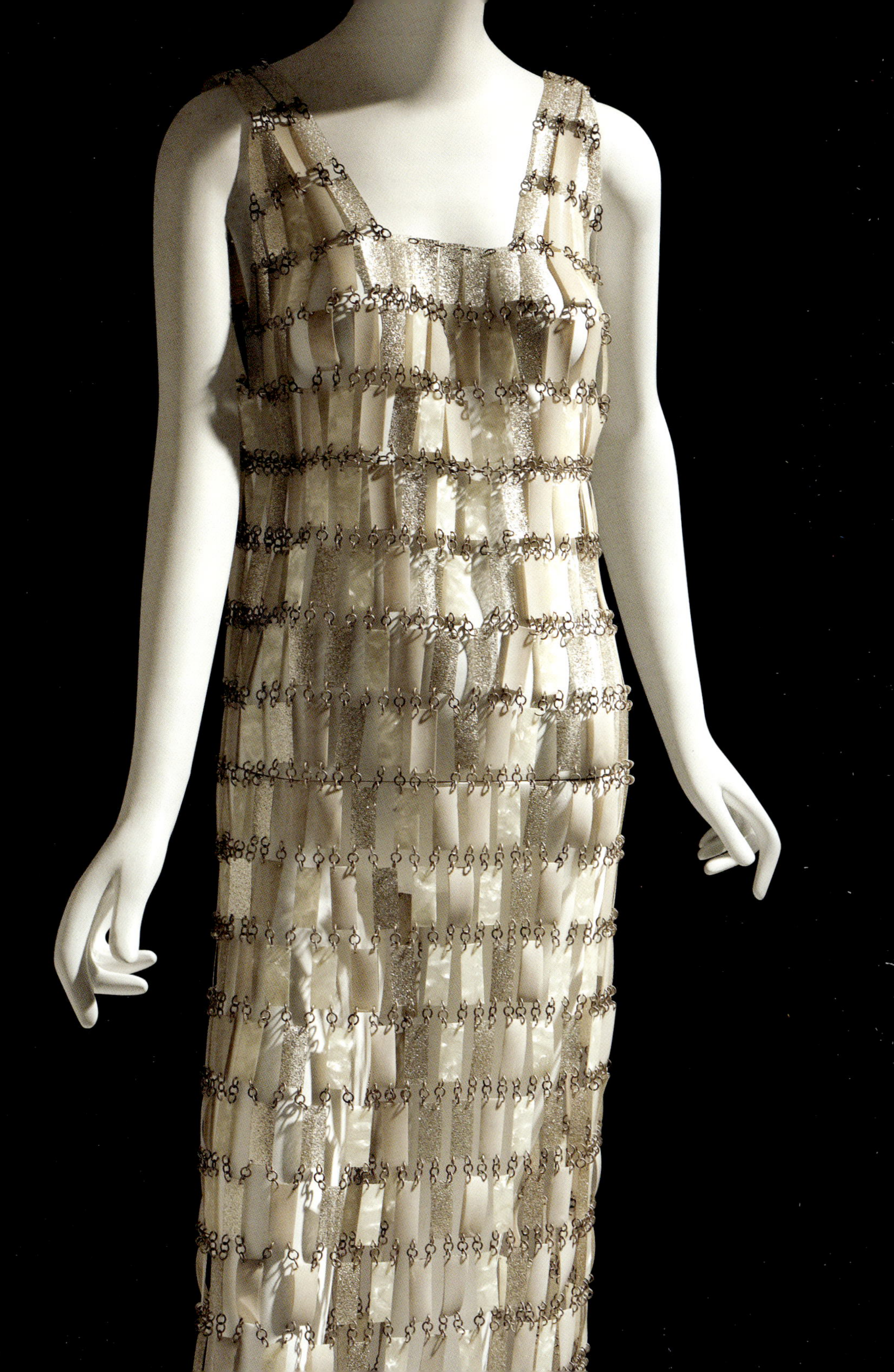

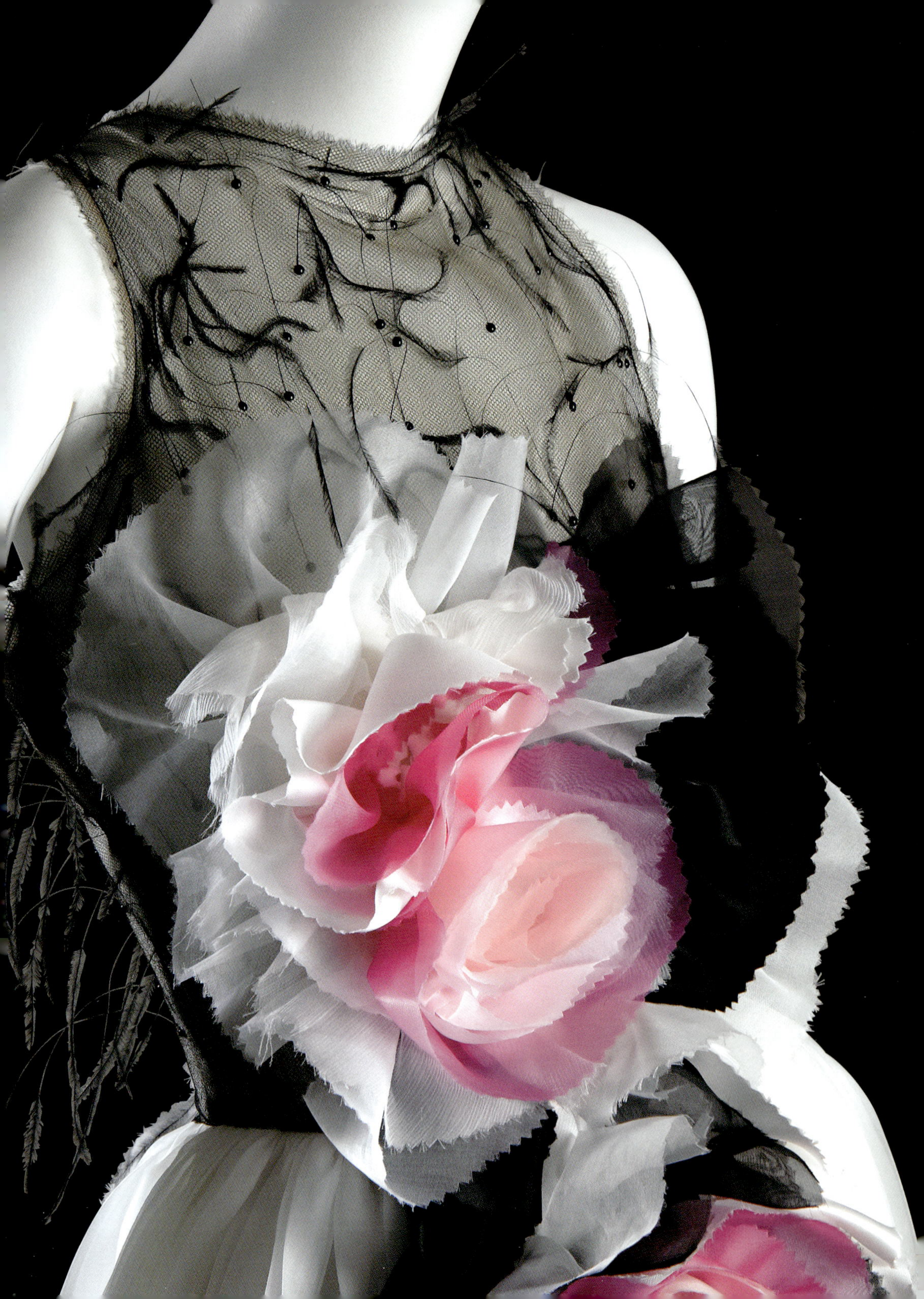

Rodarte

KATE (* 1979) UND LAURA (* 1980) MULLEAVY, bekannt als Rodarte, werden von der Modebranche geliebt und auch von Kuratoren geachtet, weil ihnen der schwierige Brückenschlag zwischen innovativer Handwerkskunst und kommerziellem Erfolg gelingt. Zudem sind die beiden Schwestern Kate und Laura trotz ihrer Jugend technisch hoch versiert und verstehen sich auch ohne fachliche Ausbildung darauf, ein Kleidungsstück anzufertigen und zu verzieren.

Nach ihren Studienabschlüssen in Literaturwissenschaft respektive Kunstgeschichte an der University of California in Berkeley gründeten die Mulleavys Rodarte. Die ersten Stücke stellten die Schwestern selbst her. Ungeachtet so beschaulicher Anfänge geriet das Duo schlagartig ins Scheinwerferlicht der internationalen Modepresse, als führende Publikationen wie die *Vogue* ihre Arbeit mit mehrseitigen Bildstrecken bedachten. Zu den Preisen und Ehrungen, die die beiden mittlerweile erhalten haben, zählt die Auszeichnung Designer des Jahres in der Kategorie Damenmode, die ihnen im Juni 2009 vom Council of Fashion Designers of America (CFDA) verliehen wurde.

Schon früheste Rodarte-Entwürfe belegen das bemerkenswerte Geschick der Schwestern in der Handhabung so delikater Stoffe wie Chiffon oder Organza und lassen die Quellen erkennen, aus denen sie ihre Inspiration beziehen, etwa die Porträtmalerei Gainsboroughs oder die üppige Rosenblüte in den botanischen Gärten der Huntington-Bibliothek, einer Institution ihrer südkalifornischen Heimat. Die hinreißenden Stücke sind mit Girlanden aus riesigen Zierkohl-Rosetten, Federbüscheln und Perlen geschmückt. Die Lieblichkeit des Rodarte-Looks wird oft durch eher finstere Anklänge, beispielsweise an den japanischen Horrorfilm, aufgebrochen. Kleider mit mehreren Lagen feinsten, handgefärbten Seidengewebes, das an Blutströme denken lässt, zählen zu den faszinierenden Beispielen für Rodartes perfekte Mischung aus neuer Ästhetik (aus schrecklich wird schön) und neuer Technik (zur Kunst erhobenes Handwerk). —*P. M.*

„Kates und Lauras Arbeit erinnert mich an meine frühen Tage – sie ist frei und furchtlos und nicht edel." — FRANK GEHRY, ARCHITEKT

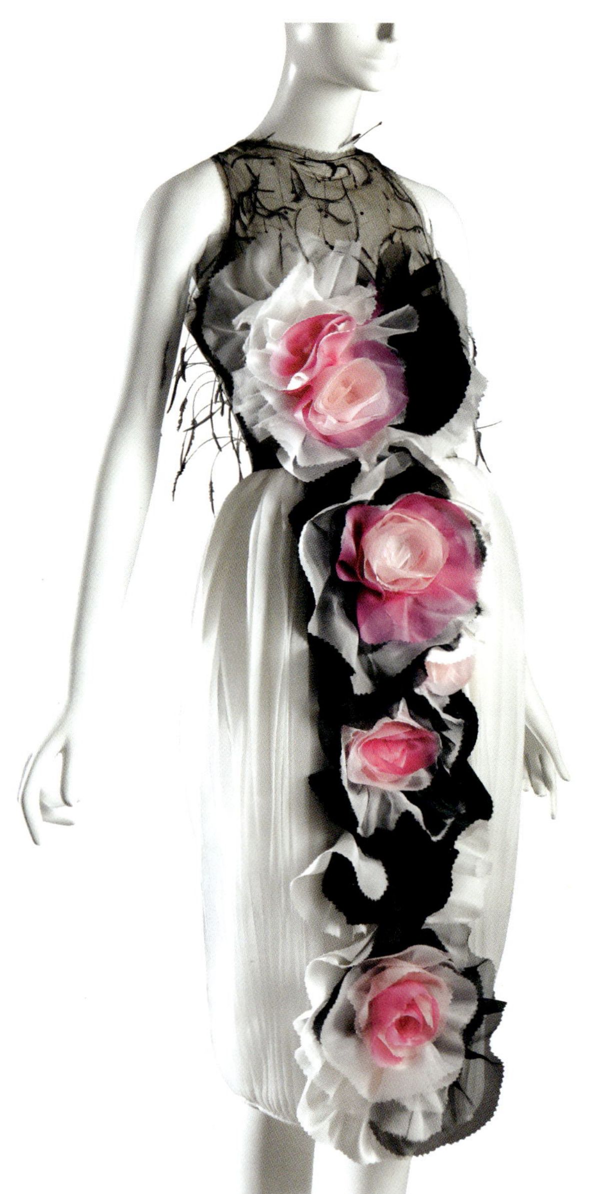

„Die Denkweise bei Rodarte ist wunderbar unbeeindruckt von Epochen oder Trends. Die Mulleavy-Schwestern sind begabte und unermüdliche kulturelle Sammlerinnen und Jägerinnen, ihre exquisiten Kleider, das Ergebnis unerschrockener Vorstellungskraft und präziser Konstruktion, bezeugen ihre unstillbare Neugier und ihr anhaltendes Urteilsvermögen."
— Susan Morgan, *The New York Times Magazine*

VORHERGEHENDE DOPPELSEITE UND LINKS
Rodarte
Abendkleid: weißer, roter und schwarzer Seidenorganza, Federn, Stickerei
USA, 2007

Bei den Gewändern, die die Schwestern Kate und Laura Mulleavy für ihr Label Rodarte kreieren, liegt die Betonung auf traditionellem Schneiderhandwerk.

GEGENÜBER
Rodarte
(Stiefel von Nicolas Kirkwood)
Ensemble: grau bedrucktes marmoriertes Leder, Baumwolltüll, Spitze
Stiefel: graues Leder
USA, 2009

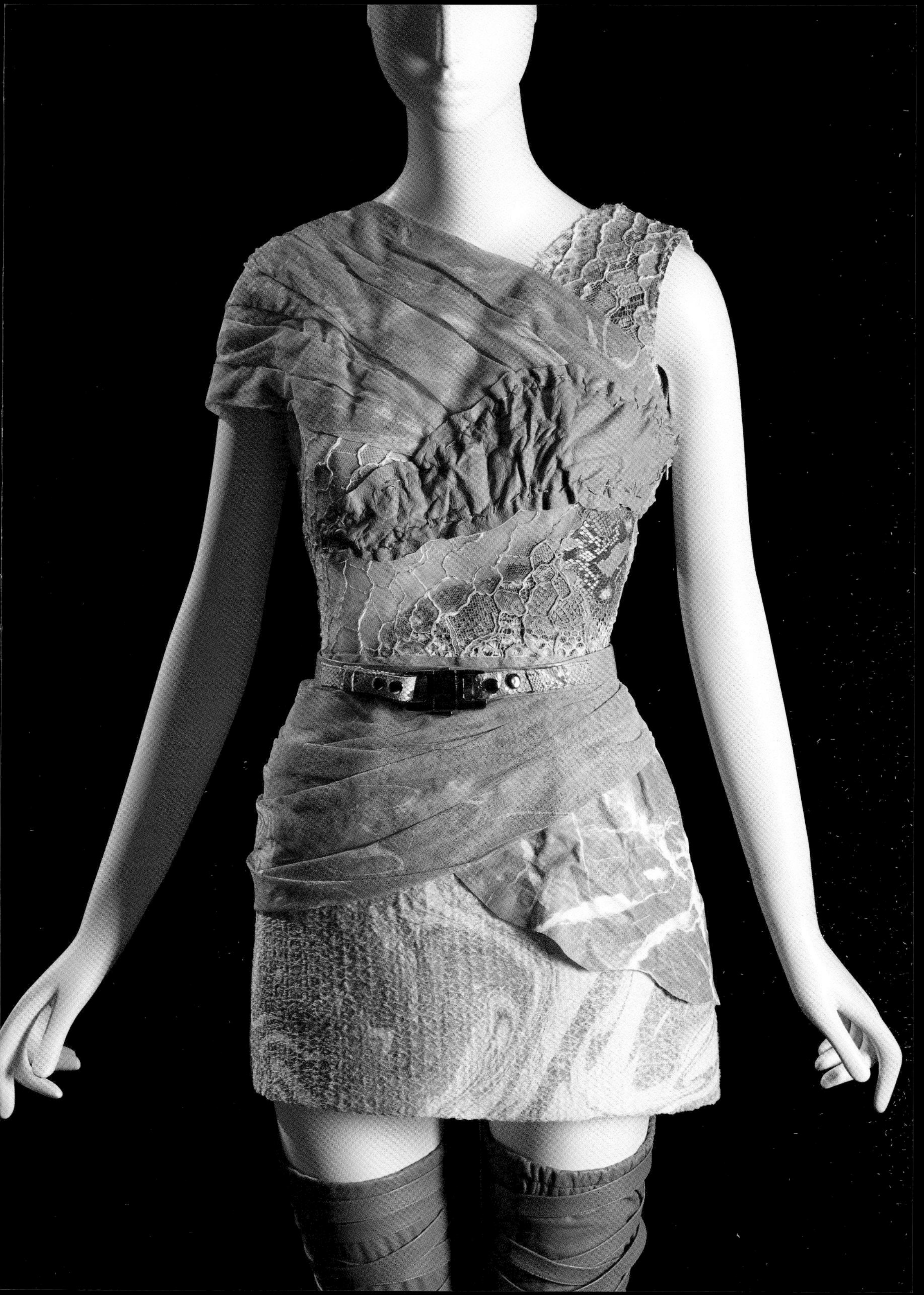

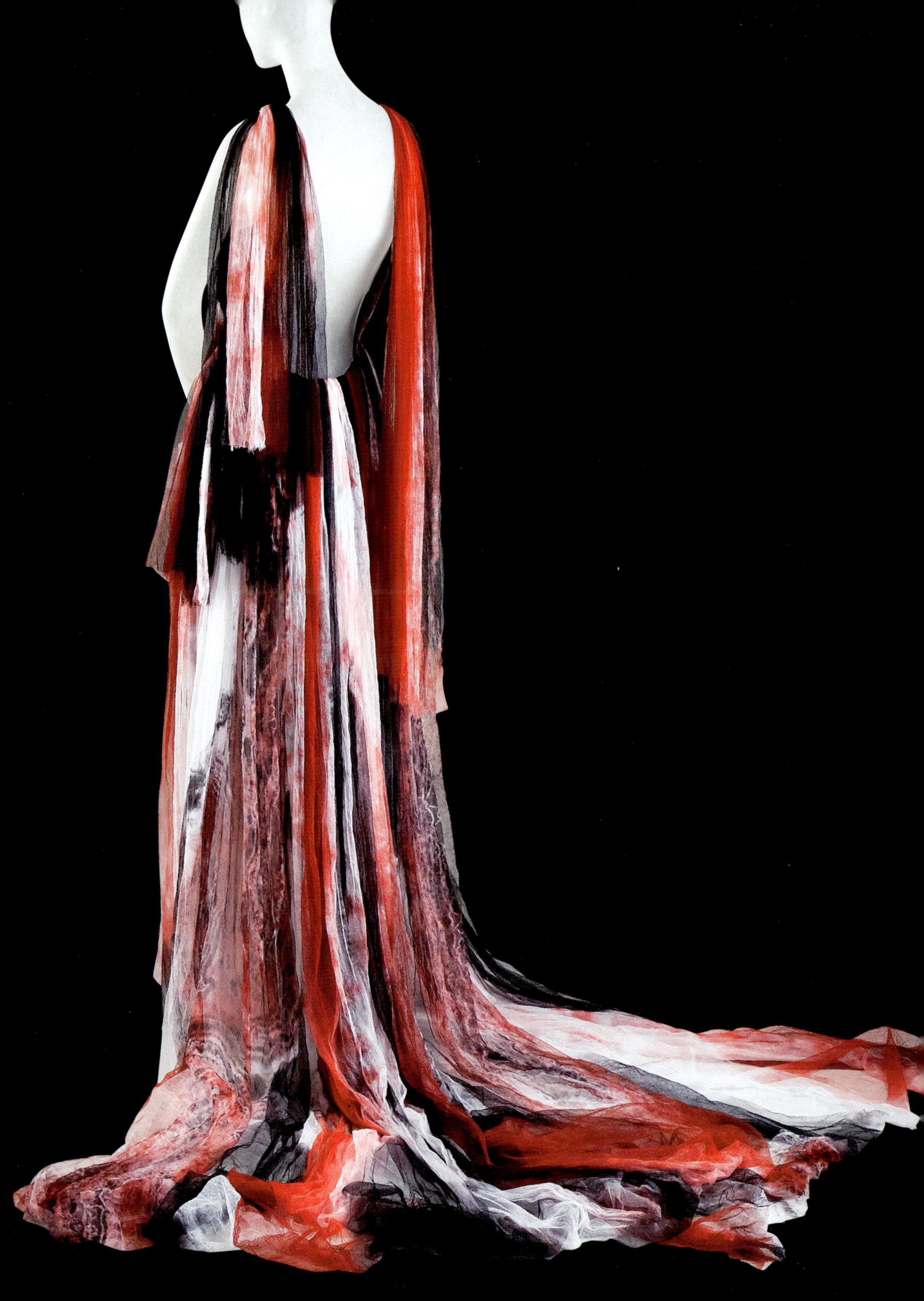

GEGENÜBER UND UNTEN
Rodarte
Abendkleid: roter, weißer, schwarzer dampfgefärbter Tüll, schwarzer Mohair
USA, 2008

Zu diesem außergewöhnlichen Kleid ließen sich die Mulleavys von japanischen Horrorfilmen inspirieren. Der Stoff wurde von Hand gefärbt, um die Anmutung von in Wasser verlaufendem Blut zu vermitteln.

RECHTS
Rodarte
Kleid: schwarze, weiße und metallische Wolle
USA, 2008

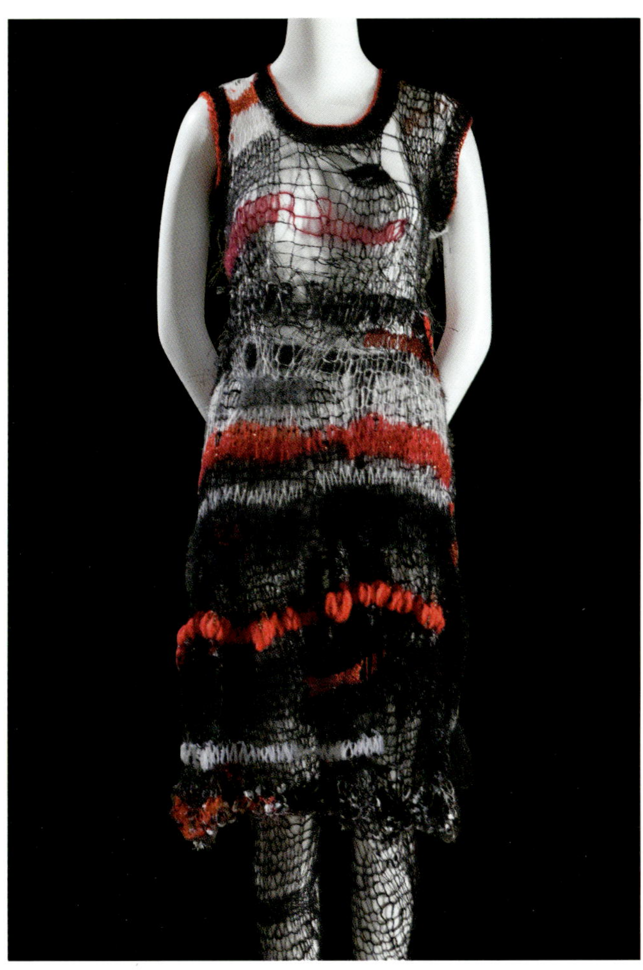

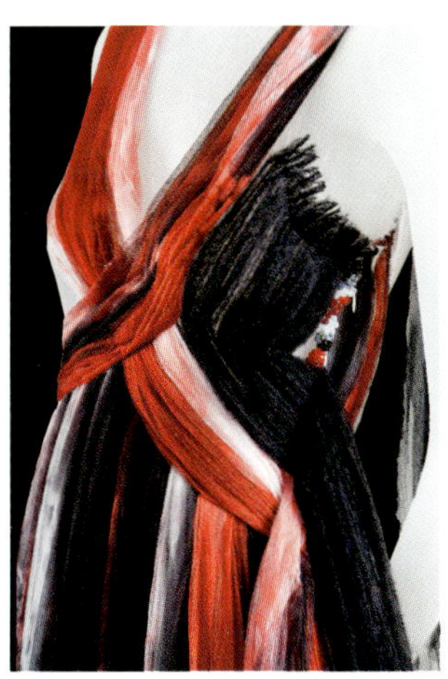

FOLGENDE DOPPELSEITE, LINKS
Rodarte
Kleid: schwarze Spitze, schwarze Gaze, schwarzes Netz, burgunderrotes, schwarzes Leder
USA, 2010

FOLGENDE DOPPELSEITE, RECHTS
Rodarte
Kleid: schwarzes Netz, Wolle, Federn, Leder, metallische Gaze
USA, 2010

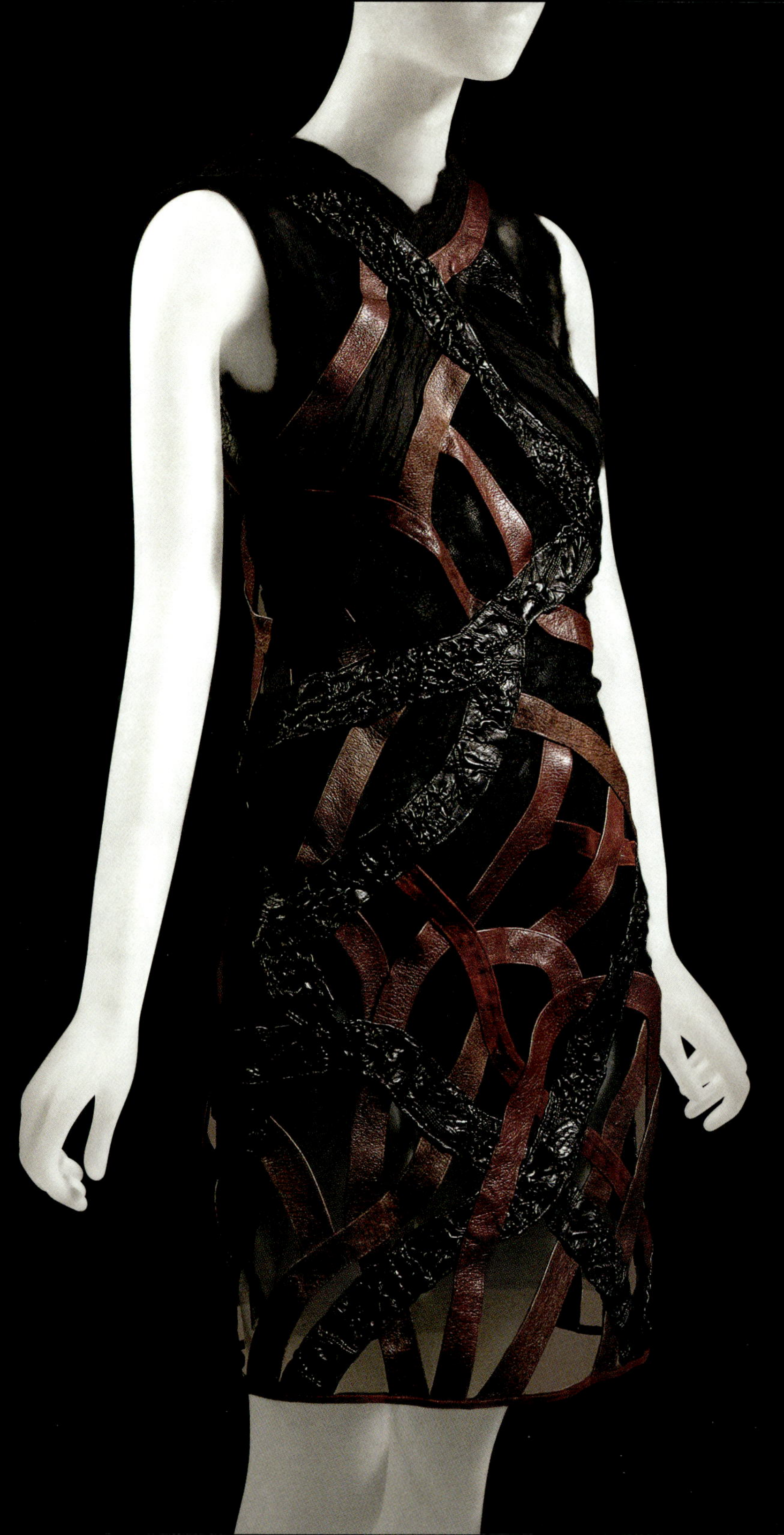

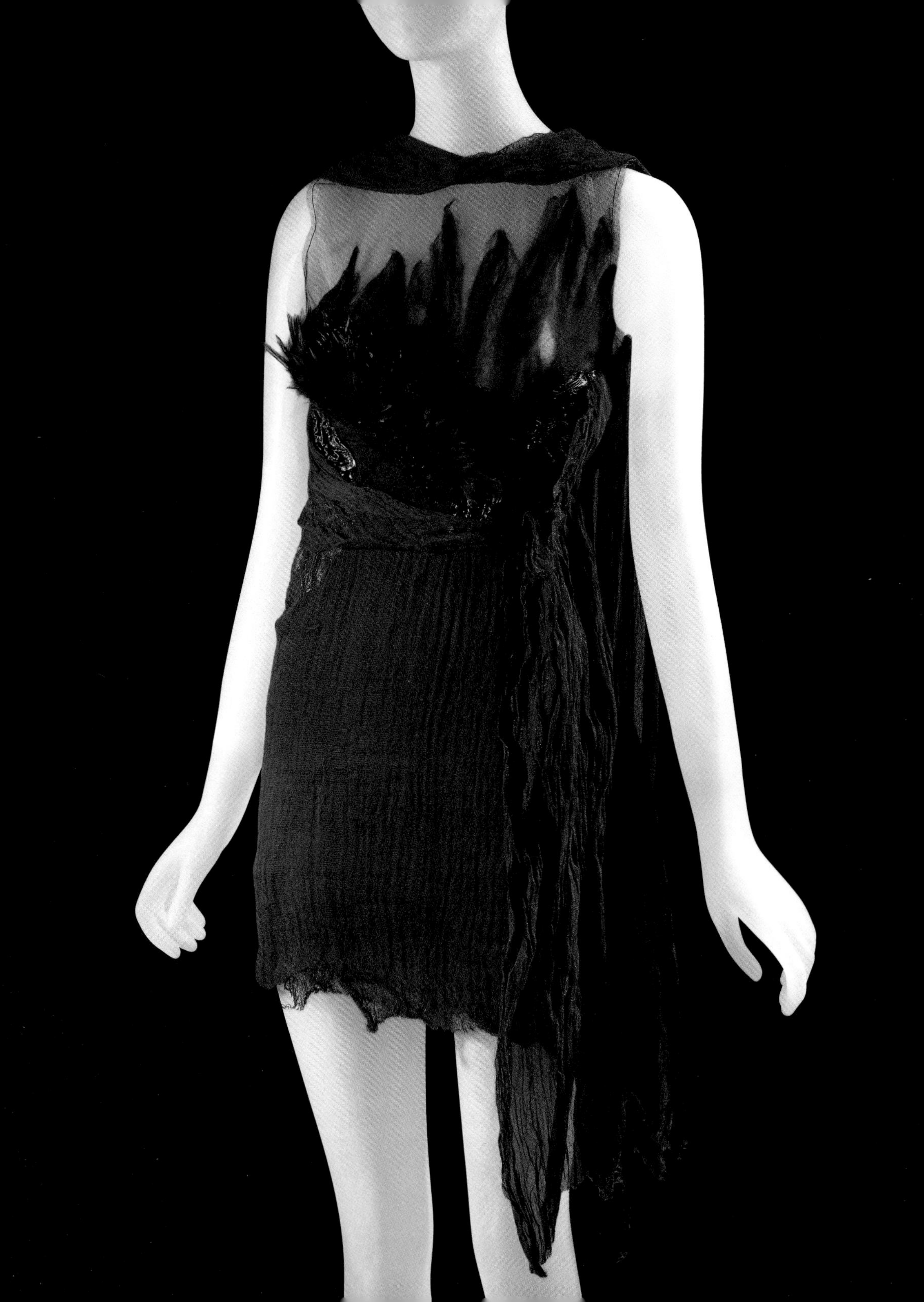

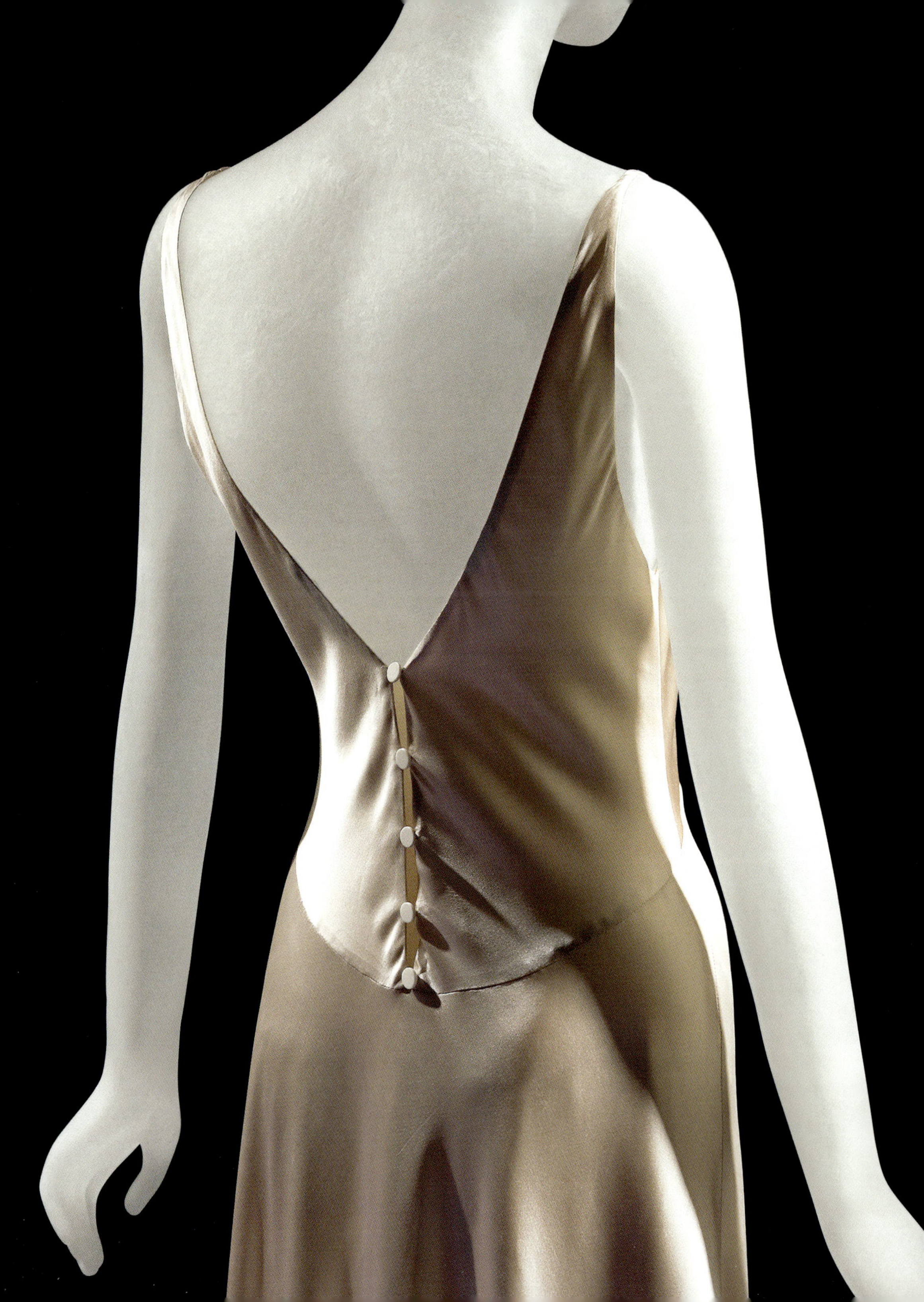

Narciso Rodriguez

NARCISO RODRIGUEZ (* 1961) Am 21. September 1996 ging der Stern von Narciso Rodriguez' am Modehimmel auf. An diesem Tag erschien, auf den Stufen einer baufälligen Kirche auf Cumberland Island vor der Küste des US-Bundesstaates Georgia, Rodriguez' Freundin Carolyn Bessette in einem 40 000-Dollar-Kleid, das er für ihre Hochzeit mit John F. Kennedy Junior entworfen hatte.

Seit dem Start seines Labels im Jahr 1997 hat Rodriguez, der als „Minimalist mit Feuer" beschrieben wird, zu Recht Bekanntheit als einer der raffiniertesten Bildhauer präzise ziselierter Kleider, Mäntel und Separates erlangt. Für viele seiner besten Entwürfe schneidet er zahlreiche Einzelteile zu, die anschließend zu einer Form zusammengefügt werden, die die Figur der Trägerin akzentuiert.

Rodriguez, als erstes Kind kubanischer Einwanderer in Newark, New Jersey, geboren, absolvierte eine Ausbildung an der Parsons the New School for Design, obwohl seine Eltern mit seiner Berufswahl nicht einverstanden waren. Seine ersten beruflichen Stationen führten von Donna Karan und ihrer Marke Anne Klein über Calvin Klein, für den er eine Damenkollektion entwarf, und das in Paris ansässige Label Cerruti bis zum spanischen Traditionshaus Loewe. 2002 und 2003 erhielt Rodriguez vom CFDA den Titel Designer des Jahres in der Kategorie Damenmode. Zu diesem Zeitpunkt geriet Rodriguez jedoch bereits in geschäftliche Schwierigkeiten. Erst löste er den Lizenzvertrag mit seinem Hausproduzenten Aeffe, 2007 schließlich erwarb der Konzern Liz Claiborne 50 Prozent der Anteile an seinem Unternehmen – die er im folgenden Jahr allerdings wieder zurückkaufte.

Rodriguez bleibt einer der wichtigsten und in der Öffentlichkeit präsentesten Modedesigner der Vereinigten Staaten. Zu seinem Kundenkreis zählt neben allerlei Society-Prominenz auch Ex-First Lady Michelle Obama. —*P. M.*

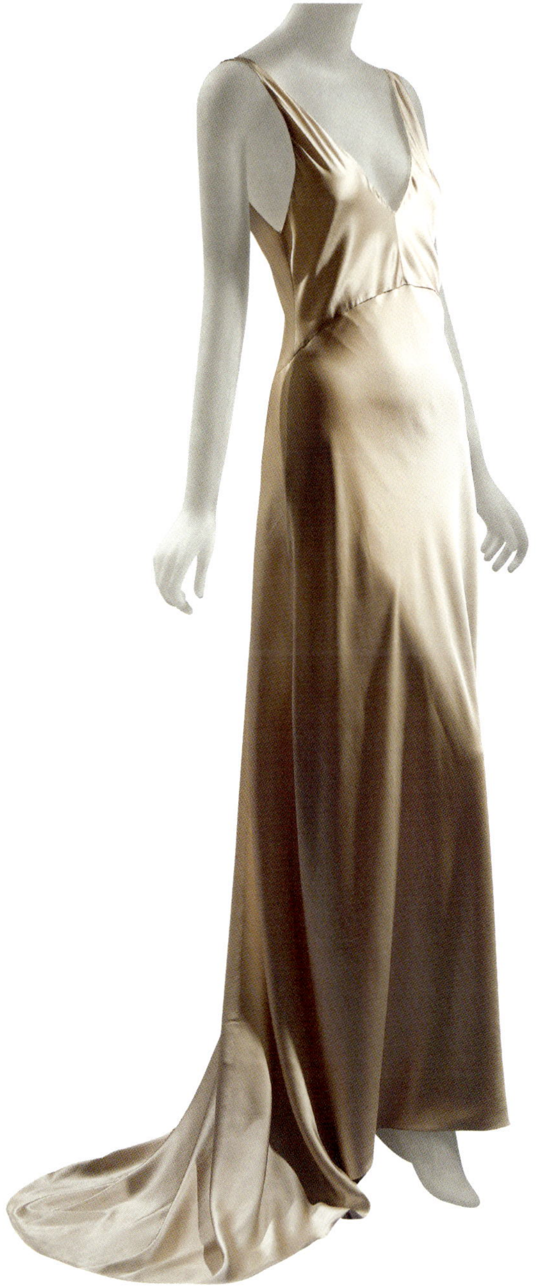

„Worauf ich aus bin, ist die Erschaffung einer Form durch Struktur und Material."
— **Narciso Rodriguez**

VORHERGEHENDE DOPPELSEITE UND LINKS
Narciso Rodriguez
Abendkleid: blassrosafarbene Seidencharmeuse
USA, 2011

GEGENÜBER
Narciso Rodriguez
Abendkleid: schwarze und metallisch-goldene Seide; rosahautfarbener Seidensatin; schwarze und weiße Perlen; Pailletten
USA, 2005

„Ich denke, dass etwas sehr klassisch und zugleich sehr modern sein kann." — NARCISO RODRIGUEZ

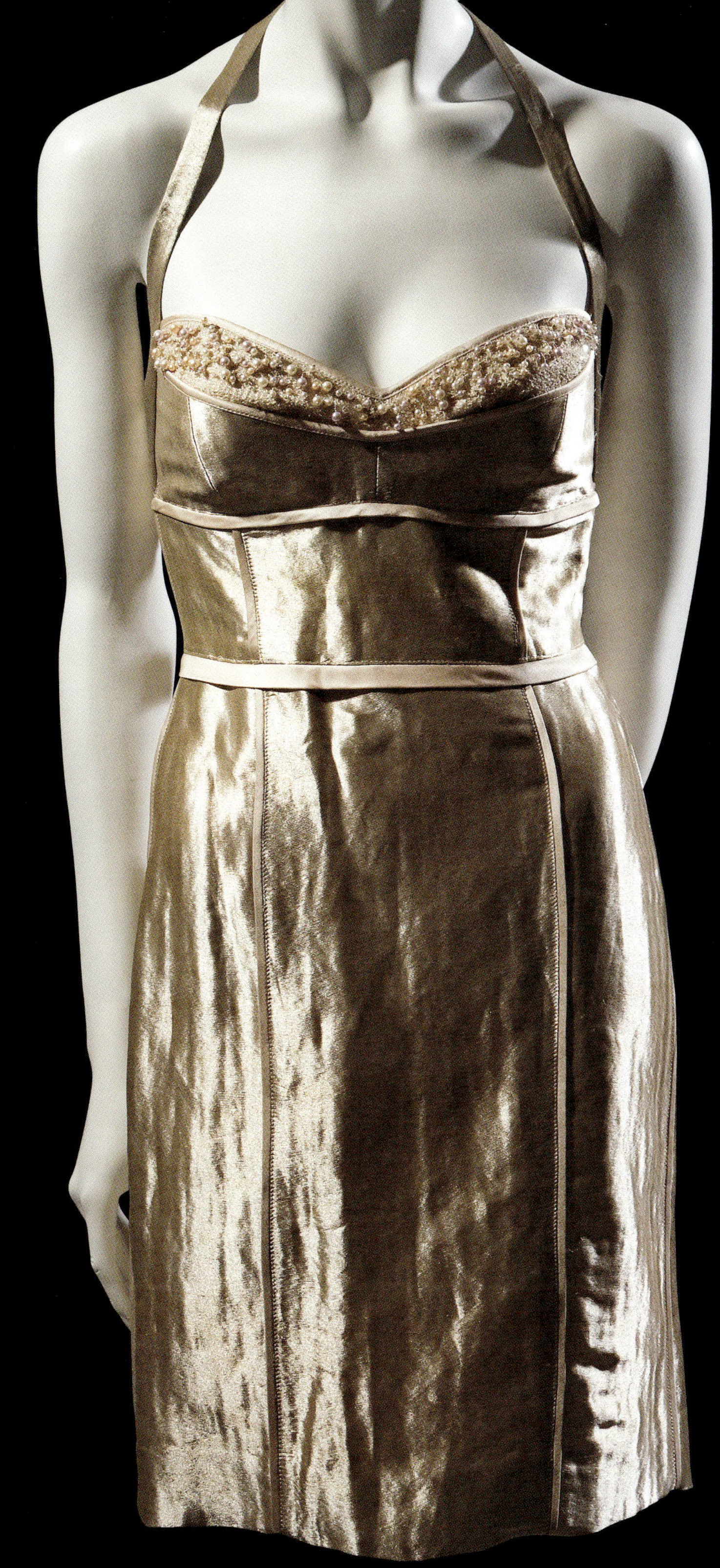

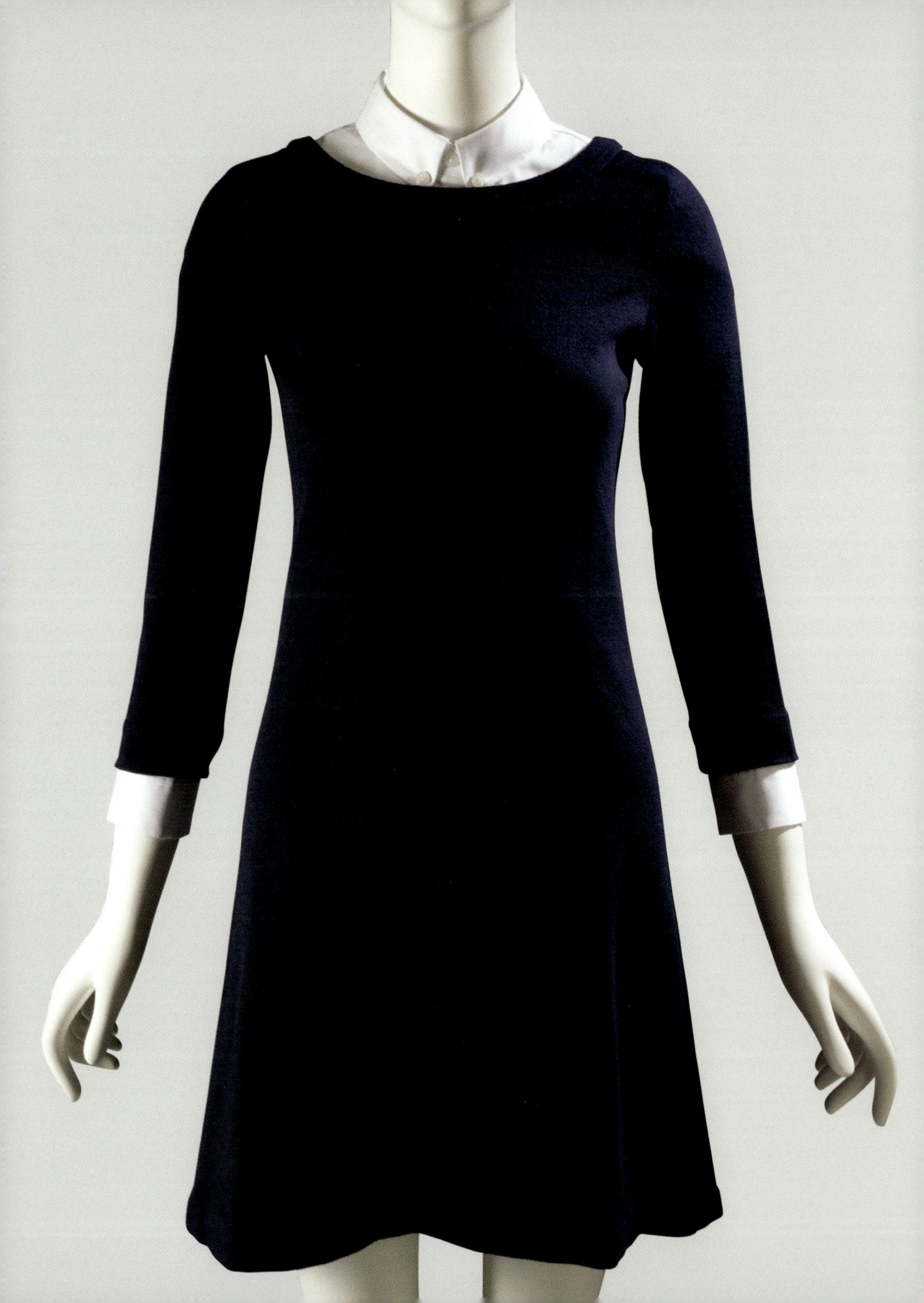

Sonia Rykiel

SONIA RYKIEL (1930–2016) Sonia Rykiel begann ihre Karriere mit einem Design, das in den 1960er-Jahren nahezu allgegenwärtig war: der „Poor Boy Sweater“. Sie arbeitete damals in der Pariser Boutique Laura, die der Rykiel-Familie gehörte, und gab bei einem italienischen Strickwaren-Hersteller einen eng sitzenden Pullover in Auftrag, der auf ihre zierliche Figur zugeschnitten war. Der taillenkurze Pulli mit hoch angesetzten Ärmeln weckte bald das Interesse der Modepresse und fand trotz des stolzen Preises reißenden Absatz. Die „Königin des Strick“ war inthronisiert.

Geboren in Neuilly-sur-Seine als Sonia Flis, wuchs sie als Kind jüdischer Eltern in gehobenen Mittelschichtsverhältnissen auf. 1953 heiratete sie Sam Rykiel, bekam zwei Kinder und plante damals – wie sie in späteren Interviews bekannte – ein ruhiges Leben als Ehefrau und Mutter. Doch ihr unverkennbares Talent führte sie in eine andere Richtung. 1968 ließ sie sich von Sam Rykiel scheiden und eröffnete noch im selben Jahr eine Boutique unter eigenem Namen. Viele ihrer frühen Entwürfe waren aus Strickstoffen gefertigt, was bequeme Kleidung ergab, die auffallend und leger zugleich war.

Rykiel fand, dass Frauen sich nicht genötigt sehen sollten, ihre Garderobe jede Saison drastisch zu verändern – ein Standpunkt, mit dem sie ihrer Zeit weit voraus war. Sie entwarf Separates, die beliebig kombiniert und jahrelang getragen werden konnten. Quergestreifter Strick in bunten Farben zählte zu den frühen Erkennungszeichen ihrer Mode. Darüber hinaus begann sie ab 1974 Kleidung mit sichtbaren Nähten zu arbeiten, eine Neuerung, die möglicherweise die japanische Avantgardemode der folgenden Dekade beeinflusst hat. Rykiels Tochter Nathalie wurde 1995 zur Kreativchefin ernannt und hatte diese Position noch inne, als ihre Mutter 2016 starb. Unter Nathalies Leitung wurde die Marke um Kindermode und eine Zweitlinie erweitert. Das Unternehmen überstand einige Jahre finanzieller Schwierigkeiten, doch 2019 kam das endgültige Aus. —*C. H.*

„Ich brauchte zehn Jahre, um einen Stil zu definieren, zehn Jahre, um ein Image zu definieren, und zehn Jahre, um die Rolle der Frau neu zu definieren.“ — SONIA RYKIEL

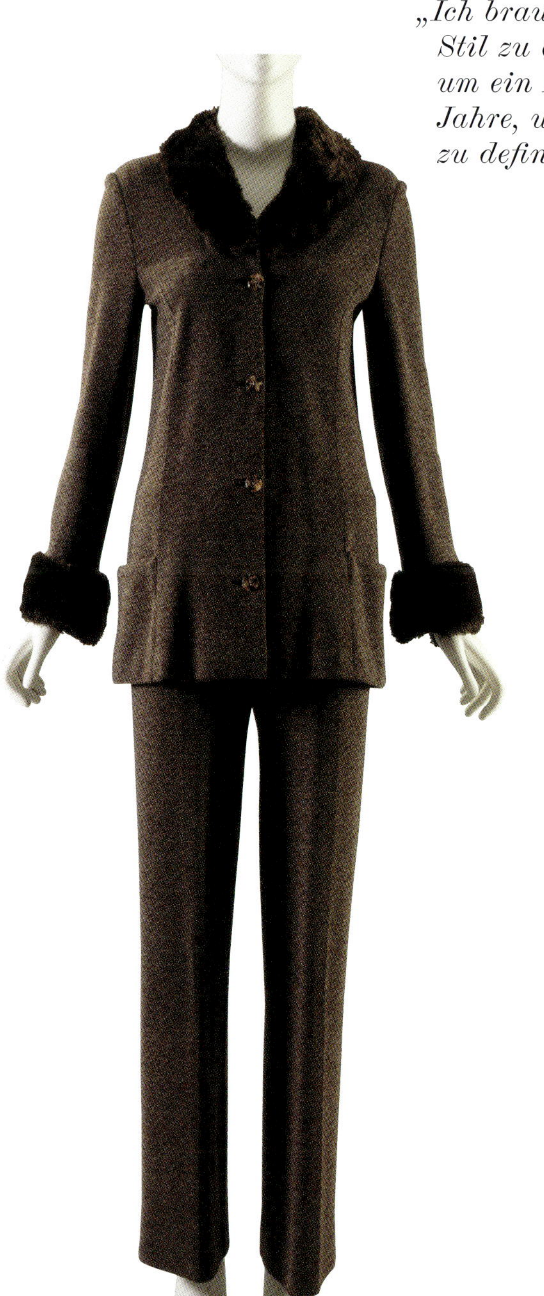

„Meine Mode ist nur ein Ausdruck meiner selbst in Farbe und Form.“
— **Sonia Rykiel**

VORHERGEHENDE DOPPELSEITE
Sonia Rykiel
Kleid: marineblauer Wolljersey und weiße Baumwolle
Frankreich, um 1965

LINKS
Sonia Rykiel
Hosenanzug: braunes Wollgewirke und brauner Kunstpelz
Frankreich, um 1965

GEGENÜBER
Sonia Rykiel
Sweater und Hose: pflaumenblaues und rosafarbenes Wollgewirke, pflaumenblaues Wolljersey
Frankreich, um 1975

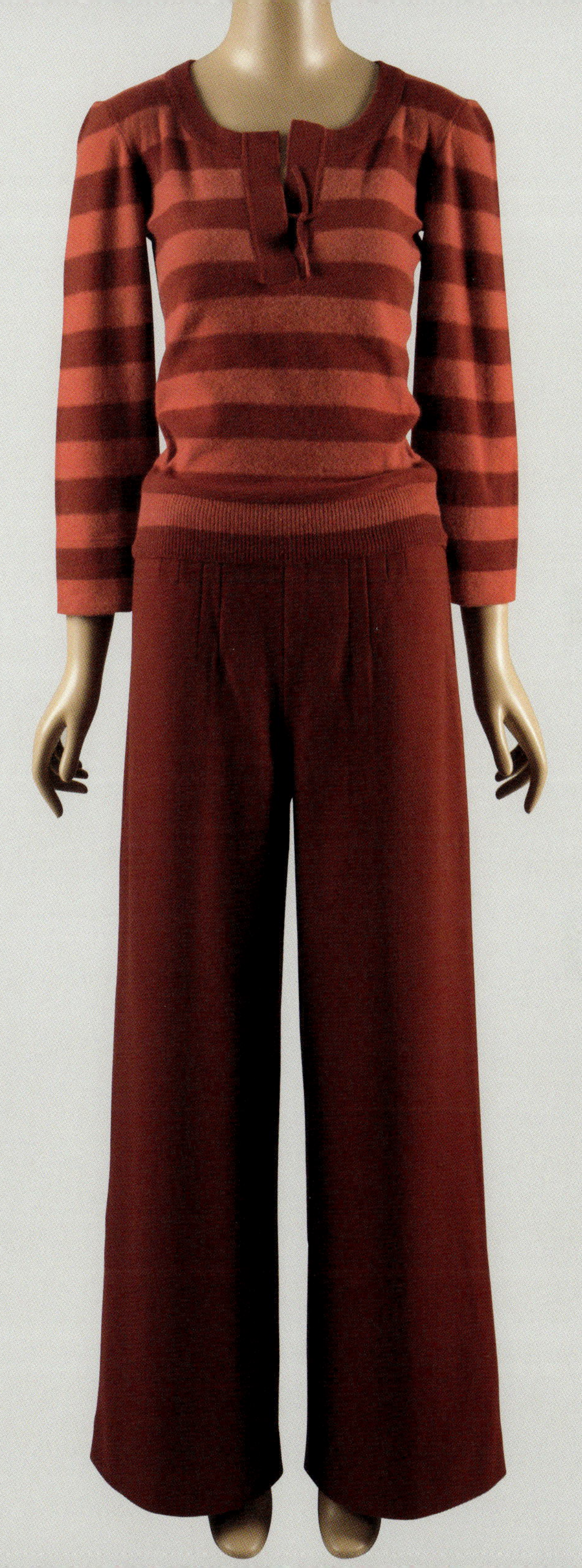

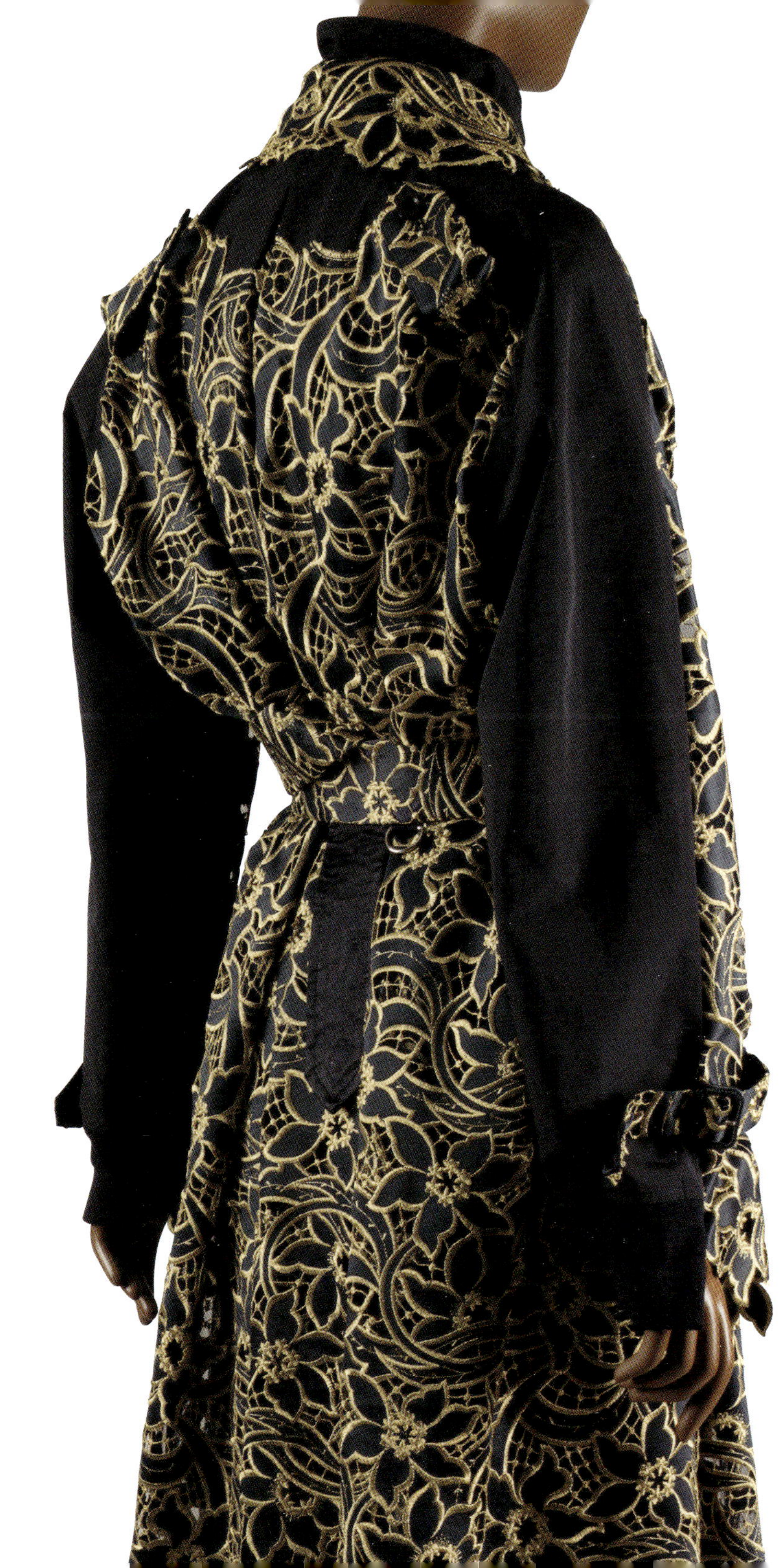

Sacai

CHITOSE ABE (* 1965) Das japanische Label Sacai nimmt eine Sonderstellung zwischen Couture und Straßenmode ein, die ihm unter Anhängern wie Anhängerinnen Kultstatus eingetragen hat. In einer unverwechselbaren Ästhetik, die mit Dekonstruktion, Farbkontrasten, Texturen und Asymmetrien spielt, kreiert die Markengründerin Chitose Abe Stücke, die oft zwei noch kenntliche, aber disparate Kleidungsstücke miteinander verschmelzen (z. B. Blazer und Daunenmantel, Bretagne-Shirt und Spitzenbluse). Die resultierenden Looks sind – in den Worten der *Women's Wear Daily* – „überraschend tragbar".

Chitose Abe (geboren als Chitose Sakai) begann ihre Modekarriere als Zuschneiderin bei Comme des Garçons, wo sie sowohl für Rei Kawakubo als auch für Junya Watanabe arbeitete und sich letztlich Watanabes Designteam anschloss. Beider Einfluss auf Abes eigenes Design ist nicht zu leugnen, doch was sie von beiden unterscheidet, ist ihr Streben nach Tragbarkeit. „Ich mache Kleider, die ich tragen möchte, die zu meinem Lebensstil passen", erklärt Abe. „Egal wie konzeptionell die Kleidung auch sein mag, am Ende steht für mich immer die Frage ‚Würde ich das tragen?'. Lautet die Antwort nein, verfolge ich das Design nicht weiter."

Seinen offiziellen Start erlebte das nach Abes Geburtsnamen getaufte Label Sacai 1999 mit einer nur wenige Stücke umfassenden Kollektion, die sie in den eigenen vier Wänden produzierte. Nach drei Jahren im Alleingang holte sie sich die erste Angestellte dazu, und die Laufstegpremiere ihrer Mode erfolgte erst 2011. In der heutigen Branche ein erstaunlich langsames Tempo, das Abe jedoch als unabdingbar für ihre Entwicklung als Designerin und Unternehmerin empfand. Heute ist Sacai ein weltweit anerkanntes Label mit eigenständigen Boutiquen und großen Kooperationspartnern wie Nike und Birkenstock. Abe selbst aber bleibt zurückhaltend und lieber hinter den Kulissen, anstatt als Stardesignerin im Scheinwerferlicht zu stehen. Für sie geht es bei Mode um Kleidung und den Konsumenten: „Nichts ist befriedigender, als jemanden auf der Straße zu sehen, der nichts mit Mode zu tun hat und meine Sachen trägt." *—E. M.*

„Es gibt im Japanischen eine Redensart, die besagt: ‚Eine Gelegenheit führt zu vielen.' Ich glaube fest daran. Ich hatte stets Geduld und gab bei dem, was ich erreichen wollte, niemals auf."

— CHITOSE ABE

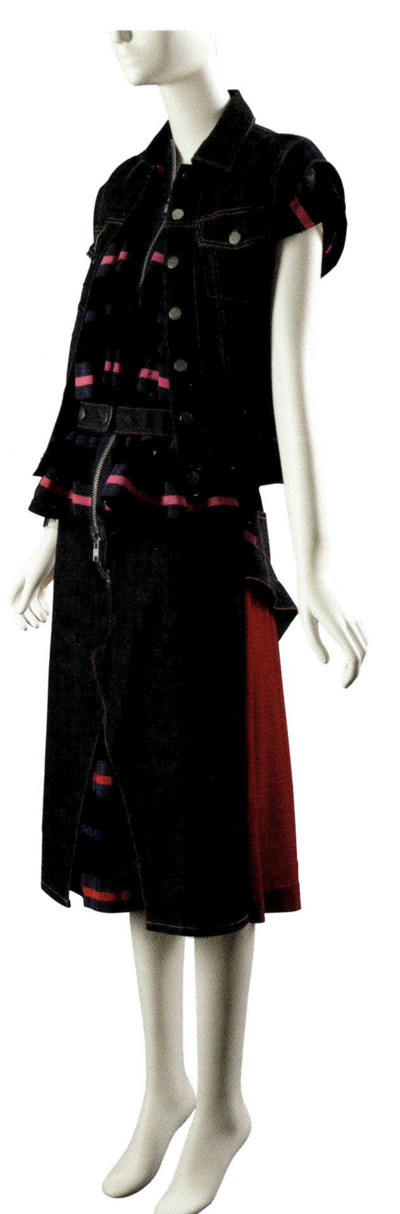

„Ich mache einfach, was ich mag. Das ist alles."
— **Chitose Abe**

VORHERGEHENDE DOPPELSEITE
Sacai (Chitose Abe)
Mantel: blauer Satin und goldmetallische Spitze
Japan, Frühjahr 2016

LINKS
Sacai (Chitose Abe)
Ensemble: blaues Denim, schwarzes und rosarotes Nylon, roter Samt und Metall
Japan, Frühjahr 2015

GEGENÜBER
Sacai (Chitose Abe)
Ensemble: weiße Baumwollspitze, marineblau und weiß gestreifte Strickbaumwolle
Japan, Frühjahr 2015

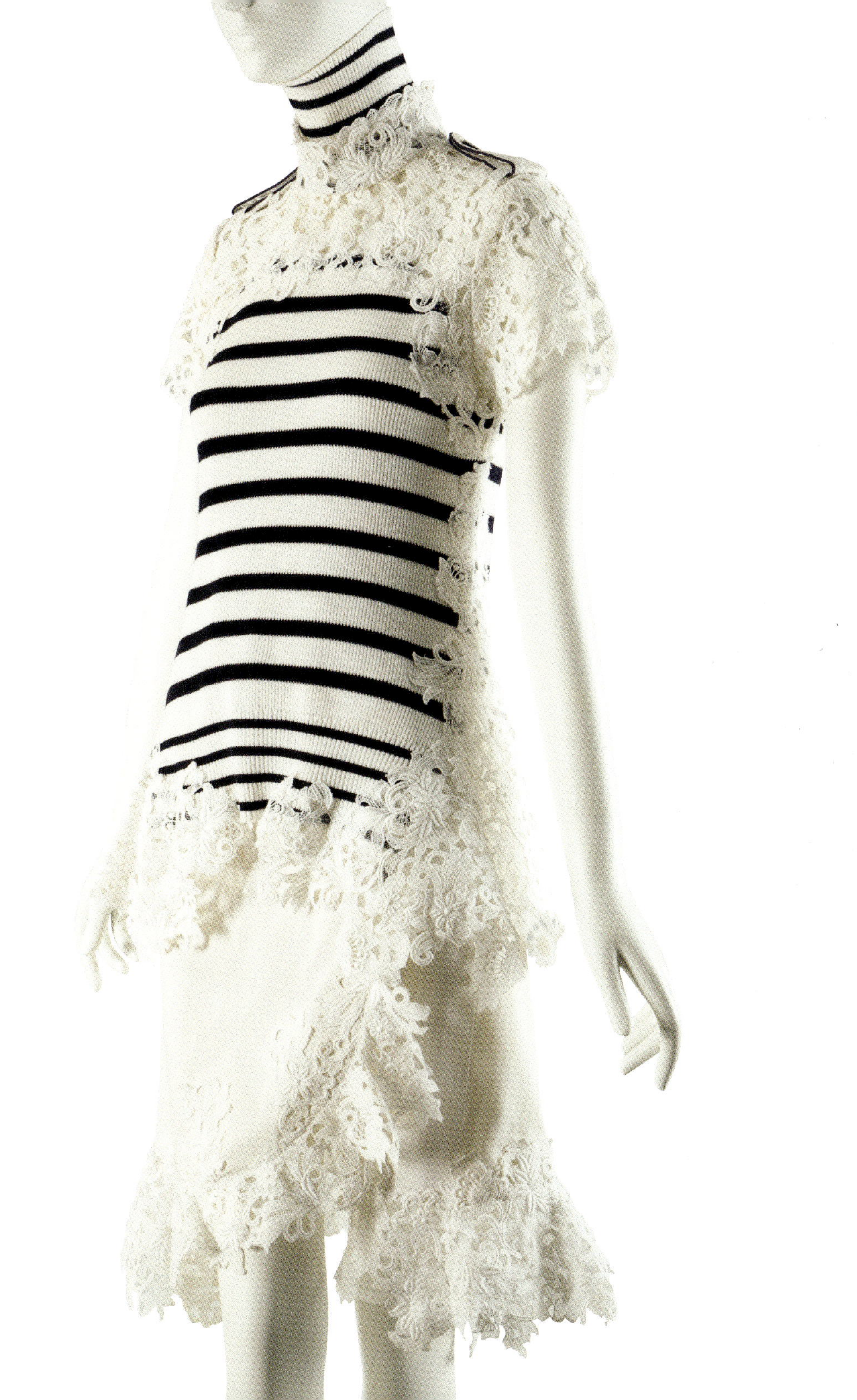

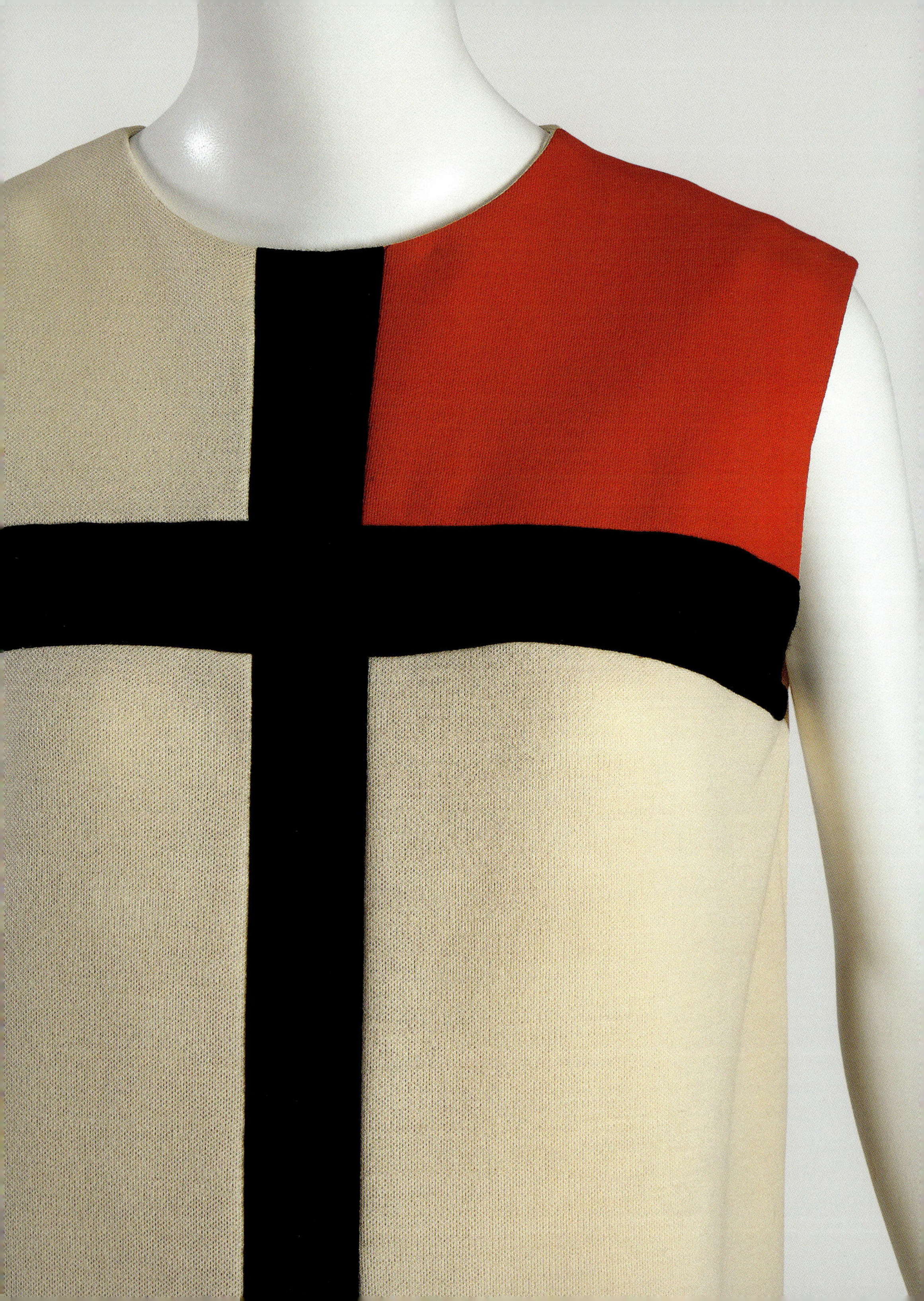

Yves Saint Laurent

YVES SAINT LAURENT (1936–2008) ist einer der größten Namen in der Geschichte der Mode. Zusammen mit Christian Dior und Coco Chanel war er Teil eines Dreigestirns von Couturiers, das Mode und Stil des 20. Jahrhunderts in ihrer Hochblüte verkörperte. Saint Laurent war ein begnadeter Zeichner, doch er „erfand" keine Looks und war auch kein Meisterschneider. Wie vor ihm Chanel war auch er ein Vertreter der Moderne, der vertraute Elemente der Funktionsbekleidung in einen neuen Kontext stellte, wie etwa Safarijacken und Herrensmokings, die er in elegant-feminine Basics der Damengarderobe verwandelte. Daneben kreierte Saint Laurent auch traumhaft exotische, romantische Kleider, für die er sich von so unterschiedlichen Vorbildern wie dem Demimonde-Stil der Belle Époque oder russischen Bauerntrachten inspirieren ließ. Nur wenigen Couturiers gelang je eine ähnlich überzeugende Mischung aus perfekten Proportionen und bestechenden Farbkombinationen.

YSL, wie die weltbekannten Initialen des Designers lauten, wurde als Yves Donat Mathieu-Saint-Laurent im algerischen Oran geboren. Sein früh gereiftes Talent und der Wunsch, eine Modelaufbahn einzuschlagen, führten ihn nach Paris. Mit gerade einmal 17 Jahren war er Assistent bei Christian Dior und sollte nur vier Jahre später, nach Diors plötzlichem Tod, die kreative Leitung des Hauses übernehmen. Seine erste Kollektion wurde mit Begeisterung aufgenommen, die folgenden Saison-Kollektionen jedoch als zu avantgardistisch kritisiert. Nach einem traumatischen Einsatz in der Armee und anschließender Kündigung durch Dior eröffnete Saint Laurent 1961 zusammen mit Pierre Bergé, seinem langjährigen Partner, ein Couturehaus unter eigenem Namen.

Seine 1966 eingeführte Prêt-à-porter-Linie Rive Gauche lieferte die Blaupause für andere französische Couturiers; er selbst beeinflusste bis zu seinem Rückzug aus der Branche im Jahr 2002 vier Jahrzehnte lang den Lauf der Mode und setzte Meilensteine: mit Hymnen an die Kunst – von Shiftkleidern à la Mondrian 1965 bis zur *Picasso*-Kollektion 1980; mit „Le Smoking" – seiner Variante des Herrensmokings für Frauen aus dem

Jahr 1966; mit der Frühjahrskollektion 1971 im Stil der 1940er-Jahre; mit den „Ballets Russes“- (1976/77) und *China*-Kollektionen (1977/78). Für Aufsehen sorgten auch die farbigen Models, von denen er seine Mode gerne auf dem Laufsteg präsentieren ließ, und der Kreis seiner Freundinnen und Musen, zu dem Frauen wie Betty Catroux, Catherine Deneuve und Loulou de la Falaise zählten.

1983 wurde ihm als erstem Modeschöpfer bereits zu Lebzeiten eine Einzelausstellung im Metropolitan Museum of Art gewidmet. Saint Laurent starb 2008. Von 2012 bis 2016 war Hedi Slimane Chefdesigner des Hauses; ihm folgte Anthony Vaccarello —*P. M.*

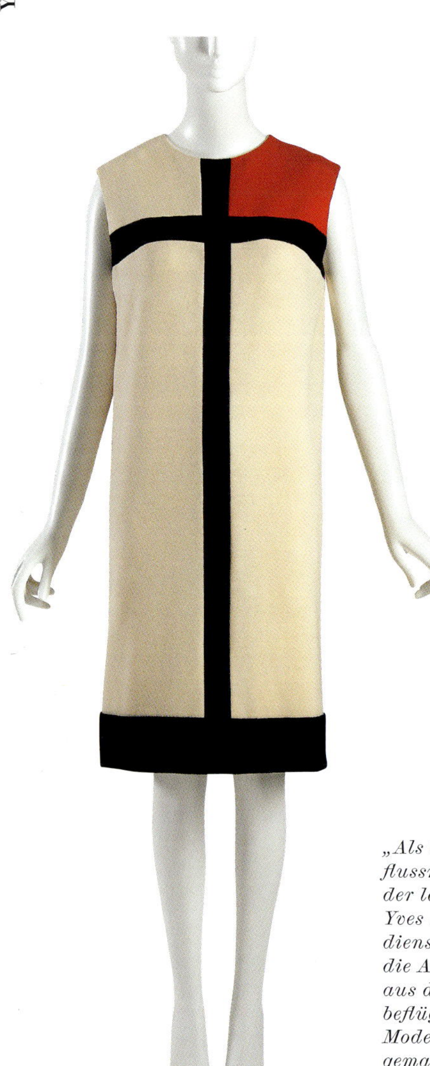

„Folgen Sie Yves den Gartenweg hinab – am Ende steht immer ein Topf Gold.“
— DIANA VREELAND, REDAKTEURIN, *HARPER'S BAZAAR* UND *VOGUE*

„Als beständigstem und einflussreichstem Modeschöpfer der letzten 25 Jahre kann Yves Saint Laurent das Verdienst zugesprochen werden, die Auferstehung der Couture aus der Asche der Sixties beflügelt und Prêt-à-porter-Mode endgültig salonfähig gemacht zu haben.“
—Caroline Rennolds Milbank, Autorin

VORHERGEHENDE DOPPELSEITE UND LINKS
Yves Saint Laurent
„Mondrian“-Kleid: elfenbeinfarbenes, rotes, schwarzes Wolljersey
Frankreich, 1965

GEGENÜBER
Yves Saint Laurent
Kostüm: schwarze Wolle, Spitze
Frankreich, 1990

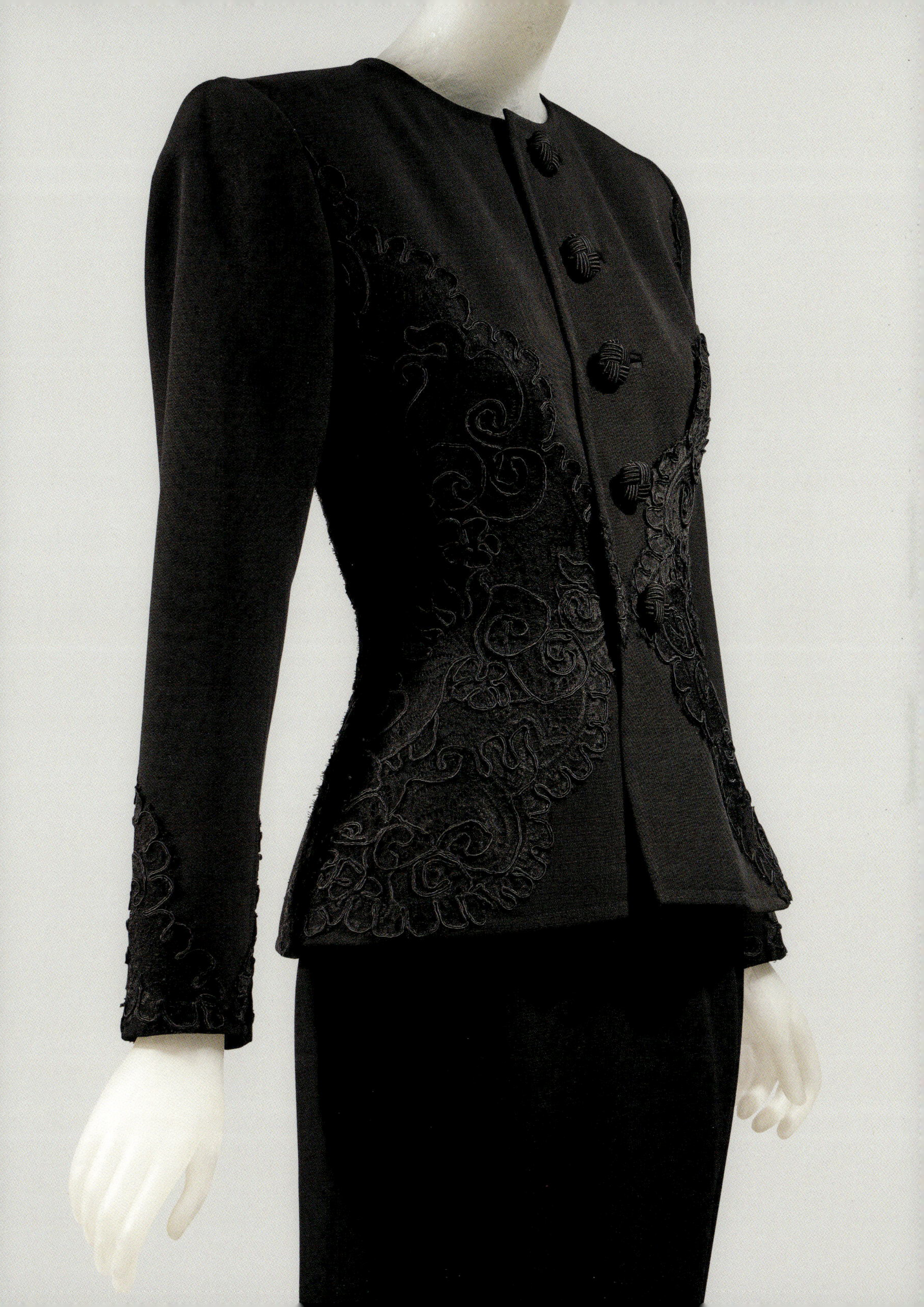

„Die schönsten Stücke, die eine Frau kleiden können, sind die Arme des Mannes, den sie liebt. Aber für diejenigen, die noch nicht das Glück hatten, diese Glückseligkeit zu finden, bin ich da.“ – YVES SAINT LAURENT

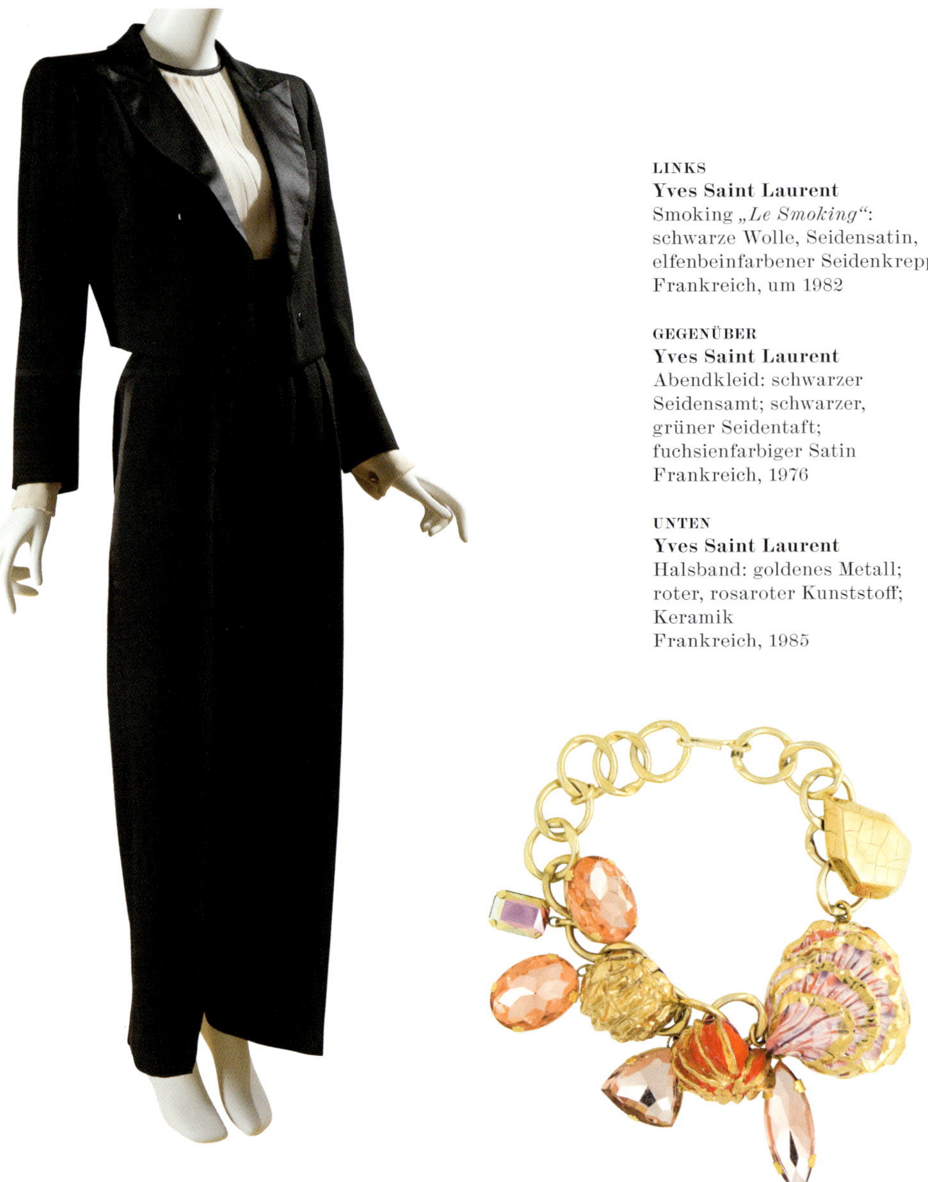

LINKS
Yves Saint Laurent
Smoking *„Le Smoking“*:
schwarze Wolle, Seidensatin,
elfenbeinfarbener Seidenkrepp
Frankreich, um 1982

GEGENÜBER
Yves Saint Laurent
Abendkleid: schwarzer
Seidensamt; schwarzer,
grüner Seidentaft;
fuchsienfarbiger Satin
Frankreich, 1976

UNTEN
Yves Saint Laurent
Halsband: goldenes Metall;
roter, rosaroter Kunststoff;
Keramik
Frankreich, 1985

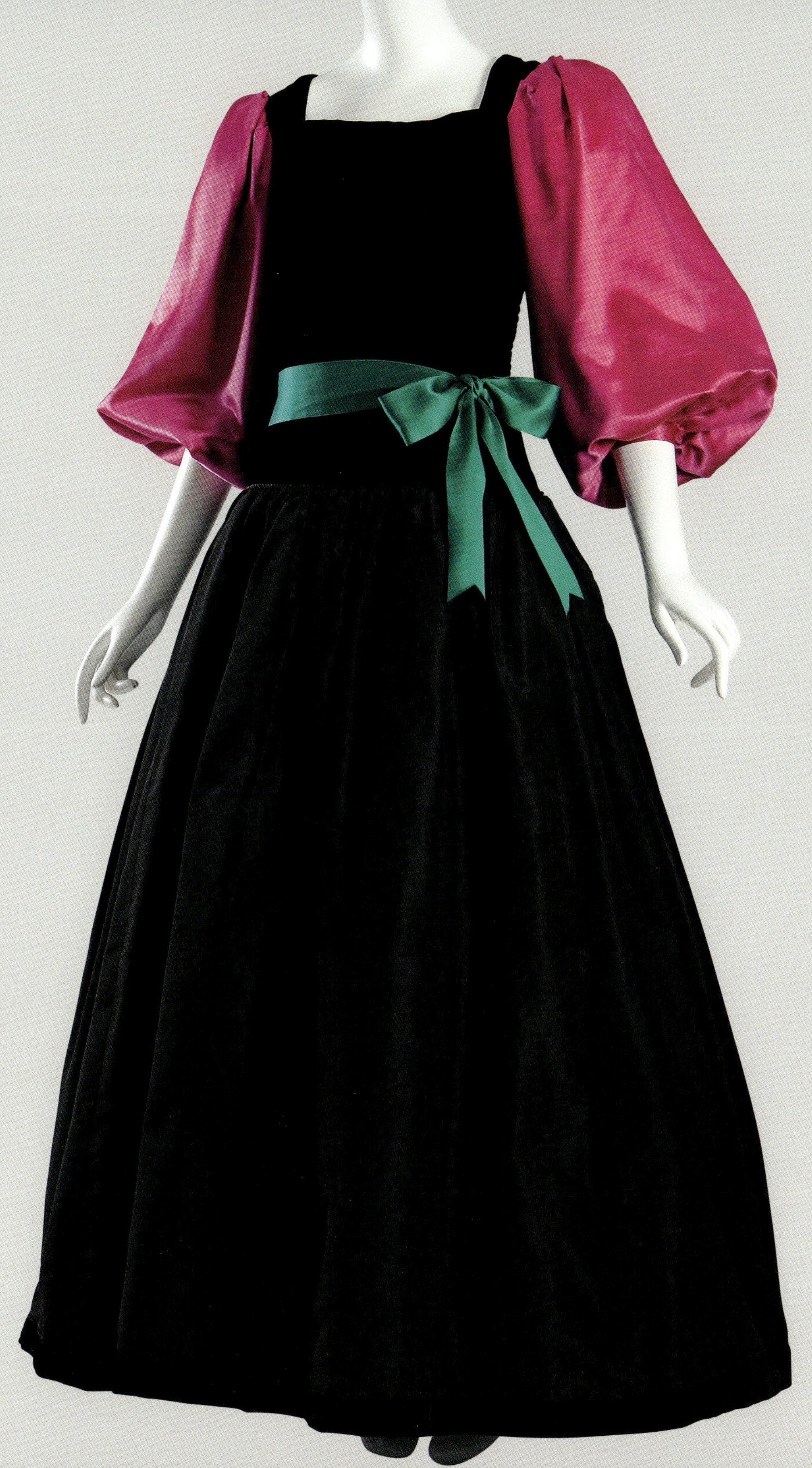

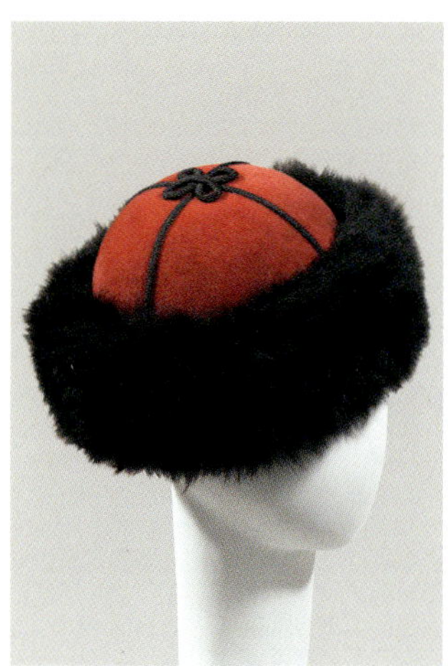

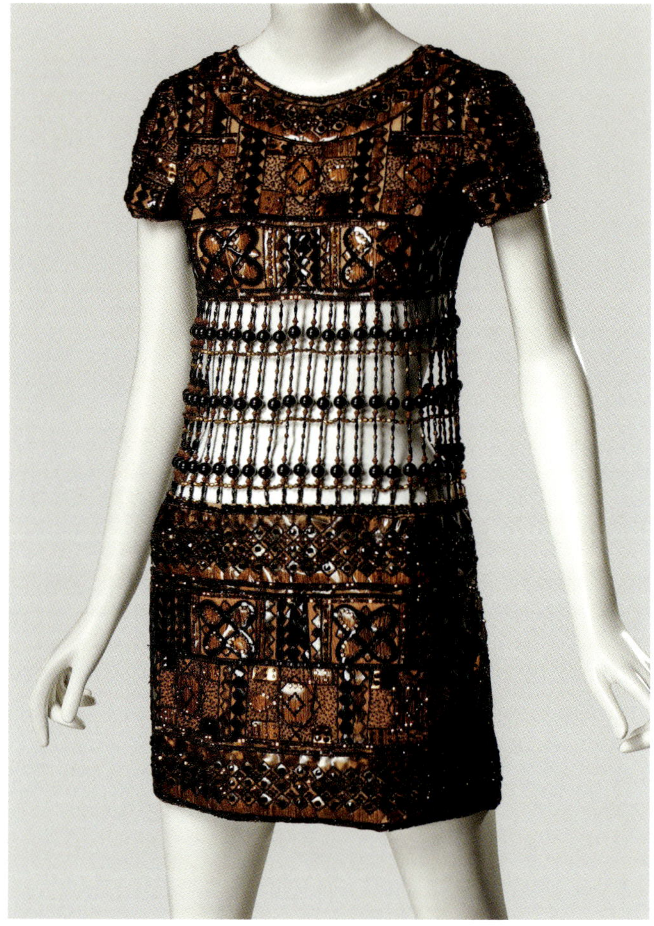

OBEN LINKS
Yves Saint Laurent
Hut: burgunderroter Veloursfilz, schwarzer Pelz, Biesen
Frankreich, 1975

OBEN
Yves Saint Laurent
Abendkleid: brauner Seidenorganza, braune und schwarze Pailletten, Perlen in Bronzeton und Goldmetallic, Holzperlen und schwarze Rocailleperlen
Frankreich, 1967

Yves Saint Laurent war einer der einflussreichsten Modeschöpfer des 20. Jahrhunderts. Sein Faible für „Exotismus" kam in berühmten Kollektionen, die von China, Russland, dem Nahen Osten oder, wie in diesem Fall, von Afrika inspiriert waren, zum Ausdruck.

GEGENÜBER
Yves Saint Laurent
Abendkleid: mehrfarbiger Seidenjacquard
Frankreich, 1977

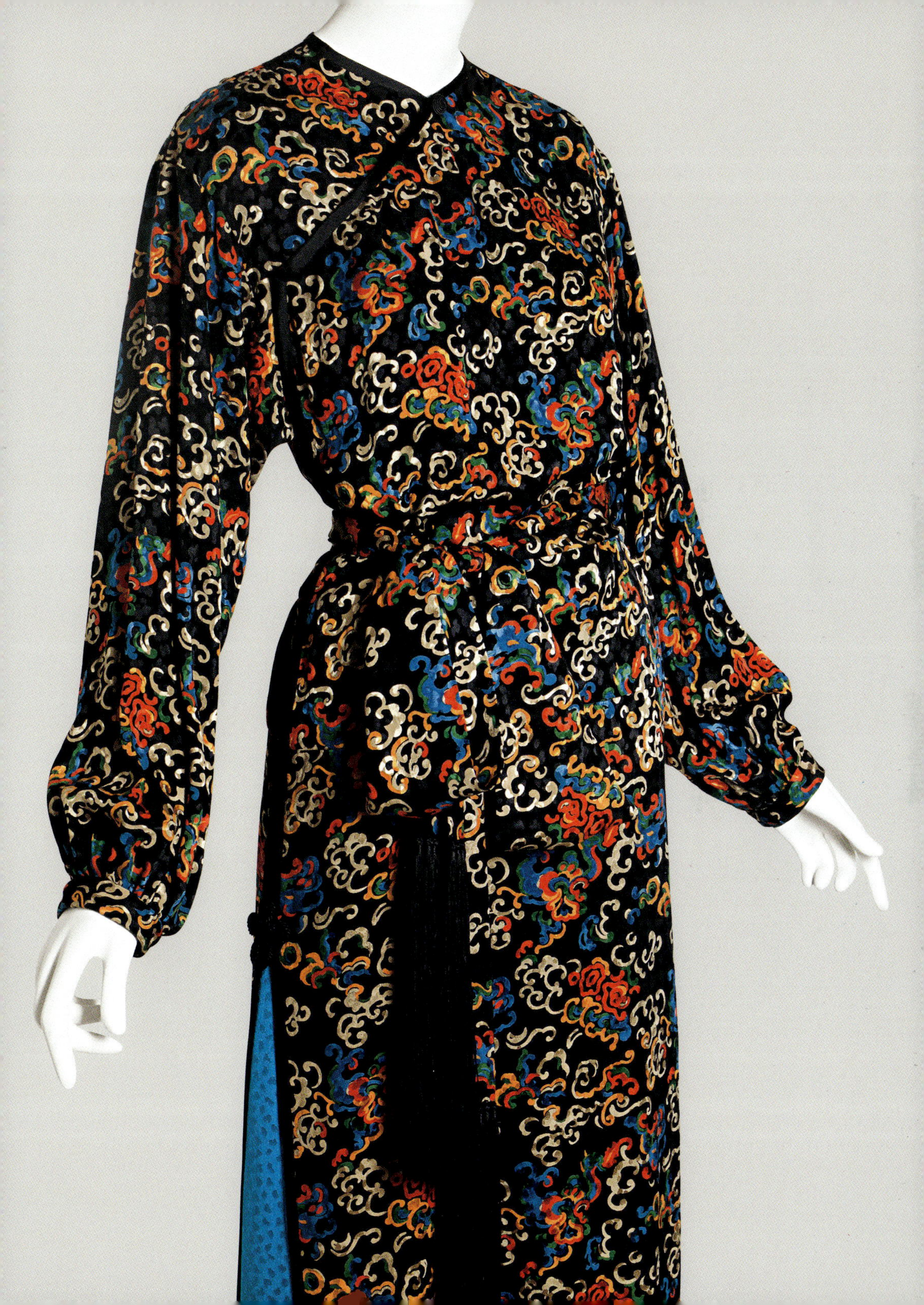

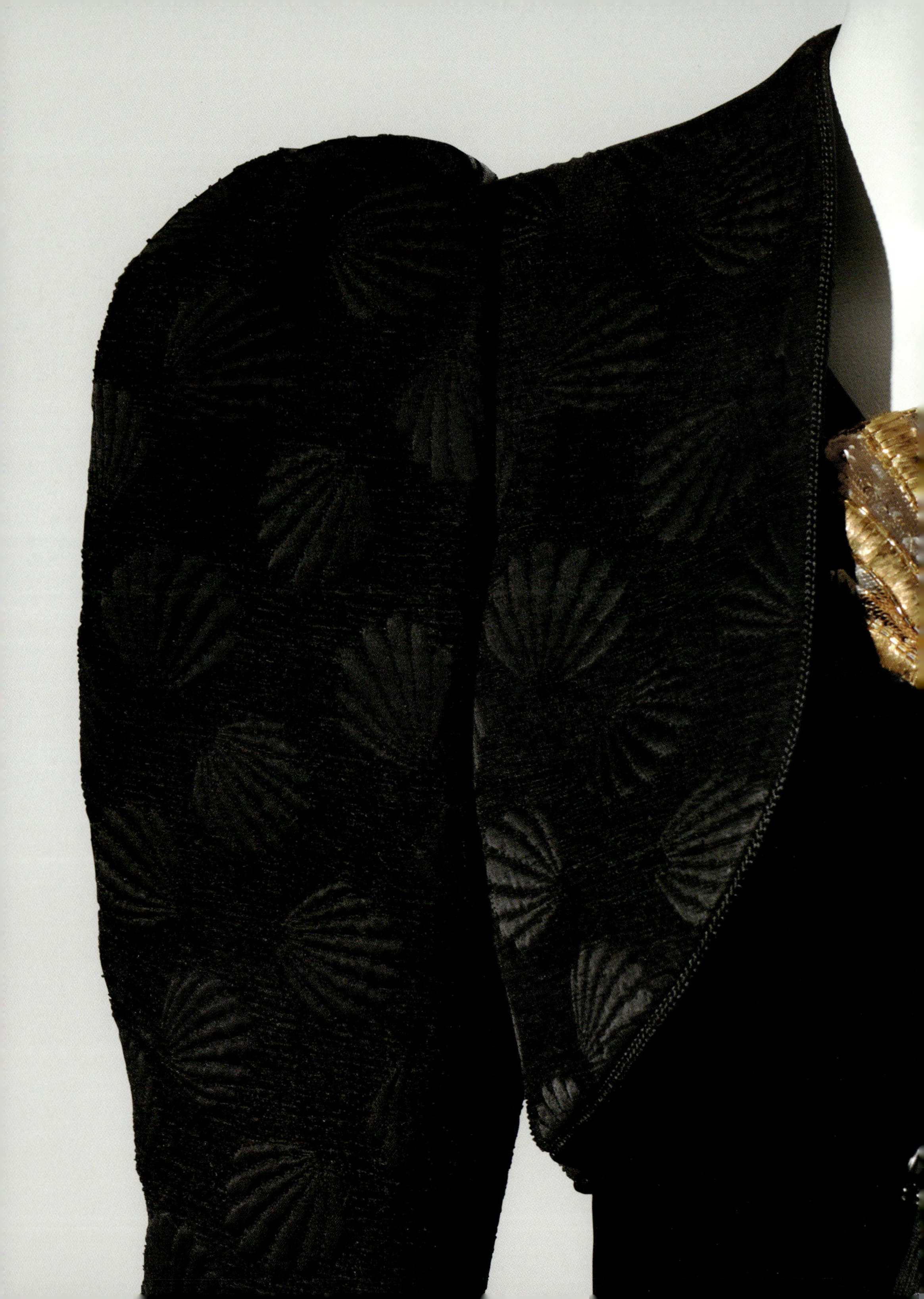

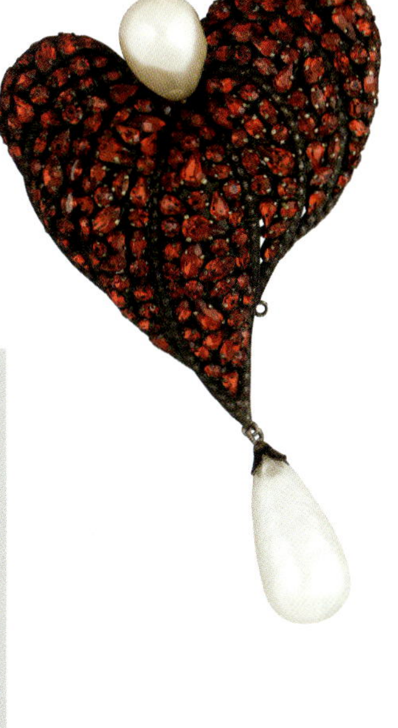

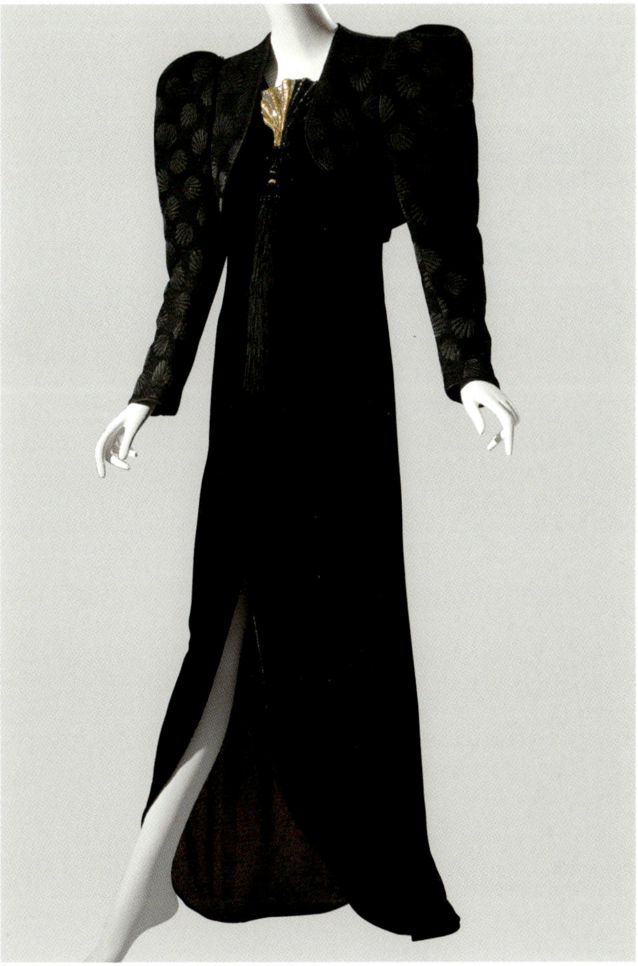

OBEN
Yves Saint Laurent (Roger Scemana)
Brosche: roter pailletten-besetzter Stoff, Barockperlen, Metall
Frankreich, um 1962

GEGENÜBER UND LINKS
Yves Saint Laurent
Abendkleid und Jacke: schwarze Seidenchenille, schwarzer Seidenmatelassé, schwarzer Seidensamt, Goldlamé
Frankreich, 1978

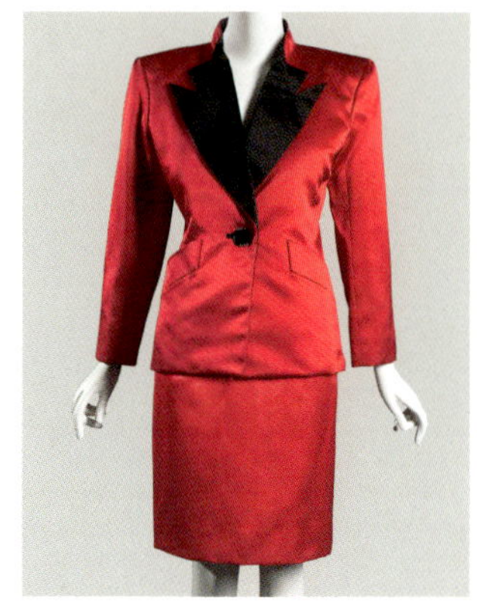

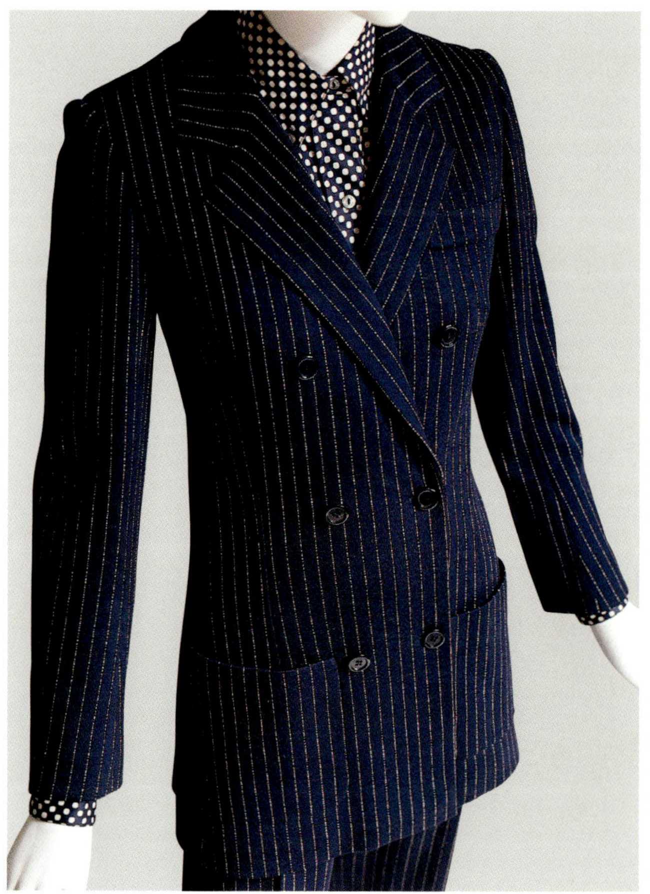

OBEN
Yves Saint Laurent (Rive Gauche)
Abendanzug: fuchsienfarbiger, roter und schwarzer Seidensatin
Frankreich, 1988

LINKS
Yves Saint Laurent (Rive Gauche)
Anzug: marineblaue Wolle mit Nadelstreifen
Frankreich, 1967

GEGENÜBER
Yves Saint Laurent (Stefano Pilati)
Jumpsuit: schwarzes Leder
Frankreich, 2009

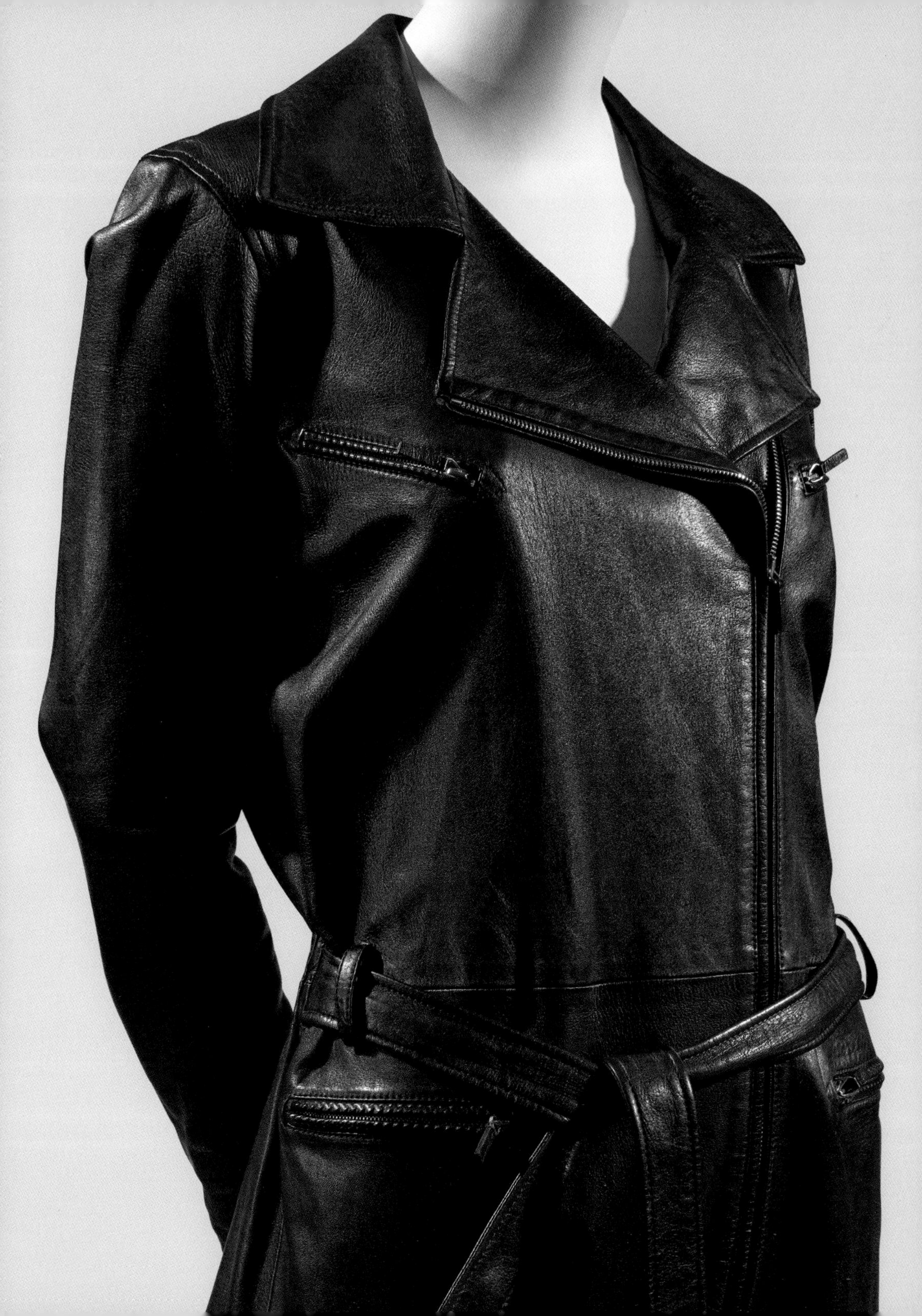

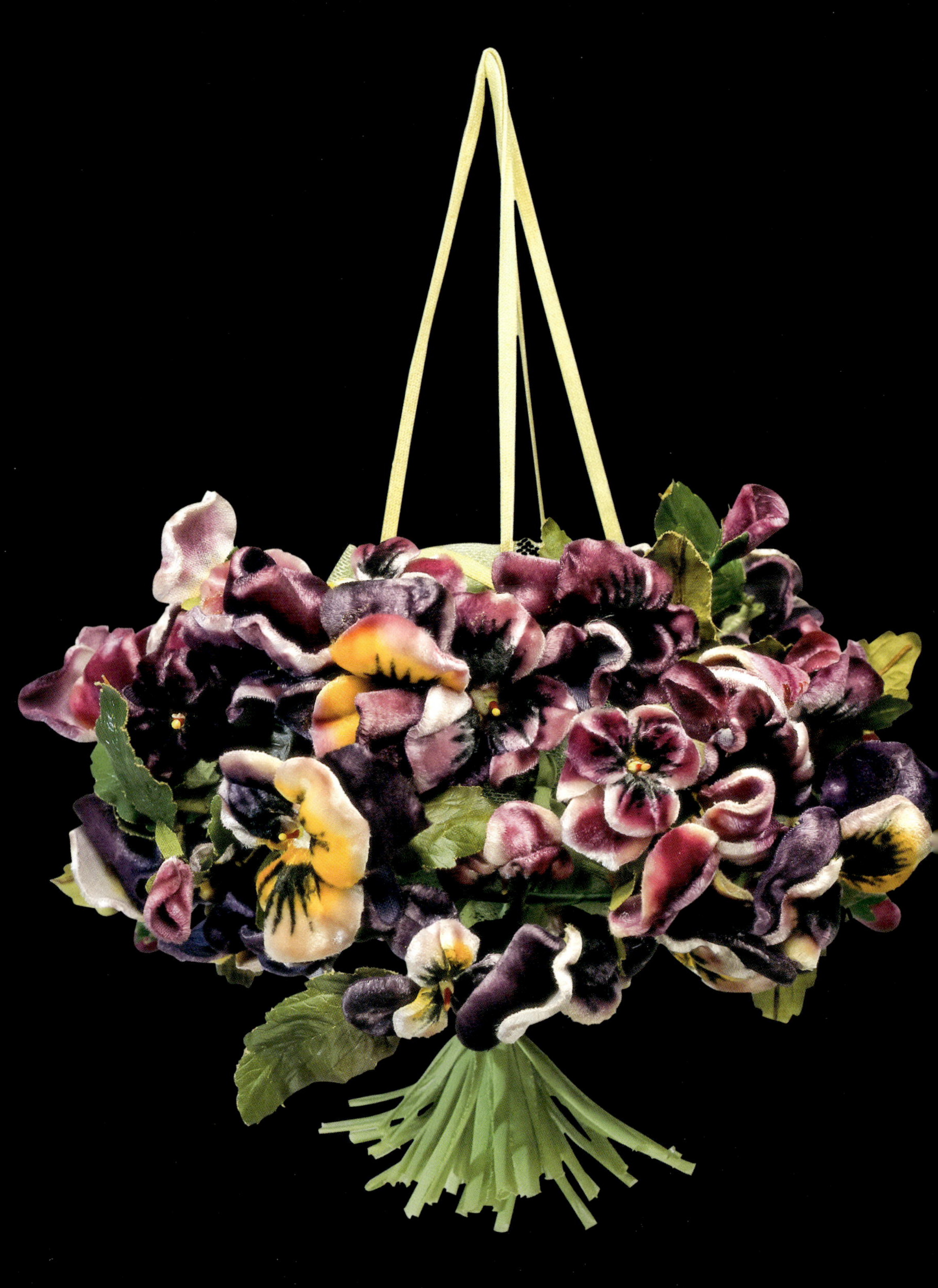

Schiaparelli

ELSA SCHIAPARELLI (1890–1973) zählt zu den originellsten Persönlichkeiten in der Modegeschichte des 20. Jahrhunderts. Den Höhepunkt ihrer 40 Jahre währenden Karriere, die 1926 begann, bildeten ihre von den Surrealisten inspirierten Kreationen der 1930er-Jahre. Obwohl Schiaparelli eher mit traditionellen Methoden arbeitete, war sie eine revolutionäre Designerin und wagte es als Erste ihres Metiers, hochkomplexe Konzepte der bildenden Kunst in tragbare Mode zu verwandeln. Das Entwerfen von Kleidern war in ihren Augen ein künstlerischer Schöpfungsakt und Modedesign mehr als nur ein Handwerk, wie sie auch in ihrer Autobiografie *Shocking Life* schrieb: „Kleider entwerfen … ist für mich kein Beruf, sondern eine Kunst."

Schiaparelli, die einer konservativen römischen Adelsfamilie entstammt, ließ schon früh einen Hang zur Rebellion und auch zur Kunst erkennen, der den Grundstock ihres kreativen Schaffens bilden sollte. Mit 14 wurde sie für die Veröffentlichung erotischer Gedichte in ein Kloster geschickt – und erst nachdem sie in einen Hungerstreik getreten war, wieder nach Hause zurückgeholt. Zehn Jahre später heiratete sie den exzentrischen Theosophen Comte William de Wendt de Kerlor – nur zwei Tage nach dem Besuch einer Vorlesung in London, die er zum Thema „Kraft der Seele über den Körper, Magie und ewige Jugend" gehalten hatte. In einem Zeitraum von zwei Jahren zog das Paar nach New York, bekam eine Tochter und ließ sich scheiden. Mit Kind und ohne Geld nahm Schiaparelli eine Reihe von Gelegenheitsjobs an, die sie 1922 schließlich nach Paris verschlugen, der Stadt, die sie fortan als ihre Heimat betrachtete. 1926 eröffnete sie dort eine Boutique für schicke, witzige Freizeitmode, fünf Jahre später, auf dem Höhepunkt der Depression, ihr Couturehaus in der Rue de la Paix.

Auf dem Gipfel ihres kreativen Schaffens, in der Zeit von 1934 bis 1940, ließ Schiaparelli häufig Motive des Surrealismus in ihre Entwürfe einfließen und arbeitete mit Künstlern wie Salvador Dalí und Jean Cocteau zusammen, außerdem mit Kunsthandwerkern wie Albert Lesage und Jean Clément. Sie war fasziniert von den Surrealisten, deren Vorstoß ins Unbewusste sowie der fremdartigen, mitunter schockierenden Traumsymbolik ihrer Werke. Anders als die männlichen Surrealisten konzentrierte sie sich aber nicht auf Probleme wie sexuelle Unterdrückung oder Grausamkeit, sondern erkundete das Terrain weiblicher Verkleidung und Maskerade. Sie löste sich von Vorbildern wie Salvador Dalí und Max Ernst insofern, als sie den erotischen Aspekt des Surrealismus auf eher spielerische, humorvolle Art in ihre Arbeit integrierte. Als erste Designerin präsentierte Elsa Schiaparelli von 1937 an saisonale Kollektionen, die jeweils einem bestimmten, in sich geschlossenen Thema folgten, wie etwa „Zirkus“, „Schmetterlinge“, „Heiden“, „Astrologie“, „Commedia dell’arte“ oder „Musik“. Bertrand Guyon war von 2015 bis 2019 Chefdesigner des neu gestarteten Labels Schiaparelli und wurde 2019 von Daniel Roseberry abgelöst. *—P. M.*

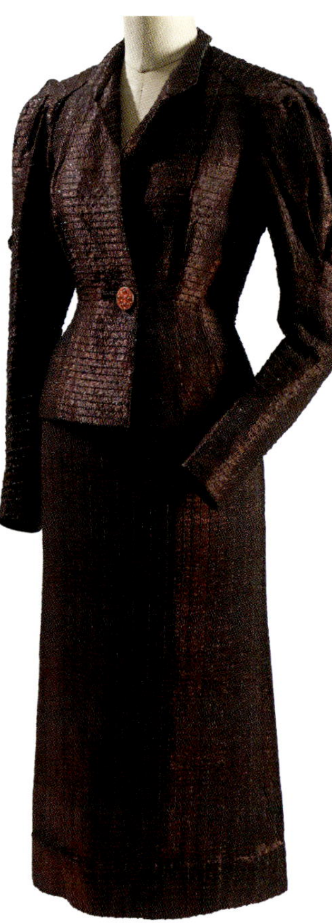

„In schwierigen Zeiten ist Mode immer ausgefallen.“
— ELSA SCHIAPARELLI

„Schiaparelli ist in erster Linie die Schneiderin der Exzentrik … Ihr Etablissement an der Place Vendôme ist ein Teufelslabor. Frauen, die dort hineingehen, stürzen in eine Falle und kommen maskiert heraus.“
— **Jean Cocteau, Schriftsteller und Filmemacher**

VORHERGEHENDE DOPPELSEITE
Elsa Schiaparelli
Tasche: violetter, gelber und weißer Seidensamt
Frankreich, um 1938

LINKS
Elsa Schiaparelli
Kostüm: schwarze Wolle, roter Metallic-Zwirn, Gagatperlen
Frankreich, 1935

GEGENÜBER
Elsa Schiaparelli
Kostüm: schwarze und rote Wolle, Kunststoff
Frankreich, um 1935

Obwohl Elsa Schiaparelli am ehesten für ihre surrealistischen Kreationen bekannt war, schneiderte sie auch „streng elegante“ Maßkostüme wie dieses.

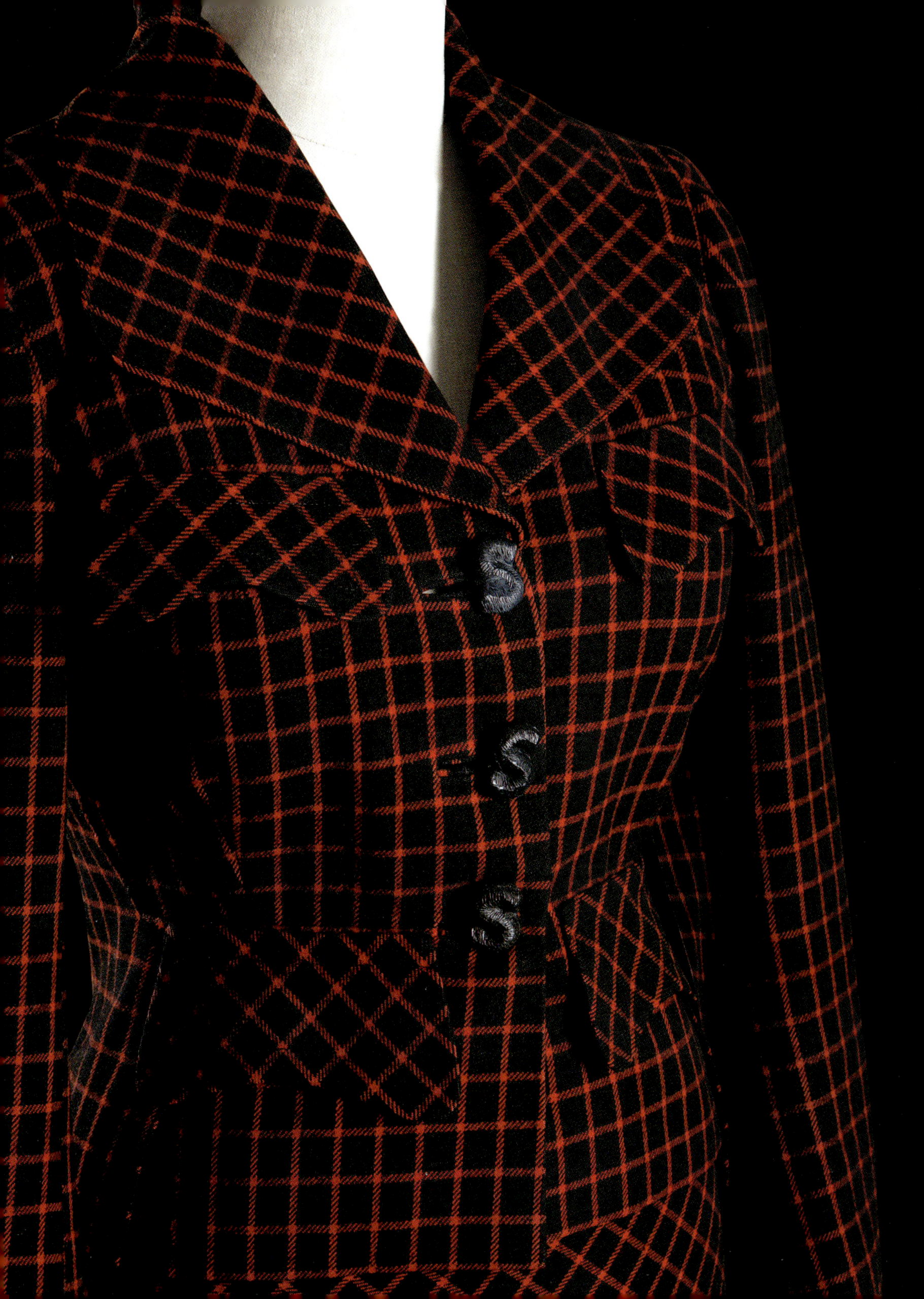

„Sie ohrfeigte Paris. Sie haute ihm eine rein. Sie folterte es. Sie verhexte es. Sie verliebte sich unsterblich in die Stadt.“

— YVES SAINT LAURENT

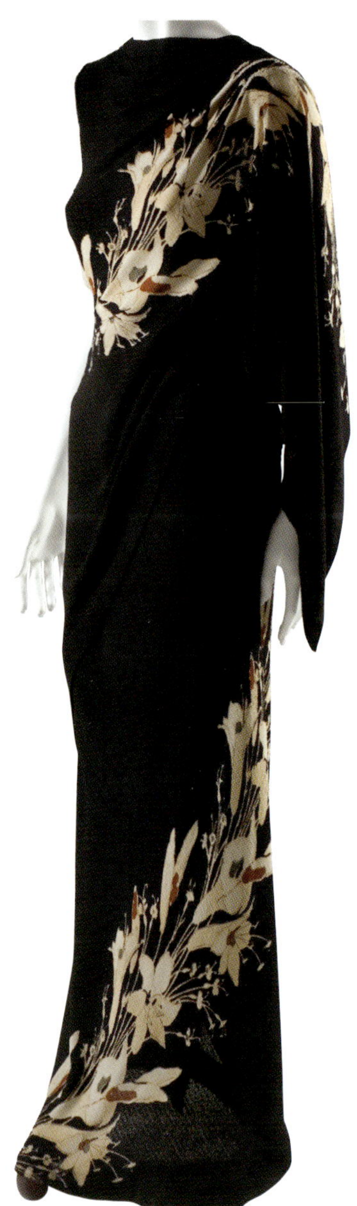

LINKS
Elsa Schiaparelli
Abendkleid: beigefarbener, brauner, blauer Druck auf schwarzer Bourrette-Kunstseide
Frankreich, 1935

UNTEN
Elsa Schiaparelli
Handschuhe: schwarzer Seidenduplex, schwarze Seidenchenille
Frankreich, um 1946

GEGENÜBER
Elsa Schiaparelli
Tasche: schwarzer gesteppter Satin; violette, grüne Satinbänder
Frankreich, um 1938

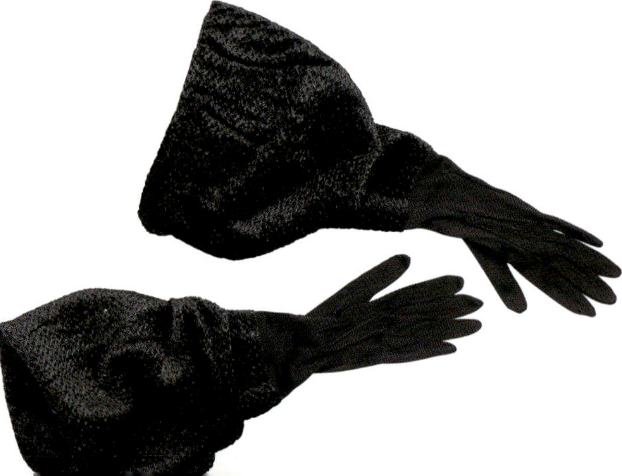

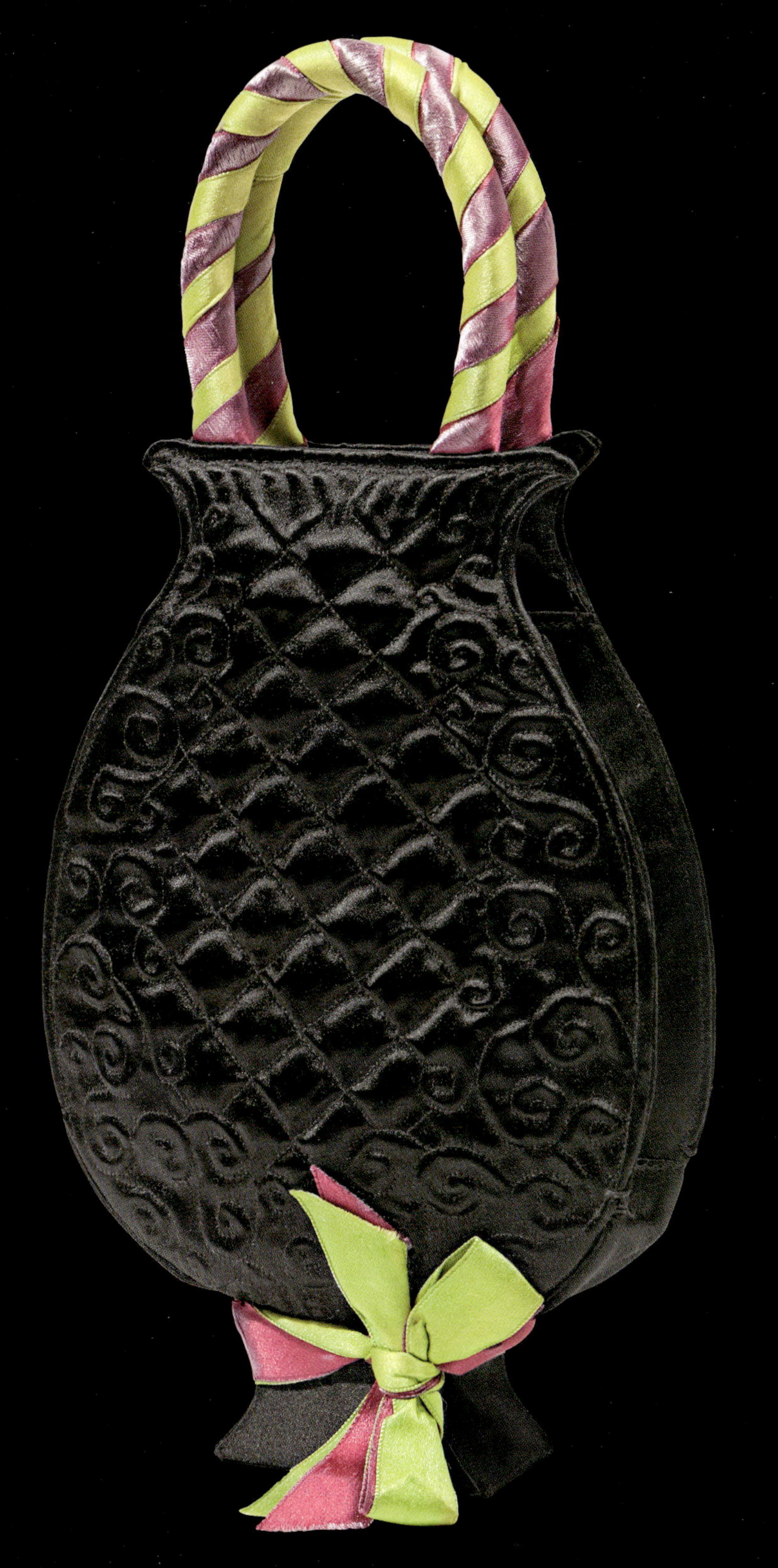

RECHTS
Elsa Schiaparelli
Brosche: elfenbeinfarben und rot emailliertes goldfarbenes Metall
Frankreich, um 1940

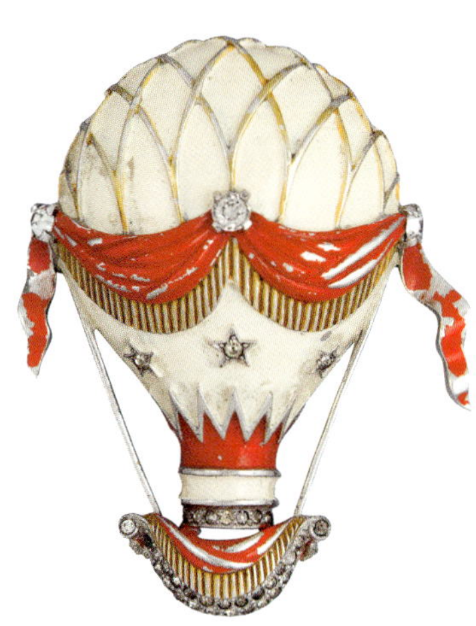

UNTEN
Elsa Schiaparelli
Kostüm: graue Wolle
Frankreich, um 1948

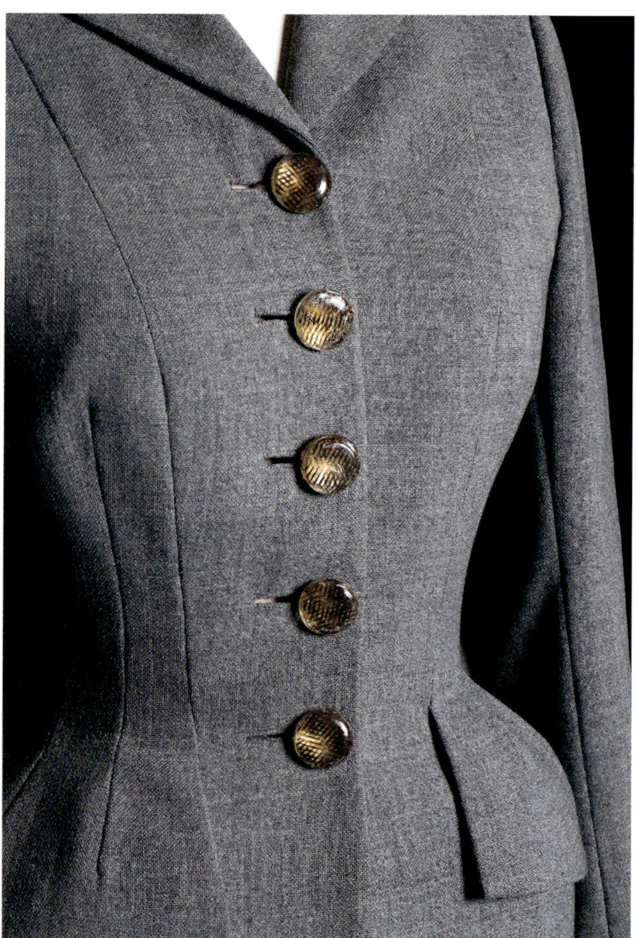

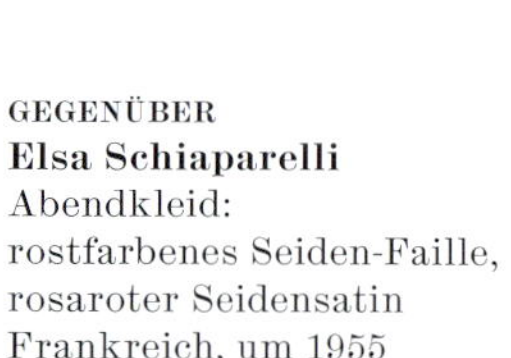

GEGENÜBER
Elsa Schiaparelli
Abendkleid:
rostfarbenes Seiden-Faille,
rosaroter Seidensatin
Frankreich, um 1955

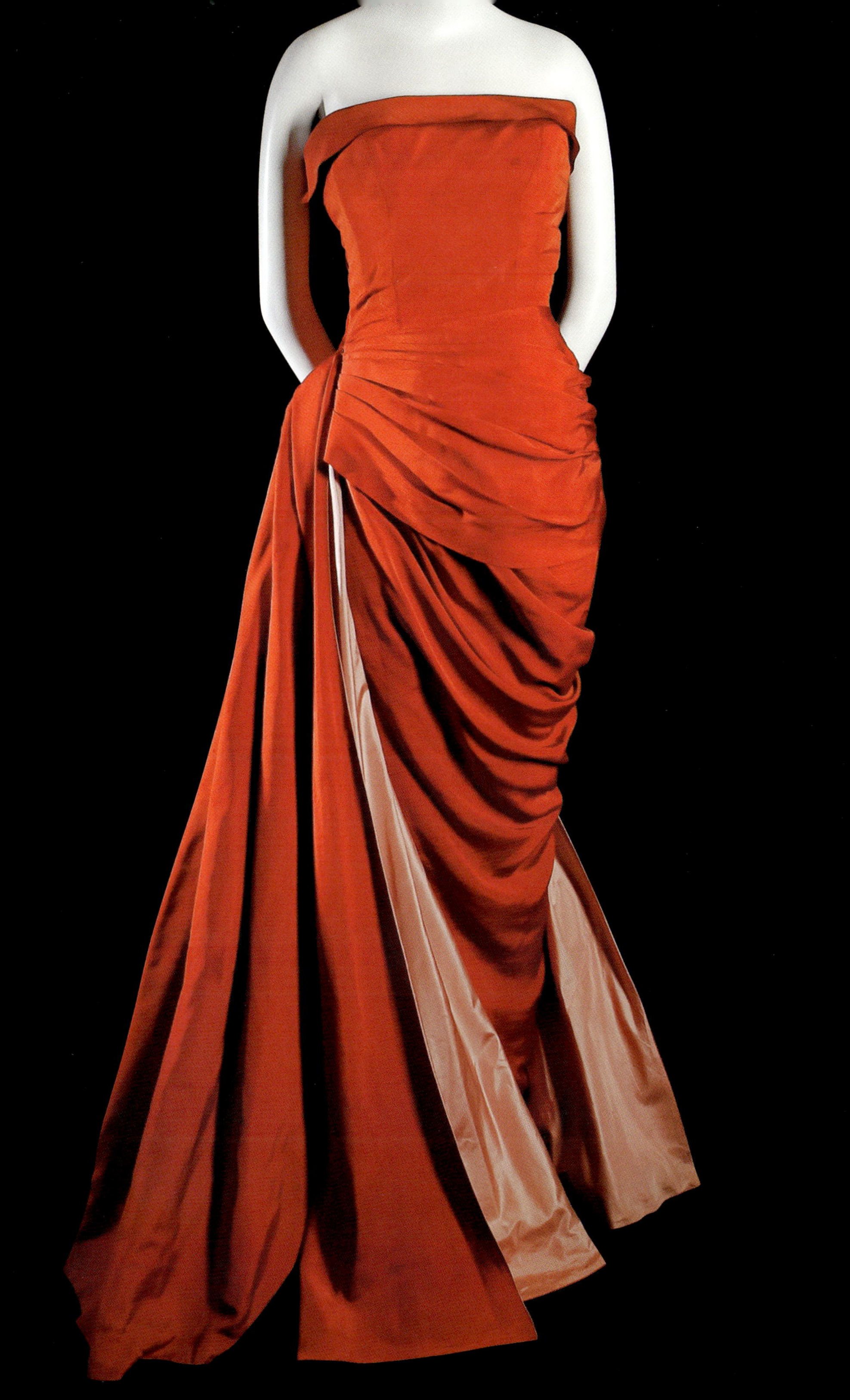

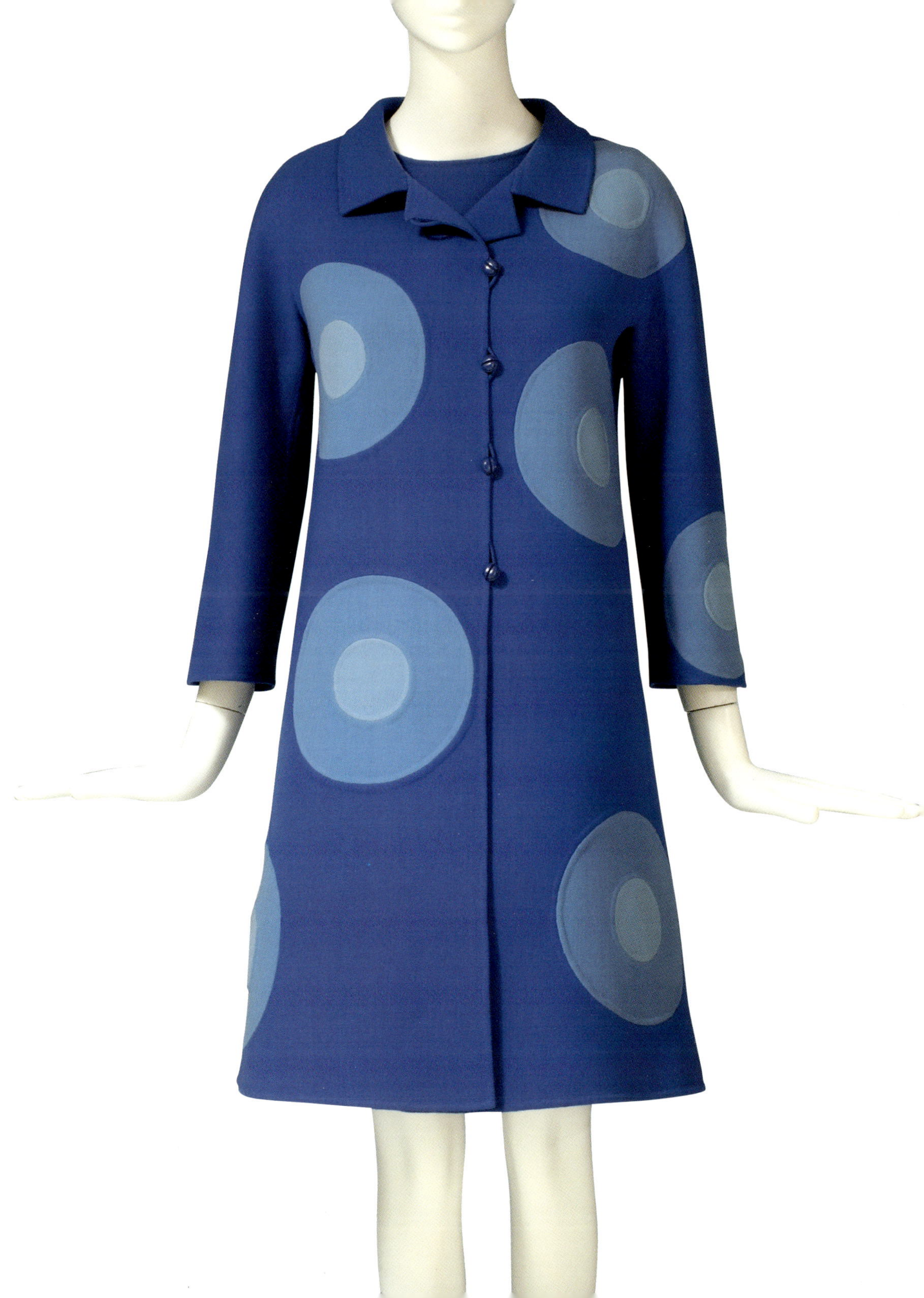

Mila Schön

MARIA SCHÖN (1916–2008) Das italienische Label Mila Schön wurde 1958 von der Designerin Maria Schön gegründet, die vor allem für ihre Maßanfertigungen in Doubleface-Wolle und kräftigen Farben bekannt war und eine elitäre Klientel anzog, zu der Stilikonen wie Jacqueline Kennedy und Lee Radziwill zählten. Im Lauf ihrer Jahrzehnte währenden Karriere war Schön eine treibende Kraft der italienischen Modebranche, führte etwa als eine der Ersten eine Prêt-à-porter-Linie ein und verhalf der Mode „made in Italy" zu weltweiter Beachtung.

Schön war keine gelernte Schneiderin, doch in der Zeit nach dem Zweiten Weltkrieg selbst Couture-Kundin gewesen und verfügte daher über profunde Kenntnisse, die in ihre Designs einflossen. Ihre Vorbilder waren französische Couturiers wie Dior und Balenciaga, doch mit der Zeit entwickelte sie ihren eigenen Stil. Zu den Erkennungszeichen ihrer Maßanfertigungen zählte der Doubleface-Wollstoff. An Stelle des traditionellen Innenfutters verwendete Schön zwei Lagen Wollstoff, die sie links auf links zusammenfügte. „Ich kreierte Kleider, wie ich sie wollte – ungefüttert, innen und außen gleich", erklärte sie einmal. „Doubleface-Stoffe wirkten für mich sauber und ordentlich." Diese Verarbeitungsweise verlieh dem Stoff mehr Struktur und eine skulpturale Qualität.

Ein weiteres Kennzeichen ihrer Mode war die Farbe. Lebhafte Farbtöne und geometrische Formen akzentuierten ihre Designs. Schön war stark von moderner Kunst beeinflusst, insbesondere vom Werk Alexander Calders, Kenneth Nolands und Lucio Fontanas, die jeweils mit Farbe, Fläche und Linie arbeiteten, um dynamische Formen zu erschaffen. In einer Schön-Kreation wurde die Trägerin zum wandelnden Op-Art-Kunstwerk. Ihre Kleider waren, wie die *New York Times* 1973 befand, nicht „für Schüchterne gemacht." Schön blieb bis zu ihrem Tod im Jahr 2008 im Unternehmen aktiv. Ihre Marke wird bis heute weitergeführt und dreht sich im Kern nach wie vor um Schneiderkunst und Farbe. —*E. M.*

„Ich schuf Kleidung, wie ich sie wollte – ohne Futter, mit einer Innenseite wie die Außenseite. Doppelseitige Stoffe vermittelten mir eine Vorstellung von Ordnung und Sauberkeit.“ – MARIA SCHÖN

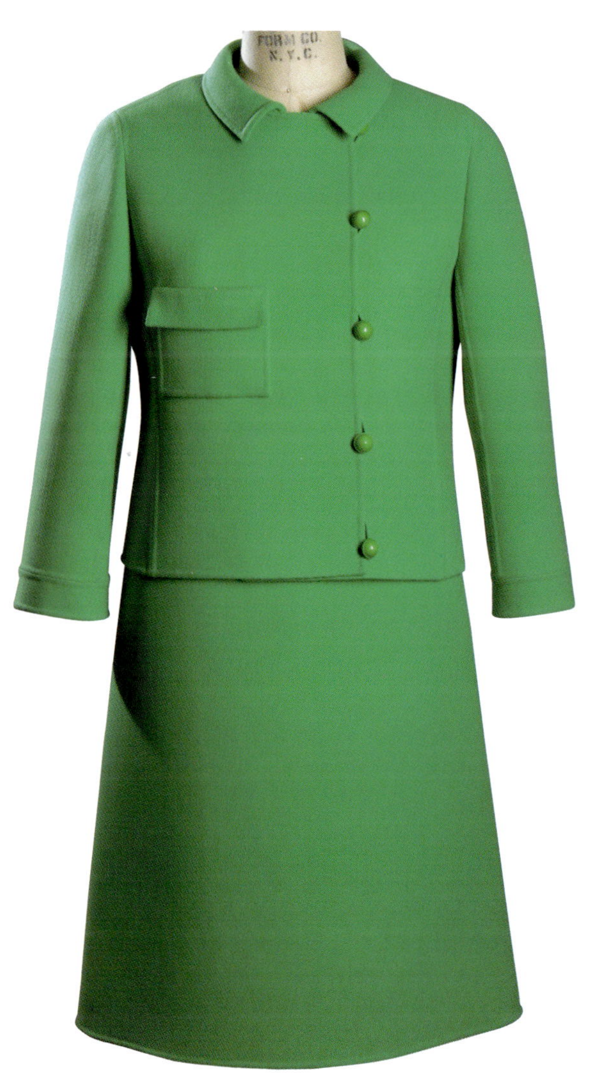

VORHERGEHENDE DOPPELSEITE
Mila Schön
Kleid und Mantel:
blaue doppelseitige Wolle
Italien, 1968

LINKS
Mila Schön
Kostüm:
grüne doppelseitige Wolle
Italien, um 1970

GEGENÜBER
Mila Schön
Kleid: gelbe doppelseitige Wolle
Italien, um 1968

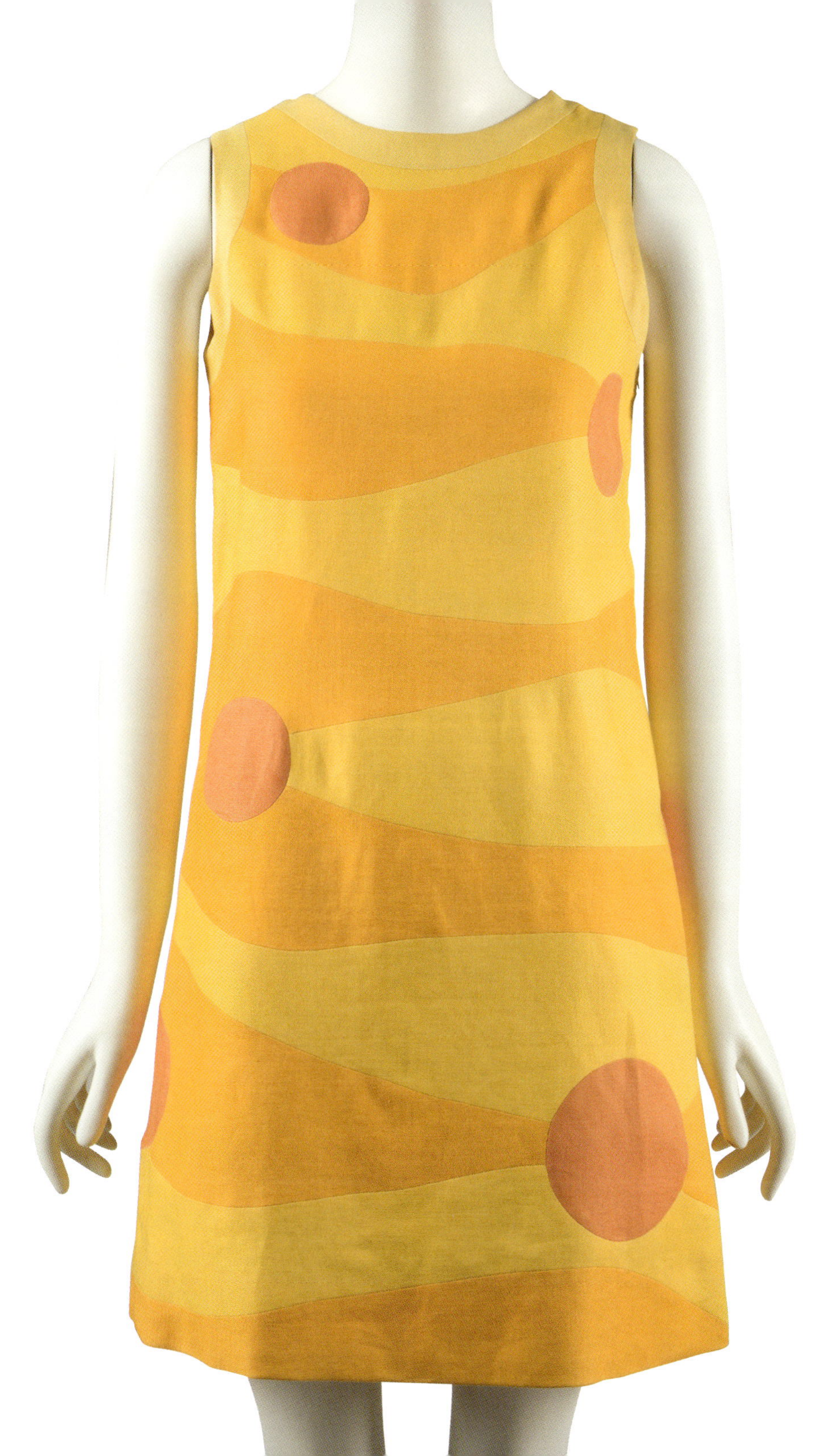

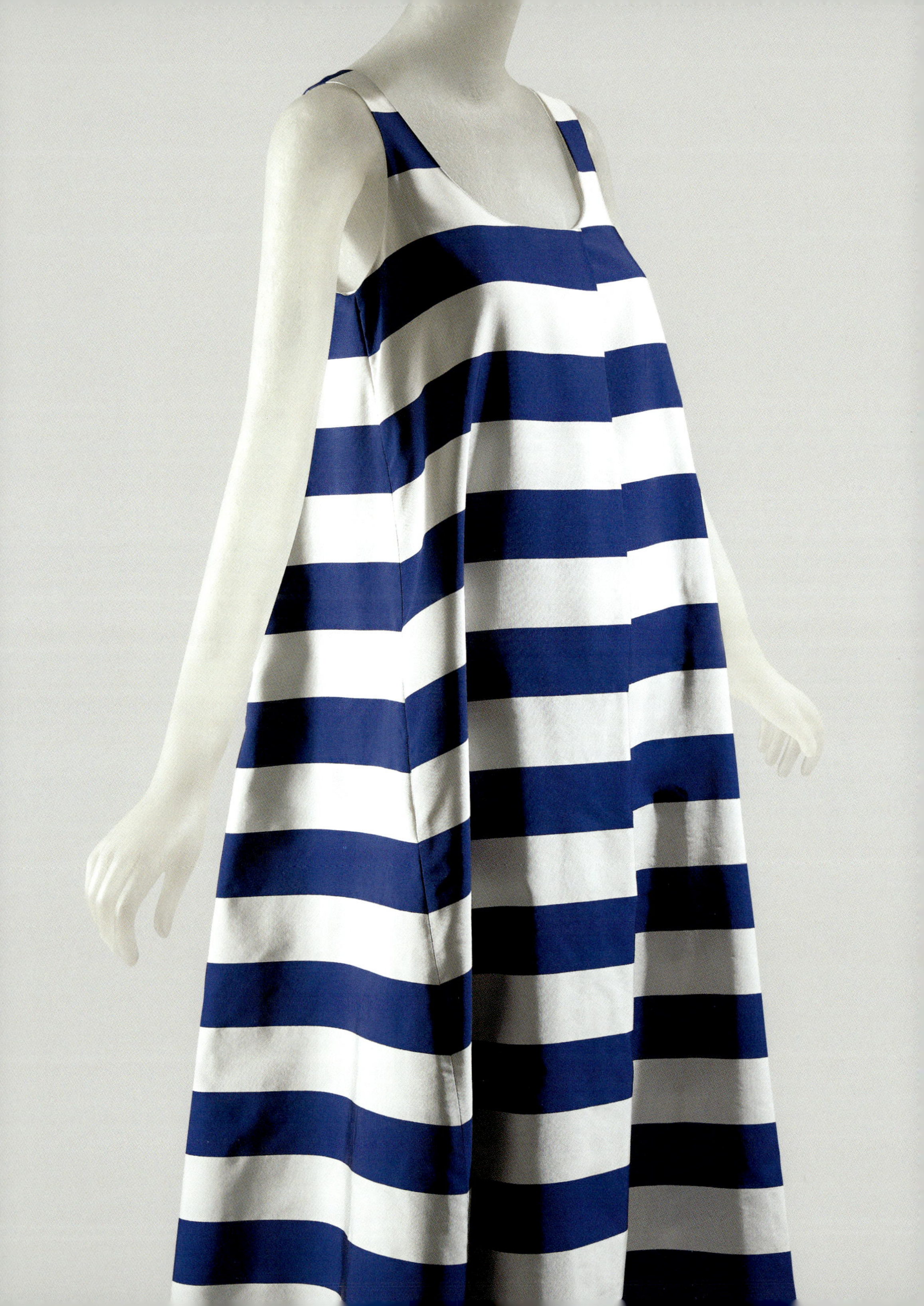

Raf Simons

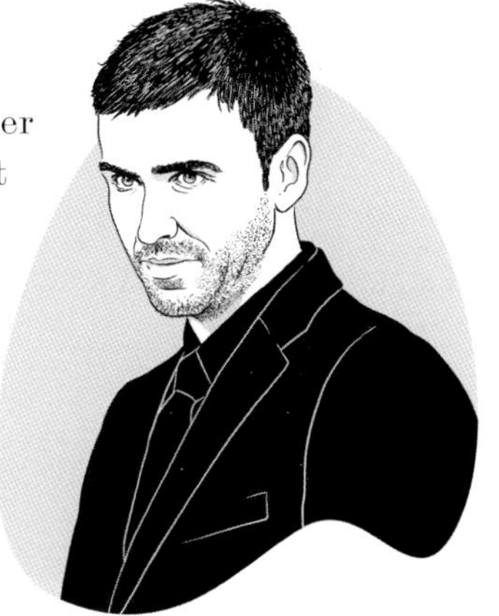

RAF SIMONS (* 1968) ist einer der treffsichersten Designer der Gegenwart. Seit Ende der 1990er-Jahre gelingt ihm mit seiner Männermode punktgenau die ideale Mischung aus Jugendkultur und klassischer Herrenmode. Mit seiner überraschenden Verpflichtung für das Label Jil Sander 2005 hat sich Simons' Marktpräsenz und damit auch sein Einfluss beträchtlich vergrößert. Die Modekritikerin Cathy Horyn beschrieb in der Rezension seiner Herbst/Winter-Kollektion 2007, wie „ein kaum bekannter belgischer Designer namens Raf Simons sich die volle Aufmerksamkeit der Modewelt sicherte. Mr. Simons' Kollektion für Jil Sander – seine dritte, seit er vor 18 Monaten Kreativchef des Hauses wurde – war perfekt. Ich schätze, sie wird alles andere ein wenig bemüht, ein wenig schwerfällig, ein wenig einfältig aussehen lassen."

Der gebürtige Belgier Simons studierte Industriedesign und arbeitete bei Walter Van Beirendonck, ehe er – beeinflusst unter anderem von Martin Margiela und Jean Paul Gaultier – 1995 sein eigenes Herrenmode-Label Raf by Raf Simons lancierte.

Aspekte seiner Männermode fließen auch in die Damenlinie ein, die er für Jil Sander entwirft. Die Journalistin Sarah Mower lobte Simons' „konzeptionelle Besonnenheit" und seinen „unerschütterlichen belgischen Pragmatismus angesichts der Nachfrage nach Kleidung für die höheren Karriereetagen". Seine Jil-Sander-Kollektion für das Frühjahr 2011 mit ihrer Colour-Blocking-Farbexplosion und starken, kühnen Silhouetten wurde als Höhepunkt der Saison gewertet – und Simons als der Begründer einer neuen Couture-Ästhetik gepriesen. Simons war 2012 bis 2015 Chefdesigner von Dior und wurde kurz darauf Chief Creative Officer von Calvin Klein (2016–2018) ernannt. Im Jahr 2020 wechselte er als Co-Kreativdirektor zu Prada. *—P. M.*

„Die erste Modeschau, die Raf Simons je sah, war Martin Margielas dritte Kollektion 1991. Er war so bewegt, dass er heulte und sich gleich dann und dort entschloss, ebenfalls Modeschöpfer werden zu wollen." – TIM BLANKS, JOURNALIST

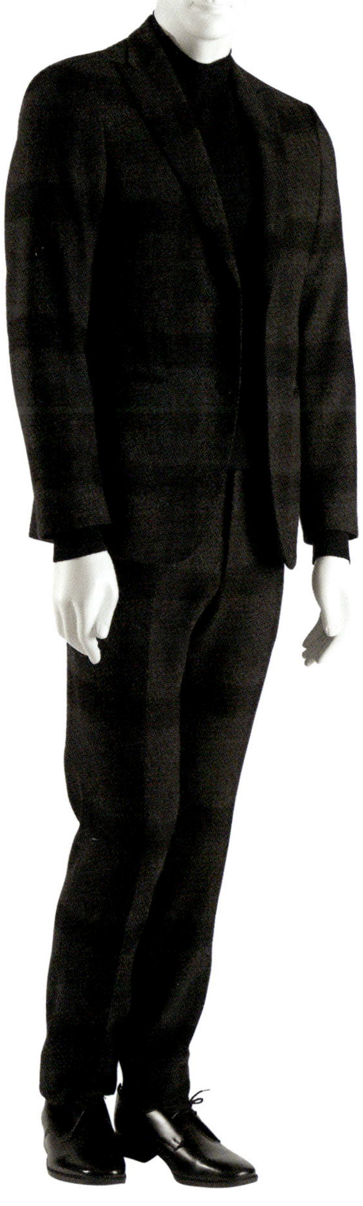

VORHERGEHENDE DOPPELSEITE
Jil Sander (Raf Simons)
Kleid: blau und weiß gestreifte Seide
Italien, 2011

LINKS
Raf Simons
Herrenanzug: Wolle mit grauen, grünen und schwarzen „Windowpane"-Muster, marineblaue Merinowolle
Belgien, 2010

GEGENÜBER
Raf Simons
Herrenensemble: beigefarbenes Synthetik-Fleece, Klettverschluss, beigefarbene und schwarze Baumwolle, schwarze Wolle, Leder
Belgien, 2010

UNTEN
Jil Sander (Raf Simons)
Herrenanzug: hellgrüne Wolle, marineblaue Wolle
Italien, 2011

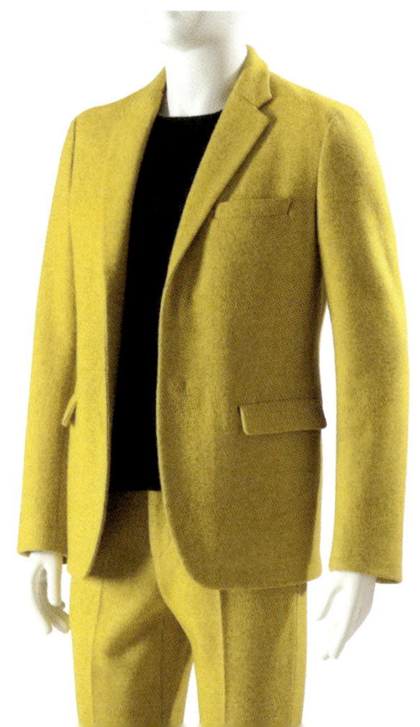

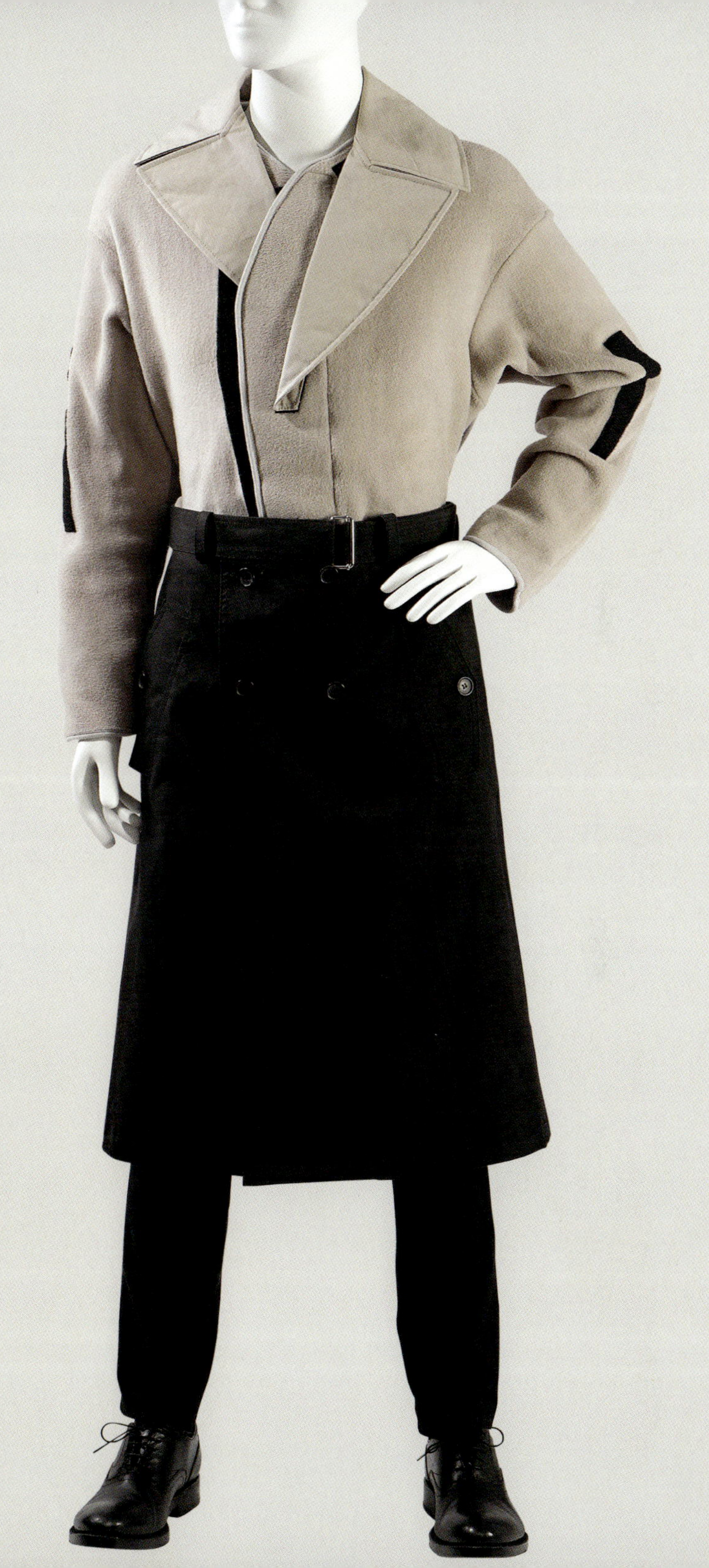

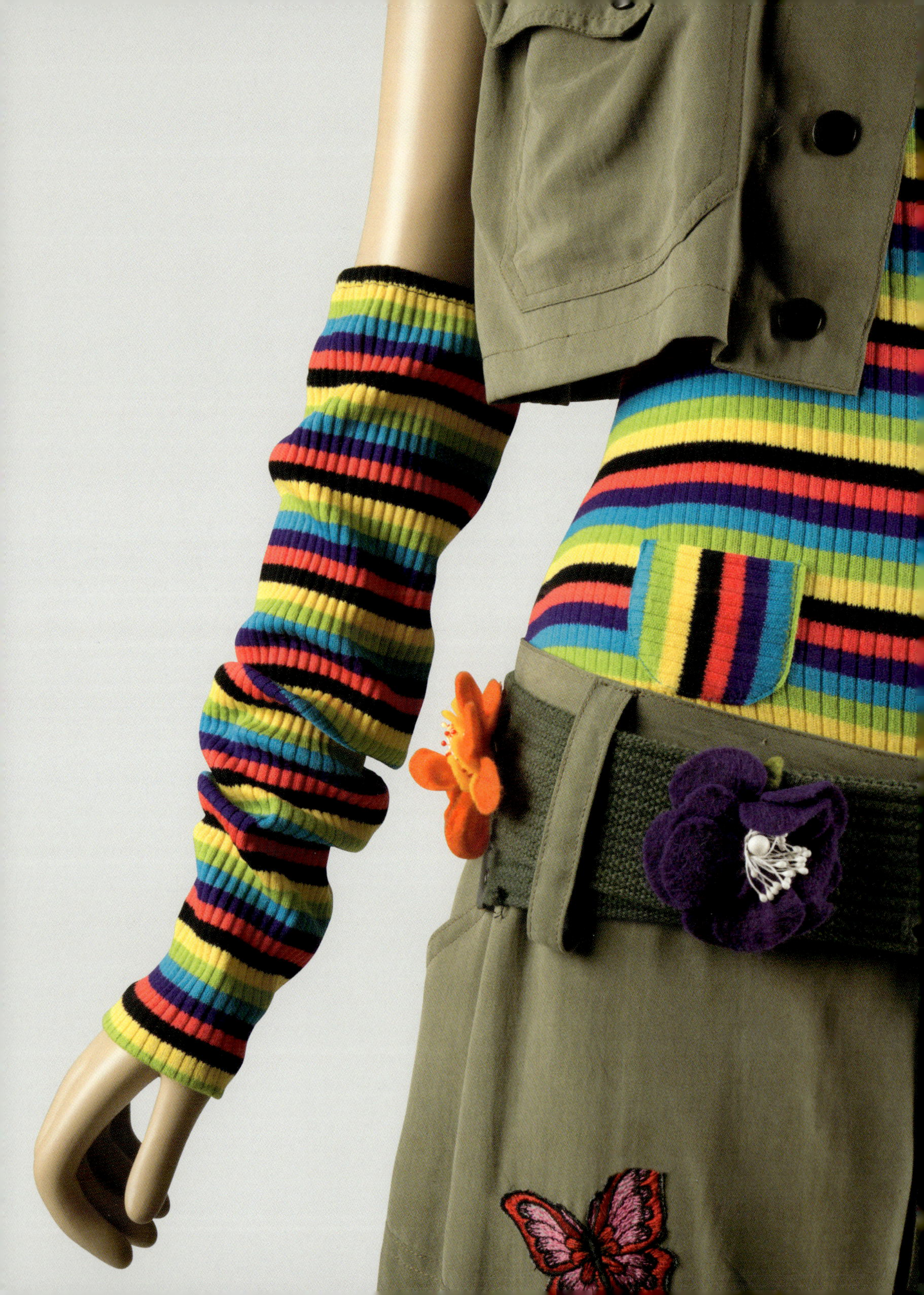

Anna Sui

ANNA SUI (* 1964) In Anna Suis lebensfrohen Designs kommt ihre Leidenschaft für Kunst, Geschichte und Musik zum Ausdruck. Der Modejournalist Tim Blanks, dem ihr Faible für Recherche auffiel, bezeichnete Sui als „Kulturarchäologin". Oft stellt sie Bezüge zu Looks der 1960er- und 70er-Jahre her, doch ihr breit gefächertes Interesse erstreckt sich auch auf Motive wie Cheerleader, Märchenfiguren, Rokokomaler und Surfer. Dank Suis Talent, Bezüge miteinander zu mischen, sind ihre Designs niemals bloße Anachronismen.

Geboren als Kind chinesischer Einwanderer in Detroit, begann Sui sich schon früh für Mode zu interessieren. Nach der High School zog sie nach New York, um an der Parsons School of Design zu studieren. Als Stammgast in New Yorker Szeneclubs knüpfte Sui wichtige Kontakte zu anderen Kreativen aus den Bereichen Kunst, Design und Mode, die sie ermutigten, 1981 ihr eigenes Label zu starten. Anfangs bestimmte die Musikleidenschaft ihre geschäftlichen Ambitionen, die sich im Kern darum drehten, Rockstars und deren Fans einzukleiden. Mit Unterstützung ihrer Freunde Naomi Campbell, Linda Evangelista und Steven Meisel präsentierte sie 1991 ihre erste Laufsteg-Kollektion. Im Gegensatz zu der eher extravaganten Mode führender Designer wie Christian Lacroix und Gianni Versace war Suis Stil neckisch, mädchenhaft und bei einer jungen, hippen Klientel schnell gefragt.

Seither hat Suis Unternehmen sich zu einem Imperium vergrößert, das Accessoires, Schuhe, Kosmetik und Düfte umfasst. Sie hält immer noch die Rechte an ihrem eigenen Namen – im heutigen Modebusiness eine Seltenheit – und trägt mit ihrem Einsatz für die Rettung des New Yorker Garment Districts aktiv zum Erhalt der amerikanischen Modeindustrie bei. 2009 wurde sie vom Council of Fashion Designers of America für ihr Lebenswerk ausgezeichnet. —*C. H.*

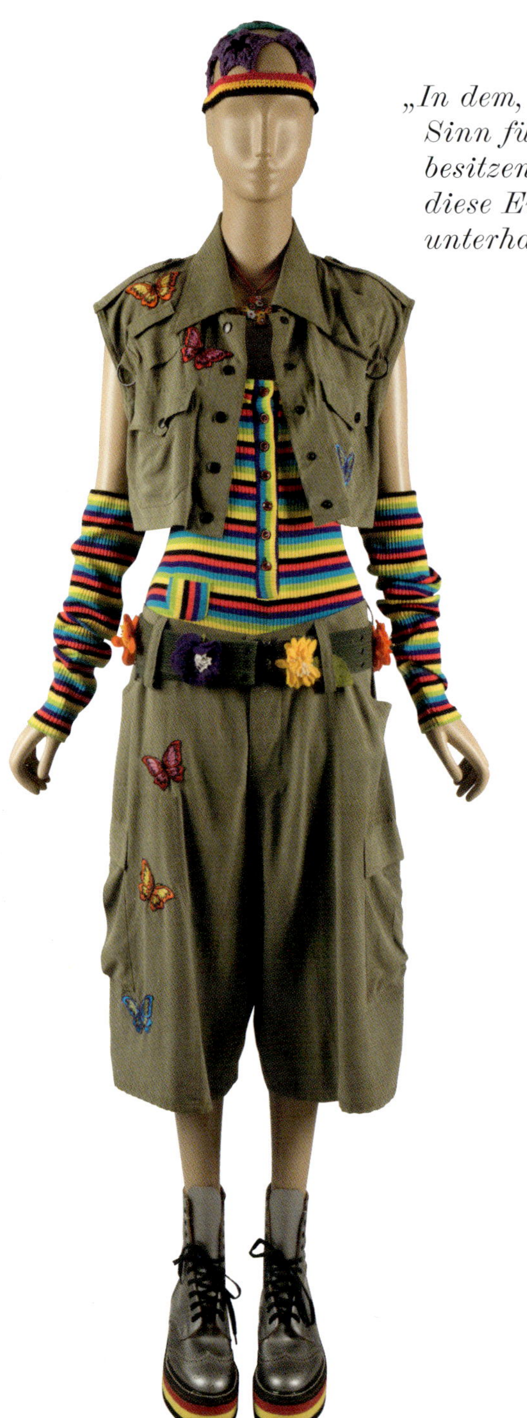

„In dem, was ich tue, steckt immer ein Sinn für Humor. Die Farben und Drucke besitzen eine Leuchtkraft. Mir gefällt diese Energie einfach. Ich möchte Leute unterhalten.“ — ANNA SUI

„Annas Vision hat sich über die Jahre nicht verändert. Es geht ihr nach wie vor darum, Mode zu erschaffen, die hip, jung und feminin ist.“
— **Steven Meisel, Fotograf**

VORHERGEHENDE DOPPELSEITE UND LINKS
Anna Sui
Ensemble: heeresgrüne Seide, mehrfarbiges Acrylgewirke, mehrfarbige Baumwolle und schwarzes Leder
USA, Frühjahr 1998

GEGENÜBER
Anna Sui
Ensemble: blauer Seidentaft, Samt und Denim
USA, 1999–2000

FOLGENDE DOPPELSEITE
Anna Sui für Ruffo
Mantel: rotes Wildleder und bedrucktes Lammfell
USA, 1997

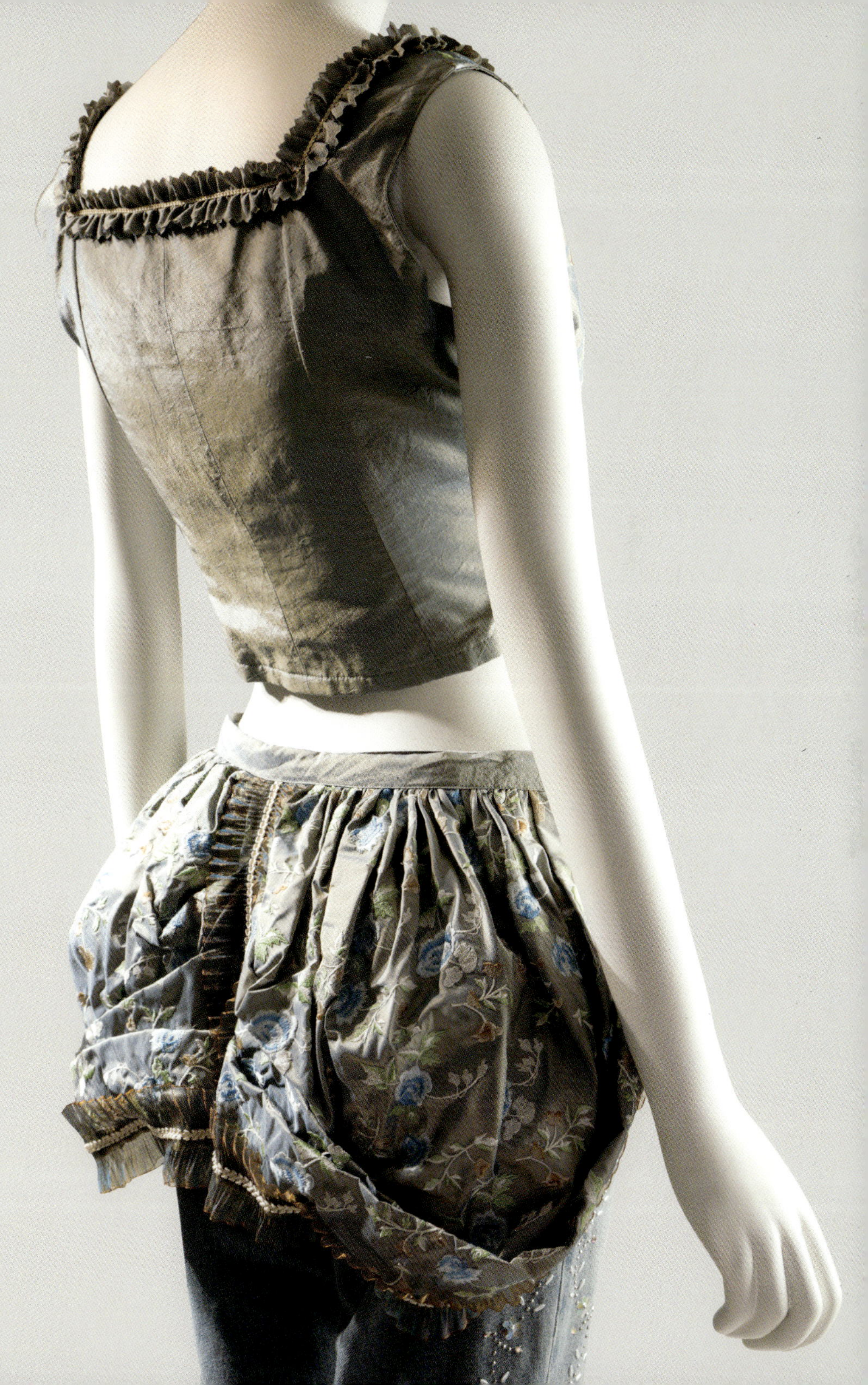

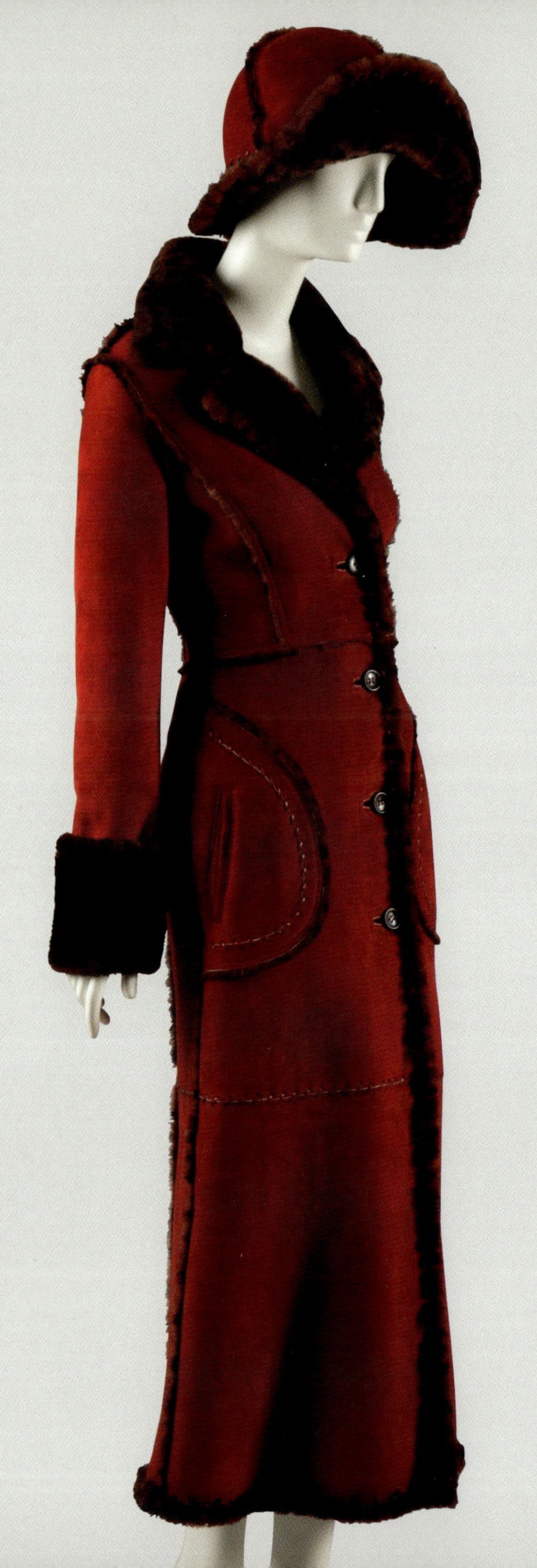

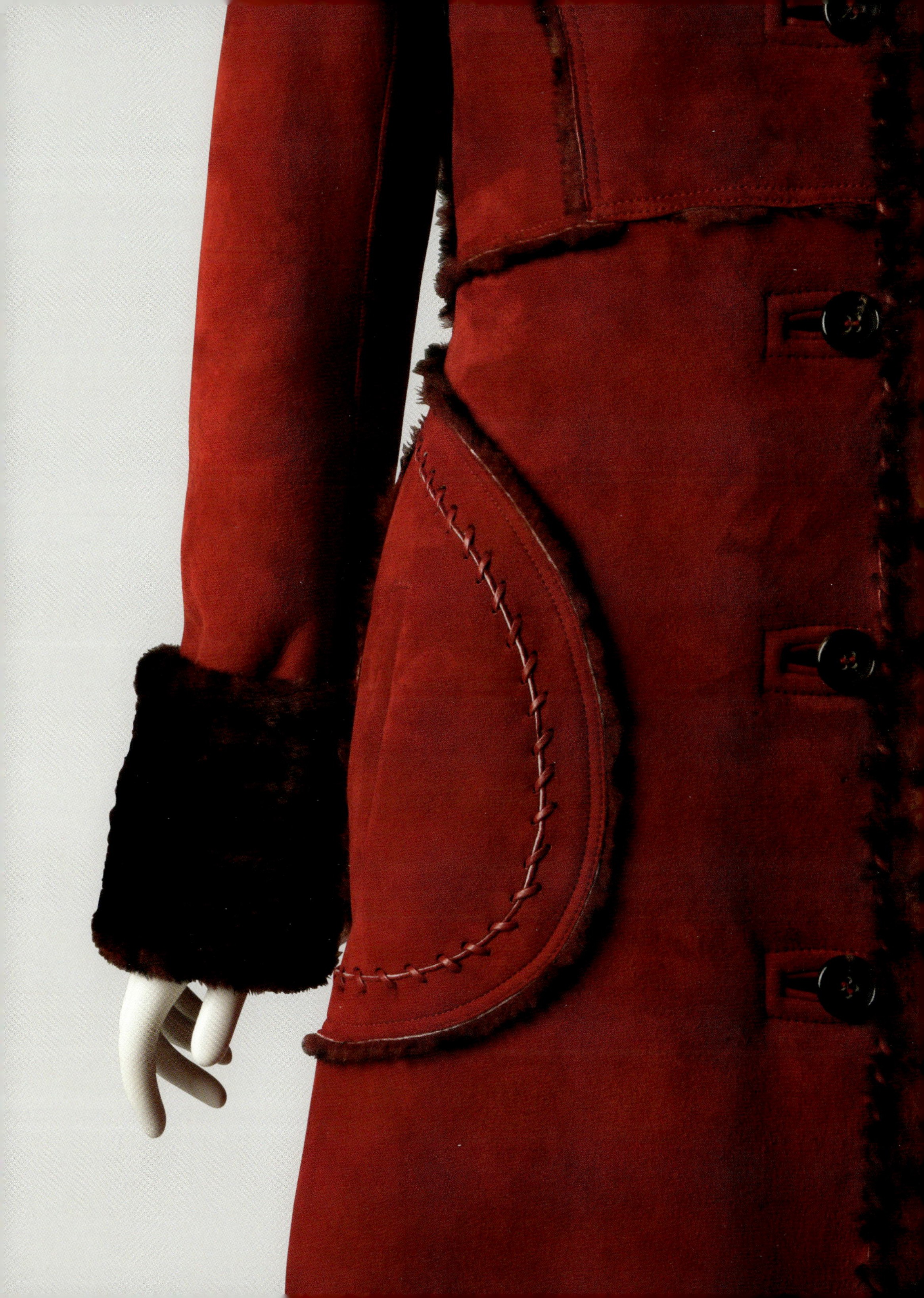

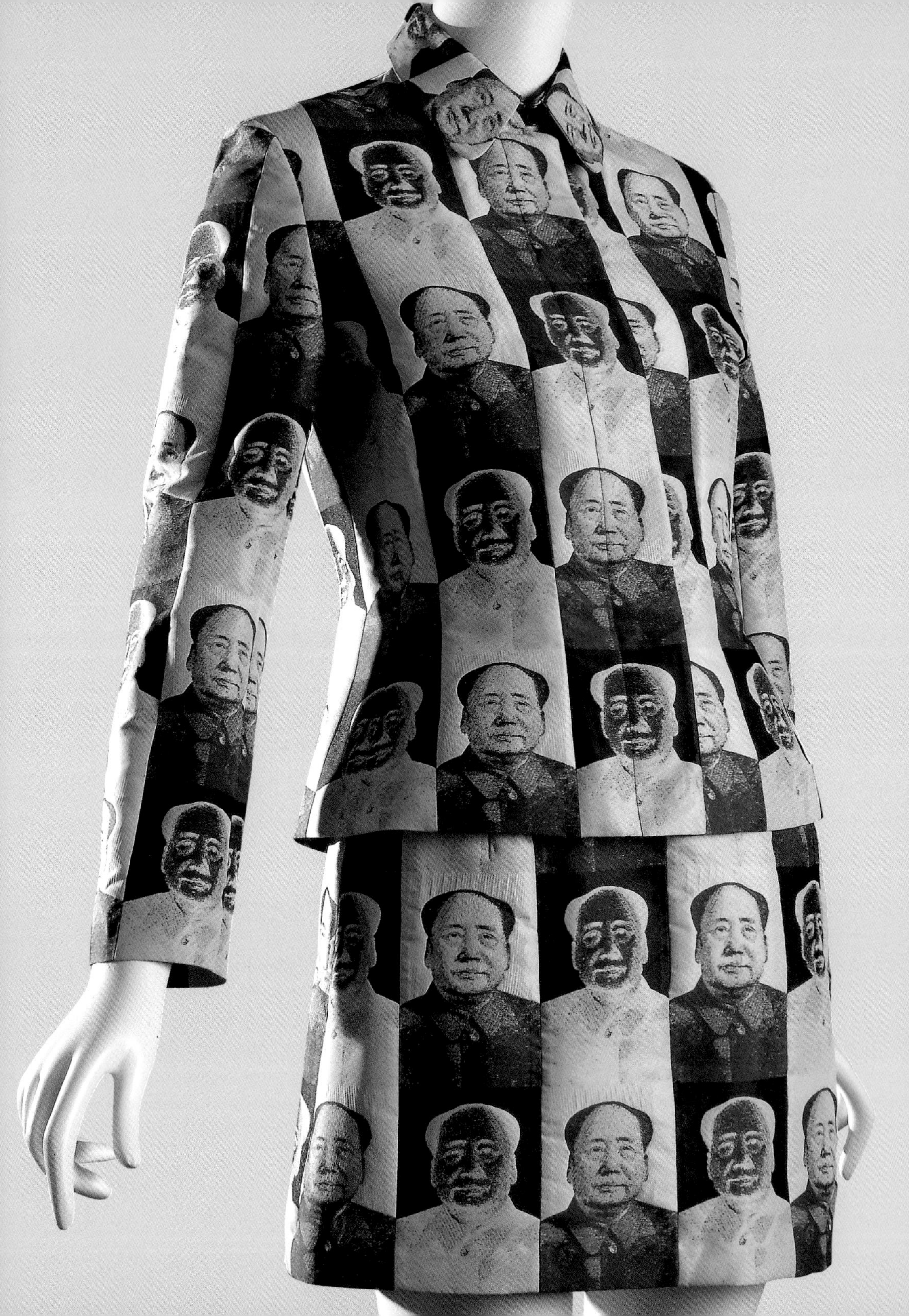

Vivienne Tam

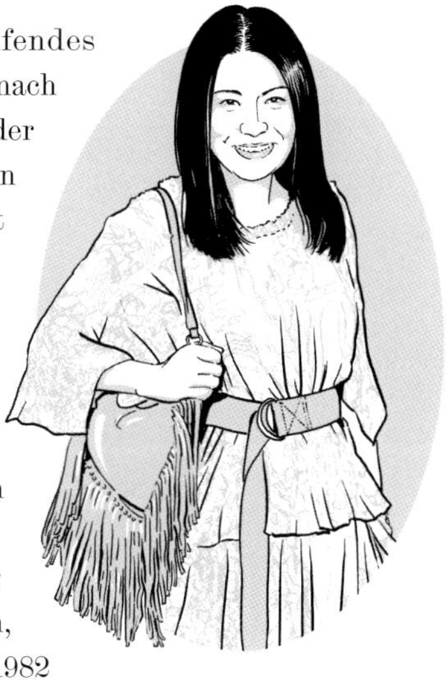

VIVIENNE TAM (* 1957) „Ich glaube an kulturübergreifendes Design“, erklärte Vivienne Tam der *New York Times* 1995 nach der Vorstellung ihrer heute berühmten *Mao*-Kollektion. In der Tat zählen „Ost trifft West“ und „kulturübergreifend“ zu den Begriffen, mit denen ihre Arbeit am häufigsten klassifiziert wird, und sie selbst begrüßt diese Einordnung. „Ich liebe die chinesische Kultur“, erklärt sie, „und ich dachte, dass ich Mode vielleicht als Vehikel nutzen könnte, um die chinesische Kultur in die Welt zu tragen.“

Tam kam in China zur Welt, wuchs jedoch in Hongkong auf, wohin ihre Eltern ausgewandert waren, um der Politik des kommunistischen Regimes zu entkommen. Nach ihrem College-Abschluss versuchte sie, in Hongkong als Designerin Arbeit zu finden, doch Kreativjobs waren, wie sich zeigte, rar. So ging sie nach New York, wo sie 1982 ihr Label East Wind Code gründete, das 1994 in Vivienne Tam umbenannt wurde. Breite Anerkennung erntete Tam mit ihrer *Mao*-Kollektion, für die sie in Zusammenarbeit mit dem Künstler Zhang Hongtu Spottbilder des Großen Vorsitzenden Mao Tse-tung entwarf. Hongtu überarbeitete das offizielle Mao-Porträt und zeigte den kommunistischen Führer mit Zöpfen, im Priestergewand, mit Sonnenbrille oder mit Käfer auf der Nase. Tam setzte diese Bilder in Drucke um, mit denen sie Kleider, Glitzer-T-Shirts und Kostüme überzog. Es war eine unverhohlene Kritik am uniformen Kleidungsstil der Kulturrevolutionäre.

Tam bezieht noch immer chinesische Einflüsse in ihre Arbeit mit ein, doch stets auf spielerische, eher experimentelle Weise. Sie war unter den ersten Designern, die sich mit digitaler Technik befassten, und präsentierte 2009, ein Jahr vor Erscheinen des ersten iPad, ihre „digitale Clutch“ (ein Notebook im Look einer Luxushandtasche). *—E. M.*

„Ich wollte in meinen Kollektionen etwas machen, um Chinesen herauszufordern, die Modeeinflüsse nur im Westen suchen. Wir sollten uns auch bei uns umschauen. Wir haben eine starke Kultur und Ressourcen.“ — VIVIENNE TAM

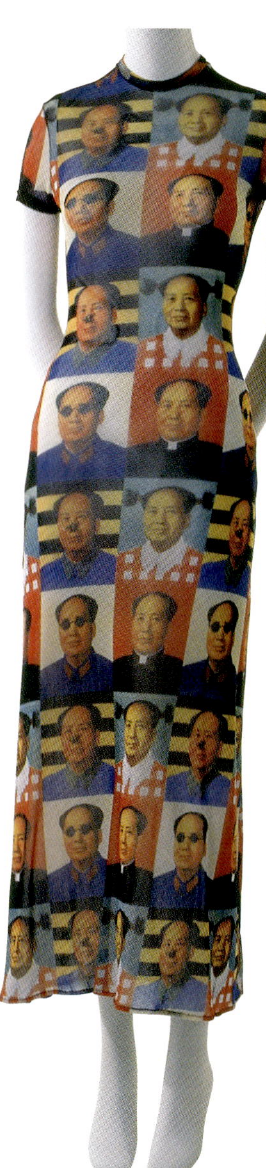

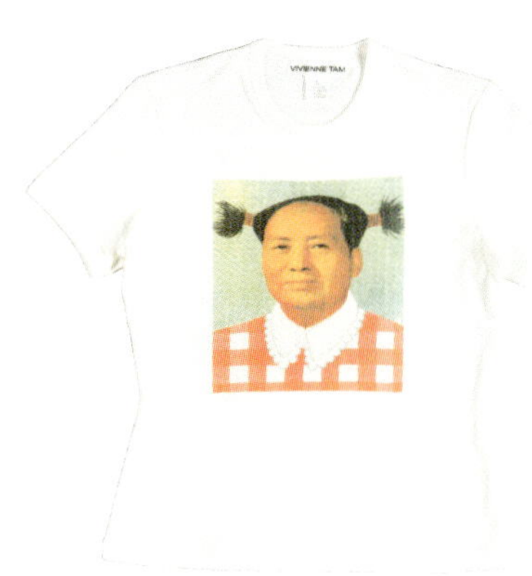

„Ich war der festen Überzeugung, dass meine Designs jedem, der sie sah, gefallen würden.“
— **Vivienne Tam**

VORHERGEHENDE DOPPELSEITE
Vivienne Tam
Kostüm: schwarzer und weißer Jacquard
USA, 1995

LINKS
Vivienne Tam
Kleid: mehrfarbig bedrucktes Nylongeflecht
USA, 1995

OBEN
Vivienne Tam
T-Shirt: bedruckte weiße Baumwolle und Pailletten
USA, 1995

GEGENÜBER
Vivienne Tam
Kleid: mehrfarbig bedrucktes Nylon und schwarzer Jersey
USA, Frühjahr 1998

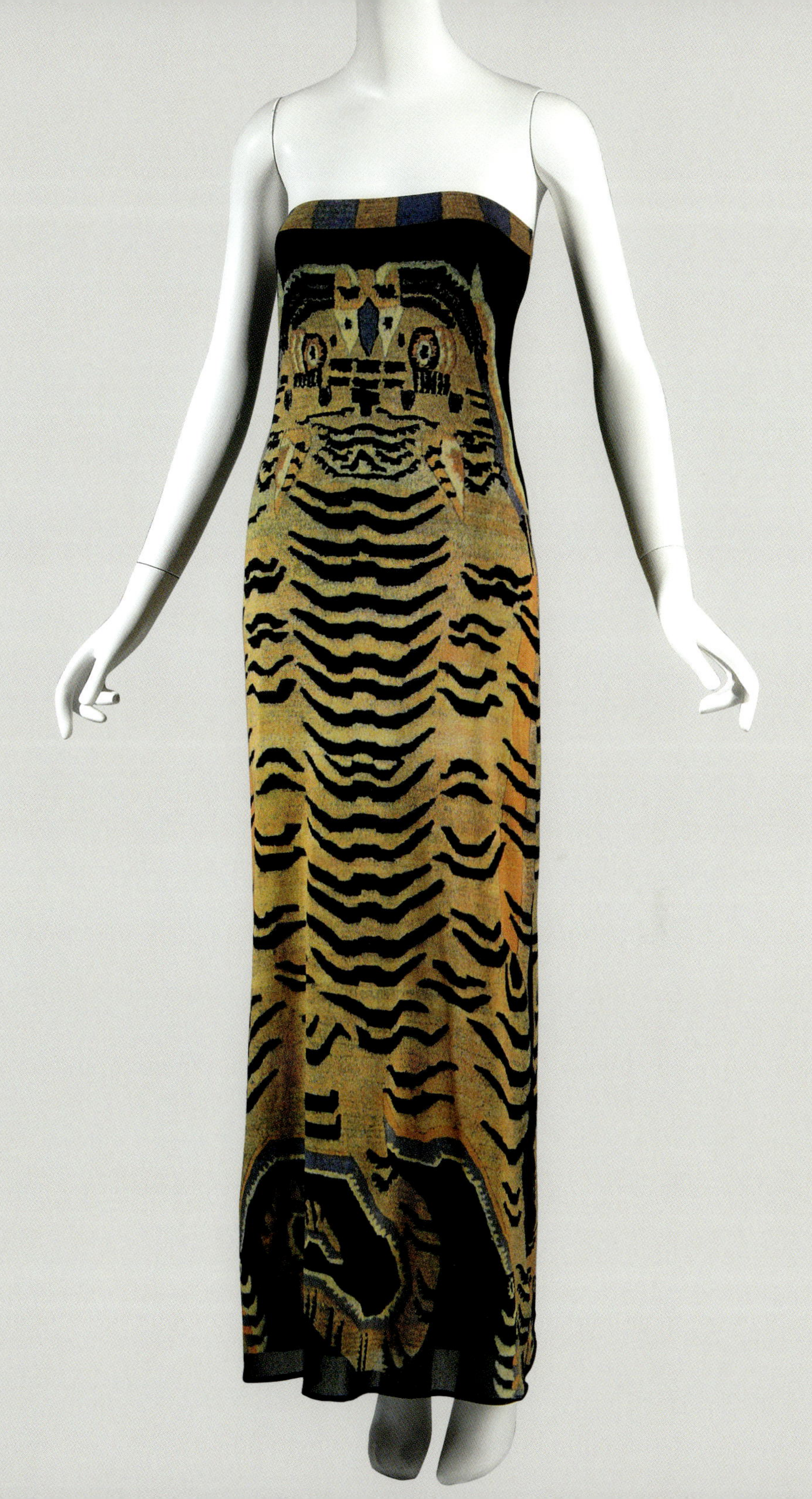

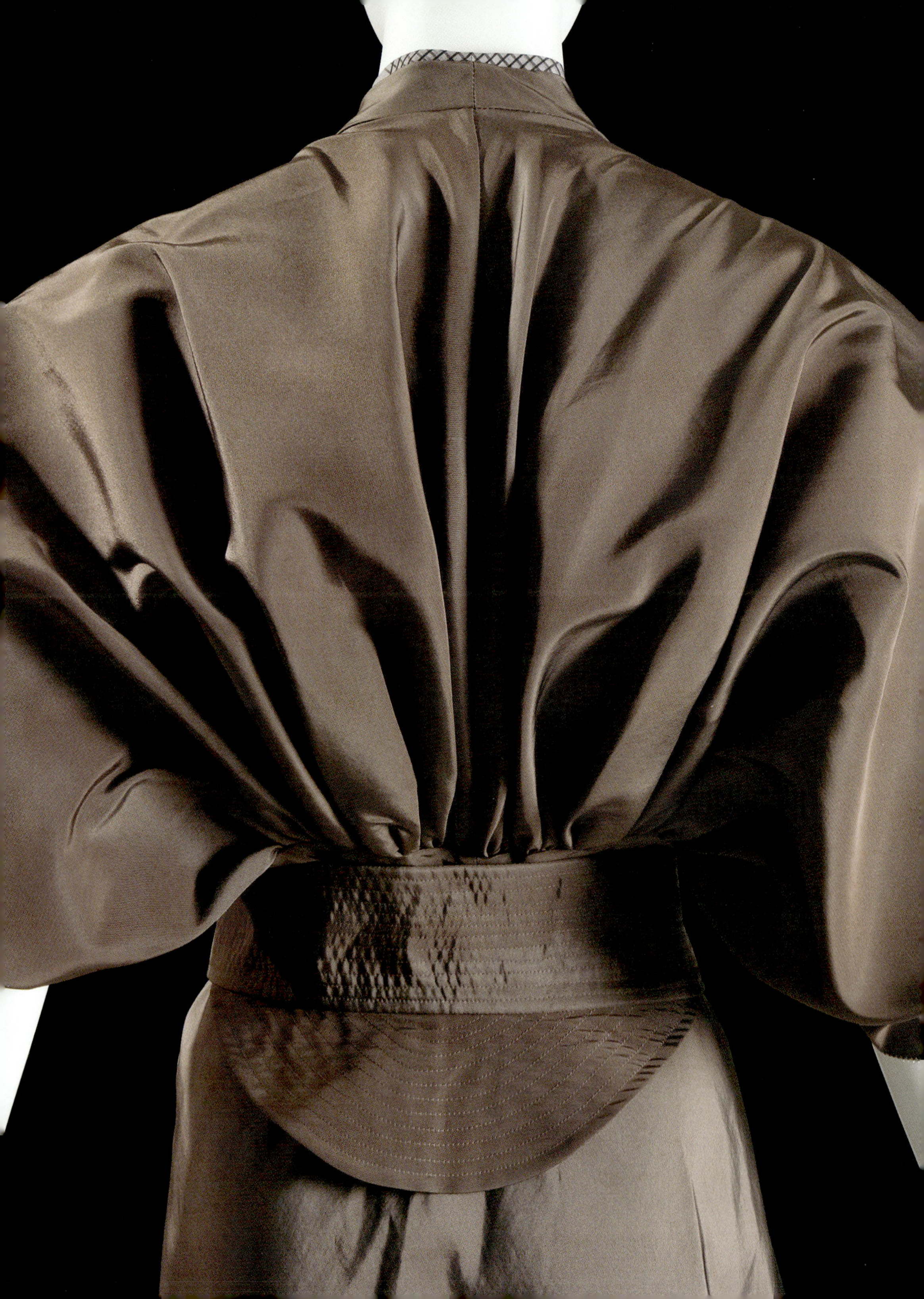

Isabel Toledo

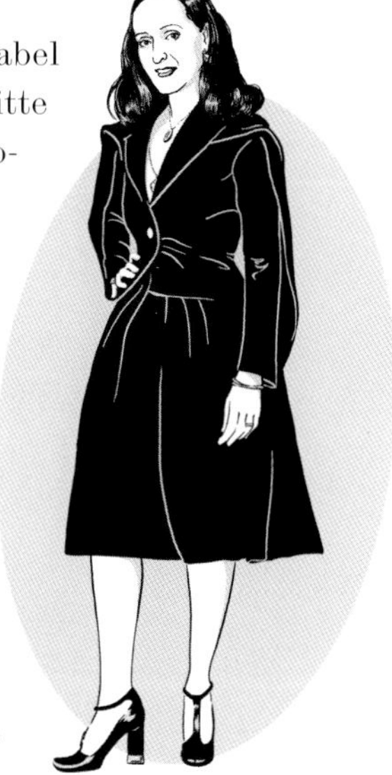

ISABEL TOLEDO (1960–2019) Von Modekennern wurde Isabel Toledo als eine der kreativsten Kräfte der Modeszene seit Mitte der 1980er-Jahre gefeiert. Mit dem großen Auftritt ihres zitronengrasgelben Ensembles, das Michelle Obama im Januar 2009 zur Amtseinführung ihres Mannes trug, steigerte sich der Wiedererkennungswert ihres Namens sprungartig.

Toledos Produktion war winzig, und ihre Kleider verkauften sich ohne großes Brimborium. Die aus Kuba stammende und bis zu ihrem Tod in New York lebende Designerin interessierte sich nie dafür, ihren Namen als Marke aufzubauen, sondern blieb eine „Damenschneiderin" und „Konstrukteurin" – so die von ihr bevorzugten Etiketten. Strenge Ästhetik, Ideenreichtum und handwerkliche Präzision machten sie zu einer Ausnahmeerscheinung in der Modelandschaft. Wie Toledo stets betonte, bildete der handwerkliche Aspekt den Ausgangspunkt für jeden ihrer Entwürfe. Mindestens ebenso große Bedeutung kam ihrer ästhetischen Vision zu, die sich beständig ausweitete, nicht zuletzt dank der dreieinhalb Jahrzehnte währenden Zusammenarbeit mit ihrem Ehemann Ruben Toledo. Der ebenfalls aus Kuba stammende Künstler war, wie seine Frau jederzeit bestätigte, die Hauptquelle ihrer Motivation und Inspiration.

In der Gesamtschau war der auffälligste Aspekt an Toledos Arbeit die unglaubliche Bandbreite an kreativen Stilen, Techniken und Materialien, derer sie sich bediente. Drapierte Jerseykleider, versteifte Wollmäntel, bauschig wattierte Steppröcke, federzarte Spitzenkleider und volantbesetzte Abendensembles aus Seide waren nur ein winziger Ausschnitt ihres Repertoires. Um ihren einzigartigen Stil zu benennen, hatte Isabel mit ihrem Mann Kategorien dafür geschaffen: Origami, Suspension, Schatten, Form, Flüssige Architektur, Organische Geometrie und Manipulierte Flächen – Begriffe, die verdeutlichen, dass auch Fachgebiete wie Mathematik und Technik wichtige Inspirationsquellen ihrer Arbeit waren. Bei aller stilistischen Vielseitigkeit einte Toledos Kreationen eine erlesene Qualität, die der Haute Couture nahekommt; gleichzeitig waren ihre Kleider im Hinblick auf Bewegungsfreiheit und Tragekomfort typisch amerikanisch. Vielfalt, Kreativität und Qualität – in dem New Yorker Werkstattatelier, das sich Toledo mit ihrem Ehemann teilte, verschmolzen sie zu einer Einheit. Nach mehr als drei Jahrzehnten des Erfolgs starb Isabel Toledo 2019 an Brustkrebs. —*P. M.*

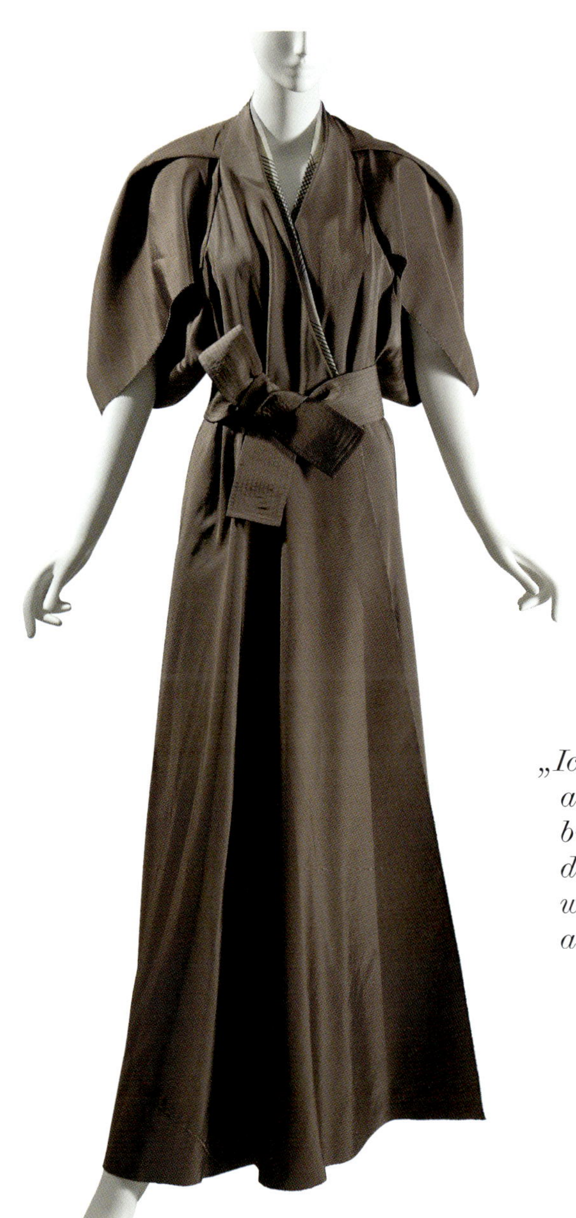

„Ich sah mich selbst nie als Modeschöpferin. Ich bin Schneiderin. Ich liebe die Technik des Nähens wirklich mehr als alles andere.“ — ISABEL TOLEDO

„Isabel hält Zwiesprache mit dem Körper der Frau. Sie untersucht ihn an sich selbst. Sie ist ihre eigene Kundin.“
— **Julie Gilhart, Modedirektor, Barneys New York**

VORHERGEHENDE DOPPELSEITE UND OBEN
Isabel Toledo
„Kokon“-Kleid:
maulwurfsgraues Seiden-Faille
USA, 2002

GEGENÜBER
Isabel Toledo
Kleid und Bolero:
burgunderroter Seidentaft
USA, 2005

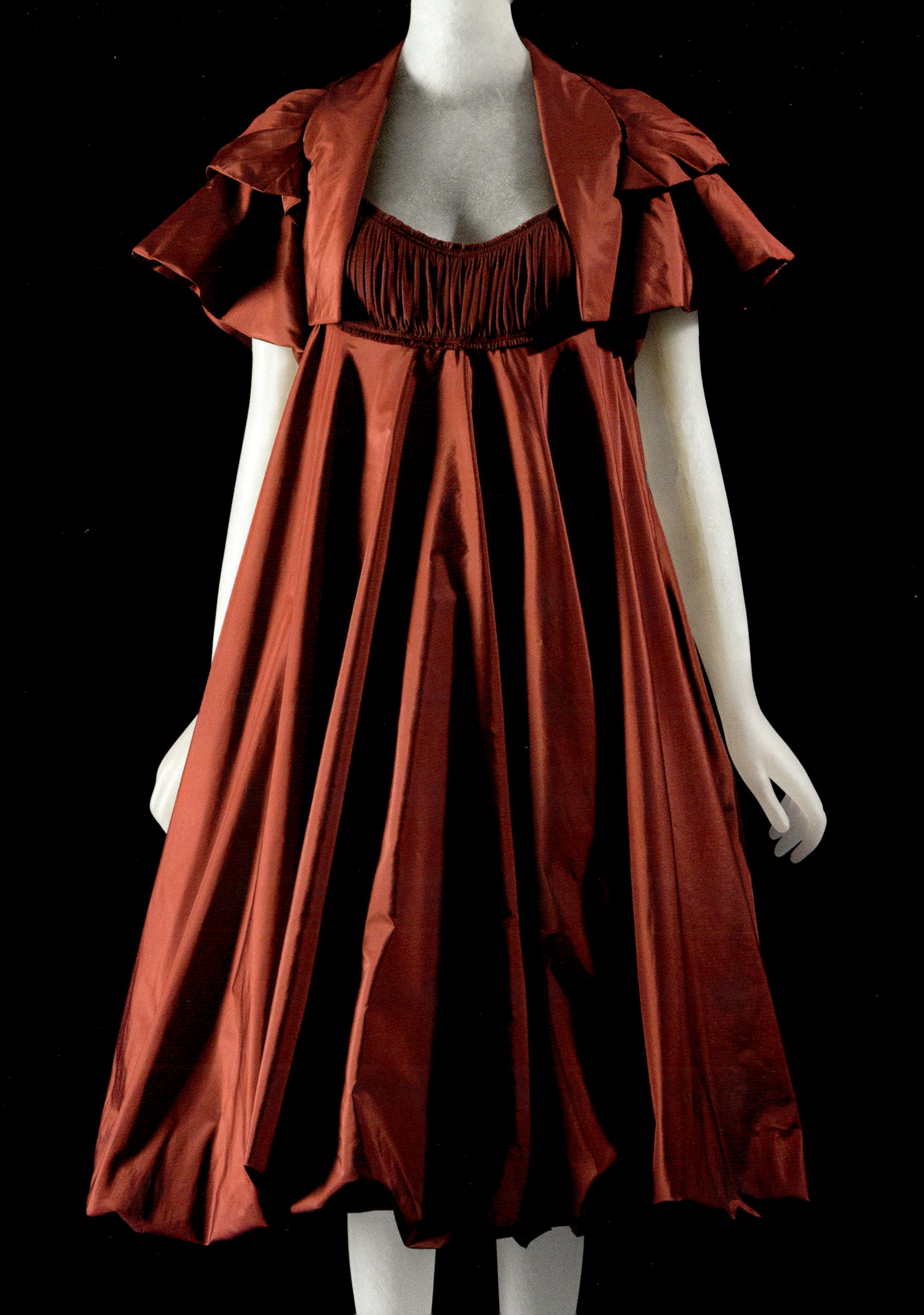

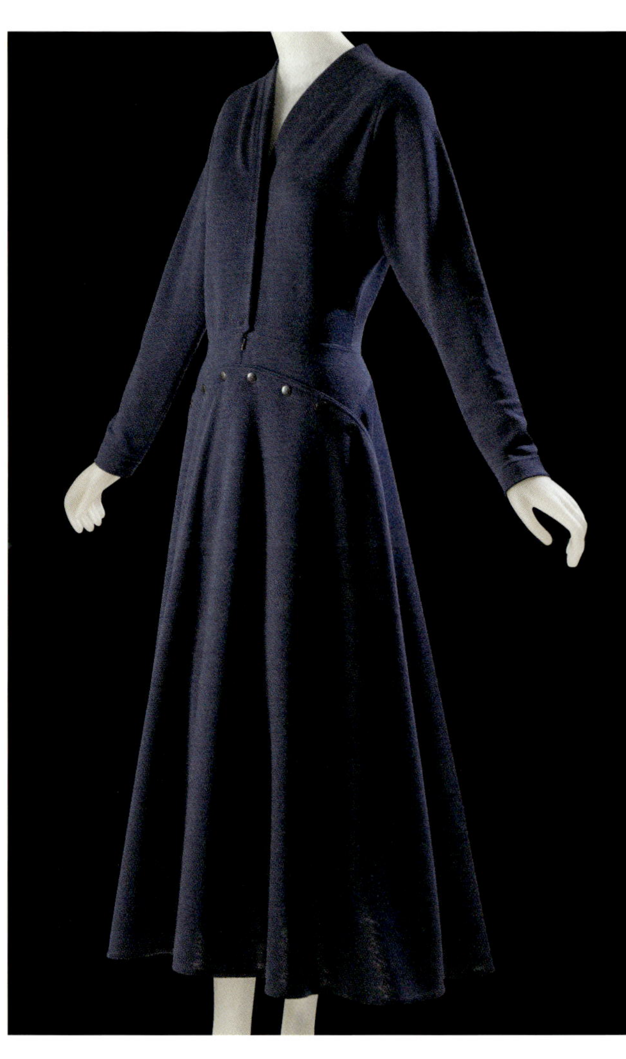

LINKS
Isabel Toledo
Kleid: marineblauer Wolljersey, Metalldruckknöpfe
USA, 1992

UNTEN
Isabel Toledo
„Zwitter"-Kleid: roter und schwarzer changierender Seidentaft, Seidenkordel
USA, 1988

Dieses Abendkleid ist das Resultat innovativer Experimente, die die Modeschöpferin über das Dehnungsverhalten von Stoffen unter Schwerkrafteinwirkung durchführte.

GEGENÜBER
Isabel Toledo
„Packung"-Rock, Oberteil: schwarzes Gewirke, rotes, schwarzes Leinen
USA, 1988

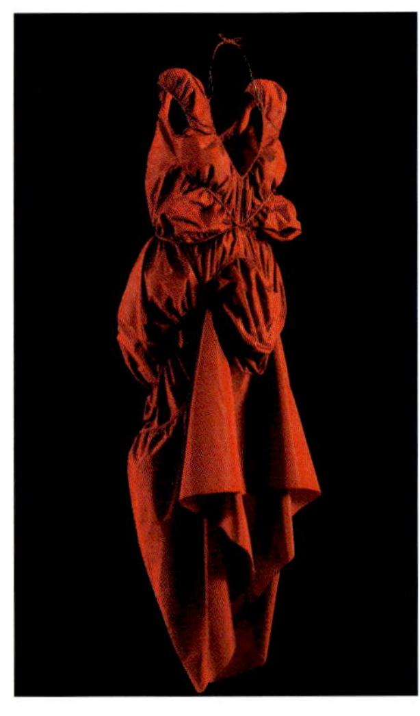

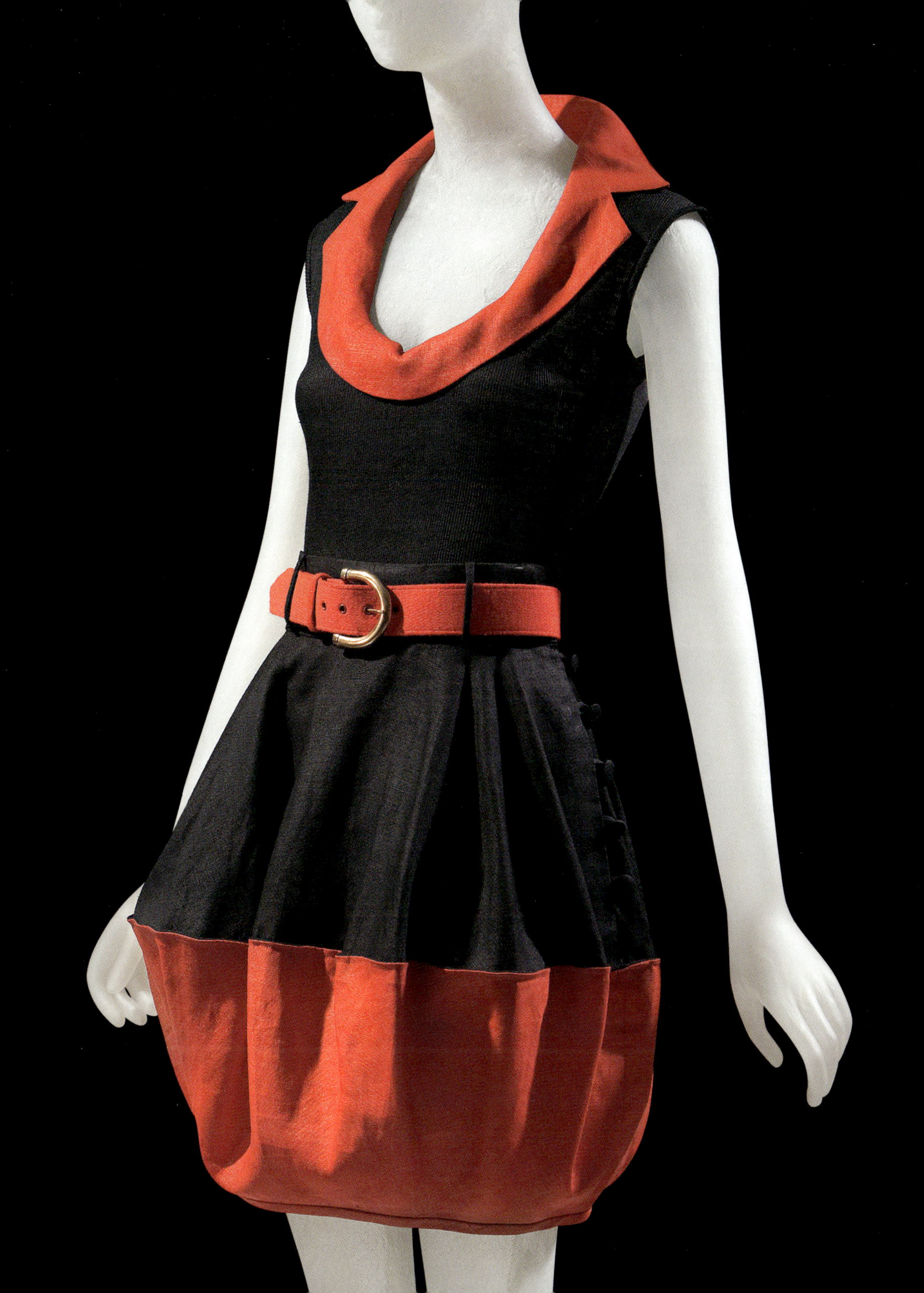

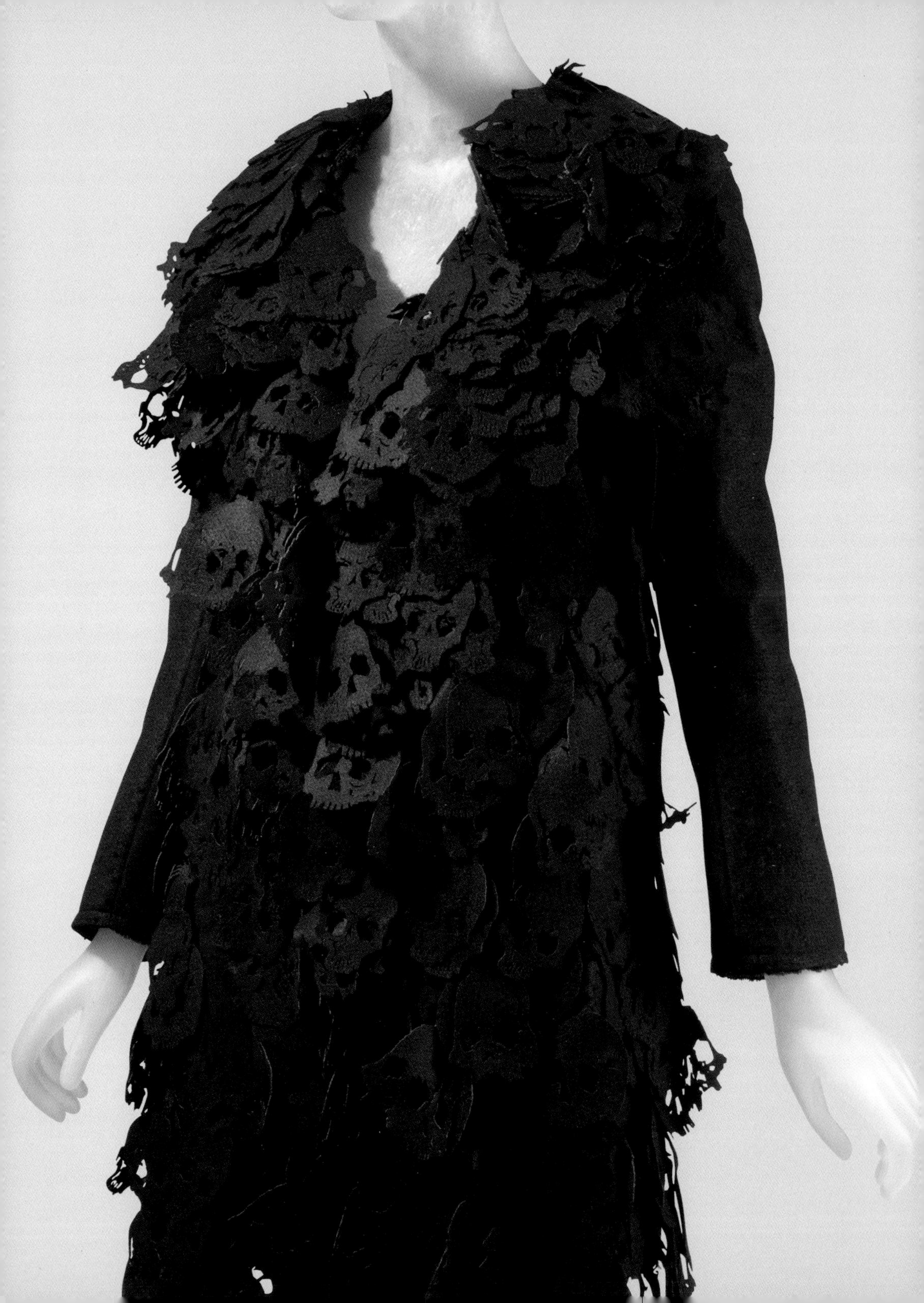

Undercover

JUN TAKAHASHI (* **1969**) Jun Takahashi, Schöpfer des sehr angesagten Labels Undercover, wurde als „die Essenz japanischer Coolness" und „neue, gewaltige Kraft in der Mode" bezeichnet. Er selbst beschrieb seine Entwürfe einmal als „niedlich, aber furchteinflößend, schön, aber hässlich". Tatsächlich erkundet er gerne die dunkle Seite der Mode und geht dabei ebenso verstörende wie romantische Wege. „Leben ist Schönheit, aber auch Schmerz", so sein Standpunkt, mit dem er die klassische Vorstellung von Mode transzendiert und in die Fußstapfen japanischer Avantgardedesigner tritt.

Takahashi besuchte das Bunka Fashion College in Tokio und trat nebenbei als Frontmann einer Punkrockformation namens Tokyo Sex Pistols in Erscheinung. Noch als Student gründete er sein eigenes Modelabel, Under Cover (später in einem Wort geschrieben), und verkaufte seine vom Punk inspirierten Entwürfe an kleine Boutiquen. 1993 eröffnete er zusammen mit Nigo (Gründer des Labels A Bathing Ape) im Szeneviertel Harajuki den Modeladen Nowhere. Im Jahr darauf präsentierte er seine erste reguläre Kollektion in Tokio, 1998 folgte die Eröffnung des ersten Under-Cover-Shops.

Takahashis Karriere wurde schon früh von einer Großmeisterin des japanischen Modedesigns, Rei Kawakubo, unterstützt; sie war es auch, die ihn dazu ermutigte, seine Kollektion 2002 in Paris zu zeigen. Die Kleider, die er dort unter dem Titel *Scab* („Schorf") über den Laufsteg schickte, waren eine einzige Orgie der Dekonstruktion – in Einzelteile zerfetzt und mit rotem Garn willkürlich wieder zusammengenäht. Die Inspirationen, die in Takahashis Entwürfe einfließen, variieren von Saison zu Saison enorm, doch seine verdrehte Logik ist immer die Klammer, die all seine Arbeiten zusammenhält. Sein paradoxer Kosmos wimmelt von verstörenden Bildern: Knöpfe, die Augäpfeln gleichen; Kleider, aus denen Haarbüschel sprießen; Blumen, die sich auf den zweiten Blick als Totenköpfe entpuppen. Bei den Frühjahrsdefilées 2004 traten Takahashis Models als Zwillingspärchen auf – eine Hälfte als „optischer Super-GAU" des anderen. Trotz der zahlreichen Auszeichnungen, die ihm bereits verliehen wurden, bleibt Takahashi selbstkritisch: „Ich bin nie zufrieden mit meiner Arbeit. Ich habe immer das Verlangen, etwas Neues zu machen, etwas Tragbares, etwas Starkes." *—M. M*

„In meinem Kopf ist immer etwas Schönes und etwas Hässliches, die ebenbürtig sind.“
— JUN TAKAHASHI

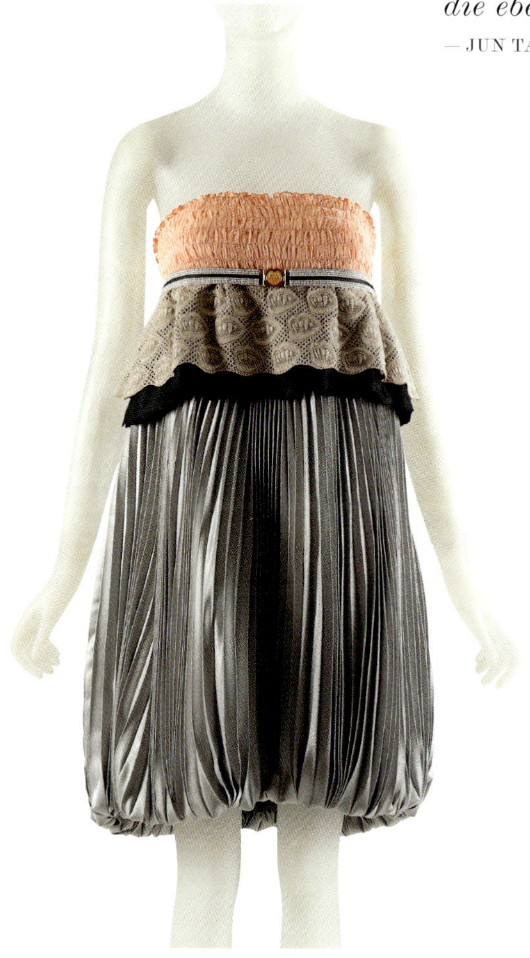

„In der Mode sollte es nicht nur um ‚oh, das ist toll‘ oder ‚die Silhouette ist cool‘ gehen – mit Kleidern lassen sich viele interessante Ideen ausdrücken.“
— **Jun Takahashi**

VORHERGEHENDE DOPPELSEITE
Undercover (Jun Takahashi)
Mantel: schwarzer Wollfilz
Japan, 2005

OBEN UND FOLGENDE DOPPELSEITE
Undercover (Jun Takahashi)
Kleid: graue Plisseeseide, pfirsichfarbene Seide, Baumwollspitze
Gürtel: blaue und weiße Baumwolle, Gummiband, Emaille, Metall
Japan, 2008

GEGENÜBER
Undercover (Jun Takahashi)
Ensemble: graue Wolle, Chiffon, Satin, gestreifte Baumwolle, Glas- und Perlmuttverzierungen, Baumwollbordüre
Japan, 2005

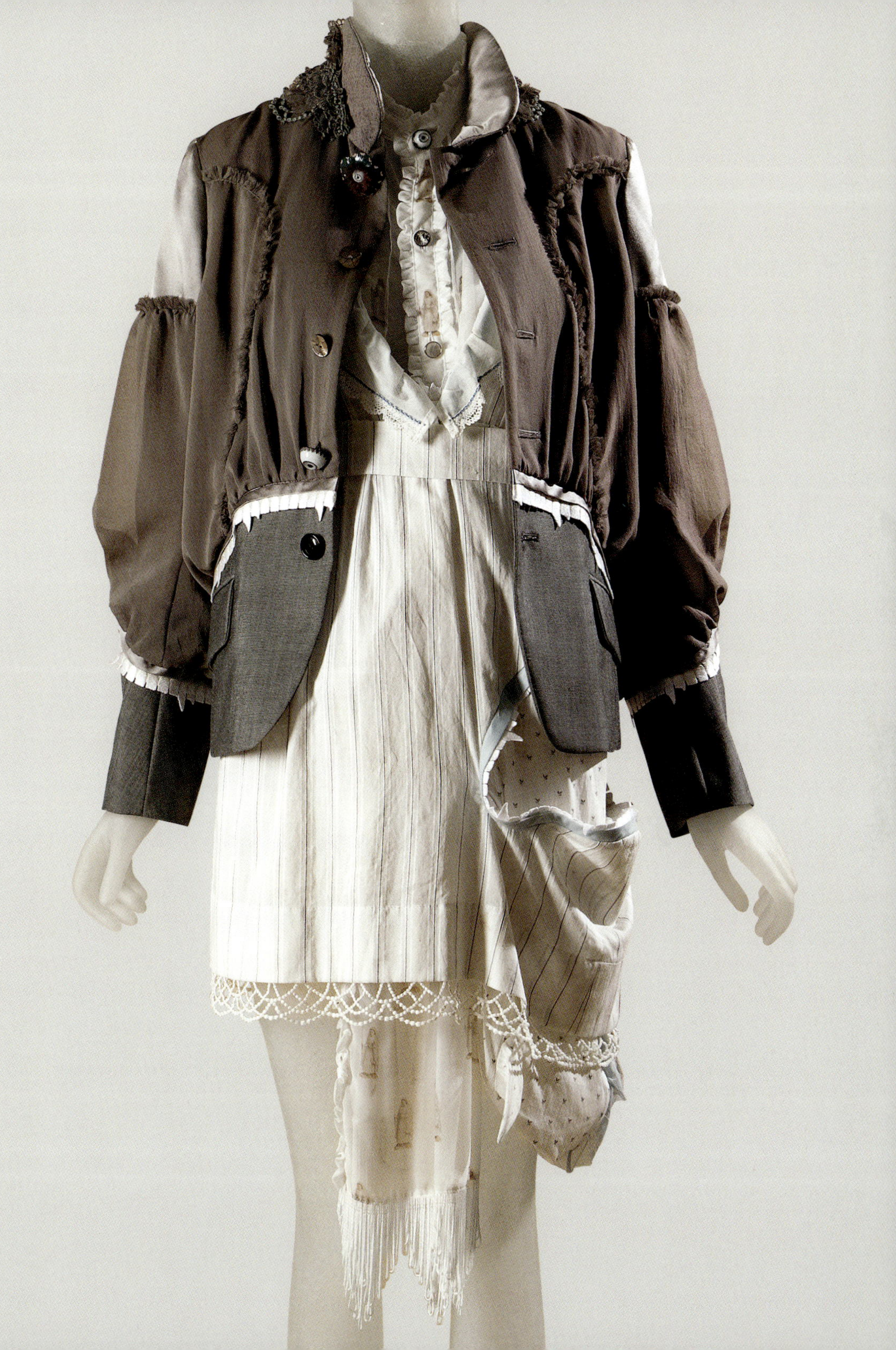

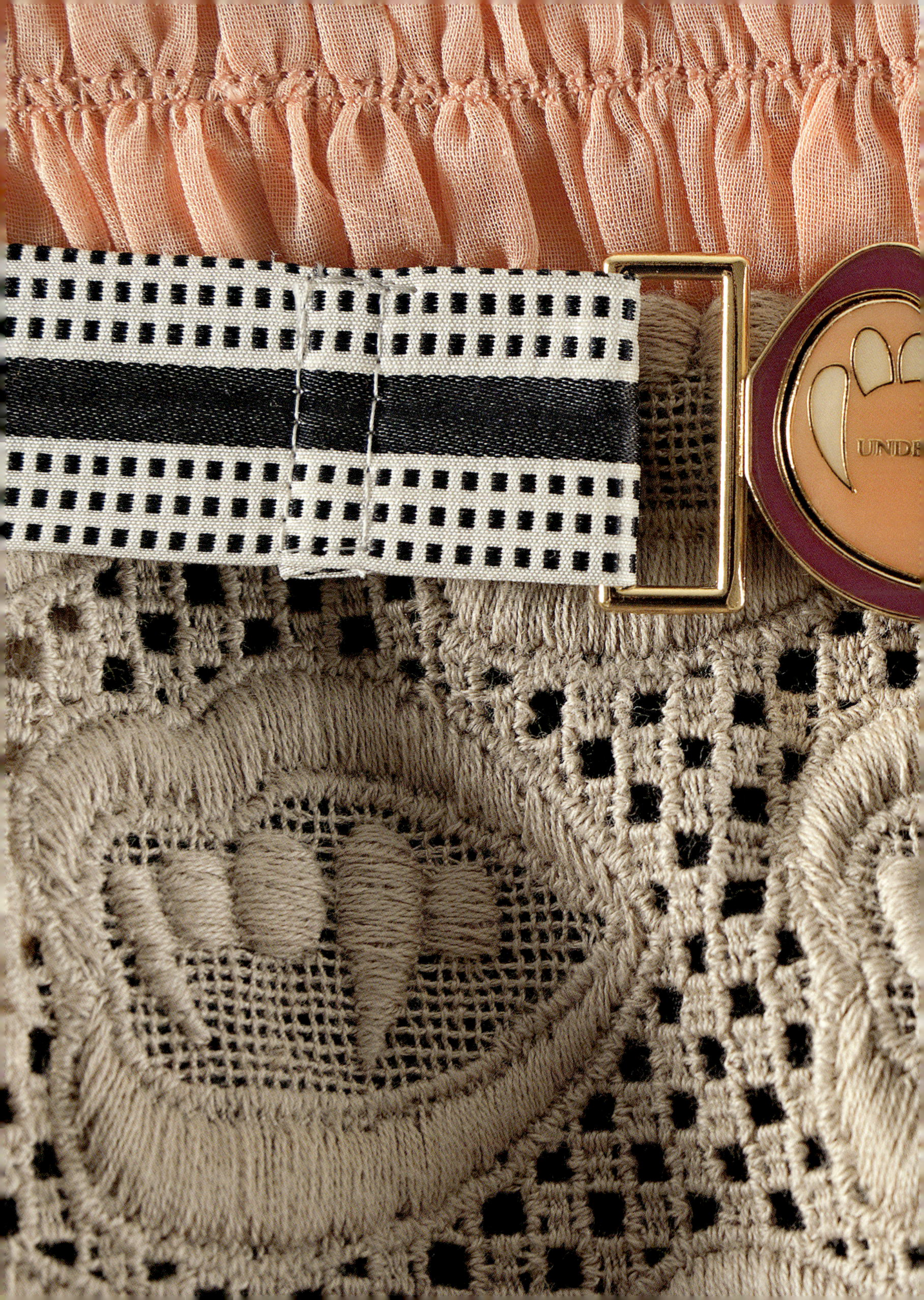

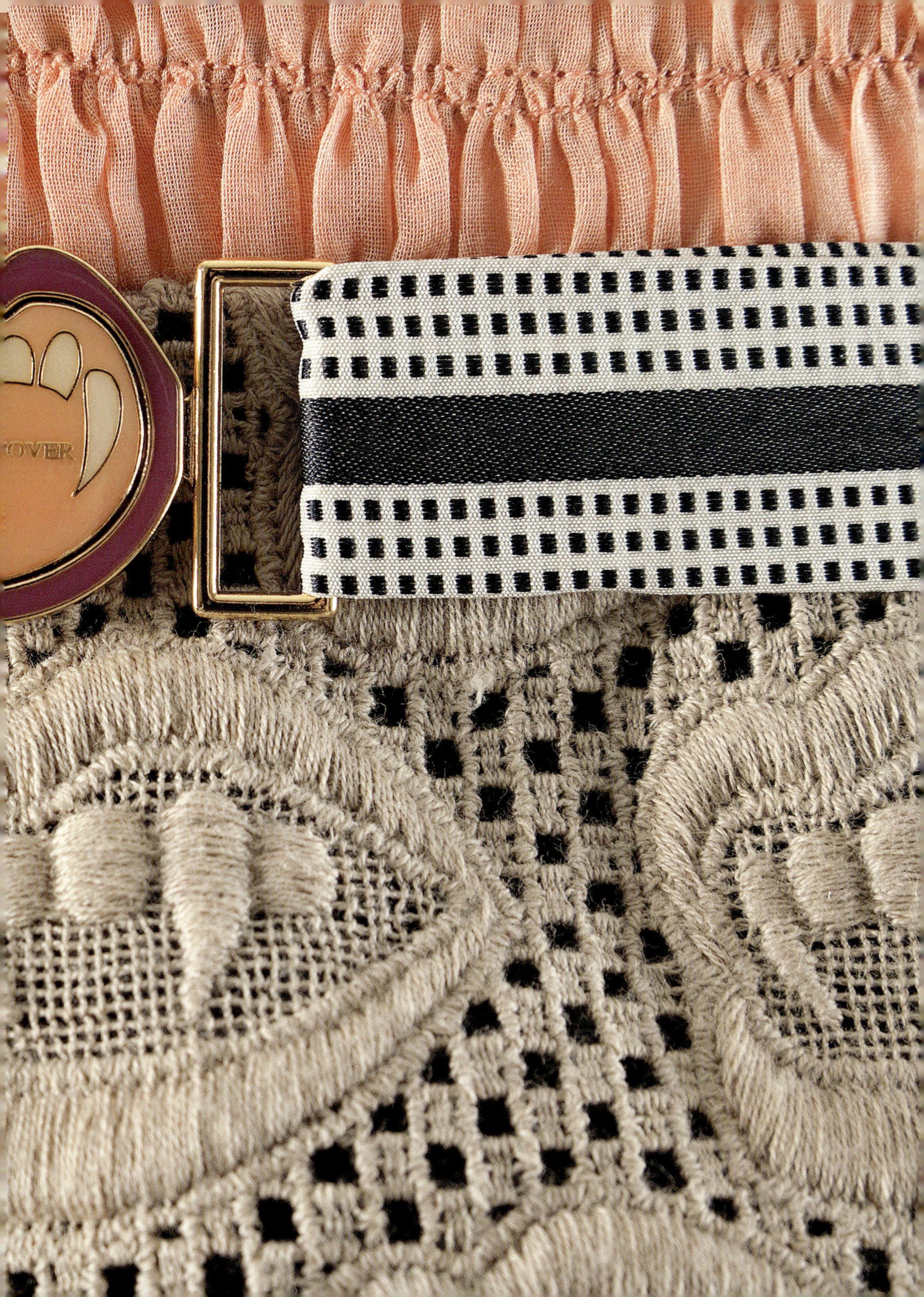

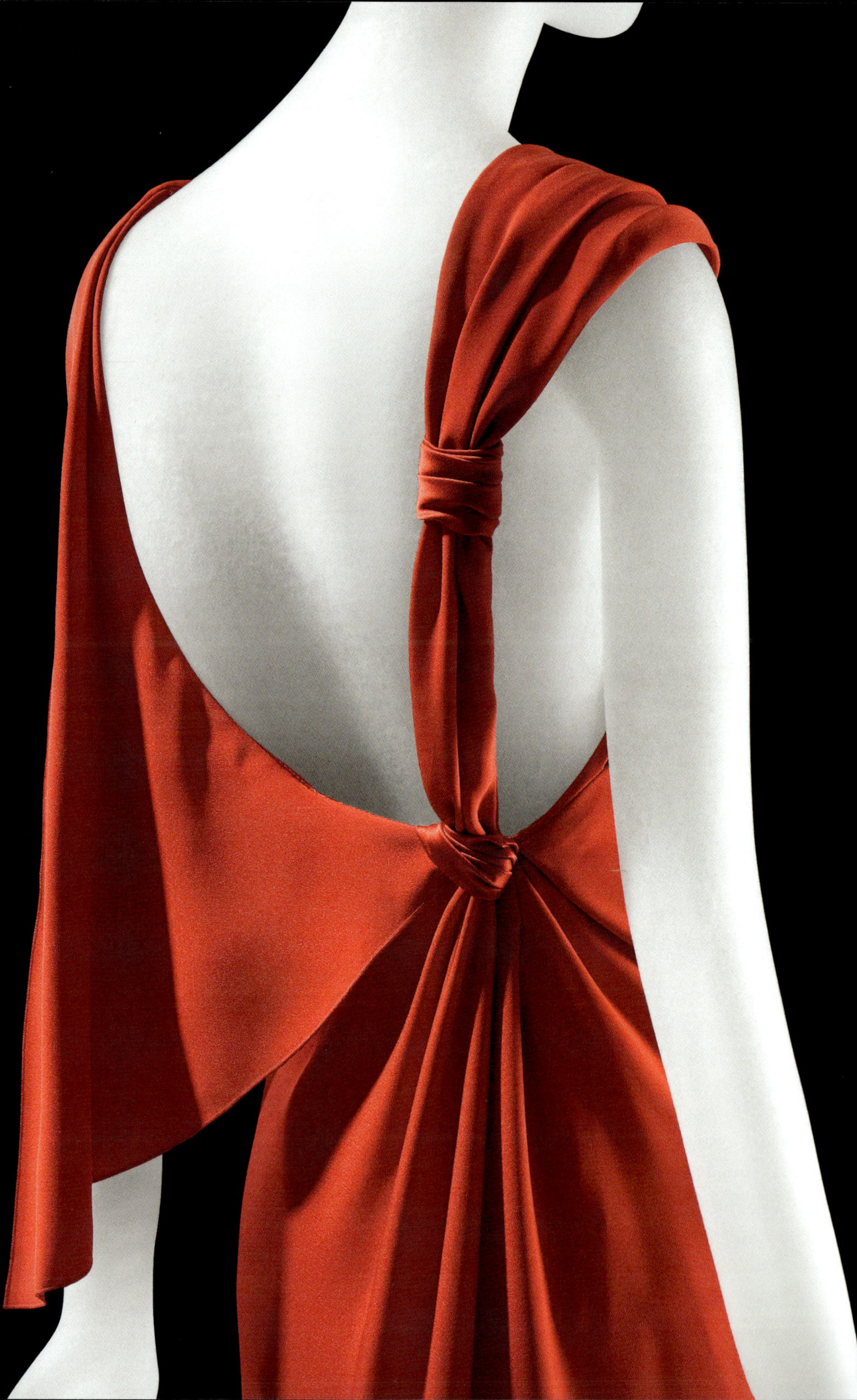

Valentino

VALENTINO GARAVANI (* 1932) Über vier Jahrzehnte lang kultivierte Valentino Garavani, wie Valentinos bürgerlicher Name lautet, einen glamourösen Look, der sich durch Opulenz und Weiblichkeit auszeichnete. Als wahrer Künstler unter den Edelschneidern zählt er zu den wenigen italienischen Modeschöpfern, denen es gelang, *alta moda* mit dem Nimbus von Haute Couture zu kreieren – Kleider von zeitloser Schönheit, die scheinbar beiläufigen Luxus vermittelten. Seine gesamte Schaffenszeit hindurch blieb Valentino seinen ausnehmend hohen Ansprüchen treu, sowohl in technischer als auch in ästhetischer Hinsicht. „Valentino ist es gelungen, jedes Model in eine Dame zu verwandeln, und jede Dame in ein Model", wie die Modejournalistin Janie Samet befand. Seine opulenten Kreationen wurden von prominenten Kundinnen geschätzt, darunter Sophia Loren, Daphne Guinness und Elizabeth Taylor, die 1961 zur Rom-Premiere von *Spartacus* in einer weißen Valentino-Robe erschien, oder Jacqueline Kennedy, die 1968 in einem spitzenbesetzten Entwurf aus der Hand des Meisters dem Reeder Aristoteles Onassis ihr Jawort gab.

Valentino absolvierte eine Ausbildung an der Chambre Syndicale de la Haute Couture in Paris, arbeitete anschließend fünf Jahre bei Jean Dessès und zwei weitere Jahre bei Guy Laroche, ehe er 1959 nach Rom zurückkehrte, um sein eigenes *alta moda*-Atelier zu eröffnen – dem Vorbild der französischen Haute Couture folgend mit Betonung auf exquisiter Handarbeit, edelsten Materialien und Details wie Perlenstickereien und Plissees. Seine erste größere Modenschau, die er 1962 im Florentiner Palazzo Pitti vorstellte, bescherte ihm internationale Anerkennung. Für die Präsentation der folgenden Kollektionen kehrte er wieder nach Rom zurück; die Schauen, die fortan in seinem Salon stattfanden, entwickelten sich zu glanzvollen gesellschaftlichen Events. 1975 stellte Valentino als einer der ersten Modeschöpfer eine Prêt-à-porter-Linie in Paris vor, 1989 schließlich auch eine Couturekollektion. Mit seiner zweiten, vom Stil der Wiener Werkstätte inspirierten und mit großem Beifall aufgenommenen Couturekollektion gelang es Valentino als erstem italienischem Modeschöpfer, sich in Paris zu etablieren.

Valentinos Handschrift zeigt sich in vielen Details: Valentino-Rot, seine Erkennungsfarbe, wurde zum festen Bestandteil jeder Kollektion; bekannt auch seine Vorliebe für Schwarz-Weiß, das er gerne für extravagante Muster und Texturen verwendete. Spitzen, Volants, Tupfenmuster, Animal-Prints in neuer Interpretation, aufwendige Stickereien, Muschelsäume und Bordüren zählen zu den immer wiederkehrenden Elementen, die sein Œuvre durchziehen. Kurz nach den Feierlichkeiten zum 45. Firmenjubiläum verkündete Valentino seinen Rückzug aus der Mode. Die langjährigen Accessoire-Designer Maria Grazia Chiuri und Pierpaolo Piccioli führten seine Couturelinie fort, bis Chiuri 2016 zu Dior wechselte. Seitdem ist Piccioli der allein verantwortliche Chefdesigner von Valentino. *—M. M.*

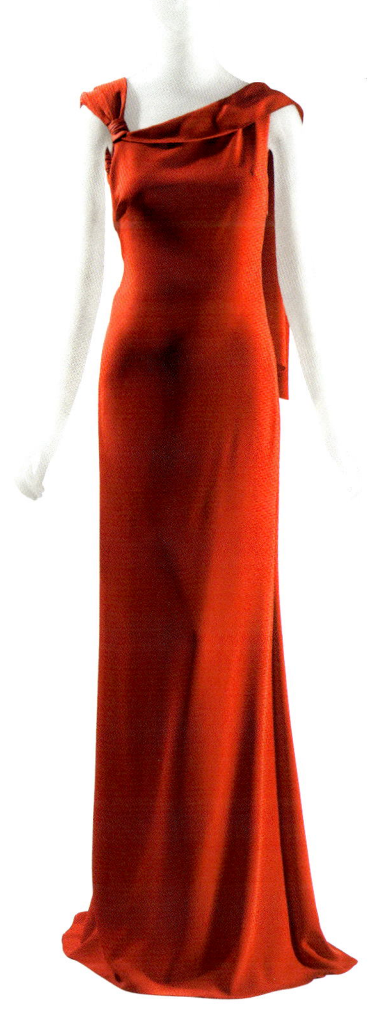

„Ich glaube nur an Haute Couture. Ich denke, ein Couturier muss seinen Stil etablieren und dabei bleiben.“

— VALENTINO

VORHERGEHENDE DOPPELSEITE UND LINKS
Valentino Garavani
Abendkleid: rote Seide
Italien, 2008

Valentino-Rot, die Erkennungsfarbe des Modeschöpfers, wurde zum festen Bestandteil jeder Kollektion. Dieses Kleid war im Finale seiner letzten Haute-Couture-Schau zu sehen, die mit einem Defilée in Valentino-Rot gekleideter Models zu Ende ging.

GEGENÜBER
Valentino Garavani
Abendkleid: weiße Baumwollspitze, Strass, Holzperlen, silbermetallisches Geflecht
Italien, um 1965

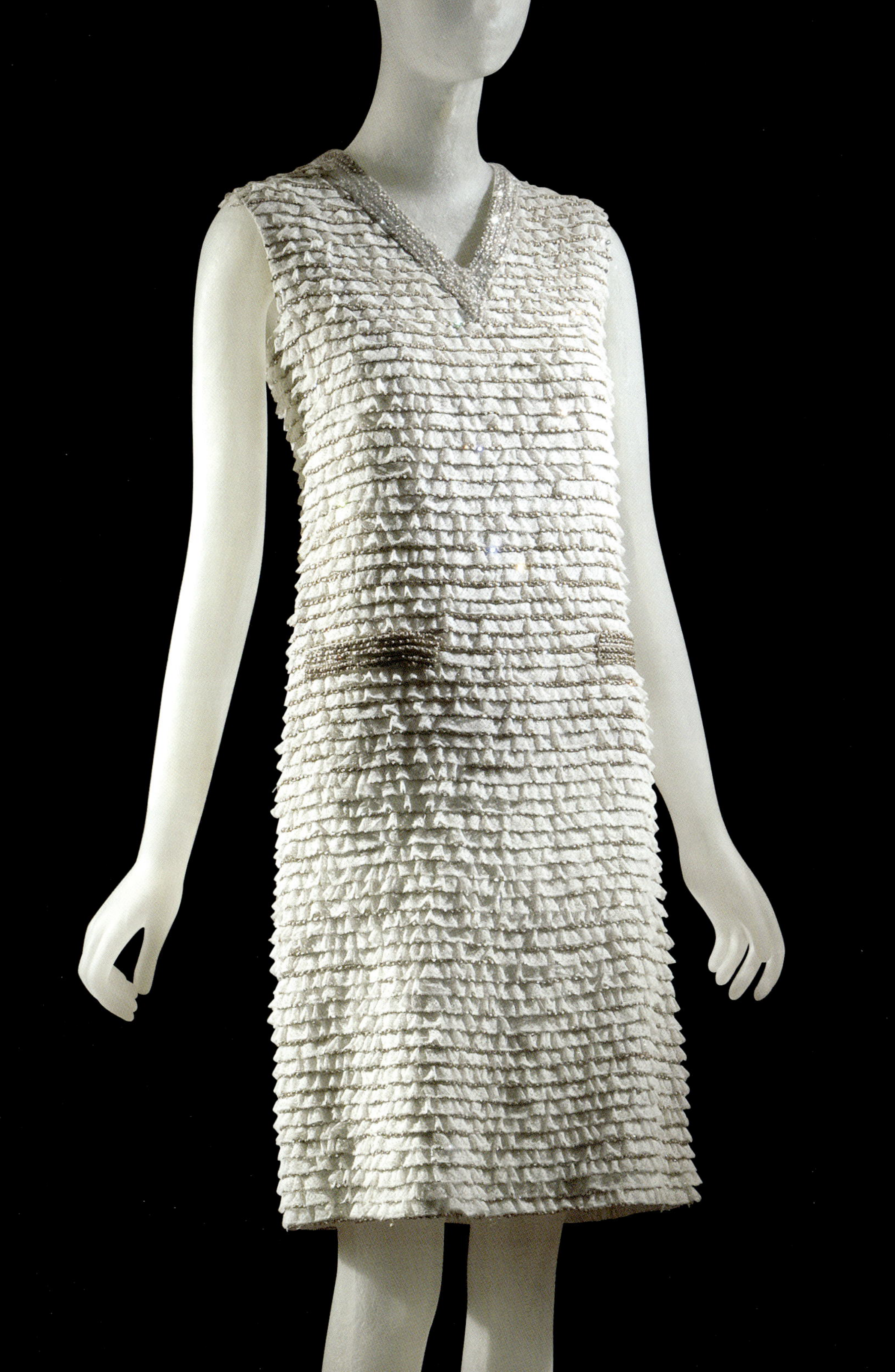

„Ich werde Rom und Paris immer im Herzen behalten, denn diese beiden Städte haben mir die Möglichkeit geboten, zu arbeiten und meine große und einzige Leidenschaft auszuleben – Mode.“
— **Valentino**

LINKS UNTEN
Valentino Garavani
Abendkleid und Mantel: rosaroter Seidensatin
Italien, um 1962

UNTEN
Valentino Garavani
Abendtasche: silberfarbene Metallscheiben, Leder
Italien, 2004

GEGENÜBER
Valentino Garavani
Mantel: schwarze Wolle, Leopardenfell
Italien, um 1974

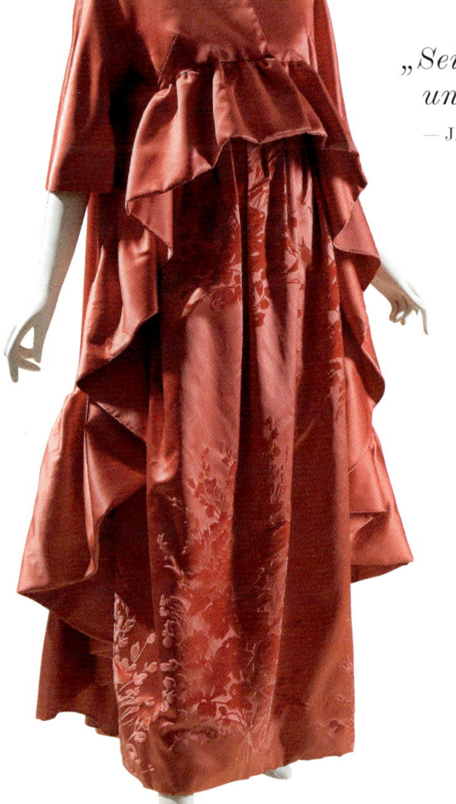

„Seine Kleidungsstücke sind feminin und glamourös und zugleich modern.“
— JACQUELINE DE RIBES, *W*

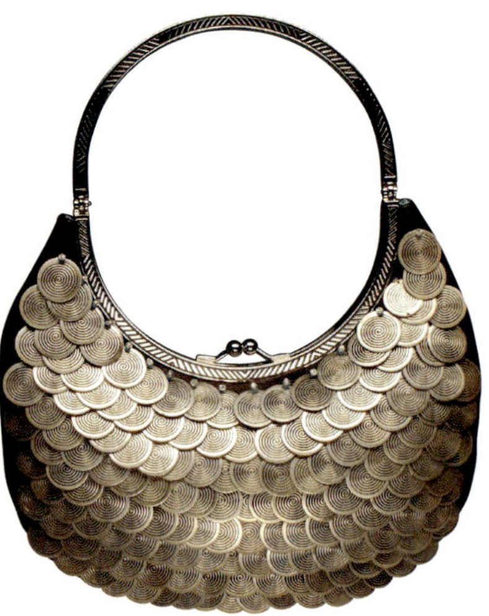

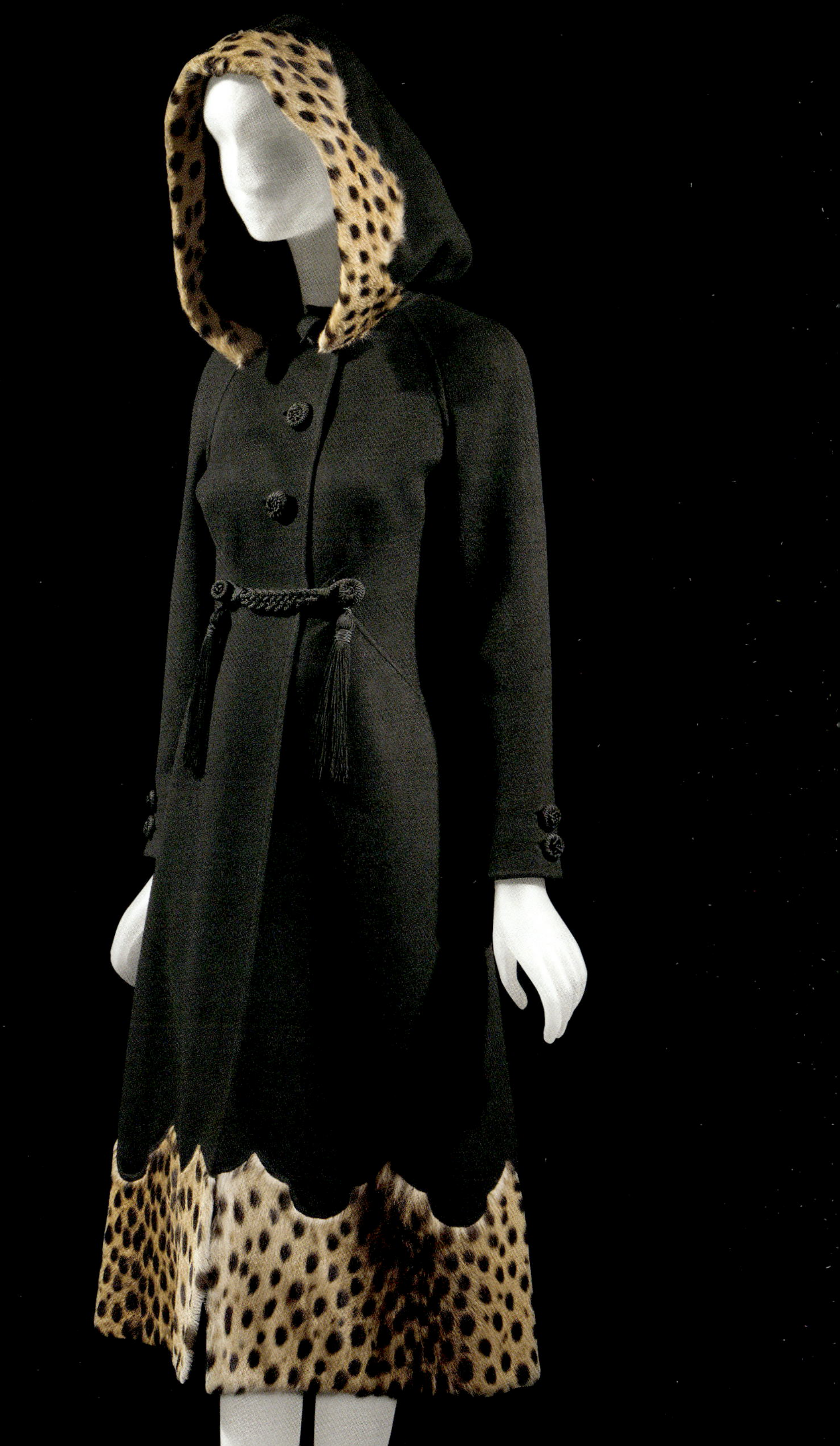

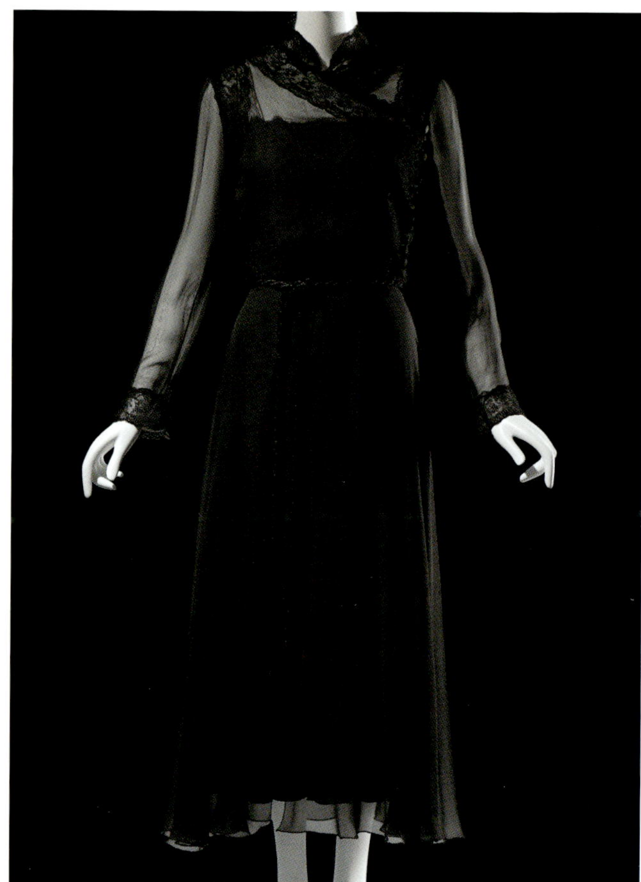

LINKS
Valentino Garavani
Abendkleid: schwarzer Seidenchiffon, Spitze
Italien, 1993

GEGENÜBER
Valentino (Maria Grazia Chiuri und Pierpaolo Piccioli)
Kleid: elfenbeinfarbener Seidenorganza, schwarze und weiße Blumenapplikationen aus Baumwolle
Italien, 2011

UNTEN
Valentino Garavani
Mantel: cremefarbene doppelseitige Wolle
Italien, um 1968

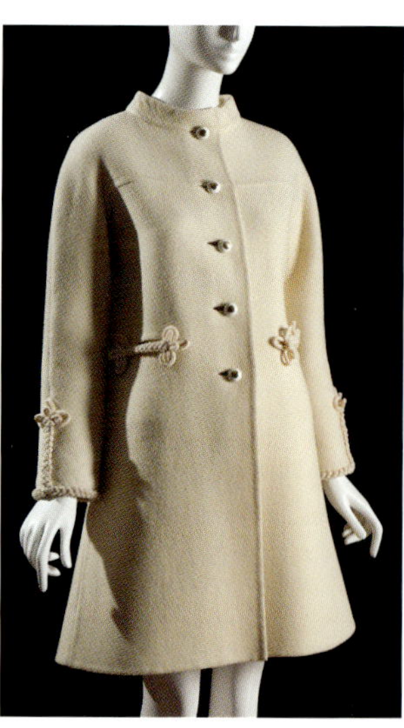

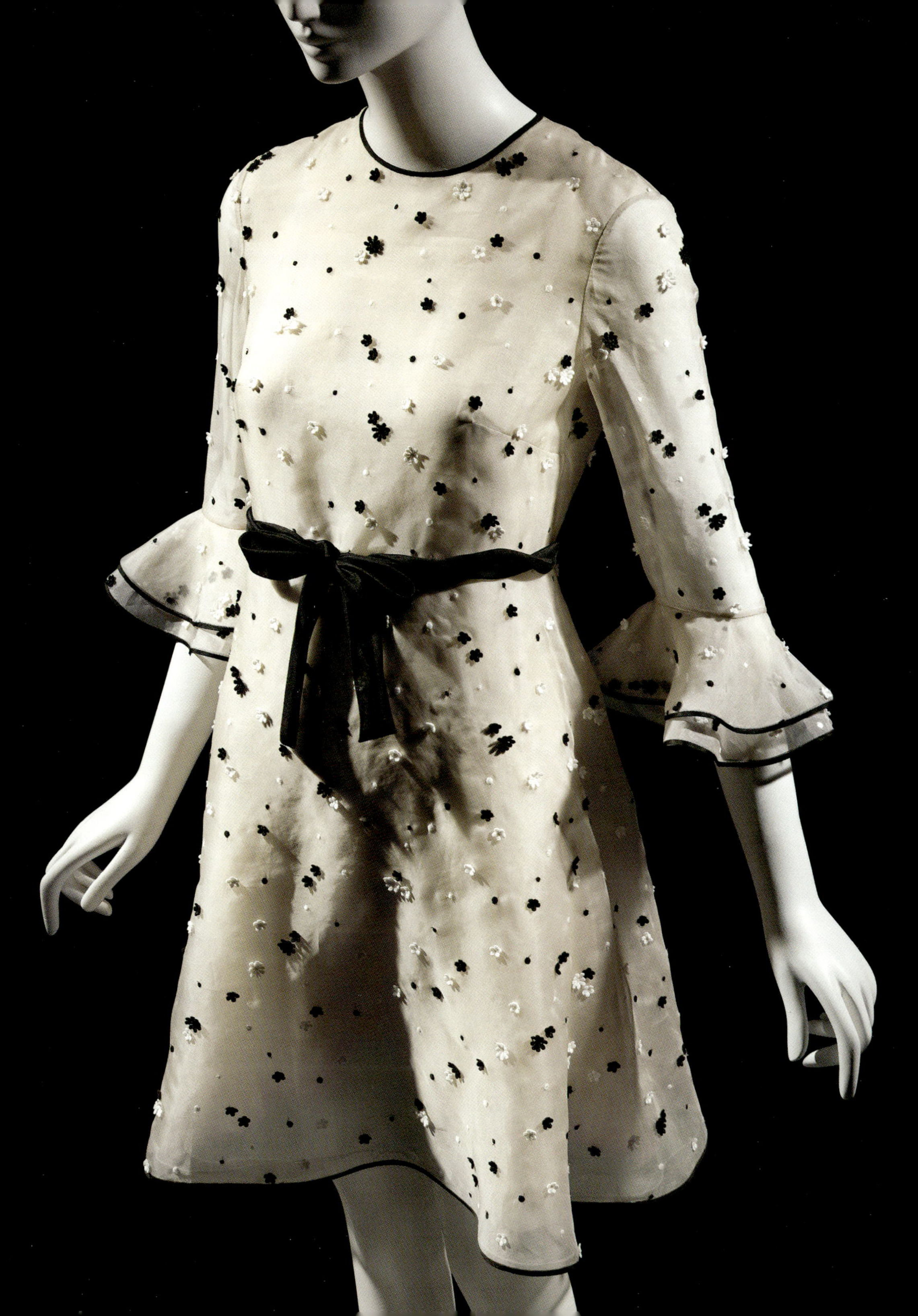

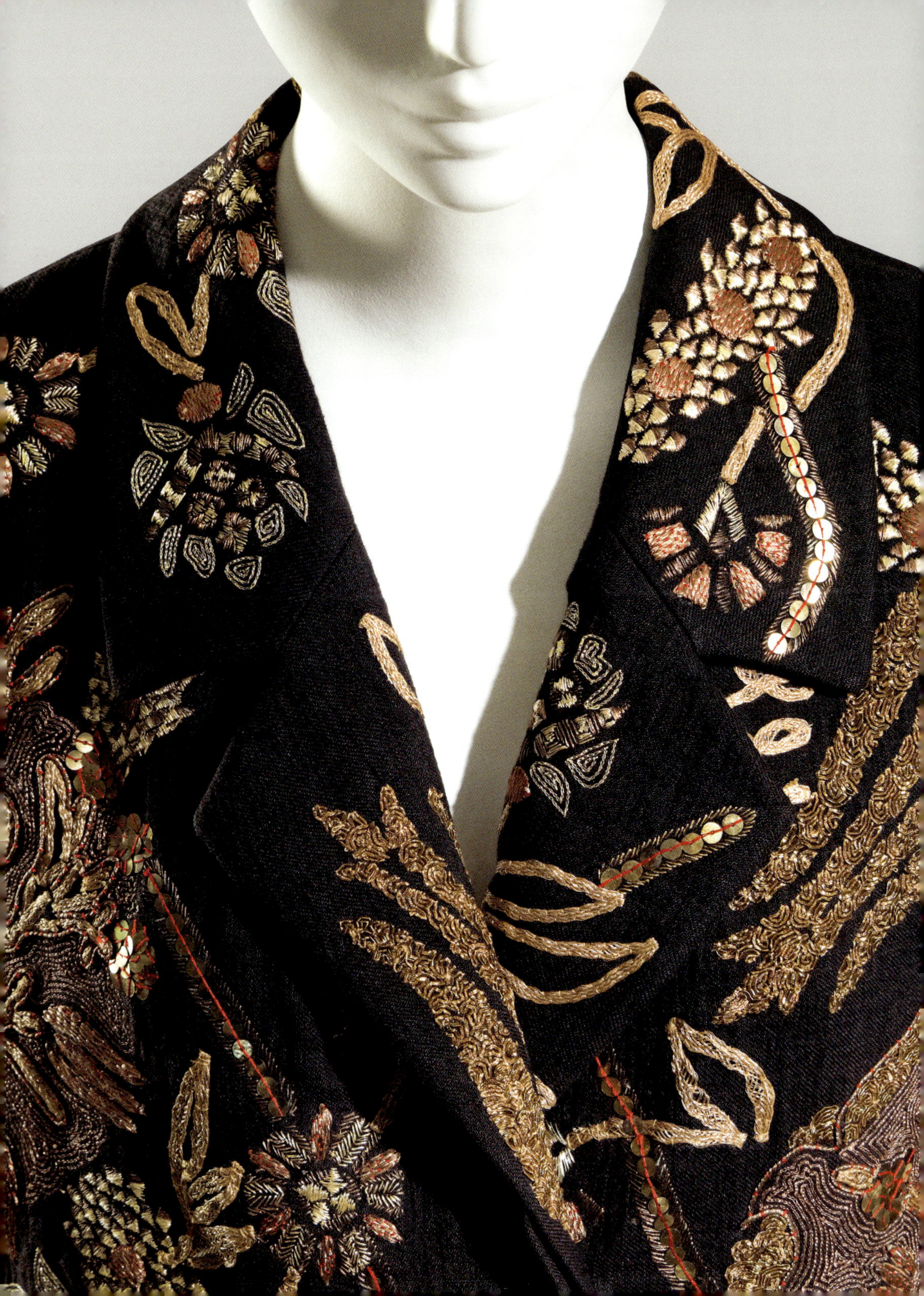

Dries Van Noten

DRIES VAN NOTEN (* **1958**) Wundervolle Silhouetten aus exquisit bedruckten und verschwenderisch bestickten Stoffen sind zum Erkennungszeichen der Mode von Dries Van Noten geworden. Der von der *New York Times* als „einer der intellektuellsten Köpfe in der Mode“ bezeichnete Designer hat in den 30 Jahren seines Schaffens einen Stil entwickelt, dessen perfekte Balance zwischen Konstruktion und Ornamentik in der heutigen Mode einzigartig ist und in seiner zeitgemäßen Interpretation des Bohème-Chics höchsten Wiedererkennungswert erlangt hat.

Von der Männermode inspirierte Damenjacketts und -mäntel, Faltenröcke im Vintage-Stil, Tunikakleider mit Puffärmeln, alles reich verziert mit Musterstickereien nach Motivvorlagen aus aller Welt, zählen zu den typischen Looks, die er Saison für Saison auf den Laufsteg bringt. Nach Abschluss seiner Ausbildung an der Antwerpener Kunstakademie im Jahr 1980 machte der gebürtige Belgier Van Noten sich zunächst als Teil des Avantgardekollektivs „Antwerp Six“ einen Namen. Sein eigenes, noch immer in Antwerpen ansässiges Unternehmen wuchs langsam, auf heute vier Kollektionen pro Jahr (je zwei für die Männer- und die Damenlinie) und Niederlassungen in Weltmetropolen wie Hongkong und Paris. Wie der medienscheue Designer selbst wird auch das Privatunternehmen Dries Van Noten ohne jede Eigenwerbung konstant beachtet und mit international bedeutenden Preisen ausgezeichnet.

Trotz der erlesenen Qualität seiner Gewänder will Van Noten sie nicht als reine Ausstellungsstücke verstanden wissen, sondern als tragbare, praktische Mode. Nach seiner Überzeugung sollte alles, was auf dem Laufsteg gezeigt wird, anschließend auch für den Kunden verfügbar sein. „Vielleicht bin ich ein bisschen naiv,“ erklärt er seine Haltung, „aber mir gefällt der Gedanke nicht, Dinge zu zeigen, die später nicht im Handel erhältlich sind.“ *—P. M.*

„Dries' Kleidungsstücke entfalten eine transformative Wirkung: Der Träger wird zu einer interessanteren, rätselhafteren, faszinierenderen Person." — SIMON DOONAN, CREATIVE DIRECTOR, BARNEYS NEW YORK

VORHERGEHENDE DOPPELSEITE
Dries Van Noten
Mantel: Barrengold; roter, goldener Faden; paillettenbesticktes schwarzes Leinen
Belgien, 2006

LINKS
Dries Van Noten
Kostüm: Baumwollsatin mit grauem, hellgrünem und hellbraunem Blumendruck, blumenbedruckte Seide, abgenähte Litze, Band
Belgien, 2004

GEGENÜBER
Dries Van Noten
Kostüm: graues, schwarzes, hellbraunes und burgunderrotes Kaninchenfell; blau und cremefarben bedruckte Seide; Samt
Belgien, 2004

UNTEN
Dries Van Noten
Kostüm: schwarzer und weißer Wolle-Elastan-Tweed
Belgien, 2000

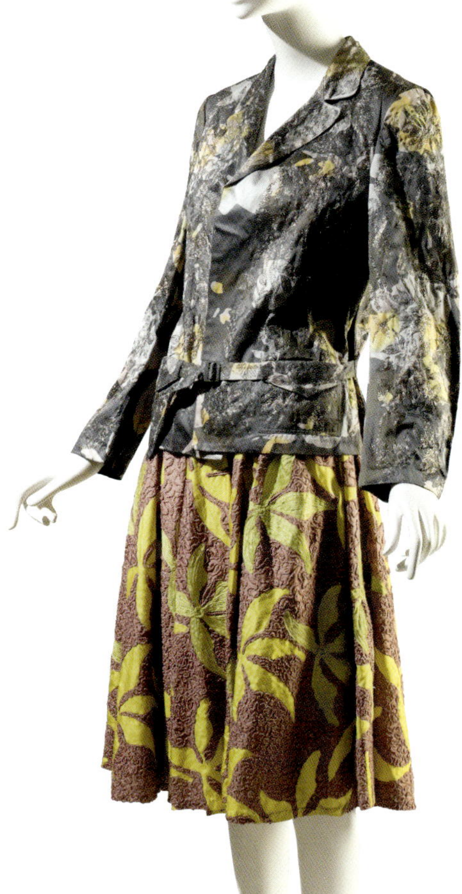

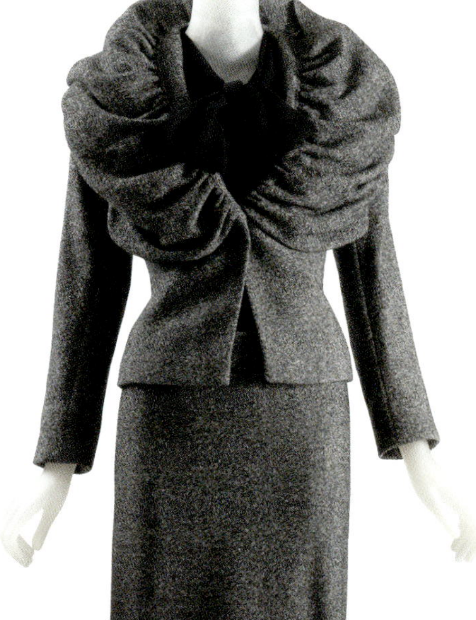

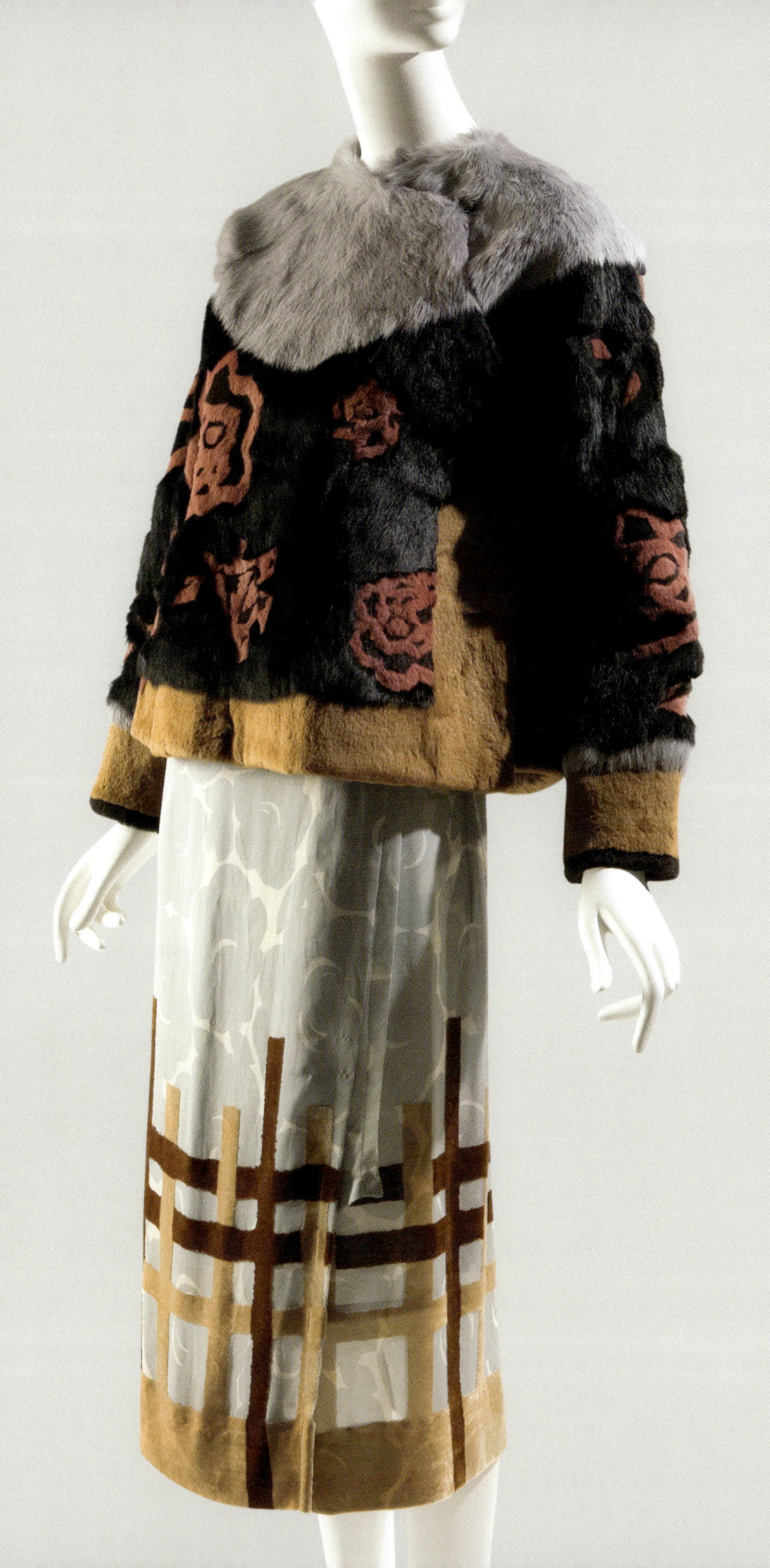

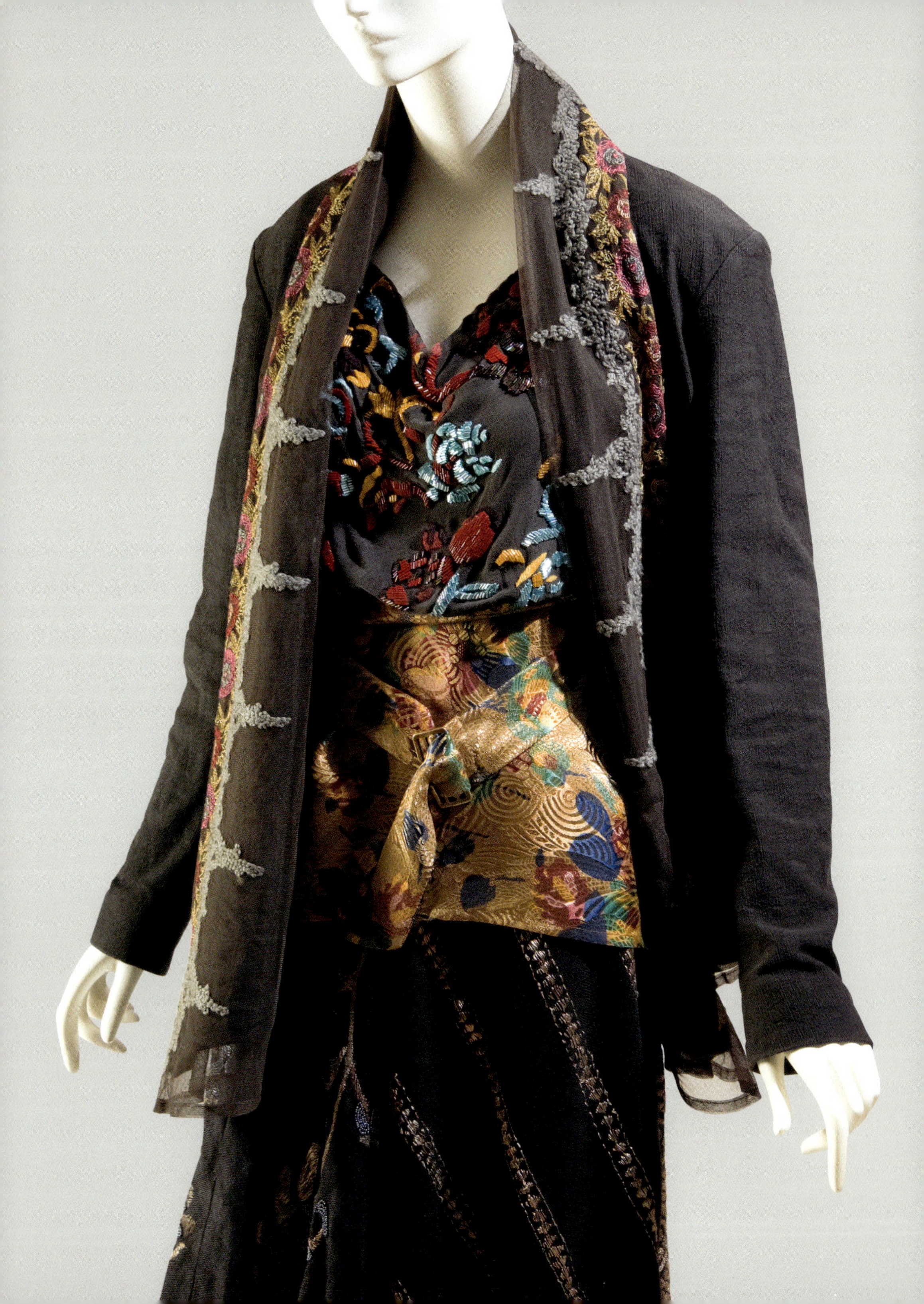

GEGENÜBER
Dries Van Noten
Jacke: grauer Polyester und Viskose, braunes Netz, Blumenstickerei, Ripsband
Oberteil: goldmetallisch bedruckter Jacquard, bestickter schwarzer Chiffonkrepp, mehrfarbige Stickerei und Stiftperlen
Rock: schwarzes Leinen und Wolle, goldmetallische Stickerei, Rocailleperlen
Belgien, 2003

Der belgische Modeschöpfer Dries Van Noten ist stark von einer nichtwestlichen Ästhetik beeinflusst, die er mit einer neuen Art des Sehens gleichsetzt.

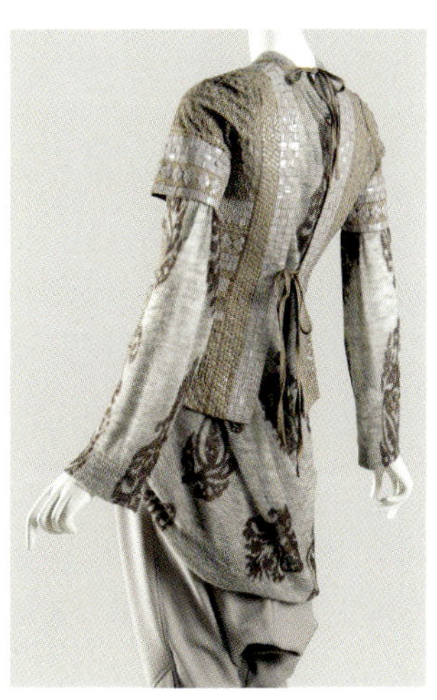

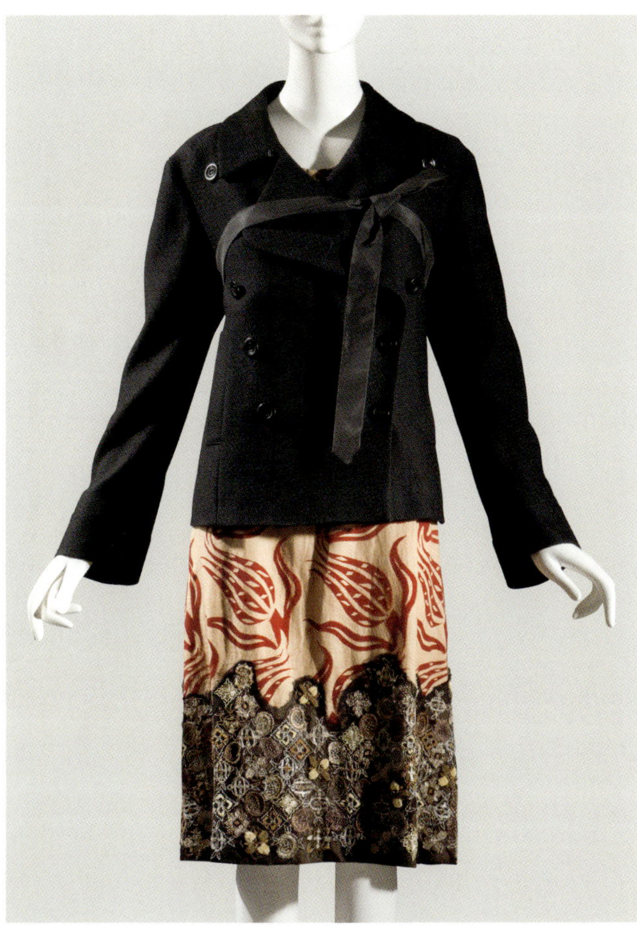

OBEN
Dries Van Noten
Ensemble: graue und beigefarbene Perlen, bedrucktes Naturleinengewirke, ockerfarbene Baumwolle, goldenes Lackleder
Belgien, 2007

LINKS
Dries Van Noten
Ensemble: schwarze Jute, bedrucktes hellbraunes Leinen, roter Samt, metallische Fäden, Kordel, Perlen
Belgien, 2006

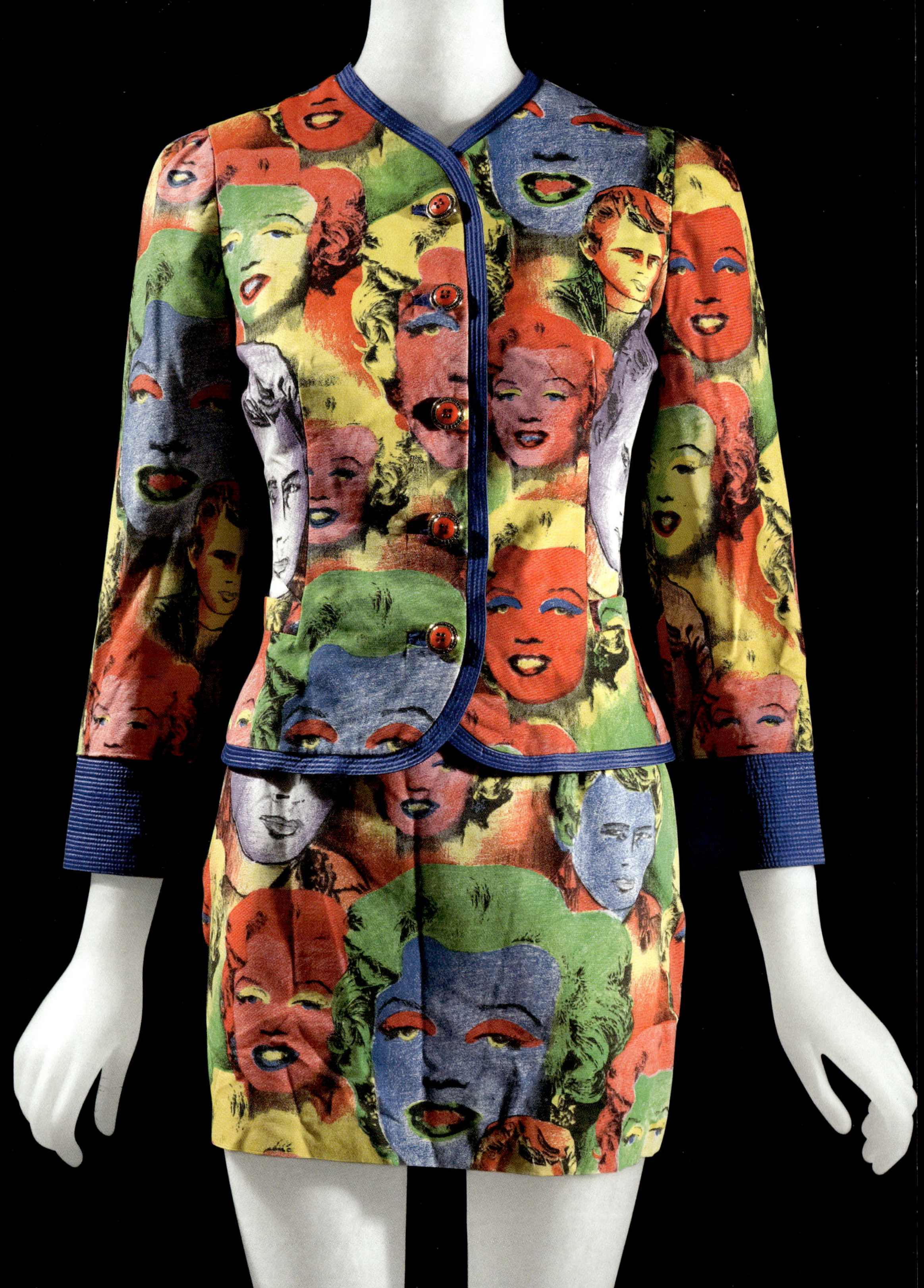

Versace

GIANNI VERSACE (1946–1997) Gianni Versaces Kleider waren – noch in ihrer konservativsten Form – sinnlich; in ihrer freizügigsten Form unverhohlen sexy. Seine Mode provozierte heftige Reaktionen: Einige hielten ihn für ein Genie, andere warfen ihm vor, den Bogen zu überspannen. Der Modehistoriker Richard Martin analysierte das Phänomen Versace so: „Anders als gesittetere Modemacher ist er immer bereit, das Risiko der Vulgarität einzugehen … Versace weiß – wie jeder große Künstler oder Designer –, dass ästhetischen Risiken sinnliches Vergnügen innewohnt." Und sinnliches Vergnügen war das, womit Gianni Versace handelte.

Versaces Respekt vor der Schneiderkunst wurde schon in jungen Jahren geweckt. Seine Mutter betrieb in der süditalienischen Stadt Reggio di Calabria ein Schneideratelier; von ihr lernte er das Handwerk. In den 1970er-Jahren arbeitete er zunächst als Designer für die Labels Genny, Complice und Callaghan, ehe er 1978 seine eigene Konfektionslinie lancierte; 1989 folgten die erste Couturekollektion und seine Zweitlinie Versus. Versace war derart produktiv, dass es schier unmöglich scheint, einen einzelnen Entwurf als seinen denkwürdigsten herauszukristallisieren: vielleicht das berühmte Elizabeth-Hurley-Kleid mit Sicherheitsnadeln anstelle von Seitennähten oder die von Bondage inspirierten Lederoutfits mit aufsehenerregender Riemen- und Nietenoptik oder die überbordend und farbenfroh bedruckten Stoffe, die seinen unbekümmerten Zugang zur Kunst verrieten. Versace war wagemutig, manchmal barock. Den theatralischen Look der Kostüme, die er für Bühnen- und Ballettproduktionen entworfen hatte, übertrug er auch auf den Laufsteg und bediente sich dafür gerne historischer Vorlagen, was er allerdings nicht als Nostalgie verstanden wissen wollte: „Ich habe ein Gespür für die Zukunft, das meine Mode durchdringt." 1997 wurde Versace vor seinem Haus in Miami ermordet. In tiefer Trauer übernahm seine Schwester Donatella Versace die Leitung des Unternehmens. Sie war ihrem Bruder lange Zeit enge Vertraute, Geschäftspartnerin und, so wird gesagt, Muse gewesen; in seine Fußstapfen zu treten sollte dennoch nicht leicht für sie werden. Für ihre Interpretation des Versace-Stils erntete sie Lob wie Kritik; doch ihre Intention war, wie sie der Zeitschrift *Harper's Bazaar* im August 2000 erklärte, den verstorbenen Bruder zu ehren, nicht, ihn zu imitieren. Der Look, den sie für das Label Versace entwirft, mag weniger „sexklatant" sein – „sexy" ist er allemal. *—J. F.*

„Als Gianni anfing, musste Mode verlässlich sein, elegant sein. Das Wort ‚Glamour' existierte nicht. Gianni erfand den Glamour. Das nahm Frauen die Angst, sich feminin und sinnlich zu kleiden. Ich sorge dafür, dass der Glamour bleibt."
— **Donatella Versace**

VORHERGEHENDE DOPPELSEITE
Gianni Versace
Kostüm: mehrfarbig bedruckte Baumwolle und Seide, Strassknöpfe
Italien, 1991

Versace bezog seine Inspiration häufig aus Popkultur und Kunst. Die Anregung zu diesem Kostüm lieferten ihm Andy Warhols Porträts von Marilyn Monroe und James Dean.

UNTEN
Gianni Versace
Tasche: grünes Wildleder, goldfarbenes Metall
Italien, um 1992

Seit 1989 ziert ein Medusenhaupt das Logo der Marke Versace.

GEGENÜBER
Gianni Versace
Kostüme: schwarze Wolle, schwarzes Leder, goldfarbenes Metall
Italien, 1992

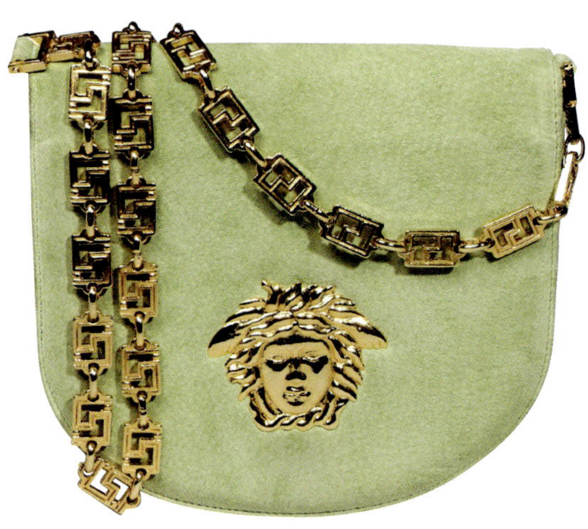

„Ich entwerfe für die Frau, die Kleidung nicht wie eine Rüstung trägt, sondern sie ihrer eigenen Persönlichkeit anpasst." — GIANNI VERSACE

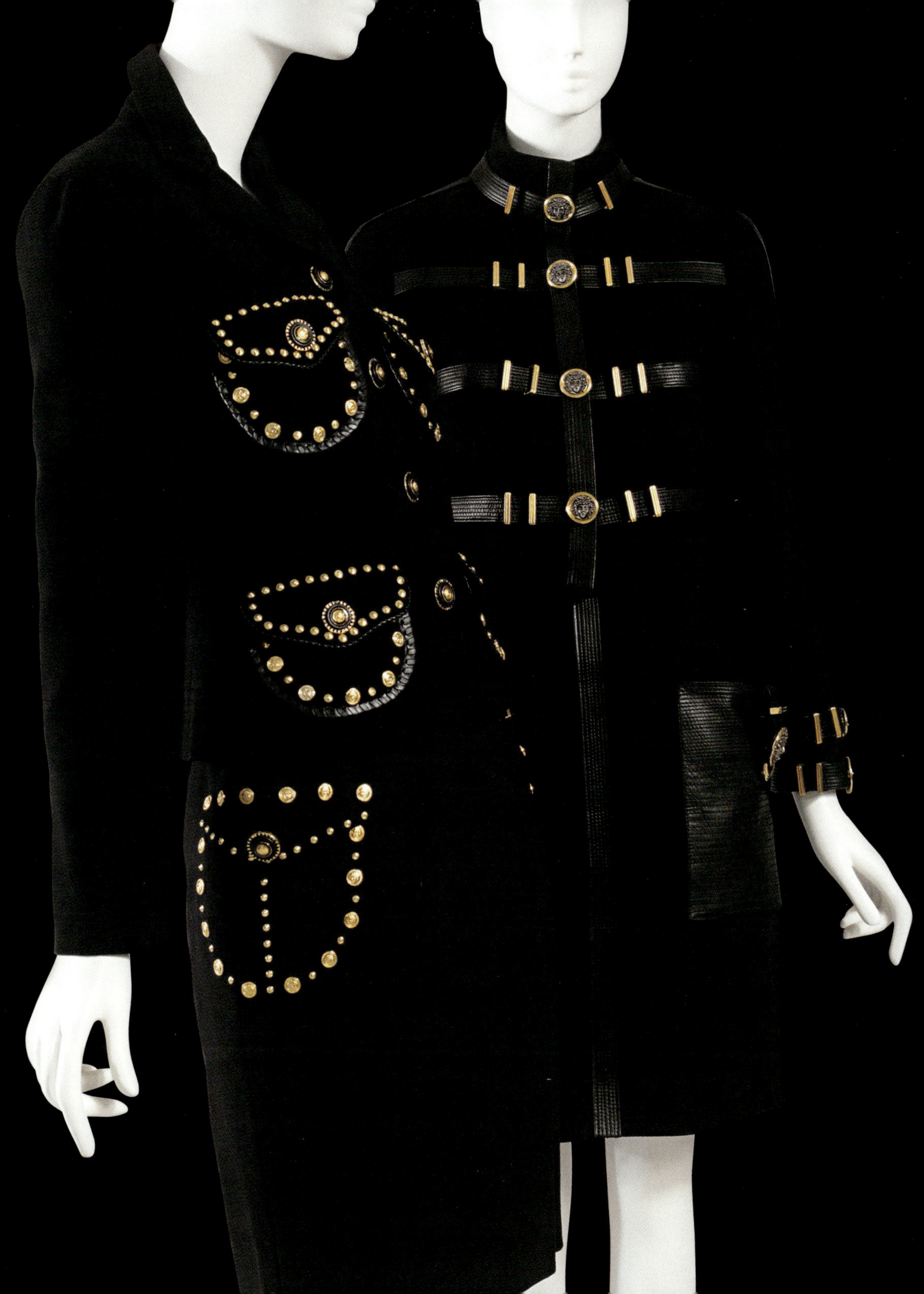

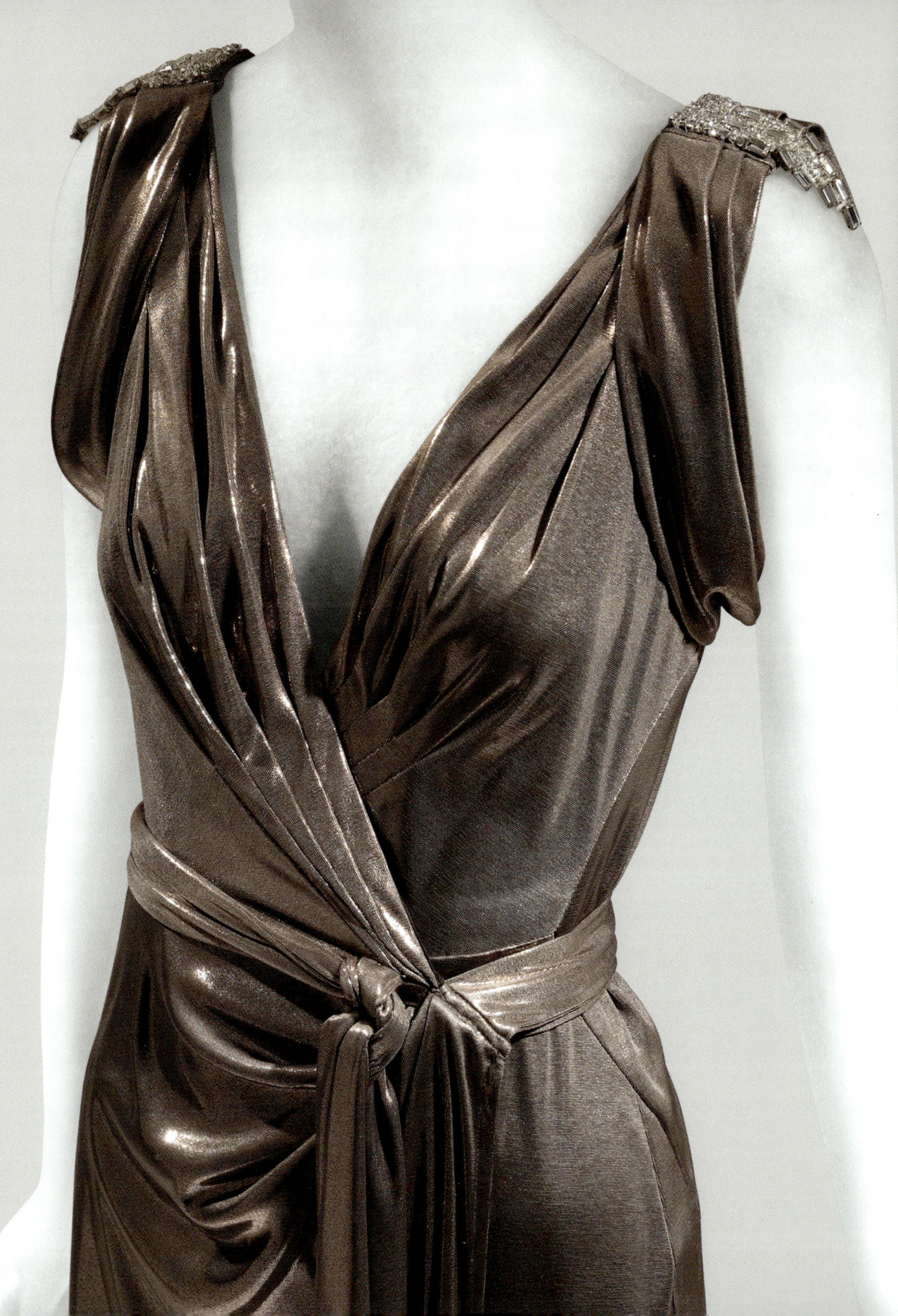

Diane von Furstenberg

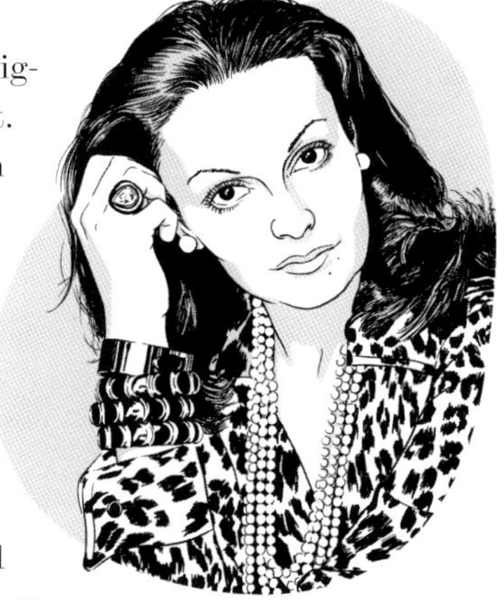

DIANE VON FURSTENBERG (* **1946**) ist als Modedesignerin eine Berühmtheit von überlebensgroßem Format. Ihr Bekanntheitsgrad ist derart hoch, dass vielen schon ihre Initialen, DVF, als Erkennungszeichen genügen. Das Kleidungsstück, das sie so berühmt gemacht hat, ein Wickelkleid aus lebhaft gemustertem Jerseystoff, feierte 1973 Premiere. Die Kundinnen fanden es so zeitlos und praktisch (wie auch das Costume Institute des Metropolitan Museum of Art, das es in seine Sammlung aufnahm), dass es noch heute in kaum veränderter Form produziert wird. Dieses schlichte und doch zu einem Kultstück avancierte Kleid ermöglichte es von Furstenberg, ein dynamisches und expandierendes Modeunternehmen aufzubauen.

Von Furstenberg kam als Diane Simone Michelle Halfin in Brüssel zur Welt, ihre Eltern waren Einwanderer mit rumänischen und griechischen Wurzeln. Während eines Wirtschaftsstudiums an der Universität von Genf lernte sie Prinz Egon von Fürstenberg kennen, dessen Adelsgeschlecht sich bis in die Frühzeit des Heiligen Römischen Reiches zurückverfolgen lässt. Die beiden heirateten, bekamen zwei Kinder und ließen sich später wieder scheiden. 2001 heiratete sie den Medienmogul Barry Diller.

Bereits vor ihrer ersten Ehe war Diane von Furstenberg entschlossen, Modeschöpferin zu werden. Mit einem Startkapital von 30 000 Dollar begann sie 1970, Damenkleider zu entwerfen. „In der Minute, in der klar war, dass ich Egons Frau würde, beschloss ich, eine eigene Karriere in Angriff zu nehmen. Ich wollte selbst jemand sein, nicht nur ein einfaches Mädel, das sich nach oben geheiratet hat."

Neben ihrem Engagement für gemeinnützige Organisationen in den Bereichen Frauenförderung und Kunstsponsoring spielte Diane von Furstenberg eine immer größere Rolle in der Welt der Mode. Von 2006 bis 2019 war sie Präsidentin des Council of Fashion Designers of American (CFDA). —*P. M.*

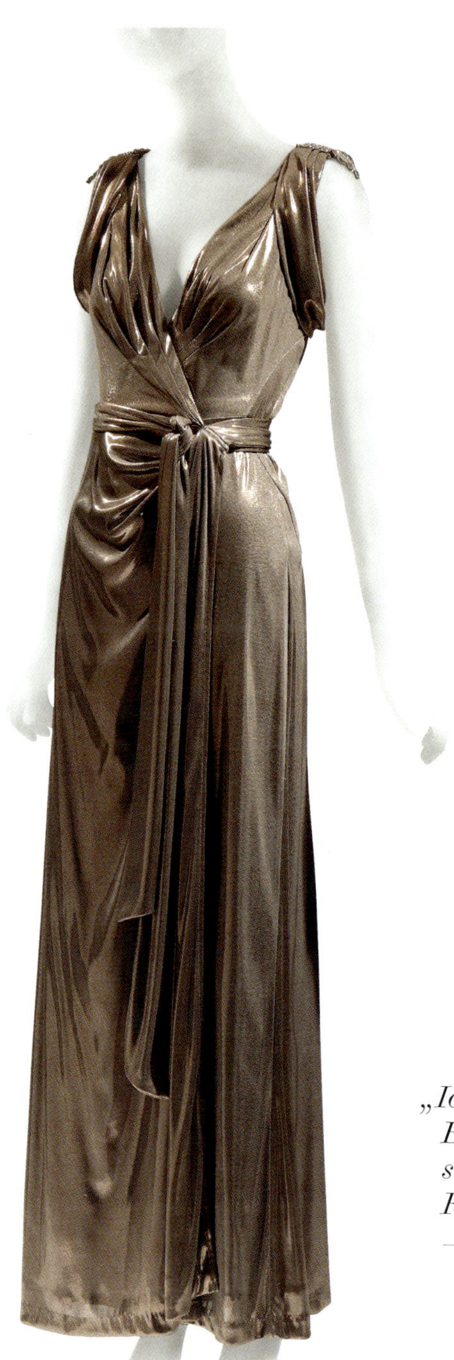

„Ich würde meinen Stil und die Kleider, die ich entwerfe, als unangestrengt elegant und sexy bezeichnen. Ich denke, das Wort ‚unangestrengt' ist sehr wichtig. Ich denke, daraus ergeben sich Leichtigkeit und Selbstvertrauen, denn ich finde, es gibt nichts Schöneres als eine Frau, die Selbstvertrauen ausstrahlt."
— **Diane von Furstenberg**

VORHERGEHENDE DOPPELSEITE UND LINKS
Diane von Furstenberg
Abendkleid: kupferfarbenes Synthetikjersey, Strass
USA, 2008

GEGENÜBER
Diane von Furstenberg
Kleid: mehrfarbig bedrucktes Acrylgewirke
USA, 1973

1976 erschien Diane von Furstenberg in einem ihrer unverkennbaren Wickelkleider auf der Titelseite des *Newsweek*-Magazins. Der Originalentwurf bestand aus Wickeltop und Rock.

„Ich war mir sicher, dass es ein Bedürfnis für einfache kleine sexy Kleider gab, in denen sich Frauen wie Frauen fühlten."
— DIANE VON FURSTENBERG

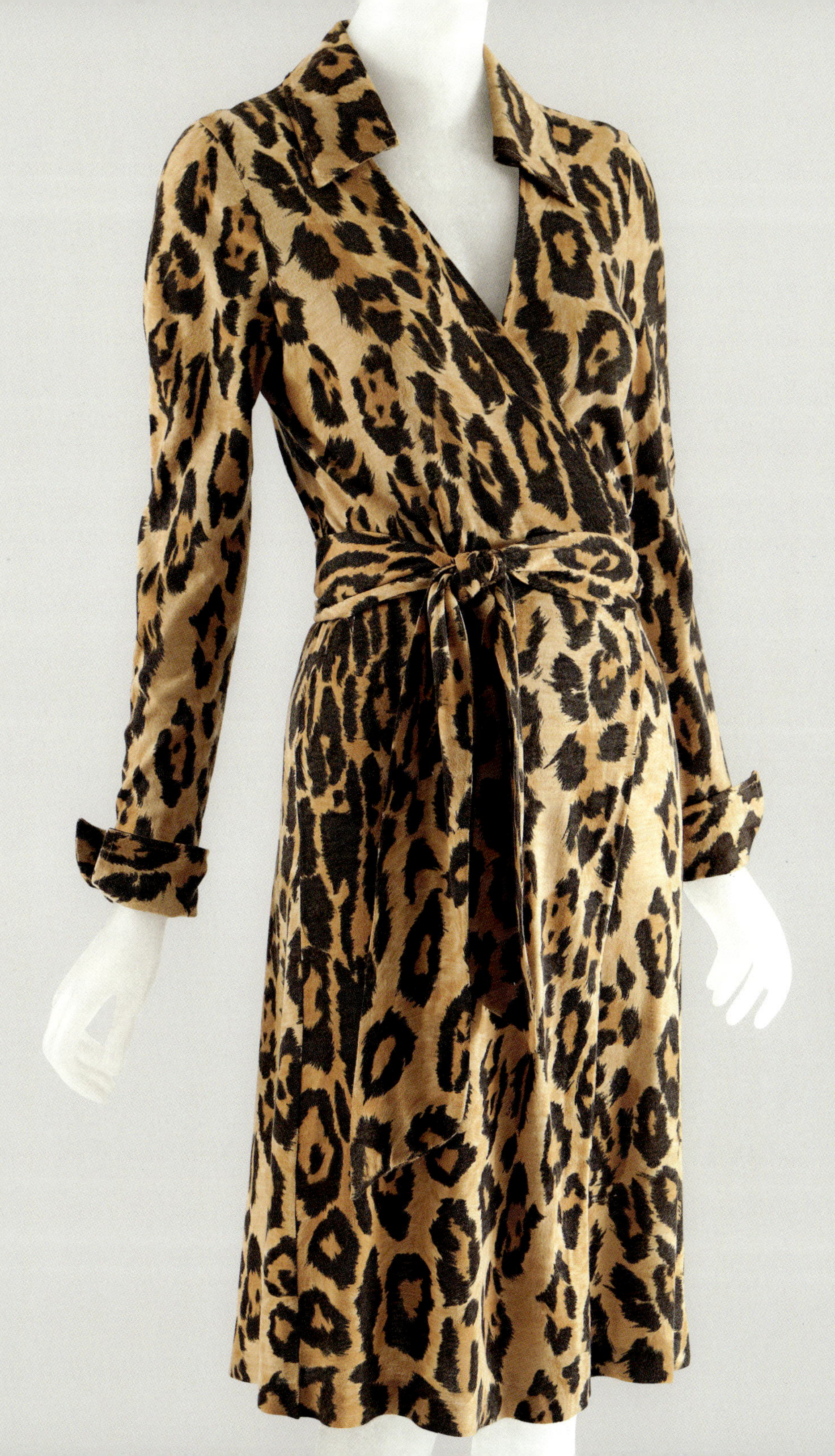

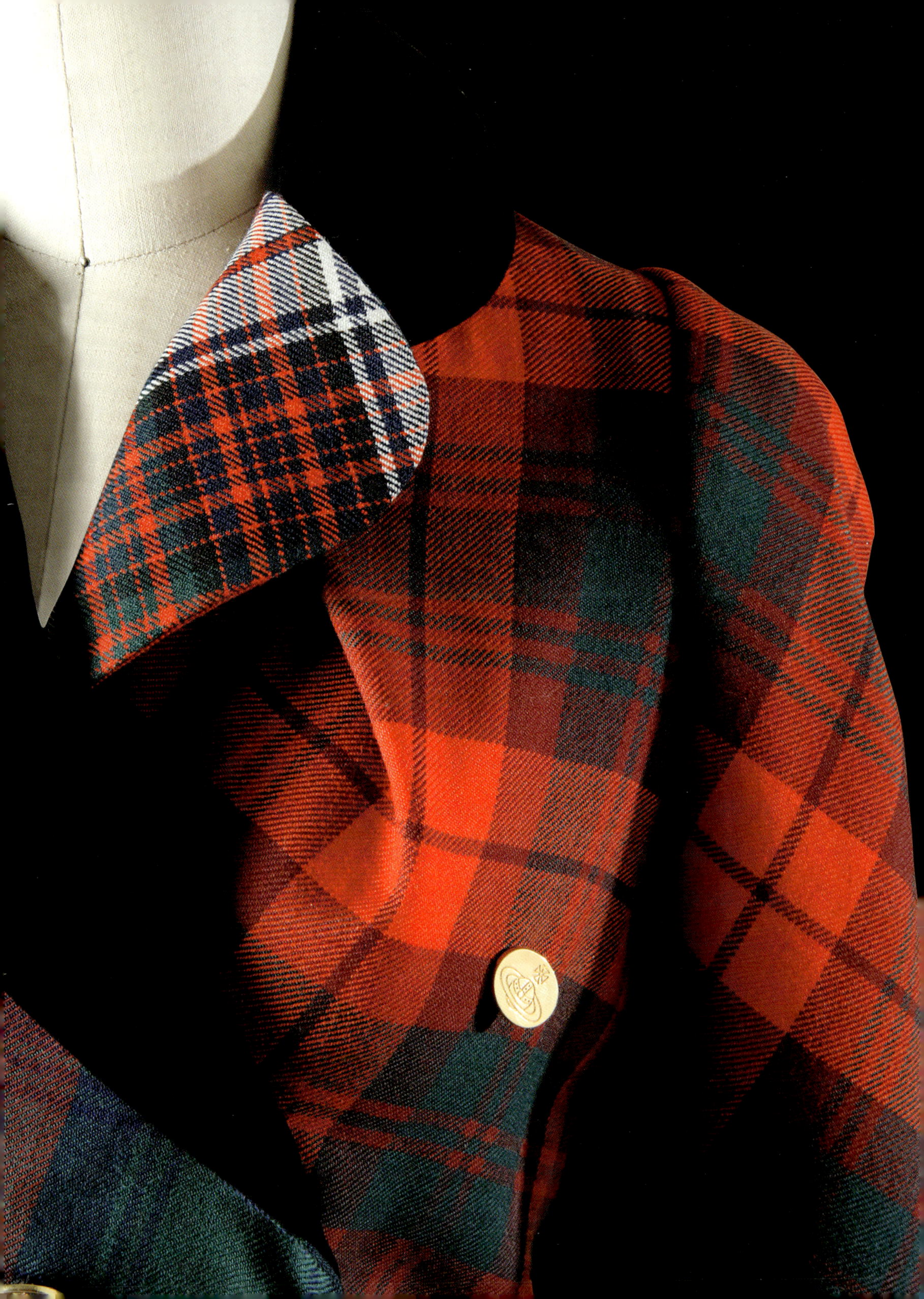

Vivienne Westwood

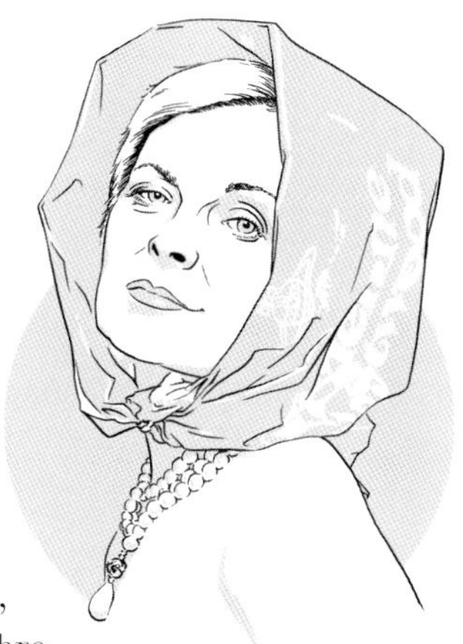

VIVIENNE WESTWOOD (1941–2022) Nach 40 Jahren im Geschäft galt Vivienne Westwood bis zu ihrem Tod als die Grande Dame der englischen Mode – ein erstaunlicher Aufstieg, wenn man ihre Anfänge als Hoflieferantin des Punk bedenkt, wobei Westwoods anarchistisches Frühwerk noch immer enorme Auswirkungen auf die Gegenwartsmode hat. Sie kreierte Kleider, die verspielt, provokativ und raffiniert zugleich sind, und blieb in allem, was sie tat, ihrer progressiven Grundeinstellung treu: Westwood setzte ihre Bekanntheit auch erfolgreich im Kampf für Menschenrechte und Umweltschutzbelange ein.

Im Jahr 1965 lernte Westwood, geboren als Vivienne Isabel Swire in der englischen Grafschaft Derbyshire, einen jungen Kunststudenten namens Malcolm McLaren kennen; 1971 eröffneten die beiden ihre erste Boutique, in der sie Mode im Stil der 1950er-Jahre verkauften. Im Lauf der 1970er-Jahre entwickelte das Team Westwood/McLaren einen radikalen Anti-Chic, mit dem es den Londoner Punkstil aus der Taufe hob: Risse, Ketten, pornografische Prints und sogar Hühnerknochen wurden zu den Erkennungszeichen ihres Looks.

Anfang der 1980er-Jahre begannen sich Westwood und McLaren bei ihren Entwürfen für ihr Label World's End auf romantische, locker geschnittene Kleider zu konzentrieren, für die sie sich von historischen Kostümen und Volkstrachten inspirieren ließen. Auf ihre erste Laufstegkollektion zum Thema „Piraten" im Jahr 1981 folgten weitere, ebenso fantasievolle Kollektionen mit Titeln wie „Savage" („wild") oder „Buffalo Girls". Doch obwohl ihre Mode kommerziell immer erfolgreicher wurde, blieben Westwood/McLaren dem Trend immer einen Schritt voraus. „Natürlich hole ich mir Inspiration von der Straße", räumte Westwood ein. „Aber ich gebe mehr, als ich nehme." Nach der Trennung von McLaren 1984 wurde Westwoods Stil femininer. 1985 präsentierte sie ihre erste große Einzelkollektion, „Mini Crini", mit kurzen, frechen Röckchen, für die sie sich an den Krinolinen (Reifröcken) des 19. Jahrhunderts orientierte. Mit ihrem Faible für historische Moden verhalf Westwood auch dem Korsett zu einem Comeback und stellte mit stark figurbetonten Entwürfen ihre brillante Schnitt- und Konstruktionstechnik unter Beweis. Selbst für erzbritische Traditionsstoffe wie schottischen Tartan und Harris-Tweed fand sie neue Verwendung, getreu ihrem Motto: „Nichts ist subversiver, als orthodox zu sein."

Im Jahr 1990 wurde Westwood vom britischen Modeverband zur „Designerin des Jahres" ernannt. Obwohl ihre historisch inspirierten Entwürfe immer opulenter wurden und in direktem Gegensatz zum Minimalismus der 1990er-Jahre standen, blieben ihre Modelle weiterhin einflussreich. 2006 erhielt sie den ultimativen Ritterschlag – den Titel Dame Commander of the Order of the British Empire. Vivienne Westwood verstarb Ende 2022 im Alter von 81 Jahren.—*C. H.*

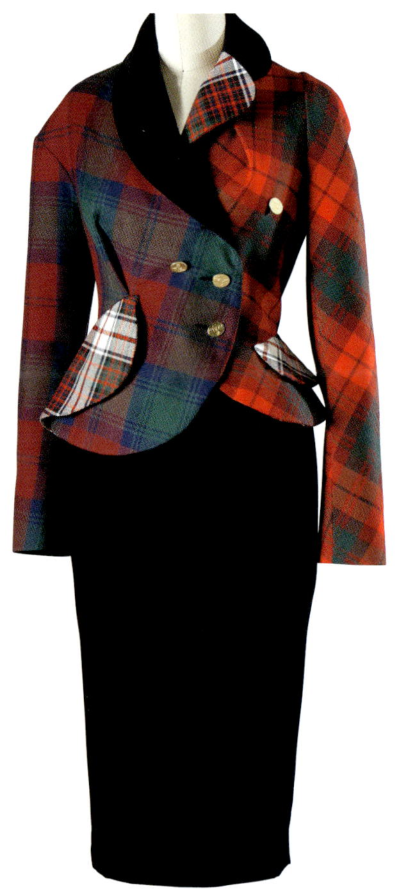

„Vivienne Westwoods persönliche Auffassung von Mode stellte stets sicher, dass sie von Kontroversen umgeben war – sei es mit den Gesetzeshütern der Nation oder ihren Stilratgebern."

— IAIN R., *WEBB BLITZ*

„Die Leute auf der Straße sehen größtenteils ziemlich grauenhaft aus, so, als würden sie lieber nichts durch ihre Kleidung ausdrücken, als einen Fehler zu machen… Meine Kleider dagegen erlauben es einem, wirklich individuell zu sein."
— **Vivienne Westwood**

VORHERGEHENDE DOPPELSEITE UND OBEN
Vivienne Westwood
Kostüm, Kollektion *Anglomania*: Wolle mit mehrfarbigem Schottenmuster, schwarze Seide
England, 1993

GEGENÜBER
Vivienne Westwood
Ensemble „Freiheitsstatue", Kollektion *Time Machine*: silberfarbenes Leder, rosarotes Leder, Silberlamé, elfenbeinfarbener Seidentüll
England, 1988

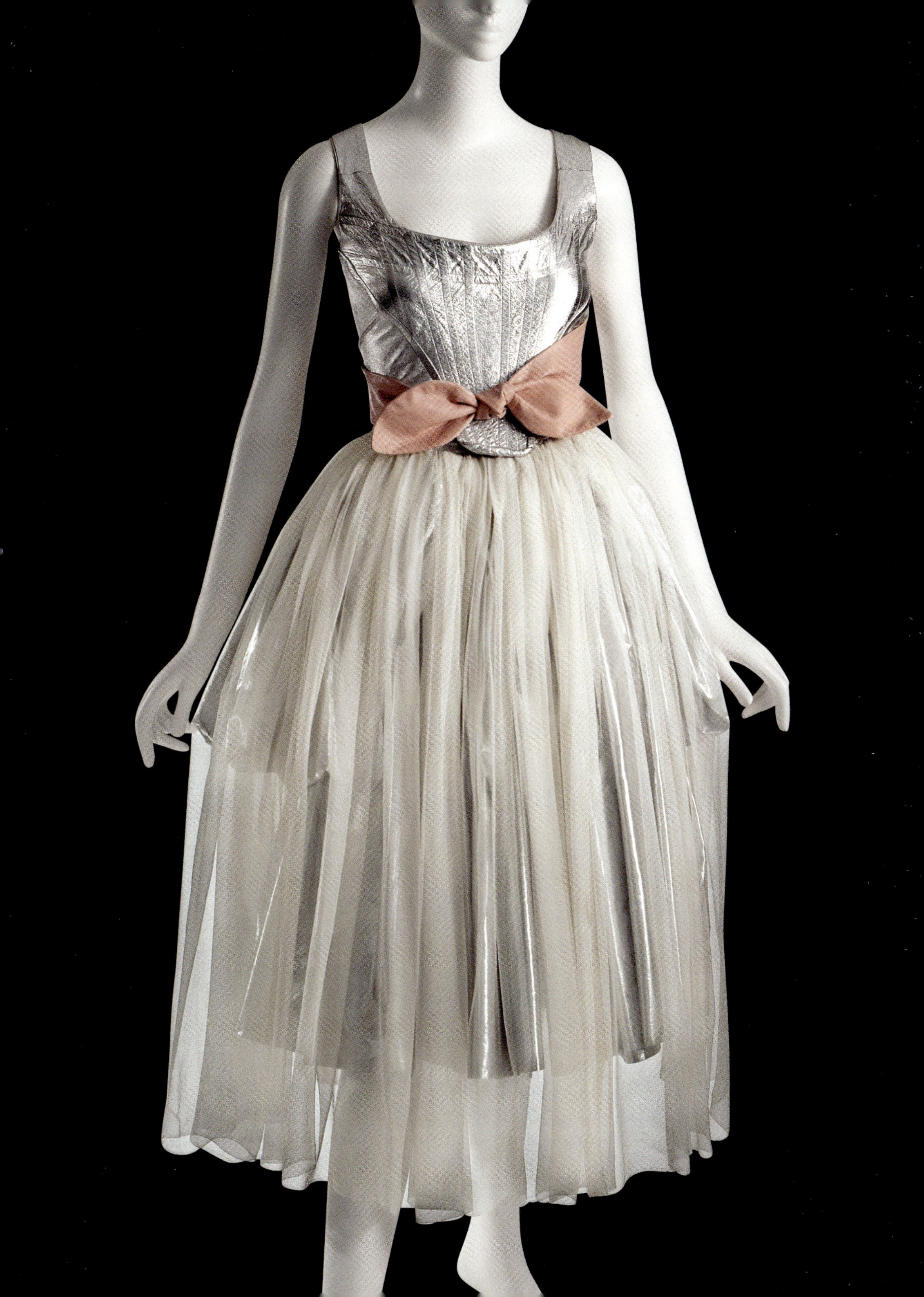

„Manche mögen über Westwood lachen. Andere mögen sie als Spinnerin abtun. Sie ist es nicht. Ihr Unorthodoxie ist, wie ihre Intelligenz, echt und stark.“ – SALLY BRAMPTON, *ELLE*

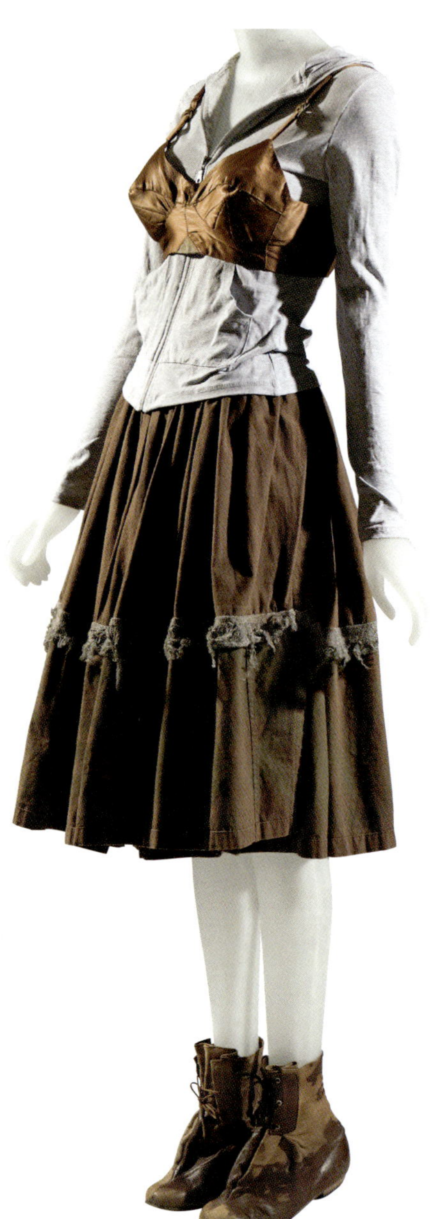

LINKS
World's End (Vivienne Westwood und Malcolm McLaren)
Ensemble, Kollektion *Buffalo/Nostalgia of Mud*: brauner Seidensatin, braun bedruckte Baumwolle, braunes Wildleder und Leder, graues Häkelgewirke
England, 1982

UNTEN
Vivienne Westwood
erhöhter Plateauschuh, Kollektion *Anglomania*: Seidenköper mit mehrfarbigem Schottenmuster, schwarzes Lackleder
England, 1993

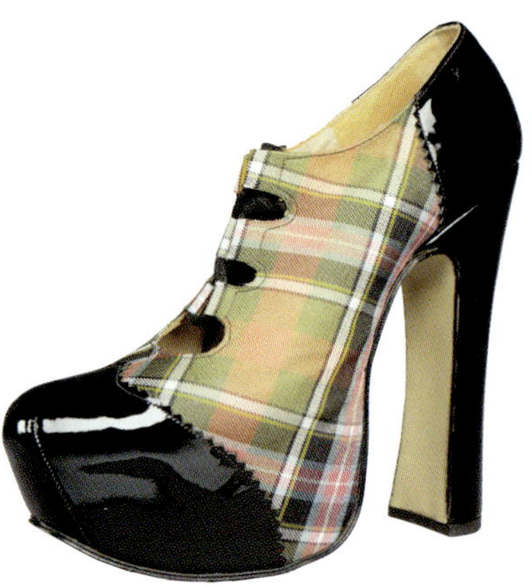

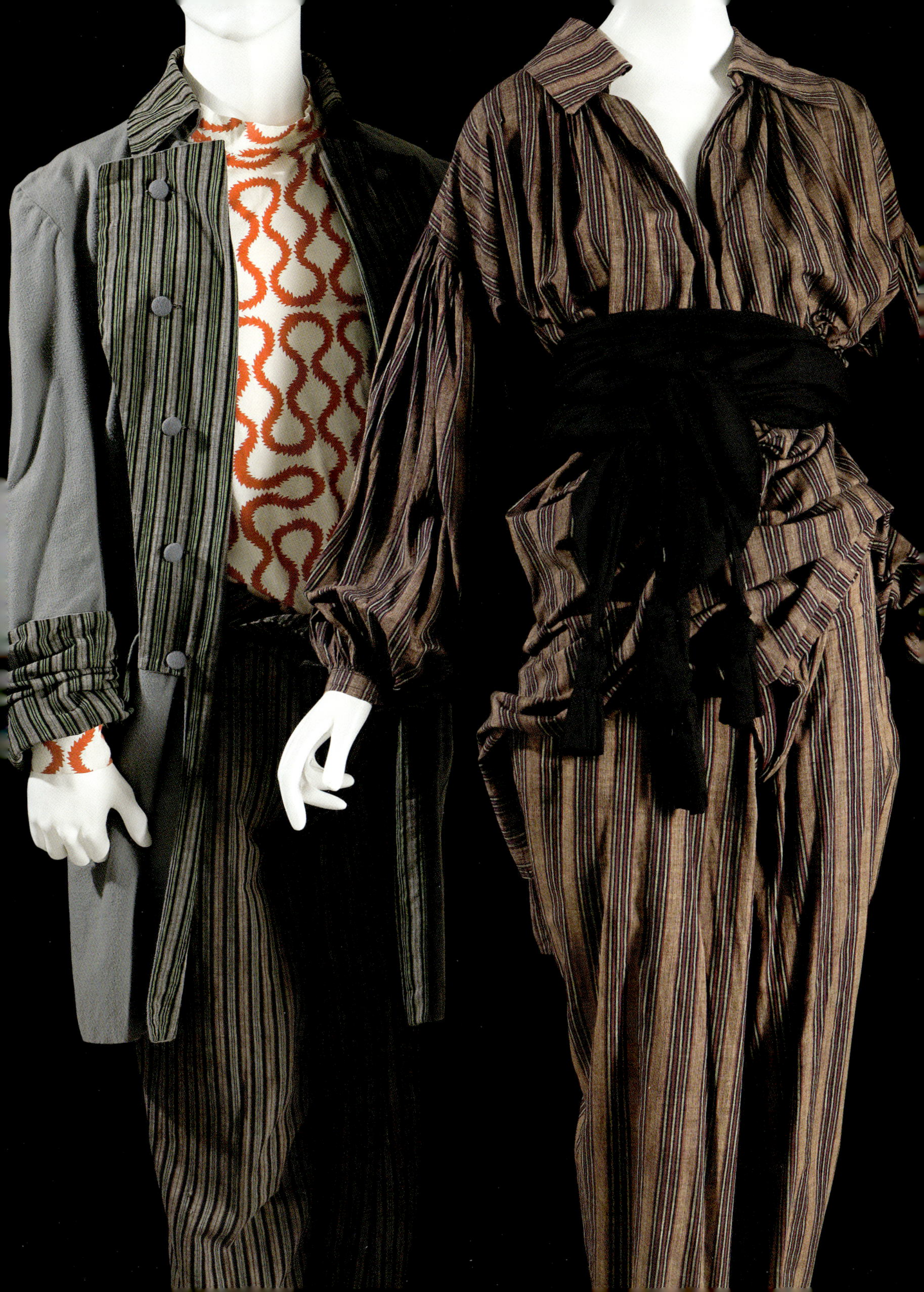

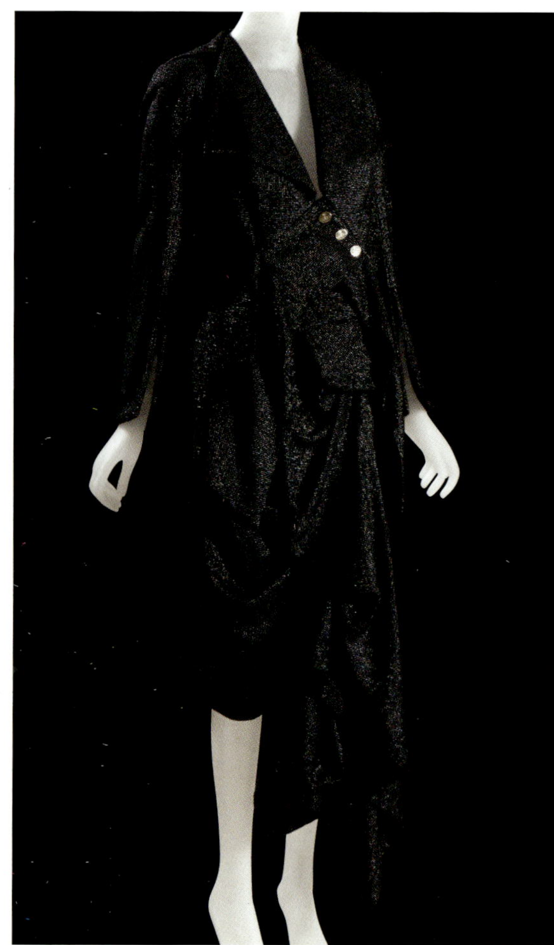

VORHERGEHENDE SEITE, LINKS
Vivienne Westwood und Malcolm McLaren (World's End)
Herrenanzug: mehrfarbig gestreifte Baumwolle, graues Flanell
England, 1980
T-Shirt: weiß und rot bedrucktes Baumwollgewirke
England, um 1991

VORHERGEHENDE SEITE, RECHTS
Vivienne Westwood und Malcolm McLaren (World's End)
Ensemble: mehrfarbig gestreifte Baumwolle, schwarze Baumwolle
England, 1981

OBEN
Vivienne Westwood
Kostüm: schwarze Wolle, Silberlurex
England, 1994

RECHTS UND GEGENÜBER
Vivienne Westwood
Herrenensemble, Kollektion *Time Machine*: Wolle mit mehrfarbigem Schottenmuster (Tartan), schwarzer Samt, weiße Baumwolle, schwarzes Leder, brauner Pelz
England, 1988

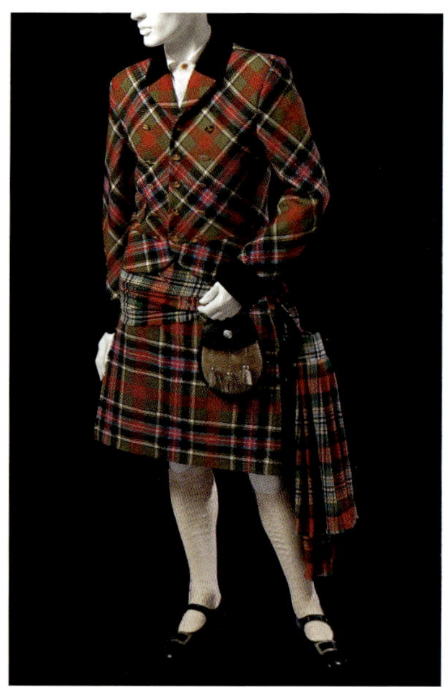

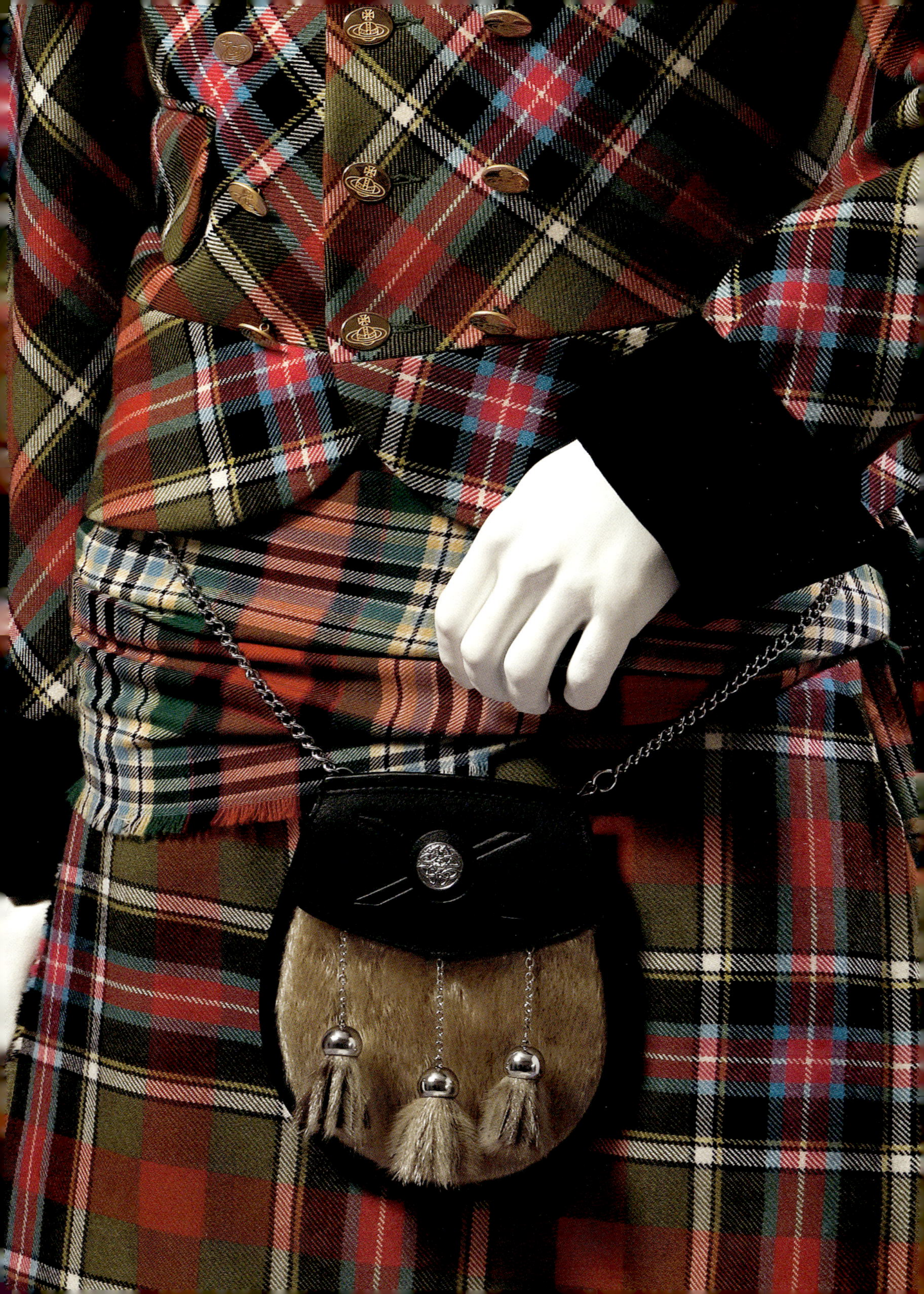

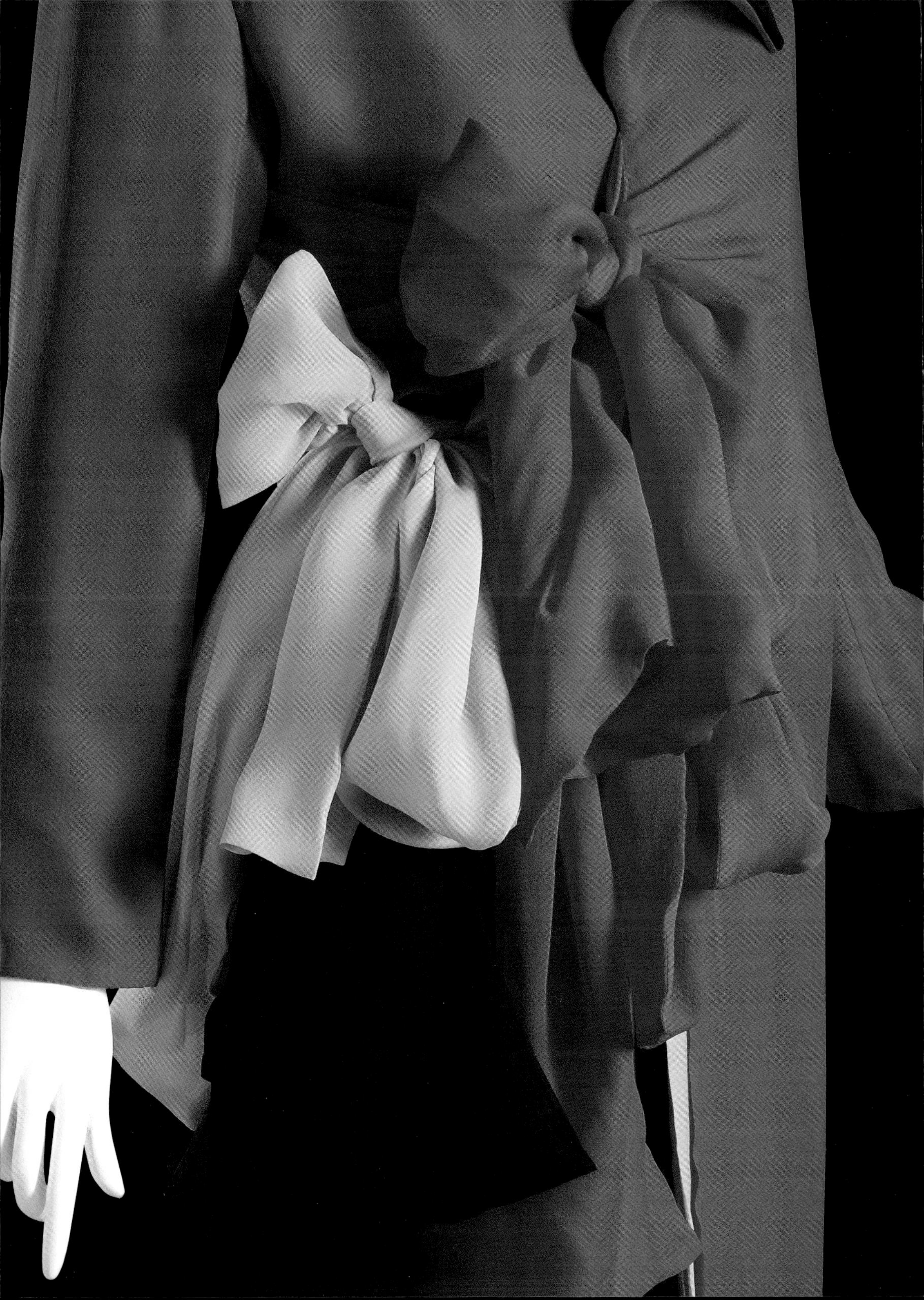

Yohji Yamamoto

YOHJI YAMAMOTO (*** 1943**) Seit Yohji Yamamoto im Jahr 1981 sein Modedebüt in Paris gab, verfolgt er einen ähnlichen ästhetischen Ansatz wie Rei Kawakubo, geht dabei allerdings weniger konzeptionell vor als seine Landsfrau: Seine Ambition gilt technischer Brillanz, sein Interesse der Neukonstruktion historischer Kleidung der westlichen Welt. Dekonstruierte Elemente und die dunkle Farbpalette, die ihn und Kawakubo bekannt machten, sind nach wie vor charakteristisch für seine Arbeit, doch die Kollektionen, die er seit Mitte der 1990er-Jahre entwirft, besitzen ein hinreißend lyrisches, ja sogar romantisches Flair. Oft kombiniert er typisch europäische Silhouetten wie Tournüren und Krinolinen mit unkonventionellen Materialien – Billardfilz oder gestreiften Seidenstoffen, die an Matratzen-Inletts erinnern – zu traumhaft schöner Avantgardemode.

Yamamoto wuchs bei seiner Mutter Yumi auf, einer Kriegswitwe, die als Schneiderin arbeitete. Auf ihren Wunsch schloss er ein Jurastudium an der Keio-Universität ab, doch die Verlockung, Kleider zu machen, führte ihn beruflich auf andere Wege. Er begann, dem Beispiel seiner Mutter folgend, als anonymer Modeschneider und gründete 1972 seine Firma. Im Lauf der folgenden drei Jahrzehnte wurde Yamamoto mit renommierten Preisen ausgezeichnet und von Wim Wenders in der Dokumentation *Aufzeichnungen zu Kleidern und Städten* 1989 sogar filmisch porträtiert. Als sein Unternehmen während der Weltwirtschaftskrise 2009 vor der Insolvenz stand, fand sich schnell ein neuer Investor, doch die globale Marktpräsenz wurde reduziert.

Obwohl Yamamoto sich in seinen Entwürfen oft an der beschwingten Romantik der Pariser Nachkriegs-Haute-Couture orientiert, stehen seine Neuinterpretationen historischer Moden in scharfem Kontrast zu den Arbeiten führender europäischer Designer. Ganz bewusst verzichtet er auf alle modischen Trendrequisiten wie hohe Absätze, verkürzte Saumlängen, tiefe Ausschnitte oder hauchzarte Stoffe. Das Fehlen solcher spezifisch femininer Merkmale bringt seine Kleider ästhetisch auf eine Linie mit dem Herzstück seines Œuvres, dem Anzug.

Dunkle, maskuline Anzüge und Mäntel, für Männer wie Frauen, oft kombiniert mit den berühmten weißen Hemden und Blusen, zählen seit Langem zu seinen überzeugendsten Stücken und lassen neben Yamamotos Faible für Vintage-Looks auch seine handwerkliche Virtuosität erkennen. *—P. M.*

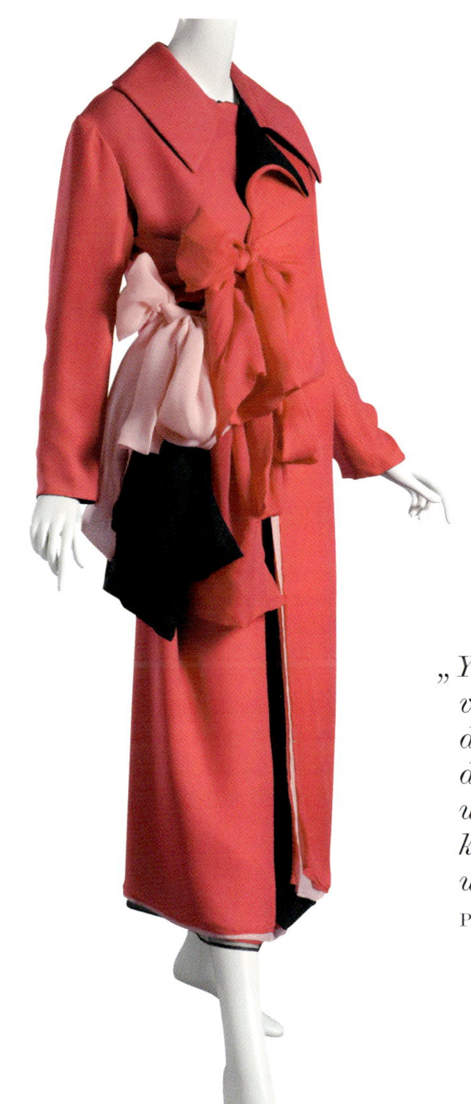

„Yohji Yamamoto sagt oft, dass ‚jetzt' vergänglich sei. Vielleicht liegt es daran, dass er Dinge so sehen kann, dass er das flüchtige ‚Jetzt' fassen und jenen Augenblick einfangen kann, in dem Dinge zerstört werden und verschwinden." — KIYOKAZU WASHIDA, PHILOSOPH UND MODEKRITIKER

„Die Leute tun immer so, als steckten die japanischen Designer alle in einer Art Modemafia. In Japan kennt man ihre Namen vielleicht irgendwo ganz am Rand, aber für die Allgemeinheit spielen sie keine Rolle."
— **Yohji Yamamoto**

VORHERGEHENDE DOPPELSEITE UND OBEN
Yohji Yamamoto
Mantel: fuchsienfarbiger, rosaroter und schwarzer Seidenchiffon
Japan, 2005

GEGENÜBER
Yohji Yamamoto
Kleid: schwarzes Stretch-Kunstseidengewirke
Japan, 1999

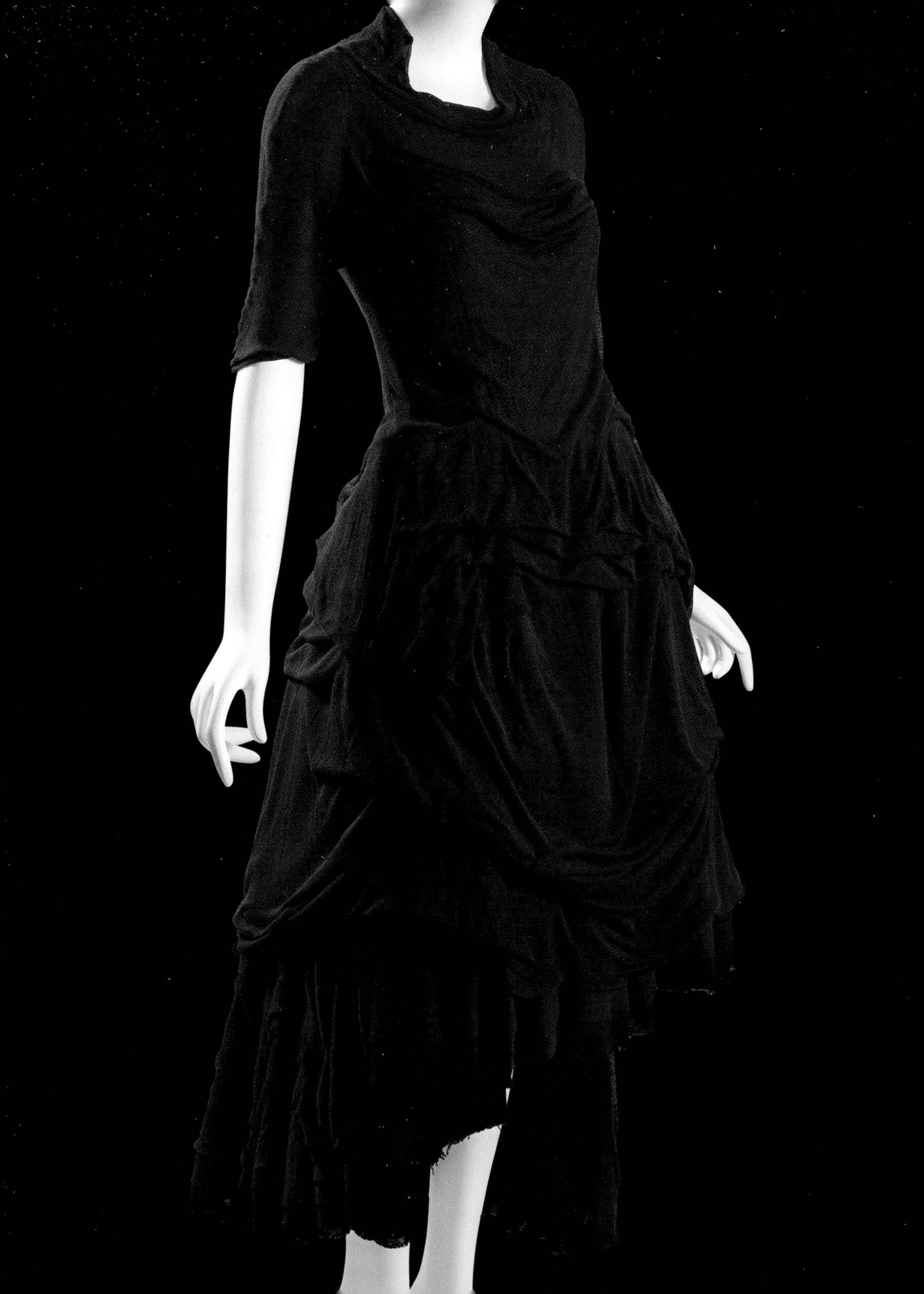

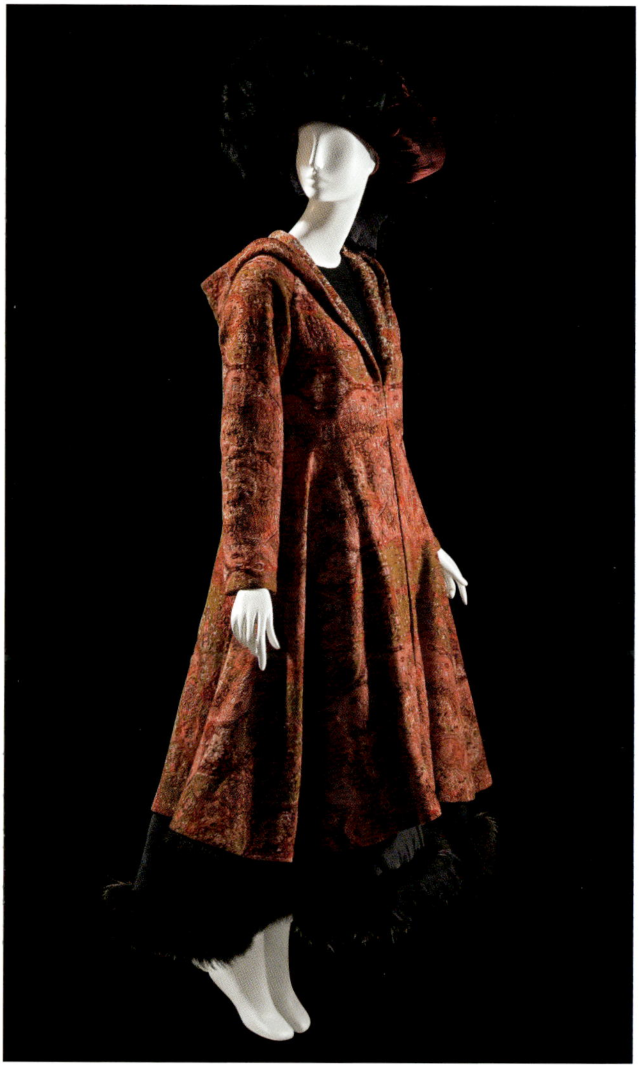

GEGENÜBER
Yohji Yamamoto
Ensemble: schwarzer Seidenkrepp, Korsettstäbe aus Kunststoff
Japan, 2006

Bei diesem außergewöhnlichen Ensemble, dessen Torso wie ein Außengerippe wirkt, wird das Verhältnis von Körper zu Kleid auf verstörende Weise umgekehrt.

OBEN
Yohji Yamamoto
Ensemble: gewobene Wolle und Seide mit Paisleymuster, schwarze gefütterte Seide, Kojotenpelz, Velours
Japan, 2000

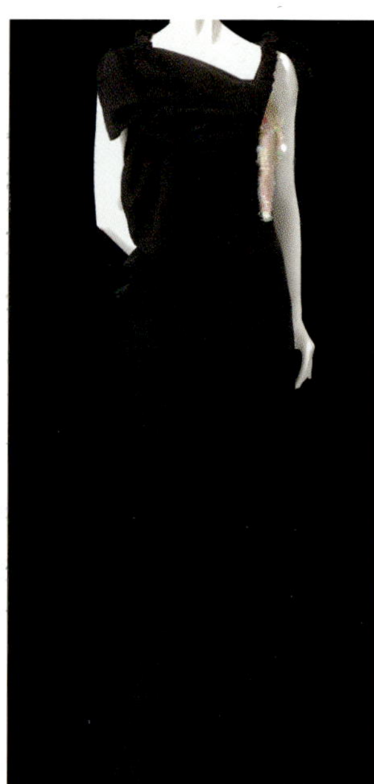

RECHTS
Yohji Yamamoto
Kleid: schwarzer durchsichtiger Polyester, opaleszierende Pailletten
Japan, 1998

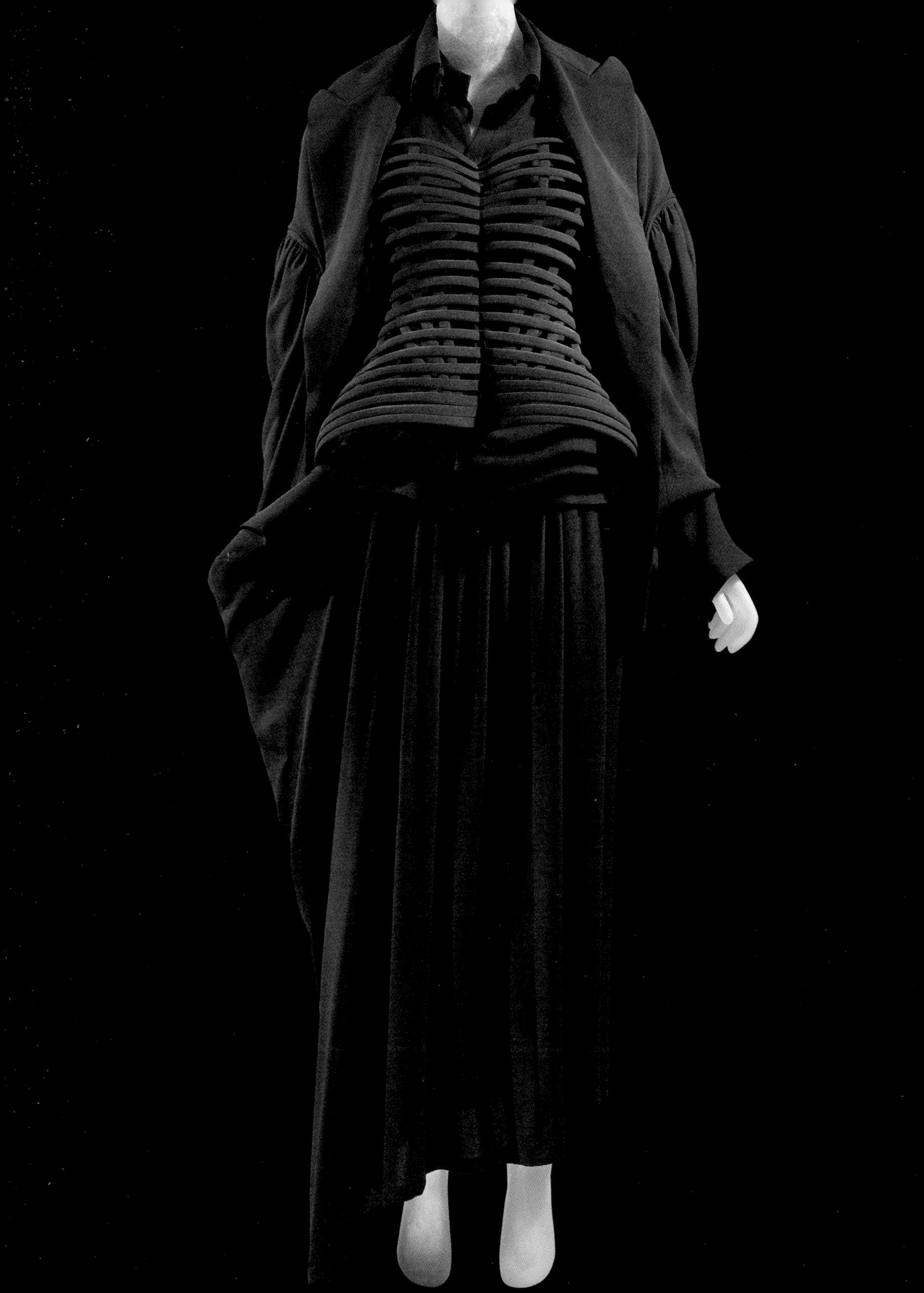

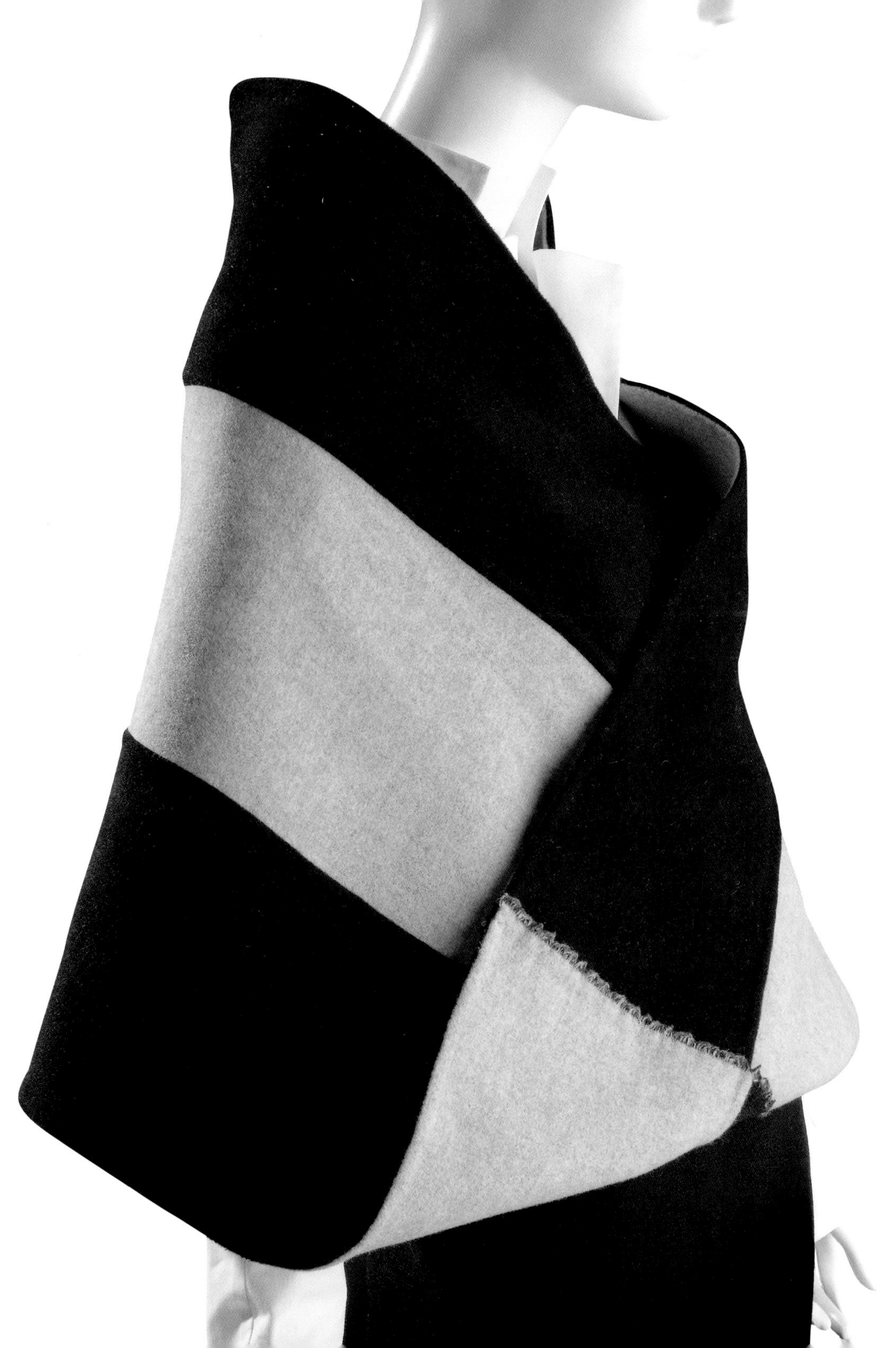

Yeohlee

YEOHLEE TENG (* **1951**) „Kleider haben Zauberkraft. Ihre Geometrie bildet Formen, die dem Träger Macht verleihen können.“ So lautet der Leitgedanke, der Yeohlees über 40 Jahre währende Karriere durchzieht. Als Vertreterin der Moderne verfolgt sie einen mathematisch ausgeklügelten Designansatz, der minimalen Materialverbrauch vorsieht und zu klarliniger, funktioneller Kleidung führt. Yeohlees Ästhetik ist urban und weltläufig zugleich. Sie vermeidet überflüssige Ornamentik und gibt ihren Kleidern durch innovative, geometrisch konstruierte Schnitte Form und Kontur; ihr charakteristischer Stil wird daher auch gerne als architektonisch bezeichnet.

Das verwundert kaum, ist Architektur doch seit Langem eine ihrer Inspirationsquellen: Yeohlee Teng, wie ihr voller Name lautet, entstammt einer malaiischen Architektenfamilie, entschied sich aber beruflich gegen die Baukunst und für ein Modedesignstudium an der Parsons the New School for Design in New York. Nur wenige Jahre nach der Gründung ihres eigenen Labels gehörte Yeohlee zu den Designern, die in der bahnbrechenden Ausstellung *Intimate Architecture: Contemporary Clothing Design* am Massachusetts Institute of Technology vorgestellt wurden.

Was ihren besonnenen Umgang mit Rohstoffen und ihre starke Gewichtung von Funktionalität betrifft, war Yeohlee ihrer Zeit schon in den 1980er-Jahren weit voraus. Lange bevor ökologische Nachhaltigkeit zu einem Thema im Modegeschäft wurde, schneiderte Yeohlee aus drei Metern Stoff von Hand ein komplettes Kleidungsstück, ohne dabei Reste zurückzubehalten – in einer für ihren enormen Materialverschleiß berüchtigten Branche eine bemerkenswerte Leistung. Sie ist der festen Überzeugung, dass Kleidung auf die Anforderungen des modernen Alltags zugeschnitten sein muss – eine Ansicht, die zwar viele Designer mit ihr teilen, doch nur bei wenigen von ihnen spielt Funktionalität eine ähnlich zentrale Rolle wie in Yeohlees Arbeit. Sie macht sich für Kleidung stark, die beschützt, sich aber auch zurücknimmt, um möglichst allen Anlässen „angemessen“ zu sein und ihre Trägerin in möglichst allen Situationen begleiten zu können. Im aktuellen Modebetrieb gelten Yeohlee und ihre Design-Vision als „supermodern“, ihre Kundinnen als „Nomaden der Großstadt“. —*P. M.*

„Geometrie … ist die einheitgebende Sprache ihrer Arbeit und wird sowohl im Aufbau als auch in der Ausschmückung ihrer Kleidungsstücke widergespiegelt …“

— ANDREW BOLTON, KURATOR

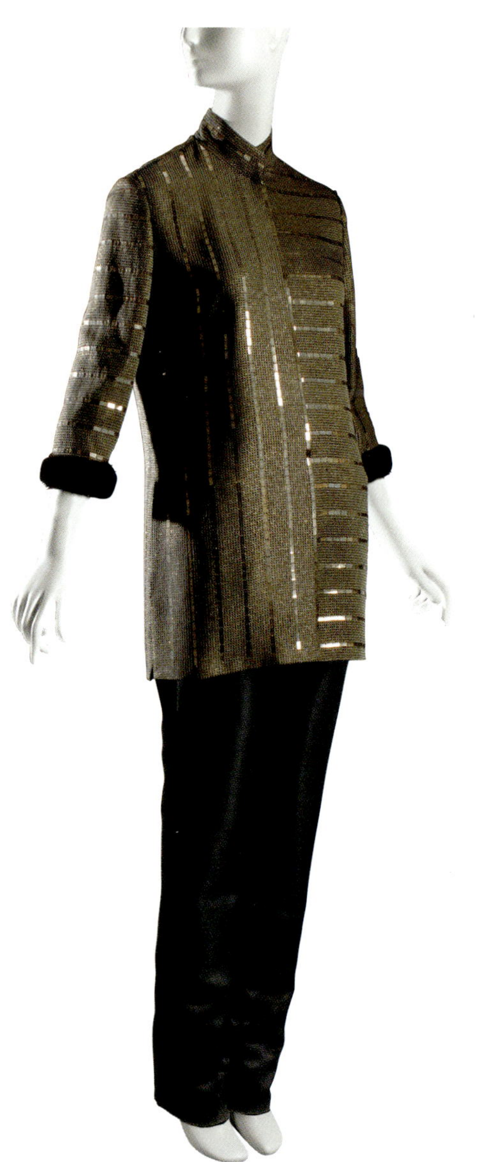

VORHERGEHENDE DOPPELSEITE
Yeohlee
„Möbiusband“-Umhang:
schwarzer, grauer
Wolldoppelstoff
Frauen-Mao-Hemd: weißer
Baumwoll-Stretch-Popeline
„Empire“-Hose:
Glanzbaumwolle
USA, 2006

Yeohlee gründete ihr Modeunternehmen im Jahr 1981. Die Designerin wurde vor allem mit funktioneller Kleidung für die moderne Stadtnomadin bekannt und schöpft aus unterschiedlichen Fachgebieten wie Geometrie, Wissenschaft und Architektur Inspiration für ihre Arbeit.

LINKS
Yeohlee
Abendhosenanzug:
goldmetallische und schwarze
Seide mit Goldpailletten und
Zobel; brauner Seidensatin
USA, 1997

GEGENÜBER
Yeohlee
„Ovoid“-Jacke, „Empire“-Hose:
graue Stretch-Wolle
USA, 2007

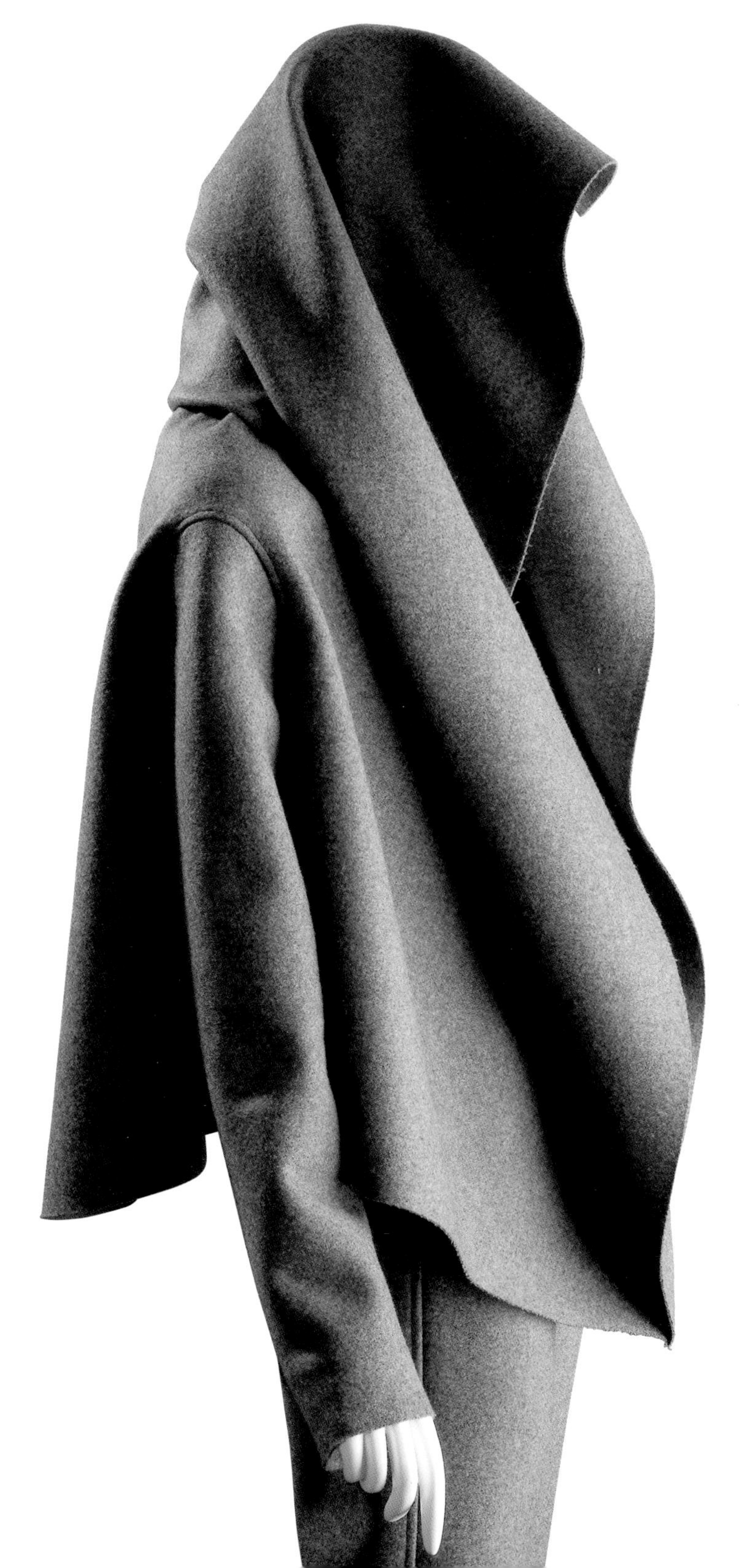

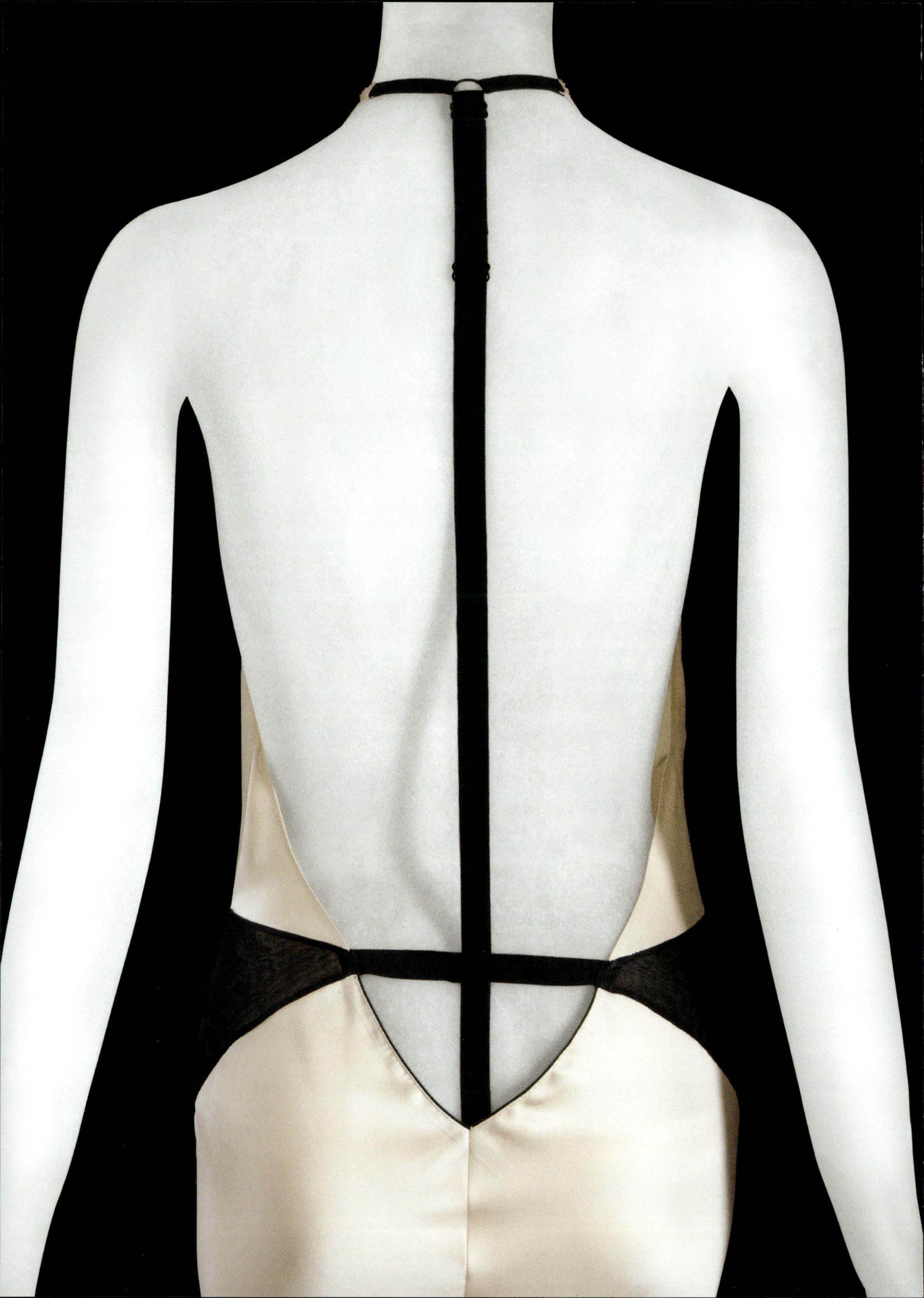

Yu

JEAN YU (* 1968) nimmt eine Ausnahmestellung ein – sowohl in den Annalen des amerikanischen Ready-to-wear-Designs als auch im internationalen Vergleich, was zeitgemäßes Modemarketing betrifft. Die in New York ansässige Designerin stellt keine saisonalen Laufstegkollektionen vor und hat sich die denkbar engste Nische ausgesucht, die in der Modelandschaft zu finden ist: exquisite, handgearbeitete Lingerie. Dennoch ist ihr Design bei Fashionistas begehrt, werden ihr subtiler Geschmack und ihre manische Detailgenauigkeit weltweit gerühmt. Yu selbst nennt ihre „Gurt"-BHs und „Fenster"-Slips ganz unumwunden „vulgär". Dass ihren Dessouskreationen etwas leicht Anrüchiges, eventuell sogar Obszönes anhaftet, ist durchaus in ihrem Sinn. Yu kam in Südkorea zur Welt und war noch ein Kind, als ihre Familie nach Los Angeles emigrierte. In den 1990er-Jahren arbeitete sie zunächst als Jeans-Designerin und spezialisierte sich ab 2004 auf maßgefertigte Lingerie. Mittlerweile hat sie ihr Portfolio um eine Kleiderkollektion erweitert und mit Jean Yu 180 auch eine preisgünstigere Linie für Separates lanciert, die sie in Indien fertigen lässt.

Ihre spektakulärsten Kreationen sind jedoch Abend- und Tageskleider. Wie Madeleine Vionnet und andere von ihr verehrte große Couturiers ist für Yu die Schnittkonstruktion die Ausgangsbasis ihrer Arbeit. Jeder ihrer Entwürfe ist eine Melange aus traditionellem Handwerk (sie drapiert jedes ihrer Unikate eigenhändig), strenger Ästhetik (klar und modern, im Stil von Avantgardearchitekten wie Robert Mallet Stevens) und, ihrem Lingerie-Repertoire entlehnt, entweder atemberaubender Blöße oder unverhohlener Fokussierung auf einzelne Körperregionen wie den Po. Aus dieser Mischung entstehen pastellfarbene Seidenkleider, die mit schwarzen, geometrischen Einsätzen akzentuiert und von schwarzen Seidenrips-Bändern gehalten werden, oder Kostüme, deren geometrisch konstruierte Formen zu weichen Pyramiden und Kegeln zerfließen – wahre Wunder an tragbarer Technik, die den weiblichen Formen wundervoll schmeicheln. —*P. M.*

VORHERGEHENDE DOPPELSEITE
UND RECHTS
Jean Yu
Kleid: champagnerfarbene Seidencharmeuse, durchsichtiger schwarzer Organza, Ripsband
USA, 2008

GEGENÜBER
Jean Yu
Kleid: schwarzer, weißer matter Seidenjersey, schwarzes Ripsband
USA, 2006

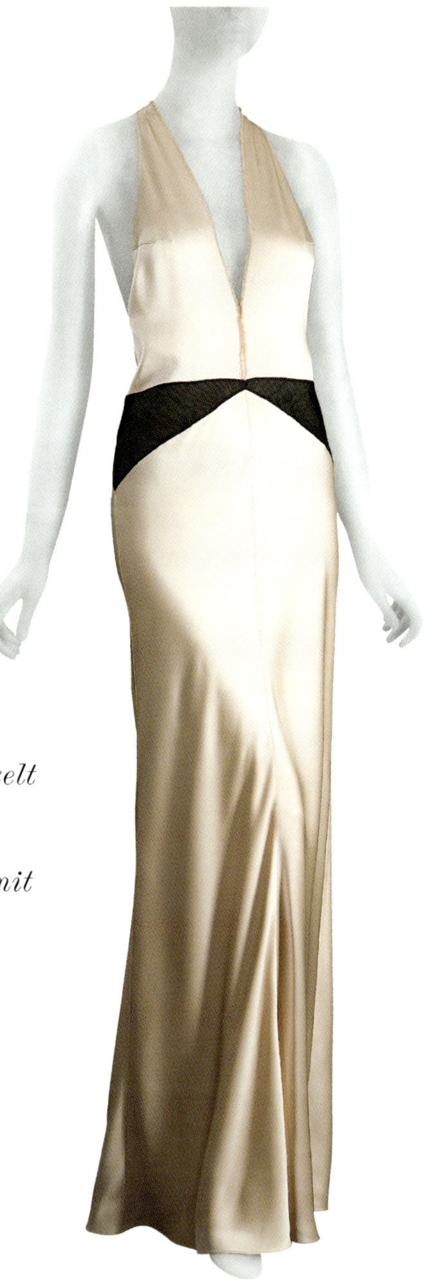

„Meine Leidenschaft für das Design wurzelt in einem Bestreben, etwas Dauerhaftes zu bauen – ein Objekt der Begierde, das Bestand haben wird und sich dennoch mit dem wechselhaften Wesen, das die Mode ist, misst.“ – JEAN YU

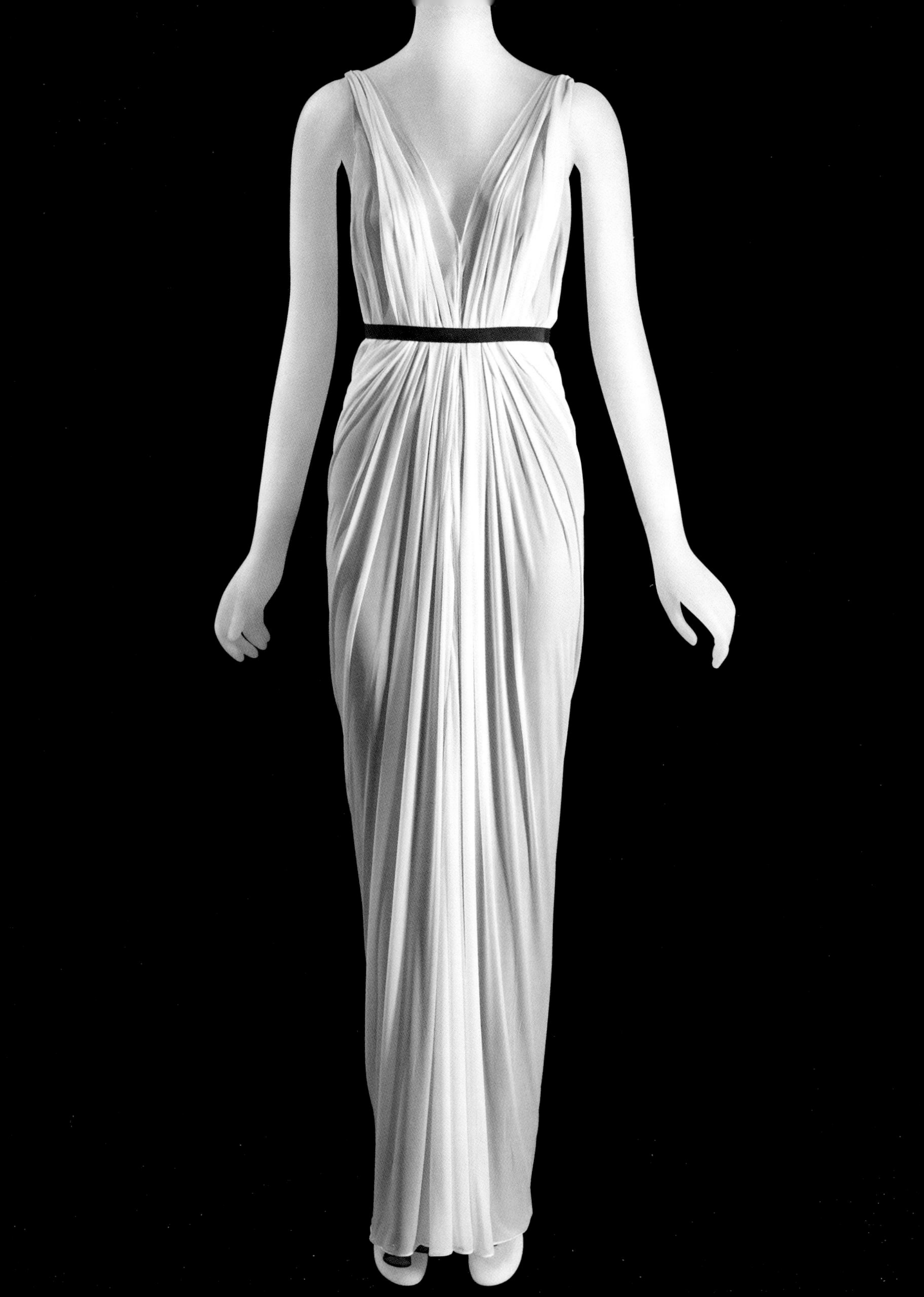

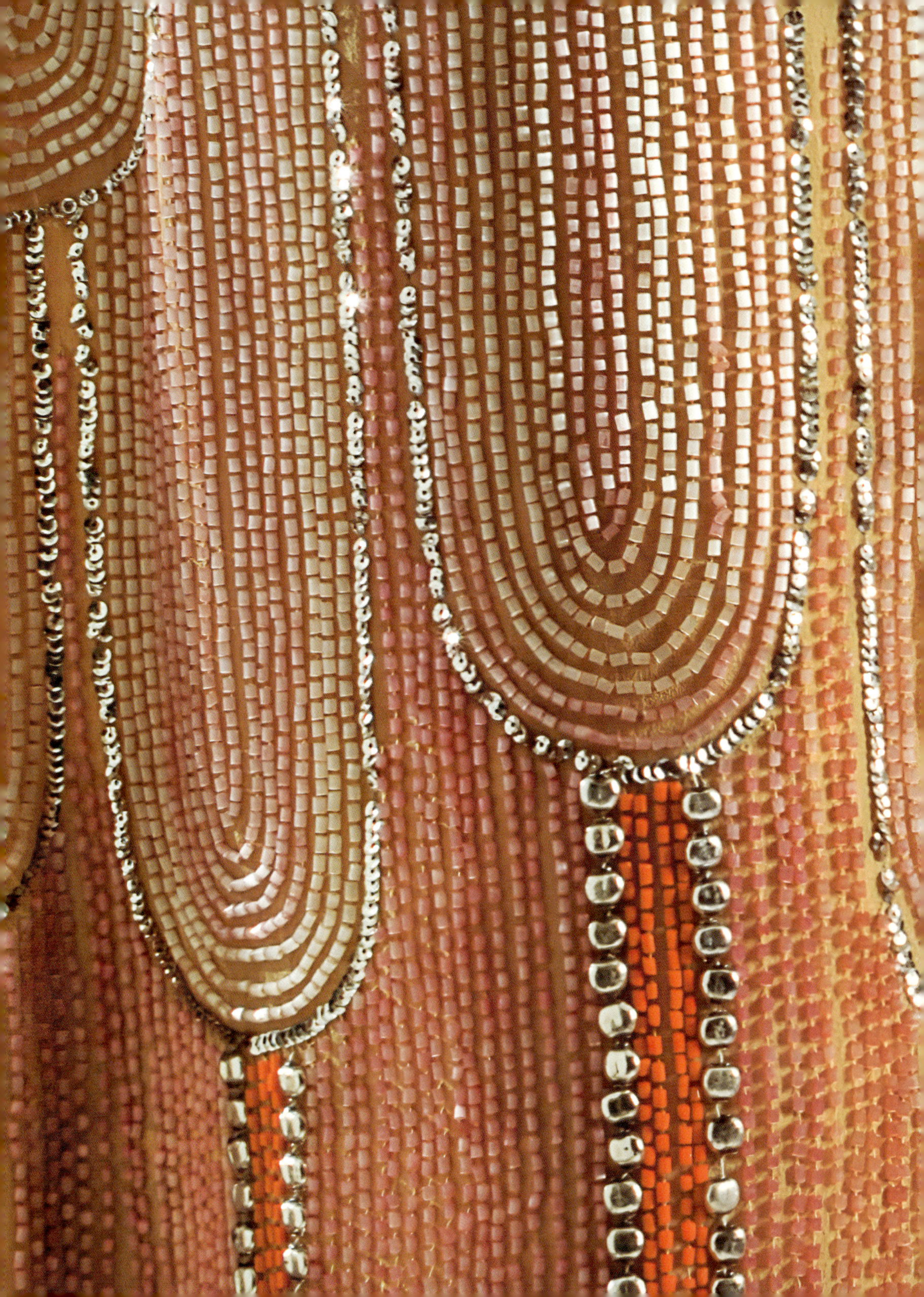

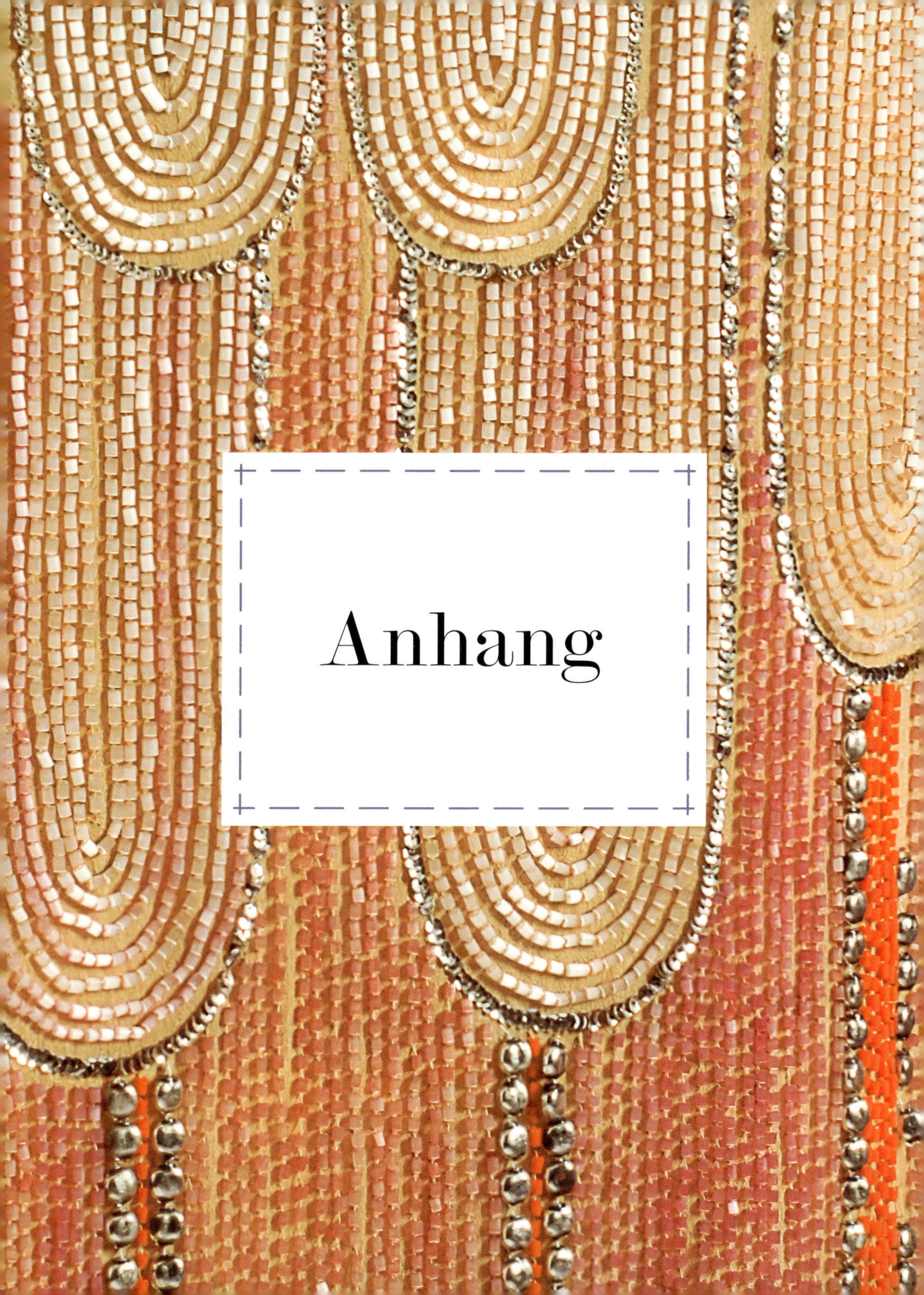

Anhang

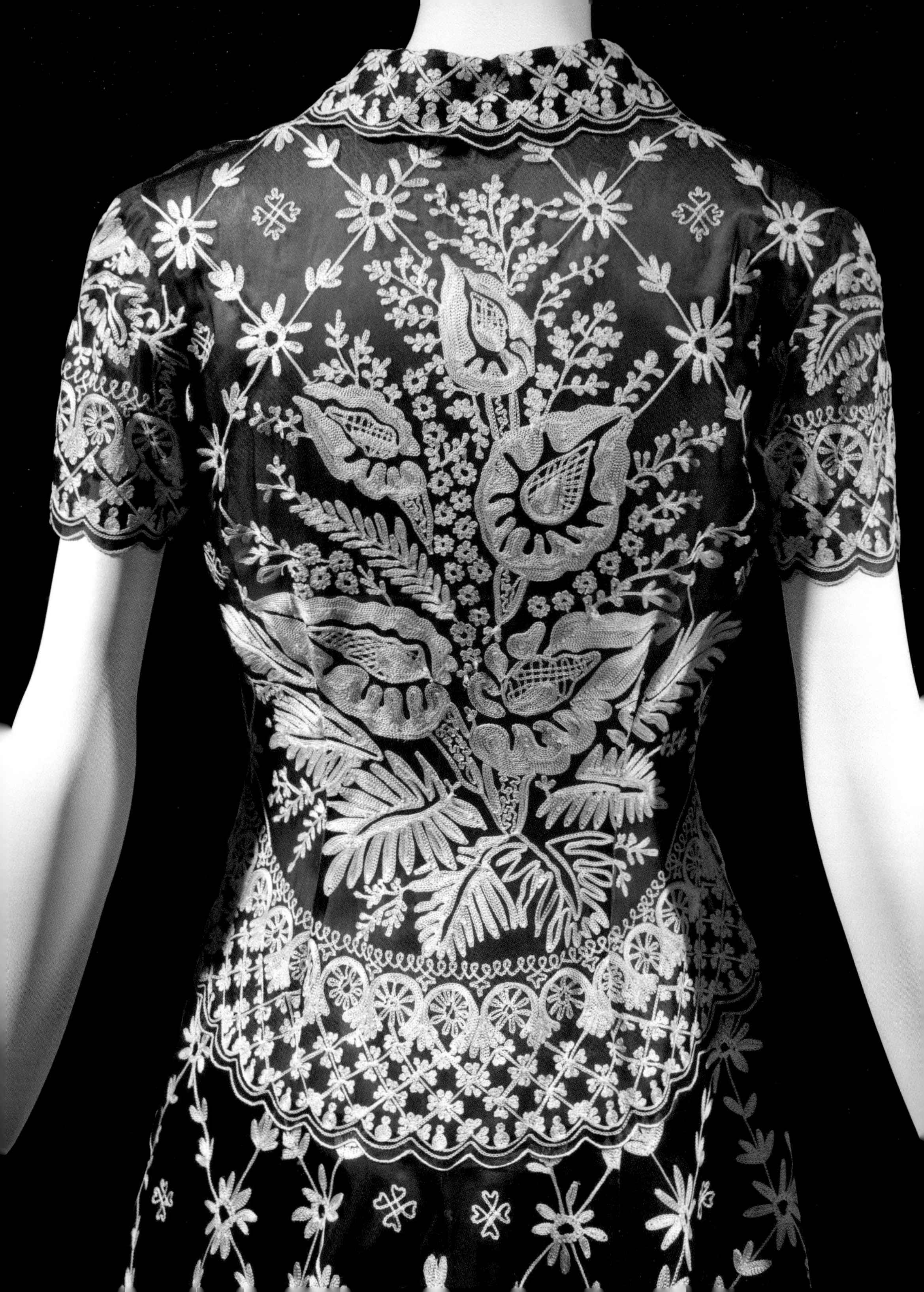

INDEX

Kursiv gedruckte Zahlen verweisen auf Seiten mit Abbildungen.

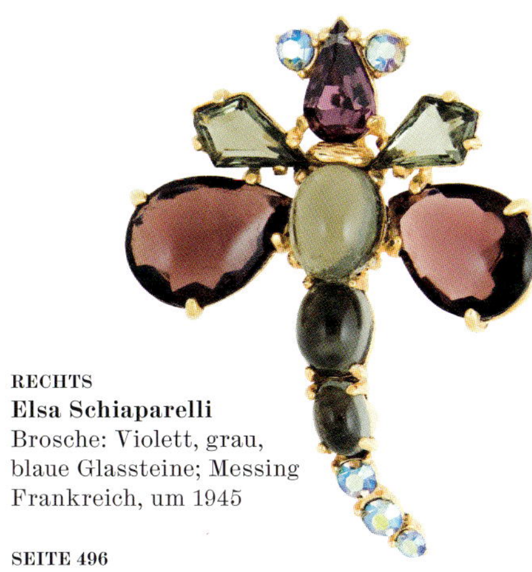

RECHTS
Elsa Schiaparelli
Brosche: Violett, grau, blaue Glassteine; Messing
Frankreich, um 1945

SEITE 496
Balmain (Oscar de la Renta)
Abendkleid: Schwarzer Seidenorganza, weiße Stickerei
Frankreich, 2002

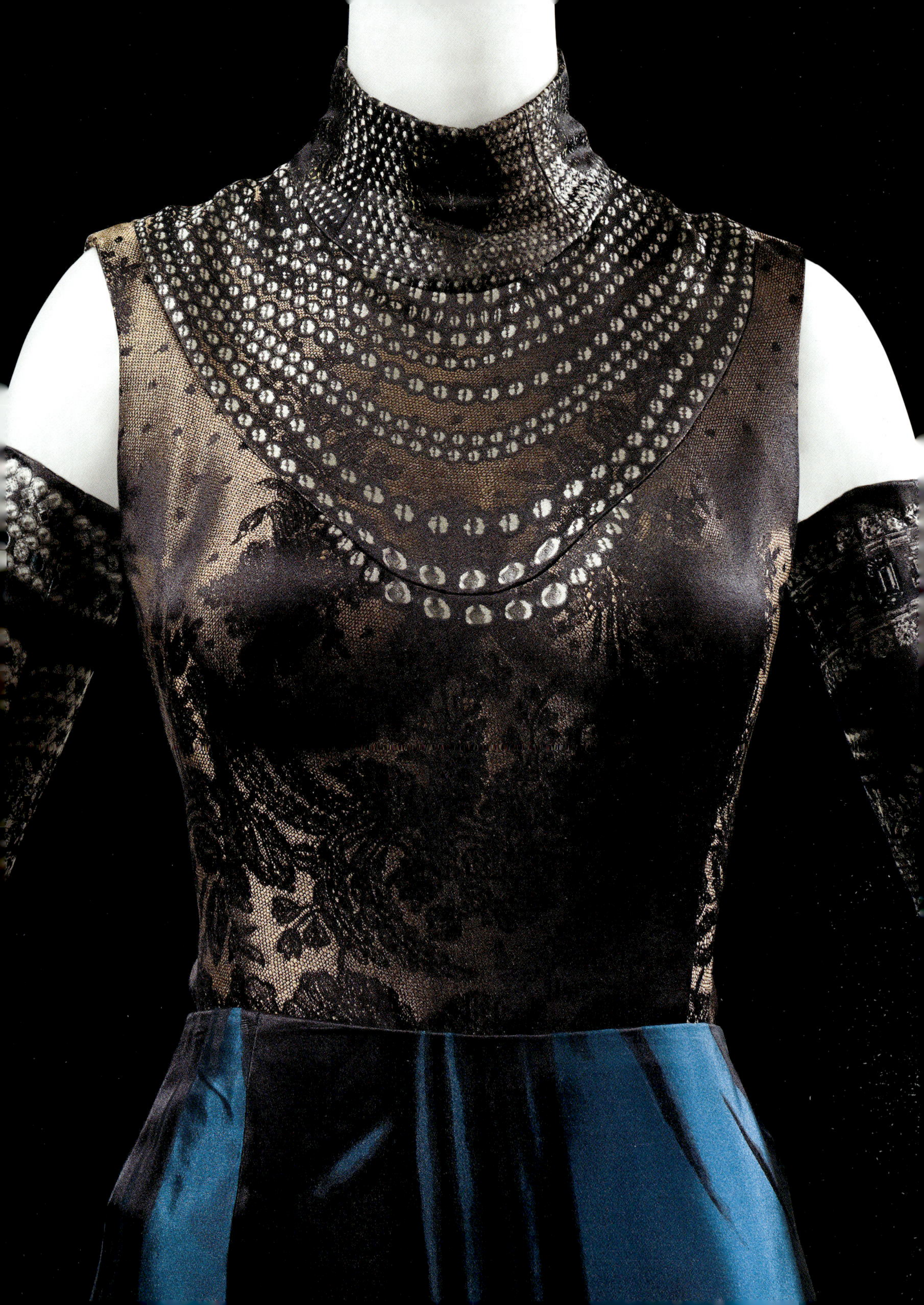

KOLLEKTIONS-QUELLEN

Sämtliche in diesem Buch vorgestellten Kleidungsstücke und Accessoires stammen, soweit nicht abweichend vermerkt, aus der Kollektion des Museums am FIT. Die Inventarnummer und Kollektionsquellen folgen.

2: 82.3.1 / Spende von Frederick Supper
3: 84.125.7 / Spende von Mrs. F. Leval
4: 2011.8.1 / Spende von Givenchy von Riccardo Tisci
5: 72.112.36 / Spende von Rodman A. Heeren
6: 2009.60.1 / Museumsankauf
7: 2007.2.1 / Museumsankauf
10: 2008.91.1 / Museumsankauf
12: 2010.61.1 / Museumsankauf
14: P82.27.1 / Museumsankauf
16: 99.79.3 / Museumsankauf
17: 71.202.16 / Spende des Victoria and Albert Museum
19: 63.112.2 / Spende von Frau Irwin Strasburger
20: 2016.8.1 / Museumsankauf
21: 2008.46.2 / Museumsankauf
22: 2009.15.7 / Museumsankauf
23: 2003.100.17 / Spende von Robert Renfield
24: 2010.59.1 / Museumsankauf
25: 2010.38.1 / Museumsankauf
28, 30: 70.8.4 Spende von Metro-Goldwyn-Mayer, Inc.
31: 71.206.1 / Spende von Maybell Machris
32, 33 (links): 70.8.19 / Spende von Metro-Goldwyn-Mayer, Inc.
33 (rechts): P82.13.1 / Museumsankauf
34: 2008.65.7 / Spende von Veronica Webb
36 (oben, Jacke): 91.255.15 / Spende aus dem Nachlass von Tina Chow
36 (oben, Hose): 91.255.12 / Spende aus dem Nachlass von Tina Chow
36 (unten): 92.34.1DE / Spende von Azzedine Alaïa
37: 92.34.1 / Spende von Azzedine Alaïa
38: 87.3.2 / Spende von Azzedine Alaïa im Gedenken an Arthur Englander
39 (links und rechts): 2008.65.8 / Spende von Veronica Webb
40: 85.144.1 / Spende von Giorgio Armani
42: 85.58.7 / Spende von Herrn Jay Cocks
43: 2008.67.1 / Spende von Giorgio Armani
44, 47: 91.255.2 / Spende aus dem Nachlass von Tina Chow
48 (links): 86.142.5 / Spende von Jerome Zipkin
48 (rechts): 86.142.3 / Spende von Jerome Zipkin
49: 2008.2.2 / Spende von Balenciaga
50: 78.134.6 / Spende von Frau Ephraim London, Frau Rowland Mindlin und Frau Walter Eytan im Gedenken an Frau M. Lincoln Schuster
51 (links): 72.81.20 / Spende von Doris Duke
51 (rechts): 72.81.23 / Spende von Doris Duke
52 (links): 2007.10.1 / Museumsankauf
52 (rechts): 2005.23.1 / Spende von Balenciaga
53: 2008.60.1 / Museumsankauf
54: 71.265.16 / Spende von Doris Duke
56: 84.125.3 / Spende von Frau F. Leval
57: 84.103.5 / Spende von Frau Roger Tuteur
58 (links): 84.125.7 / Spende von Frau F. Leval
58 (rechts): 2009.16.63 / Spende von Frau Martin D. Gruss
59: 2009.16.64 / Spende von Frau Martin D. Gruss
60: 2007.36.10 / Spende von Judith-Ann Corrente
62: 2003.72.1 / Spende von Norma Kline Tiefel
63: 2002.58.1 / Spende von Jane L. Rodgers
64: 2009.16.59 / Spende von Frau Martin D. Gruss
66: 85.91.1 / Spende von Bill Blass, Ltd.
67: 2001.41.3 / Spende von Frau Savanna Clark
68: 2010.62.1 / Spende von Burberry
71: 2010.62.2 / Spende von Burberry
72 (links): 93.54.13 / Spende von Bill Haire
72 (rechts): 2010.62.1CD / Spende von Burberry
73: 2006.37.1 / Spende von Burberry Prorsum
74, 76: 2002.87.1 / Museumsankauf
77: P90.2.3 / Museumsankauf
78: 70.62.1 / Spende von Lauren Bacall
80: 91.128.10 / Spende von CITICORP
81: 82.3.2 / Spende von Frederick Supper
82, 84: 99.56.1 / Museumsankauf
85: 81.157.18 / Spende von Frau Margay Lindsey
86 (links): 2009.34.1 / Spende von Adassa Whitman
86 (rechts): 90.170.35 / Spende von Bonnie Cashin
87: 90.72.13 / Spende aus dem Nachlass von Bonnie Cashin
88: P83.39.8 / Museumsankauf
90: 79.18.2 / Spende von John Clancy
91: 76.185.3 / Spende von Frau Stephane Groveff
92: 91.255.7 / Spende aus dem Nachlass von Tina Chow
93 (oben, links): 77.133.2 / Spende von Frau Hill Montague III
93 (oben, rechts): 77.89.1 / Spende von Frau John Hammond
93 (unten): 92.225.73 / Spende aus dem Nachlass von Tina Chow
94 (links): 79.197.6 / Spende von Frau Mary Jane Beirn
94 (rechts): 80.13.3 / Spende von Frau Georges Gudefin
95: 96.69.15 / Spende der Dorothea Stephens Wiman Collection
96: 88.72.3 / Spende von Frau Elizabeth Pickering Kaiser
97 (links): 69.161.26 / Spende von Lauren Bacall
97 (rechts): 80.261.2 / Spende von Frau Walter Eytan
98: 94.115.1 / Spende von Frau William McCormick Blair, Jr.
99 (links): 91.231.1 / Spende von Frau Charles Wrightsman
99 (rechts): 91.255.3 / Spende aus dem Nachlass von Tina Chow
100 (links): 84.138.1 / Spende von Frau Constance Cartwright
100 (rechts): 91.255.9 / Spende aus dem Nachlass von Tina Chow
101: 91.255.9 / Spende aus dem Nachlass von Tina Chow
102, 104: 74.107.64 / Spende von Lauren Bacall
105: 87.52.1 / Spende von Barbara Hodes
106: 2005.49.1 / Museumsankauf

108: 2010.1.44 / Spende eines anonymen Spenders
109: 2010.1.35 / Spende eines anonymen Spenders / Foto: William Palmer
110, 111 (links): 2005.3.1 / Spende von Rita Watnick und Michael Stoyla, Lily et Cie
111 (rechts): 2010.57.3 / Spende von Daphne Guinness
112, 113 (links): 2009.62.1 / Museumsankauf
113 (rechts): 2008.46.3 / Museumsankauf
114 (links): 2008.65.3 / Spende von Veronica Webb
114 (rechts): 2005.47.1 / Museumsankauf
115: 2010.29.1 / Museumsankauf
116: 78.170.5 / Spende von Bernie Zamkoff
118: 81.132.4 / Spende von Frau Phillip Schwartz
119: 2007.46.4 / Spende der Familie von Isabel Eberstadt, gestiftet in ihrem Gedenken
120, 122: 91.190.2 Spende von Penelope Tree
123: 2005.71.3 / Spende von Isabelle Leeds
124, 126: 70.57.48 / Spende von Herrn Rodman A. Heeren
127: 71.267.3 Spende von Frau William Randolph Hearst Jr.
128 (links): 70.57.51 / Spende von Herrn Rodman A. Heeren
128 (rechts): 92.202.1 / Spende von Ania Kayaloff
129: 71.213.20 / Spende von Sally Cary Iselin
130: 71.213.30 / Spende von Sally Cary Iselin
131: 75.86.5 / Spende von Despina Messinesi
132 (links und rechts): 86.56.1 / Spende von Mary McFadden
133–135: 80.58.5 / Spende von Frau Beatrice Renfield
136 (links): 2002.15.1 / Museumsankauf
136 (rechts): 2003.70.1 / Museumsankauf
137: 2001.45.1 / Museumsankauf
138, 140 (Bustier): P92.58.14 / Museumsankauf
138, 140 (Rock): 2008.25.2 / Spende von Dorothy Schefer Faux
141: 99.61.1 / Spende von Dolce & Gabbana
142, 144: 91.42.166 / Spende von Perry Ellis
145: 91.42.17 / Spende von Perry Ellis
146: 2002.10.1 / Spende von Maureen O'Donnell
147: 91.42.10 / Spende von Perry Ellis
148: 2011.39.1 / Spende von Etro S.p.A.
150 (Mantel): 2003.41.4 / Spende von Etro S.p.A.
150: (Hemd und Hose): 2003.41.5 / Spende von Etro S.p.A.
151: 2003.41.3 / Spende von Etro S.p.A.
152, 154: 2007.38.1 / Spende von Margery E. Wood
155: 89.111.1 / Spende von Zita Hosmer
156: 68.136.3 / Spende von Frau Joseph Halpert
157: 70.57.73 / Spende von Herrn Rodman A. Heeren
158: 2007.25.1 / Spende von Fendi
160: 2007.25.2 / Spende von Fendi
161: 91.255.6 / Spende aus dem Nachlass von Tina Chow
162, 164: 99.83.9 / Spende von Gianfranco Ferré S.p.A.
165: 99.83.10 / Spende von Gianfranco Ferré S.p.A.
166, 168 (Kleid): 83.151.1 / Spende von Jacqueline Weinman
168 (Umhang): 2001.67.1 / Spende von Carole K. Newman
169: 91.218.1 / Spende von Ann Schneider
170, 172 (Bluse): P88.76.2 / Museumsankauf
170, 172 (Rock): P87.47.1 / Museumsankauf
173: 98.98.1 / Museumsankauf
174: P92.8.1 / Museumsankauf
175 (Jacke): P88.76.4 / Museumsankauf
175 (Hose): P88.76.5 / Museumsankauf
176 (links): 2009.16.26 / Spende von Frau Martin D. Gruss
176 (rechts): 2009.16.27 / Spende von Frau Martin D. Gruss
177: 2009.16.27 / Spende von Frau Martin D. Gruss
178–179: 2000.23.10 / Spende von Anne M. Zartarian
180, 182: 77.219.1 / Spende von Ruth Deardoff
183 (links): 82.153.72 / Spende von Mitch Rein
183 (rechts): 82.153.149 / Spende von Mitch Rein
184: P87.49.3 / Museumsankauf
185: 2003.73.1 / Spende von Rita Watnick und Michael Stoyla, Lily et Cie
186–187: 75.112.5 / Spende von Gabriele Knecht
188: 80.181.11 / Spende von Jane Holzer
191: 71.240.4 / Spende von Frau Edwin Hilson
192: 2011.8.1 / Spende von Givenchy von Riccardo Tisci
193 (links): 2011.8.1 / Spende von Givenchy von Riccardo Tisci
193 (rechts): 2011.8.1CD / Spende von Givenchy von Riccardo Tisci
194: 98.41.3 / Spende von Dorothy Small
197: 97.30.1 / Spende von Gucci
198 (links): 99.64.2 / Spende von Gucci
198 (rechts): 2005.54.1 / Spende von Gucci
199: 2005.54.1 / Spende von Gucci
200: 76.69.17 / Spende von Lauren Bacall
202: 74.107.30 / Spende von Lauren Bacall
203: 82.3.1 / Spende von Frederick Supper
204: 80.128.4 / Spende von Celanese
205 (links): 82.3.9 / Spende von Frederick Supper
205 (rechts): 81.250.2 / Spende von Frau Jane Holzer
206–207: 2007.56.16 / Spende von Elizabeth Graham Weymouth
208 (links): 88.29.39 / Spende von Elizabeth Pickering Kaiser
208 (rechts): 88.29.2 / Spende von Elizabeth Pickering Kaiser
209: 82.193.4 / Spende von Frau Sidney Merians
210: 2002.96.18 / Spende von Laura Solomon im Gedenken an Sally Solomon
213: 2010.91.1 / Spende von Hermès
214 (links): 76.196.24 / Spende von Fernanda Munn Kellogg
214 (rechts): 2010.91.2 / Spende von Hermès
215: 2010.91.2 / Spende von Hermès
216: 88.105.10 / Spende von Carolina Herrera, Ltd.
218: 2005.48.8 / Spende von Carolina Herrera, Ltd.
219: 2005.41.1 / Spende von Carolina Herrera, Ltd.
220, 222 (links): 2004.17.1 / Spende von Marc Jacobs International
222 (rechts): 2005.53.1 / Spende von Louis Vuitton
223: 2010.89.1 / Spende von Marc Jacobs

224: 91.241.126 / Spende von Robert Wells im Gedenken an Lisa Kirk
226: 91.241.134 / Spende von Robert Wells im Gedenken an Lisa Kirk
227: P77.1.7 / Museumsankauf
228 (links): 71.265.13 / Spende von Doris Duke
228 (rechts): 92.145.1 / Spende von Jill Anson Szarkowski
229: 91.241.131 / Spende von Robert Wells im Gedenken an Lisa Kirk
230: 96.11.11 / Spende von Roz Gersten Jacobs
232: 2011.41.1 / Spende von Donna Karan
233: 2011.41.2 / Spende von Donna Karan
234, 236: 2016.48.1 / Museumsankauf
237: 2010.30.1 / Spende von Gloria Steinem
238 (links): 93.159.43 / Spende von Ady Gluck-Frankel
238 (rechts): 2016.82.17 / Spende von Bjorn G. Amelan und Bill T. Jones
239: 98.90.2 / Spende von Frau Julia Szabo
240: 87.64.1 / Spende von Frau Miriam Ross
243: 2011.35.2 / Spende von Kenzo
244–245: 2011.35.1 / Spende von Kenzo
246: 94.143.1 / Spende von Kelly Klein
248: 2009.30.1 / Spende von Calvin Klein, Inc.
249: 2008.42.1 / Spende von Calvin Klein, Inc.
250 (links und rechts): 2010.93.1 / Spende von Calvin Klein, Inc.
251: 84.171.1 / Spende von Rose Simon
252: 2004.59.2 / Spende von Céline
254: 2004.59.1 / Spende von Céline
255: 94.22.1 / Spende von Michael Kors
256, 258: 97.93.1 / Spende von Christian Lacroix
259: 2009.16.21 / Spende von Frau Martin D. Gruss
260–261: P87.24.1 / Museumsankauf
262 (links): P90.59.1 / Museumsankauf
262 (rechts): 2004.14.6 / Spende von Roz Gersten Jacobs
263: 2009.16.23 / Spende von Frau Martin D. Gruss
264–265: 2009.16.24 / Spende von Frau Martin D. Gruss
266, 268: 95.99.1 / Spende der Alumni Association des F.I.T.
269: 2001.63.8 / Spende von Pauline Tsui
270: 2011.18.10 / Spende von Diane A. Fogg
271: 2011.18.9 / Spende von Diane A. Fogg
272, 274: 2009.32.21 / Spende von HL – art
275: 2009.32.16 / Spende von HL – art
276 (links): 2009.32.3 / Spende von HL – art
276 (rechts): 2009.32.6 / Spende von HL – art
277: 2009.32.2 / Spende von HL – art
278: 2007.59.1 / Spende von Caroline Rennolds Milbank
281: 74.36.17 / Spende von Frau Katheryn Colton
282 (links): 2011.2.1 / Spende von Lanvin
282 (rechts): P82.28.1 / Museumsankauf
283: 81.24.19 / Spende von Frau Sally Iselin
284, 286: 2012.1.1 / Spende der Ralph Lauren Corporation
287: 2012.1.2 / Spende der Ralph Lauren Corporation
288: 89.54.18 / Spende von Sylvia Slifka
290: 80.13.19 / Spende von Frau Georges Gudefin
291: P91.25.1 / Museumsankauf
292 (Jacke): 97.45.1 / Spende aus der Privatsammlung von Frau Rebecca Pietri
292 (Rock): 97.82.1 / Spende aus den Archiven von La Maison Martin Margiela, Paris
294: 91.175.1 / Spende von Richard Martin
295: 2008.91.1 / Museumsankauf
296: 76.173.1 / Spende von Herrn und Frau Adrian McCardell
298 (Sport- und Freizeitkleidungs-Ensemble): 72.61.60 / Spende von Herrn und Frau Adrian McCardell
298 (Stiefel): 72.61.60CD / Spende von Herrn und Frau Adrian McCardell
299 (Spielanzug): 76.33.40 / Spende von Sally Kirkland
299 (Gürtel): 75.226.1 / Spende von Elegant Leather Goods
300 (links): 76.33.11 / Spende von Sally Kirkland
300 (rechts): 72.61.91 / Spende von Herrn und Frau Adrian McCardell
301: P92.9.1 / Museumsankauf
302, 304 (links): 2010.46.1 / Spende von Stella McCartney
304 (rechts): 2010.46.1BC / Spende von Stella McCartney
305: 2010.46.3 / Spende von Stella McCartney
306: 2010.77.1 / Museumsankauf
308: 2009.16.6 / Spende von Frau Martin D. Gruss
309: 2010.61.1 / Museumsankauf
310: 98.36.1 / Museumsankauf
311: 2008.47.1 / Museumsankauf
312: 2003.52.2 / Spende von Missoni
314: 88.79.1 / Spende von Catherine di Montezemolo
315: 84.122.4 / Spende von Helen Rolo
316: 87.12.1 / Spende von Krizia Co.
318: 99.34.1 / Spende von Nancy J. Murakami
319: 97.44.1 / Spende von Issey Miyake Pleats Please Issey Miyake, Gastkünstlerserie #1, Yasumasa Moriura On Pleats Please
320, 322: 2010.80.1 / Museumsankauf
323: 2010.78.1 / Museumsankauf
324: 2009.1.4 / Museumsankauf
326: 2004.23.1 / Spende eines anonymen Spenders
327: P89.87.1 / Museumsankauf
328: 95.69.1 / Museumsankauf
329: 94.106.1 / Spende von Moschino
330, 332: 2011.13.1 / Museumsankauf
333: 2011.36.1 / Museumsankauf
334 (links): 99.80.1 / Museumsankauf
334 (rechts): 96.92.4 / Spende von Martine Trittoléno
335: 2004.49.4 / Spende von Clarins Fragrance Group / Thierry Mugler Perfume
336, 338: 68.143.6 / Spende von Lauren Bacall
339 (links): 89.163.91 / Spende von Mortimer Solomon
339 (rechts): 68.143.68 / Spende von Lauren Bacall
340, 342: 2011.3.1 Spende von Rick Owens
343: 2010.94.1 Spende von Rick Owens
344 (links und rechts), 345: 2008.90.1 / Spende von Rick Owens

346: 96.69.13 / Spende der Dorothea Stephens Wiman Collection
348: 2001.100.1 / Spende von Fortunée C. Lorant, Paris
349: P86.61.2 / Museumsankauf
350: 74.36.27 / Spende von Frau Katheryn Colton
352: 74.36.29 / Spende von Frau Katheryn Colton
353: 91.255.11 / Spende aus dem Nachlass von Tina Chow
354: P83.5.9 / Museumsankauf
355 (links): P81.1.1 / Museumsankauf
355 (rechts): 2007.31.1 / Museumsankauf
356 (links): 2008.6.1 / Museumsankauf
356 (rechts): 2005.45.1 / Museumsankauf
357: P76.1.1 / Museumsankauf
358, 360: 2011.1.1 / Spende von Prada
361: 2008.45.1 / Spende von Prada
362 (links): 97.83.1 / Spende von Prada
362 (rechts): 2011.1.1 / Spende von Prada
363: 2007.20.1 / Spende von Prada
364: 80.233.18 / Spende von Frau Renee Hunter
366: 91.14.5 / Spende von Jeffrey Beuglet im Gedenken an Kirk David Irons
367 (links, Hemdjacke): 83.212.2 / Spende von Elaine E. Flug
367 (links, Hose): 92.42.15 / Spende von Kay Kerr Uebel
367 (rechts, Bluse): 74.107.4 / Spende von Lauren Bacall
367 (rechts, Hose): 71.254.57 / Spende von Lauren Bacall
368, 370 (links, Ensemble): 2018.75.1 / Spende von Pyér Moss
370 (links, Jacke): 2018.74.1 / Museumsankauf
370 (rechts): 2016.83.3 / Spende von Pyér Moss
371: 2016.83.2 / Spende von Pyér Moss
372: 2012.27.1 / Spende von Mary Quant
374: 96.85.1 / Museumsankauf
375: 77.163.7 / Spende von Lillian Rossilli
376: 81.48.1 / Spende von Montgomery Ward
378: 83.91.21 / Spende von Alida Miller-Frisch
379: 81.48.2 / Spende von Montgomery Ward
380, 382: 2007.13.1 / Museumsankauf
383: 2009.53.2 / Museumsankauf
384, 385 (links): 2008.55.1 / Museumsankauf / Foto: William Palmer
385 (rechts): 2009.53.1 / Museumsankauf
386: 2010.65.2 / Museumsankauf
387: 2010.65.1 / Museumsankauf
388, 390: 2010.92.2 / Spende von Herrn Narciso Rodriguez
391: 2010.92.1 / Spende of Herrn Narciso Rodriguez
392: 77.57.6 / Spende von Sandy Horvitz
394: 78.159.1 / Spende von Mary Cantwell
395: 81.239.5 / Spende von Lauren Bacall
396: 2018.49.1 / anonymer Spender
398: 2015.37.2 / Museumsankauf
399: 2015.37.3 / Museumsankauf
400, 402: 95.180.1 / Spende von Igor Kamlukin, aus dem Nachlass von Valentina Schlee
403: 2009.16.40 / Spende von Frau Martin D. Gruss
404 (links): 91.255.4 / Spende aus dem Nachlass von Tina Chow
404 (rechts): 86.91.9 / Spende von Yves Saint Laurent
405: 84.145.1 / Spende von Frau Edwin Hilson
406 (links): 85.52.10 / Spende von Bridget Restivo
406 (rechts): P88.1.1 / Museumsankauf
407: 88.73.1 / Spende von Lynn Phillips Manulis
408: 91.235.27 / Spende von Marina Schiano
409 (links): 91.235.27 / Spende von Marina Schiano
409 (rechts): 93.60.42 / Spende von Francine Gray
410 (links): 78.57.6 / Spende von Ethel Scull
410 (rechts): 2005.90.6AB / Spende von Rose Marie Bravo
411: 2010.90.1 / Spende von Yves Saint Laurent
412: P87.19.1 / Museumsankauf
414: 87.70.2 / Spende von Theodora Pierce
415: 87.70.1 / Spende von Theodora Pierce
416 (links): 71.263.1 / Spende von Yeffe Kimball Slatin
416 (rechts): U.2104 / Spender unbekannt
417: P87.19.2 / Museumsankauf
418 (links): 77.17.4 / Spende von Despina Messinesi
418 (rechts): 84.173.3 / Spende von Herrn Simeon Braguin
419: 70.57.58 / Spende von Herrn Rodman A. Heeren
420: 78.208.1 / Spende von Frau Donald Elliman
422: 79.147.13 / Spende von Diana Vreeland
423: 78.208.2 / Spende von Frau Donald Elliman
424: 2011.40.2 / Spende von Jil Sander
426 (links): 2010.82.2 / Spende von Raf Simons
426 (rechts): 2011.40.1 / Spende von Jil Sander
427: 2010.82.1 / Spende von Raf Simons
428, 430: 93.70.1 / Spende von Anna Sui
431: 2000.50.1 / Spende von Anna Sui
432, 433: 98.38.17 / Spende von Ruffo
434: 95.82.5 / Spende von Vivienne Tam
436 (links): 95.82.6 / Spende von Vivienne Tam
436 (rechts): 95.82.1 / Spende von Vivienne Tam
437: 95.50.1 / Spende von Vivienne Tam
438, 440: 2010.1.48 / Spende eines anonymen Spenders
441: 2005.72.1 / Spende von Toledo Studio
442 (links): 2001.99.1 / Spende von Gloria Hastreiter
442 (rechts): 2005.5.1 / Museumsankauf
443: 2010.63.1 / Museumsankauf
444: 2010.57.1 / Spende von Daphne Guinness
446, 448–449: 2010.29.2 / Museumsankauf
447: 2008.47.2 / Museumsankauf
450, 452: 2011.5.1 / Spende von Valentino
453: 73.35.12 / Spende von Harriet Weiner
454 (links): 78.198.30 / Spende von Hannah Troy-pret
454 (rechts): 2005.46.1 / Museumsankauf
455: 96.84.1 / Spende von Mary Russell
456 (links): 2009.16.29 / Spende von Frau Martin D. Gruss
456 (rechts): 71.254.32 / Spende von Lauren Bacall
457: 2011.4.1 / Spende von Valentino

458: 2010.97.47 / Spende von Dries Van Noten
460 (links): 2010.97.39 / Spende von Dries Van Noten
460 (rechts): 2004.29.1 / Spende von Dorothy Lieberman
461: 2010.97.42 / Spende von Dries Van Noten
462: 2010.97.26 / Spende von Dries Van Noten
463 (links): 2007.47.2 / Spende von Dries Van Noten
463 (rechts): 2007.47.1 / Spende von Dries Van Noten
464: 2010.56.1 / Museumsankauf
466: 98.101.1 / Spende von Judith Corrente und Willem Kooyker
467 (links): 98.20.5 / Spende von Judith Corrente und Willem Kooyker
467 (rechts): 98.20.7 / Spende von Judith Corrente und Willem Kooyker
468, 470: 2008.34.2 / Spende von Diane von Furstenberg
471: 2008.34.1 / Spende von Diane von Furstenberg
472, 474: 2001.79.1 / Museumsankauf
475: P89.60.1 / Museumsankauf
476 (links): 2003.97.4 / Museumsankauf
476 (rechts): 98.119.1 / Spende von Vivienne Westwood
477 (links, Anzug): 88.63.8 / Spende von Alan Rosenberg
477 (links, T Shirt): 2001.44.10 / Spende von Francisco Melendez alias François
477 (rechts): 87.52.5 / Spende von Barbara Hodes
478 (links): 96.36.11 / Spende von Timothy Reukauf, Stylist
478 (rechts): P88.45.2 / Museumsankauf
479: P88.45.2 / Museumsankauf
480, 482: 2006.14.1 / Museumsankauf
483: 2010.37.2 / Museumsankauf
484 (links, Mantel): 2010.37.7 / Museumsankauf
484 (links, Rock): 2010.37.8 / Museumsankauf
484 (rechts): 99.100.2 / Spende von Barneys New York
485: 2007.2.1 / Museumsankauf
486: 2011.24.1 / Spende von Yeohlee Teng, Yeohlee / Foto: William Palmer
488: 99.43.2 / Spende von Yeohlee New York
489: 2011.24.2 / Spende von Yeohlee Teng, Yeohlee / Foto: William Palmer
490, 492: 2008.87.1 / Museumsankauf
493: 2009.60.1 / Museumsankauf
494: 2009.16.63 / Spende von Frau Martin D. Gruss
499: P83.30.1 / Museumsankauf
500: 2009.16.26 / Spende von Frau Martin D. Gruss
506: 2001.44.13 / Spende von Francisco Melendez alias François
507: 2008.76.3 / Spende von Šárka Šišková
509: 74.125.2 / Spende von Sally De Marco
510: 70.15.38 / Spende von Frau Benjamin Hinkley Riggs
511: 2010.77.1 / Museumsankauf

SEITE 2
Halston
Abendkleid:
rote Seide, rotes Nylon, rote Stiftperlen, beigefarbene Seide
USA, 1979

SEITE 3
Balmain (Oscar de la Renta)
Abendkleid: schwarzer, Seidenorganza, weiße Stickerei
Frankreich, 2002

SEITE 4
Givenchy (Riccardo Tisci)
Ensemble: schwarzes Leder, Chiffon, Metallschnallen
Frankreich, 2011

SEITE 5
Madeleine Vionnet
Kleid: Rosa, weiß gepunktete Seidenfaille
Frankreich, um 1932

SEITE 6
Jean Yu
Kleid: schwarzer, weißer matter Seidenjersey, schwarzes Ripsband
USA, 2006

SEITE 7
Yohji Yamamoto
Ensemble:
schwarzer Seidenkrepp, Korsettstäbe aus Kunststoff
Japan, 2006

SEITE 10
Martin Margiela
Tunika:
beigefarbenes Leinen
Belgien, 1997

SEITE 12
Alexander McQueen
Abendkleid: schwarzes Vinyl, weißes Seiden-Faille, schwarzer Seidentüll
England, 2008

SEITE 26–27
Christian Lacroix
Abendkleid (Detail): orangefarbenes Seiden-Faille, orangefarbenes Seidensatin, Strass
Frankreich, 2005

SEITE 494–495
Paul Poiret
Abendkleid (Detail): rosarote, weiße und orangefarbene Stiftperlen, goldfarbener Seidenchiffon
Frankreich, um 1926

SEITE 500
Jean Paul Gaultier
Ensemble: bedrucktes Lycra, blaugrüne und schwarze Seide
Frankreich, 2002

SEITE 508
Ruben Toledo
„Fashion Wheel"
USA, 2001

SEITE 509
Norman Norell
Cocktailkleid:
Rosa Seidentaft mit Kettendruck
USA, um 1950

SEITE 510
Designer unbekannt
Kleid: Magentafarbene Seide Brokat, Samt, Satin, Spitze
USA, um 1894

SEITE 511
Alexander McQueen
Kleid, Kollektion *Plato's Atlantis*:
Seidenchiffon, digital bedruckt mit mehrfarbigem Reptilienmuster
England, 2010

TASCHEN ARBEITET KLIMANEUTRAL.
Unseren jährlichen Ausstoß an Kohlenstoffdioxid kompensieren wir mit Emissionszertifikaten des Instituto Terra, einem Regenwaldaufforstungsprogramm im brasilianischen Minas Gerais, gegründet von Lélia und Sebastião Salgado. Mehr über diese ökologische Partnerschaft erfahren Sie unter: www.taschen.com/zerocarbon
Inspiration: grenzenlos. CO_2-Bilanz: null.

Stets gut informiert sein: Fordern Sie bitte unser Magazin an unter www.taschen.com/magazine, folgen Sie uns auf Instagram und Facebook oder schreiben Sie an contact@taschen.com.

Hohenzollernring 53, D-50672 Köln
www.taschen.com

Deutsche Übersetzung: Julia Heller, München; Thomas J. Kinne, Nauheim

Printed in Bosnia-Herzegovina
ISBN 978-3-8365-8754-9

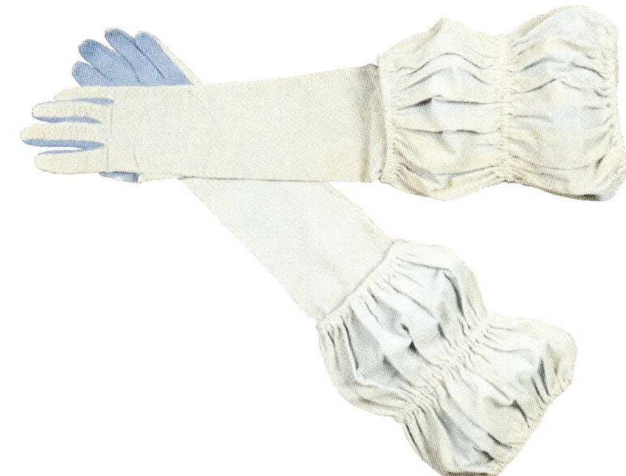

RECHTS
Chanel
Handschuhe: blauer Baumwollsamt, Ziegenwildleder
Frankreich, um 1939

GEGENÜBER
Šárka Šišková
„Göttin“-Abendrobe
Tschechien, 2008
aus der Ausstellung
Seduction

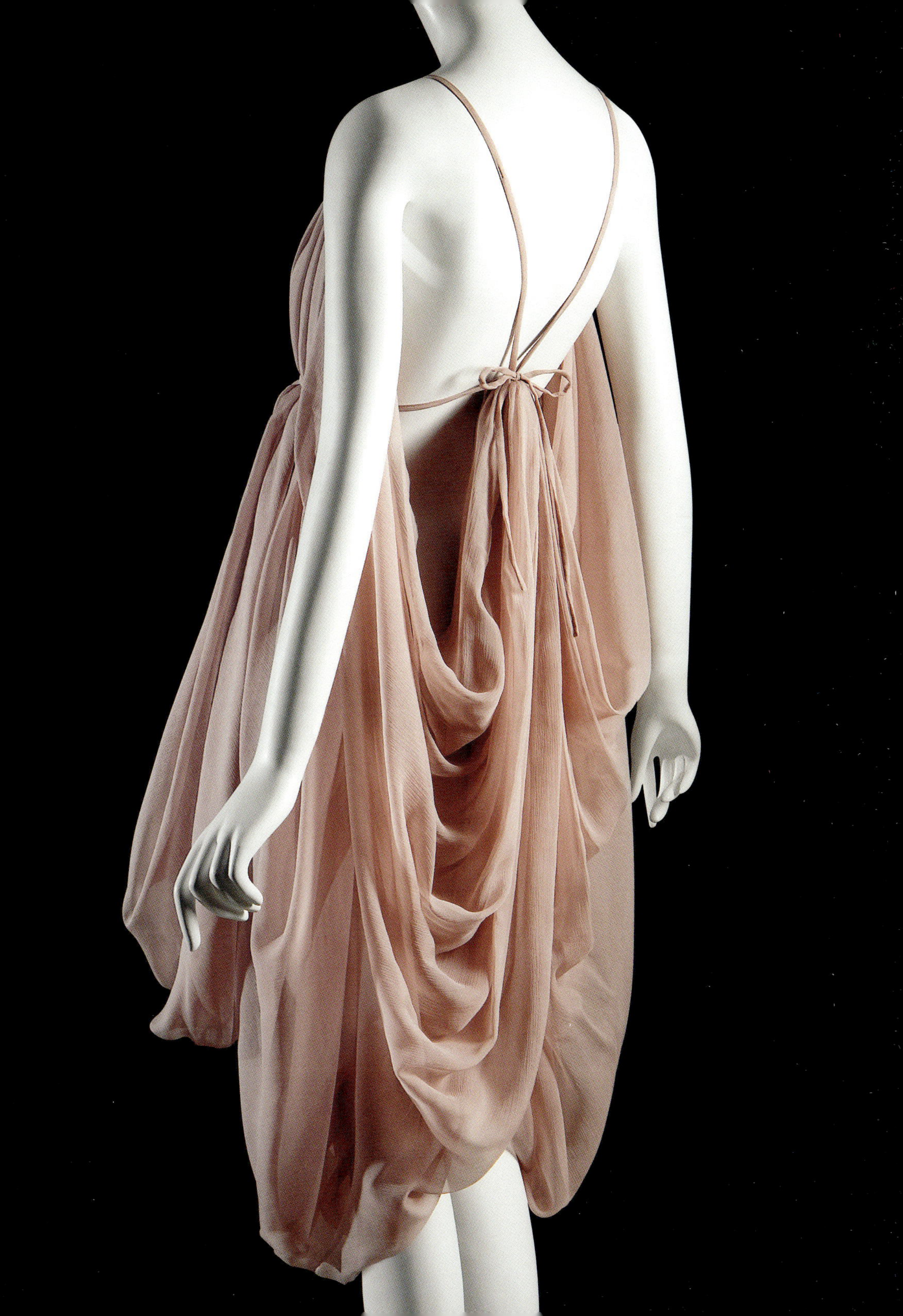

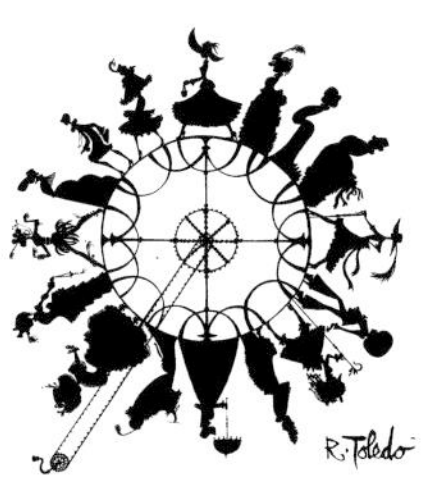

Wie bei jedem Vorhaben dieser Größenordnung halfen viele Menschen mit, dieses Buch zu ermöglichen. Wie immer sind wir Dr. Joyce F. Brown, der Präsidentin des Fashion Institute of Technology, für die Unterstützung des Museums am FIT dankbar. Wir möchten auch den Mitgliedern des Couture-Rates des Museums am FIT danken, besonders Elizabeth Peek, Yaz Hernandez und den anderen Vorstandsmitgliedern des Couture-Rates. Mein aufrichtiger Dank gilt auch dem Stab des Museums am FITA, insbesondere Melissa Marra, die als Projektmanagerin fungierte, Fred Dennis, der die Auswahl der Kostüme beaufsichtigte, Museumsfotografin Eileen Costa sowie Patricia Mears, Colleen Hill und Jennifer Farley, die Essays beisteuerten. Zu den weiteren Kollegen und Kolleginnen, die dieses Projekt maßgeblich unterstützten, gehören Varounny Chanthasiri, Julian Clark, Ann Coppinger, Sonia Dingilian, Jill Hemingway, Marjorie Jonas, Tanya Melendez, Gladys Rathod, Thomas Synnamon und Vanessa Vasquez. Dank auch an die MFIT-Praktikanten und Praktikantinnen, die Hilfe leisteten: Alison Bazylinski, Marie Monster Dollner, Laurie Filgiano, Shane Thompson und Rebecca Young. Ein ganz besonderer Dank geht an all die Modeschöpfer, schöpferinnen und häuser, die in diesem Buch vorgestellt werden, vor allem Albert und Peter Kriemler von Akris, Veronica Etro, Stella McCartney, Angela und Luca Missoni sowie die gesamte Familie Missoni, Miuccia Prada und Diane von Furstenberg, die – zur Unterstützung des Museums – Tausende von Metern Stoff für den Einband jedes Exemplars der Erstauflage dieses Buches stifteten. Diese Großherzigkeit wurde weiterhin unterstützt durch die Bemühungen von Anne Urbauer von Akris, Alessandra Tirolo von Etro, Carolina Brodasca von Stella McCartney, Maddalena Aspes von Missoni, Jenny Kim von Prada, Ellen Levinson Gross und Monty Shadow von Richemont.

Dank gilt auch den vielen Einzelpersonen, die dem Museum im Laufe der Jahre großzügig gespendet haben, sowie dem Fotografen William Palmer und den Zeichnern Robert Nippoldt und Ruben Toledo, die Bilder zu diesem Buch beigesteuert haben. Dank geht an Karen Cannell und ihren Stab in der Abteilung Sonderkollektionen der Gladys-Marcus-Bibliothek am Fashion Institute of Technology und an Margret Hayes bei der Fashion Group International Foundation.

Schließlich geht unser aufrichtiger Dank an Benedikt Taschen und sein Team: unsere Redakteurinnen Nina Wiener, Victoria Birch und Kathrin Murr, die Design- und Layout-Gestalterin Anna-Tina Kessler und den künstlerischen Leiter Josh Baker, die Produktionsleiter Stefan Klatte und Javier Boné-Carboné, die Modeberaterin Margit J. Mayer, die Korrekturleserinnen Anna Skinner und Anna Walker sowie Mallory Farrugia und Amanda Horn für ihre zusätzliche redaktionelle Unterstützung.

— **Valerie Steele,** Direktorin und leitende Kuratorin,
The Museum at The Fashion Institute of Technology

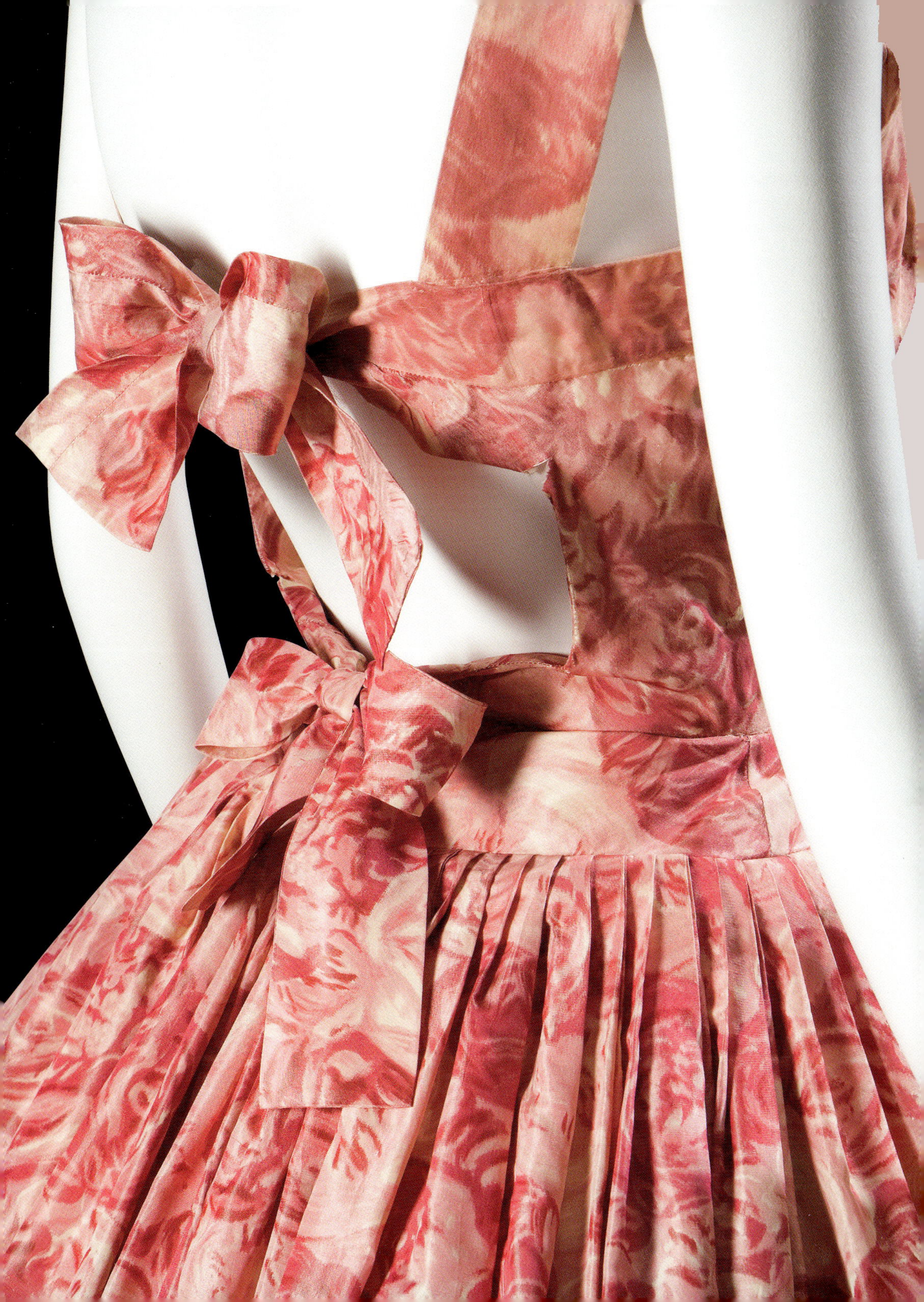

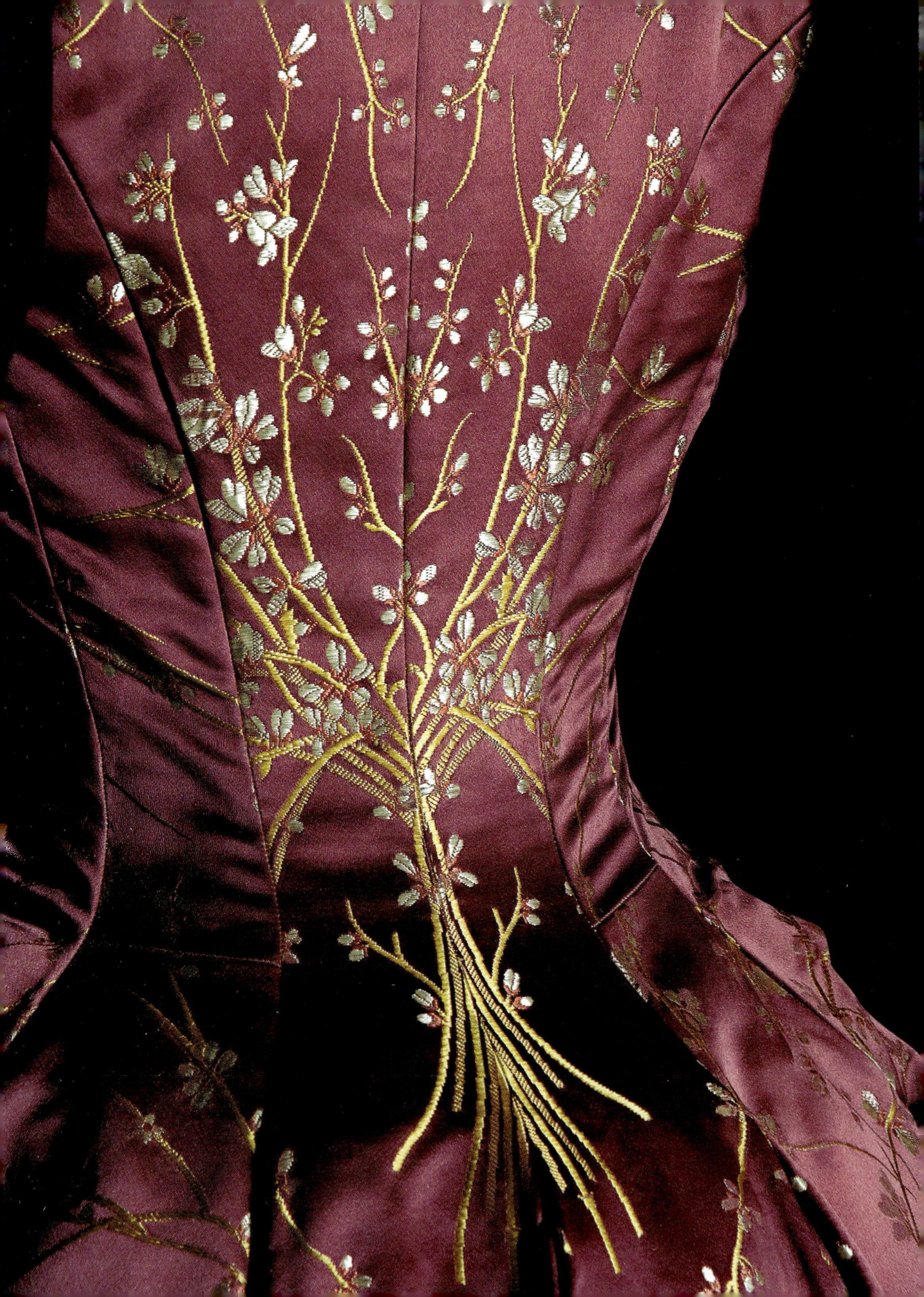

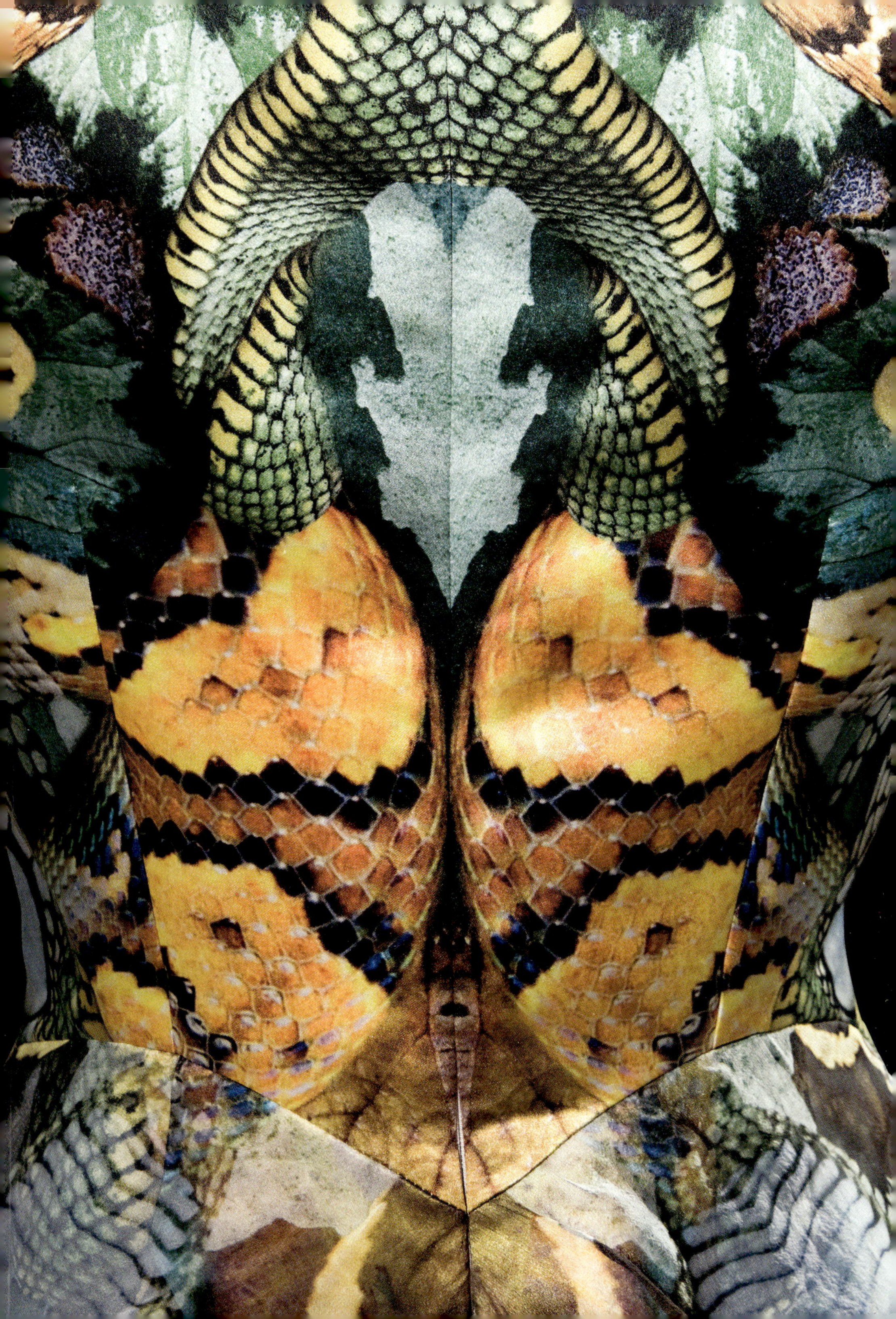

*„Alles inspiriert mich.
Es gibt nur eine Regel: Augen auf!“*

— KARL LAGERFELD